EDIÇÕES BESTBOLSO

Uma mente brilhante

Sylvia Nasar, jornalista e economista, nasceu na Alemanha (1947) e foi criada entre Nova York e Washington, nos Estados Unidos, e Ancara, na Turquia. Professora da Universidade de Columbia, trabalhou no *The New York Times*, foi colaboradora da *Fortune* e articulista da *News & World Report*. Indicado para o Prêmio Pulitzer, *Uma mente brilhante* ganhou o National Book Critics Circle Award na categoria biografia.

Sylvia Nasar

uma mente brilhante

Tradução de
SERGIO MORAES REGO

6ª edição

EDIÇÕES
BestBolso

RIO DE JANEIRO – 2014

CIP-Brasil. Catalogação-na-fonte
Sindicato Nacional dos Editores de Livros, RJ.

Nasar, Sylvia
N19m Uma mente brilhante / Sylvia Nasar; tradução de Sergio Moraes
6ª ed. Rego. – 6ª edição – Rio de Janeiro: BestBolso, 2014.

Tradução de: A Beautiful Mind
ISBN 978-85-7799-045-0

1. Nash, John F., 1928- – Biografia. 2. Matemáticos – Estados Unidos – Biografia. 3. Esquizofrenia. I. Título.

CDD: 925.1
07-4620 CDU: 92(NASH, J. F)

Uma mente brilhante, de autoria de Sylvia Nasar.
Título número 046 das Edições BestBolso.
Sexta edição impressa em janeiro de 2014.

Título original inglês:
A BEAUTIFUL MIND

www.edicoesbestbolso.com.br

Ilustração e design de capa: Luciana Gobbo, a partir de fotografia de John Forbes Nash Jr. (Robert Mottar, *Fortune*).

Impresso no Brasil

ISBN 978-85-7799-045-0

Para Alicia Esther Larde Nash

Houve outra corrida e outras palmas se ouviram.
Graças ao coração humano segundo o qual vivemos,
Graças a sua ternura, suas alegrias e medos,
Para mim, a mais ínfima das flores que surge pode trazer
Pensamentos que muitas vezes ficam profundos
demais para lágrimas.

– William Wordsworth,
"Intimations of Immortality"

Prólogo

Onde, de pé, se erguia a estátua
De Newton, com seu rosto prismático, silencioso,
O sinal de mármore de uma mente eternamente
Viajando por estranhos mares de Pensamento, solitário.

– William Wordsworth

John Forbes Nash Jr. – gênio matemático, inventor da teoria do comportamento racional, visionário da máquina pensante – estivera sentado com seu visitante, também um matemático, durante quase meia hora. Era a tardinha de um dia de trabalho da primavera de 1959, e, embora ainda fosse maio, fazia um calor desconfortável. Nash estava afundado numa poltrona num dos cantos do saguão do hospital, vestindo displicentemente uma camisa de náilon para fora das calças sem cinto. Sua compleição robusta estava frouxa como uma boneca de trapo; as feições finamente esculpidas, sem expressão. Estivera fitando com olhar opaco um ponto logo à frente do pé esquerdo do professor de Harvard George Mackey, praticamente imóvel, exceto para afastar da testa os cabelos pretos e compridos, num movimento intermitente, repetitivo. Seu visitante sentava-se ereto, oprimido pelo silêncio, bem consciente de que as portas da sala estavam trancadas. Por fim, Mackey não conseguiu mais se conter. Sua voz saiu ligeiramente impertinente, mas ele esforçou-se para ser gentil. "Como é que você pode", começou Mackey, "como é que você pode, um matemático, um homem dedicado à razão e à prova lógica... como é que você pode acreditar que extraterrestres estão lhe enviando mensagens? Como é que você pode acreditar que está sendo recrutado por alienígenas do espaço exterior para salvar o mundo? Como é que você pode...?"

Nash, por fim, levantou os olhos e fitou Mackey sem piscar, com um olhar tão frio e desprovido de emoção como o de um pássaro ou de uma cobra. "Porque", disse Nash vagarosamente, com seu sotaque sulista arrastado, suave e moderado, como se estivesse falando para si próprio, "as idéias que eu tinha sobre seres sobrenaturais vinham a mim da mesma forma que minhas idéias matemáticas. De modo que eu as considerei seriamente".[1]

O JOVEM GÊNIO DE BLUEFIELD, em West Virginia – bonito, arrogante e bastante excêntrico –, explodiu no cenário da matemática em 1948. Durante a década seguinte, uma década tão notável por sua suprema fé na racionalidade humana quanto por suas sombrias ansiedades sobre a so brevivência da humanidade,[2] Nash mostrou que era, nas palavras do eminente geômetra Mikhail Gromov, "o mais extraordinário matemático da segunda metade do século".[3] Jogos estratégicos, rivalidade econômica, arquitetura de computadores, a forma do universo, a geometria dos espaços imaginários, o mistério dos números primos – tudo atraiu sua imaginação extremamente ampla. Suas idéias eram do tipo profundo e inteiramente inesperadas, que impulsionam o pensamento científico em novas direções.

Gênios, escreveu o matemático Paul Halmos, "são de dois tipos: os que são exatamente como nós, mas muito
 mais do que isso, e os que, aparentemente, têm uma centelha

humana extra. Todos nós podemos correr, e alguns de nós podem correr um quilômetro em menos de quatro minutos, mas não há nada que a maioria de nós possa fazer que se compare com a criação da 'Grande fuga em sol menor'".[4] O gênio de Nash era dessa variedade misteriosa mais freqüentemente associada à música e à arte do que à mais velha de todas as ciências. Não era apenas porque sua mente trabalhasse mais depressa, que sua memória fosse mais firme, ou que seu poder de concentração fosse maior. Os lampejos de intuição não eram racionais. Como muitos outros grandes matemáticos intuicionistas – Georg Friedrich Bernhard Riemann, Jules Henri Poincaré, Srinivasa Ramanujan –, Nash primeiro tinha a visão, e somente muito depois construía as trabalhosas provas. Mas mesmo depois de ele tentar explicar algum resultado surpreendente, o caminho real que ele havia seguido permanecia um mistério para os outros que tentavam acompanhar seu raciocínio. Donald Newman, um matemático que conheceu Nash no MIT* nos anos 1950, costumava dizer a respeito dele que "qualquer pessoa subiria num pico procurando uma trilha em algum lugar na montanha. Nash escalaria outra montanha até o alto e daquele cume distante dirigiria um holofote para o primeiro pico".[5]

Ninguém era mais obcecado pela originalidade, mais desdenhoso em relação à autoridade, ou mais cioso de sua independência. Quando jovem, ele viu-se rodeado pelos sumos sacerdotes da ciência do século XX – Albert Einstein, John von Neumann e Norbert Wiener –, mas não se filiou a qualquer escola, não aceitou a tutela de ninguém, percorreu o próprio caminho, em grande parte sem guias ou seguidores.

---

*Instituto de Tecnologia de massachusetts (MIT, na sigla em inglês). (*N. do R.*)

Em quase tudo que fez – da teoria dos jogos à geometria –, ele caçoou da sabedoria tradicional, dos modismos, dos métodos consagrados. Quase sempre trabalhava sozinho, em sua cabeça, geralmente caminhando, quase sempre assobiando músicas de Bach. Nash adquiriu seu conhecimento de matemática não apenas estudando o que outros matemáticos haviam descoberto, mas redescobrindo por si próprio as verdades dos outros. Ansioso por surpreender, ele estava sempre à espreita de problemas realmente grandes. Quando se concentrava em algum enigma novo, via dimensões que as pessoas que realmente conheciam o assunto descartavam inicialmente (coisa que ele nunca fez) como ingênuas ou absurdas. Até mesmo como estudante, era espantosa sua indiferença pelo ceticismo, a dúvida e o ridículo dos outros.

Era imensa a fé de Nash na racionalidade e no poder do pensamento puro, até mesmo para um jovem matemático, e até mesmo para a nova era dos computadores, viagens espaciais e armas nucleares. Certa vez, Einstein criticou-o por estar querendo alterar a teoria da relatividade sem estudar física.[6] Seus heróis eram pensadores solitários e super-homens como Newton e Nietzsche.[7] Suas paixões eram os computadores e a ficção científica. Ele considerava as "máquinas pensantes", como as chamava, superiores, em certos aspectos, aos seres humanos.[8] Em determinada época, ficou fascinado pela possibilidade de as drogas poderem melhorar o desempenho físico e intelectual.[9] Foi atraído pela idéia de raças alienígenas de seres super-racionais, que haviam aprendido a descartar toda emoção.[10] Compulsivamente racional, ele desejava transformar todas as decisões da vida – seja a de tomar o primeiro elevador ou esperar pelo próximo, onde aplicar seu dinheiro, que emprego aceitar, ou a de casar-se – em cálculos de vantagem e desvantagem, algoritmos ou regras matemáticas separadas da emoção, da convenção ou da tradição. Até mesmo o ato insignificante de dizer um "alô" automático a Nash num corredor era capaz de produzir um furioso "Por que você está dizendo 'alô' para mim?".[11]

De maneira geral, seus contemporâneos achavam-no muito estranho. Eles o descreviam como "arredio", "arrogante", "sem sentimentos", "desligado", "estranho" e "esquisito".[12] Nash associava-se a seus pares, mas não se misturava com eles. Preocupado com sua própria realidade particular, ele parecia não compartilhar das preocupações mundanas das outras pessoas. Suas maneiras – ligeiramente frio, um pouco superior, algo dissimulado – sugeriam algo "misterioso e não-natural". Sua alienação era pontuada por arroubos de tagarelice sobre o espaço exterior e tendências geopolíticas, brincadeiras infantis e crises de raiva imprevisíveis. Mas essas explosões eram, na maioria, tão enigmáticas quanto seus silêncios. "Ele não é um dos nossos" era um refrão costumeiro. Um matemático do Instituto de Estudos Avançados relembra seu primeiro encontro com Nash numa festa de estudantes em Princeton:

> Percebi nitidamente a presença dele entre muitas outras pessoas que estavam lá. Estava sentado no chão num semicírculo discutindo alguma coisa. Ele fez com que eu me sentisse inquieto. Transmitiu-me um sentimento peculiar. Tive a sensação de certa estranheza. Ele era diferente, de certo modo. Eu não sabia a dimensão de seu talento. Não tinha idéia da enorme contribuição dada por ele.[13]

Mas ele contribuiu mesmo, de maneira notável. O paradoxo maravilhoso foi que as idéias propriamente ditas não eram obscuras. Em 1958, a revista *Fortune* deu um destaque especial a Nash por suas realizações na área da teoria dos jogos, da geometria algébrica e da teoria não-linear, chamando-o de o mais brilhante da jovem geração dos novos matemáticos ambidestros, que trabalhavam tanto com matemática pura quanto com matemática aplicada.[14] O insight de Nash a respeito da dinâmica da rivalidade humana – sua teoria do conflito e da cooperação racionais – viria a se tornar uma das idéias mais influentes do século XX, transformando a jovem ciência da economia da mesma maneira que as idéias de Mendel sobre a transmissão genética, o modelo de Darwin da seleção natural e a mecânica celeste de Newton reformularam a biologia e a física em sua época.

Foi o grande polímata John von Neumann, nascido na Hungria, quem primeiro reconheceu que o comportamento social podia ser analisado por meio de jogos. O artigo de von Neumann, publicado em 1928, sobre jogos de salão foi a primeira tentativa bem-sucedida de extrair das rivalidades regras lógicas e matemáticas.[15] Assim como Blake via o universo num grão de areia, grandes cientistas freqüentemente procuravam pistas para problemas vastos e complexos nos fenômenos insignificantes, familiares, da vida diária. Isaac Newton chegou aos insights sobre os céus brincando com bolas de madeira. Einstein contemplou um barco a remo subindo a correnteza de um rio. Von Neumann pensou sobre o jogo de pôquer.

Uma ocupação aparentemente trivial e lúdica como o pôquer, afirmou von Neumann, pode conter a chave de assuntos humanos mais sérios por duas razões. Tanto o pôquer como a competição econômica exigem certo tipo de raciocínio, que é o cálculo racional de vantagens e desvantagens baseado num certo sistema de valores internamente coerente ("Mais é melhor do que menos"). E em ambos o resultado de qualquer ator individual depende não apenas de suas próprias ações, mas de ações independentes dos outros.

Mais de um século antes, o economista francês Antoine-Augustin Cournot havia mostrado que problemas de escolha econômica mostravam-se bastante simplificados quando nenhum ou um grande número de outros agentes estava presente.[16] Sozinho em sua ilha, Robinson Crusoé não tem de se preocupar com outros, cujas ações poderiam afetá-lo. Da mesma forma, os açougueiros e padeiros de Adam Smith. Eles vivem num mundo com tantos agentes que suas ações, na realidade, se anulam mutuamente. Porém, quando há mais do que um único agente, mas não tantos a ponto de sua influência poder ser ignorada com segurança, o comportamento estratégico suscita um problema aparentemente insolúvel. "Eu penso que ele pensa que eu penso que ele pensa", e assim por diante.

Von Neumann conseguiu dar uma solução convincente a este problema, o problema do raciocínio circular para jogos de duas pessoas, com soma zero, jogos em que o ganho de um é a perda do outro. Mas jogos de soma zero são os menos aplicáveis à economia (como disse um escritor, o jogo de soma zero é, para a teoria dos jogos, "o mesmo que os blues de 12 compassos são para o jazz; um caso polar; e um ponto de partida histórico"). Para situações com muitos agentes e a possibilidade de ganhos mútuos – o cenário econômico padrão –, a intuição superlativa de von Neumann não funcionou. Ele estava convencido de que os jogadores teriam de formar coalizões, fazer acordos explícitos e submeter-se a uma autoridade superior, centralizada, para fazer valer esses acordos.[17] É muito provável que sua convicção refletisse a desconfiança de sua geração, no rastro da Grande Depressão e no meio de uma guerra mundial, de individualismo desvairado. Embora von Neumann quase não compartilhasse das opiniões liberais de Einstein, Bertrand Russell e do economista britânico John Maynard

Keynes, ele aceitava parcialmente a crença desses homens de que ações que podiam ser razoáveis do ponto de vista do indivíduo podiam também produzir o caos social. Como eles, von Neumann advogava a então popular solução para o conflito político na era de armas nucleares: o governo mundial.[18]

O jovem Nash tinha intuições totalmente diferentes. Onde o foco de von Neumann era o grupo, Nash dirigiu sua mira para o indivíduo, e, ao fazer isso, tornou a teoria dos jogos importante para a economia moderna. Em sua pequena tese de doutorado, de 27 páginas, escrita quando tinha 21 anos, ele criou uma teoria dos jogos na qual havia a possibilidade de ganho mútuo, inventando um conceito que permitia que se interrompesse a cadeia interminável de raciocínio, "eu penso que você pensa que eu penso...".[19] Seu insight foi que o jogo seria resolvido quando cada um dos jogadores, independentemente, escolhesse sua melhor resposta para as melhores estratégias dos outros jogadores.

Assim, um jovem aparentemente tão alienado das emoções das outras pessoas, sem mencionar as suas próprias, pôde ver claramente que o mais humano dos motivos e comportamentos é tão misterioso quanto a própria matemática, esse mundo de formas platônicas ideais inventado pela espécie humana aparentemente por pura introspecção (e, ainda assim, ligado de alguma maneira aos aspectos mais vulgares e mais mundanos da natureza). Mas Nash fora criado em uma cidade de crescimento explosivo, nas encostas dos montes Apalaches, onde se construíram fortunas com os negócios trepidantes e brutos de ferrovias, carvão, sucata e eletricidade. A racionalidade individual e o interesse pessoal, não o acordo geral em prol do bem coletivo, pareciam suficientes para criar uma ordem tolerável. O salto foi curto, de observaçoes feitas em sua cidadezinha natal para a estratégia lógica necessária para o indivíduo maximizar a própria vantagem e minimizar suas desvantagens. O equilíbrio de Nash, uma vez explicado, parece óbvio, mas ao formular o problema da competição econômica do modo como fez, ele mostrou que um processo de tomada de decisão descentralizado podia, de fato, ser coerente – dando à economia uma versão atualizada, muito mais sofisticada, da grande metáfora de Adam Smith, a chamada Mão Invisível.

POUCO ANTES DE CHEGAR aos 30 anos, as percepções e descobertas de Nash já lhe haviam granjeado reconhecimento, respeito e autonomia. Ele construíra uma brilhante carreira até o ápice da profissão de matemático, havia viajado, dado palestras, ensinado, conhecido os mais famosos matemáticos de sua época e se tornado, ele próprio, famoso. Seu gênio também lhe valeu amor. Ele casara com uma brilhante estudante de física que o adorava e que lhe dera um filho. Era uma estratégia extraordinária, esse gênio, essa vida. Uma adaptação aparentemente perfeita.

Muitos grandes cientistas e filósofos, entre eles René Descartes, Ludwig Wittgenstein, Immanuel Kant, Thorstein Veblen, Isaac Newton e Albert Einstein, também tinham personalidades igualmente estranhas e solitárias.[20] Um temperamento emocionalmente alienado, introvertido, pode ser especialmente favorável à criatividade científica, já observaram psiquiatras e biógrafos há muito tempo, assim como oscilações violentas de humor podem freqüentemente estar relacionadas à expressão artística. No livro *The Dynamics of Creation*, o psiquiatra inglês Anthony Storr defende o ponto de vista de que um indivíduo que "tem medo do amor quase tanto quanto tem medo do ódio" pode se voltar para a atividade criativa não apenas como um impulso para experimentar o prazer estético, ou deleite de exercitar uma mente ativa, mas também para se defender da ansiedade estimulada pelas exigências conflitantes da alienação e do contato com outras pessoas.[21] No mesmo viés, Jean-Paul Sartre, filósofo e escritor francês, considerava o gênio "uma brilhante invenção de alguém que está procurando um jeito de cair fora". Levantando a questão do motivo pelo qual as pessoas quase sempre ficam dispostas a suportar frustrações e infortúnios a fim de criar algo, mesmo na ausência de grandes recompensas, Storr especula:

> Algumas pessoas criativas... de temperamento predominantemente esquizóide ou depressivo... usam suas capacidades criativas de modo defensivo. Se o trabalho criativo protege um homem da doença mental, não devemos nos admirar com o fato de que ele o persiga com avidez. O estado esquizóide... é caracterizado por um sentimento de falta de sentido e futilidade. Para a maioria das pessoas, a interação com os outros proporciona a maior parte daquilo que elas precisam para encontrar significado e importância na vida. Com a pessoa esquizóide, entretanto, isso não acontece. A atividade criativa é uma maneira particularmente adequada para ela se expressar... a atividade é solitária...[mas] a capacidade de criar e os produtos que resultam dessa capacidade são geralmente encarados como possuidores de valor por nossa sociedade.[22]

É claro que muito poucas pessoas que apresentam "um padrão de isolamento social durante toda a vida" e "indiferença pelas atitudes e sentimentos dos outros" – sinalizadores básicos da chamada personalidade esquizóide – possuem grande talento científico ou outro talento criativo qualquer.[23] E a grande maioria das pessoas com esses temperamentos estranhos e solitários não apresenta uma doença mental grave.[24] Em vez disso, de acordo com John G. Gunderson, um psiquiatra de Harvard, elas tendem "a se envolver em atividades solitárias que quase sempre dizem respeito a assuntos mecânicos, científicos, futurísticos e outros, não-humanos... [e] têm a probabilidade de parecer progressivamente mais confortáveis durante certo período de tempo, formando uma rede estável, mas distanciada, de relacionamentos com pessoas ligadas a suas tarefas profissionais".[25] Homens de gênio científico, embora excêntricos, raramente se tornam verdadeiramente loucos – a mais forte evidência da natureza potencialmente protetora da criatividade.[26] Nash mostrou que era uma trágica exceção. Sob a brilhante superfície de sua vida, tudo era caos e contradição: seu envolvimento com outros homens; uma amante secreta e um filho ilegítimo negligenciado; uma profunda ambivalência para com a esposa que o adorava, a universidade que o criou e até mesmo com seu país; e, cada vez mais, um medo obsessivo do fracasso. E o caos por fim tomou vulto, transbordou e levou de roldão o frágil edifício de sua vida cuidadosamente construída.

OS PRIMEIROS SINAIS visíveis de que Nash estava resvalando da excentricidade para a loucura apareceram quando ele tinha 30 anos e estava prestes a se tornar professor do MIT. Os episódios foram tão disfarçados e ligeiros que seus colegas mais jovens na instituição pensaram que ele estivesse fazendo uma brincadeira de mau gosto à custa deles. Nash entrou na sala dos professores numa manhã de inverno de 1959 com um exemplar do *The New York Times* e observou, para ninguém em particular, que a história do canto superior esquerdo da primeira página continha uma mensagem criptografada de habitantes de uma outra galáxia que somente ele podia decifrar.[27] Mesmo meses mais tarde, depois que ele já deixara de dar aulas, havia raivosamente pedido exoneração do cargo de professor e estava encarcerado num hospital psiquiátrico particular nos subúrbios de Boston, um dos psiquiatras forenses mais importantes do país, um perito que testemunhara no caso de Sacco e Vanzetti, insistiu em dizer que Nash estava perfeitamente são. Apenas alguns dos que observaram a estranha metamorfose, Norbert Wiener entre eles, perceberam o verdadeiro alcance do problema.[28]

Aos 30 anos, Nash sofreu o primeiro episódio devastador de esquizofrenia paranóica, a mais catastrófica, multiforme e misteriosa das doenças mentais. Nas três décadas seguintes, ele apresentou, em grau severo, delírios, alucinações, pensamentos e sentimentos confusos, além de quebra da força de vontade. Consumido por esse "câncer da mente", como é às vezes denominada essa condição universalmente temida, ele abandonou a matemática, dedicou-se à numerologia e à profecia religiosa e passou a acreditar que era "uma figura messiânica de grande e secreta importância". Fugiu para a Europa diversas vezes, foi hospitalizado contra sua vontade meia dúzia de vezes por períodos de até um ano e meio, foi submetido a todo tipo de tratamento com eletrochoques e medicamentos, passou por breves remissões e episódios de esperança que duravam apenas uns poucos meses e, finalmente, transformou-se num triste fantasma que assombrava o campus da Universidade de Princeton, onde ele havia sido brilhante aluno do curso de pós-graduação, vestindo-se de modo esquisito, falando consigo mesmo, escrevendo mensagens misteriosas nos quadros-negros, ano após ano.

A origem da esquizofrenia é misteriosa. A condição foi descrita pela primeira vez em 1806, mas ninguém sabe ao certo se a doença – ou, mais provavelmente, o grupo de doenças – já existia havia muito tempo mas tinha escapado à definição, ou, por outro lado, se apareceu como um flagelo do tipo da Aids no início da era industrial.[29] Aproximadamente um por cento da população de todos os países é vítima dela.[30] Não se sabe por que razão ela ataca um indivíduo e não outro, embora se suspeite de que seja o resultado de uma mistura de vulnerabilidade herdada e de estresses da vida.[31] Nunca se comprovou que algum elemento do ambiente, isoladamente – guerra, prisão, drogas ou educação familiar –, seja a causa de um único caso da doença.[32] Hoje em dia há um consenso de que a esquizofrenia tem uma tendência a se transmitir nas famílias, mas a hereditariedade, por si só, aparentemente não pode explicar por que um determinado indivíduo desenvolve a doença em seu grau mais elevado.[33]

Eugen Bleuler, que cunhou o termo esquizofrenia em 1908, descreveu um "tipo específico de alteração do pensamento, dos sentimentos e da relação com o mundo exterior".[34] O termo refere-se a uma ruptura das funções psíquicas, "uma destruição peculiar da coesão interna da personalidade psíquica".[35] Para a pessoa que experimenta os primeiros sintomas, há um deslocamento de todas as faculdades, de tempo, espaço e corpo.[36] Nenhum dos sintomas – ouvir vozes, delírios bizarros, apatia ou agitação extremas, frieza em relação aos outros – é, tomado isoladamente, exclusivo da doença.[37] E os sintomas variam tanto entre indivíduos e ao longo do tempo para o mesmo indivíduo que a noção de "caso típico" é praticamente inexistente. Até mesmo o grau de incapacidade – muito mais severo, na média, para homens – varia enormemente. Os sintomas podem produzir "incapacidade ligeira, moderada, severa ou total", de acordo com Irving Gottesman, um importante pesquisador contemporâneo.[38] Embora Nash tenha sido afetado aos

30 anos, o mal pode aparecer em qualquer idade, da adolescência à meia-idade avançada.[39] O primeiro episódio pode durar poucas semanas ou meses, ou vários anos.[40] A história da vida de alguém com a doença pode incluir apenas um ou dois episódios.[41] Isaac Newton, a vida inteira uma alma excêntrica e solitária, aparentemente sofreu um colapso psicótico com delírios paranóides aos 51 anos.[42] O episódio, que pode ter sido precipitado por um relacionamento infeliz com um homem mais moço e pelo fracasso de seus experimentos em alquimia, assinalou o fim da carreira acadêmica do físico. Mas, após um ano, aproximadamente, Newton se recuperou e continuou ocupando uma série de altos cargos públicos, recebendo muitas honrarias. Com maior freqüência, como aconteceu no caso de Nash, as pessoas com a doença sofrem muitos episódios, progressivamente mais severos, que ocorrem a intervalos cada vez mais curtos. A recuperação, quase nunca completa, percorre uma escala que vai desde um nível tolerável para a sociedade até outro nível mais grave, que talvez não exija hospitalização permanente, mas que, na realidade, não permite nem mesmo um simulacro de vida normal.[43]

Mais do que qualquer sintoma, a característica definidora da doença é o profundo sentimento de incompreensibilidade e inacessibilidade que o paciente provoca nas outras pessoas. Os psiquiatras descrevem a sensação que a pessoa tem de estar separada por uma "brecha que desafia qualquer descrição" dos indivíduos esquizofrênicos, que parecem "totalmente estranhos, enigmáticos, incompreensíveis, misteriosos e incapazes de empatia, até o ponto de se tornarem sinistros e amedrontadores".[44] Para Nash, o início da doença intensificou de maneira dramática o sentimento

 preexistente, por parte de muita gente que o conhecia, de

que ele estava essencialmente desligado deles e profundamente irreconhecível. Como escreve Storr:

> Por mais melancólico que um depressivo esteja, o observador geralmente sente que há alguma possibilidade de contato emocional. A pessoa esquizóide, por outro lado, parece distante e inacessível. Esse afastamento do contato humano torna seu estado de espírito menos compreensível do ponto de vista humano, pois seus sentimentos não são comunicados. Se uma pessoa assim se torna psicótica (esquizofrênica), essa falta de ligação com os outros e com o mundo exterior torna-se mais óbvia; com o resultado de que o comportamento e as palavras do paciente parecem inconseqüentes e imprevisíveis.[45]

A esquizofrenia contradiz a opinião popular mas incorreta de que a loucura consiste somente em violentas alterações do humor, em delírios frenéticos. Uma pessoa com esquizofrenia não fica permanentemente desorientada ou confusa, por exemplo, da maneira como poderia ficar um indivíduo com lesão cerebral ou com a doença de Alzheimer.[46] Ele pode ter, e na verdade geralmente tem, uma âncora firme em certos aspectos da realidade presente. Quando estava doente, Nash viajou por toda a Europa e os Estados Unidos, obteve assistência jurídica e aprendeu a elaborar sofisticados programas de computador. A esquizofrenia também se distingue da doença maníaco-depressiva (geralmente conhecida como distúrbio bipolar), com a qual foi freqüentemente confundida no passado.

Se assim podemos dizer, a esquizofrenia pode ser uma doença do raciocínio, particularmente nas fases iniciais.[47] A partir do início do século XX, os grandes estudiosos da doença observaram que os pacientes incluíam pessoas com mentes brilhantes, e que os delírios que muitas vezes, embora nem sempre, apareciam com o distúrbio incluíam vôos da imaginação sutis, sofisticados e complexos. Emil Kraepelin, que definiu o distúrbio pela primeira vez em 1896, descreveu a *dementia praecox*, como ele a chamou, não como um esfacelamento da razão, mas como a causa de um "dano considerável à vida emocional e à vontade".[48] Louis A. Sass, psicólogo da Universidade Rutgers, a denomina "não uma fuga da razão, mas uma exacerbação daquela doença total imaginada por Dostoievski... pelo menos em algumas de suas formas... uma intensificação mais do que um amortecimento da percepção consciente, e uma alienação não da razão mas da emoção, dos instintos e da vontade".[49]

O estado emocional de Nash nos primeiros dias da doença pode ser descrito não como maníaco ou melancólico, mas sim como intensificação da percepção, vigília insone e observação atenta. Ele começou a acreditar que muitas das coisas que via – um número de telefone, uma gravata vermelha, um cachorro trotando na calçada, uma carta em hebraico, um local de nascimento, uma frase no *The New York Times* – tinham um significado oculto, visível apenas para ele. Ele considerava esses sinais coisas que o atraíam com força cada vez maior, a tal ponto que eliminavam de sua consciência seus interesses e preocupações habituais. Ao mesmo tempo, ele acreditava que estava a ponto de ter insights cósmicos. Afirmava ter encontrado uma solução para o maior dos problemas não-solucionados da matemática pura, a chamada Hipótese de Riemann. Mais tarde, disse que havia se envolvido num esforço para "reescrever os fundamentos da física quântica". Passado algum tempo, Nash afirmou, numa enxurrada de cartas para seus ex-colegas, ter descoberto grandes conspirações e o significado secreto de números e de textos bíblicos. Numa carta ao algebrista Emil Artin, ao qual se dirigia como "um grande necromante e numerólogo", ele escreveu:

> Tenho estudado questões algérbiae [sic] e observei algumas coisas interessantes que também podem ser de interesse para você... Eu, um instante atrás, vi-me apossado pelo conceito de que os cálculos numerológicos dependentes do sistema decimal podem não ser suficientemente intrínsecos e que também a estrutura da linguagem e do alfabeto pode conter estereótipos culturais antigos, que interferem na compreendendo [sic] ou no pensamento imparcial... Escrevi rapidamente uma nova seqüência de símbolos... Eles estavam associados com (na realidade, um ideal natural, mas talvez não-computacional, mas adequado a rituais e encantamentos místicos e coisas assim) um sistema para representar as integrais via símbolos, baseado nos produtos dos números primos sucessivos.[50]

Provavelmente havia uma predisposição inerente para a esquizofrenia no exótico estilo de pensamento de Nash como matemático, mas a doença em seu grau mais avançado devastou sua capacidade para o trabalho criativo. Seus insights, antes inspirados, tornaram-se cada vez mais obscuros, contraditórios e repletos de significados puramente particulares, acessíveis apenas a ele próprio. Sua convicção permanente de que o universo era racional evoluiu para uma caricatura, transformando-se numa crença inarredável de que tudo tinha significado, tudo tinha uma razão, nada era aleatório ou coincidência. Na maior parte do tempo, seus delírios grandiosos o isolavam da dolorosa realidade de tudo o que ele havia perdido. Mas, em seguida, surgiam terríveis lampejos de percepção. De tempos em tempos, queixava-se amargamente de sua incapacidade de se concentrar e de se lembrar da matemática, fato que ele atribuía aos tratamentos de choque.[51] Às vezes ele contava para outras pessoas que sua ociosidade forçada fazia-o sentir-se envergonhado de si mesmo, inútil.[52] Com mais freqüência, exprimia seu sofrimento sem palavras. Numa ocasião, durante a década de 1970, ele estava sentado a uma mesa no refeitório do Instituto de Estudos Avançados – aquele refúgio acadêmico no qual ele antes já estivera discutindo suas idéias com figuras do tipo de Einstein, von Neumann e Robert Oppenheimer – sozinho, como de costume. Naquela manhã, como recordou uma pessoa que trabalhava na instituição, Nash levantou-se, caminhou até a parede e ficou ali por muitos minutos, batendo com a cabeça na parede, vagarosa e continuadamente, os olhos cerrados com força, as mãos fechadas, crispadas, o rosto contorcido de angústia.[53]

ENQUANTO NASH, o homem, permanecia congelado num estado semelhante ao sonho, um fantasma que assombrava Princeton nos anos 1970 e 1980, rabiscando nos quadros-negros e estudando textos religiosos, seu nome começou a emergir por toda a parte – nos compêndios de economia, em artigos sobre a biologia evolucionista, em tratados de ciência política, em periódicos de matemática. Seu nome aparecia em citações explícitas de trabalhos que ele escrevera nos anos 1950 com menos freqüência do que como um adjetivo para conceitos tão universalmente aceitos, tão familiares, como alicerces de muitas questões que nem exigiam uma referência particular. "O equilíbrio de Nash", "A solução da barganha de Nash", "O programa de Nash", "O cálculo de Giorgi-Nash", "A imersão de Nash",

"O teorema de Nash-Moser", "O *blowing-up* de Nash".[54] Ao ser publicada, em 1987, uma maciça enciclopédia de economia, *The New Palgrave*, os editores observaram que a revolução da teoria dos jogos que varrera o cenário econômico "não incorporara, aparentemente, nenhum novo teorema matemático fundamental além daqueles de von Neumann e Nash".[55]

Até mesmo quando as idéias de Nash adquiriram mais peso – em áreas tão díspares que quase ninguém ligava o Nash da teoria dos jogos com Nash, o geômetra, ou Nash, o analista –, o homem propriamente dito permanecia envolto na obscuridade. A maioria dos jovens matemáticos e economistas que utilizavam suas idéias simplesmente supunha, por causa das datas de seus artigos publicados, que ele já morrera. Profissionais da área que sabiam não ser esse o caso, mas que tinham conhecimento de sua trágica doença, às vezes o tratavam como se ele já tivesse morrido. Uma proposta de 1989 para incluir Nash entre os candidatos a possível membro da Sociedade Econométrica foi encarada pelos responsáveis pela sociedade como um gesto extremamente romântico, mas essencialmente frívolo – e rejeitada.[56] No *The New Palgrave* não aparecia nada sobre Nash junto dos resumos biográficos de meia dúzia de outros pioneiros da teoria dos jogos.[57]

Por essa época, como parte de suas perambulações diárias em Princeton, Nash costumava aparecer no instituto quase todo dia no café-da-manhã. Às vezes ele filava cigarros ou gastava uns trocados, mas na maior parte do tempo mantinha-se calado, uma figura silenciosa, furtiva, macilenta e grisalha, que se isolava num canto, bebendo café, fumando, espalhando uma pilha de jornais rasgados que sempre carregava consigo.[58]

Freeman Dyson, um dos gigantes da física teórica do século XX, prodígio matemático em certa época e autor de vários livros de divulgação científica, repletos de ricas metáforas, então na casa dos 60 anos, cerca de cinco anos mais velho do que Nash, era um dos que o viam diariamente no instituto.[59] Dyson é um duendezinho, pai de seis filhos, em nada alienado, com um acentuado interesse pelas pessoas, algo inusitado para os de sua profissão, e um dos que cumprimentavam Nash sem esperar qualquer resposta, mas simplesmente como sinal de respeito.

Numa daquelas manhãs cinzentas, no fim dos anos 1980, ele disse seu costumeiro bom-dia para Nash. "Vejo que sua filha está no noticiário de novo", disse Nash a Dyson, cuja filha Esther é uma autoridade freqüentemente citada em assuntos de computação. Dyson, que nunca ouvira Nash falar, disse mais tarde: "Eu não tinha a menor idéia de que ele sabia da existência dela. Foi lindo. Lembro-me de como fiquei espantado. O que achei mais maravilhoso foi esse lento despertar. Vagarosamente, parece que acordou, de alguma maneira. Ninguém jamais revelou-se da maneira como ele o fez."

Seguiram-se mais sinais de recuperação. Por volta de 1990, Nash começou a se corresponder, via e-mail, com Enrico Bombieri, por muitos anos uma estrela do corpo docente de matemática do instituto.[60] Bombieri, um italiano vivo e erudito, ganhou a medalha Fields, prêmio de matemática equivalente ao Prêmio Nobel. Ele também pinta quadros a óleo, coleciona cogumelos silvestres e gosta de polir pedras preciosas. É um teórico dos números, que vem trabalhando há muito tempo com a Hipótese de Riemann. O intercâmbio centrou-se em várias conjecturas e cálculos que Nash havia começado a relacionar com a chamada conjectura ABC. As cartas mostraram que Nash estava de novo realizando pesquisa matemática verdadeira. Disse Bombieri:

> Ele se fechava muito em si mesmo. Mas, em certo momento, começou a falar com as pessoas. Então conversamos muito sobre a teoria dos números. Às vezes conversávamos em minha sala. Às vezes, durante o café no refeitório. Depois começamos a nos corresponder por e-mail. É uma inteligência aguda... todas as sugestões têm firmeza... não têm nada de comum nelas... Geralmente quando alguém começa numa determinada área, chama a atenção para o óbvio, apenas para o que já é conhecido. Nesse caso, isso não aconteceu. Ele olha as coisas de um ângulo ligeiramente diferente.

Uma recuperação espontânea da esquizofrenia – ainda encarada como uma doença demencial e degenerativa – é tão rara, particularmente depois de um período tão longo e severo como o experimentado por Nash, que, quando ocorre, os psiquiatras rotineiramente questionam a validade do diagnóstico inicial.[61] Mas gente como Dyson e Bombieri, que haviam observado Nash perambular por Princeton durante anos antes de testemunharem a transformação, não tiveram dúvidas de que no início dos anos 1990 ele era um "milagre ambulante".

É bastante improvável, no entanto, que muita gente fora desse Olimpo intelectual tenha tomado conhecimento dessas transformações, por mais drásticas que tenham parecido aos de dentro de Princeton, se não fosse por outra cena, que também ocorreu naquele lugar, no fim da primeira semana de outubro de 1994.

Um seminário de matemática estava terminando no momento. Nash, que então comparecia regularmente a essas reuniões e às vezes até fazia uma pergunta ou apresentava uma hipótese, estava prestes a escapulir. Harold Kuhn, professor de matemática da universidade e o amigo mais íntimo de Nash, encontrou-o na porta.[62] Kuhn havia telefonado para a casa de Nash mais cedo naquele dia e sugerido que os dois fossem almoçar juntos depois da palestra. O dia estava tão ameno, o ambiente externo tão convidativo, o bosque do instituto parecia tão esplêndido, que os dois homens acabaram sentando-se num banco em frente ao prédio de matemática, na extremidade de um amplo gramado, tendo à frente uma graciosa fontezinha japonesa.

Os dois já se conheciam havia quase cinqüenta anos. Ambos foram estudantes de pós-graduação em Princeton no fim dos anos 1940, tiveram os mesmos professores, conheceram as mesmas pessoas, participaram dos mesmos círculos de matemáticos da elite. Não haviam sido amigos quando estudantes, mas Kuhn, que fizera quase toda a sua carreira em Princeton, nunca tinha perdido inteiramente o contato com Nash, e quando este se tornara mais acessível, conseguiu estabelecer uma ligação bastante regular com ele. Kuhn é um homem atilado, vigoroso, sofisticado, que não carrega o fardo da "personalidade matemática". Não é uma figura acadêmica típica, apaixonada pelas artes ou pelas causas políticas liberais; ele é tão interessado pela vida das outras pessoas quanto Nash é alienado delas. Formavam um par esquisito, ligado não por temperamento ou pela experiência, mas por um grande manancial de memórias e associações comuns.

Kuhn, que havia ensaiado com cuidado o que iria dizer, chegou rapidamente ao ponto. "Tenho uma coisa para lhe contar, John", começou ele. Nash, como de costume, recusou-se de início a olhar diretamente para Kuhn, preferindo fixar o olhar a meia distância. Kuhn continuou falando. Nash deveria receber um importante telefonema em casa, na manhã do dia seguinte, provavelmente por volta das 6 horas. A chamada viria de Estocolmo. Seria feita pelo secretário-geral da Academia Sueca de Ciências. A voz de Kuhn ficou subitamente embargada pela emoção. Então, Nash virou a cabeça, concentrando-se em cada palavra. "Ele vai lhe dizer, John", concluiu Kuhn, "que você ganhou o Prêmio Nobel".

Esta é a história de John Forbes Nash Jr. É uma história sobre o mistério da mente humana, em três atos: o gênio, a loucura, o novo despertar.

Parte I

Uma mente brilhante

1
Bluefield
1928-1945

Ensinaram-me a sentir, talvez em demasia
O poder auto-suficiente da solidão.

– William Wordsworth

Entre as mais antigas lembranças de John Nash existe uma em que ele, como uma criança de 2 ou 3 anos, ouvia sua avó materna tocar piano na sala de estar da velha casa da Tazewell Street, empoleirada numa colina batida pela brisa e com vista para a cidade de Bluefield, estado de West Virginia.[1]

Foi nessa sala que seus pais se casaram em 6 de setembro de 1924, um sábado, às 8 horas, aos acordes de um hino protestante, entre cestas repletas de hortênsias, varas-de-ouro e margaridas brancas e amarelas.[2] O noivo, de 32 anos, era alto e bonito, de aspecto sério. A noiva, quatro anos mais jovem, era uma beleza esbelta, de olhos negros. Seu vestido justo, de veludo marrom, realçava a cintura fina e as costas longas e graciosas. Talvez ela tivesse escolhido aquele tom profundo em deferência pela morte recente do pai. Levava um buquê das mesmas flores fora de moda que enchiam a sala e ainda tinha mais desses botões aplicados em seus cabelos castanhos abundantes. O efeito mais resplandecente, mais do que suave. Os tons vibrantes de marrom e dourado, que teriam feito uma mulher com uma tez mais clara, mais tipicamente sulista, parecer abatida, embelezavam sua pele morena e lhe emprestavam um ar admirável e sofisticado.

A cerimônia, presidida por ministros da Igreja Episcopal de Cristo e da Igreja Metodista da Bland Street, foi simples e curta, testemunhada por menos de uma dúzia de membros da família e velhos amigos. Às 11 horas os recém-casados já estavam no portão de ferro forjado floreado, na frente da casa branca, baixa, construída na década de 1890, fazendo suas despedidas. Depois, de acordo com uma notícia que apareceu semanas mais tarde no boletim da Appalachian Power Company, eles embarcaram no novo e reluzente Dodge do noivo para uma "longa excursão" por vários estados do Norte.[3]

O estilo romântico do casamento e a lua-de-mel do tipo aventureiro indicavam certas qualidades do casal, não mais na flor da idade, que o diferenciavam, de certa maneira, do restante da sociedade dessa pequena cidade americana.

O Sr. John Forbes Nash era "respeitável, esmerado e muito sério, um homem muito conservador em todos os aspectos", de acordo com sua filha Martha Nash Legg.[4] Natural do Texas, ele descendia de membros da aristocracia rural, professores e fazendeiros, puritanos e batistas escoceses devotos e frugais, que migraram para o Oeste partindo da Nova Inglaterra e dos estados do Sul que margeiam o golfo do México.[5] Nasceu em 1892 na fazenda de seus avós maternos, às margens do rio Red, no norte do Texas, o mais velho dos três filhos de Martha Smith e Alexander Quincy Nash.

Sua infância foi infeliz. A infelicidade provinha em grande parte do casamento de seus pais. O obituário de Martha Nash cita "muitos fardos, responsabilidades e desapontamentos, que exigiram muito de seu sistema nervoso e de sua força física".[6] O principal fardo foi Alexander, individuo estranho e instável, um inútil e paquerador, que ou abandonou sua esposa e os três filhos logo depois do fechamento da faculdade fundada por seus avós ou, o que é mais provável, foi expulso de casa. Não está esclarecida a época exata em que Alexander largou a família para sempre ou o que lhe aconteceu depois que partiu, mas ele permaneceu em cena tempo suficiente para despertar em seus filhos uma inimizade eterna, e para instilar em seu filho mais moço uma ânsia profunda e constante por respeitabilidade. "Ele se preocupava muito com aparências", disse mais tarde sua filha Martha a respeito do pai, "queria que tudo fosse apropriado".[7]

A mãe do Sr. John era uma mulher muito inteligente e habilidosa. Depois que ela e o marido se separaram, Martha Nash sustentou a si mesma e a seus três filhos, trabalhando durante muitos anos como administradora do Baylor College, uma instituição batista para moças, em Belton, no Texas central. Os obituários atribuem a ela "grande habilidade executiva" e "notável capacidade gerencial". De acordo com o *Baptist Standard*, "ela era uma mulher extraordinariamente capaz... Tinha a capacidade de dirigir grandes empreendimentos... uma verdadeira filha da aristocracia sulista". Devota e diligente, Martha também foi descrita como uma mãe "eficiente e dedicada", mas sua luta constante contra a pobreza, a saúde precária e a depressão, juntamente com a vergonha de crescer num lar sem pai, deixaram suas marcas no pai de John e contribuíram para o distanciamento emocional que ele mais tarde demonstrou em relação aos próprios filhos.

Rodeado pela infelicidade em casa, o Sr. John logo encontrou consolo e certeza no campo da ciência e da tecnologia. Estudou engenharia elétrica na Texas Agricultural & Mechanical, diplomando-se nessa faculdade por volta de

1912. Alistou-se no Exército logo depois que os Estados Unidos entraram na Primeira Guerra Mundial e passou a maior parte de seu tempo de serviço como tenente na 144ª Divisão Logística de Infantaria, na França. Quando voltou ao Texas, não retornou a seu emprego anterior na General Electric; em vez disso, tentou o magistério na Texas Agricultural & Mechanical, ensinando engenharia. Em virtude de sua educação e seus interesses, ele talvez tenha tido a esperança de seguir uma carreira acadêmica. Se isso aconteceu, entretanto, essas esperanças resultaram em nada. No fim do ano letivo, ele aceitou um cargo em Bluefield, na Appalachian Power Company (atualmente a American Electric Power), empresa de serviços públicos na qual trabalharia nos 38 anos seguintes. Em junho, ele morava em aposentos alugados, em Bluefield.

Fotografias de Margaret Virginia Martin – conhecida como Virginia – da época de seu noivado com o Sr. John mostram uma mulher sorridente, animada, elegante e com uma silhueta de galgo. Uma descrição a considera "uma das mais encantadoras e cultas jovens da comunidade".[8] Extrovertida e enérgica, Virginia era uma alma mais livre, menos rígida do que seu marido, calmo e reservado, e uma presença muitíssimo mais ativa na vida do filho. Sua vitalidade e sua energia eram tais que, anos mais tarde, seu filho John, na ocasião na casa dos 30 anos e gravemente doente, não acreditou, considerando algo simplesmente inacreditável, numa notícia vinda da casa da mãe, de que ela fora hospitalizada com um "colapso nervoso". Com a mesma incredulidade, ele receberia a notícia da morte dela, em 1969.[9]

Como seu marido, Virginia foi criada numa família que dava valor à igreja e à educação superior. Mas terminava aí a semelhança. Ela era uma das quatro filhas sobreviventes de um médico popular, James Everett Martin, e de sua esposa,

Emma, que haviam se mudado para Bluefield, vindos da Carolina do Norte, no início da década de 1890. Virginia estudou inglês, francês, alemão e latim, primeiro no Martha Washington College e depois na West Virginia University. Na época em que conheceu o futuro marido, ela já vinha ensinando havia seis anos. Era uma professora nata, um dom que ela mais tarde esbanjaria com seu talentoso filho.

Quando os recém-casados voltaram da lua-de-mel, o casal foi morar na casa da Tazewell Street, com a mãe e as irmãs de Virginia. O Sr. John voltou para seu emprego na Appalachian, que, naqueles anos, consistia principalmente em dirigir por todo o estado inspecionando linhas de transmissão em lugares remotos. Virginia não voltou ao magistério. Como acontecia com a maioria dos distritos escolares em todo o país nos anos 1920, o sistema educacional do condado de Mercer não admitia mulheres casadas. As professoras perdiam seus cargos assim que se casavam.[10] Entretanto, independentemente de sua exoneração compulsória, seu marido tinha a firme opinião de que deveria sustentar a esposa e protegê-la do que ele encarava como vergonha, ou seja, a necessidade de ela ter de trabalhar, outro legado de sua própria educação familiar.

BLUEFIELD, assim denominada por causa de seus campos de "chicória-azul" nos vales que a cercavam e que cresce em todas as ruas e becos até mesmo nos dias de hoje, deve sua existência às colinas onduladas repletas de carvão – "o interior mais selvagem, mais acidentado e romântico que pode ser encontrado na Virginia ou em West Virginia" – que cercam a remota cidadezinha.[11] A empresa Norfolk & Western, numa filosofia de "força bruta e ignorância", construiu uma ferrovia na década de 1890 que se estendia de Roanoke a Bluefield, que se situa nos montes Apalaches, na extremidade leste do grande veio de carvão Pocahontas. Durante muito tempo Bluefield foi um improvisado posto avançado em que comerciantes judeus, trabalhadores afro-americanos da construção civil e fazendeiros do condado de Tazewell lutavam para ganhar a vida, e onde empresários de carvão milionários, muitos deles morando a quase 20 quilômetros de distância, em Bramwell, confrontavam-se com operários imigrantes italianos, húngaros e poloneses. Também ali John L. Lewis e a União de Trabalhadores em Minas reuniam-se com os empresários para negociar os contratos, negociações que quase sempre resultavam nas greves sangrentas e nas paralisações documentadas no filme *Matewan*, de John Sayles.

Na década de 1920, quando os Nash se casaram, contudo, o aspecto de Bluefield já estava mudando. Diretamente na linha entre Chicago e Norfolk, a cidade foi se transformando num importante eixo ferroviário e atraiu uma próspera classe de burocratas, gerentes de nível médio, advogados, pequenos comerciantes, clérigos e professores.[12] Um verdadeiro centro metropolitano de edifícios de escritórios de granito e lojas que surgiram por toda a parte. Foram construídas bonitas igrejas em toda a cidade. As colinas ficaram pontilhadas de acolhedoras casas de madeira com lindos jardins cercados de rosas de Sharon. A cidade ganhara um jornal diário, um hospital e uma casa de repouso para idosos. Também prosperavam instituições educacionais, desde jardins-de-infância particulares e cursos de dança até duas pequenas faculdades, uma para negros, outra para brancos. A sensação de isolamento era amenizada pelo rádio, pelo telégrafo e pelo telefone, bem como pelas ferrovias e, cada vez mais, pelo automóvel.

Bluefield não era uma "comunidade de acadêmicos", como disse John Nash mais tarde, com mais do que uma pitada de ironia.[13] Seu espírito mercantilista, sua respeitabilidade protestante e seu esnobismo de cidade pequena não poderiam estar mais distantes da atmosfera das estufas intelectuais de Budapeste e Cambridge, que produziram John von Neumann e Norbert Wiener. Mas, enquanto John Nash crescia, a cidade já contava com um grupo razoável de homens com interesses científicos e talento para a engenharia, homens como o Sr. John, que haviam sido atraídos pela ferrovia, por companhias de serviços públicos e pelas mineradoras.[14] Alguns desses homens que foram trabalhar para as empresas terminaram como professores de ciências no ensino médio ou em uma das duas faculdades locais. Em seu ensaio autobiográfico, Nash classificou de "um desafio" o fato de "ter de aprender do conhecimento do mundo em vez de fazê-lo do conhecimento da comunidade imediata".[15] Mas, na realidade, Bluefield oferecia bastante estímulo – embora de um tipo prático – para uma mente inquisitiva; a carreira subseqüente de John Nash como matemático polivalente, para não mencionar certo pragmatismo de caráter, parece dever algo a seus anos em Bluefield.

MAIS DO QUE QUALQUER outra coisa, os recém-casados Nash eram econômicos. Sólidos membros da nova classe média americana, emergente e profissional, eles formaram uma estreita aliança e se dedicaram a obter segurança financeira e um lugar respeitável para si próprios na pirâmide social da cidade.[16]

O Sr. John manteve seu emprego na Appalachian durante toda a Grande Depressão dos anos 1930. A jovem família saiu-se bem melhor naquele período do que muitos de seus vizinhos e companheiros de igreja, principalmente os pequenos empresários. O contracheque do Sr. John, embora nada generoso, era regular, e a frugalidade se encarregava do restante. Todas as decisões que envolviam despesas, por mais modestas que fossem, eram cuidadosamente analisadas; a decisão, quase sempre, era evitá-las, postergá-las ou reduzi-las. Não havia hipotecas a serem pagas naquela época, e também não havia contribuições para aposentadoria, mesmo para um jovem gerente de médio escalão em uma das maiores companhias de serviços públicos do país.

Embora tenham começado a vida como pais numa casa alugada pertencente a Emma Martin, os Nash logo conseguiram se mudar para a própria casa, modesta mas confortável, com três quartos de dormir, em um dos melhores bairros da cidade, Country Club Hill. Construída parcialmente com tijolos de escória que o Sr. John conseguia comprar por uma ninharia numa fábrica de processamento de carvão localizada ali perto, nos Apalaches, a casa guardava pouca semelhança com as imponentes casas das famílias de empresários da indústria do carvão erguidas em torno da colina. Contudo, ficava a poucas centenas de metros do cume em que se localizava o clube, foi construída sob encomenda por um arquiteto local e tinha todos os confortos e conveniências que uma família de classe média de uma cidadezinha, naquela época, poderia desejar: uma sala de estar onde o clube de *bridge* de Virginia podia se reunir com elegância, com uma lareira, estantes embutidas e umbrais de todas as portas lindamente forrados de madeira, uma pequena cozinha bem instalada com recanto para o café-da-manhã, uma sala de jantar na qual se serviam os jantares de domingo com galinha e panquecas, um porão de verdade que poderia um dia ser preparado para servir de quarto de empregada, se fosse possível algum dia ter uma criada dormindo em casa, e um quarto de dormir para cada um dos dois filhos.

Entretanto, por mais que fossem forçados a economizar,
 os Nash conseguiam manter as aparências. Virginia tinha

roupas finas, a maioria feita por ela mesma, e permitia-se o luxo semanal de ir a um salão de beleza. Na época em que se mudaram para sua casa própria, ela arranjou uma faxineira que vinha uma vez por semana. Sempre tinha um carro à sua disposição, geralmente um Dodge, coisa bastante incomum entre as famílias de classe média naquele tempo. O Sr. John, é lógico, tinha um automóvel da empresa, em geral um Buick. Os Nash eram um casal leal, pensavam de maneira igual.

JOHN FORBES NASH JR. nasceu quase exatamente quatro anos depois do casamento de seus pais, no dia 13 de junho de 1928. Ele viu a luz pela primeira vez não em casa, mas no Bluefield Sanitarium, um pequeno hospital na Ramsey Street, que há muito tempo foi adaptado para outros usos. A não ser esse fato simples, que também indica as confortáveis condições de vida da família, nada se sabe sobre seu nascimento. Será que Virginia ficou gripada durante a gravidez no inverno? Houve outras complicações? Foi necessário o emprego de fórceps durante o parto? Embora a exposição a um vírus no útero ou um sutil ferimento por ocasião do parto possam ter constituído um fator na doença mental que o atingiu mais tarde, não há registro ou lembrança que sugiram ter ocorrido um trauma desse tipo. Não foi necessária anestesia durante o parto, Virginia contou à filha mais tarde. O menino de 3 quilos e 200 gramas era, até onde se lembram pessoas que ainda vivem, aparentemente sadio e logo foi batizado na igreja episcopal que fica em frente à casa dos Martin, do outro lado da Tazewell Street, e recebeu o nome completo do pai. Mas todos o chamavam de Johnny.

Ele era um garotinho especial, solitário e introvertido.[17] A opinião então predominante sobre as origens do temperamento esquizóide era que maus-tratos, negligência ou abandono faziam com que a criança, numa idade bem precoce, desistisse da possibilidade de obter prazer das relações humanas.[18] Johnny Nash certamente não se enquadrava nesse paradigma, atualmente desacreditado. Seus pais, sobretudo a mãe, eram ostensivamente amorosos. De modo geral, com base na evidência de biografias de muitos homens brilhantes que eram esquisitos e isolados quando crianças, pode-se levantar a hipótese de que uma criança introspectiva talvez reagisse a adultos intrometidos recolhendo-se ainda mais em seu próprio mundo particular, ou que as tentativas de fazê-la aceitar a norma poderiam ser confrontadas com a firme resolução de fazer as coisas à sua própria maneira – ou talvez que outras crianças, não compreensivas e sarcásticas, pudessem ter causado o mesmo efeito. Mas os fatos da infância de Nash, em muitos aspectos tão típicos das classes educadas das pequenas cidades americanas da época, sugerem que seu temperamento pode perfeitamente ter sido uma característica que ele trouxe desde o nascimento.

Como indica a vívida lembrança de sua avó tocando piano, boa parte da infância de Johnny Nash foi passada na companhia não apenas de sua mãe amorosa, mas também da avó, de tias e primos jovens.[19] A casa da Highland Street, para onde os Nash se mudaram logo depois de seu nascimento, ficava a uma distância da Tazewell Street que podia ser percorrida a pé, e Virginia continuou a passar boa parte de seu tempo ali, mesmo depois do nascimento da irmã mais moça de Johnny, Martha, em 1930. Contudo, na época em que ele tinha 7 ou 8 anos, suas tias já o consideravam muito dedicado aos livros e ligeiramente esquisito. Enquanto Martha e os primos se divertiam com cavalinhos de madeira, recortavam bonecas de papel de velhos livros de decoração e brincavam de casinha e esconde-esconde no sótão "quase assustador mas lindo", Johnny sempre podia ser encontrado na sala de estar com o nariz enfiado num livro ou numa revista.

Em casa, apesar da insistência da mãe, ele ignorava as crianças da vizinhança, preferindo ficar dentro de casa, sozinho. Sua irmã passava a maior parte do tempo livre na piscina ou jogando futebol e *softball*, ou participando de batalhas para pegar maçãs com varas longas e finas. Mas Johnny brincava sozinho com aviões e carros de brinquedo.

EMBORA NÃO FOSSE nenhum prodígio, Johnny era uma criança brilhante e curiosa. A reação de sua mãe, a quem ele sempre se chegava, foi transformar a educação do menino no foco principal de sua grande energia. "Mamãe era uma professora nata", observa Martha. "Ela gostava de ler, gostava de ensinar. Não era apenas uma dona de casa." Virginia, que tinha participação ativa na Associação de Pais e Professores, ensinou Johnny a ler quando este tinha 4 anos, mandou-o para um jardim-de-infância particular, fez com que ele pulasse metade de uma série logo no início da escola do ensino fundamental, ajudava-o em casa com os deveres escolares, e, mais tarde, no curso médio, matriculou-o no Bluefield College para que fizesse cursos de inglês, ciências e matemática. A mão do Sr. John na educação do filho foi menos perceptível. Mais distante que Virginia, ele, mesmo assim, compartilhava seus interesses com as crianças – levando Johnny e Martha para passeios de carro aos domingos a fim de inspecionar linhas de transmissão elétrica, por exemplo – e, o que é mais importante, dava respostas às incessantes perguntas de seu filho sobre eletricidade, geologia, clima, astronomia e outros assuntos tecnológicos, e do mundo natural. Um vizinho lembra-se de que o Sr. John sempre falava de seus filhos como se eles fossem adultos. "Nunca deu a Johnny um livro para colorir. Ele lhe dava livros de ciência."[20]

No colégio, a imaturidade e o constrangimento social de Johnny foram inicialmente mais visíveis do que qualquer um de seus dons intelectuais. Seus professores consideravam-no um estudante medíocre. Ele devaneava ou falava incessantemente e tinha dificuldade em seguir as orientações, fato que produzia certo conflito entre ele e a mãe. Seu boletim da quarta série fundamental, no qual as notas de música e matemática eram as mais baixas, tinha uma observação indicando que Johnny precisava "melhorar seus esforços, hábitos de estudo e respeito às regras". Segurava o lápis como se fosse um pedaço de pau, a caligrafia era uma coisa atroz e tinha certa tendência a usar a mão esquerda. O Sr. John insistia em que ele usasse apenas a mão direita. Por fim, Virginia matriculou-o num curso de caligrafia na faculdade de formação de secretárias da cidade, onde ele aprendeu certo estilo de letra de imprensa e também datilografia. Um recorte de jornal do álbum de Virginia o mostra sentado numa sala de aula com fileiras e fileiras de meninas adolescentes, os olhos revirados, parecendo surpreendentemente aborrecido. Queixas sobre sua caligrafia, o fato de falar fora da vez, ou mesmo "monopolizar a discussão na aula", e seu desmazelo perseguiram-no até o fim do curso médio.[21]

Seus melhores amigos eram os livros, e sua maior felicidade era aprender por conta própria. Em seu ensaio autobiográfico, Nash alude à sua preferência de maneira indireta:

> Meus pais me arranjaram uma enciclopédia, a *Compton's Pictured Encyclopedia*, na qual eu aprendi muita coisa lendo-a quando era criança. E também havia outros livros à minha disposição, ou em nossa casa ou na casa de meus avós, e que tinham valor educativo.[22]

E a melhor hora do dia era depois do jantar, toda noite, quando o Sr. John sentava-se à escrivaninha na salinha íntima, do tamanho de um jardim-de-inverno, ao lado da sala de estar, e John Jr. podia se deitar esparramado diante do rádio, ouvindo música clássica ou o noticiário, ou lendo a enciclopédia ou as pilhas das revistas *Life* e *Time*, já gastas, que a família tinha. Então ele fazia perguntas ao pai.

SUA GRANDE PAIXÃO eram os experimentos. Quando estava com 12 anos, mais ou menos, ele já havia transformado seu quarto num laboratório. Consertava rádios, mexia com dispositivos elétricos e fazia experiências químicas.[23] Um vizinho recorda-se de Johnny fazendo um arranjo com o telefone dos Nash, de modo que o aparelho tocava a campainha mesmo com o receptor fora do gancho.[24]

Embora não tivesse amigos íntimos, ele gostava de se exibir diante das outras crianças. Por exemplo, segurava um grande ímã ligado à corrente elétrica para mostrar quanto agüentava sem largar.[25] Em outra ocasião, leu a respeito de um antigo método indígena de tornar uma pessoa imune à urtiga venenosa. Embrulhava as folhas de urtiga em outras folhas e as engolia todas diante de alguns meninos.[26]

Uma tarde ele foi a um parque de diversões que se instalara em Bluefield.[27] O grande grupo de crianças com o qual estava concentrou-se para ver um número. Havia um homem sentado numa cadeira elétrica segurando uma espada em cada mão. Faíscas elétricas surgiam e dançavam entre as duas pontas. Ele desafiou qualquer um dos espectadores do grupo a fazer o mesmo. Johnny Nash, na época com 12 anos, apresentou-se, pegou as espadas e repetiu o truque do homem. "Não tem nada de extraordinário", disse ele ao voltar para o grupo. "Como é que você fez aquilo?", perguntou uma das crianças. "Eletricidade estática", respondeu Nash antes de partir para uma explicação mais detalhada.

A FALTA DE INTERESSE de Johnny por coisas infantis e o fato de não ter amigos eram as maiores preocupações de seus pais.

Um esforço permanente para torná-lo mais bem "desenvolvido socialmente" passou a ser uma obsessão da família.[28]

Os Nash forçaram a convivência social de Johnny tanto quanto o fizeram do ponto de vista acadêmico. Primeiro, o acampamento de escoteiros e as aulas na escola dominical; depois, aulas na escola de dança Floyd Ward e filiação à John Aldens Society, uma organização de jovens dedicada a melhorar a educação social de seus sócios. No curso ginasial, a extrovertida Martha estava sempre sendo convocada para incluir seu irmão mais velho quando se reunia socialmente com amigos. E nas férias de verão os Nash insistiam em que Johnny arranjasse empregos, incluindo um no *Bluefield Daily Telegraph*. A fim de levá-lo ao jornal, "eles se levantavam de madrugada", disse Martha. "Achavam que era muito importante ajudá-lo a desenvolver-se bem. Com um cérebro como o de Johnny, a coisa parecia ainda mais importante. Minha mãe e meu pai não queriam que ele ficasse sempre dentro de casa, com seus passatempos e invenções."[29]

Johnny não se rebelava de maneira ostensiva – ele seguia obedientemente para o acampamento, a escola de dança, as aulas da escola dominical, e, mais tarde, para os encontros com garotas que ele não conhecia, arranjados por sua irmã por causa da insistência de Virginia –, mas ele agia assim principalmente para agradar aos pais, sobretudo sua mãe, porém, com isso, não arranjou amigos nem adquiriu traquejo social. Continuava achando os esportes, a igreja, as festas de dança no clube campestre, as visitas a seus primos – todas essas coisas que muitos de seus colegas achavam fascinantes e prazerosas – atividades tediosas que o distraíam de seus livros e experimentos. Sempre o último a ser escolhido no *softball*, Johnny ficava de pé na posição de defensor direito externo, olhando para as nuvens no céu, mastigando pedaços de grama. Martha cita uma ocasião em que Virginia insistiu em que ele acompanhasse a família a um jantar da Appalachian Power Company. Johnny foi, mas passou a noite subindo e descendo no elevador, que o fascinava, até que a coisa quebrou – para grande embaraço de seus pais. E nos empregos de verão ele achava meios de se distrair. Um dos colegas de turma de Nash lembra-se de que ele, depois de desaparecer durante horas de seu posto no Bluefield Supply, foi descoberto armando um complicado sistema de ratoeiras.[30] Numa festa, ele empurrou uma pilha de cadeiras para o meio do salão e ficou dançando com elas em vez de dançar com uma garota.[31]

Virginia tinha álbuns de recortes que relatavam a vida dos filhos e seus feitos. Num deles há um ensaio desbotado e amarelado de um certo Angelo Patri, tirado de um jornal, coberto de marcas de caneta feitas por ela, sublinhados e círculos – indicações pungentes de suas esperanças e temores:

> Desvios e rodeios pequenos e esquisitos fazem parte da formação de um indivíduo. Suprimi-los todos e seguir o relógio, o calendário e o credo até que o indivíduo se perca no cinzento neutro da multidão é ser muito pouco fiel à nossa herança... A vida, essa qualidade esplêndida da vida, não se consegue seguindo as regras de um outro homem. É verdade que temos as mesmas fomes e mesmas sedes, mas são fomes e sedes por coisas diferentes, de maneiras diferentes e em diferentes épocas... Estabeleça seu próprio dia, siga-o até o meridiano, até o seu próprio meridiano, ou então você sentará num salão exterior ouvindo a melodia, mas nunca chegando a uma altura suficiente para que possa tocar a sua própria.[32]

A primeira indicação do talento matemático de Johnny, ironicamente, foi uma nota bem baixa em aritmética, na quarta série do curso fundamental. A professora disse a Virginia que Johnny não conseguia fazer o trabalho, mas ficou óbvio para a mãe dele que Johnny tinha simplesmente achado a própria maneira de resolver os problemas. "Ele estava sempre procurando modos diferentes de fazer as coisas", comentou sua irmã.[33] Seguiram-se outros casos como esse, principalmente no curso médio, quando ele quase sempre conseguia mostrar, depois de a professora ter batalhado para apresentar uma prova longa e trabalhosa, laboriosa, que a coisa podia ser demonstrada em dois ou três elegantes passos.

Não há sinal algum de que os antepassados da família fossem brilhantes em matemática, ou qualquer indicação de que a matemática fosse coisa corriqueira no lar dos Nash. Virginia Nash tinha pendores literários. O Sr. John não era muito versado em matemática abstrata. Nash não se lembra nem mesmo de ter discutido com o pai as pesquisas que fez mais tarde.[34] As lembranças de Martha sobre as discussões à mesa do jantar eram de que elas giravam em torno do significado das palavras, livros que as crianças estavam lendo e acontecimentos da atualidade.

A primeira mordida na maçã matemática provavelmente ocorreu quando Nash, por volta dos 13 ou 14 anos, leu o extraordinário livro de E. T. Bell, *Men of Mathematics* – uma experiência que ele menciona em seu ensaio autobiográfico.[35]

O que torna a obra de Bell não apenas atraente, mas intelectualmente sedutora, é sua descrição vívida dos problemas matemáticos que inspiraram os indivíduos cuja vida ele conta, quando eles eram moços, e tinham a certeza jovial de que ainda havia problemas profundos e bonitos que podiam ser resolvidos por amadores, meninos de 14 anos, para ser específico. Foi o ensaio de Bell sobre Fermat, um

 dos maiores matemáticos de todos os tempos, mas também

um magistrado francês do século XVII perfeitamente convencional, cuja vida era "calma, laboriosa e monótona", que chamou a atenção de Nash.[36] O principal interesse de Fermat, que divide o crédito de ter inventado o cálculo infinitesimal com Newton e a geometria analítica com Descartes, era a teoria dos números – "a aritmética superior". A teoria dos números "investiga as relações mútuas dos números inteiros comuns, 1, 2, 3, 4, 5... que começamos a dizer logo que aprendemos a falar".

Para Nash, provar o teorema conhecido como Teorema de Fermat sobre os números primos, esses misteriosos números inteiros que não têm nenhum divisor além de si próprios e do número um, produziu uma espécie de epifania. Outros gênios matemáticos, Einstein e Bertrand Russell entre eles, relatam experiências reveladoras semelhantes no início da adolescência. Einstein descreve a "maravilha" de seu primeiro encontro com Euclides aos 12 anos:

> Ali havia afirmações, como a interseção de três alturas de um triângulo num único ponto, que – embora não fosse absolutamente evidente por si mesma – podiam, mesmo assim, ser provadas com tanta certeza que qualquer dúvida pareceria fora de discussão. A lucidez e a certeza causaram uma indescritível impressão em mim.[37]

Nash não descreve seus sentimentos quando conseguiu descobrir uma prova para a afirmação de Fermat de que se *n* é um número qualquer inteiro e *p* um número primo qualquer, então *n* multiplicado por si mesmo *p* vezes menos *n* é divisível por *p*.[38] Mas ele observa o fato em seu ensaio autobiográfico, e a ênfase que dá a esse resultado concreto de seu encontro inicial com Fermat sugere que a emoção de descobrir e exercitar os próprios poderes intelectuais – tanto quanto qualquer sensação de encantamento inspirada pelos até então insuspeitados padrões e significados – foi o que tornou tão memorável aquele momento. Essa emoção teve importância decisiva para muitos dos futuros matemáticos. Bell conta como o sucesso na resolução de um problema apresentado por Fermat levou Carl Friedrich Gauss, o famoso matemático alemão, a escolher entre duas carreiras para as quais era igualmente talentoso. "Foi essa descoberta... que induziu o jovem a escolher a matemática em vez da filologia como seu trabalho por toda a vida."[39]

Entretanto, por mais difícil que tenha sido provar um teorema de Fermat, a experiência não teve força suficiente para plantar na mente de Nash a idéia de que ele próprio poderia se tornar um matemático. Embora como estudante do curso médio Nash tivesse aulas de matemática no Bluefield College, no último ano do curso, quando já tinha avançado muito mais na teoria dos números, ele ainda pensava firmemente em seguir os passos do pai e trilhar a carreira de engenheiro na área de eletricidade. Foi somente depois que ele já havia ingressado na Carnegie Tech, com conhecimentos suficientes de matemática para dispensar a maioria dos cursos preliminares, que seu professor o convenceu de que a matemática, para uns poucos iluminados, era um caminho profissional realístico.

O ATAQUE JAPONÊS à base naval de Pearl Harbor, no Havaí, em 7 de dezembro de 1941, ocorreu quando Johnny estava no meio de seu primeiro ano do curso médio. Poucos dias depois, Johnny e Mop, que era como ele chamava a irmã mais moça, tiveram uma aula com o pai sobre como disparar uma carabina calibre 22.[40] Ele os levou de carro até o

 cume de um morro em que as linhas de transmissão cortavam um largo sulco no bosque de pinheiros, pequeno e polvilhado de neve. Apontando para a cidade lá embaixo, um amontoado de casas encobertas por uma nuvem cinza de fuligem, ele lhes disse, em seu modo calmo, formal, que usava para se dirigir aos filhos, que os japoneses não descansariam enquanto não tivessem atingido a cidade natal deles, em West Virginia, por mais remota e rodeada de montanhas que fosse, porque explodir os trens de carvão era a única maneira que eles tinham de danificar a poderosa máquina de guerra americana.

Uma carabina 22, disse ele, era apenas uma arma para matar esquilos. Você não conseguiria matar nem mesmo um veado ou um urso com uma delas. Mas era mais fácil de manejar, no caso de mulheres e crianças, do que uma arma mais pesada. Eles não tinham saída, realmente. Os japoneses não ficariam satisfeitos em destruir trens. Eles arrasariam a cidade, fariam prisioneiros todos os homens, matariam todos os civis, até mesmo colegiais como eles. Se você pudesse atirar com aquela arma, talvez conseguisse fazer parar alguém que o estivesse perseguindo por tempo suficiente para você poder escapar e se esconder em algum lugar, até que o exército viesse em socorro. Anos mais tarde, quando via sinais secretos de invasores por toda a parte e acreditava que ele, e apenas ele, poderia salvar o universo, Johnny Nash ficava doente de ansiedade, tremendo e suando, permanecendo insone por horas e dias, às vezes. Mas naquela linda tarde de dezembro, ele estava entusiasmado e feliz quando segurou a carabina.

A guerra chegou como um trovão em Bluefield, West Virginia, na forma de vagões e mais vagões de carga cheios até a borda de carvão, vindos da grande jazida nas montanhas do oeste – quarenta por cento de todo o carvão que alimentava a máquina de guerra –, e trens de tropas apinhados de marinheiros e soldados, rapazes de rosto redondo de Iowa e Indiana e operários fabris irascíveis de Pittsburgh e Chicago.[41] A guerra sacudiu e fez estremecer a cidade, tirando-a da modorra da Grande Depressão, enchendo os armazéns e as ruas, fazendo com que especuladores de sucata e aproveitadores de todos os tipos ganhassem fortunas. Subitamente houve uma escassez de trabalhadores e havia empregos para todos os que quisessem. Os adolescentes de Bluefield perambulavam pela estação ferroviária observando tudo, comparecendo a comícios para vendas de bônus de guerra (Greer Garson foi a um desses), e no colégio participavam de campanhas para juntar latas e compravam bônus de guerra com livros de selos de 10 centavos que adquiriam na escola. A guerra fez com que muitos meninos de Bluefield ansiassem por crescer logo, com medo de que a guerra terminasse antes que eles chegassem à idade de se alistar. Mas Johnny não pensava assim, lembra-se sua irmã. Ele ficou obcecado pela idéia de inventar códigos secretos que consistiam, recorda um antigo colega, em pequenos e estranhos hieróglifos que representavam animais e pessoas, às vezes ornados com frases bíblicas: *Embora os ricos sejam grandes/Vicejem no esplendor e no luxo/Não os invejem/Eu o digo.*

A adolescência não foi fácil para um menino intelectualmente precoce, com poucos dotes sociais ou interesses esportivos que o ajudassem a se integrar com seus pares de uma cidadezinha. Os meninos e meninas de Country Club Hill deixavam que ele os acompanhasse quando iam fazer caminhadas nos bosques, explorar cavernas e caçar morcegos.[42] Mas eles o achavam esquisito

– seu modo de falar, seu comportamento, a mochila que insistia em carregar.[43] "Caçoavam dele mais do que é normal – simplesmente porque ele ficava distante", disse Donald V. Reynolds, que morava do outro lado da rua, defronte dos Nash. "O que John achava que era um experimento nós achávamos que era coisa de maluco. Nós o chamávamos de Grande Cérebro."[44] Uma vez, alguns meninos da vizinhança instigaram-no a participar de uma luta de boxe e ele levou uma surra.[45] Mas, como ele era alto, forte e fisicamente corajoso, as caçoadas só raramente degeneravam em maus-tratos. Ele dificilmente deixava passar uma oportunidade de mostrar que era mais inteligente, mais forte, mais corajoso.

O tédio e a agressividade latente de adolescente levaram-no a fazer travessuras, ocasionalmente algumas de caráter maldoso. Fazia caricaturas em pequenos cartões, de colegas de classe de quem não gostava. Mais tarde contou a um colega matemático do MIT que, quando era jovem, às vezes "gostava de torturar pequenos animais".[46] Certa vez construiu uma cadeira de balanço do tipo Tinkertoy, ligou-a à corrente elétrica e tentou fazer com que Martha se sentasse nela.[47]

Quando tinha 15 anos, Nash e dois meninos que moravam do outro lado da rua, Donald Reynolds e Herman Kirchner, começaram a brincar com explosivos feitos em casa.[48] Reuniam-se no porão da casa de Kirchner, que chamavam de "laboratório", onde faziam bombas caseiras e fabricavam sua própria pólvora. Faziam canhões com canos e disparavam coisas por eles. Uma vez conseguiram fazer uma vela atravessar uma tábua de madeira grossa. Um dia Nash apareceu no "laboratório" com um copo grande de boca larga. "Acabei de fazer um pouco de nitroglicerina", anunciou ele, excitado. Donald não acreditou no que ele dizia. Ele lhe disse: "Vá até a Crystal Rock e atire a coisa por sobre a crista para ver o que acontece." Nash fez exatamente isso. "Felizmente", disse Reynolds, "a coisa não funcionou. Ele teria explodido toda a encosta da montanha". A fabricação de bombas teve um fim horrível numa tarde, em janeiro de 1944. Herman Kirchner, sozinho na ocasião, estava fazendo outra bomba caseira quando a coisa explodiu em seu colo, cortando uma artéria. Ele sangrou até morrer na ambulância que foi buscá-lo. Os pais de Donald Reynolds tiraram-no do semi-internato no outono seguinte. Os pais de Nash podem ou não ter sabido de seu envolvimento na fabricação de bombas, mas foi uma experiência que lhes deu o que pensar sobre os perigos dos experimentos caseiros do filho.

ELE CRESCERA, essencialmente, sem ter feito nenhum amigo íntimo. Assim como aprendera, por meio de suas realizações intelectuais, a afastar a crítica de seus pais quanto a seu comportamento, aprendeu também a criar uma couraça contra a rejeição, adotando uma dura concha de indiferença e usando sua inteligência superior para revidar. O aparente senso de superioridade de Johnny, seu retraimento e sua crueldade ocasional eram meios de lidar com a incerteza e a solidão. O que ele perdeu pela falta de genuína interação com as crianças da mesma idade foi um "sentimento forte, na realidade, de sua verdadeira posição na hierarquia humana", que evita que outras crianças com mais contato social se sintam ou irrealisticamente fracas ou irrealisticamente poderosas.[49] Se ele não conseguia acreditar que fosse estimado, então sentir-se poderoso era um bom substituto. Desde que ele conseguisse ter êxito, sua auto-estima poderia continuar intacta.

Johnny escolheu o caminho que o tempo consagrou para fugir dos cafundós de uma cidade pequena: sair-se bem no colégio. Com o incentivo de Virginia, ele fez cursos no Bluefield College. Lia vorazmente, na maioria livros de fantasia futurística, revistas de ciência popular e textos de ciência verdadeira.[50] "Ele era simplesmente um extraordinário solucionador de problemas", contou mais tarde seu professor de química do curso médio ao *Bluefield Daily Telegraph*. "Quando eu escrevia um problema de química no quadro-negro, todos os outros alunos pegavam um lápis e uma folha de papel. John não se mexia. Ficava olhando para a fórmula no quadro, depois se levantava educadamente e dava a resposta. Podia fazer tudo de cabeça. Nunca pegava um lápis ou uma folha de papel."[51] Essa experimentação da juventude tipo Gedanken ajudou, na realidade, a determinar a maneira como ele abordaria os problemas de matemática mais tarde. Seus colegas passaram a ter mais respeito por ele. Numa época em que a guerra estava transformando cientistas em heróis, os colegas de classe de Johnny presumiram que ele estava destinado a ser um desses.[52]

NO CURSO SECUNDÁRIO, Nash fez amizade – embora sem muita intimidade – com dois colegas, John Williams e John Louthan, ambos filhos de professores do Bluefield College. Os três iam juntos de ônibus para o colégio, e Johnny ajudava Williams nas traduções de latim. Lembra-se Williams: "Nós nos sentíamos atraídos por ele. Era um cara interessante. Era mais ou menos isso. Acho que nunca fui à casa dele. Era muito mais essa coisa de amizade de escola."[53] Os três também costumavam dar um jeito de cair fora das aulas sempre que possível. Antes que se generalizasse o uso dos testes de aptidão escolar, os recrutadores de alunos para as universidades vinham rotineiramente aos colégios secundários e convidavam os estudantes a se submeterem a seus testes de admissão. "Passamos muitas manhãs fazendo aqueles testes", disse Williams.

O PAI DE JOHN sugeriu que o filho se inscrevesse em West Point, uma sugestão que, de novo, pode ter refletido tanto a ansiedade do pai por achar que seu filho não estava se desenvolvendo a contento quanto a perspectiva de fazer o curso superior sem pagar anuidades. Mas, como disse Martha, "até mesmo eu podia ver que aquilo não ia funcionar".[54] Quaisquer que tenham sido seus sonhos de vir a ser um cientista, quando teve de contar num ensaio sobre suas aspirações de carreira, Johnny escreveu que ele esperava se tornar um engenheiro, como seu pai.[55] Ele e o Sr. John escreveram juntos um artigo descrevendo um método aperfeiçoado de calcular a tensão adequada para cabos e fios elétricos – um projeto que exigiu semanas de medidas de campo – e publicaram os resultados em conjunto num periódico especializado em engenharia.[56] Johnny entrou na competição George Westinghouse e ganhou uma bolsa de estudos integral, uma das dez que eram concedidas em âmbito nacional.[57] O fato de Lloyd Shapley, filho do famoso astrônomo Harlow Shapley, também ter ganho um prêmio Westinghouse naquele ano tornou o feito ainda mais valioso aos olhos da família Nash. Johnny foi aceito no Carnegie Institute of Technology. Por causa da guerra, todas as faculdades tinham programas acelerados e funcionavam o ano todo, sem interrupção, de modo que os estudantes podiam se formar em três anos. Johnny partiu de Bluefield para Pittsburgh, tomando um trem na cidade próxima de Hinton, em meados de junho, poucas semanas antes da parada do Dia da Vitória na Europa, que comemorava a derrota de Hitler.

2
Carnegie Institute of Technology
Junho de 1945 – Junho de 1948

Naquela época muito poucas pessoas se tornavam matemáticos. Era como ser um pianista de concertos.

– Raoul Bott, 1995

Nash foi para Pittsburgh com o objetivo de formar-se engenheiro químico, mas seu interesse cada vez maior era a matemática. Não demorou muito para ele trocar o laboratório e a régua de cálculo pelos nós de Möbius e as equações diofantinas.[1]

Com suas fundições, usinas elétricas, rios poluídos e montanhas de escória mineral por toda a parte, Pittsburgh era uma cidade de greves violentas e enchentes freqüentes.[2] A névoa sulfurosa que engolfava o centro da cidade era tão densa que os viajantes que chegavam pela estrada de ferro muitas vezes tomavam o dia pela noite. O Carnegie Institute of Technology, empoleirado a meia encosta da Squirrel Hill, dificilmente escapava do inferno. O tijolo cor de marfim de seus prédios – projetados, ou assim diziam os estudantes, para serem usados como fábricas se a escola de Andrew Carnegie fracassasse – estava recoberto de um preto amarelado. As calçadas rangiam sob os pés, cobertas de partículas de fuligem do tamanho de pequenas pedras. Antes de uma aula chegar à metade, os estudantes eram obrigados a espanar a cinza acumulada em seus cadernos de notas. Até mesmo ao meio-dia, no verão, podia-se fitar diretamente o sol sem piscar.

Naquela época, Carnegie era esnobado pela elite dominante local, que mandava seus filhos para Harvard e Princeton. Richard Cyert, que se tornou professor do instituto depois da guerra e mais tarde seria seu reitor, relembrou: "Quando cheguei, o lugar era realmente atrasado."[3] A faculdade de engenharia, com aproximadamente dois mil alunos, ainda se parecia com o curso profissionalizante para filhos e filhas de eletricistas e pedreiros que havia sido na virada do século.

Mas, como muitas outras faculdades logo depois da guerra, Carnegie estava mudando. Robert Doherty, o reitor, aproveitara as oportunidades criadas pelas pesquisas militares para transformar a escola de engenharia numa verdadeira universidade.

NASH CHEGOU DE TREM em junho de 1945; o racionamento de gasolina tornava a viagem de automóvel impraticável.[4] O instituto ainda funcionava no esquema de guerra: havia aulas o ano todo, sem interrupção, e quase todas as atividades do campus estavam suspensas e a maioria dos alojamentos para estudantes ainda estava fechada. Em um ano o campus seria invadido por veteranos e as turmas ficariam cheias desses estudantes mais velhos. Mas naquele junho, dois meses antes de a guerra finalmente terminar, o campus tinha principalmente calouros e alunos do segundo ano. Os alunos bolsistas foram alojados juntos em Welch Hall e tinham a maioria das aulas em conjunto – turmas pequenas com professores selecionados, alguns deles de primeira classe. Nash fez seu primeiro curso de física com Immanuel Estermann, por exemplo, um físico de primeira linha que havia realizado grande parte do trabalho experimental que levou Otto Stern, um *émigré* alemão, a ganhar o Prêmio Nobel de física em 1943.[5]

As aspirações de Nash em relação à engenharia não sobreviveram ao primeiro semestre, destruídas por uma infeliz experiência em desenho industrial. "Eu reagi negativamente à organização", escreveu ele mais tarde.[6] Mas a química, a nova disciplina escolhida, mostrou que não era mais adequada a seu temperamento e a seus interesses que o desenho. Trabalhou por pouco tempo como assistente de laboratório de um de seus professores, mas meteu-se em dificuldades por quebrar equipamentos.[7]

ENQUANTO LABUTAVA NO LABORATÓRIO, Nash já estava descobrindo um brilhante grupo de recém-chegados a Carnegie. Em seu segundo ano no instituto, o programa de Doherty de elevar o padrão das ciências teóricas havia levado para lá John Synge, sobrinho do dramaturgo irlandês John Millington Synge, que assumiu a chefia do departamento de matemática. Apesar de sua aparência assustadora – Synge usava uma venda sobre um dos olhos e um filtro que se projetava de uma de suas narinas –, era um homem de grande fascínio, que atraiu estudiosos mais jovens, como Richard Duffin, Raoul Bott e Alexander Weinstein, um *émigré* europeu que Einstein convidou numa ocasião para ser seu colaborador.[8] Quando Albert Tucker, um topologista de Princeton que fazia um trabalho pioneiro em pesquisa operacional, chegou a Carnegie para dar aulas naquele ano, ficou tão impressionado com a profundidade do talento matemático no instituto que se sentiu como se estivesse "chovendo no molhado".[9]

Desde o início, Nash impressionou bastante seus professores de matemática; um deles o chamava de "um jovem Gauss".[10] Ele fez cursos de cálculo tensorial – ferramenta matemática usada por Einstein para formular a teoria da relatividade geral – e de relatividade com Synge.[11] Este ficou impressionado com a originalidade de Nash e seu apetite por problemas difíceis.[12] Ele e outros começaram a insistir para que Nash se especializasse em matemática e pensasse em seguir uma carreira acadêmica. As dúvidas de Nash sobre a possibilidade de alguém ganhar a vida como matemático levaram algum tempo para desaparecer. Mas na metade do seu segundo ano ele estava se concentrando quase exclusivamente em matemática. Os administradores das bolsas de estudo da Westinghouse não ficaram satisfeitos com a mudança de Nash para a matemática, mas, quando souberam da coisa, ela já era um fato consumado.[13]

A universidade é uma época em que muitos patinhos feios descobrem que são cisnes, não apenas intelectualmente, mas também socialmente. A maioria dos rapazes alojados no Welch Hall – precoces mas imaturos – encontrava interesses comuns, afinidade de espírito e uma dose de reconhecimento que dolorosamente lhes faltara no curso médio. Lembra-se Hans Weinberger: "Éramos todos uns babacas lá em nossas escolas secundárias e aqui podíamos conversar uns com os outros."[14]

Nash não teve tanta sorte. Embora os professores o apontassem como um expoente potencial, seus novos colegas achavam-no esquisito e socialmente desajeitado. "Ele era um rapaz do interior, sem sofisticação até mesmo para os nossos padrões", lembrou-se Robert Siegel, um especialista em física, que se recordava de que Nash nunca assistira a um concerto sinfônico antes.[15] Ele se comportava de maneira estranha, tocando sem parar uma única nota no piano,[16] deixando uma casquinha de sorvete se derreter em cima de suas roupas abandonadas no saguão,[17] pisando no corpo de um colega de quarto adormecido para apagar uma lâmpada,[18] ficando amuado quando perdia uma partida de *bridge*.[19]

Raramente ele era convidado para ir a concertos ou restaurantes com o grupo. Paul Zweifel, um ávido jogador de *bridge*, ensinou a Nash o jogo, mas o fato de ele ficar aborrecido quando perdia e sua desatenção com os detalhes do jogo faziam dele um mau parceiro. "Ele queria conversar sobre os aspectos teóricos."[20] Nash foi companheiro de quarto de Weinberger durante um período, mas os dois brigavam constantemente – certa vez, Nash deixou Weinberger quase fora de si numa discussão[21] – e então se mudou para um quarto particular no fim do corredor. "Ele era extremamente solitário", lembrou Siegel.[22]

Mais tarde, à medida que seus feitos se multiplicavam, os colegas tornaram-se mais indulgentes. Mas em Carnegie, onde se via rodeado de outros adolescentes 24 horas por dia, ele transformou-se num alvo. Não o importunavam muito – os outros rapazes tinham medo de sua força física e de seu temperamento explosivo –, mas o deixaram no ostracismo e era alvo permanente de chacotas. O fato de ele ser invejado por causa de seu tamanho e de sua capacidade intelectual somente fazia alimentar as caçoadas. "Ele era o preferido das piadas porque era diferente", lembra-se George Hinman, um estudante de física.[23] "Ali estava um cara que era socialmente subdesenvolvido e que agia como se fosse muito mais moço. Você faz o que pode para tornar a vida dele infeliz", admitiu Zweifel. "Nós atormentávamos o pobre John. Éramos muito perversos. Éramos irritantes. Percebíamos que ele tinha um problema mental."[24]

NO PRIMEIRO VERÃO, Nash, Paul Zweifel e um terceiro rapaz passaram uma tarde explorando o labirinto subterrâneo dos túneis de vapor debaixo do instituto. No escuro, Nash subitamente virou-se para os outros e disse: "Cara, se ficássemos presos aqui embaixo, teríamos de virar veados."

Zweifel, que tinha 15 anos, achou a observação muito esquisita. Mas durante o feriado de Ação de Graças, no dormitório deserto, Nash subiu na cama de Zweifel quando este dormia e deu uma cantada nele.[25]

Longe de casa, vivendo num clima de intimidade com outros adolescentes, Nash descobriu que se sentia atraído por outros rapazes. Ele falava e agia de maneira que parecia natural para ele, e então ficava exposto ao escárnio dos colegas. Zweifel e outros rapazes do dormitório começaram a chamá-lo de "Homo" e "Nash-Mo".[26] "Depois de inventado o apelido", disse George Siegel, "a coisa pegou". John sofreu um bocado.[27] Sem dúvida, ele achava a pecha ofensiva e humilhante, mas sua raiva foi tudo o que qualquer um pôde observar.

Os rapazes faziam dele o alvo de diversas brincadeiras de mau gosto. Certa vez, Weinberg e alguns outros usaram um baú como aríete para derrubar a porta do quarto de Nash.[28] Outra vez, Zweifel e outros, sabendo da extrema aversão de Nash à fumaça de cigarro, montaram um dispositivo que "fumou" todo um maço de cigarros e juntou a fumaça. "Um bando de rapazes reuniu-se na porta de John e sopramos a fumaça por debaixo dela", lembra Zweifel. "Quase instantaneamente, seu quarto ficou cheio de fumaça."[29] Nash explodiu em fúria. "Saiu urrando do quarto, agarrou Jack [o vigia] e jogou-o em cima da cama", disse Zweifel. "Rasgou a camisa do vigia e bateu-lhe nas costas. Depois saiu correndo do quarto."

Outras vezes, Nash se defendia da única maneira que sabia. Não tinha prática em xingamentos, sarcasmo ou ridículo, de modo que ele partia para demonstrações infantis de desprezo. "'Seu imbecil", dizia ele, recordou Siegel. "Tinha um desprezo ostensivo por gente que ele achava não estar em seu nível intelectual. Mostrava esse desprezo por todos nós: 'Você é um ignorante.'" Depois de um ano mais ou menos, já com a fama de ser um gênio, ele começou a reunir a corte em Skibo Hall, o centro estudantil.[30] Como o mágico do parque de diversões com suas espadas, ele ficava sentado numa cadeira e desafiava os outros estudantes a apresentar problemas para ele resolver. Muitos alunos lhe traziam os deveres de casa. Ele era uma estrela – mas também um rejeitado.

NASH FICOU OLHANDO com expressão taciturna o aviso pregado no quadro do lado de fora do escritório do departamento de matemática, no prédio da administração, que parecia, mesmo nos dias mais ensolarados, o interior do túnel Lincoln. Ficou ali parado durante muito tempo. Ele não estava entre os cinco primeiros.[31]

Seu sonho de glória instantânea desmoronou. A Competição de Matemática William Lowell Putnam era um importante torneio nacional para alunos de graduação, patrocinado por uma antiga família rica de Boston, conhecida principalmente por seus reitores e decanos de Harvard.[32] Hoje em dia, a competição atrai mais de dois mil participantes. Em março de 1947 ela só tinha uma década de existência e reuniu cerca de 120 estudantes. Mas, mesmo naquela época, o torneio era a primeira oportunidade de alguém se destacar no mundo da matemática, e também de atrair os holofotes.

Qualquer outro rapaz de 19 anos poderia ter dado pouca importância a esse desapontamento, principalmente alguém que saíra de um programa de engenharia química, fora recebido de braços abertos pelos matemáticos da instituição e informado de que teria um futuro brilhante naquela área. Mas, para um adolescente que sofrera uma vida toda de rejeição por seus pares, o elogio caloroso de professores como Richard Duffin e J. L. Synge era muito pouco, vinha muito tarde. Nash ansiava por uma forma de reconhecimento mais universal, reconhecimento baseado no que ele encarava como um padrão objetivo, desprovido de emoção ou de laços pessoais. "Ele sempre queria saber onde se situava", disse Harold Kuhn recentemente. "Era sempre importante fazer parte do clube."[33] Décadas mais tarde, depois que já adquirira fama mundial na matemática pura e ganhara o Prêmio Nobel de Economia, Nash insinuou em sua autobiografia para o Nobel que a competição Putnam ainda lhe trazia amargura e deu a entender que o fracasso desempenhou papel fundamental em sua carreira como estudante de pós-graduação.[34] Hoje em dia, Nash ainda tem a tendência de identificar matemáticos dizendo: "Ah, Fulano de Tal, ele ganhou o Putnam três vezes."

NO OUTONO DE 1947, Richard Duffin estava em pé diante do quadro-negro, silencioso e de cenho franzido.[35] Ele tinha grande familiaridade com os espaços de Hilbert, mas havia preparado sua aula apressadamente e acabou entrando num beco sem saída ao tentar provar certo ponto da matéria, e ficou irremediavelmente atolado. A coisa acontecia toda vez que tentava.

Os cinco alunos da turma do curso avançado de pós-graduação estavam ficando inquietos. Weinberger, que era austríaco de nascimento, quase sempre conseguia explicar os detalhes do livro de von Neumann *Mathematische Grundlagen der Quantenmechanik*, que Duffin usava como livro-texto. Mas ele também não via a solução. Depois de alguns momentos, todos se voltaram para o aluno desajeitado de graduação que se torcia na cadeira. "Está bem, John, vai ao quadro", disse Duffin. "Veja se me tira dessa enrascada." Nash saltou da cadeira e dirigiu-se ao quadro.[36]

"Ele era infinitamente mais sofisticado do que nós", disse Bott. "Compreendia os pontos difíceis com naturalidade. Quando Duffin ficava empacado, Nash o ajudava. Eu e os outros não entendíamos as técnicas que eram necessárias nesse novo meio."[37] "Ele sempre tinha bons exemplos e contra-exemplos", lembrou outro estudante.[38]

Depois do incidente, Nash permaneceu na sala. "Eu podia conversar com ele", recordou-se Duffin pouco antes de sua morte, em 1995. "Um dia, depois da aula, ele começou a falar sobre o teorema dos cinco pontos fixos de Brouwer. Ele provou o teorema indiretamente, usando o princípio da contradição. É quando você mostra que, se algo não está ali, alguma coisa terrível acontecerá. Não sei se Nash alguma vez ouvira falar de Brouwer."[39]

NASH FOI ALUNO de Duffin em seu terceiro e último ano em Carnegie. Aos 19 anos, ele já tinha o estilo de um matemático maduro. Segundo Duffin: "Ele tentava reduzir as coisas a algo tangível. Tentava relacionar as coisas com o que conhecia. Tentava sentir as coisas antes de realmente tentá-las. Tentava fazer pequenos problemas com alguns números neles. É assim que imaginava Ramanujan, que afirmava obter seus resultados com os espíritos. Poincaré dizia que pensava sobre um grande teorema quando descia de um ônibus."[40]

Nash gostava de problemas bem gerais. Não era tão bom na resolução de pequenos enigmas elegantes. "Era uma pessoa muito mais sonhadora", disse Bott. "Ficava pensando muito tempo. Às vezes, a gente podia vê-lo pensando. Outras vezes ficava sentado ali com o nariz metido num livro."[41] Weinberger se lembra de que "Nash sabia muito mais do que qualquer outro ali. Trabalhava com coisas que não compreendíamos. Tinha um enorme acervo de conhecimento. Conhecia como um louco a teoria dos números".[42] "As equações diofantinas eram sua paixão", lembra-se Siegel. "Nenhum de nós sabia nada sobre o assunto, mas ele trabalhava nelas na época."[43]

Com base nesses pequenos relatos, fica óbvio que muitos dos interesses de toda a vida de Nash como matemático – teoria dos números, equações diofantinas, mecânica quântica, relatividade – já o fascinavam nos últimos anos de sua adolescência. As lembranças sobre o fato de Nash ter aprendido a teoria dos jogos em Carnegie não coincidem.[44] O próprio Nash não se recorda. Entretanto, é verdade que ele fez um curso de comércio internacional, seu primeiro e único curso formal em economia, antes de se diplomar.[45] Foi nesse curso que ele começou a pensar sobre um dos insights básicos que resultaram em seu Prêmio Nobel.[46]

NA PRIMAVERA DE 1948 – época em que cursava o terceiro ano em Carnegie –, ele já havia sido aceito em Harvard, Princeton, Chicago e Michigan,[47] os quatro melhores cursos de pós-graduação em matemática do país. Entrar para um desses era praticamente um pré-requisito para acabar conseguindo um bom cargo acadêmico.

Harvard foi sua primeira escolha.[48] Nash contou a todo mundo que achava que Harvard tinha o melhor corpo docente de matemática. A fama e o status social da universidade atraíam-no. Como universidade, Harvard tinha fama nacional, ao passo que Chicago e Princeton, com grande quantidade de professores europeus, não tinham. Em sua opinião, Harvard era simplesmente a número um, e a perspectiva de tornar-se um homem de Harvard lhe parecia tremendamente atraente.

O problema é que Harvard estava oferecendo pouco menos dinheiro do que Princeton. Certo de que o relativo pão-durismo de Harvard era conseqüência de sua performance não muito brilhante na competição Putnam, Nash concluiu que a universidade, na verdade, não o desejava. Ele reagiu à rejeição recusando-se a ir para lá. Cinqüenta anos mais tarde, em sua autobiografia para o Nobel, a atitude morna de Harvard para com ele ainda parece ter deixado mágoas. "Ofereceram-me bolsas para entrar como aluno de pós-graduação tanto em Harvard quanto em Princeton. Mas a bolsa de Princeton era um pouco mais generosa, já que eu não havia realmente vencido a competição Putnam."[49]

PRINCETON MOSTRAVA-SE ANSIOSA. A partir da década de 1930, a universidade ficou com um departamento muito mais forte e estava abocanhando a parte do leão dos melhores estudantes de pós-graduação.[50] Ela era, aliás, mais seletiva do que Harvard nessa época, admitindo dez candidatos escolhidos a dedo a cada ano, enquanto Harvard admitia aproximadamente 25. Os professores de Princeton não ligavam a mínima para o prêmio Putnam, ou para qualquer tipo de teste, ou notas escolares. Eles só se importavam com as opiniões de matemáticos cujos pontos de vista eles respeitavam. E, quando Princeton decidia que queria alguém, esse objetivo era perseguido com energia.

Duffin e Synge pressionavam muito Princeton. A universidade já estava repleta de puristas – topologistas, algebristas, especialistas na teoria dos números –, e Duffin especialmente considerava Nash alguém obviamente adequado, por interesse e por temperamento, a uma carreira em matemática abstrata. "Achei que ele seria um matemático puro integral", lembrou-se Duffin. "Princeton era a primeira em topologia. Por isso eu queria que ele fosse para lá."[51] A única coisa que Nash realmente sabia sobre a universidade era que Albert Einstein e John von Neumann estavam lá, juntamente com um bando de outros *émigrés* europeus. Mas o ambiente matemático poliglota de Princeton – estrangeiros, judeus, simpatizantes da esquerda – ainda lhe parecia uma alternativa sensivelmente inferior.

Sentindo a hesitação de Nash, Solomon Lefschetz, diretor do departamento de matemática de Princeton, já lhe havia escrito insistindo em que escolhesse aquela universidade.[52] Ele finalmente acenou com uma bolsa de estudos John S. Kennedy.[53] A bolsa de um ano era a de maior prestígio que o departamento poderia oferecer, exigindo do agraciado pouca ou mesmo nenhuma atividade de magistério e garantindo um quarto no prédio residencial da universidade para alunos de pós-graduação. Era um sinal de como Princeton o cortejava. A bolsa de 1.150 dólares cobria o custo do ensino e era mais do que suficiente para o aluguel de 200 dólares pelo quarto durante um ano e 14 dólares por semana para refeições, bem como despesas corriqueiras.[54]

Para Nash, isso precipitou a decisão.[55] A diferença de vantagens talvez não fosse grande em qualquer aspecto prático. Mas, naquela época, como aconteceu tantas vezes mais tarde na vida de Nash, uma quantia em dinheiro relativamente pequena pesou na decisão. Parece claro que ele considerou a bolsa de estudos de Princeton, mais generosa, uma medida do valor que a universidade atribuía a ele. Um apelo pessoal de Lefschetz, com uma referência elogiosa ao fato de ele ser relativamente jovem, também foi decisivo. A frase de Lefschetz, "Gostamos de pegar homens promissores quando eles ainda são jovens e têm a mente aberta", acertou na mosca.[56]

ALGO MAIS PESOU na decisão de Nash, naquela sua última primavera em Carnegie. À medida que se aproximava a data da formatura, ele ficava cada vez mais preocupado com a convocação para o serviço militar.[57] Achava que os Estados

Unidos poderiam entrar novamente em guerra e tinha medo de ir parar na infantaria. O fato de o exército ainda estar diminuindo seu efetivo três anos depois do término da Segunda Guerra Mundial e de que a convocação tinha, para todos os efeitos, sido paralisada não fazia com que ele se sentisse seguro. Os jornais – que lia regularmente – estavam cheios de indícios, em particular o bloqueio russo a Berlim e a subseqüente ponte aérea anglo-americana na primavera, de que a Guerra Fria estava esquentando. Ele odiava pensar que seu futuro pessoal podia ficar refém de forças fora de seu controle, e estava obcecado pela idéia de encontrar meios de se defender contra quaisquer ameaças à sua própria autonomia e aos seus planos.

Ele, portanto, ficou visivelmente aliviado quando Lefschetz ofereceu-lhe ajuda para obter um emprego de verão em um projeto de pesquisa da Marinha. O projeto, em White Oak, estado de Maryland, era dirigido por Clifford Ambrose Truesdell, ex-aluno de Lefschetz.[58] Nash escreveu para Lefschetz no início de abril:

> Se houver uma guerra envolvendo os Estados Unidos, eu acho que poderia ser mais útil e me sair melhor trabalhando num projeto de pesquisa do que indo, digamos, para a infantaria. Trabalhar em uma pesquisa patrocinada pelo governo este verão facilitaria o caminho para uma eventualidade mais desejável.[59]

Embora Nash não mostrasse sinais exteriores de preocupação, os desapontamentos e ansiedades da primavera lançaram uma sombra sobre o verão, entre sua formatura em Carnegie e a chegada a Princeton.

White Oak é um subúrbio de Washington, D.C. No verão de 1948, o local era um matagal, pantanoso, úmido, repleto de guaxinins, gambás e cobras. Os matemáticos em White Oak eram uma miscelânea de americanos, alguns dos quais já trabalhavam para a Marinha desde meados da guerra, enquanto outros eram prisioneiros de guerra alemães. Nash alugou, de um oficial de polícia, um quarto no centro de Washington. Ia até White Oak todos os dias de carro, acompanhado de dois dos alemães,[60] num esquema de revezamento.

Ele tinha esperado com ansiedade o verão. Lefschetz lhe prometera que o trabalho seria puramente matemático.[61] Truesdell, um bom matemático, era um supervisor tolerante, que incentivava os matemáticos de seu grupo a fazer as próprias pesquisas. Basicamente, ele deu carta branca a Nash, não lhe dando instruções e dizendo simplesmente que esperava que Nash escrevesse algo antes de partir, no fim do verão. Mas parece que Nash teve dificuldade em trabalhar. Não fez progresso visível em nenhum dos problemas que havia mencionado vagamente a Truesdell no início da temporada e nunca lhe entregou qualquer trabalho escrito. No fim do verão, foi obrigado a se desculpar com Truesdell por ter desperdiçado seu tempo.[62]

Nash passava a maior parte dos dias simplesmente perambulando a esmo, perdido em seus pensamentos. Charlotte Truesdell, esposa de Truesdell, lembra-se de que Nash parecia incrivelmente jovem, "como um adolescente de 16 anos", e quase nunca falava com ninguém. Uma vez, quando ela lhe perguntou em que estava pensando, Nash perguntou se ela, Charlotte, não achava que seria uma boa brincadeira se ele pusesse cobras vivas nas cadeiras de alguns dos matemáticos. "Ele não fez isso", disse ela, "mas pensou muito no assunto".[63]

3
O centro do universo
Princeton, outono de 1948

... uma cidadezinha original, cerimoniosa

– Albert Einstein

... o centro matemático do universo

– Harald Bohr

Nash chegou a Princeton, no estado de Nova Jersey, no Dia do Trabalho* de 1948, data do início da campanha de Truman pela reeleição.[1] Tinha 20 anos. Chegou de trem, diretamente de Bluefield, via Washington, D.C. e Filadélfia, envergando um terno novo e carregando pesadas maletas abarrotadas de roupas e de lençóis, cartas e anotações, além de alguns livros. Impaciente e ansioso agora, ele saltou na Princeton Junction, um diminuto e indefinível enclave de classe média a poucos quilômetros de Princeton propriamente dita, e embarcou apressadamente no Dinky, um trenzinho de subúrbio que faz o trajeto até a universidade.

O que ele viu foi uma cidadezinha graciosa, pré-revolucionária, cercada por suaves colinas cobertas de bosques, riachos preguiçosos e uma colcha de retalhos de plantações de milho.[2] Fundada por quacres no fim do século XVII, Princeton foi o local de uma famosa vitória de Washington contra os ingleses, e, num breve interregno de seis meses em

*Nos Estados Unidos o Dia do Trabalho é celebrdo anualmente na primeira segunda-feira de setembro. (*N. do E.*)

1783, foi a capital *de facto* da nova república. Com seus prédios da universidade em estilo gótico plantados entre árvores imponentes, igrejas de pedra e majestosas casas antigas, a cidade parecia um subúrbio rico e arrumadinho de Nova York e Filadélfia, coisa que, de fato, era. A Nassau Street, a principal e sonolenta via pública local, ostentava uma fileira das "melhores" lojas de roupas masculinas, alguns bares, uma drogaria e um banco. Fora pavimentada antes da guerra, mas o tráfego principal ainda era de bicicletas e pedestres. Em seu livro *This Side of Paradise*, F. Scott Fitzgerald descreveu Princeton por volta da Primeira Guerra Mundial como "o mais agradável clube campestre dos Estados Unidos".[3] Einstein classificou-a como "uma cidadezinha original, cerimoniosa" na década de 1930.[4] A Grande Depressão e as guerras não trouxeram quase nenhuma mudança ao lugar. May Veblen, esposa de um rico matemático de Princeton, Oswald Veblen, ainda conseguia identificar pelo nome todas as famílias, brancas e negras, abastadas e modestas, em cada uma das casas da cidade.[5] Os recém-chegados invariavelmente se sentiam intimidados pela atmosfera aristocrática do lugar. Um matemático do Oeste lembra: "Eu sempre me sentia como se estivesse com a braguilha aberta."[6]

Até mesmo o prédio de matemática da universidade evocava imagens de exclusividade e riqueza. "Fine Hall é, acho eu, o mais luxuoso edifício jamais dedicado à matemática", escreveu, com inveja, um europeu *émigré*.[7] Era uma fortaleza neogótica, de tijolos vermelhos e telhado de ardósia, com torrinhas, construído num estilo que lembrava o College de France, em Paris, e a Universidade de Oxford. Em seu alicerce há uma caixa de chumbo com cópias dos trabalhos dos matemáticos da universidade e as ferramentas do ofício – dois lápis, um pedaço de giz e, é claro, uma borracha. Projetado por Oswald Veblen, sobrinho do grande sociólogo Thorstein Veblen, o lugar pretendia ser um santuário que os matemáticos "odiariam abandonar".[8] Os soturnos corredores de pedra que circundavam a estrutura eram perfeitos tanto para se caminhar solitariamente como para conversas sobre matemática. Os nove "estúdios" – não salas! – para os professores catedráticos tinham paredes forradas de madeira lavrada, armários embutidos ocultos, quadros-negros que se abriam como altares, tapetes orientais e uma mobília maciça, estofada com exagero. Em atenção à urgência do empreendimento matemático, que progredia com rapidez, cada gabinete era equipado com um telefone e cada sanitário tinha uma luz para leitura. Em sua bem fornida biblioteca do terceiro andar, a mais rica coleção de periódicos e livros de matemática de todo o mundo ficava aberta 24 horas por dia. Matemáticos apreciadores do tênis (as quadras ficavam a pouca distância) não precisavam ir em casa antes de voltar a seus gabinetes – havia um vestiário com chuveiros. Quando foi inaugurado, em 1921, um poeta do curso de graduação chamou o local de "um clube campestre de matemática, onde se pode tomar banho".

Em 1948, Princeton era para os matemáticos o que Paris foi numa época para pintores e romancistas, Viena para psicanalistas e arquitetos, e a antiga Atenas para filósofos e dramaturgos. Harald Bohr, irmão de Niels Bohr, o físico, chamara-a de "o centro do universo" em 1936.[9] Quando os decanos de matemática fizeram sua primeira reunião mundial depois da Segunda Guerra, o encontro foi realizado em Princeton.[10] Fine Hall abrigava o departamento de matemática mais competitivo e mais atualizado do mundo. Vizinho a ele – na realidade, ligado a ele –, ficava o principal departamento de física do país, cujos membros, entre eles Eugene Wigner, tinham se deslocado para Illinois, Califórnia e Novo México durante a guerra, levando partes do equipamento de laboratório, a fim de fabricar a bomba atômica.[11] Mais ou menos a um quilômetro e meio de distância, no local onde antes havia a Olden Farm, ficava o Instituto de Estudos Avançados, o equivalente moderno da Academia de Platão, onde Einstein, Gödel, Oppenheimer e von Neumann rabiscavam em seus quadros-negros e faziam suas palestras eruditas.[12] Visitantes e estudantes dos quatro cantos do mundo convergiam para esse oásis matemático poliglota, 80 quilômetros ao sul de Nova York. O que era proposto num seminário em Princeton numa semana, com toda certeza seria debatido em Paris e Berkeley na semana seguinte, e em Moscou e Tóquio na semana subseqüente.

"É difícil aprender qualquer coisa sobre os Estados Unidos em Princeton", escreveu o assistente de Einstein, Leopold Infeld, em suas memórias, "muito mais difícil do que aprender sobre a Inglaterra em Cambridge. No Fine Hall fala-se o inglês com tantos sotaques diferentes que a mistura resultante é chamada de inglês Fine Hall... O ar é repleto de idéias e fórmulas matemáticas. Você só tem de esticar a mão, fechá-la rapidamente e vai sentir que pegou o ar matemático e que algumas fórmulas grudaram em sua mão. Se alguém quer ver algum matemático famoso, não precisa ir até ele; basta ficar sentado tranqüilamente em Princeton, e mais cedo ou mais tarde ele deve vir ao Fine Hall".[13]

A POSIÇÃO ÚNICA de Princeton no mundo da matemática fora conquistada praticamente da noite para o dia, pouco mais de uma dúzia de anos antes.[14] A universidade data de uns bons vinte anos antes da República. Começou como o College of New Jersey, em 1746, fundado por presbiterianos.

 Só passou a ser Princeton em 1896, e só foi presidida por um leigo em 1903, quando Woodrow Wilson ocupou esse cargo. Mas, mesmo então, Princeton era uma universidade apenas no nome – "um lugar pobre", "um colégio preparatório demasiadamente crescido", particularmente no que se refere às ciências.[15] Nesse aspecto, Princeton simplesmente se parecia com o restante do país, que "admirava a engenhosidade ianque, mas via pouca utilidade na matemática pura", como observou um historiador. Enquanto a Europa tinha mais de trinta professores catedráticos que pouco faziam além de imaginar novas criações no reino da matemática, os Estados Unidos não tinham nenhum. Os jovens americanos tinham de viajar para a Europa para ir além do diploma de graduação em humanidades. O matemático americano típico tinha uma carga semanal de aulas de vinte horas, ensinando de matemática do curso médio a matemática para universitários, lutando com salários baixos e com muito pouco incentivo ou oportunidades para fazer pesquisa.

Enquanto os matemáticos e físicos em Princeton e em outras universidades americanas se extenuavam, ocorria uma revolução em matemática e física a 4 mil quilômetros de distância, em centros intelectuais como Göttingen, Berlim, Budapeste, Viena, Paris e Roma.

John D. Davies, um historiador da ciência, escreve sobre uma dramática revolução na compreensão da própria natureza da matéria:

> O mundo absoluto da física newtoniana clássica estava desmoronando e havia uma fermentação intelectual por toda parte. Então, em 1905, um teórico desconhecido de um escritório de patentes em Berna, Albert Einstein, publicou quatro trabalhos que marcaram época, comparáveis ao salto instantâneo de Newton

> para a fama. O mais importante era a chamada Teoria Especial da Relatividade, que sugeria que a massa era simplesmente energia congelada e que a energia era matéria liberada: espaço e tempo, antes considerados valores absolutos, eram dependentes do movimento relativo. Dez anos mais tarde, ele formulou a Teoria da Relatividade Geral, sugerindo que a gravidade era, ela própria, função da matéria e que afetava a luz exatamente como afetava as partículas materiais. A luz, em outras palavras, não se deslocava em "linha reta"; as leis de Newton não eram o universo real, mas algo que se via através dos óculos irreais da gravidade. Além disso, ele estabeleceu um conjunto de leis matemáticas com as quais o universo podia ser descrito, leis estruturais e leis de movimento.[16]

Mais ou menos na mesma época, na Universidade de Göttingen, um gênio matemático alemão, David Hilbert, desencadeara uma revolução na matemática. Hilbert apresentou um famoso programa, em 1900, cujo objetivo era nada menos do que a "axiomatização de todas as matemáticas, de modo que elas pudessem ser mecanizadas e resolvidas de uma forma rotineira". Göttingen tornou-se o centro de um movimento para colocar a matemática existente em fundamentos mais seguros: "O programa de Hilbert surgiu na virada do século como uma resposta à crise que se adivinhava próxima na matemática", escreve o historiador Robert Leonard. "O efeito foi estimular os matemáticos a 'limpar' a teoria dos conjuntos de Cantor, a estabelecê-la numa base axiomática firme, alicerçada em um número limitado de postulados... Isso assinalou uma mudança importante para se dar mais ênfase à abstração na matemática."[17] A matemática foi se afastando cada vez mais de seu "conteúdo intuitivo – neste caso, nosso mundo diário de superfícies e linha retas – em direção a uma situação em que os termos matemáticos se livravam de seu conteúdo empírico direto e eram simplesmente definidos de modo axiomático dentro do contexto da teoria. Tinha chegado a era do formalismo".

A obra de Hilbert e seus discípulos – entre eles, futuras estrelas de Princeton das décadas de 1930 e 1940, como Hermann Weyl e John von Neumann – também desencadeou um poderoso movimento para aplicar a matemática a problemas até então considerados refratários a um tratamento altamente formal. Hilbert e outros tiveram muito sucesso na ampliação da abordagem axiomática para uma gama de diversos tópicos, o mais óbvio sendo a física, em particular a "nova física" da "mecânica quântica", mas também à lógica e à nova teoria dos jogos.

Mas nos primeiros 25 anos do século XX, como escreve Davies, Princeton e, na verdade, toda a comunidade acadêmica americana "ficaram fora desse desenvolvimento drástico e rápido".[18] O catalisador da transformação de Princeton na capital mundial da matemática e da física teórica foi um acaso – um acaso de amizade. Woodrow Wilson, como a maoria dos americanos instruídos de sua época, desprezava a matemática, queixando-se de que "o homem natural inevitavelmente se rebela contra a matemática, uma forma suave de tortura que só podia ser aprendida por meio de dolorosos processos de repetição".[19] E a matemática não desempenhou qualquer papel na visão que ele tinha de Princeton como uma universidade verdadeira, com cursos de pós-graduação e um sistema de instrução que enfatizasse seminários e discussões, em vez de repetições e aprendizado mecânico. Mas, por acaso, o melhor amigo de Wilson, Henry Burchard Fine, era matemático. Quando Wilson começou a contratar acadêmicos de literatura e história para serem orientadores, Fine lhe perguntou: "Por que não alguns cientistas?" Como um gesto de amizade, mais do que qualquer outra coisa, Wilson concordou. Depois que Wilson deixou a presidência de Princeton para ocupar a Casa Branca em 1912, Fine tornou-se decano de ciências e começou a recrutar alguns cientistas de primeiro escalão, entre eles os matemáticos G. D. Birkhoff, Oswald Veblen e Luthor Eisenhart, para dar aulas aos alunos dos cursos de graduação. Eram conhecidos em Princeton como os "homens de pesquisa de Fine". Os alunos de graduação, nenhum deles com especialização em física ou matemática, queixavam-se amargamente dos "professores brilhantes mas incompreensíveis com sotaques estrangeiros" e "da teoria européia – ou de semideuses – de ensino".

O núcleo de pesquisadores montado por Fine poderia muito bem ter se dissolvido depois da morte prematura do decano, em 1928, num acidente de bicicleta na Nassau Street, se não fosse pelos diversos exemplos extraordinários de filantropia particular, que transformaram Princeton num ímã para os maiores matemáticos do mundo. A maioria das pessoas pensa que a ascensão dos Estados Unidos à proeminência científica foi um subproduto da Segunda Guerra Mundial. Mas, na verdade, foram as fortunas acumuladas entre a década dourada de 1880 e os esfuziantes anos 1920 que prepararam o caminho.

Os Rockefeller ganharam seus milhões com carvão, petróleo, aço, ferrovias e bancos – em outras palavras, com o grande impulso de industrialização que transformou cidadezinhas como Bluefield e Pittsburgh no fim do século XIX e início do século XX. Quando a família e seus representantes começaram a distribuir parte do dinheiro, eles se viram estimulados pela insatisfação com a situação do ensino superior nos Estados Unidos e por uma crença firme de que "nações que não cultivam as ciências não podem se manter".[20] Cientes da revolução científica que varria a Europa, a Fundação Rockefeller e suas ramificações começaram a enviar estudantes de pós-graduação americanos, entre eles Robert Oppenheimer, para o exterior. Em meados da década de 1920, a fundação decidiu que, "em vez de mandar Maomé à montanha, iria trazer a montanha para cá". Isto é, decidiu importar europeus. Para financiar o esforço, a instituição comprometeu não só sua renda, mas 19 milhões de dólares de seu capital (quase 150 milhões de dólares em valores atuais). Enquanto Wickliffe Rose, um filósofo da diretoria da fundação, percorria capitais científicas na Europa, como Berlim e Budapeste, para ouvir novas idéias e conhecer seus autores, a instituição selecionava três universidades americanas, entre elas Princeton, para receber a maior parte de sua liberalidade. As doações permitiram que Princeton criasse cinco bolsas para pesquisadores, no estilo europeu, com salários polpudos, mais um fundo de pesquisa para sustentar alunos de graduação e pós-graduação.

Entre as primeiras estrelas européias que chegaram a Princeton em 1930, estavam dois jovens gênios de origem húngara, John von Neumann, um brilhante aluno de Hilbert e de Hermann Weyl, e Eugene Wigner, o físico que viria a ganhar um Prêmio Nobel de física em 1963, não por seu trabalho fundamental sobre a bomba atômica, mas por sua pesquisa sobre a estrutura do átomo e seu núcleo. Os dois dividiam um dos cargos patrocinados pela Fundação Rockefeller e passavam metade do ano em Princeton e a outra metade, em universidades de Berlim e Budapeste.

Um segundo ato de filantropia, mais inesperado que o empreendimento dos Rockefeller, resultou na criação do Instituto de Estudos Avançados em Princeton, de caráter independente.[21] A família Bamberger era constituída de comerciantes de lojas de departamentos que abriram seu primeiro estabelecimento em Newark e que continuaram progredindo até amealhar grande fortuna no comércio de tecidos. Os proprietários, um irmão e uma irmã, venderam tudo seis semanas antes do desastre da bolsa de valores, em 1929. Com uma fortuna de 25 milhões de dólares pertencente aos dois, decidiram mostrar sua gratidão ao estado de Nova Jersey. Talvez tivessem em mente fundar uma faculdade de odontologia. Um especialista em educação médica, Abraham Flexner, logo os convenceu a abandonar a idéia de uma escola para a formação de dentistas e, em vez disso, fundar uma instituição de primeira linha, sem professores, sem alunos, sem aulas, mas somente com pesquisadores, protegidos das vicissitudes e pressões do mundo exterior. Flexner namorou a idéia de fazer de uma escola de economia o núcleo do instituto, mas foi logo convencido de que a matemática era uma escolha mais acertada, pois era "fundamental". Além do mais, havia um consenso infinitamente maior entre os matemáticos a respeito de quem eram os melhores na área. A localização ainda não estava decidida. Newark, com suas fábricas de tintas e matadou ros, não oferecia atrativos para o grupo internacional de superestrelas acadêmicas que Flexner esperava recrutar. Princeton era mais conveniente. Conta a lenda que foi Oswald Veblen quem convenceu os Bamberger de que Princeton realmente podia ser considerada ("num sentido topológico", conforme ele explicou) um subúrbio de Newark.

Com zelo e bolsos cheios, à semelhança de qualquer empresário, Flexner começou a procurar as estrelas no mundo inteiro, acenando com salários nunca vistos, instalações suntuosas e a promessa de total independência. Sua tarefa coincidiu com a ascensão de Hitler ao governo da Alemanha, a expulsão em massa dos judeus das universidades daquele país e os crescentes temores de outra guerra mundial. Depois de três anos de delicadas negociações, Einstein, a maior de todas as estrelas, concordou em tornar-se o segundo membro da School of Mathematics do instituto, fazendo com que um de seus amigos na Alemanha caçoasse dele: "O papa da física mudou-se, e os Estados Unidos agora se tornarão o centro das ciências naturais." O vienense Kurt Gödel, o menino-prodígio da lógica, chegou em 1933, e Hermann Weyl, a cabeça coroada da matemática alemã, seguiu Einstein um ano mais tarde. Weyl insistiu, como condição de sua aceitação, que o instituto contratasse uma estrela brilhante da geração seguinte. Von Neumann, que tinha acabado de fazer 30 anos, foi atraído da universidade para se tornar o professor mais novo do instituto. Praticamente da noite para o dia, Princeton havia se transformado numa nova Göttingen.

Inicialmente, os professores do instituto dividiam as acomodações luxuosas com seus colegas da universidade. Eles se mudaram em 1939, quando foi construído o Fuld Hall, um prédio de tijolos em estilo neogeorgiano instalado no meio de extensos gramados e cercado de bosques e um lago, a apenas uns 2 quilômetros do Fine Hall. Na época em que Einstein e os outros se mudaram, os professores do instituto e da universidade já tinham constituído família e os clãs continuaram a se misturar, como acontece com primos no interior. Eles colaboravam na pesquisa, editavam periódicos em conjunto e compareciam às palestras, aos seminários e chás uns dos outros. A proximidade do instituto facilitou a tarefa de atrair os alunos e professores mais brilhantes para a universidade, enquanto o ativo departamento de matemática desta era um ímã para os professores visitantes ou os que trabalhavam permanentemente no instituto.

Por outro lado, Harvard, antes a jóia da matemática dos Estados Unidos, encontrava-se em "um estado de eclipse" no fim dos anos 1940.[22] Seu lendário presidente, G. D. Birkhoff, havia morrido. Alguns de seus mais brilhantes expoentes, entre eles Marshall Stone, Marston Morse e Hassler Whitney, tinham deixado a universidade recentemente, e dois deles foram para o Instituto de Estudos Avançados. Einstein costumava se queixar no instituto: "Birkhoff é um dos maiores acadêmicos anti-semitas do mundo." Fosse isso ou não verdade, o preconceito de Birkhoff impediu que ele tirasse proveito da emigração dos brilhantes matemáticos judeus, oriundos da Alemanha nazista.[23] Na verdade, Harvard também havia ignorado Norbert Wiener, o melhor dos matemáticos de sua geração nascidos nos Estados Unidos, pai da cibernética e inventor da rigorosa matemática do movimento browniano. Wiener era judeu e, como Paul Samuelson, futuro Prêmio Nobel de economia, foi procurar refúgio na extremidade mais longínqua de Cambridge, no MIT, na época pouco mais que uma faculdade de engenharia, como acontecia com o Carnegie Institute of Technology.[24]

PRINCETON DESTACAVA-SE no recém-descoberto status da matemática na sociedade americana. Estava na liderança não apenas em topologia, álgebra e teoria dos números, mas também em teoria da computação, pesquisa operacional e na nova teoria dos jogos.[25] Em 1948, todo mundo já havia retornado e as ansiedades e frustrações dos anos 1930 haviam sido eliminadas por um sentimento de expansão e otimismo. A ciência e a matemática eram encaradas como a chave para um mundo melhor no pós-guerra. De repente, o governo, particularmente os militares, se dispôs a gastar dinheiro com a pesquisa pura. Surgiram periódicos especializados. Foram feitos planos para outro congresso mundial de matemática, o primeiro desde os anos sombrios de antes da guerra.

Surgia uma nova geração, ansiosa por beber na fonte da sabedoria da geração mais velha, mas cheia de idéias e atitudes próprias. Ainda não havia mulheres, é claro – com exceção de Mary Cartwright, de Oxford, que estava em Princeton naquele ano –, mas Princeton estava apenas começando. Subitamente, ser judeu ou estrangeiro, ter um forte sotaque das classes operárias ou ter se diplomado numa faculdade que não era da Costa Leste não constituíam mais barreiras automáticas para um matemático jovem e talentoso. De repente, a maior linha divisória agora no campus era entre "os garotos" e os veteranos de guerra, que, entre 25 e 30 anos de idade, começavam a se formar nas faculdades juntamente com pessoas de 20 anos de idade, como Nash. A matemática não era mais uma profissão de aristocratas, mas um empreendimento maravilhosamente dinâmico. "A idéia era que a mente humana podia conseguir tudo por meio de idéias matemáticas", rememorou mais tarde um aluno de Princeton daquela época. E acrescentou: "Os anos do pós-guerra tinham suas ameaças – a guerra da Coréia, a Guerra Fria, a China pendendo para os comunistas –, mas, na realidade, em termos de ciência, havia um enorme otimismo. A sensação em Princeton não era de que você estivesse perto de uma grande revolução intelectual, mas a de que você fizesse parte dela."[26]

4
Escola de gênios
Princeton, outono de 1948

A conversação enriquece a compreensão, mas a solidão é a escola de gênios.

– Edward Gibbon

Na segunda tarde de Nash em Princeton, Solomon Lefschetz reuniu os alunos do primeiro ano no West Common Room.[1] Ele estava ali para lhes contar os fatos da vida, disse com seu sotaque francês, fitando-os com seu olhar penetrante. E durante uma hora Lefschetz deblaterou, gritou e socou a mesa com suas mãos enluvadas, rijas, proferindo algo entre um sermão bíblico e uma diatribe de um sargento de ordem unida.

Eles eram os melhores, os melhores entre os melhores. Cada um deles havia sido cuidadosamente selecionado, como um diamante em um monte de carvão. Mas ali era Princeton, onde os matemáticos verdadeiros faziam matemática verdadeira. Comparados com esses homens, os recém-chegados eram bebês, ignorantes, bebês patéticos, e Princeton iria fazer com que crescessem, diabos!

De mentalidade empresarial e enérgica, Lefschetz era a locomotiva humana superturbinada que havia levado o departamento de Princeton de sua doce mediocridade até o mais alto escalão.[2] Ele recrutava matemáticos com um único objetivo em mente: pesquisa. Suas políticas editoriais arbitrárias e idiossincráticas fizeram dos *Annals of Mathematics*, o antes desgastado periódico trimestral de Princeton, a mais reverenciada publicação de matemática do mundo.[3] Foi algumas vezes acusado de ceder ao anti-semitismo ao recusar-se a admitir muitos alunos judeus (seu raciocínio era de que ninguém iria contratá-los quando completassem seus estudos),[4] mas ninguém nega que tinha uma capacidade de avaliação instantânea brilhante. Ele exortava, comandava e importunava, mas com o objetivo de tornar o departamento grande e de transformar os alunos em matemáticos verdadeiros, rijos como ele mesmo.

Quando chegou a Princeton, nos anos 1920, ele dizia com freqüência que era "um homem invisível".[5] Foi um dos primeiros judeus a entrar para o corpo docente; falava alto, era grosseiro e vestia-se mal. As pessoas fingiam que não o viam nos corredores, e mantinham-se a distância nas festas dos professores. Mas Lefschetz havia ultrapassado obstáculos muito maiores em sua vida do que um bando de esnobes presumidos, pertencentes à classe de brancos protestantes de ascendência anglo-saxônica. Nascera em Moscou e fora educado na França.[6] Apaixonado por matemática, mas na realidade barrado em sua carreira acadêmica na França porque não era cidadão francês, ele estudou engenharia e emigrou para os Estados Unidos. Quando tinha 23 anos, um terrível acidente alterou o curso de sua vida. Lefschetz estava trabalhando na Westinghouse, em Pittsburgh, quando a explosão de um transformador queimou suas mãos. A recuperação levou anos, durante os quais ele sofreu de depressão profunda, mas o acidente acabou-se transformando em estímulo para ir atrás de seu verdadeiro amor, a matemática.[7] Matriculou-se num programa de doutorado na Clark University, famosa pelas palestras feitas ali por Freud em 1912 sobre psicanálise, e logo se apaixonou e se casou com outra estudante de matemática, passando a década seguinte em obscuros cargos de professor em Nebraska e Kansas. Depois de um longo tempo de batalha no magistério, ele escreveu uma série de trabalhos brilhantes, originais e muito influentes, que resultaram em sua "convocação" para Princeton. "Os anos que passei no Oeste, em isolamento hermético total, desempenharam em meu desenvolvimento o papel de 'um emprego num farol', que Einstein dizia que todo jovem cientista deveria assumir para que pudesse desenvolver as próprias idéias à sua própria maneira."[8]

Lefschetz dava valor, acima de tudo, à independência de pensamento e à originalidade. Na verdade, desprezava provas elegantes ou rigorosas do que ele considerava pontos óbvios. Certa vez, ele descartou uma nova prova inteligente de um de seus teoremas, dizendo: "Não me venha com provas insignificantes. Não damos importância a essas coisinhas de criança aqui."[9] Diz a lenda que ele nunca escreveu uma prova correta nem apresentou um teorema incorreto.[10]

Naquela tarde, em meados de setembro de 1948, com os novos alunos de pós-graduação, Lefschetz estava só esquentando os motores. "É importante se vestir bem. Jogue fora esse troço aí", disse ele, apontando para uma caneta. "Você parece um operário, não um matemático", disse a um estudante.[11] "Procure um barbeiro em Princeton para cortar seu cabelo", disse a outro.[12] Eles podiam ir ou não às aulas. Ele não se importava nem um pouco. Notas de avaliação não significavam nada. Elas só eram registradas para agradar à "porra dos reitores". Só interessavam os "exames gerais".[13]

Só havia uma exigência: ir ao chá.[14] Tinham de comparecer ao chá toda tarde, sem falta. Onde mais eles poderiam encontrar o melhor corpo docente de matemáticos do mundo? Ah, e se eles quisessem, tinham liberdade para visitar o "santuário perfumado", como ele gostava de chamar o Instituto de Estudos Avançados, para tentar avistar Einstein, Gödel ou von Neumann.[15] "Lembrem-se", ficava repetindo, "não estamos aqui para paparicar vocês". Para Nash, a peroração de abertura de Lefschetz deve ter soado tão vibrante quanto uma marcha militar.

A filosofia da educação de alunos de pós-graduação em matemática adotada por Lefschetz, e, portanto, a filosofia de Princeton, tinha suas raízes nas grandes universidades de pesquisa alemãs e francesas.[16] A idéia básica era fazer os estudantes mergulharem, o mais depressa possível, nas próprias pesquisas e produzirem um trabalho escrito com rapidez. O fato de o reduzido corpo docente de Princeton, ele próprio ativamente envolvido na pesquisa, estar, *grosso modo*, disponível para consultas pessoais e para supervisionar a pesquisa dos alunos tornava essa abordagem bem prática.[17] Lefschetz não visava a diamantes perfeitamente polidos, e, na realidade, encarava um polimento exagerado num jovem matemático como algo antitético em relação à criatividade que viria mais tarde. O objetivo não era a erudição, por mais que esta fosse admirada, mas produzir homens que pudessem fazer descobertas originais e importantes.

Princeton submetia seus alunos a um máximo de pressão, mas a um maravilhoso mínimo de burocracia. Lefschetz não estava exagerando quando disse que o departamento não exigia que os alunos fizessem cursos. O departamento oferecia cursos, é verdade, mas a matrícula nesses cursos era uma ficção, assim como as notas de avaliação. Alguns professores davam a nota máxima a todos os alunos, outros, uma nota média, nos boletins de avaliação, mas os dois critérios eram completamente arbitrários.[18] O aluno não precisava comparecer uma única vez para ganhar aquelas notas, e os trabalhos escritos eram, com muita freqüência, coisas de ficção "para satisfazer aos filisteus". Não havia provas. Nos exames de línguas, dados pelos membros do departamento de matemática, pedia-se a um aluno que traduzisse uma passagem de um texto matemático em francês ou alemão. Mas aquilo era uma piada.[19] Se você não conseguisse nem dar a partida na questão – o que é pouco provável, pois elas eram, em geral, cheias de símbolos matemáticos e de preciosas poucas palavras –, o aluno podia obter uma avaliação que lhe permitisse ser aprovado simplesmente prometendo aprender o trecho mais tarde. O único teste que contava era o exame geral, um exame de qualificação de cinco tópicos, três escolhidos pelo departamento, dois pelo candidato, no fim do primeiro ou, no máximo, no fim do segundo ano. Entretanto, até mesmo esses exames gerais eram, às vezes, adaptados aos pontos fortes e fracos do aluno.[20]

Se os professores, que deveriam conhecer bem cada aluno, decidissem que Fulano de Tal não ia passar, Lefschetz não tinha o menor escrúpulo em não renovar a bolsa do aluno ou simplesmente informar-lhe que tinha de ir embora. Ou você era bem-sucedido ou caía fora. Em conseqüência, os alunos de Princeton que conseguiam passar nos exames gerais terminavam com grau de doutor depois de apenas dois ou três anos, numa época em que os estudantes em Harvard levavam seis, sete ou oito anos.[21] Harvard, para onde Nash tinha pensado em ir em virtude do prestígio e da magia do nome, era na ocasião um pesadelo de burocracia, "panelinhas" e um corpo docente com relativamente pouco tempo para se dedicar aos alunos. Talvez Nash não tivesse podido perceber isso plenamente naquele primeiro dia, mas ele teve sorte por haver escolhido Princeton em vez de Harvard.

Como ficaria cada vez mais óbvio nos meses seguintes, a atitude de Princeton em relação a seus alunos de pós-graduação, com sua combinação de total liberdade e pressão incessante para produzir, não poderia ser um local mais adequado para alguém com o temperamento e o estilo de Nash como matemático, nem mais convenientemente estruturado para fazer surgirem as primeiras provas reais de seu gênio. A grande sorte de Nash, se quisermos chamar isso de sorte, foi que ele chegou à cena matemática numa época e num local feitos sob medida para suas necessidades particulares. Ele saiu de lá com sua independência, ambição e originalidade intactas, tendo podido adquirir um treinamento realmente de primeira categoria, que lhe serviria extraordinariamente bem.

COMO QUASE TODOS os outros alunos de pós-graduação de Princeton, Nash morava no Graduate College, um prédio alegre, estilo falso-inglês de pedra cinza-escuro que circundava um pátio interno, e situado num cume que dava vista para um campo de golfe e um lago. Ficava a cerca de 1,5 quilômetro de Fine Hall, na extremidade da Alexander Road, mais ou menos no meio do caminho entre Fine Hall e o Instituto de Estudos Avançados.

A vida era masculina, monástica e voltada para os estudos, exatamente como o reitor West havia imaginado.[22] Os estudantes de pós-graduação tomavam o café-da-manhã, almoçavam e jantavam juntos ao custo de 14 dólares por semana. O café-da-manhã e o almoço eram servidos no salão do "café-da-manhã", refeições ligeiras que eram feitas às pressas. Mas o jantar, servido no Procter Hall, um refeitório bem no estilo inglês, era algo bem mais tranqüilo. Havia janelas altas, mesas compridas de madeira e retratos formais de eminentes figuras de Princeton pendurados nas paredes; a prece da noite era presidida por Sir Hugh Taylor, o decano do corpo docente, ou pelo segundo na chefia. Não havia velas nem vinho, mas a comida era excelente. Não se exigia mais traje a rigor, como antes da guerra (o costume foi reintroduzido no início dos anos 1950 e só foi abolido inteiramente nos anos 1970), mas paletó e gravata eram obrigatórios.

A atmosfera no jantar era uma mistura de sociedade masculina de debates, vestiário e seminário. Embora historiadores, acadêmicos de inglês, físicos e economistas vivessem em grande proximidade com os matemáticos, estes últimos se segregavam de maneira tão rígida como se estivessem vivendo sob algum sistema de leis de *apartheid*, sempre ocupando uma mesa separada.[23] Os alunos mais velhos, mais sofisticados, especialmente Harold Kuhn, Leon Henkin e David Gale, reuniam-se para o *sherry* nos aposentos de Kuhn antes do jantar. A conversa no jantar, às vezes, mas nem sempre, sobre assuntos matemáticos era mais expansiva do que no chá. A conversa, relembra um ex-aluno, freqüentemente girava em torno de "política, música e garotas". O debate político era parecido com discussões sobre esportes, com mais cálculo de probabilidades e apostas do que ideologia.

Garotas, ou melhor, a ausência de garotas, a dificuldade de ter encontros amorosos, as explorações, reais ou imaginárias, de certos alunos mais velhos e mais experientes em coisas da vida eram também assuntos "quentes". Muito poucos alunos namoravam. Não era permitida a entrada de mulheres no refeitório principal, e, é claro, não havia alunas mulheres. "Nós todos somos homossexuais aqui", foi uma famosa observação de um dos residentes para espicaçar a esposa do reitor.[24] O único lugar e a única hora em que se permitia que as mulheres se juntassem ao grupo maior eram por ocasião do almoço de sábado no Breakfast Room.

Em resumo, a vida social era muito envolvente – seria difícil sentir-se realmente solitário – e ao mesmo tempo limitada a outros homens, e, no caso de Nash, especificamente a outros matemáticos. As festas realizadas nos aposentos dos alunos eram, em sua maioria, eventos exclusivamente de homens. Essas noites, com muita freqüência, eram dedicadas a festas organizadas por um dos alunos de pós-graduação a pedido de Lefschetz para divertir algum visitante, mas, na realidade, para proporcionar a seus alunos contatos relacionados a empregos.[25]

A qualidade, a diversidade e o volume de matemática de que se falava em Princeton todo dia, por parte dos professores efetivos, professores do instituto, e por um fluxo constante de professores visitantes de todas as partes do mundo, para não mencionar os próprios estudantes, não se comparavam com nada que Nash jamais imaginara, muito menos experimentara. Ocorria uma revolução na matemática, e Princeton era o centro da ação. Topologia. Lógica. Teoria dos jogos. Havia não apenas palestras, colóquios, seminários, aulas e reuniões semanais no instituto às quais compareciam, ocasionalmente, Einstein e von Neumann, mas também cafés-da-manhã, almoços, jantares e festas depois do jantar no Graduate College, onde morava a maioria dos matemáticos, além do chá de todas as tardes. Martin Shubik, um jovem economista que estudava em Princeton na época, escreveu mais tarde que o departamento de matemática era "elétrico com idéias e a pura alegria da descoberta. Se um menino perdido de 10 anos de idade, pés descalços, sem gravata, calças jeans rasgadas e um teorema interessante tivesse entrado no Fine Hall na hora do chá, alguém lhe daria atenção".[26]

O CHÁ ERA O PONTO ALTO do dia.[27] Era servido no Fine Hall, entre 15 e 16 horas, entre a última aula e o seminário das 16h30 que ia até 17h30 ou 18 horas. Às quartas-feiras, o chá era no West Common Room, ou sala dos professores, como também a chamavam, e era um acontecimento muito mais formal, em que a discreta Sra. Lefschetz e outras esposas dos professores seniores, de vestidos longos e luvas brancas, serviam o chá e os biscoitos. Nessas ocasiões, surgiam pesadas baixelas de prata para o chá e uma elegante porcelana inglesa.

Nos outros dias, o chá era no East Common Room, também conhecido como a sala dos alunos, um local já muito usado, tristonho, com poltronas exageradamente estofadas e mesas baixas. Um criado trazia o chá e os biscoitos poucos minutos antes das 3 horas e os matemáticos, cansados de um dia inteiro de trabalho solitário, de dar aulas ou assistir a seminários, iam chegando aos poucos, um a um ou em grupos. Os professores efetivos vinham quase sempre, assim como a maioria dos alunos de pós-graduação e um pequeno grupo de alunos precoces dos cursos de graduação. Era muito parecido com uma reunião familiar, pequena e íntima. É difícil imaginar onde um aluno poderia vir a conhecer tão bem tantos matemáticos como na hora do chá em Princeton.

A conversação não era de modo algum puramente formal. Havia muita fofoca matemática – quem estava trabalhando em que, quem tinha recebido um pequeno elogio de qual departamento, quem se dera mal nos exames gerais. Melvin Hausner, ex-aluno de pós-graduação de Princeton, recordava mais tarde: "Você ia lá para discutir matemática. Para levar a própria versão da fofoca. Para encontrar os professores. Para encontrar amigos. Discutíamos problemas de matemática. Compartilhávamos nossas leituras dos mais recentes trabalhos de matemática publicados."[28]

Os professores efetivos sentiam que era dever deles comparecer, não apenas para conhecer os alunos, mas para bater papo uns com os outros. O grande lógico Alonzo

 Church, que parecia "o cruzamento de um urso panda com

uma coruja", nunca falava, a menos que falassem com ele e, mesmo assim, raramente, ia direto para os biscoitos, colocando um entre os dedos de sua mão espalmada, e ia mastigar afastado.[29] O carismático algebrista Emil Artin, filho de uma cantora de ópera alemã, atirava o corpo esbelto e elegante em uma das poltronas de couro, acendia um Camel e debatia a respeito de Wittgenstein e coisas assim com seus alunos, aninhados, mais ou menos literalmente, a seus pés.[30] O entusiasmado mestre em Go* e topologista Ralph Fox quase sempre ia direto para o tabuleiro de jogos, chamando algum aluno para jogar com ele.[31] Outro topologista, Norman Steenrod, um americano do Meio-Oeste, bem-apessoado, cordial, que acabara de causar sensação com sua agora clássica apresentação de feixes de fibras, geralmente dava uma parada para um jogo de xadrez.[32] Albert Tucker, o braço direito de Lefschetz, era o filho moralista de um pastor metodista canadense e o orientador eventual da tese de Nash. Tucker sempre inspecionava a sala antes de entrar e fazia pequenas arrumações triviais – tais como ajeitar os pesos das cortinas se as dobras estivessem enviesadas, ou aconselhar um aluno que estava comendo biscoitos demais.[33] Com muita freqüência, alguns professores visitantes, geralmente do Instituto de Estudos Avançados, também apareciam por lá.

Os alunos que se reuniam na hora do chá eram tão notáveis, de certo modo, quanto os professores. Judeus pobres, novos imigrantes, estrangeiros ricos, filhos de operários,

---

*Surgido na China há quatro mil anos, o jogo de Go é conhecido como um jogo que envolve grande capacidade estratégica. Dois jogadores posicionam suas pedras de cores opostas em um tabuleiro e cada um deles deve procurar aumentar o seu território ao mesmo tempo que tenta minimizar o território do adversário. (*N. do E.*)

veteranos na casa dos 20 anos e adolescentes, os estudantes constituíam um grupo tão diversificado quanto brilhante, entre eles John Tate, Serge Lang, Gerard Washnitzer, Harold Kuhn, David Gale, Leon Henkin e Eugenio Calabi.[34] Os chás eram um paraíso para os tímidos, sem amigos e socialmente canhestros, uma categoria na qual se enquadravam muitos daqueles jovens. John Milnor, o mais brilhante aluno do primeiro ano na história do departamento de matemática de Princeton, descreveu a coisa da seguinte maneira: "Tudo era novo para mim. Eu era socialmente desajeitado, tímido e solitário. Tudo era maravilhoso. Era um mundo inteiramente novo. Ali estava uma comunidade inteira na qual eu me sentia muito à vontade."[35]

O clima, entretanto, era tão cordial quanto competitivo.[36] Insultos e demonstrações de estrelismo eram sempre ingredientes importantes nas brincadeiras da hora do chá. O Common Room era o lugar em que os galos de briga geralmente se enfrentavam, blefavam, faziam pose e se engalfinhavam. Nenhuma cultura era mais hierarquizada do que a cultura matemática no preciso escalonamento do mérito e do prestígio individuais, mas também era um escalonamento sempre em estado de suspense e fluxo, em que novos desafios e rixas irrompiam quase diariamente. Em seus cursos de graduação nas faculdades, quase todos esses jovens tinham se acostumado a ser os mais brilhantes e melhores, mas agora eles se defrontavam com os mais brilhantes e os melhores de outras faculdades. Um dos alunos de pós-graduação que entrou com Nash admitiu: "Competitividade era como respirar. Nós nos desenvolvíamos nela. Éramos terríveis. Esse cara, ele é burro, dizíamos. Portanto, ele deixava de existir."[37]

Havia panelinhas, a maioria baseada nas áreas de estudo. A panelinha no nível mais alto da hierarquia era a da topologia, que se juntava em torno de Lefschetz, Fox e

Steenrod. Depois vinha a análise, agrupada em torno do arqui-rival de Lefschetz no departamento, um amante da música, educado e erudito, chamado Bochner. Em seguida, vinha a álgebra, que incluía Emil Artin e um punhado de seguidores ungidos. A lógica, por alguma razão, não era tida em grande consideração, apesar da imensa reputação de Church entre os pioneiros da teoria da computação. A panelinha da teoria dos jogos, que se reunia em volta de Tucker, era considerada muito *déclassé*, uma anomalia nessa torre de marfim da matemática pura. Cada panelinha tinha as próprias opiniões sobre a importância de seu campo de estudo e sua própria maneira de diminuir a importância dos outros.

Nash jamais encontrara em sua vida qualquer coisa parecida com essa pequena e exótica estufa de matemática. Em pouco tempo, ela forneceria a Nash o contexto emocional e intelectual de que ele tanto precisava para se expressar.

5
Gênio
Princeton, 1948-1949

É bom que eu não tenha me deixado influenciar.

– Ludwig Wittgenstein

Kai Lai Chung, um professor de matemática que havia sobrevivido aos horrores da conquista japonesa em sua China natal, ficou surpreso ao ver entreaberta a porta da sala dos professores.[1] Geralmente ela ficava trancada. Kai Lai gostava de dar uma parada ali nas raras ocasiões em que estava aberta e não havia ninguém por perto. O recinto tinha a atmosfera de uma igreja vazia, sem aquele ar imponente e intimidador que tinha às tardes, quando ficava repleta de luminares matemáticos; agora ela era simplesmente um lindo santuário.

A luz do aposento filtrava-se através de janelas com vitrais repletos de fórmulas gravadas: a lei da gravidade de Newton, a teoria da relatividade de Einstein, o princípio da incerteza da mecânica quântica de Heisenberg. Na extremidade, à semelhança de um altar, havia uma maciça lareira de pedra. Em um lado havia um baixo-relevo de uma mosca se confrontando com o paradoxo da faixa de Möbius. Este torceu uma tira de papel e ligou as extremidades, criando um objeto aparentemente impossível: uma superfície com apenas um lado. Kai Lai gostava de ler principalmente a estapafúrdia inscrição acima da lareira, uma expressão da fé de Einstein na ciência: "*Der Herr Gott ist raffiniert aber Boshaft ist Er nicht*", com a qual ele queria dizer que "o Senhor é sutil mas não malicioso".[2]

Naquela manhã de outono, quando chegou à soleira da porta entreaberta, Kai Lai parou de repente. A poucos metros, sobre a mesa maciça que dominava a sala, em meio a um mar de papéis, esparramava-se um lindo jovem de cabelos escuros. Ele estava deitado de costas olhando para o teto, como se estivesse ao ar livre, num gramado, debaixo de um olmo, fitando o céu através das folhas, em perfeito estado de relaxamento, imóvel, obviamente perdido em pensamentos, os braços cruzados sob a cabeça. O jovem assobiava baixinho. Kai Lai reconheceu o perfil marcante imediatamente. Era o novo aluno de pós-graduação de

 West Virginia. Um pouquinho chocado e algo embaraçado,

Kai Lai recuou e foi embora apressado antes que Nash pudesse vê-lo ou ouvi-lo.

OS ALUNOS DO PRIMEIRO ANO formavam um grupo extremamente pretensioso, mas Nash imediatamente espantou a todos com sua atitude muito mais pretensiosa – e mais esquisita. Sua aparência ajudava a criar essa impressão.[3] Aos 20 anos, ele parecia moço, talvez mais moço do que era, porém não era mais um jovem desajeitado que parecia ter acabado de saltar de um trator. Com 1,86 metro de altura, ele pesava quase 77 quilos. Tinha os ombros largos, um tórax musculoso e robusto e uma cintura delgada. Tinha a estrutura, se não a postura, de atleta, "um corpo forte, muito masculino", lembrou um colega dele de pós-graduação. Era, além disso, "bonito como um deus", de acordo com outro aluno. A testa alta, as orelhas um pouco afastadas, o nariz característico, os lábios carnudos e um queixo pequeno davam-lhe o aspecto de um aristocrata inglês. Os cabelos caíam na testa, e ele constantemente os afastava. Usava unhas muito longas, que chamavam a atenção para suas lindas mãos, um tanto flácidas, e os dedos compridos e delicados. A voz, com timbre mais para o agudo, era tranqüila, com sotaque sulista, e tinha um viés ligeiramente irônico. Sua fala tinha uma qualidade olímpica e ornamental, que impressionava os outros por ser um pouco afetada. Além do mais, sua expressão era um tanto arrogante, e ele sorria para si mesmo de maneira superior.

Desde o início, ele se fazia visível na hora do chá. Parecia ansioso por ser notado e tinha-se a impressão de que queria mostrar que era mais inteligente que qualquer um naquele lugar. Um colega estudante, que chegara a Princeton vindo do City College de Nova York, lembrou: "Ele tinha um modo de dizer 'banal' para qualquer coisa que você pudesse considerar não banal. Aquilo podia ser encarado como se ele quisesse diminuir você." Acusava as pessoas de fazerem burburinho. Se alguém estivesse falando sem parar, a pessoa estava apenas fazendo burburinho. Certa vez, ele rabiscou num quadro-negro que outro estudante, um algebrista, usaria durante uma palestra a frase ÁLGEBRA É BURBURINHO.

Aproveitava todas as oportunidades para se vangloriar de seus feitos. Mencionava, sem mais nem menos, que havia descoberto, como aluno de graduação, uma prova original da prova de Gauss para um teorema fundamental da álgebra, uma das grandes realizações da matemática do século XVIII, hoje em dia ensinada em cursos avançados sobre a teoria das variáveis complexas.[4]

Ele se declarava um livre-pensador. Na matrícula em Princeton, respondendo à pergunta "Qual é sua religião?", ele escreveu "xintoísmo".[5] Dava a entender que sua linhagem era superior à de seus colegas, principalmente em relação aos alunos judeus. Martin Davis, um colega seu que crescera numa família pobre do Bronx, lembrou-se de ter emparelhado um dia com Nash, quando este matutava sobre linhagens de sangue e aristocracias naturais enquanto caminhavam do Graduate College para o Fine Hall. "Ele, definitivamente, tinha uma série de crenças sobre a aristocracia", disse Davis. "Era contra a mistura racial. Dizia que a miscigenação resultaria na deterioração da linhagem racial. Dava a entender que sua própria linhagem era muito boa."[6] Uma vez ele perguntou a Davis se este havia sido criado num cortiço.

NASH PARECIA ESTAR INTERESSADO em quase tudo o que era matemático – topologia, geometria algébrica, lógica e teoria dos jogos – e aparentemente absorveu uma enorme quantidade de conhecimentos relativos a esses assuntos durante o seu primeiro ano.[7] Ele mesmo se recordou, sem entrar em detalhes, de ter "estudado matemática de maneira bastante ampla" em Princeton.[8] Contudo, evitava assistir a aulas. Ninguém se lembra de tê-lo visto numa aula regular.[9] Mais tarde, contou ele, começou um curso de topologia algébrica oferecido por Steenrod, que foi quem lançou as bases dessa área de estudo.[10] Steenrod e Samuel Eilenberg tinham acabado de inventar os axiomas que eram o fundamento da teoria da homologia. O assunto estava na moda, e o curso atraiu muitos alunos, mas Nash achou que era formal demais para ele, e não tinha geometria suficiente para seu gosto, de modo que parou de ir às aulas.

Também ninguém se lembra de ter visto Nash com um livro durante sua carreira como aluno de pós-graduação.[11] Na realidade, ele lia espantosamente pouco. "Tanto eu quanto Nash éramos considerados disléxicos até certo ponto", disse Eugenio Calabi, um jovem imigrante italiano que ingressou em Princeton um ano antes de Nash. "Eu tinha muita dificuldade em manter minha atenção em leituras que exigissem grande concentração. Então, eu via aquilo simplesmente como preguiça. Nash, por outro lado, dizia que era melhor não ler, argumentando que aprender muito em segunda mão asfixiaria a criatividade e a originalidade. Era uma aversão à passividade e a abrir mão do controle."[12]

PARECE QUE NASH passava a maior parte do tempo simplesmente pensando. Ele andava em bicicletas emprestadas dos bicicletários que havia em frente ao Graduate College, descrevendo apertados "oitos" ou círculos concêntricos cada vez menores.[13] Ficava caminhando em torno do quadrilátero interior do prédio. Deslizava pelo soturno corredor do segundo andar do Fine Hall, o ombro encostado firmemente contra a parede, como um trólei, nunca perdendo contato com os escuros painéis de madeira.[14] Ficava deitado numa escrivaninha ou numa mesa no Common Room vazio, ou, com maior freqüência, na biblioteca do terceiro andar.[15] Quase sempre assobiava Bach, na maioria das vezes "A pequena fuga".[16] O assobio fazia com que as secretárias do departamento de matemática se queixassem dele a Lefschetz e Tucker.[17]

Melvin Hausner recordava: "Estava sempre mergulhado em seus pensamentos. Ficava sentado sozinho no Common Room. Era comum passar por você e não vê-lo. Estava sempre murmurando para si mesmo. Sempre assobiando. Nash estava sempre pensando... Se estava deitado numa mesa, era porque estava pensando. Simplesmente pensando. Podia-se ver que ele estava pensando."[18]

Nash estava sempre à espreita de problemas. "Estava sempre atento a problemas não resolvidos", disse Milnor. "Realmente interrogava com veemência as pessoas para saber quais eram os problemas importantes. Mostrava enorme ambição."[19] Nessa busca, como em tantas outras coisas, ele mostrava um grau incomum de autoconfiança e presunção. Numa ocasião, pouco tempo depois de sua chegada a Princeton, ele foi ver Einstein e esboçou algumas idéias que tinha para aprimorar a teoria quântica.

NAQUELE PRIMEIRO OUTONO em Princeton, Nash às vezes fazia um pequeno desvio pela movimentada Mercer Street, a fim de conseguir vislumbrar o mais famoso residente do lugar.[20] Quase todas as manhãs, entre 9 e 10 horas, Einstein andava mais ou menos 1,5 quilômetro, indo de sua casa branca de madeira, no número 112 daquela rua, até sua sala no Instituto de Estudos Avançados. Em diversas ocasiões, Nash conseguiu passar, na rua, rente ao endeusado cientista – que usava um suéter largo, calças caídas, sandálias sem meias e uma expressão impassível.[21] Ele ficava imaginando como poderia iniciar uma conversa, parando Einstein no meio do caminho com alguma observação surpreendente.[22] Mas uma vez, quando passou por Einstein, que caminhava com Kurt Gödel, Nash ouviu pequenas frases em alemão e ficou se perguntando com tristeza se sua deficiência naquela língua poderia representar um obstáculo insuperável na comunicação com o grande homem.[23]

Em 1948, Einstein já era uma figura cultuada no mundo havia mais de um quarto de século.[24] Sua teoria especial da relatividade fora publicada em 1905, assim como sua afirmação de que a luz se propagava no espaço não como ondas, mas como partículas discretas. A teoria geral da relatividade apareceu em 1916. A confirmação feita pelos astrônomos, em 1919, de que os raios de luz eram encurvados pela gravidade solar – como Einstein havia previsto – trouxe-lhe uma fama jamais igualada por qualquer cientista antes ou desde aquela época. As atividades políticas de Einstein – a favor da bomba atômica e depois do desarmamento nuclear, pelo governo mundial, pelo Estado de Israel – acrescentaram uma aura de santo.

Durante décadas, as principais preocupações científicas de Einstein foram duas, uma em que ele conseguiu certo sucesso, a outra, um completo fracasso.[25] Ele conseguiu lançar dúvidas sobre alguns dos dogmas básicos de uma das teorias da física mais bem-sucedidas e de aceitação mais ampla – a teoria quântica –, uma teoria proposta pela primeira vez por ele próprio, quando demonstrou a existência dos quanta de luz em 1905, e posteriormente desenvolvida por Niels Bohr e Werner Heisenberg, que afirmava que o ato de observar muda o objeto que está sendo observado. O ataque de Einstein, em 1935, à teoria quântica gerou uma manchete de primeira página no *The New York Times* e nunca foi refutado de modo satisfatório; na realidade, a partir de meados de 1990, as evidências experimentais mais recentes injetaram vida nova à sua crítica.

Sua maior preocupação era a tarefa fundamental de unir os fenômenos da luz e da gravidade numa única teoria. Einstein nunca conseguiu, como disse um biógrafo, "aceitar que o universo era fragmentado entre a relatividade de um lado e a mecânica quântica de outro".[26] Na véspera de seu septuagésimo aniversário, ele ainda buscava um conjunto de princípios, único e coerente, que se aplicassem a todas as diversas forças e partículas, e estava, na verdade, preparando o que viria a ser seu trabalho final sobre a chamada "teoria do campo unificado".[27]

Foi uma medida da ousadia de Nash e da força de sua fantasia o fato de ele não se ter contentado apenas em ver Einstein, mas ter logo pedido um encontro com ele. Apenas algumas semanas depois de ter iniciado seu primeiro ano em Princeton, Nash solicitou um encontro com o cientista na sala deste, no Fine Hall. Ele disse ao assistente de Einstein que tinha uma idéia e que desejava discuti-la com o professor Einstein.[28]

A sala de Einstein, um aposento grande, arejado, com uma janela de sacada que deixava entrar muita luz, era uma bagunça. O assistente dele era John Kemeny, um húngaro de 22 anos, especialista em lógica, veemente, fumante inveterado, que mais tarde inventou a linguagem de computador denominada BASIC, tornou-se presidente do Dartmouth College e presidiu a comissão que investigou o acidente nuclear em Three Mile Island. Kemeny fez Nash entrar. O aperto de mão de Einstein, que terminava com uma torção, era notavelmente firme, e ele levou Nash até uma grande mesa de reunião de madeira na extremidade da sala.

A luz do fim da manhã que se derramava pela janela da sacada produzia uma espécie de aura em torno de Einstein. Nash, no entanto, foi direto à essência de sua idéia, enquanto Einstein ouvia educadamente, torcendo as mechas de cabelos na nuca com o dedo, sugava seu cachimbo sem fumo e, ocasionalmente, murmurava uma observação ou fazia uma pergunta. Enquanto ele falava, Nash percebeu uma forma atenuada de ecolalia: profundo, profundo, interessante, interessante.[29]

Nash tinha uma idéia sobre "gravidade, fricção e radiação", como mais tarde se recordou. A fricção sobre a qual ele pensava era a fricção que uma partícula, digamos, um fóton, poderia encontrar à medida que se movesse pelo espaço, em razão de seu campo gravitacional flutuante que interagia com outros campos gravitacionais.[30] Nash havia estudado bastante sua idéia, a ponto de passar grande parte da reunião no quadro-negro, escrevendo equações. Logo, Einstein e Kemeny estavam também no quadro-negro.[31] A discussão durou quase uma hora. Mas, no fim, tudo o que Einstein disse, com um sorriso amável, foi: "É melhor você estudar um pouco de física, meu jovem." Nash não aceitou o conselho de Einstein imediatamente e nunca escreveu nenhum trabalho sobre sua idéia. Sua investida da juventude na física passaria a ser um interesse que durou a vida toda – embora, como a busca de Einstein pelo campo unificado, não tenha sido especialmente frutífera.[32] No entanto, muitas décadas depois, um físico alemão publicou uma idéia semelhante.[33]

DE MANEIRA OSTENSIVA, Nash evitava se ligar a qualquer professor em particular, do departamento ou do instituto. Não era uma questão de timidez, achavam seus colegas, mas decorria do fato de ele querer preservar sua independência. Um matemático que conheceu Nash na época observou:

"Nash estava determinado a conservar sua independência intelectual. Não queria ser indevidamente influenciado. Falava livremente com os outros alunos, mas estava sempre preocupado em não se aproximar excessivamente dos outros professores, com medo de ser influenciado demais. Não queria ser dominado. Detestava a idéia, em geral, de ficar devedor de alguém, do ponto de vista intelectual."[34]

Ele, entretanto, usou pelo menos um membro do corpo docente, Steenrod, como uma espécie de caixa de ressonância. Por temperamento, Steenrod era uma personalidade inteiramente diferente de tipos extrovertidos e autoritários, como Lefschetz e Bochner, cujas palestras, dizia-se, eram "emocionantes, mas noventa por cento erradas". Steenrod era um homem cuidadoso, metódico, que escolhia seus ternos e casacos esporte de acordo com uma fórmula matemática e tinha a mania de imaginar soluções bastante lógicas, se bem que impraticáveis, para os problemas sociais, como a criminalidade.[35] Mas Steenrod era também amistoso, prestativo e paciente. Ficou imensamente impressionado com Nash, achava-o bastante interessante e tratava o estouvamento e a excentricidade do jovem com divertida tolerância.[36]

Pela primeira vez na vida cercado por jovens que ele encarava, se não exatamente como iguais, pelo menos com valor suficiente para poder conversar, Nash preferia sugar os cérebros dos outros alunos. "Alguns matemáticos trabalham muito sozinhos", disse um colega. "Ele gostava de trocar idéias."[37] Um dos estudantes de quem ele se aproximou foi John Milnor, o primeiro de uma série de brilhantes matemáticos jovens que o atraíram. Alto, ágil, com cara de bebê e corpo de ginasta, Milnor estava apenas no primeiro ano, mas já tinha se tornado o menino de ouro do departamento.[38] Durante esse ano, num curso de geometria diferencial dado por Albert Tucker, ele aprendeu a respeito de uma conjectura não-provada ainda de um topologista polonês, Karol Borsuk, relativa à curvatura total de uma intrincada curva no espaço. Diz a lenda que Milnor pensou que a conjectura era um dever de casa.[39] Qualquer que tenha sido o caso, ele chegou à porta de Tucker alguns dias mais tarde com uma prova escrita e um pedido: "Queria que o senhor fizesse a gentileza de assinalar a falha nessa tentativa. Tenho certeza de que há uma, mas não consigo encontrá-la." Tucker estudou a coisa, mostrou-a a Fox e a Shiing-shen Chern. Ninguém conseguiu encontrar nada de errado. Tucker incentivou Milnor a apresentar a prova como uma Nota para os *Annals of Mathematics*. Alguns meses depois, Milnor apresentou um trabalho elegantemente elaborado com uma teoria completa da conjectura das curvas intrincadas, na qual a prova da conjectura de Borsuk era um mero subproduto. O trabalho, mais substancial do que a maioria das dissertações de doutorado, foi publicado nos *Annals* em 1950. Milnor também surpreendeu o departamento – e Nash – ganhando o concurso Putnam em seu segundo semestre em Princeton (na realidade, ele iria vencê-lo duas outras vezes e foi-lhe oferecida uma bolsa de estudos em Harvard).[40]

NASH ERA RESPEITADO, mas as pessoas não gostavam muito dele. Não era convidado para o quarto de Kuhn para o *sherry* ou para ir com os outros até a Nassau Street, para beber cerveja. "Ele não era uma pessoa que você quisesse ter como um amigo íntimo", relembrou Calabi. "Não conheço muitas pessoas que tivessem qualquer sentimento de cordialidade por ele."[41]

A maioria dos alunos de pós-graduação era um pouco esquisita. Eles eram atormentados por timidez, falta de jeito, maneirismos estranhos e todos os tipos de tiques físicos e psicológicos, mas, coletivamente, eles achavam que Nash era ainda mais esquisito. "Nash não era uma pessoa comum", disse um ex-aluno de pós-graduação da época dele. "Se ele estivesse numa sala com vinte pessoas e elas estivessem conversando, e você perguntasse a um observador quem parecia esquisito, essa pessoa seria Nash. Não era nada que ele fizesse conscientemente. Era a sua postura. Seu distanciamento."[42]

Ele conseguia amedrontar as pessoas que o provocavam. Ocasionalmente, as brincadeiras e o espicaçamento o faziam irromper numa súbita explosão de violência. Uma vez, Nash estava perturbando um dos alunos de Artin, dizendo-lhe que a melhor maneira de cair nas graças do professor era pegar sua linda filha Karin.[43] O aluno, Serge Lang, que todos sabiam ser dolorosamente angustiado por causa de sua timidez em relação às garotas, atirou uma xícara de chá quente no rosto de Nash. Este perseguiu-o em volta da mesa, jogou-o no chão e enfiou-lhe cubos de gelo nas costas, por dentro da camisa. Outra vez, Nash pegou uma base de metal – do tipo que serve para apoiar bandejas de vidro pesadas – e atirou-a nas canelas de Melvin Peisakoff, que ficaram muito doloridas durante várias semanas.[44]

NA PRIMAVERA DE 1949, Nash meteu-se numa enrascada.[45] Ele havia conquistado firmes defensores entre os professores, como Steenrod, Lefschetz e Tucker. Este último estava entre os que acreditavam que Nash era "muito brilhante e original, mas um pouco excêntrico".[46] Contudo, nem todos no departamento pensavam assim. Alguns achavam que Nash não era, absolutamente, um homem para Princeton. Entre esses, estava Artin.

Esguio, bonito, com olhos azul-claros e uma voz atraente, Artin parecia um ídolo alemão dos anos 1920.[47] Usava um casaco de campanha de couro preto e sandálias durante todo o ano letivo, mantinha os cabelos longos e fumava sem parar. *O* representante da álgebra "moderna", Artin, que fora recomendado por Weyl para o cargo no instituto que acabou sendo dado a von Neumann, era um palestrante maravilhoso, que admirava a educação social e a erudição, mas também era famoso por sua intolerância com os que não se enquadrassem em seus padrões bastante meticulosos. Era conhecido por seu costume de gritar e atirar giz nos alunos que faziam perguntas idiotas em suas aulas.

Artin e Nash tiveram vários atritos no Common Room. Artin estava sempre interessado em conversar com estudantes talentosos. Contudo, ele não só achou que Nash era irritantemente atrevido, mas também chocantemente ignorante.[48] Numa reunião do corpo docente, na primavera, Artin comentou que não via como Nash passaria nos exames gerais, que os melhores alunos deveriam fazer no fim do primeiro ano. Quando Lefschetz propôs uma bolsa de estudos para Nash na Atomic Energy Commission para o ano seguinte, Artin se opôs e deixou claro que seria melhor que Nash deixasse Princeton.

Lefschetz e Tucker conseguiram vencer Artin na questão da bolsa de estudos.[49] Mas dissuadiram Nash de fazer os exames gerais naquela primavera e sugeriram que os fizesse no outono seguinte. Ele estava seguro por ora, mas sua impopularidade entre alguns membros do corpo docente aumentaria novamente quando ele tentou, dois anos mais tarde, conseguir um cargo no departamento como professor assistente.

6
Jogos
Princeton, primavera de 1949

John von Neumann, apelidado de Grande Homem pelas costas, abria caminho entre a multidão, muito bem-vestido como sempre e segurando com elegância uma xícara numa das mãos, um pires na outra.[1] A sala dos alunos estava incomumente cheia naquele fim de tarde de primavera. Uma grande platéia, gente do instituto e do departamento de física, e também do de matemática, havia aparecido para a palestra de um Fulano de Tal e tinha permanecido ali para o chá. Von Neumann ficou parado por um momento junto a dois alunos vestidos de maneira bem desleixada que olhavam para um pedaço de cartolina de aparência peculiar. Era um losango coberto de hexágonos. Parecia o chão de um banheiro. Os dois jovens revezavam-se pondo pedras brancas e pretas do jogo japonês Go e já tinham coberto praticamente todo o tabuleiro.

Von Neumann não perguntou aos alunos ou a qualquer um por perto que jogo eles estavam jogando e, quando Tucker fitou-o por um instante, ele desviou o olhar e afastou-se rapidamente. Mais tarde, naquela noite, no jantar do corpo docente, entretanto, ele pegou Tucker de surpresa e perguntou com indiferença estudada: "Ah, a propósito, o que era aquilo que eles estavam jogando?" "Nash", respondeu Tucker, fazendo os cantos da boca se elevarem ligeiramente, "Nash".

JOGOS ERAM UM DOS ENCANTADORES costumes europeus que os *émigrés* levaram para Fine Hall na década de 1930.

A partir daí, sempre havia um ou outro jogo predominante na sala dos alunos. Hoje em dia é o gamão, mas no fim dos anos 1940 era *Kriegspiel*, Go, e, depois que foi inventado por seu homônimo, "Nash" ou "John".[2]

No primeiro ano de Nash, havia uma panelinha de jogadores de Go liderados por Ralph Fox, o genial topologista, que o importara depois da guerra.[3] Fox, que era apaixonado pelo pingue-pongue, dominava o Go, o que não era absolutamente surpreendente, por conta de sua especialidade em matemática. Era tão bom que foi convidado a ir ao Japão disputar o jogo e certa vez convidou um famoso mestre japonês chamado Fukuda para jogar com ele no Fine Hall. Fukuda, que também jogara contra Einstein e ganhara, impôs uma derrota fragorosa a Fox – para alegria de Nash e de alguns dos outros presentes ao Fine Hall.[4]

O jogo favorito, contudo, era *Kriegspiel*. Primo do xadrez, esse jogo foi, durante um século, mania na Prússia. William Poundstone, autor de *Prisoner's Dilemma*, conta que o *Kriegspiel* foi inventado como um jogo educativo para as escolas militares alemãs no século XVIII, e era originalmente jogado num tabuleiro que consistia num mapa da fronteira franco-belga dividido numa malha de 306 quadrados.[5]

Alguns colegas de Nash lembram-se de que achavam que ele passava todo o seu tempo em Princeton na sala dos alunos entretido com jogos de salão.[6] Nash, que havia jogado xadrez no ensino médio,[7] jogava tanto *Kriegspiel* quanto Go, o primeiro quase sempre com Steenrod ou Tukey.[8] Não era de modo algum um jogador brilhante, mas era excessivamente agressivo.[9]

NAQUELA PRIMAVERA, Nash surpreendera todo mundo inventando um jogo muito inteligente que logo se popularizou na sala dos estudantes.[10] Piet Hein, um dinamarquês, havia inventado o jogo alguns anos antes de Nash, e ele seria comercializado por Parker Brothers, em meados dos anos 1950, com o nome de Hex. Mas a invenção do jogo por parte de Nash parece ter sido algo totalmente independente.[11]

Pode-se imaginar que von Neumann tenha sentido uma pontada de inveja ao ouvir Tucker dizer-lhe que o jogo que ele estava observando fora inventado por um aluno de pós-graduação de West Virginia. Muitos grandes matemáticos divertiram-se inventando jogos e quebra-cabeças, é claro, mas é difícil pensar em um único que tenha inventado um jogo que outros matemáticos achassem intelectualmente desafiador e esteticamente atraente, mas que também pessoas sem afinidade com a matemática pudessem gostar de jogar.[12] Os inventores de jogos que as pessoas realmente jogam – seja xadrez, *Kriegspiel* ou Go – já se perderam, é claro, na poeira do tempo. O jogo de Nash era sua primeira invenção genuína e a primeira evidência consistente de seu gênio.

O jogo provavelmente não teria aparecido em sua manifestação física na sala dos alunos de Princeton, ou em qualquer outro lugar, se não fosse por outro aluno de pós-graduação, chamado David Gale. Gale, um nova-iorquino que passara a guerra no Radiation Laboratory do MIT, foi um dos primeiros homens que Nash conheceu no Graduate College.[13] Gale, Kuhn e Tucker dirigiam o seminário semanal sobre teoria dos jogos. Atualmente professor em Berkeley e editor de uma coluna sobre jogos e quebra-cabeças no *The Mathematical Intelligencer*, Gale é um aficionado desse tipo de coisa. Nash sabia do interesse de Gale por esses jogos, pois o outro tinha o hábito, na hora das refeições no Graduate College, de dispor silenciosamente um punhado de moedas num determinado padrão ou desenhar uma grade, e então, subitamente, desafiar quem estivesse jantando do outro lado da mesa a resolver o quebra-cabeça. (Foi isso exatamente que Gale fez quando viu

Nash pela primeira vez, depois de um hiato de cinqüenta anos, num pequeno jantar em São Francisco, para comemorar o Prêmio Nobel de Nash.)[14]

Uma manhã, no fim do inverno de 1949, Nash literalmente esbarrou em Gale, que era muito mais baixo que ele, mas vigoroso, no quadrilátero interior do Graduate College. "Gale! Tenho um exemplo de jogo com informação perfeita", despejou ele. "Não há sorte, apenas pura estratégia. Posso provar que o primeiro jogador sempre ganha, mas não tenho idéia de qual será sua estratégia. Se o primeiro jogador perder o jogo, é porque ele cometeu um erro, mas ninguém sabe qual é a estratégia perfeita."[15]

A descrição de Nash era um tanto elíptica, como a maioria de suas explicações. Ele descreveu o jogo não em termos de um losango com casas hexagonais, mas como um tabuleiro de xadrez. "Suponha que dois quadrados sejam adjacentes se são contíguos numa fileira vertical ou horizontal, mas também na diagonal positiva", disse ele.[16] Então descreveu o que os dois jogadores tentavam fazer.

Quando finalmente entendeu o que Nash estava tentando lhe contar, Gale ficou fascinado. Imediatamente começou a pensar sobre como desenhar o tabuleiro real do jogo, coisa que aparentemente nunca havia ocorrido a Nash, que vinha brincando com a idéia do jogo desde seu último ano em Carnegie. "Você podia fazer a coisa ficar bem bonita, eu acho." Gale, que vinha de uma família de comerciantes abastados, era um pouco artesão e artista. Ele também achou, e deu essa idéia a Nash, que o jogo podia ter algum potencial comercial.

"Desse modo, fiz um tabuleiro", disse Gale. "As pessoas jogavam usando pedras. Deixei-o no Fine Hall. O importante era a idéia matemática. O que eu fiz foi apenas o desenho. Funcionei como agente dele."

"Nash" ou "John" é um lindo exemplo de um jogo de duas pessoas de soma zero, com informação perfeita, no qual um dos jogadores sempre tem uma estratégia vencedora.[17] O xadrez e o jogo-da-velha também são jogos de duas pessoas de soma zero com informação perfeita, mas podem terminar em empate. "Nash" é realmente um jogo topológico. Como Milnor o descreve, um tabuleiro Nash "n" por "n" consiste em um losango dividido em hexágonos de cada lado.[18] O tamanho ideal é 14 por 14. Duas bordas opostas do tabuleiro são coloridas de preto e duas de branco. Os jogadores usam pedras brancas e pretas do jogo Go e se revezam, colocando as pedras nos hexágonos, e essas pedras, depois de jogadas, não podem mais ser movidas. O jogador com as pretas tenta construir uma cadeia contínua de pedras pretas de uma borda preta à outra borda preta. O jogador com as brancas tenta fazer o mesmo com as pedras brancas, de uma borda branca à outra borda branca. O jogo continua até que um dos dois jogadores consiga o objetivo. O jogo é divertido porque é desafiador, e atraente porque não tem nenhum conjunto complexo de regras como tem o xadrez.

Nash provou que, num tabuleiro simétrico, o primeiro jogador sempre vence. Sua prova é extremamente hábil, "maravilhosamente não-construtiva", nas palavras de Milnor, que o joga muito bem.[19] Se o tabuleiro é coberto pelas pedras pretas e brancas, há sempre uma cadeia contínua que liga preta com preta e branca com branca, mas nunca ambas. Como declarou Gale, "Você pode andar do México ao Canadá ou nadar da Califórnia a Nova York, mas não pode fazer as duas coisas".[20] Isso explica por que nunca pode haver empate como no jogo-da-velha. Mas, ao contrário do jogo-da-velha, até mesmo se os dois jogadores tentam perder, um irá vencer, queira ou não queira.

O jogo logo tomou conta da sala dos alunos.[21] Fez com que Nash ganhasse muitos admiradores, entre eles o jovem

John Milnor, que ficou fascinado por sua engenhosidade e beleza. Gale tentou vender o jogo. Disse: "Cheguei a ir a Nova York e mostrei-o a vários fabricantes. Eu e John tínhamos uma espécie de acordo, pelo qual eu ganharia uma porcentagem, se conseguisse vendê-lo. Mas todos disseram não, um jogo em que as pessoas tenham de pensar nunca vai vender. No entanto, era um jogo maravilhoso. Então eu o enviei aos Parker Brothers, mas nunca obtive resposta."[22]

Milnor ainda tem um tabuleiro que ele fez para seus filhos.[23] Seu emocionante ensaio sobre as contribuições de Nash à matemática para o *Mathematical Intelligencer*, escrito depois que Nash ganhou o Prêmio Nobel, começa com uma descrição carinhosa e detalhada do jogo.

7
A teoria dos jogos

> *A invenção de teorias deliberadamente supersimplificadas é uma das principais técnicas científicas, particularmente no caso das ciências "exatas", que fazem amplo uso da análise matemática. Se um biofísico puder empregar com sucesso modelos simplificados da célula e o cosmologista, modelos simplificados do universo, então podemos esperar, com certa dose de razão, que os jogos simplificados possam vir a ser modelos úteis para conflitos mais complicados.*
>
> – John Williams, The Compleat Strategyst

Nash tomou conhecimento de um novo ramo da matemática que pairava no ar do Fine Hall. Era uma tentativa, inventada por von Neumann na década de 1920, de construir uma teoria sistemática do comportamento humano racional, enfocando os jogos como cenários adequados para o exercício da racionalidade humana.

A primeira edição de *The Theory of Games and Economic Behavior*, de von Neumann e Oskar Morgenstern, surgiu em 1944.[1] Tucker estava conduzindo um novo seminário sobre a teoria dos jogos, muito popular, no Fine Hall.[2] A Marinha, que já fizera uso da teoria durante a guerra em operações anti-submarinas, despejava dinheiro na pesquisa dessa teoria em Princeton.[3] O pessoal da matemática pura no departamento e no instituto tendia a encarar como "banal" o novo ramo da matemática, com seus aspectos militares e de ciência social, como "apenas o último modismo", e "*déclassé*".[4] Mas, para muitos estudantes em Princeton na época, a teoria era glamourosa, uma coisa inteligente, como tudo o que era associado a von Neumann.[5]

John von Neumann era a estrela mais brilhante no firmamento matemático de Princeton e um apóstolo da nova era matemática. Aos 45 anos, ele era considerado o matemático mais cosmopolita, eclético e *inteligente* que o século XX havia produzido.[6] Ninguém era mais responsável pela recém-descoberta importância da matemática entre a elite intelectual americana. Uma celebridade menor do que Oppenheimer, não tão remota quanto Einstein, como disse um biógrafo, von Neumann era um modelo para a geração de Nash.[7] Ele prestava uma dúzia de consultorias, mas sua presença em Princeton era marcante.[8] "Éramos todos atraídos por von Neumann", recordou Harold Kuhn.[9] Nash seria envolvido por seu feitiço.[10]

Possivelmente o último polímata verdadeiro, von Neumann fez uma carreira brilhante – meia dúzia de carreiras brilhantes – mergulhando corajosamente e com freqüência em qualquer área em que o pensamento matemático abstrato pudesse produzir novos *insights*. Suas idéias iam da primeira prova rigorosa do teorema ergódico aos meios de controlar o clima, de um dispositivo para a implosão da bomba atômica à teoria dos jogos, de uma nova álgebra [de anéis de operadores] para estudar a física quântica ao conceito de equipar computadores com programas armazenados.[11] Um gigante entre os especialistas da matemática pura aos 30 anos, ele se tornara, por etapas, físico, economista, perito em armamentos e visionário dos computadores. De seus 150 trabalhos publicados, 60 são de matemática pura, 20 de física e 60 de matemática aplicada, incluindo estatística e teoria dos jogos.[12] Quando morreu de câncer aos 53 anos, em 1957, ele estava desenvolvendo uma teoria sobre a estrutura do cérebro humano.[13]

Ao contrário do austero e alienado G. H. Hardy, de Cambrigde, o teórico dos números idolatrado pela geração anterior de matemáticos americanos, von Neumann era mundano e engajado. Hardy abominava a política, considerava repelente a matemática aplicada e via a matemática pura como um objetivo estético, que deveria ser praticada como um fim em si mesmo, como a poesia ou a música.[14] Von Neumann não via contradição entre a mais pura das matemáticas e os problemas mais ousados da engenharia, ou entre o papel do pensador desapaixonado e o ativista político.

Foi um dos primeiros daqueles consultores acadêmicos que estavam sempre num trem ou num avião indo para Nova York, Washington ou Los Angeles, e cujos nomes apareciam com freqüência nos noticiários. Abandonou o magistério quando foi para o Instituto de Estudos Avançados em 1933 e desistiu da pesquisa em tempo integral em 1955, para tornar-se um poderoso integrante da Atomic Energy Commission.[15] Foi uma das pessoas que disseram aos americanos como deviam pensar acerca da bomba e dos russos, e também como pensar sobre os usos pacíficos da energia atômica.[16] Um pretenso modelo para o Dr. Strangelove, do filme de Stanley Kubrick, de 1963,[17] ele tinha opiniões apaixonadas sobre a Guerra Fria, defendendo um primeiro ataque contra a Rússia[18] e defendendo os testes nucleares.[19] Casado duas vezes e rico, gostava de roupas caras, bebidas, carros velozes e piadas pornográficas.[20] Era um trabalhador compulsivo, grosseiro e até mesmo frio às vezes.[21] No fim das contas, ele era uma pessoa difícil de se conhecer; a piada corrente em Princeton era que von Neumann, na verdade, era um extraterrestre que aprendera a imitar um humano com perfeição.[22] Em público, contudo, ele exalava a vivacidade de espírito e o charme húngaros. As festas que dava em sua mansão de tijolos no elegante Library Place, em Princeton, eram "freqüentes, famosas e longas", segundo Paul Halmos, um matemático que conheceu von Neumann.[23] Suas respostas rápidas e espirituosas em um dos quatro idiomas que dominava eram repletas de referências à história, à política e à bolsa de valores.[24]

Sua memória era assombrosa, e também a velocidade com a qual sua mente trabalhava. Conseguia decorar instantaneamente uma coluna de números de telefones e praticamente qualquer outra coisa. São abundantes as histórias de von Neumann derrotando computadores em gigantescas façanhas de cálculo. Em um de seus obituários, Halmos conta a história do primeiro teste do computador eletrônico de von Neumann. Alguém sugeriu uma pergunta como "Qual é a menor potência de 2 com a propriedade de que o quarto algarismo decimal a partir da direita seja 7?" Como diz Halmos, "a máquina e Johnny começaram no mesmo momento e Johnny terminou primeiro".[25]

Isso parece espantoso até que ficamos sabendo que com 6 anos ele sabia dividir, de cabeça, dois números de oito algarismos.[26]

No fim da guerra, a verdadeira paixão de von Neumann eram os computadores, ainda que ele chamasse seu interesse por eles de "obsceno".[27] Embora não tenha construído o primeiro computador, suas idéias sobre a arquitetura de computação foram aceitas, e ele inventou as técnicas matemáticas necessárias ao funcionamento dos computadores. Ele e seus colaboradores, entre os quais se incluía o futuro diretor-científico da IBM, Hermann Goldstine, inventaram programas armazenados em substituição aos programas de circuitos ligados, um protótipo do computador digital e um sistema de previsão do tempo. O Instituto de Estudos Avançados, voltado para a teoria, não tinha interesse em construir um computador, de modo que von Neumann vendeu a idéia para a Marinha, argumentando que a invasão da Normandia quase tinha falhado por causa das previsões meteorológicas deficientes. Divulgou o MANIAC, como a máquina acabou sendo chamada, um dispositivo para aperfeiçoar as previsões meteorológicas. Mais do que qualquer outra coisa, no entanto, Von Neumann foi a pessoa que percebeu com maior clareza o potencial dessas "máquinas pensantes", afirmando num discurso feito em Montreal em 1945 que "muitos ramos da matemática pura e aplicada têm grande necessidade de instrumentos de cálculo, para superar o atual impasse criado pelo fracasso da abordagem puramente analítica dos problemas não-lineares".[28]

Tudo o que von Neumann tocava adquiria seu glamour. Invadindo corajosamente áreas muito além da matemática, ele inspirou outros gênios jovens, Nash entre eles, a fazer o mesmo. Seu sucesso na aplicação de abordagens similares a problemas não-similares foi uma luz verde para homens mais jovens que eram mais solucionadores de problemas do que especialistas.

Kuhn e Gale estavam sempre falando sobre o livro de von Neumann e Morgenstern.[29] Nash compareceu a uma palestra dada por von Neumann, um dos primeiros a falar no seminário de Tucker.[30] Ele ficou intrigado com a aparente riqueza de problemas interessantes ainda sem solução. Logo passou a ser um dos participantes regulares do seminário, cujas reuniões ocorriam às quintas-feiras, às 17 horas; em pouco tempo, começou a ser identificado como um dos integrantes da "panelinha de Tucker".[31]

OS MATEMÁTICOS SEMPRE acharam os jogos intrigantes. Assim como os jogos de azar levaram à teoria da probabilidade, o pôquer e o xadrez começaram a interessar os matemáticos de Göttingen, a Princeton de sua época, na década de 1920.[32] Von Neumann foi o primeiro a fornecer a descrição matemática completa de um jogo e a provar um resultado fundamental, o teorema minimax.[33]

O artigo de von Neumann publicado em 1928, *Zur Theorie der Gesellschaftspiele*, sugere que a teoria dos jogos poderia ter aplicação na economia: "Qualquer acontecimento – dadas as condições externas e os participantes da situação (desde que estes últimos estejam agindo de livre vontade) – pode ser encarado como um jogo de estratégia, se considerarmos o efeito que tem sobre os participantes", acrescentando, numa nota de rodapé, "[este] é o principal problema da economia clássica: como será que o '*homo economicus*', absolutamente egoísta, vai agir sob determinadas condições externas."[34] Contudo, o ponto focal da teoria – nas palestras de von Neumann e nas discussões dos círculos matemáticos na década de 1930 – continuava sendo basicamente a exploração dos jogos de salão, como o xadrez e o pôquer.[35] Só quando von Neumann conheceu Morgenstern, um colega imigrante, em Princeton, em 1938, o elo com a economia foi forjado.[36]

Morgenstern, um expatriado de Viena, uma figura imponente, que tinha ares napoleônicos, afirmava ser neto do pai do *kaiser*, Frederico III da Alemanha.[37] Alto, de uma beleza sinistra, "com olhos cinzentos frios e uma boca sensual", Morgie era uma figura elegante quando andava a cavalo e causou sensação entre os estudantes ao casar-se repentinamente com uma linda ruiva chamada Dorothy, voluntária das Federalistas Mundiais, muitos anos mais moça que ele.[38] Nascido na Silésia, Alemanha, em 1902, Morgenstern cresceu e foi educado em Viena, num período de grande fermentação artística e intelectual.[39] Depois de uma bolsa de estudos de três anos no exterior financiada pela Fundação Rockefeller, tornou-se professor e, até o Anschluss, era chefe de um instituto para pesquisas de ciclos de negócios. Quando Hitler invadiu Viena, Morgenstern estava, por acaso, visitando Princeton, e decidiu que era melhor ficar.

Morgenstern era, por temperamento, um crítico. Seu primeiro livro, *Wirtschaftsprognose* (*Previsão Econômica*), foi uma tentativa de provar que a previsão das altas e baixas da economia era um empreendimento inútil.[40] Um resenhista considerou-o tão "notável por seu pessimismo quanto por qualquer... inovação teórica".[41] Ao contrário da astronomia, as previsões econômicas têm a capacidade peculiar de mudar o resultado.[42] Preveja uma escassez, e os comerciantes e consumidores reagirão: o resultado é uma indigestão.

Seu tema mais amplo era o fracasso da teoria econômica em avaliar de maneira adequada a interdependência entre os agentes econômicos. Ele via a interdependência como a característica importante de todas as decisões econômicas, e estava sempre criticando outros economistas por ignorarem isso.[43]

Morgenstern queria fazer "algo dentro do verdadeiro espírito científico".[44] Convenceu von Neumann a escrever um tratado com ele afirmando que a teoria dos jogos era o fundamento correto de toda a teoria econômica. Morgenstern, que havia estudado filosofia, não matemática, não pôde contribuir para a elaboração da teoria, mas desempenhou o papel de incentivador e produtor.[45] Von Neumann escreveu quase todo o tratado, de 1.200 páginas, mas foi Mongenstern quem fez a provocativa introdução e estruturou os assuntos, de tal modo que o livro atraiu a atenção da comunidade matemática e econômica.[46]

THE THEORY OF GAMES and Economic Behavior foi, de todos os pontos de vista, um livro revolucionário. De acordo com o programa de Morgenstern, o livro foi "um ataque arrasador" contra o paradigma predominante na economia e a perspectiva olímpica keynesiana, segundo a qual incentivos individuais e o comportamento individual eram freqüentemente agrupados, assim como uma tentativa de ancorar a teoria na psicologia individual. Foi também um esforço para modificar a teoria social, aplicando a matemática como a linguagem da lógica científica, em particular a teoria dos conjuntos e os métodos combinatórios. Os autores embrulharam a nova teoria no manto de revoluções científicas do passado, comparando implicitamente seu tratado ao Principia, de Newton, e empreendendo um esforço para pôr a economia num patamar matemático rigoroso semelhante ao da matematização da física feita por aquele cientista, usando sua invenção do cálculo diferencial.[47] Um resenhista, Leo Hurwicz, escreveu: "Mais dez livros como este e o futuro da economia estará assegurado."[48]

A essência da mensagem de von Neumann e Morgenstern afirmava que a economia era uma disciplina irremediavelmente não-científica, cujos principais membros viviam tentando vender soluções para os prementes problemas do momento – como a estabilização do nível de emprego – sem o benefício de qualquer base científica para suas propostas.[49] O fato de que a maior parte da teoria econômica estivesse revestida da linguagem do cálculo diferencial impressionou-os como algo "exagerado" e um fracasso.[50] Isso não acontecia, diziam eles, por causa do "elemento humano" ou por causa da precária avaliação das variáveis econômicas.[51] Em vez disso, alegavam eles, "os problemas econômicos não são formulados com clareza e são freqüentemente enunciados em termos tão vagos que fazem o tratamento matemático, *a priori*, parecer inútil, porque não se sabe bem quais são realmente os problemas".[52]

Em vez de fingir que eles tinham competência para resolver os urgentes problemas sociais, os economistas deviam se dedicar ao "desenvolvimento gradual de uma teoria".[53] Os autores afirmavam que uma nova teoria de jogos era "o instrumento apropriado para se desenvolver uma teoria de comportamento econômico".[54] Eles diziam que "os problemas típicos do comportamento econômico tornam-se estritamente idênticos aos conceitos matemáticos de jogos de estratégia adequados".[55] Sob o título de "necessárias limitações dos objetivos", von Neumann e Morgenstern admitiam que seus esforços para aplicar a nova teoria aos problemas econômicos os haviam levado a "resultados que já são bastante conhecidos", mas defendiam-se alegando que faltavam as provas exatas de muitas das proposições econômicas conhecidas.[56]

> Antes de ter sido provada, uma teoria simplesmente não existe como teoria científica. Os movimentos dos planetas eram conhecidos muito tempo antes de suas trajetórias serem calculadas e explicadas pela teoria de Newton...
>
> Acreditamos ser necessário conhecer o máximo possível a respeito do comportamento do indivíduo e das formas mais simples de troca. Esse ponto de vista era, na realidade, adotado com sucesso notável pelos fundadores de uma escola de serviços públicos marginal, mas, mesmo assim, não é aceito de modo geral. Os economistas freqüentemente visam a questões muito maiores, mais candentes, e jogam tudo o mais para o lado, o que evita que eles façam declarações sobre essas questões. A experiência de ciências mais adiantadas, por exemplo, a física, indica que essa impaciência simplesmente atrasa o progresso, incluindo o tratamento de questões prementes.

Quando o livro apareceu, em 1944, a fama de von Neumann estava no auge. A obra atraiu o tipo de atenção do público – incluindo uma matéria emocionante na primeira página do *The New York Times* – que nenhum outro trabalho densamente matemático jamais recebera, com exceção dos artigos de Einstein sobre as teorias especial e geral da relatividade.[57] Nos dois ou três anos que se seguiram, surgiu uma dúzia de resenhas assinadas por matemáticos e economistas de primeira linha.[58]

A ocasião do lançamento, como Morgenstern havia percebido, fora perfeita. A guerra havia desencadeado uma busca por ataques sistemáticos a todos os tipos de problemas, numa ampla variedade de setores, principalmente a economia, antes considerada de caráter institucional e histórico. Separada da nova teoria dos jogos, uma importante transformação ia se desenrolando – conduzida pelo livro de Samuelson, *Foundations of Economic Theory* –, tornando a teoria econômica mais rigorosa por meio do uso do cálculo diferencial e de métodos estatísticos avançados.[59] Von Neumann criticou esses esforços, mas é certo que eles prepararam o caminho para a recepção da teoria dos jogos.[60]

Deve ter ficado óbvio para Nash desde o início que aquela "bíblia", como *The Theory of Games and Economic Behavior* era conhecido dos estudantes, embora matematicamente inovadora, não continha nenhum novo teorema fundamental, além do extraordinário teorema minimax, de von Neumann.[61] Nash percebeu que von Neumann não tinha conseguido nem resolver um problema de grande importância na economia usando a nova teoria, nem fazer qualquer progresso significativo na própria teoria.[62] Nenhuma de suas aplicações à economia foi além do que redescrever problemas com os quais os economistas já vinham lutando.[63] O mais importante é que a parte mais bem desenvolvida da teoria – que ocupava cerca de um terço do livro – dizia respeito aos jogos de duas pessoas de soma zero, os quais, sendo jogos de conflito total, pareciam ter pouca aplicação na ciência social.[64] A teoria dos jogos de von Neumann de mais de dois jogadores, outro bom pedaço do livro, estava incompleta.[65] Ele não conseguiu provar que havia uma solução para todos os jogos desse tipo.[66] As últimas oitenta páginas de *The Theory of Games and Economic Behavior* tratava de jogos de soma não-zero, mas a teoria de von Neumann reduzia esses jogos formalmente a jogos de soma zero pela introdução de um jogador fictício, que consumia o excesso e compensava o déficit.[67] Como afirmou um resenhista mais tarde, "esse artifício ajudou, mas não foi suficiente para um tratamento adequado completo do caso da soma não-zero. Isso é uma infelicidade, porque esses jogos são os que têm mais probabilidade de ser úteis na prática".[68]

Para um jovem matemático ambicioso como Nash, as lacunas e falhas na teoria de von Neumann eram um atrativo tão grande quanto a enigmática ausência do éter, por meio do qual se supunha que as ondas de luz viajassem, foi para o jovem Einstein. Nash começou imediatamente a pensar sobre o problema que von Neumann e Morgenstern consideravam *o* mais importante teste da nova teoria.

8
O problema da barganha
Princeton, primavera de 1949

Esperamos, contudo, obter uma compreensão real do problema das trocas estudando-o de um ângulo completamente diferente, ou seja, da perspectiva de um "jogo de estratégia".

– Von Neumann e Morgenstern, *The Theory of Games and Economic Behavior*, 2ª ed., 1947

Nash escreveu seu primeiro artigo, um dos grandes clássicos da economia moderna, durante seu segundo período em Princeton.[1] "O problema da barganha" é um trabalho notavelmente simples, sobretudo para um jovem matemático. Entretanto, ninguém que não fosse um matemático brilhante poderia ter concebido aquela idéia. No trabalho, Nash, cujo treinamento em economia se resumia a um único curso de graduação feito em Carnegie, adotou um "ângulo completamente diferente" sobre um dos mais antigos problemas econômicos e propôs uma solução inteiramente surpreendente.[2] Com isso, ele mostrou que o comportamento, que os economistas sempre consideraram parte da psicologia humana e, portanto, fora do alcance do raciocínio econômico, era, na realidade, passível de análise sistemática.

A idéia das trocas, a base da economia, é quase tão velha quanto o próprio homem, e a realização de acordos tem sido o assunto de lendas desde o tempo em que os reis do Levante e os faraós trocavam ouro e carros de combate por armas e escravos.[3] Apesar da ascensão do grande mercado capitalista impessoal, com seus milhões de compradores e vendedores que nunca se encontram face a face, a troca de um por um – envolvendo indivíduos ricos, governos poderosos, sindicatos ou empresas gigantescas – domina as manchetes. Mas, dois séculos depois da publicação de *A riqueza das nações*, de Adam Smith, ainda não havia princípios econômicos que pudessem nos dizer como as partes de uma troca potencial interagiriam, ou como elas dividiriam o bolo.[4]

O economista que apresentou o problema da barganha pela primeira vez foi um membro graduado de Oxford, Francis Ysidro Edgeworth, em 1881.[5] Edgeworth e vários de seus contemporâneos vitorianos foram os primeiros a abandonar a tradição histórica e filosófica de Smith, Ricardo e Marx, e a tentar substituí-la pela tradição matemática da física, escreve Robert Heilbroner em *The Wordly Philosophers*.[6]

> Edgeworth pensava nas pessoas como calculadores de lucros e perdas e reconhecia que o mundo de competição perfeita tinha "certas propriedades peculiarmente favoráveis ao cálculo matemático; isto é, certa multiplicidade e uma divisibilidade indefinidas, análogas àquela infinidade e à infinitesimalidade que facilitam uma parte tão grande da física matemática... (pensemos na teoria dos átomos e em todas as aplicações do cálculo diferencial)".[7]

O elo fraco em sua criação, do qual Edgeworth estava desconfortavelmente consciente, era que as pessoas simplesmente não se comportam de maneira puramente competitiva. Ou melhor, elas não se comportam assim o tempo todo. Na verdade, elas agem por conta própria. Mas, também com muita freqüência, elas colaboram, cooperam, fazem acordos, evidentemente visando também ao seu próprio interesse. Elas se filiam a sindicatos, formam governos, montam grandes empresas e cartéis. Os modelos matemáticos de Edgeworth captaram os resultados da competição, mas as conseqüências da cooperação foram evasivas.[8]

Obviamente, as partes envolvidas na barganha agiam na expectativa de que a cooperação lhes renderia mais do que se agissem sozinhas. De certa forma, as partes chegavam a um acordo para dividir o bolo. O modo como elas o dividiriam dependia do poder de barganha, mas quanto a isso a teoria econômica nada tinha a dizer, e não havia meio de descobrir uma solução no palheiro de possíveis soluções que satisfizesse esse critério muito amplo. Edgeworth admitiu a derrota: "A resposta geral é – (um) Contrato sem competição é indeterminado."[9]

Durante o século seguinte, uma meia dúzia de grandes economistas, entre eles os ingleses John Hicks e Alfred Marshall e o dinamarquês F. Zeuthen, estudaram o problema de Edgeworth, mas eles também acabaram se rendendo.[10] Von Neumann e Morgenstern sugeriram que a resposta estava em reformular o problema como um jogo de estratégia, mas eles próprios não conseguiram uma solução.[11]

NASH ADOTOU UMA ABORDAGEM totalmente nova para o problema de prever como interagiriam duas partes racionais envolvidas na barganha. Em vez de definir a solução diretamente, seu ponto de partida foi relacionar um conjunto de condições razoáveis que qualquer solução plausível teria de satisfazer, e depois olhou para onde aquelas condições o levavam.

Isso se chama abordagem axiomática – um método que havia varrido a matemática nos anos 1920, foi usado por von Neumann em seu livro sobre a teoria quântica e em seus trabalhos sobre a teoria dos conjuntos, e estava no auge em Princeton no fim dos anos 1940.[12] O trabalho de Nash é um dos primeiros a aplicar o método axiomático a um problema das ciências sociais.[13]

Lembremos que Edgeworth havia considerado o problema da barganha "indeterminado". Em outras palavras, se a única coisa que soubéssemos a respeito das partes envolvidas na barganha fossem suas preferências, não poderíamos prever como elas interagiriam ou como dividiriam o bolo. A razão para a indeterminação ficou óbvia para Nash. Não havia informação suficiente, de modo que tínhamos de fazer suposições adicionais.

A teoria de Nash parte do pressuposto de que as expectativas de cada parte em relação ao comportamento da outra são baseadas nas características intrínsecas da própria situação da troca. A essência de uma situação que resulta em um acordo são "dois indivíduos que têm a oportunidade de colaborar em benefício mútuo de mais de uma maneira".[14] O modo como eles dividirão o ganho, raciocinou ele, reflete quanto o acordo vale para cada indivíduo.

Ele começou fazendo a pergunta: que condições razoáveis uma solução qualquer – qualquer divisão – tem de satisfazer? Então ele impôs quatro condições e, usando um engenhoso argumento matemático, mostrou que, se seus axiomas fossem verdadeiros, só existiria uma única solução que maximizasse o produto das utilidades dos jogadores. De certo modo, sua contribuição não foi tanto para "resolver" o problema, mas para enunciá-lo de maneira simples e precisa, mostrando que era possível obter soluções únicas.

A característica marcante do trabalho de Nash não é sua dificuldade, ou profundidade, nem mesmo sua elegância e generalidade, mas o fato de fornecer uma resposta para um importante problema. Ao ler o trabalho de Nash hoje em dia, ficamos surpresos principalmente por sua originalidade. As idéias parecem surgir do nada. Há certa base para essa impressão. Nash chegou à sua idéia essencial – a idéia de que a barganha dependia de uma combinação de alternativas em que se apoiavam os negociadores, e os benefícios potenciais de realizar um acordo – como aluno de graduação em Carnegie Tech antes de ir para Princeton, antes de começar a assistir ao seminário de Tucker sobre a teoria dos jogos, e antes de ter lido o livro de von Neumann e Morgenstern. Isso lhe ocorreu enquanto ele fazia o único curso de economia que fez.[15]

O curso, sobre comércio internacional, era dado por um jovem e inteligente *émigré* vienense, na casa dos 30 anos, chamado Bert Hoselitz. Nash fez o curso em seu último semestre, na primavera de 1948, apenas para cumprir as exigências da graduação.[16] Como sempre, no entanto, a isca foi o grande problema ainda sem solução.

O problema dizia respeito aos acordos de comércio entre países com moedas diferentes, como contou Roger Myerson, um teórico de jogos da Northwestern University, em 1996.[17] Um dos axiomas de Nash, quando aplicado a um contexto de comércio internacional, assegura que o resultado da barganha não deve mudar se um dos países revalorizar sua moeda. Uma vez em Princeton, Nash teria rapidamente tomado conhecimento da teoria de von Neumann e Morgenstern e reconhecido que os argumentos sobre os quais ele ponderara nas aulas de Hoselitz tinham uma aplicabilidade muito maior.[18] É muito provável que ele tenha esboçado suas idéias sobre uma solução para o problema da barganha no seminário de Tucker, e tenha sido instado por Oskar Morgenstern – a quem Nash invariavelmente se referia como Oskar La Morgue – a escrever o trabalho.[19]

Mas quando o artigo foi publicado em 1950, na *Econometrica*, o periódico mais importante de matemática econômica, Nash teve o cuidado de não reservar para si todo o crédito das idéias: "O autor deseja agradecer o auxílio dos professores von Neumann e Morgenstern, que leram o documento no original e deram conselhos úteis quanto à sua apresentação."[20] E em sua autobiografia do Nobel, Nash deixa claro que foi o seu interesse pelo problema da barganha que o colocou em contato com o grupo que estudava a teoria dos jogos em Princeton, não o inverso: "Como resultado dessa exposição às idéias e aos problemas econômicos, cheguei à idéia que levou ao documento 'O problema da barganha', mais tarde publicado no *Econometrica*. E foi essa idéia, por sua vez, quando eu era aluno de pós-graduação em Princeton, *que provocou meu interesse pelos estudos sobre a teoria dos jogos.*"[21]

9
A idéia rival de Nash
Princeton, 1949-1950

Eu estava jogando um jogo não-cooperativo em relação a von Neumann e não simplesmente procurando participar de sua coalizão.

– John F. Nash Jr.,1993

No verão de 1949, Albert Tucker pegou caxumba de um de seus filhos.[1] Ele havia planejado viajar no fim de agosto para Palo Alto, Califórnia, onde passaria seu ano sabático. Em vez disso, ele estava em sua sala no Fine Hall, juntando alguns livros e documentos, quando Nash entrou e perguntou se Tucker gostaria de ser o orientador de sua tese.

O pedido de Nash pegou Tucker de surpresa.[2] Ele tivera pouco contato com Nash durante o primeiro ano deste em Princeton e ficara com a impressão de que ele provavelmente escreveria a tese sob a supervisão de Steenrod. Mas Nash, que não ofereceu realmente nenhuma explicação, disse apenas a Tucker que ele pensava ter encontrado alguns "bons resultados em relação à teoria dos jogos". Tucker, que ainda não se sentia muito bem e estava ansioso para ir para casa, concordou em ser seu orientador apenas porque tinha certeza de que Nash ainda estaria nos estágios iniciais de sua pesquisa na época em que ele voltasse a Princeton no verão seguinte.

SEIS SEMANAS MAIS TARDE, Nash e um colega estavam comprando cerveja para uma reunião de alunos e professores na cantina do porão da Nassau Inn – como mandava a tradição em relação àqueles que tivessem acabado de ser aprovados nos exames gerais.[3] Os matemáticos estavam se tornando mais falastrões e bêbados a cada minuto. Faziam no momento uma competição de versinhos pornográficos. O objetivo era inventar a rima mais inteligente e mais pornográfica sobre um membro do departamento de matemática de Princeton, de preferência sobre um dos presentes.[4] Em certo momento, um rude escocês, muito apropriadamente chamado Macbeath, levantou-se de um salto, garrafa de cerveja na mão, e começou a vomitar estrofe após estrofe de uma canção de bêbados, popular e obscena, com os outros fazendo o estribilho: "Eu ponho minha mão em seus peitos/Ela disse, 'Cara, eu gosto disso ainda mais'/(Estribilho) Puta que o pariu, ah! Como estou envergonhado."[5]

Aquela noite, com seu rito de passagem original e masculino, marcou o término efetivo dos anos de Nash como estudante. Ele ficara preso em Princeton durante todo um verão quente e úmido, obrigado a deixar de lado problemas interessantes sobre os quais vinha pensando para queimar as pestanas por causa do exame geral.[6] Por sorte, Lefschetz havia nomeado um trio de examinadores amistoso: Church, Steenrod e um professor visitante de Stanford, Donald Spencer.[7] O acontecimento, extremamente estressante, havia corrido bastante bem.

NASH FOI VER VON NEUMANN alguns dias depois de ter sido aprovado no exame geral.[8] Queria, como disse de modo petulante ao secretário, discutir uma idéia que poderia ser do interesse do professor von Neumann. Era uma audácia muito grande para um aluno de pós-graduação.[9] Von Neuman era uma figura pública, que tinha muito pouco contato com os alunos de pós-graduação de Princeton, a não ser em suas palestras ocasionais, e geralmente os desestimulava a procurá-lo com seus problemas de pesquisa. Mas aquilo era típico de Nash, que um ano antes havia procurado Einstein com um germe de uma idéia.

Von Neumann estava sentado diante de sua enorme escrivaninha, parecendo mais um próspero presidente de banco do que um acadêmico, em seu terno caro de três peças, gravata de seda e um elegante lenço de bolso.[10] Tinha o ar preocupado de um executivo. Fez um gesto para Nash sentar-se. Ele sabia quem Nash era, é óbvio, mas parecia um pouco intrigado com a visita.

Ouviu com atenção, com a cabeça ligeiramente inclinada para um lado e tamborilando na mesa. Nash começou a descrever a prova que tinha em mente para um equilíbrio nos jogos de mais de dois jogadores. Mas, antes que ele pudesse dizer mais que umas poucas frases desconjuntadas, von Neumann o interrompeu, saltou direto para a conclusão do argumento de Nash, ainda não enunciada, e disse abruptamente: "Isso é banal, você sabe. É apenas o teorema de um ponto fixo."[11]

NÃO É TOTALMENTE surpreendente que os dois gênios tenham se entrechocado. Eles chegaram à teoria dos jogos a partir de duas opiniões opostas sobre o modo como as pessoas interagem. Von Neumann, que amadurecera nas discussões dos cafés europeus e colaborara na fabricação da bomba e dos computadores, considerava as pessoas seres sociais, que estavam sempre se comunicando. Era bastante natural que ele enfatizasse a importância fundamental da coalizão e da ação conjunta na sociedade. Nash tendia a pensar nas pessoas como isoladas umas das outras e agindo por conta própria. Para ele, uma perspectiva baseada nas maneiras como as pessoas reagem aos incentivos individuais parecia muito mais natural.

Mas a rejeição de von Neumann ao pedido de atenção e de aprovação de Nash deve tê-lo magoado, e imaginamos que a coisa tenha sido até mais dolorosa do que a rejeição anterior por parte de Einstein, que foi mais branda. Nash nunca mais se aproximou de von Neumann. Mais tarde, ele racionalizou a reação de von Neuman como uma postura naturalmente defensiva de um pensador já consagrado confrontado com uma idéia de um rival mais jovem, uma opinião que pode revelar mais sobre o que estava na mente de Nash quando se aproximou de von Neumann do que sobre Neumann. Nash, com toda certeza, tinha plena consciência de que estava implicitamente desafiando von Neumann. Em sua autobiografia do Nobel, ele observou que suas idéias *"se desviavam de certa forma da 'linha' (como se fosse da linha de partidos políticos) do livro de von Neumann e Morgenstern".*[12]

Numa carta a Robert Leonard, Nash teve outra tirada: "Eu estava jogando um jogo não-cooperativo em relação a von Neumann, e não simplesmente procurando participar de sua coalizão. E, claro, era psicologicamente natural que ele não ficasse inteiramente satisfeito com uma abordagem teórica rival."[13] Em sua opinião, von Neumann nunca procedeu de maneira incorreta. Nash se compara a um jovem físico que desafiou Einstein, observando que Einstein foi inicialmente muito crítico em relação à teoria unificada pentadimensional dos campos gravitacionais e elétricos, de Kaluza, porém mais tarde apoiou sua publicação.[14] Nash, quase sempre indiferente aos sentimentos e motivações das outras pessoas, foi rápido, neste caso, em detectar certas correntes emocionais subterrâneas, principalmente inveja e ciúme. De certo modo, ele encarou a rejeição como um preço que o gênio tem de pagar.

Alguns dias depois da desastrosa reunião com von Neumann, Nash abordou David Gale. "Acho que descobri um modo de generalizar o teorema minimax de von Neumann", disse ele de repente. "A idéia fundamental é que, numa solução de duas pessoas com soma zero, a melhor estratégia para ambas é... Toda a teoria é construída em torno disso. E ela funciona com qualquer número de pessoas e não tem de ser um jogo de soma zero."[15] Gale lembra-se de Nash dizendo: "Vou chamar isso de ponto de equilíbrio." A idéia de equilíbrio é que é um ponto de repouso natural, que tende a persistir. Ao contrário de von Neumann, Gale ouviu o argumento de Nash. "Hum", disse ele, "é realmente uma boa tese". Gale percebeu que a idéia de Nash se aplicava a uma categoria muito mais ampla de situações do mundo real do que os jogos de soma zero de von Neumann. "Ele tinha um conceito que se podia generalizar, levando sua aplicação até mesmo ao desarmamento", disse Gale mais tarde. Mas Gale sentiu-se menos atraído pelas possíveis aplicações da idéia de Nash do que por sua elegância e generalidade. "A matemática era tão linda. Era tão correta do ponto de vista matemático." Ele disse a Nash que tinha certeza de que este estava com uma brilhante tese nas mãos. "Eu não sabia que ia ser um Nobel."[16]

QUASE CINQÜENTA ANOS mais tarde, dois meses antes de sua morte, Tucker não se lembrava de ter recebido de Nash o primeiro rascunho com a tese, que Nash lhe enviou pelo correio para Stanford, ou de sua própria reação ao lê-la, a não ser sua surpresa pelo fato de Nash ter produzido um resultado tão rapidamente. Entretanto, ele tinha certeza de não ter achado o trabalho extraordinário. Disse: "Não se sabia se aquilo tinha ou não algum interesse para os economistas."[17]

Tucker, um canadense, apesar de sua rigidez metodista, tinha uma rara disposição para defender idéias e indivíduos não-convencionais. Ótimo professor, ele acreditava firmemente que os alunos deviam escolher assuntos para pesquisa pelos quais fossem apaixonados, não os que eles simplesmente acreditavam que iriam agradar aos professores. Alguns anos mais tarde, foi ele quem convenceu outro gênio, jovem e excêntrico, que viria a ser um dos pais da inteligência artificial, Marvin L. Minsky, a abandonar o problema matemático que ele havia escolhido como tema de sua tese – pertencente à corrente principal da área, mas monótono – e escrever sobre sua verdadeira paixão, a estrutura do cérebro.[18] Tucker sempre afirmou que fez pouco mais do que rubricar a pequena dissertação de Nash, com 27 páginas – "Eu não tive nenhum papel importante", disse Tucker –, mas ele estimulou Nash a sair em campo rapidamente e defender os méritos do trabalho dentro do departamento.[19] Kuhn, que estava em contato freqüente com Tucker na época, lembrou-se mais tarde: "A tese propriamente dita foi completada e apresentada depois da constante insistência e orientação do professor Tucker. John sempre queria acrescentar mais material, e Tucker teve a sabedoria de dizer-lhe: 'Apresente logo os resultados.'"[20]

Tucker reagiu ao primeiro esboço de Nash exigindo que incluísse um exemplo concreto de sua idéia de equilíbrio. Também sugeriu várias modificações na apresentação do trabalho. "Insisti com ele para trabalhar com um caso particular, em vez de fazê-lo com um caso geral."[21] Disse que a recomendação, em sua opinião, era, em grande parte, estética. "Quando você lida com o caso geral, tem de usar uma notação sofisticada, que fica muito difícil de ler", disse ele.[22] Nash reagiu com um prolongado silêncio, que era, na verdade, a medida de como estava furioso. "Ele reagiu de maneira desfavorável, principalmente não dizendo nada. Não tive mais notícias dele por um bom tempo", lembrou-se Tucker.[23]

Na verdade, Nash estava pensando em abandonar a tese com Tucker e ir atrás de outro assunto, um ambicioso problema da geometria algébrica, com Steenrod.[24] Ele preferiu interpretar as exigências de Tucker para que revisse alguns pontos – assim como a reação fria de von Neumann, dispensando-o – como sinais de que o departamento não aceitaria seu trabalho sobre a teoria dos jogos como uma dissertação de pós-graduação. Entretanto, Tucker, que podia ser surpreendentemente enérgico, acabou conseguindo convencer Nash a continuar com sua concepção original – e a fazer as mudanças pedidas. "Nash tinha resposta para tudo", disse ele. "Não se conseguia pegá-lo num erro matemático."[25] Numa carta enviada em 10 de maio para Lefschetz, ele diz: "Não é necessário que eu veja o trabalho revisado, pois ele tem me mantido informado (quase diariamente) do andamento da revisão."[26] Tucker acrescenta: "Fiquei muito feliz em perceber uma agradável mudança de atitude em Nash durante a nossa longa correspondência sobre seu trabalho. Ele passou a se mostrar mais cooperativo e envolvido na apreciação na fase final. Eu lhe escrevia como se fosse um mentor severo, mas suspeito de que você, ou alguma outra pessoa aí em Princeton, tenha exercido alguma influência nessa mudança."[27]

TODO O EDIFÍCIO DA teoria dos jogos repousa sobre dois teoremas: o teorema minimax de von Neumann, de 1928, e o teorema do equilíbrio de Nash, de 1950.[28] Pode-se pensar no teorema de Nash como uma generalização do teorema de von Neumann, como achava Nash, mas também como uma mudança radical de orientação. O teorema de von Neumann era o alicerce de sua teoria dos jogos de pura oposição, os chamados jogos de duas pessoas de soma zero. Mas esse tipo de jogo não tem praticamente nenhuma importância para o mundo real.[29] Até mesmo na guerra há, quase sempre, algo a ser obtido da cooperação. Nash introduziu a distinção entre os jogos cooperativos e os não-cooperativos.[30] Jogos cooperativos são aqueles em que os jogadores podem fazer acordos forçados com outros jogadores. Em outras palavras, como um grupo, eles podem se comprometer inteiramente com estratégias específicas. Por outro lado, num jogo não-cooperativo esse compromisso coletivo é impossível. Não há acordos forçados. Ampliando a teoria para incluir jogos que envolvem uma mistura de cooperação e competição, Nash conseguiu abrir a porta para aplicar da teoria dos jogos à economia, à ciência política, à sociologia e, finalmente, à biologia evolutiva.[31]

Embora ele tivesse usado o mesmo formato estratégico que von Neumann havia proposto, sua abordagem é radicalmente diferente. Mais da metade do livro de von Neumann e Morgenstern trata da teoria cooperativa. Além disso, o conceito da solução desses dois – algo chamado de um conjunto estável – não existe para todos os jogos. Nash provou na página 6 de sua tese que todo jogo não-cooperativo com qualquer número de jogadores tem pelo menos um ponto de equilíbrio Nash.

Para se entender a beleza do resultado de Nash, escrevem Avinash Dixit e Barry Nalebuff em *Thinking Strategically*, começa-se com a idéia de que a interdependência é a característica distintiva dos jogos de estratégia.[32] O resultado de um jogo para um determinado jogador depende do que todos os outros jogadores decidem fazer e vice-versa. Jogos como o jogo-da-velha e o xadrez envolvem certo tipo de interdependência. Os jogadores fazem seus lances em seqüência, cada um ciente do lance do outro. Para um jogador de um jogo de lances seqüenciais, o princípio é olhar para diante e raciocinar para trás.

Cada jogador tenta imaginar como os outros jogadores reagirão a seu lance atual, como ele reagirá, por sua vez, e assim por diante. O jogador antecipa onde sua decisão inicial o levará no fim e usa essa informação para fazer a melhor escolha no momento. Em princípio, qualquer jogo que termine depois de uma seqüência finita de lances pode ser resolvido completamente. A melhor estratégia do jogador pode ser determinada olhando-se para diante, para todo resultado possível. No caso do xadrez, em contraste com o jogo-da-velha, os cálculos são muito complexos para o cérebro humano – ou mesmo para programas de computador escritos por seres humanos. Os jogadores prevêem alguns lances à frente e tentam avaliar as posições daí resultantes com base na experiência.

Jogos como o pôquer, por outro lado, envolvem lances simultâneos. "Em contraste com a cadeia de raciocínio linear dos jogos seqüenciais, um jogo com lances simultâneos envolve um círculo lógico", escrevem Dixit e Nalebuff. "Embora os jogadores ajam ao mesmo tempo, na ignorância das ações dos outros jogadores no momento, cada um é obrigado a pensar no fato de que há outros jogadores, que, por sua vez, estão igualmente atentos.[33] Pôquer é um exemplo de 'Eu acho que ele acha que eu acho que ele acha que eu acho...' Cada um deve, de modo figurado, colocar-se no lugar de todos e tentar calcular o resultado. Sua melhor ação é uma parte integrante do cálculo."

Esse raciocínio circular pode parecer sem conclusão. Nash fez a quadratura do círculo usando um conceito de equilíbrio, segundo o qual cada jogador escolhe sua melhor resposta ao que os outros fazem. Os jogadores procuram um conjunto de escolhas tal que a estratégia de cada pessoa seja a melhor para ele quando todos os outros estão jogando suas melhores estratégias.

Às vezes, a melhor escolha de uma pessoa é a mesma, não importa o que os outros façam. Isso é chamado de estratégia dominante para esse jogador. Outras vezes, um jogador tem uniformemente uma escolha ruim – uma estratégia dominada – no sentido de que outra escolha é melhor para ele, independentemente do que os outros façam. A busca do equilíbrio deve começar pela procura das estratégias dominantes e pela eliminação das dominadas. Mas esses são casos especiais e relativamente raros. Na maioria dos jogos, a melhor escolha de cada jogador depende realmente do que os outros fazem, e devemos então nos voltar para o conceito de Nash.

Nash definiu o equilíbrio como uma situação em que nenhum jogador poderia melhorar sua posição escolhendo uma estratégia alternativa disponível, sem que isso implique que a melhor escolha feita particularmente por cada pessoa levará a um resultado ótimo. Ele provou que, para determinada categoria muito ampla de jogos com qualquer número de jogadores, existe pelo menos um ponto de equilíbrio – desde que sejam permitidas estratégias mistas. Mas alguns jogos têm muitos pontos de equilíbrio e outros, aqueles relativamente raros que não se enquadram na categoria que Nash definiu, talvez não tenham nenhum.

HOJE EM DIA, o conceito de equilíbrio de Nash a partir dos jogos estratégicos é um dos paradigmas básicos das ciências sociais e da biologia.[34] Em grande parte, o êxito de sua visão foi responsável pela aceitação da teoria dos jogos como, nas palavras de *The New Palgrave*, "um método poderoso e elegante de se lidar com um assunto que havia se tornado cada vez mais antiquado, da mesma maneira que os métodos newtonianos da mecânica celeste suplantaram os métodos primitivos e cada vez mais *ad hoc* dos antigos.[35] Como muitas grandes idéias científicas, desde a teoria da gravitação de Newton à teoria da seleção natural de Darwin, a idéia de Nash pareceu inicialmente simples demais para ser verdadeiramente interessante, muito restrita para ter aplicação ampla, e, mais tarde, tão óbvia que sua descoberta por *alguém* era inevitável.[36] Como Reinhard Selten, o economista alemão que dividiu o Prêmio Nobel de 1994 com Nash e John C. Harsanyi, disse: "Ninguém poderia prever o grande impacto do equilíbrio de Nash na economia e na ciência social de modo geral. Era ainda menos esperado que esse conceito viria a ter alguma importância para a teoria biológica.[37] Sua significância não foi imediatamente reconhecida, nem mesmo pelo próprio autor, um atrevido jovem de 21 anos, e, certamente, nem pelo gênio que inspirou Nash, von Neumann.[38]

10
Lloyd
Princeton, 1950

> *Todos os matemáticos vivem em dois mundos diferentes. Eles vivem em um mundo cristalino de formas platônicas perfeitas. Num palácio de gelo. Mas eles também vivem no mundo comum, onde as coisas são transitórias, ambíguas, sujeitas a vicissitudes. Os matemáticos vão para trás e para a frente, de um mundo para outro. São adultos no mundo cristalino e crianças no mundo real.*
>
> – S. Cappell, Courant Institute of Mathematics, 1996

Aos 21 anos, Nash, o gênio matemático, já havia surgido e se ligado à comunidade maior de matemáticos em torno dele, mas Nash, o homem, permanecia em grande parte escondido atrás de um muro de excentricidade isolada. Era muito popular entre os professores, mas totalmente fora de sintonia com seus pares. Suas interações com a maioria dos homens de sua própria idade pareciam motivadas por uma competitividade agressiva e pelas mais frias considerações de interesse próprio. Seus colegas acreditavam que ele nunca sentiu nada que remotamente se assemelhasse a amor, amizade ou simpatia verdadeiros, mas até onde eles podiam avaliar, ele se achava perfeitamente à vontade nesse árido estado de isolamento emocional.

Não era isso, entretanto, que acontecia. Nash, como todos os seres humanos, queria estar ligado a alguém, e no início de seu segundo ano em Princeton ele finalmente encontrou o que procurava. A amizade com Lloyd Shapley, um estudante mais velho, foi a primeira de uma série de ligações emocionais que Nash teve com outros homens, principalmente brilhantes matemáticos seus rivais, em geral mais jovens. Esses relacionamentos, que geralmente começavam pela admiração mútua e por um intenso intercâmbio intelectual, logo se transformavam em algo unilateral, e normalmente terminavam em rejeição. O relacionamento com Shapley naufragou em um ano, embora Nash nunca tivesse perdido inteiramente o contato com ele nas décadas seguintes – durante toda a sua longa doença e depois que começou a se recuperar –, quando ele e Shapley entraram em competição direta pelo Prêmio Nobel.

QUANDO SE MUDOU para o Graduate College, a poucas portas de distância do quarto de Nash, no outono de 1949, Lloyd Shapley tinha acabado de fazer 26 anos – cinco anos e 11 dias mais velho do que Nash.[1] Ninguém poderia exibir um contraste maior com o garoto prodígio de West Virginia, infantil, mal-educado, bonito e desinibido.

Nascido e criado em Cambridge, Massachusetts, Shapley era um dos cinco filhos de um dos mais famosos e reverenciados cientistas dos Estados Unidos, o astrônomo de Harvard Harlow Shapley. O Shapley pai era uma figura pública conhecida por todas as famílias instruídas, e também uma das mais politicamente ativas.[2] Em 1950, ele recebeu a duvidosa honra de ser o primeiro cientista de renome a aparecer na primeira das famosas listas de criptocomunistas do senador Joseph McCarthy.[3]

Lloyd Shapley era um herói de guerra.[4] Foi convocado para o serviço militar em 1943. Recusou um oferecimento para ser oficial. Naquele mesmo ano, como sargento da aviação do Exército em Sheng-Du, China, ganhou a Estrela de Bronze por decifrar o código de previsão do tempo dos japoneses. Em 1945 ele voltou a Harvard, onde havia começado a estudar matemática antes de ser convocado, e obteve o diploma de graduação nessa disciplina em 1948.

Quando Shapley apareceu em Princeton, von Neumann já o considerava a estrela jovem mais brilhante na pesquisa da teoria dos jogos.[5] Depois de se formar em Harvard, ele passou um ano na Rand Corporation, um grupo de pesquisadores em Santa Monica que tentava aplicar a teoria dos jogos à resolução de problemas militares, e chegou a Princeton, tecnicamente de licença na Rand. Foi imediatamente considerado brilhante e bastante sofisticado em seu modo de pensar. Um contemporâneo lembra que ele "falava bem de matemática, sabia um bocado".[6] Ele resolvia acrósticos duplos do *The New York Times* extraordinariamente difíceis sem usar um lápis sequer.[7] Era um feroz competidor e um exímio jogador de *Kriegspiel*[8] e de Go. "Todo mundo sabia que seu jogo era estritamente particular", disse outro colega. "Ele saía de sua trilha para descobrir lances não-padronizados. Ninguém conseguia prevê-los."

Também lia muito. Tocava piano muito bem.[10] Seus modos sugeriam uma forte consciência de sua linhagem e de suas perspectivas. Quando Lefschetz escreveu-lhe uma carta oferecendo uma generosa bolsa se ele fosse para Princeton, por exemplo, Shapley respondeu com altivez e com uma pitada de desdém, "Caro Lefschetz, a oferta é satisfatória. Pode dar seqüência às formalidades. Shapley."[11]

Shapley não era de modo algum tão autoconfiante quanto sua atrevida nota a Lefschetz sugeria. Sua aparência só pode ser descrita como bastante estranha. Alto, moreno e tão magro que a roupa pendia em seu corpo como de um espantalho, ele lembrava, segundo uma jovem, um inseto gigantesco; outro contemporâneo diz que ele parecia um cavalo.[12] Seu comportamento normalmente gentil e o jeito zombeteiro escondiam um temperamento violento e um traço de forte autocrítica.[13] Quando desafiado de alguma maneira inesperada, era capaz de ficar histérico, literalmente vibrando e sacudindo-se em fúria.[14] O perfeccionismo, que mais tarde o impediria de publicar grande parte de suas pesquisas, era extremo.[15] Além disso, tinha plena consciência de ser mais velho do que alguns dos jovens brilhantes que circulavam pelo departamento de matemática de Princeton.[16]

Nash foi um dos primeiros estudantes que Shapley conheceu no Graduate College. Durante algum tempo, eles dividiram um banheiro. Ambos assistiam ao seminário de Tucker sobre a teoria dos jogos toda quinta-feira, então conduzido por Kuhn e Gale, durante o período em que Tucker estava em Stanford. O melhor modo de descrever a impressão que Nash causou em Shapley quando os dois conversaram pela primeira vez sobre matemática é dizer que Nash fez Shapley perder o fôlego. Este, é claro, podia perceber o que os outros percebiam – a infantilidade, a falta de educação, a antipatia –, mas ele viu muito mais. Ficou deslumbrado com a mente "penetrante, linda e lógica" do outro.[17] Em vez de se sentir repelido como os outros pelos modos esquisitos e o comportamento estranho do rapaz mais jovem, ele os interpretou simplesmente como sinais de imaturidade. "Nash era detestável, uma criança com um QI social 12, mas Lloyd realmente apreciou seu talento", lembrou Martin Shubik.[18]

QUANTO A NASH, faminto de afeição, como poderia não ser atraído por Shapley? Aos olhos de Nash, Shapley tinha tudo. Brilhante matemático. Herói de guerra. Homem de Harvard. Filho de Harlow. Favorito de von Neumann e, em pouco tempo, também de Tucker. Shapley, que era popular tanto entre os professores quanto entre os estudantes, foi um dos poucos ali em Princeton, além de Milnor, que conseguia realmente prender a atenção de Nash numa conversa sobre matemática, desafiá-lo e ajudá-lo a procurar as implicações de seu próprio raciocínio. E, por essa razão – juntamente com sua admiração explícita e simpatia óbvia –, ele foi capaz de envolver Nash emocionalmente.

Nash agia como um adolescente de 13 anos que encontra seu primeiro amor. Importunava Shapley incessantemente.[19] Fazia questão de perturbar seus queridos jogos *Kriegspiel*, às vezes jogando as pedras no chão. Remexia a correspondência do outro. Lia os documentos da mesa de Shapley. Deixava bilhetes: "Nash esteve aqui!" Armava todos os tipos de brincadeira com o outro.

De modo geral, Shapley tentava fazer o papel de mentor. Veio em socorro de Nash, por exemplo, quando Tucker exigiu que este incluísse um exemplo concreto do ponto de equilíbrio na sua tese, e Nash não conseguia achar um. Shapley gastou semanas tentando desenvolver um exemplo elaborado mas convincente do conceito de ponto de equilíbrio, que envolvia um jogo de pôquer de três mãos, outra especialidade de Shapley.[20]

A AMIZADE ENTRE OS DOIS homens sempre teve uma faceta competitiva.[21] Shapley, que começara como a metade ligeiramente mais velha e mais experiente do relacionamento, talvez tenha se ressentido da fama de Nash como um gênio. Vivia fazendo observações sobre "vantagem inicial" e deixava claro que se sentia como se estivesse ficando para trás.[22] A teimosa independência de Nash diante de conselhos bem-intencionados, em vez de diverti-lo, começou a irritá-lo. O verdadeiro pecado de Nash, no entanto, talvez tenha sido o de publicar três trabalhos importantes no espaço de um ano, muito antes de Shapley sequer ter conseguido encontrar um tema para sua própria tese.[23] Num desses trabalhos, Nash levou Shapley à lona em um problema no qual ambos tinham trabalhado e sobre o qual tiveram longas discussões.[24]

Mas Shapley, na verdade, tinha um bom motivo para se sentir seguro. Apesar da brilhante dissertação de Nash, o consenso em Princeton na época apontava Shapley como o verdadeiro astro da geração seguinte e herdeiro do manto de von Neumann. Tucker escreveu em 1953: Shapley é "o melhor dos jovens matemáticos americanos que trabalham no assunto".[25] Como pessoa, acrescentou Tucker, Shapley é "agradável, cooperativo e estimado pelos professores e alunos".[26] Uma carta de Frederic Bohnenblust, mentor de Shapley na Rand, datada de 1953, diz que Shapley "talvez não tenha os recursos para desenvolver uma teoria e dependa dos outros quanto a idéias", mas acrescentou que o considerava "abaixo apenas do criador da teoria dos jogos, John von Neumann".[27] Uma carta de von Neumann, datada de janeiro de 1954, diz: "Conheço Shapley muito bem e acho que ele é MUITO bom. Eu o colocaria acima de Bohnenblust e o equipararia a Segal e Birkhoff."[28]

Mas algo além da rivalidade de estudantes de pós-graduação causaria um rompimento súbito. Na metade do ano seguinte, época em que Nash já havia terminado sua tese e se lançava no mercado de trabalho, Shapley disse a um colega que ele não voltaria para a Rand se Nash, a quem haviam oferecido um cargo lá, o aceitasse.[29] Cinqüenta anos mais tarde, Shapley fazia questão de corrigir qualquer um que sugerisse que ele e Nash tinham sido amigos íntimos em alguma época.[40]

11
A guerra de inteligências
Rand, verão de 1950

Oh, a Rand Corporation é a dádiva do mundo;
Eles passam o dia inteiro pensando e por isso
ganham um salário.
Ficam sentados jogando jogos sobre como ir
pelos ares em chamas;
Como peças, eles usam a mim e você, meu amor,
Como peças, eles usam a mim e você.

– Malvina Reynolds, "O hino da Rand", 1961

O DC-3 estremecia enquanto roncava sobre o deserto e as montanhas na direção do opaco oceano Pacífico e o céu cor de água. Los Angeles estava lá, milhares de metros abaixo, parecendo uma visão de ficção científica de uma colônia espacial, sob seu cobertor de névoa sulfurosa. Nash tinha embarcado no vôo da TWA em Nova York quase 24 horas antes. Não havia pregado olho. Estava amarrotado, suado, com cãibras e exausto, mas, enquanto o avião descia, ele quase não pensava nesses desconfortos. Sua atenção estava completamente absorta pelo exótico panorama e por sua própria e intensa excitação.

Voar ainda era uma experiência muito nova em 1950, ainda mais para um natural de West Virginia, de 22 anos de idade, cujas viagens, em sua maioria, se limitavam a percursos na ferrovia Norfolk & Western entre Roanoke e Princeton. Seu primeiro vôo marcou o início de sua carreira como consultor da misteriosa Rand Corporation. A Rand é uma empresa de pesquisa de alto nível instalada em Santa Monica, descrita pela revista *Fortune*, em 1951, como "o ousado empreendimento da Força Aérea no campo dos grandes cérebros",[1] onde brilhantes acadêmicos refletiam sobre a guerra nuclear e a nova teoria dos jogos. A intermitente ligação de Nash com a Rand nos quatro anos seguintes foi uma experiência transformadora em sua vida. Sua associação com a empresa no auge da Guerra Fria começou de maneira promissora no verão de 1950, exatamente quando se iniciava a Guerra da Coréia, e terminou de modo traumático no verão de 1954, quando o macartismo chegava ao auge.

Num nível puramente pessoal, a visão que Nash tinha do mundo e de si mesmo foi permanente e sutilmente colorida pela *zeitgeist* da Rand – a adoração desta pela vida racional e pela quantificação, suas obsessões geopolíticas e sua combinação estranhamente compulsória de alienação olímpica, paranóia e megalomania. Intelectualmente, a história era outra. Desde o momento de sua chegada, Nash começou a se desligar dos interesses e das pessoas que o haviam levado à Rand, em primeiro lugar abandonando a teoria dos jogos e entrando rapidamente na matemática pura, um processo de desligamento que se repetiria diversas vezes no restante da década.

NADA SEMELHANTE à Rand do início dos anos 1950 existia antes ou existiu depois.[2] Era o grupo de pesquisa de alto nível original, um estranho híbrido cuja missão exclusiva era aplicar a análise racional e os métodos quantitativos mais recentes ao problema de como usar o aterrorizante armamento nuclear para evitar a guerra com a Rússia – ou para vencer uma guerra se os meios de intimidação falhassem. As pessoas na Rand estavam ali para pensar o impensável, na famosa frase de Herman Kahn.[3] Ela atraiu alguns dos melhores cérebros da matemática, física, ciência política e economia. É bem possível que a Rand tenha sido o modelo para a série *Foundation*, de Isaac Asimov, sobre uma organização semelhante à Rand, repleta de cientistas sociais hiper-racionais – psico-historiadores – que deveriam salvar a galáxia do caos.[4] E Kahn e von Neumann, os mais célebres pensadores da Rand, estavam entre os pretensos modelos do Dr. Strangelove.[5] Embora seu apogeu tenha durado uma década ou menos, o modo da Rand de encarar o conflito humano não apenas moldou a defesa americana na segunda metade do século XX, mas também deixou uma marca profunda e duradoura na ciência social do país. A empresa tinha suas raízes na Segunda Guerra Mundial, quando os militares americanos, pela primeira vez na história, recrutaram legiões de cientistas, matemáticos e economistas, e os usaram para ajudar a ganhar a guerra.

Nos últimos dias da guerra, os brigadeiros da Força Aérea começaram a se preocupar com a evasão de cérebros e a dispersão dos cientistas de primeiro escalão.[6] Estava longe

 de ser óbvia a maneira de manter os melhores e mais inteligentes pensando sobre problemas militares. Homens do calibre de John von Neumann dificilmente se disporiam a entrar para o serviço público. Mas os cientistas teriam de ter acesso a segredos, de modo que não se podia confiar apenas em contratos com as universidades. A solução foi uma organização privada sem fins lucrativos fora do âmbito militar, mas com estreita ligação com a Força Aérea. No outono de 1945, o general Henry "Hap" Arnold prometeu dar à Douglas Aircraft 10 milhões de dólares de verbas para compras, ainda do tempo da guerra mas que tinham caído em exercício findo, para um empreendimento de pesquisa que se denominaria Projeto Rand, das palavras em inglês *research* [pesquisa], *and* [e] e *development* [desenvolvimento], embora piadas que surgiram mais tarde insistissem em que o acrônimo significava *research, and* e *nondevelopment* [não-desenvolvimento]. O projeto passou a funcionar no terceiro andar da fábrica da Douglas em Santa Monica. Atritos entre a Douglas e a nova entidade resultaram numa reestruturação desta, que se tornou uma empresa privada sem fins lucrativos em 1946, e foi nessa época que a Rand se mudou para seus escritórios no centro da cidade.

O contrato com a Força Aérea dava à Rand uma liberdade espantosa, de acordo com a história da empresa contada por William Poundstone. O contrato exigia pesquisa sobre a guerra intercontinental, o que, em razão papel predominante do armamento nuclear, concedia efetivamente à Rand licença irrestrita para acessar as linhas de frente da estratégia de defesa dos Estados Unidos. Dentro dessa orientação, os cientistas da empresa podiam estudar qualquer assunto que despertasse seu interesse. A Rand podia também recusar-se a fazer estudos específicos solicitados pela Força Aérea.

Desde o início, o trabalho da Rand foi uma curiosa mistura de engenharia com objetivos bem determinados, estudos de custo-benefício e hipóteses irrealísticas. Um estudo de 1946, atualmente famoso, completado mais de uma década antes do lançamento do *Sputnik*, em 1957, provou que era uma antecipação notável. No Projeto Preliminar de uma Espaçonave em Órbita em Torno da Terra, os cientistas da empresa afirmavam que "a nação que primeiro conseguir progressos significativos em viagens espaciais será reconhecida como líder mundial tanto nas técnicas militares como nas científicas. Para visualizar o impacto no mundo, é possível imaginar a consternação e a admiração que seriam sentidas aqui se os Estados Unidos descobrissem de repente que alguma outra nação já lançara com êxito um satélite".[7]

Os cientistas civis da Rand logo imprimiram sua marca na política de defesa do país. Poundstone relata que a Rand desempenhou um papel fundamental no desenvolvimento dos ICBM; a empresa convenceu a Força Aérea a adotar o reabastecimento em vôo dos bombardeiros a jato; foi responsável pelo protocolo de segurança segundo o qual os bombardeiros eram mantidos no ar o tempo todo, e durante uma crise voavam para os alvos numa nação inimiga. Sua preocupação com a possibilidade de que um indivíduo psicótico numa posição de poder viesse a deflagrar uma guerra nuclear convenceu a Força Aérea a adotar um mecanismo mais seguro, que exigia a cooperação de várias pessoas para armar e detonar uma ogiva nuclear.

OS PROBLEMAS QUE os militares pediam que os civis resolvessem exigiam novas teorias e novas técnicas, que, por sua vez, atraíam os maiores talentos científicos, dos quais dependia a credibilidade da Rand. "Tínhamos muitos problemas práticos que envolviam matemáticos e não tínhamos as ferramentas adequadas", disse Bruno Augenstein, ex-vice-presidente da Rand, anos mais tarde. "Então tivemos de inventar ou aperfeiçoar as ferramentas."[8] Em geral, de acordo com Duncan Luce, um psicólogo que foi consultor da Rand, "a empresa capitalizou sobre idéias que brotaram durante a guerra".[9] Eram abordagens científicas, ou, pelo menos, sistemáticas, de problemas que antes eram considerados área exclusiva de homens de "experiência". Entre estes, estavam temas como a logística, a pesquisa submarina e a defesa aérea. Pesquisa operacional, programação linear, programação dinâmica e análise de sistemas foram técnicas que a Rand aplicou a problemas de "pensando o impensável". De todas as novas ferramentas, a teoria dos jogos foi, de longe, a mais sofisticada.

O espírito de quantificação, entretanto, era contagioso, e foi na Rand, mais do que em qualquer outro lugar, que a teoria dos jogos em particular e os modelos matemáticos em geral entraram na corrente dominante do pensamento econômico do pós-guerra. Naquele momento, os militares eram os únicos patrocinadores governamentais da pesquisa pura nas ciências sociais – papel que mais tarde foi assumido pela National Science Foundation – e eles bancaram muitas idéias que acabaram tendo pouca importância para a área militar, mas muita importância para outros campos. A Rand atraiu uma geração mais jovem de economistas matematicamente sofisticados, que adotaram os novos métodos e ferramentas, incluindo o computador, e tentaram transformar a economia de um ramo da filosofia política em uma ciência precisa e previsível.

Vejamos Kenneth Arrow, um dos primeiros agraciados com o Prêmio Nobel de economia. Quando Arrow chegou à Rand em 1948, ele era um jovem desconhecido.[10] Sua famosa tese, escrita na até então pouco conhecida linguagem da lógica simbólica, foi produto de uma missão recebida na Rand. Sua tarefa era demonstrar a viabilidade de aplicar a teoria dos jogos, que é formulada em termos de indivíduos, a aglomerados de muitos indivíduos, isto é, nações. Pediram a Arrow que fizesse um memorando mostrando como isso poderia ser feito. O resultado foi que o memorando ficou sendo a dissertação de pós-graduação de Arrow, uma tentativa de ressuscitar as teorias do economista britânico John Hicks numa linguagem matemática moderna. "Foi uma coisa! Levei cinco dias para fazer o memorando, em setembro de 1948", lembrou ele. "Quando todas as tentativas falharam, eu pensei no teorema da impossibilidade."[11] Arrow mostrou que é logicamente impossível encaixar as escolhas de indivíduos em uma escolha social inequívoca, não apenas sob uma constituição baseada no princípio do governo da regra da maioria, mas sob qualquer regime constitucional concebível, exceto a ditadura. O teorema de Arrow, juntamente com a sua prova da existência de um equilíbrio competitivo, que também deve algo a Nash, deu-lhe o Prêmio Nobel de 1972 e abriu as portas para o uso da matemática sofisticada na teoria econômica.

Outros gigantes da moderna economia que também realizaram trabalho de base na Rand no início dos anos 1950 foram Paul A. Samuelson, provavelmente o economista mais influente do século XX, e Herbert Simon, pioneiro no estudo das tomadas de decisão nas empresas.

A LOCALIZAÇÃO DA RAND era parte de seu encanto. A sede da empresa, num balneário até então sonolento, ficava uns 8 quilômetros ao sul dos montes Santa Monica, na extremidade do Crescente Malibu, logo a oeste de Los Angeles. No início da década de 1950, Santa Monica tinha a aparência que Nash imaginava que algumas pequenas cidades da Itália ou da França deveriam ter. Largas avenidas flanqueadas de palmeiras de caules muito finos. Casas amarelo-claras com cobertura de telhas e muros da altura do ombro. Hotéis e casas de repouso espalhavam-se ao longo de uma avenida à beira-mar. O grená e o vermelho das buganvílias e dos hibiscos eram incrivelmente intensos. A brisa, surpreendentemente fresca, cheirava a oleandro e maresia. Alguns dos melhores trabalhos eram feitos em cadeiras de praia.

A empresa propriamente dita estava situada na esquina da Fourth Street com a Broadway, sem vista para o mar, na extremidade do bairro comercial de Santa Monica, um pouco decadente. O prédio, construído para ser a sede de um banco na década de 1920, era de estuque branco ornamentado de floreios vitorianos. Até pouco tempo antes, havia abrigado as rotativas do *Santa Monica Evening Outlook*; o jornal se mudara meio a contragosto para uma antiga concessionária de veículos Chevrolet quando a Rand se instalou ali. Em 1950, a empresa já havia se expandido por diversos anexos, localizados em sobrados, entre eles alguns ocupados pelo *Outlook* e por uma loja de bicicletas. Um ano mais tarde, quando a revista *Fortune* discretamente apresentou a Rand a um público mais amplo, ela descreveu "muros claros, que brilham em dias ensolarados com névoa, e suas janelas largas, de onde sai uma luz branca que brilha ininterruptamente durante toda a noite. O prédio nunca está fechado, e também jamais está realmente aberto".[12]

Era um dos edifícios dos Estados Unidos mais difíceis de se entrar, disse a *Fortune*. No primeiro dia de Nash, elementos da força policial da empresa, uniformizados e armados, montavam guarda diante do edifício e no saguão, examinando-o de alto a baixo e memorizando seu rosto.[13] Depois disso, pelo restante do verão e nos anos seguintes, os guardas sempre o cumprimentavam com um frio e respeitoso "Bom dia, Dr. Nash". Não havia crachás naquela época. Dentro havia uma série de portas trancadas, com as salas agrupadas pelo nível de segurança necessário para se ter acesso a elas. A divisão de matemática ocupava um conjunto de pequenas salas particulares no meio do primeiro andar, em cima da oficina de eletrônica onde estava instalado o novo computador de von Neumann, o Johnniac.[14] Nash ganhou uma sala só para ele, um cubículo sem janelas cujas paredes não chegavam até o teto, com uma escrivaninha, quadro-negro, ventilador e, naturalmente, um cofre.

A RAND EXALAVA AUTOCONFIANÇA, um sentido de missão, um espírito de corpo.[15] Uniformes militares identificavam visitantes de Washington. Vinham executivos de empresas ligadas a reuniões. Os consultores, quase todos com menos de 30 anos, carregavam pastas de couro, fumavam cachimbo e desfilavam sua própria importância. Figurões como von Neumann e Herman Kahn discutiam aos gritos nos corredores.[16] Havia no ambiente um sentimento de "querer ultrapassar o inimigo", como disse mais tarde um ex-vice-presidente.[17] Arrow, que era um veterano do Exército, oriundo do Bronx, disse: "Estávamos todos convencidos de que a missão era importante, embora houvesse muito espaço para a visão intelectual."[18]

O senso de missão da Rand era impulsionado principalmente por um único fato: a Rússia tinha a bomba atômica. Aquela notícia chocante fora dada pelo presidente Truman no outono anterior, apenas quatro anos depois de Nagasaki e Hiroshima, e muitos anos antes do que Washington esperava. Os militares tinham provas concretas, disse o presidente num discurso no dia 13 de setembro de 1949, de que havia ocorrido uma explosão nuclear dentro da União Soviética.[19] Ninguém na comunidade científica, especialmente em Princeton, onde von Neumann e Oppenheimer se envolviam em debates quase diários sobre a conveniência de ir adiante com a nova superbomba, duvidava de que os soviéticos eram capazes de desenvolver armas nucleares.[20] O choque foi o fato de eles terem conseguido fazer isso com tanta rapidez. Físicos e matemáticos, que eram os menos convencidos do atraso científico e tecnológico da Rússia, vinham havia muito tempo alertando o governo para o fato de que eram totalmente ingênuas as previsões, feitas pelos funcionários dos escalões mais altos, de que o monopólio nuclear americano continuaria por mais dez, quinze ou vinte anos, mas a sensação de terem sido apanhados de guarda baixa ainda era muito grande.[21] A notícia encerrou efetivamente, e de modo mais ou menos imediato, a discussão sobre a bomba de hidrogênio. Na ocasião em que anunciou publicamente a informação sobre a explosão soviética, o presidente já autorizara um programa intensivo em Los Alamos para projetar e fabricar uma bomba H.[22]

A RAND ERA DETENTORA dos segredos militares mais bem guardados numa época em que a nação estava ficando cada vez mais nervosa sobre a salvaguarda desses segredos, chegando ao ponto de a questão virar uma verdadeira paranóia. A partir do verão de 1950, a empresa seria cada vez mais afetada pelo medo crescente de que os russos tivessem acesso aos segredos militares americanos.[23] Tudo começou com o julgamento de Fuchs no inverno de 1950. Fuchs era um cientista alemão *émigré* que fugira para a Inglaterra durante a guerra e acabou trabalhando com von Neumann e Edward Teller em Los Alamos. Membro clandestino do Partido Comunista britânico, ele confessou posteriormente, em janeiro de 1950, ter passado segredos atômicos para os russos, sendo julgado e condenado em Londres, em fevereiro do mesmo ano. Naquele mesmo mês, o senador Joseph McCarthy havia desencadeado sua campanha anticomunista, acusando o governo federal de admitir falhas na segurança.[24] Quatro anos mais tarde, em abril de 1954, Robert Oppenheimer, ex-chefe do Projeto Manhattan, diretor do Instituto de Estudos Avançados e o mais famoso cientista dos Estados Unidos, foi considerado por Eisenhower um risco à segurança e despojado de suas prerrogativas de segurança à plena luz da publicidade nacional.[25] O motivo ostensivo era a associação de Oppenheimer, quando jovem, com esquerdistas, mas o motivo verdadeiro, segundo os depoimentos de von Neumann e da maioria dos cientistas na época, foi a recusa de Oppenheimer em participar do desenvolvimento da bomba H.

O fato de o próprio McCarthy ter se tornado no fim um alvo de censura pouco adiantaria para dissipar a atmosfera de paranóia e intimidação na Rand, que vivia do dinheiro da Força Aérea e da Atomic Energy Commission, e tinha projetos para a bomba H e os projéteis balísticos intercontinentais.[26] A maioria dos matemáticos trabalhava em questões que não eram, de fato, confidenciais, mas isso não foi levado em conta. A empresa, que abrigava uma coleção de "figurinhas difíceis" como Richard Bellman (um ex-matemático de Princeton que tinha todos os tipos de ligações comunistas, a maioria acidentais, incluindo um encontro casual com um primo de Julius e Ethel Rosenberg), começou a ficar particularmente atenta à conduta de seu pessoal.[27]

Todo mundo passou a precisar de autorização para acesso a material secreto. Os que chegavam sem uma autorização temporária desse tipo eram exilados para uma "quarentena" ou "pré-autorização" e não podiam se reunir com ninguém. A autorização de Nash foi concedida no dia 25 de outubro de 1950.[28] Ele se lembra de que sua autorização era para assuntos ultra-secretos – que um grande contingente da divisão de matemática também tinha –, mas, provavelmente, sua memória aqui é falha. Ele também se recorda de ter solicitado uma autorização classe Q em 1952.[29] Qualquer consultor da divisão de matemática que trabalhasse com contratos da Atomic Energy Commission precisava ter uma autorização classe Q, em virtude do acesso a documentos relacionados com a fabricação e o uso de armas nucleares. Mas, apesar da existência de um cartão-postal enviado em 10 de novembro de 1952 para seus pais, dizendo-lhes que ele havia solicitado uma autorização de categoria mais alta na Rand, Nash agora diz que ela nunca foi aprovada, o que significa que sua função na Rand era, em grande parte, limitada a exercícios bastante teóricos, e não a aplicações dos conceitos da teoria de jogos em questões práticas de estratégia nuclear – a área de homens como von Neumann, Herman Kahn e Thomas Schelling.[30]

Todos tinham um cofre em suas salas para guardar documentos confidenciais, e todos eram avisados para não levar documentos para fora do prédio ou não conversar sobre esses assuntos fora do grupo.[31] Os papéis tinham de ser guardados nos cofres ao fim de cada dia. Havia verificações de surpresa. Existia um sistema de alto-falantes e partes do prédio eram interditadas a pessoas sem uma autorização classe Q.

Em 1953, pouco depois de Eisenhower ter determinado uma nova série de medidas sobre o assunto, aumentou a consciência a respeito de segurança, no sentido de não se fazer vista grossa a qualquer um que pudesse ser considerado remotamente não-confiável.[32] A orientação de Eisenhower ampliou as justificativas para se negar uma autorização, ou para retirar de alguém uma autorização concedida. Sem dúvida, o medo de possíveis vazamentos trouxe à tona muitos antagonismos subjacentes entre indivíduos e grupos que representavam pouca ou nenhuma ameaça real à segurança. Qualquer sinal de não-conformismo, político ou pessoal, mesmo que pequeno, passou a ser considerado uma brecha potencial na segurança. Por exemplo, a idéia de que homossexuais não eram confiáveis, em razão de sua deficiente capacidade de julgamento ou de sua vulnerabilidade à chantagem, foi codificada pela primeira vez nas diretrizes de Eisenhower.

COMO A PRÓPRIA DÉCADA, a Rand tinha uma personalidade dividida. Seu estilo era informal. Tolerava gente esquisita. Em certos aspectos, era mais democrática do que uma universidade. Quase todo mundo, incluindo von Neumann, era chamado pelo primeiro nome, exceto pelos guardas, nunca doutor, professor ou senhor. Alunos de pós-graduação conviviam num clima de intimidade com professores catedráticos de uma maneira inimaginável na maioria dos departamentos acadêmicos. O presidente da empresa, um ex-executivo da Douglas Aircraft, vestia-se de maneira simples e quase nunca era visto de terno e gravata. Com exceção de um ou dois, todos os matemáticos, incluindo Nash, iam trabalhar com camisas de mangas curtas. As aparências eram tão informais que um matemático, que achava aquilo muito sem classe, se sentiu obrigado a se rebelar, passando a ir todo dia a seu escritório de terno, colete e gravata.[33]

As brincadeiras eram parte integrante da cultura da Rand tanto quanto cachimbos e cabelos cortados à escovinha. Matemáticos e físicos misturavam elásticos com o fumo de cachimbos, substituíam biscoitos por comida de cachorro e inclinavam as mesas para fazer os lápis caírem no chão.[34] O senso de humor era muito apreciado. Quando John Williams, chefe do departamento de matemática da empresa, escreveu uma cartilha sobre a teoria dos jogos, publicada como um estudo da Rand, a obra foi ilustrada com pequenos desenhos de histórias em quadrinhos e repleta de exemplos jocosos, tendo como protagonistas John Nash, Alex Mood, Lloyd Shapley, John Milnor e outros membros do departamento.[35]

Os matemáticos eram, como sempre, os espíritos mais libertários.[36] Não tinham horário. Se queriam chegar em seus gabinetes às 3 horas da manhã, muito bem. Shapley, que voltara de Princeton para passar o verão e continuava insistindo na santidade de seu ciclo de sono, raramente era visto antes do meio da tarde. Outro homem, um engenheiro elétrico chamado Hastings, geralmente dormia na "oficina", ao lado de seu querido computador. Os almoços eram demorados, para aborrecimento dos engenheiros, que se orgulhavam de manter uma rotina mais respeitável. Quase todos os matemáticos levavam suas bolsas com o almoço para uma sala de reunião e tiravam delas tabuleiros de xadrez. Invariavelmente jogavam *Kriegspiel*, em geral em silêncio total, às vezes pontuado por uma explosão de raiva de Shapley, que freqüentemente perdia as estribeiras por causa de um erro do árbitro ou do adversário. Embora os jogos quase sempre entrassem pela tarde, raramente terminavam, e eram abandonados no meio com relutância. Os grupos de pôquer e *bridge* se reuniam depois do trabalho.

Na Rand não havia chás da tarde, seminários formais nem reuniões dos professores. Ao contrário dos físicos e engenheiros, os matemáticos em geral trabalhavam sozinhos. A intenção era que eles trabalhassem em suas próprias idéias, mas que ajudassem a resolver os muitos problemas encontrados pelos pesquisadores, pegando problemas para resolver conforme a inspiração os conduzisse.[37] As pessoas entravam nas salas das outras, ou, com maior freqüência, simplesmente paravam para conversar fiado nos corredores, perto dos locais do café.

Esse excelente ambiente devia muito a Williams.[38] Espirituoso e cativante, pesando quase 140 quilos, ternos caros, Williams parecia um homem de negócios prestes a meter a mão no bolso e puxar um maço de notas de 20 dólares. Astrônomo nascido no Arizona, ele tinha passado alguns anos em Princeton assistindo a palestras no Fine Hall, jogando pôquer e criando entusiasmo pela teoria dos jogos. Trabalhara para o governo em Washington durante a guerra com um salário nominal de 1 dólar por ano, e depois disso foi o quinto empregado contratado pela Rand. Detestava voar. Adorava carros velozes. Em certa época, ele passou um ano inteiro equipando seu Jaguar cor de chocolate com um poderoso motor Cadillac. A adaptação exigiu recursos substanciais da Rand (a empresa tinha uma oficina mecânica) e muita fanfarronice até ficar instalada. Tanto os mecânicos conhecedores de Jaguar quanto os de Cadillac descartaram a idéia como impraticável, mas Williams venceu. Ele desmentiu o conhecimento tradicional dos mecânicos dirigindo tarde da noite na Pacific Coast Highway a 200 quilômetros por hora.

Sua abordagem da questão da administração o faria sentir-se muito à vontade no Vale do Silício, hoje em dia. "Williams tinha uma teoria", relembra seu vice-presidente, Alexander Mood, também ex-aluno de Princeton. "Ele acreditava que as pessoas tinham de ser deixadas em paz. Tinha muita fé na pesquisa básica. Era um administrador descontraído. Era por isso que as pessoas pensavam que a divisão de matemática era muito esquisita."[39] Sua carta a von Neumann oferecendo ao matemático uma compensação de 200 dólares por mês traduz bem o estilo do homem. A carta dizia: "A única parte de seu pensamento de que eu gostaria de dispor sistematicamente é aquela que você usa se barbeando: gostaríamos que nos transmitisse as idéias que lhe ocorrem enquanto você está ocupado com isso."[40]

EM POUCO TEMPO, todo mundo passou a conhecer Nash de vista. Ele percorria os corredores incessantemente.[41] Em geral, ficava mastigando um copo de papel de café, vazio, que segurava firmemente entre os dentes. Às vezes, deslizava pelos corredores durante horas, cenho franzido, perdido em pensamentos, a camisa para fora da calça, os ombros fortes curvados para a frente, o nariz pontudo, nixoniano, abrindo caminho. De vez em quando, exibia um ligeiro sorriso irônico, sugerindo certo divertimento íntimo, que não compartilharia com ninguém que pudesse encontrar. Quando encontrava alguém que conhecia, raramente o cumprimentava pelo nome, nem mesmo deixava perceber que notara sua presença, a menos que a pessoa falasse com ele primeiro e, mesmo assim, nem sempre. Quando não estava mastigando um copo de café, ele assobiava, quase sempre a mesma melodia, "A arte da fuga", de Bach, repetidas vezes.[42]

A lenda chegara antes dele. Aos olhos de seus novos colegas, relembrou Arrow, Nash era "um jovem gênio que não conseguia fazer nada, um cara que gostava de resolver problemas".[43] Os matemáticos que lutavam com problemas complicados logo aprenderam a prender sua atenção, plantando-se diretamente em seu caminho. Descobriram que a curiosidade de Nash era facilmente espicaçada, desde que ele considerasse o problema interessante e que o interlocutor fosse competente em matemática. Ele costumava ir com prazer às salas deles para olhar as equações confusas escritas no quadro-negro.

O substituto eventual de Williams, Alex Mood, foi um dos primeiros a tentar.[44] Homenzarrão gentil, com uma ironia seca e modos suaves, Mood estava angustiado por causa de um problema deixado de lado quando fez sua primeira tentativa de apresentar uma tese em Princeton, antes da guerra, e que não foi aceita. Ele havia encontrado uma derivação melhor de uma famosa solução, mas sua prova era longa demais, complicada demais e desoladamente deselegante. Será que Nash não imaginaria algo "mais curto, mais simples"? Nash ouviu e ficou olhando fixamente, franziu o cenho e se afastou. Mas no dia seguinte ele voltou à sala de Mood com uma solução inteligente e totalmente inesperada. Nash tinha "evitado toda a indução, encarando as integrais como variáveis e enviando-as para limites reveladores". Mais do que qualquer outra coisa, Mood ficou encantado com o estilo de Nash. "Quando encontrava um problema", relembrou Mood, "ele se sentava e começava a atacá-lo imediatamente. Ao contrário de alguns colegas, ele não ficava pesquisando na biblioteca para descobrir que questão parecida já fora resolvida".

Williams também sentiu-se imediatamente fascinado por Nash e colocou-o sob suas asas. Dizia aos outros com freqüência que Nash tinha um insight maior da estrutura matemática do que qualquer outro matemático que jamais conhecera, uma observação extraordinária para um homem que passara os últimos anos da década de 1930 no Fine Hall e era íntimo de von Neumann. "Ele sabia que fatores de cem mil eram os mais importantes", costumava dizer.[45] Gostava de descrever como Nash chegava à sua sala, fitava o quadro-negro coberto de equações e ficava ali de pé, em silêncio, meditando. "Depois", dizia Williams, "ele resolvia o troço todo. Ele conseguia *ver* a estrutura".

Nash, entretanto, não conversava na maior parte do tempo. Raramente falava sobre sua própria pesquisa, e, mesmo assim, apenas para uns poucos escolhidos. Quando o fazia, geralmente não era porque estivesse precisando de ajuda.

"Não era que ele estivesse procurando conselho", lembrou outro consultor. "Você era um espelho que refletia. Ele era seu próprio objeto criativo."[46] A única pessoa que ele procurava regularmente na Rand era Shapley, e em pouco tempo as pessoas da divisão de matemática começaram a pensar nos dois como um par, os Meninos-Prodígio da Rand.

Além disso, a excentricidade de Nash logo serviu para alimentar a usina de fofocas da empresa. "Ele reforçou a idéia corrente na Rand de que os matemáticos eram um pouco malucos", disse Mood.[47] Sua sala, onde ele raramente podia ser encontrado, era uma bagunça de fazer dó. Quando ele foi embora, no fim daquele verão, nem se deu o trabalho de esvaziar sua escrivaninha. O membro da equipe que recebeu o "abacaxi" encontrou, entre outras coisas, "cascas de banana. Extratos de contas de um banco suíço com milhares de dólares. Uns 100 ou 200 dólares em dinheiro vivo. Documentos confidenciais. O trabalho sobre a inclusão isométrica C-1".[48]

Alguns achavam Nash absurdamente infantil. Ele gostava de fazer brincadeiras de adolescentes com os colegas. Sabendo que seu assobio irritava determinado matemático, amante da música, e que freqüentemente lhe pedia que parasse com aquilo, ele certa vez deixou uma gravação de seu assobio no ditafone do homem.[49] A força policial e a equipe de manutenção da Rand consideravam-no motivo de divertimento. Ficavam a observá-lo quando ele saía do prédio e caminhava para o norte pela Fourth Avenue. Em diversas ocasiões, alguns deles se queixaram ao gerente administrativo da empresa que o tinham visto andando na ponta dos pés, de modo exagerado, assustando os bandos de pombos, e depois, subitamente, saía correndo, "tentando chutá-los".[50]

12
A teoria dos jogos na Rand

Esperamos que [a teoria dos jogos] funcione, da mesma maneira que, em 1942, esperávamos que a bomba atômica funcionasse.

– Cientista anônimo do Pentágono para a *Fortune*, 1949

A idéia original de Nash sobre jogos com muitos jogadores chegou à Rand alguns meses antes dele. A primeira versão de sua elegante prova da existência de equilíbrio em jogos com muitos jogadores – duas acanhadas páginas no número de novembro de 1949 das atas da National Academy of Sciences – propagou-se pelo prédio de estuque branco na esquina da Fourth Street com a Broadway como fogo nas matas da Califórnia.[1]

O maior apelo do conceito de equilíbrio de Nash era sua promessa de libertar-se do jogo de duas pessoas de soma zero. Os matemáticos, os estrategistas militares e os economistas da Rand haviam se concentrado quase exclusivamente em jogos de conflito total – meu ganho é sua perda e vice-versa – entre dois jogadores. A revisão da pesquisa sobre a teoria dos jogos na Rand, feita em 1949 por Shapley e Dresher, cita a "preocupação com o jogo de duas pessoas de soma zero".[2] Essa preocupação era natural, já que esses eram jogos para os quais a teoria de von Neumann era não só bem fundamentada, como razoavelmente completa. Os jogos de soma zero também pareciam adequados ao problema – conflito nuclear entre duas superpotências – que absorvia a maior parte da atenção da empresa.

O problema é que isso realmente não acontecia. Pelo menos alguns dos pesquisadores da empresa já estavam duvidando do pressuposto central de um desenlace fixo nesses jogos, recordou-se Arrow.[3] À medida que as armas ficavam mais destrutivas, até mesmo uma guerra em escala total deixara de ser uma situação de puro conflito na qual os adversários não tinham qualquer interesse comum. Infligir o maior dano possível ao inimigo – bombardeando-o a ponto de fazê-lo voltar à Idade da Pedra – não fazia mais sentido, como perceberam os estrategistas americanos durante a fase final da campanha contra a Alemanha, quando decidiram não destruir as minas de carvão e os complexos industriais do Ruhr.[4]

Em 1950, pelo menos os economistas da Rand estavam cientes de que, se a teoria dos jogos deveria evoluir para uma teoria descritiva que pudesse ser aplicada com vantagem aos conflitos econômicos e militares da vida real, era preciso concentrar-se nos jogos que permitissem tanto a cooperação quanto o conflito. "Todo mundo já estava aborrecido com o jogo de soma zero", lembrou Arrow. "Tentávamos decidir se fazíamos ou não fazíamos a guerra. Não se poderia dizer que as perdas para os perdedores eram ganhos para o vencedor. Era uma coisa perturbadora."[5]

OS ESTRATEGISTAS MILITARES foram os primeiros a pegar as idéias da teoria dos jogos. A maioria dos economistas ignorou *The Theory of Games and Economic Behavior*, e os poucos que não o fizeram, como John Kenneth Galbraith, que escrevia na *Fortune*, e Carl Kaysen, mais tarde diretor do Instituto de Estudos Avançados, eram os que haviam tido contatos importantes com os estrategistas militares durante a guerra.[6] Num artigo na *Fortune* em 1949, John McDonald deixou claro que os militares esperavam usar a teoria dos jogos de von Neumann para projetar missões inteligentes, esquemas de bombardeio e estratégia de defesa nuclear.[7]

À espreita de novas idéias e com muito dinheiro para gastar, a Força Aérea adotou a teoria dos jogos com o mesmo entusiasmo com que os militares prussianos haviam adotado a teoria das probabilidades uns duzentos anos antes.[8]

A teoria dos jogos já havia feito sua estréia nas salas de planejamento militar. Fora empregada durante a guerra para desenvolver táticas anti-submarinos, quando os submarinos alemães estavam destruindo os navios de transporte militar dos Estados Unidos. Como McDonald escreveu na *Fortune*:

> A aplicação militar de "jogos" começou cedo durante a última guerra, na realidade algum tempo antes da publicação da teoria completa, pelo ASWOEG (Anti-Submarine Warfare Operations Evaluation Group). Os matemáticos do grupo tinham conseguido o primeiro documento de von Neumann sobre o jogo de pôquer, publicado em 1928.[9]

Mas, na realidade, von Neumann passava o tempo de suas frenéticas visitas a Santa Monica quase exclusivamente com os engenheiros de computação e os cientistas nucleares.[10] Seu enorme prestígio e a grande capacidade de Williams de vender idéias levaram a Rand a se concentrar principalmente na teoria dos jogos, começando em 1947 e entrando pelos anos 1950. A esperança era que a teoria dos jogos fornecesse a sustentação matemática para uma teoria do conflito humano e se estendesse a outras disciplinas além das matemáticas. Williams convenceu a Força Aérea a deixar que a Rand criasse duas novas divisões: economia e ciência social. Quando Nash chegou, um "consórcio" de pesquisa da teoria dos jogos havia se desenvolvido na empresa, incluindo especialistas nessa área, como Lloyd Shapley, J. C. McKinsey, N. Dalkey, F. B. Thompson e H. F. Bohnenblust, matemáticos puros, como John Milnor, estatísticos, como David Blackwell, Sam Karlin e Abraham Girschick, e economistas como Paul Samuelson, Kenneth Arrow e Herbert Simon.[11]

A maior parte das aplicações militares da teoria dos jogos na Rand dizia respeito a táticas. Batalhas aéreas entre caças e bombardeiros eram esquematizadas como se fossem duelos.[12] O problema estratégico num duelo é a questão do momento exato. Para cada adversário, dar o primeiro tiro maximiza a possibilidade de falhar. Mas dar o melhor tiro também maximiza a possibilidade de ser atingido. A questão é quando atirar. É um cara ou coroa. Esperando um pouco mais, cada adversário melhora a própria probabilidade de atingir o alvo, mas também aumenta o risco de ser atingido. Esses duelos podem ser barulhentos ou silenciosos. Com "armas silenciosas", o duelista não sabe se o outro atirou, a não ser quando é atingido. Portanto, nenhum dos dois participantes sabe se o outro ainda tem uma bala ou se já atirou e errou, e agora está indefeso.

Um relatório de Dresher e Shapley resumindo a pesquisa sobre a teoria dos jogos na Rand entre o outono de 1947 e a primavera de 1949 apresenta um quadro do trabalho desenvolvido.[13] Os matemáticos descrevem um problema de ataques por ondas numa missão de bombardeio:

> Problema
>
> Uma única base de interceptadores, com aviões de caça, está localizada numa linha-base. Cada avião tem uma determinada resistência. Se um caça, lançado contra um ataque de bombardeiros, ainda não atacou seu alvo original, então, a critério do controlador de terra, ele pode ser orientado para participar de um segundo ataque.
>
> O atacante tem um estoque de N bombardeiros e de bombas-A. O atacante escolhe dois pontos para atacar e envia N1 bombardeiros, incluindo A1 bombadeiros com

bombas-A no primeiro ataque e t minutos mais tarde ele envia N2 = N – N1 bombardeiros incluindo A2 = A – A1 bombadeiros com bombas-A no segundo ataque.

O ganho para o atacante é o número de bombadeiros que não são destruídos pelos caças.

Solução

Os dois adversários têm estratégias ótimas puras. Uma estratégia ótima do atacante é atacar ambos os alvos simultaneamente e distribuir os aviões com bombas-A na proporção do número de bombardeiros em cada ataque. Uma estratégia ótima para o defensor é despachar interceptadores na proporção do número de bombardeiros atacantes e não redirecionar os caças. O valor do jogo para o atacante será

V = máx (0,A (1 – 1/Nk)),

onde k é a probabilidade de um caça derrubar um bombardeiro.

O jogo que Nash tinha em mente podia ser resolvido sem comunicação ou colaboração. Von Neumann havia muito acreditava que os pesquisadores da Rand deviam se concentrar nos jogos cooperativos, conflitos nos quais os jogadores têm a oportunidade de se comunicar e colaborar, e são capazes de "discutir a situação e concordar com um plano de ação conjunto racional, um acordo que supostamente pode ser imposto".[14] Em jogos cooperativos, os jogadores formam coalizões e chegam a acordos. O pressuposto fundamental é que há um árbitro presente capaz de impor o acordo. A matemática de jogos cooperativos, como a matemática dos jogos de soma zero, é variada e elegante. Entretanto, a maioria dos economistas, como Arrow, era refratária à idéia.[15] Era como dizer, pensavam eles, que a única esperança de evitar uma corrida armamentista nuclear perigosa e ruinosa consistia em nomear um governo mundial com o poder de impor o desarmamento simultâneo. O governo mundial, por acaso, era uma idéia popular entre os matemáticos e cientistas na época. Albert Einstein, Bertrand Russell e, na verdade, boa parte da elite intelectual do mundo apoiavam alguma versão de "um mundialismo".[16] Até mesmo von Neumann tirava o chapéu para a idéia, um "falcão" conservador como ele era. Mas a maioria dos cientistas sociais duvidava de que qualquer nação, muito menos os soviéticos, abriria mão de sua soberania nessa proporção. A teoria dos jogos cooperativos também parecia ter pouca importância para a maioria dos problemas econômicos, políticos e militares. Como Arrow disse num gracejo, "você tinha realmente uma teoria dos jogos cooperativos. Mas eu não podia obrigar o outro lado a cooperar".[17]

Ao demonstrar que jogos não-cooperativos, jogos que não envolvem ações conjuntas, têm soluções estáveis, disse Arrow, "Nash forneceu subitamente uma estrutura para que fossem feitas as perguntas certas". Na Rand, ele acrescentou, isso levou imediatamente "muita gente a calcular pontos de equilíbrio".

AS NOTÍCIAS SOBRE O RESULTADO do equilíbrio de Nash também inspiraram o mais famoso jogo de estratégia de toda a ciência social: o Dilema dos Prisioneiros. Esse jogo foi inventado em parte na Rand, alguns meses antes da chegada de Nash, por dois matemáticos da empresa que reagiram à idéia de Nash com mais ceticismo do que apreciação, em relação à revolução que o conceito de um jogo inspiraria.[18] A história real dos prisioneiros usada para ilustrar a importância do jogo foi inventada pelo mentor de Nash em Princeton, Al Tucker, que a usou para explicar do que se tratava, afinal de contas, a teoria do jogo para uma platéia de psicólogos de Stanford.[19]

Segundo a história de Tucker, a polícia prende dois suspeitos e os interroga em salas separadas.[20] Cada um pode escolher entre confessar, implicar o outro ou manter silêncio. A característica principal do jogo é que, independentemente do que o outro suspeito faça, cada um deles (tomado individualmente) ficaria em melhor situação se confessasse. Se o segundo suspeito confessa, o primeiro deve fazer o mesmo, e assim evitar uma pena especialmente severa por ter ocultado o crime. Se o outro fica em silêncio, o primeiro pode receber um tratamento especialmente suave por se tornar testemunha da acusação. A confissão é a estratégia dominante. A ironia é que os dois prisioneiros (considerados em conjunto) ficariam em melhor situação se nenhum deles confessasse – isto é, se eles cooperassem –, mas, como cada um deles está ciente do incentivo para que o outro confesse, é "racional" que ambos confessem.

Desde 1950 o Dilema dos Prisioneiros vem gerando uma imensa quantidade de literatura psicológica sobre determinantes de cooperação e defecção.[21] Num nível conceitual, o jogo acentua o fato de que os equilíbrios de Nash – definidos como cada jogador seguindo sua melhor estratégia e pressupondo que os outros jogadores seguirão suas melhores estratégias – não são, necessariamente, a melhor solução do ponto de vista de vantagem do grupo de jogadores.[22] Assim, o Dilema dos Prisioneiros contradiz a metáfora de Adam Smith sobre a Mão Invisível na economia. No jogo, quando cada pessoa persegue o próprio interesse particular, ela não promove, necessariamente, o melhor interesse da coletividade.

A corrida armamentista entre a União Soviética e os Estados Unidos podia ser encarada como um Dilema dos Prisioneiros. As duas nações poderiam ficar em melhor situação se cooperassem e evitassem a corrida. Contudo, a estratégia predominante é, para cada uma, armar-se até os dentes. Entretanto, não parece que Dresher e Flood, Tucker, ou, quanto a isso, von Neumann tenham levado em consideração o Dilema dos Prisioneiros dentro do contexto da rivalidade das superpotências.[23] Para eles, o jogo era simplesmente um interessante desafio à idéia de Nash.

Exatamente na mesma tarde em que Dresher e Flood tiveram conhecimento da idéia do equilíbrio de Nash, fizeram uma experiência usando Williams e um economista da UCLA, Armen Alchian, como cobaias.[24] Poundstone diz que Flood e Dresher "queriam saber se pessoas reais jogando o jogo – principalmente gente que nunca ouvira falar de Nash ou de pontos de equilíbrio – seriam atraídas misteriosamente para a estratégia do equilíbrio. Os dois duvidavam de que isso aconteceria. Os matemáticos realizaram sua experiência cem vezes".

A teoria de Nash previa que os dois jogadores escolheriam suas estratégias dominantes, embora obtivessem um resultado melhor se escolhessem as estratégias dominadas. Apesar de Williams e Alchian nem sempre cooperarem, os resultados não se pareciam em quase nada com um equilíbrio de Nash. Dresher e Flood afirmaram, e von Neumann aparentemente concordou, que sua experiência mostrou que os jogadores tendiam a não escolher as estratégias de equilíbrio Nash, mas, com maior probabilidade, a "rachar a diferença".

No fim, Williams e Alchian optaram por cooperar com mais freqüência do que por enganar o outro. Os comentários registrados depois que cada um dos jogadores decidiu sobre sua estratégia, mas antes que soubessem da estratégia do outro jogador, mostram que Williams percebeu que os jogadores deveriam cooperar para maximizar seus ganhos. Quando Alchian não cooperava, Williams o rejeitava, e depois voltava a cooperar na rodada seguinte.

Nash, que soube da experiência por Tucker, enviou a Dresher e Flood um bilhete – mais tarde publicado como nota de rodapé no relatório dos dois –, discordando da interpretação deles.[25]

> A falha na experiência, feita como um teste para a teoria do ponto de equilíbrio, é que a experiência realmente resultou em fazer os jogadores jogarem um grande jogo de movimentos múltiplos. Não se pode simplesmente pensar na coisa como uma seqüência de jogos independentes, como acontece nos casos de soma zero. Há muita interação... Mas é realmente surpreendente como [Jogador 1] e [Jogador 2] foram ineficientes na obtenção de resultados favoráveis. *Seria de imaginar que eles fossem mais racionais.*

NA RAND NASH CONSEGUIU resolver um problema no qual ele e Shapley haviam trabalhado no ano anterior. O problema era imaginar um modelo de negociação entre duas partes – cujos interesses nem coincidiam nem eram diametralmente opostos – que os jogadores pudessem usar para determinar que ameaças deveriam usar nos processos de negociação. Nash derrotou Shapley por pequena margem. "Todos nós trabalhamos nesse problema", Martin Shubik escreveu mais tarde numa memória sobre suas experiências em Princeton, "mas Nash conseguiu formular um bom modelo para uma negociação de duas pessoas utilizando ameaças como ponto de partida".[26]

Em vez de derivar a solução axiomaticamente – isto é, listar as propriedades desejáveis para uma solução "razoável" e depois provar que essas propriedades na realidade apontam para um único resultado –, como ele havia feito na formulação de seu modelo original de negociação, Nash estabeleceu uma negociação em quatro fases.[27] Fase um: cada jogador escolhe uma ameaça. Isso é o que eu serei obrigado a fazer se não chegarmos a um acordo, isto é, se nossas exigências forem incompatíveis. Fase dois: os jogadores informam um ao outro sobre suas ameaças. Fase três: cada jogador escolhe uma exigência, isto é, um resultado de certo valor para ele. Se a negociação não lhe garante esse resultado, ele não concorda em fechar o acordo. Fase quatro: se no fim houver um acordo que satisfaça às exigências de ambos os jogadores, os jogadores obtêm o que pediram. Do contrário, as ameaças têm de ser executadas. Acontece que o jogo tem um número infinito de equilíbrios, mas Nash apresentou um argumento engenhoso para selecionar um único equilíbrio estável que coincida com a solução da negociação que ele anteriormente tinha derivado de modo axiomático. Ele mostrou que cada jogador tinha uma ameaça "ótima", isto é, uma ameaça que assegura o fechamento de um acordo, independentemente da estratégia que o outro jogador escolha.

Inicialmente, ele lançou seus resultados num memorando Rand datado de 31 de agosto de 1950, sugerindo que conseguira terminar o documento pouco antes de partir da empresa para Bluefield.[28] Uma versão mais longa e mais detalhada do documento acabou sendo aceita pela *Econometrica*, que já havia publicado "O problema da barganha" em abril do mesmo ano. Aceito para publicação em algum momento do ano letivo seguinte, "Jogos cooperativos de duas pessoas" só apareceu de fato em janeiro de 1953.[29] Foi a última contribuição importante de Nash para a teoria dos jogos.

A ÉPOCA DE OURO DA RAND, do ponto de vista dos matemáticos, pensadores estratégicos e economistas, já estava se aproximando do fim.[30] Depois de certo tempo, os patrocinadores da empresa foram ficando menos entusiasmados com a pesquisa pura, menos tolerantes com as idiossincrasias e mais exigentes. Os matemáticos ficaram aborrecidos e frustrados com a teoria dos jogos. Os consultores deixaram de aparecer e o pessoal permanente escapou para as universidades. Nash nunca mais voltou depois do verão de 1954. Flood foi para a Columbia University em 1953. Von Neumann, que, de qualquer modo, havia desempenhado um papel muito pequeno no grupo após servir-lhe de inspiração, deixou a consultoria da Rand em 1954, quando aceitou a nomeação para membro da Atomic Energy Commission.

A teoria dos jogos, de qualquer maneira, estava saindo de moda na Rand. Em 1957, R. Duncan Luce e Howard Raiffa concluíram em seu livro *Games and Decisions*: "É um fato histórico que muitos cientistas sociais ficaram desiludidos com a teoria dos jogos. Inicialmente, houve um sentimento ingênuo de 'Vamos nessa', de que a teoria dos jogos resolveria os inúmeros problemas da sociologia e da economia ou que, pelo menos, faria da solução desses problemas um assunto prático para alguns anos de trabalho. Isso não aconteceu."[31] Os estrategistas militares foram na mesma onda. "Sempre que falamos de dissuasão, chantagem atômica e equilíbrio do terror... estamos evidentemente mergulhando na teoria dos jogos", escreveu Thomas Schelling em 1960, "mas a teoria dos jogos formal contribuiu pouco para o esclarecimento dessas idéias".[32]

13
A convocação para o serviço militar
Princeton, 1950-1951

Nem a perspectiva de desempenhar o papel de um estrategista militar nem o fato de morar em Santa Monica e de estar ganhando um belo salário eram tentações suficientes para convencer Nash a aceitar a proposta de Williams para ocupar um cargo permanente no grupo de pesquisa. Nash participava pouco do ambiente de camaradagem existente na Rand e da sensação de ter uma missão a cumprir. Ele queria trabalhar sozinho e ter a liberdade de percorrer todas as áreas da matemática. Para fazer isso, teria de conseguir um cargo de professor catedrático numa universidade importante.

Por ora, ele planejava passar em Princeton o ano letivo que estava para começar. Tucker tratara de seu sustento indicando-o para ensinar uma parte de análise matemática a alunos de graduação[1] e conseguindo que ele fosse indicado como pesquisador-assistente pago com verba do Office of Naval Research.[2] Na verdade, Nash pretendia dedicar a maior parte de sua energia à própria pesquisa, esperando uma vaga no corpo docente no outono seguinte. Mas, antes que pudesse tratar desses assuntos, ele foi obrigado a enfrentar uma ameaça imediata aos seus planos de carreira, que era a Guerra da Coréia.

A Coréia do Norte havia invadido a Coréia do Sul no dia 25 de junho de 1950, na época em que Nash voava para Santa Monica.[3] Uma semana depois, Truman prometeu enviar tropas americanas para repelir a invasão. Os primeiros reforços desembarcaram no dia 19 de julho. No dia 31 do mesmo mês, Truman expediu uma ordem ao serviço de recrutamento para que convocasse cem mil jovens, vinte mil de imediato. Uma semana ou duas depois, Sr. John e Virginia escreveram que Nash poderia estar em iminente perigo de ser convocado. Como a maioria dos republicanos, eles não gostavam de Truman e tinham suas dúvidas sobre a guerra. Insistiram em que Nash fosse a Bluefield logo que fosse possível a fim de conversar pessoalmente com os membros da junta de recrutamento local, para sondá-los a respeito de uma dispensa tipo II-A.* Certamente, eles disseram, Nash era mais valioso na Rand ou em Princeton do que num uniforme.

Quando deixou a Rand no fim de agosto, Nash voou de Los Angeles para Boston e passou um dia no Congresso Mundial de Matemática, reunido em Cambridge.[4] Apresentou seu resultado do teorema de variedades algébricas para uma pequena platéia – uma grande honra para um jovem matemático. Mas ele estava ansioso para voltar a Bluefield e não ficou no Congresso para assistir à maioria das reuniões.

Estava decidido a fazer tudo o que fosse possível para evitar a convocação. Com a guerra em curso, mesmo uma guerra impopular e não-declarada, quem poderia saber quanto tempo ele teria de servir? Qualquer interrupção de sua pesquisa poderia pôr em risco seu sonho de chegar a um departamento de matemática de primeira linha. Veteranos da Segunda Guerra Mundial haviam inundado o mercado de trabalho, e as matrículas nas universidades estavam diminuindo por causa da convocação para o serviço militar. Em dois anos, haveria outra safra de jovens brilhantes lutando por um punhado de vagas no magistério. Sua tese sobre a teoria dos jogos fora saudada com um misto de indiferença e desprezo pelos matemáticos puros, de modo que a única esperança de uma boa proposta, ele achava, era terminar seu trabalho sobre as variedades algébricas.

Além do mais, ele não tinha nenhuma vontade de se tornar parte de um projeto maior de alguma outra pessoa, e tinha pavor só de pensar na vida militar – apesar de seus

---

*Essa dispensa do recrutamento pode ser concedida a pessoas que estejam desempenhando funções consideradas indispensáveis à segurança nacional. (*N. do T.*)

instintos agressivos e da herança sulista. Fora um dos poucos meninos na escola de ensino médio Beaver High a não rezar para que a Segunda Guerra Mundial durasse o suficiente para que ele tivesse a oportunidade de servir. A vida no exército, com sua disciplina insensata, rotinas embrutecedoras e ausência de privacidade, revoltava-o, e ele ouvira histórias suficientes de outros matemáticos para temer ser arrebanhado junto com o tipo de jovens rudes, sem educação, cuja companhia ele ficou feliz de abandonar quando saiu de Bluefield para a Carnegie Tech.

Nash procedeu de maneira metódica. De volta a Bluefield, foi visitar dois membros da junta, incluindo o presidente, um advogado aposentado chamado T. H. Scott, que ele mais tarde descreveu como "um republicano empedernido (Truman = idiota = Roosevelt)" e um certo Dr. H. L. Dickason, diretor do Bluefield State, uma faculdade de apenas dois anos, para negros, na parte mais afastada da cidade.[5] Empenhou-se em conhecer o máximo possível sobre os homens que decidiriam seu destino. Ao que parece, a junta só tinha uma idéia vaga sobre o que Nash estava fazendo. Até ele aparecer no edifício Peery, eles não sabiam que Nash já fizera doutorado e pensavam que ele voltaria a Princeton no outono como aluno. O adiamento de sua convocação pelo fato de ele ainda estar estudando não fora cancelado.

Ele não perdeu tempo. Em Bluefield, foi à biblioteca e leu a Lei do Serviço Militar. Refletiu sobre a psicologia da junta. Escreveu para Tucker, para o Office of Naval Research em Washington e, sem dúvida, também para Williams, na Rand, embora não haja registro dessa última carta.[6] (Uma carta do Office of Naval Research em Washington, recebida por Al Tucker no dia 15 de setembro, começa assim: "John Nash me escreveu perguntando se o ONR pode ajudá-lo a conseguir um adiamento da convocação.") Nash pediu-lhes que solicitassem um adiamento tipo II-A, mas insistiu em que expusessem apenas os fatos em si, prometendo mais informações depois – de modo que "os canhões mais pesados possam ser usados mais tarde sem que pareçam" estar apenas repetindo os argumentos iniciais.[7] Sua intenção era ganhar o máximo de tempo possível. Mais tarde, em outras circunstâncias, ele manifestaria repetidamente sua aversão e seu ressentimento com a "política" e a "politicagem". Mas, apesar de pouco prático, infantil e alienado das preocupações cotidianas como era em certos aspectos, ele foi capaz de montar uma estratégia, esmiuçando os fatos necessários, usando contatos de seu pai, e, acima de tudo, reunindo aliados e defensores.

Tucker, a universidade, a Marinha e a Rand reagiram com simpatia e rapidez, afirmando em uníssono que ele era insubstituível, que seriam necessários anos para treinar um substituto e que seu trabalho era "essencial ao bem-estar e à segurança da nação".[8] Fred D. Rigby, do Office of Naval Research em Washington, aconselhou Tucker, dizendo que o melhor caminho seria um funcionário graduado da universidade solicitar à seção do ONR em Nova York que escrevesse para a junta de recrutamento de Bluefield. "Dizem que esse processo funciona bem. Normalmente ele ocorre quando o homem foi incluído no adiamento I-A, mas não há regra contra seu uso antes dessa fase."[9] Rigby também observou que "esse tipo de questão tem surgido freqüentemente hoje em dia", sugerindo que Nash não era um caso único entre os jovens acadêmicos com ligação com o Departamento de Defesa a procurar evitar a convocação. Rigby também prometeu que, se a ação junto à seção nova-iorquina do ONR falhasse, "nós faríamos então uma segunda tentativa diretamente no setor de recrutamento militar nacional", acrescentando, no entanto, que, provavelmente, "isso não será necessário".[10]

O esforço coordenado para salvar Nash do recrutamento não foi muito diferente de esforços semelhantes feitos em prol de um grande número de jovens cientistas na época. A Guerra da Coréia não inspirava o mesmo fervor patriótico que a Segunda Guerra Mundial.[11] Muitos acadêmicos encaravam a pesquisa de assuntos de defesa como um tipo de serviço militar alternativo e a idéia de criar exceção para indivíduos especialmente talentosos e valiosos tinha antecedentes até mesmo na Segunda Guerra Mundial.[12] Kuhn lembra-se de ter tentado, sem sucesso, entrar para o programa V-12 da Marinha, que lhe teria permitido passar a guerra assistindo às mesmas aulas na Cal Tech a que ele teria de assistir como civil, só que de uniforme. Ele acabou indo para a infantaria apenas porque não conseguiu passar no exigente teste físico da Marinha.[13] Com a Guerra da Coréia não houve a maciça fuga do recrutamento da época do Vietnã, que foi de fato uma guerra das classes trabalhadoras, mas entre certa elite da geração de Nash havia um sentimento de que obter um tratamento especial era um direito, e havia também uma falta de constrangimento em fazer valer esse direito.

A urgência dos esforços de Nash para evitar o recrutamento deixa entrever temores mais profundos do que os relacionados com as ambições de carreira ou a conveniência pessoal. Para uma personalidade como a dele, a disciplina férrea, a perda de autonomia e o contato íntimo com estranhos eram coisas não apenas desagradáveis, mas bastante ameaçadoras. Com certa dose de razão, ele mais tarde poria a culpa do desencadeamento de sua doença em parte no estresse causado pelo fato de ter de dar aulas, uma forma muito mais branda de disciplina do que a da vida militar. Seu medo de ser convocado continuou mesmo depois de a Guerra da Coréia ter terminado, e depois que ele completou

26 anos (idade limite para a convocação). A situação acabou atingindo proporções delirantes e ajudou a levá-lo a uma tentativa de renunciar à cidadania americana e procurar asilo político no estrangeiro.

É interessante notar que o medo visceral de Nash tem sido confirmado por pesquisadores da esquizofrenia.[14] Nenhum dos acontecimentos da vida reconhecidos como desencadeadores de distúrbios mentais, como a depressão ou a neurose de ansiedade – participação em combate, morte de um ente querido, divórcio, perda do emprego –, jamais foi, de maneira convincente, relacionado ao aparecimento da esquizofrenia. Mas vários estudos a partir de então têm mostrado que o treinamento militar básico durante tempo de paz pode precipitar a esquizofrenia em homens até então sem suspeita de vulnerabilidade à doença.[15] Embora os indivíduos submetidos ao estudo fossem todos cuidadosamente selecionados no que diz respeito a doenças mentais, as taxas de hospitalização por causa de esquizofrenia foram anormalmente altas, principalmente para recrutas.

A campanha de manobras estratégicas de Nash funcionou, embora ele não tenha recebido imediatamente a desejada classificação II-A. No dia 6 de outubro, a universidade informou a Nash que "você parece que está salvo até o dia 30 de junho".[16] Aparentemente, a junta de recrutamento apenas adiara a convocação para o serviço militar ativo até 30 de junho de 1951. A universidade aconselhou Nash: "Eu sugeriria que você adiasse qualquer outra ação até a próxima primavera, quando poderemos solicitar de novo uma classificação II-A, e estudar a apresentação de um apelo se o pedido for rejeitado."[17] Mas, pelo menos por algum tempo, ele tinha evitado que os militares estragassem seus planos. Mais importante ainda, ao proteger sua liberdade pessoal, Nash pode ter protegido a integridade de sua personalidade e mantido a capacidade de funcionar bem por mais tempo do que seria possível se o desfecho fosse outro.

14
Um lindo teorema
Princeton, 1950-1951

Por mais estranho que pareça hoje em dia, a tese de doutorado que um dia daria a Nash o Prêmio Nobel não foi considerada suficientemente boa para garantir-lhe um cargo em um departamento acadêmico de primeira linha. A teoria dos jogos não despertava muito interesse nem inspirava muito respeito entre a elite matemática, apesar do prestígio de von Neumann. Na verdade, os mentores de Nash em Carnegie e Princeton ficaram vagamente desapontados com ele; eles esperavam que o jovem que havia elaborado novas provas para os teoremas de Brouwer e Gauss enfrentasse um problema realmente profundo num campo abstrato, como a topologia.[1] Até mesmo seu maior admirador, Tucker, concluíra que, embora Nash pudesse "dar conta do recado na matemática pura", essa não era "sua força real".[2]

Depois de ter conseguido afastar a ameaça da convocação, Nash começou a preparar o trabalho com o qual ele esperava obter reconhecimento como matemático puro.[3] O problema referia-se a objetos geométricos denominados variedades, que tinham grande interesse para os matemáticos da época. As variedades eram uma nova forma de olhar o mundo, a ponto de até mesmo sua definição embaraçar matemáticos eminentes. Em Princeton, Salomon

Bochner, uma das figuras mais importantes da análise matemática e excelente professor, muitas vezes entrava na sala de aula de seus alunos de pós-graduação, começava a dar uma definição de uma variedade, ficava irremediavelmente "atolado" e, finalmente, desistia, dizendo com ar exasperado, antes de passar adiante: "Bem, vocês todos sabem o que é uma variedade."[4]

Numa dimensão, uma variedade pode ser uma linha reta, em duas dimensões, um plano, ou a superfície de um cubo, um balão ou uma rosquinha com um furo no meio. A característica marcante da variedade é que, de um ponto de observação em qualquer parte de tal objeto, a vizinhança imediata parece um espaço euclidiano perfeitamente regular e normal. Pense em você encolhendo até ficar do tamanho de uma cabeça de alfinete, sentado na superfície de uma rosquinha. Olhe em volta, e vai parecer que você está sentado num disco plano. Desça uma dimensão e sente-se numa curva: o trecho perto de você parecerá uma linha reta. Se você estivesse encarapitado num múltiplo de três dimensões, por mais esotérico que fosse, sua vizinhança imediata pareceria o interior de uma bola. Em outras palavras, o modo como o objeto parece de longe pode ser bem diferente do modo como parece a curta distância.

Em 1950, os topologistas estavam fazendo a festa com as variedades, redefinindo topologicamente todos os objetos que podiam ver. A diversidade e a própria quantidade de variedades eram tantas que, hoje em dia, embora todos os objetos bidimensionais já tenham sido definidos topologicamente, nem todos os objetos de três e de quatro dimensões – dos quais há literalmente uma variedade infinita – foram definidos com precisão.

Incentivado por Steenrod,[5] Nash fez uma palestra sobre
 seu teorema no Congresso Internacional de Matemáticos,

em Cambridge, em setembro de 1950.[6] A julgar pelo resumo publicado, entretanto, faltavam-lhe ainda elementos essenciais da prova. Ele planejava completá-la em Princeton. Infelizmente para Nash, Steenrod estava de licença na França.[7] Lefschetz, que sem dúvida estava pressionando Nash para que este aprontasse o trabalho antes que começasse a disputa por cargos, em fevereiro, insistiu em que Nash procurasse Donald Spencer, o professor visitante que havia participado da junta dos exames finais e acabara de deixar Stanford, contratado por Princeton. Para completar o trabalho, Nash deveria usá-lo para sondar a reação.[8]

COMO PROFESSOR VISITANTE, Spencer ocupava uma saleta espremida entre o amplo escritório de esquina de Artin e o igualmente grande estúdio que pertencia a William Feller. Spencer, como Lefschetz o descreveu para o decano do corpo docente, era "provavelmente o mais fascinante matemático dos Estados Unidos no momento", bem como "um dos mais versáteis matemáticos nascidos nos Estados Unidos".[9]

Homem vivo, volúvel, Spencer às vezes despertava medo com sua energia inconseqüente.[10] Era ilimitado seu apetite por problemas difíceis, impressionante seu poder de concentração. Era capaz de consumir enormes quantidades de bebida alcoólica – cinco martínis em copos tipo "banho de passarinho" – e, ainda assim, manter a conversa com outros matemáticos.[11] Homem cuja exuberância natural ocultava uma tendência sombria para a depressão e a introspecção, o apetite de Spencer pela abstração era acompanhado por uma extraordinária empatia por colegas em dificuldades.[12]

Ele, contudo, não tolerava idiotas com prazer. O primeiro esboço do trabalho de Nash lhe deu pouca confiança de que o matemático mais jovem estava à altura da tarefa que ele mesmo se impusera. "Eu não sabia o que ele faria, na verdade.

Mas achava que não chegaria a parte alguma."[13] Mas durante meses Nash aparecia na sala de Spencer uma ou duas vezes por semana. A cada vez, ele doutrinava Spencer sobre seu problema durante uma ou duas horas. Nash ficava diante do quadro-negro escrevendo equações e expondo seus pontos de vista. Spencer ficava sentado, ouvindo, e depois apontava as falhas na argumentação do outro.

O ceticismo inicial de Spencer foi aos poucos dando lugar ao respeito. Ele ficou impressionado com o modo calmo e profissional com que Nash reagia a seus mais desabusados desafios e a suas mais espalhafatosas objeções. "Ele não ficava na defensiva. Era absorvido pelo trabalho. Reagia de maneira sensata." Também gostou do fato de Nash não ser lamuriento. Nash nunca falava de si mesmo, lembrou Spencer. "Ao contrário de outros estudantes que achavam que seus méritos eram pouco apreciados", disse ele, "Nash nunca se queixava". Além disso, quanto mais ouvia Nash, mais Spencer gostava da extrema originalidade do problema. "*Não* era um problema que alguém tinha dado a Nash. As pessoas não lhe *davam* problemas. Ele era extremamente original. Ninguém mais poderia ter pensado nesse problema."

MUITOS PARADIGMAS novos em matemática surgiram da descoberta de relações insuspeitadas entre objetos que pareciam intratáveis e outros sobre os quais os matemáticos já se haviam debruçado.

Nash tinha em mente uma categoria muito ampla de variedades, todas as variedades que são compactas (significando que são circunscritas e não se estendem ao infinito, como faz um plano, mas são autocontidas como uma esfera) e lisas (significando que não têm arestas agudas nem cantos, como é o caso, por exemplo, da superfície de um cubo). Sua "linda descoberta", essencialmente, foi de que esses objetos eram mais tratáveis do que pareciam à primeira vista, porque eram, de fato, intimamente relacionados com uma categoria mais simples de objetos chamados variedades algébricas, algo de que nunca se suspeitou.

As variedades algébricas são também, como as variedades propriamente ditas, objetos geométricos, mas são objetos definidos por um lugar algébrico de pontos descritos por uma ou mais equações algébricas. Assim, $x^2 + y^2 = 1$ representa um círculo no plano, enquanto $xy = 1$ representa uma hipérbole. O teorema de Nash diz o seguinte: dada qualquer variedade *M* lisa, compacta, *k*-dimensional, há uma variedade *V* algébrica real em R^{2k+1} e um componente *W* de *V* conectado, de modo que *W* é uma variedade lisa difomórfica para *M*.[14] Na linguagem comum, Nash está afirmando que, para qualquer variedade, é possível achar uma variedade algébrica em que uma das partes corresponde, de certa maneira essencial, ao objeto original. Para fazer isso, ele prossegue, é necessário ir a dimensões mais altas.

O resultado de Nash foi uma grande surpresa, como os matemáticos que indicaram Nash para admissão na National Academy of Sciences em 1996 escreveriam: "Supunha-se que variedades lisas eram muito mais objetos gerais do que variedades."[15] Hoje em dia, o resultado a que ele chegou ainda impressiona os matemáticos, que o consideram "lindo" e "surpreendente" – sem levar em conta qualquer aplicabilidade. "Somente o fato de ter concebido o teorema já foi um feito notável", disse Michael Artin, professor de matemática do MIT.[16] Artin e Barry Mazur, um matemático de Harvard, usaram o resultado de Nash num trabalho de 1965 para calcular os pontos periódicos de um sistema dinâmico.[17]

Assim como os biólogos querem encontrar muitas espécies que se distinguem apenas por diferenças insignificantes, a fim de traçar os padrões evolutivos, os matemáticos procuram preencher os claros no *continuum* existente entre espaços topológicos nus, numa extremidade, e estruturas muito elaboradas, como variedades algébricas, na outra. Descobrir um elo perdido nessa grande cadeia – como fez Nash com seu resultado – abre novos caminhos para a resolução de problemas. "Se você quisesse resolver um problema de topologia, como eu e Mike fizemos", disse Mazur recentemente, "podia subir um degrau na escada e usar técnicas da geometria algébrica".[18]

O que impressionou Steenrod e Spencer, e, mais tarde, matemáticos da geração de Artin e Mazur, foi a audácia de Nash. Primeiro, a idéia de que toda variedade podia ser descrita por uma equação polinomial é de uma amplitude gigantesca, se não por outro motivo, pelo menos pelo fato de que o enorme número e a absoluta diversidade de variedades pareceriam fazer com que fosse inerentemente improvável que todas pudessem ser descritas de um modo relativamente tão simples. Segundo, para se acreditar que seria possível provar algo assim, é preciso ousadia, até mesmo arrogância. O resultado que Nash tinha como objetivo pareceria "forte demais" e, portanto, improvável e impossível de ser provado. Outros matemáticos antes de Nash já haviam percebido as relações entre algumas variedades geométricas e certas variedades algébricas, mas haviam tratado essas correspondências de maneira muito restrita, como casos muito especiais e inusitados.[19]

No início do inverno, Spencer e Nash ficaram satisfeitos em ver que o resultado era consistente e que as várias partes da longa prova estavam corretas. Nash só apresentou a versão final de seu trabalho aos *Annals of Mathematics* para avaliação em outubro de 1951.[20] De qualquer modo, Steenrod aprovou os resultados em fevereiro, declarando serem "uma pesquisa que ele quase completou, e com a qual estou bem familiarizado, já que ele me usou para testá-la".[21] Spencer considerava a teoria dos jogos tão aborrecida que nunca se deu o trabalho de perguntar a Nash, durante aquele ano inteiro, o que ele tinha provado em sua tese de doutorado.[22]

O TRABALHO DE NASH sobre as variedades algébricas – o único que o deixou inteiramente satisfeito na vida, embora não fosse o mais profundo –[23] inseriu-o no primeiro escalão dos matemáticos puros, mas não o salvou, entretanto, de um golpe que se abateu sobre ele naquele inverno.

Nash esperava receber uma proposta do departamento de matemática de Princeton. Embora a política declarada do departamento fosse a de não contratar os próprios alunos, ela não se aplicava, na prática, àqueles que fossem uma promessa excepcional. É muito provável que Lefschetz e Tucker lhe tenham dado indícios de que havia uma possibilidade concreta dessa proposta. Embora a maioria dos professores, com exceção de Tucker, não compreendesse nem demonstrasse qualquer interesse pelo tema de sua tese, estavam cientes de que ela fora recebida com respeito pelos economistas.[24]

Em janeiro, Tucker e Lefschetz fizeram uma proposta formal para que a universidade oferecesse a Nash um cargo de professor assistente.[25] Bochner e Steenrod eram bastante favoráveis, embora este último, é claro, não estivesse presente à discussão. A proposta, entretanto, estava condenada à rejeição. Num departamento tão pequeno como o de matemática de Princeton, nenhuma nomeação podia ser feita sem o apoio unânime, e pelo menos três membros do corpo docente, entre eles Emil Artin, fizeram forte oposição. Artin simplesmente achou que não podia conviver com Nash, a quem ele considerava agressivo, desgastante e arrogante, num departamento tão pequeno.[26] Supervisor do programa de análise matemática avançada, no qual Nash dera aulas durante um semestre, ele também se queixou de que Nash não conseguia ensinar nem lidar com os alunos.[27]

Dessa forma, não foi feito o oferecimento. Foi um momento doloroso. Deve ter ocorrido a Nash que ele estava sendo rejeitado menos por causa de seu trabalho do que por causa de sua personalidade. O golpe foi ainda maior porque o mesmo grupo de professores deixou claro que esperava que John Milnor, na época ainda no segundo ano, um dia viesse a integrar o corpo docente de Princeton.[28]

O mercado de trabalho, embora não se mostrasse tão ruim quanto durante a Grande Depressão, era, ainda assim, bem sombrio, com a Guerra da Coréia reduzindo o número de matrículas nas universidades. Rejeitado em Princeton, Nash sabia que estaria com sorte se arranjasse um cargo de professor temporário num departamento respeitável.

Aconteceu, contudo, que tanto o MIT quanto a Universidade de Chicago se mostraram interessados em contratá-lo como professor.[29] Bochner tinha muita influência sobre William Ted Martin, o novo chefe do departamento de matemática do MIT, e insistiu muito em que Martin oferecesse a Nash um lugar de professor temporário.[30] Bochner insistiu com Martin em que este ignorasse as fofocas sobre a personalidade de Nash, supostamente difícil. Enquanto isso, Tucker estimulava Chicago a fazer o mesmo.[31] Quando o MIT ofereceu a Nash um cargo de professor C. L. E. Moore, ele, que gostava da idéia de morar em Cambridge, aceitou.[32]

15
MIT

No fim de junho, Nash estava em Boston, morando num quarto barato, no lado bostoniano do rio Charles.[1] Toda manhã ele atravessava a pé a ponte Harvard, sobre o rio amarelo-acinzentado, para a parte leste da cidade de Cambridge, onde o campus do MIT, moderno e agressivamente utilitário, se espalhava no terreno entre o rio e uma fieira de fábricas e armazéns. Antes mesmo de chegar à outra margem, ele podia sentir os odores das fábricas, entre eles os cheiros característicos de chocolate e de sabão, misturados, que saíam de uma fábrica de doces Necco e de uma fábrica de detergentes P&G.[2] Ao dobrar à direita no Memorial Drive, ele podia ver o Prédio 2 surgindo à sua frente, um bloco de concreto sem feições características, pintado de um "marrom chocante", logo à direita da nova biblioteca, na época ainda em construção.[3] Sua sala ficava no terceiro andar, perto das escadas, num conjunto de salas destinadas a vários professores temporários. Era uma sala estreita, quase sem móveis, com pé-direito alto, dando vista para o rio e, mais longe, para a silhueta de Boston.[4]

Em 1951, antes do *Sputnik* e do Vietnã, o MIT não era exatamente um lugar de estagnação intelectual, mas não se parecia em nada com o que é hoje em dia. O Laboratório Lincoln era famoso por seu trabalho de pesquisa na época da guerra, mas seus futuros astros acadêmicos ainda eram jovens relativamente desconhecidos, e os departamentos impulsionadores, pelos quais o instituto mais tarde se tornaria conhecido – economia, lingüística, informática e matemática –, ou estavam na infância ou não passavam de brilhos fugazes no olhar de algum acadêmico. Ainda era, em espírito e de fato, a principal escola de engenharia do país, não uma grande universidade de pesquisa.[5] Os departamentos acadêmicos, como matemática e economia, existiam principalmente para atender ao aluno de engenharia – nas palavras de Paul Samuelson, "um animal bastante imaturo".[6] Eram considerados "departamentos de serviços", postos de gasolina, nos quais os engenheiros paravam para encher seus tanques com doses relativamente elementares de matemática, física e química.[7] O departamento de economia, por exemplo, não tinha nenhum programa de pós-graduação até a guerra.[8] O de física não tinha nenhum Prêmio Nobel em seu corpo docente na época.[9] A carga horária dos professores era pesada – 16 horas por semana não eram incomuns para professores antigos – e voltada a grandes cursos introdutórios, como cálculo, estatística e álgebra linear.[10] O corpo de professores catedráticos era formado de gente mais jovem, menos conhecida e com menos credenciais do que os de Harvard, Yale ou Princeton.

O MIT também tinha menos tradição de exclusão do que Harvard e Princeton. Nos anos 1950, talvez quarenta por cento dos professores e alunos de matemática do instituto eram judeus.[11] Jovens brilhantes das escolas públicas da cidade de Nova York, impedidos efetivamente de freqüentar Princeton até mesmo como alunos de graduação, iam para o MIT. Princeton estava "fora de cogitação para um judeu", lembra Joseph Kohn, que se matriculou no primeiro ano de graduação no MIT em 1950. "Na escola técnica Brooklyn Tech, a maior coisa do mundo era mandar um aluno para o MIT."[12]

Ainda amargando sua rejeição em Princeton, Nash chegou ao Prédio 2 com uma atitude agressiva, com uma sensação de que era um cisne entre patos. Mas o instituto já estava mudando. Na realidade, o fato de trazer para seu departamento de matemática um jovem e brilhante pesquisador como Nash já era, por si só, um sinal dessa mudança.

De repente, brotou muito dinheiro, não apenas para dar aulas ao número explosivo de estudantes, mas para a pesquisa.[13] As quantias eram pequenas pelos padrões pós-*Sputnik* ou mesmo se comparadas com as de hoje em dia, mas eram enormes para os padrões de antes da guerra. O apoio à ciência, inicialmente estimulado pelos êxitos durante a Segunda Guerra Mundial, era agora cada vez maior em razão da Guerra Fria. Esse apoio vinha não somente do Exército, da Marinha e da Força Aérea, mas da Atomic Energy Commission e da CIA. O instituto não era o único. Outras instituições, desde as grandes universidades estaduais do alto Meio-Oeste até Stanford, cresceram da mesma maneira. Também havia o talento. A física recebeu muitos nomes vindos de Los Alamos. A engenharia elétrica estava se transformando num ímã para a primeira geração de cientistas da computação, um grupo eclético de neurobiólogos, especialistas em matemática aplicada e visionários diversos, como Jerome Lettvin e Walter Pitts, que viam o computador como um modelo para o estudo da arquitetura e do funcionamento do cérebro humano.[14]

O departamento de matemática estava prestes a adquirir grande importância, embora isso não fosse óbvio para todo mundo naquela época. O departamento tinha um nome famoso, Norbert Wiener (que foi parar no MIT graças, em grande parte, ao anti-semitismo de Harvard), e dois ou três jovens de primeira linha, entre eles o topólogo George Whitehead e o analista Norman Levinson. Mas, a não ser por esses, o grupo de matemática era formado, em grande parte, por professores competentes e não por grandes pesquisadores – "alguns gigantes, mas um bando de mediocridades".[15]

O homem que mudou tudo isso foi nomeado chefe do departamento em 1947. William Ted Martin, chamado por todos que o conheciam de Ted, era um homem alto, magricela, loquaz, filho de um médico do interior do estado de Arkansas. Louro e de olhos azuis, com uma disposição alegre e um sorriso sempre pronto, Martin era casado com a neta de um presidente do Smith College, e estourava de ambição. Homem cuja decência inata o transformaria num dos protetores de Nash depois que este ficou doente, Martin logo teria de enfrentar a própria prova de fogo. No auge da caça às bruxas de McCarthy, o passado secreto de Martin como membro clandestino do Partido Comunista no fim dos anos 1930 e início dos anos 1940 foi exposto, ameaçando tanto sua carreira como seu sonho no que se referia ao departamento.[16] Mas em 1951 seu passado ainda estava enterrado com segurança. Um "chefe que parecia uma vela de ignição de automóvel", seu verdadeiro talento era fazer com que as coisas acontecessem, obtendo dinheiro da administração do MIT, da Marinha e da Força Aérea, e usando-o com grande, na verdade com espantosa, eficácia.[17]

Um dos lances geniais de Martin foi imaginar que o meio mais barato e mais rápido de desenvolver o departamento não era arrebanhar mais alguns grandes nomes, mas atrair os talentos jovens para lá durante um ano ou dois e trabalhá-los, tanto quanto possível, com luvas de pelica. Copiando as bolsas Benjamin Pierce Fellows, de Harvard, Martin criou as bolsas C. L. E. Moore para professores, assim chamadas em homenagem ao mais famoso matemático do MIT da década de 1920.[18] Não fazia parte do plano transformar esses professores em membros do corpo docente permanente. A idéia era conseguir um fluxo constante de talentos que agiria como um catalisador, incendiando a atmosfera monótona do MIT e atraindo alunos melhores, dos quais o grupo mais seleto ia, na época, para as universidades da Nova Inglaterra e para a de Chicago.

Como não teria de conviver com eles por muito tempo, ou pelo menos ele assim pensava, Martin não tinha medo de personalidades difíceis. "Bochner disse que Nash tinha méritos para ser nomeado. 'Não se preocupe com nada!'", relembrou Martin.[19] E ele não se preocupou. Chegou a avaliar Nash não só como "um jovem brilhante e criativo", mas como um aliado em sua luta para tornar o departamento importante. Depositava uma confiança particular na absoluta honestidade intelectual de Nash. "Quando ele mencionava alguém [como uma pessoa que poderia ser contratada], você não tinha de ficar imaginando se se tratava de um amigo íntimo ou de um parente. Se Nash dissesse que era do primeiro time, você não precisava de muita coisa mais em termos de referências externas."

A FIGURA MAIS ATRAENTE do MIT, do ponto de vista de Nash, era Norbert Wiener. Wiener era, em alguns aspectos, um von Neumann americano, um polímata de grande originalidade que fez surpreendentes contribuições no campo da matemática pura até o início da Segunda Guerra Mundial, e depois embarcou numa segunda e igualmente extraordinária carreira na matemática aplicada.[20] Como von Neumann, Wiener é conhecido do público por seus trabalhos nessa última área. Ele foi, entre outras coisas, o pai da cibernética, da aplicação da matemática e da engenharia aos problemas das comunicações e do controle.

Wiener também era famoso por suas excentricidades. Sua aparência, por si só, já era inusitada. A barba, relembrou Samuelson depois da morte de Wiener, em 1964, parecia a de "um velho marinheiro".[21] Vivia tirando baforadas de grandes charutos. Andava gingando como um pato, uma paródia míope do professor distraído. Sua extraordinária criação sob a tutela do pai, Leo, foi tema de dois livros populares, *I Am a Genius* e *I Am a Mathematician*, o primeiro dos quais virou best seller no início dos anos 1950. Prolífico como era, Wiener deu origem a tantas histórias jocosas sobre si mesmo quanto a teoremas. Parecia não saber onde estava. Perguntava, por exemplo: "Quando nos encontramos, eu estava indo para o clube de professores ou saindo de lá? Porque, no segundo caso, eu já almocei."[22] Era notoriamente inseguro. Se encontrasse alguém que conhecesse levando um livro debaixo do braço, ele, com toda certeza, perguntaria com ansiedade se seu nome aparecia no livro.[23] Amigos e admiradores atribuíam essa característica de sua personalidade a seu pai, obsessivo e despótico, que uma vez se vangloriou de poder transformar um cabo de vassoura num matemático, e ao anti-semitismo de Harvard, que custou a Wiener a nomeação para o departamento de Birkhoff. Como disse Samuelson num elogio fúnebre a Wiener: "O êxodo de Harvard desencadeou um trauma psíquico permanente em Norbert Wiener. Não adiantou o fato de seu pai ser professor daquela universidade... ou que a mãe dele encarasse sua saída como uma queda cruel na vida."[24]

Os colegas de Wiener no MIT sabiam que ele sofria de fases de excitação maníaca seguidas de grave depressão, ameaçando constantemente pedir exoneração, e às vezes falando em suicídio. "Quando estava de bom humor, ele corria por todo o instituto contando às pessoas a respeito de seu teorema mais recente", lembrou Zipporah "Fagi" Levinson, esposa de Norman Levinson. "Ninguém conseguia fazê-lo parar."[25] Às vezes, ia até a casa de Levinson, chorando, e dizia que queria se matar.[26] Um dos medos permanentes de Wiener era a possibilidade de ficar louco; seu irmão Theo e dois sobrinhos sofriam de esquizofrenia.[27]

Talvez em decorrência de suas próprias lutas psicológicas, Wiener tinha uma forte empatia pelas dificuldades das outras pessoas. "Era egotista e infantil, mas também muito sensível às verdadeiras necessidades dos outros", recordou a Sra. Levinson.[28] Numa ocasião em que um colega mais jovem estava escrevendo um livro, mas não podia comprar uma máquina de escrever, Wiener apareceu em sua porta sem avisar com uma Royal portátil debaixo do braço.

Quando Nash chegou ao MIT, em 1951, Wiener abraçou-o com estusiasmo e estimulou o interesse crescente de Nash pela questão da dinâmica dos fluidos – um interesse que acabou resultando no trabalho mais importante de Nash. Por exemplo, em novembro de 1952, Nash enviou a Wiener um bilhete convidando-o para um seminário que ele, Nash, daria sobre "a turbulência via mecânica estática, funções de colisão etc".[29] O pós-escrito, dizendo "Descobri agora o efeito de nivelamento em sua forma definitiva", sugere que Nash conversava sobre sua pesquisa com Wiener, o que ele não fazia com mais ninguém no departamento. Nash via Wiener, um gênio que era ao mesmo tempo adulado e rejeitado, como uma alma irmã e um companheiro de exílio.[30] Ele imitou alguns maneirismos mais exagerados de Wiener, sua forma de prestar homenagem ao outro, mais velho.[31]

MAS NASH VIRIA A SE TORNAR amigo muito mais íntimo de Norman Levinson, um matemático de primeiro escalão e um homem de caráter extraordinário, que desempenharia na carreira de Nash um papel semelhante ao de Steenrod e Tucker em Princeton – uma mistura de caixa de ressonância e pai substituto. Levinson, então com quarenta e poucos anos, era mais enigmático que Martin, porém muito mais acessível que Wiener.[32] Magro mas rijo, de altura mediana, feições marcadas, Levinson era um excelente professor, que raramente exibia qualquer mudança na expressão facial e nunca se referia a seus próprios feitos. Sofria de hipocondria e de acentuadas alterações de humor, com longos períodos maníacos de intensa atividade criativa seguidos de meses, às vezes anos, de depressão, durante os quais não se interessava por nada. Ex-comunista como Martin, Levinson sofreria duplamente durante os anos de McCarthy, quando suportou não apenas notoriedade e ameaças à sua carreira de matemático, mas o mergulho de sua filha adolescente numa doença mental.[33] Apesar desses fardos, Levinson era, e assim permaneceria durante muito tempo, sem dúvida o membro mais respeitado do departamento. Sensato, resoluto e atento às necessidades pessoais e também intelectuais das pessoas à sua volta, Levinson era o padre confessor e a pessoa mais velha e sábia, aquela cujos conselhos eram constantemente procurados e que tinham mais peso na discussão de todos os assuntos, de pesquisas a nomeações.

Nash sentiu-se atraído pela forte personalidade de Levinson e por uma qualidade que ambos compartilhavam e admiravam, que era a disposição extraordinária de Levinson para tentar resolver problemas novos e difíceis. Ele foi um dos pioneiros na teoria das equações diferenciais, feito reconhecido pela concessão de um prêmio Bôcher, e autor de um importante teorema da teoria quântica da difusão de partículas. Ainda mais notável foi o fato de que, ainda com sessenta e poucos anos e já sofrendo de um tumor cerebral que acabaria por matá-lo, Levinson conquistou o mais importante troféu de sua carreira, a solução de uma parte da famosa Hipótese de Riemann.[34] Em muitos aspectos, ele foi um modelo para Nash.

16
Os "bad boys"

As pessoas consideravam-no um "bad boy" – mas um "bad boy" extraordinário.

– Donald J. Newman, 1995

O Grande Homem... é mais frio, mais duro, menos hesitante, e sem medo da "opinião"; faltam-lhe as virtudes que acompanham o respeito e a "respeitabilidade", e inteiramente tudo aquilo que é a "virtude do rebanho". Se ele não pode liderar, vai sozinho... Sabe que é incomunicável: acha insosso ser familiar... Quando não está falando consigo mesmo, ele usa uma máscara. Há uma solidão dentro dele que é inacessível ao elogio ou à censura.

– Friedrich Nietzsche, *The Will to Power*

Nash tinha apenas 23 anos quando começou a trabalhar como professor temporário do MIT. Era não só o membro mais moço do corpo docente, mas também mais jovem do que muitos alunos de pós-graduação. Sua aparência juvenil e seu comportamento de adolescente fizeram com que lhe dessem apelidos como Ferdinando e Professor-Garotinho.[1]

Suas aulas eram mais parecidas com exercícios de livre associação do que de uma exposição. Certa vez ele descreveu como havia planejado ensinar os números complexos aos alunos do primeiro ano. "Vamos ver... Vou dizer a eles que *i* é igual à raiz quadrada de menos um. Mas também vou dizer a eles que podia ser menos a raiz quadrada de menos um. Então, como você decidiria que um..." Começou a divagar.

Exatamente o que os alunos do primeiro ano precisavam, disse o ouvinte, em tom de desagrado, em 1995. "Ele não se importava se os alunos aprendiam ou não, fazia exigências descabidas e falava de assuntos que eram irrelevantes ou adiantados demais."[2] Também dava notas baixas.

Às vezes, suas idéias sobre a sala de aula tinham mais a ver com jogos mentais do que com pedagogia. Robert Aumann, que mais tarde se tornou um renomado teórico dos jogos e na época era aluno do primeiro ano do MIT, descreve as tiradas de Nash na sala de aula como "bombásticas" e "maldosas".[3] Joseph Kohn, mais tarde chefe do departamento de matemática de Princeton, qualificou-o como "um pouco de jogador".[4] Em 1952, durante a disputa pela presidência entre Stevenson e Eisenhower, Nash estava convencido, com bastante propriedade, como se viu mais tarde, de que Eisenhower venceria. A maioria dos alunos apoiava Stevenson. Nash fez complicadas apostas com os alunos, de tal modo que ele ganharia, independentemente de quem vencesse a eleição. Os melhores alunos acharam aquilo divertido, mas a maioria ficou amedrontada e afastou-se, e em pouco tempo os estudantes mais bem informados começaram a evitar completamente seus cursos.

Apesar disso, Nash conseguia atrair os alunos que ele achava que tinham talento para a matemática, e esses alunos encontravam muito o que admirar. Para um grupo selecionado, quase sempre de alunos de graduação, Nash ficava "muito, muito disponível para conversar sobre matemática", lembrou Barry Mazur, um teórico de números de Harvard, que conheceu Nash quando cursava seu primeiro ano no MIT. "Era extraordinário o que ele queria conversar. Havia uma sensação de tempo infinito em toda conversa."

Certa vez, Mazur e Nash estavam conversando na sala dos professores. Alguém fez menção a um teorema clássico de um discípulo de Gauss, Peter Gustave Lejeune Dirichlet, segundo o qual há um número infinito de números primos em certas progressões aritméticas. "É o tipo de coisa que a gente aceita ou talvez deixa para lá e vai olhar depois", disse Mazur. Nash, no entanto, levantou-se de um salto, foi até o quadro-negro e "durante horas e horas, elegantemente, ficou tentando achar a prova a partir das premissas iniciais", para proveito de Mazur.[5]

FORA DA SALA DE AULA, Nash alternava o tipo de comportamento pelo qual se tornara famoso em Princeton – andando de lá para cá nos cavernosos corredores do Prédio 2 assobiando Bach – com arroubos de sociabilidade. De dia, ele passava pouco tempo no conjunto de salas que dividia com os outros professores do esquema Moore. A maior parte de seu tempo ele passava na sala dos professores de matemática – cujas condições eram muito diferentes de sua similar no Fine Hall, de Princeton; era um espaço feio e sem características próprias, bem embaixo das salas dos professores temporários e no fim de um lance de escadas.

O pessoal que freqüentava a sala de reunião dos professores era dominado por um pequeno grupo de veteranos de fala rápida, piadistas, oriundos das equipes de matemática da Stuyvesant High School e da Bronx High School of Science e da "Mesa de Matemática" da City College – uma mesa da lanchonete da City College que ficara famosa, na qual uma geração inteira de estudantes de matemática, a maioria formada por judeus e imigrantes das classes operárias, exercitavam suas habilidades na solução de problemas e no jogo de respostas prontas.[6]

Era um pessoal mais estouvado, mais rude, menos empertigado e mais tolerante do que o do Fine Hall, e uma platéia mais ao gosto de Nash. Contar vantagem não era encarado como um crime se você sabia do que estava falando. A falta de traquejo social era considerada parte de um autêntico matemático. "Suas atitudes eram notoriamente não-burguesas, exibicionistas e obscenas", lembrou Felix Browder.[7] Pelo menos todos eles admiravam um pouco a excentricidade e o escândalo, embora, pelos padrões atuais, o que era considerado comportamento e modos pouco convencionais, fosse moderado, na maior parte – concentrando-se mais em certa maneira de falar, tipos de humor e pequenas variações no padrão habitual de se vestir. Um sujeito insistia em usar a calça com um ou dois botões da braguilha desabotoados.[8] Um aluno de graduação lembrou: "Na época, achávamos que ser excêntrico e ser bom em matemática eram duas coisas que combinavam. Todos nos divertíamos em ser um pouco amalucados. Pensávamos em nós mesmos como se tirássemos vantagem do fato de sermos inteligentes por ignorarmos as convenções que nos desagradavam. Transformamo-nos um pouco em personalidades excêntricas."[9]

NESSE CÍRCULO, NASH aprendeu a fazer da necessidade uma virtude, rodeando-se conscientemente de uma aura de "livre-pensador". Anunciou que era ateu.[10] Criou um vocabulário próprio.[11] Começava as conversas a meio caminho com "Vamos considerar esse aspecto". Referia-se às pessoas como "humanóides".

Adquiriu os maneirismos de outros gênios excêntricos. Por exemplo, Wiener, que era terrivelmente míope, conservava um dos dedos no sulco da parede, entre os azulejos e o reboco, para manter seu curso, enquanto caminhava hesitante pelos corredores. Nash fazia a mesma coisa.[12] D. J. Newman condenava toda música depois de Beethoven. Nash costumava entrar na discoteca e dizia a qualquer um que estivesse ouvindo alguma coisa moderna, "Isso é porcaria".[13] Levinson, cuja filha sofria de depressão maníaco-depressiva, odiava psiquiatras. Nash adotou uma postura veemente similar contra essa profissão.[14] Warren Ambrose detestava cumprimentos convencionais do tipo "Como vai você?". Nash o imitava.[15]

Marvin Minsky, que Nash conhecera durante seu último ano em Princeton e que considerava o mais inteligente de todos os "humanóides", lembrou: "Tínhamos o mesmo ponto de vista cínico sobre o mundo. Ficávamos querendo descobrir uma razão matemática pela qual alguma coisa era do jeito que era. Imaginávamos soluções matemáticas, radicais, para os problemas sociais. Em determinado momento, Nash sugeriu uma completa transfusão para algo. Se havia um problema, éramos bons em achar uma solução extrema realmente ridícula."[16] Uma vez, ele disse que os pais deveriam se "autodestruir", isto é, suicidar-se, e passar todos os seus bens para os filhos. Isso seria não só conveniente, mas honrado, disse Nash, segundo Herta Newman, esposa de Donald Newman, amigo de Nash.[17] Outra vez ele disse a uma turma de alunos de graduação que os direitos de voto dos cidadãos americanos deveriam ser proporcionais a seus rendimentos (ou talvez fosse riqueza).[18] Em muitos aspectos, os pontos de vista de Nash eram mais adequados ao quadro político elitista da Inglaterra do século XIX do que à contracultura do departamento de matemática do MIT nos anos 1950, predominantemente esquerdista.

Mesmo assim, ele adotava certo exibicionismo no modo de vestir. Usava camisas brancas de dacron transparente sem camiseta por baixo para exibir seu físico poderoso, segundo a opinião de algumas pessoas.[19] Comprou uma câmera e passava muito tempo folheando livros de fotografia.[20] Durante certo tempo leu e conversou muito sobre experiências com drogas que alteram a consciência, como heroína – embora não haja provas de que ele alguma vez tenha tentado usar alguma delas.[21] Sua heterogeneidade de interesses e sua heterodoxia cada vez maiores poderiam, se olharmos em retrospecto, ser consideradas os primeiros sinais visíveis de uma crescente alienação em relação às convenções e à sociedade, uma alienação que evoluiria para um sentimento radical de afastamento e desligamento.

Mas, na época, essas posturas realçavam, e não denegriam, a atração social que ele exercia. Seu status como professor temporário e sua crescente forma como matemático lhe granjeavam um respeito que para ele era novidade. Era agora considerado uma companhia interessante. A arrogância era encarada como prova de seu gênio, assim como sua excentricidade, uma fonte tanto de diversão como de respeito relutante, o outro lado da moeda do gênio, como se dizia. Fagi Levinson, a "mãezona" do departamento de matemática, disse em 1956: "O fato de Nash se afastar das convenções não é algo tão chocante como se poderia pensar. Todos eles eram umas prima-donas. Se um matemático era medíocre, tinha de seguir o figurino e ser convencional. Se ele era bom, valia qualquer coisa."[22]

A TURMA EM VOLTA DE NASH incluía Newman, mais conhecido por D. J., um estudante de pós-graduação de Harvard, que passava a maior parte de seu tempo no MIT enturmado com seus velhos amigos da City College e com Nash, porque "Harvard era muito 'careta'".[23] Outros membros do grupo eram Walter Weissblum, um brilhante trapalhão, bêbado e corcunda, com um coração de ouro, que nunca conseguiu terminar sua pós-graduação;[24] Harry Gonshor, mais tarde professor na universidade de Rutgers, um esquisitão que usava óculos fundo de garrafa, parecia estar flutuando no ar

 e uma vez provou um teorema de modo que pudesse ser

enunciado por "AFL = CIO",*[25] Gustave Solomon, o mais humano do grupo, foi o co-inventor, mais tarde, do código Reed-Solomon;[26] Leopold "Poldy" Flatto, um inveterado observador de pessoas e contador de histórias;[27] e, depois de 1952, Jacob Leon Bricker, o Woody Allen do grupo.[28]

Neuwirth, que mais tarde se juntou ao grupo, disse: "Quem éramos nós? O que estávamos tentando fazer? Todo grupo tem sua própria moeda. Nossa moeda era o que estávamos pensando. Quem é esperto? Quem está fazendo o quê? O que podemos resolver? Até onde você vai? Não parece uma coisa sensata, mas era emocionante."[29]

O páreo para Nash, em questão de intelecto, competitividade e arrogância geral, era Newman. Ele era considerado um gênio e o melhor solucionador de problemas do grupo.[30] Um grandalhão louro, atrevido e vaidoso, Newman tinha a distinção, o que muito impressionava Nash, de já ter ganho três vezes o prêmio Putnam. Já era marido e pai, com responsabilidades que, no entanto, pouco tolhiam seu estilo extrovertido. Dirigia um Thunderbird branco, vistoso, com assentos de couro vermelho, com o qual gostava de apostar corridas na Memorial Drive no meio da noite. Como aluno de graduação da City College, ele se tornara famoso por suas brincadeiras exibicionistas, como aparecer na aula de algum infeliz professor de matemática carregando um enorme galho de árvore, com folhas e tudo, que ele alegava ser para uma aula de biologia.

Nash e Newman imediatamente se reconheceram como almas gêmeas. "Eles adoram se estimular mutuamente",

*A sigla AFL significa American Federation of Labor [Federação Americana do Trabalho] e CIO, Congress of Industrial Organizations [Congresso das Organizações Industriais]. Eram as duas maiores centrais sindicais dos Estados Unidos na época e mais tarde fundiram-se numa só organização, a AFL-CIO. (*N.do T.*)

relembrou Singer.[31] "Cada um deles admirava o sarcasmo do outro", disse Mattuck. "Faziam tudo de bom humor. Mas D. J. chegava à solução com muito maior rapidez. Ele tinha uma intuição instantânea quando se tratava de matemática. As pessoas costumavam dizer que D. J. podia resolver qualquer problema que lhe dessem em 24 horas. Não tinha o poder de concentração demorada de Nash. Este conseguia ficar pensando num problema durante seis meses."[32]

Newman foi a um seminário dado por Nash. "Fui assistir a algumas palestras de Nash", disse Newman, que ficou mais intrigado do que decepcionado. "Era diferente, meio excitante. Ele divagava, ao contrário de muitos palestrantes, porque gostava de explorar um monte de coisas ao mesmo tempo. Era uma coisa bonita", relembrou Newman. "Nash e eu éramos grandes amigos."[33]

DENTRO DESSE NOVO CÍRCULO, Nash lutou para acentuar a própria originalidade, superioridade e auto-suficiência. "Sou Nash com N maiúsculo!", gritava todo o seu ser.[34] Estava sempre dizendo que apenas uma ou duas pessoas no departamento – Wiener era sempre um desses – estavam à altura dele. Suas esnobadas tornaram-se famosas. "Você é uma criança", era sua expressão favorita. "Você não sabe bulhufas. Como é banal! Que burro! Você nunca vai fazer nada!", dizia ele.[35]

Adorava um show. Nas festas, ele representava, em vez de conversar. Certa vez, na casa dos Minsky, Nash exigiu que os ouvintes o desafiassem com um problema matemático difícil. Disse: "Tomei uns drinques. Meus poderes mentais tornaram-se mais fortes ou mais fracos com a bebida?"[36]

Chegava a fingir para atrair uma platéia.[37] Ficava emburrado quando perdia uma discussão.[38] E detestava ser desafiado por alguém que considerasse inferior. Um dia, na sala de reunião, um grupo de alunos conversava sobre um famoso enigma logístico da Segunda Guerra Mundial, o problema do "Jipe".[39] Em essência, esse problema pedia que você cruzasse o deserto do Saara, com 3.200 quilômetros de extensão, mas o tanque de gasolina do veículo só tinha capacidade para viajar 320 quilômetros. O único modo de atravessar o deserto era seguir a estratégia de dois passos adiante, um passo atrás: carregar o jipe com galões de gasolina, dirigir, digamos, 160 quilômetros, descarregar os galões, e voltar ao ponto de partida. Aí você pega mais galões de gasolina, segue 160 quilômetros, descarrega um pouco da gasolina e usa um pouco para completar o tanque, segue mais 160 quilômetros, volta, pega mais um pouco de gasolina. A questão é: quantos litros serão necessários?

Não há uma solução ótima para o problema, afinal de contas. Todos estavam propondo soluções. Nash lançou um número. Um aluno de Nash naquele semestre, Seymour Haber, propôs um número que era metade daquele. Nash descartou com desdém a solução de Haber. Quando este insistiu para que Nash provasse sua solução, ele disse: "Minha solução é muito melhor."

Haber relata o fato: "Eu não achava. Insisti em que ele a provasse. Ele não queria. Disse que era óbvia. Eu continuei sem aceitar. Aí ele fez os cálculos. Mostrou-se certo na maior parte, mas ficou muito aborrecido comigo. Ficou furioso por tê-lo obrigado a fazer esse trabalho banal quando estava perfeitamente claro durante o tempo todo qual era a resposta. Depois disso, ficou zangado comigo durante algum tempo."

Também não evitava humilhar a platéia. Um exemplo típico: no almoço, um dia, um aluno de pós-graduação estava descrevendo uma abordagem axiomática para um problema apresentado por um dos professores. Nash quase explodiu: "Não me venha com essa besteira! Diga para mim como você resolveria o problema. Você não aprendeu nada. Todos esses conceitos não querem dizer nada."[40]

As humilhações a que submeteu outros matemáticos valeram-lhe o apelido de "Gnash".* Nash reagiu: "G, obviamente, significa gênio. De fato, há poucos gênios hoje em dia aqui no MIT. Eu, é claro, e também Norbert Wiener. Nem Norbert Wiener talvez seja mais um gênio, mas há provas de que ele já foi." Depois disso, ele se referia a Gnu (Newman) e *G*-ao-quadrado (Andrew Gleason, um jovem professor de Harvard que acabara de resolver o quinto problema de Hilbert).[41]

Quando John McCarthy, que Nash conhecia de Princeton, deu um seminário no departamento, Nash puxou-o para um canto depois e disse: "Existem periódicos demais. Há muito trabalho vagabundo sendo publicado. Há caras demais fazendo pesquisa. Somente alguns de nós deveriam estar na pesquisa. O restante deveria estar em seno de *x*" – uma referência desdenhosa às tabelas nas contracapas dos livros de trigonometria do curso médio.[42]

Nash ostentava seu esnobismo social, legado da educação que recebera em Bluefield. Dava a entender que era rico de berço.[43] Aspirava o vinho numa festa e dizia: "É um *Chianti* apropriado."[44] Em nenhuma situação seu esnobismo era mais evidente do que em sua reação por ser um "não-judeu numa atmosfera definitivamente judaica".[45] Mais tarde, quando ficou paranóico e engolfou-se em todos os tipos de delírios, ele escrevia cartas para Newman e outros endereçadas ao "menino judeu", ficou obcecado com o estado de Israel e falava sobre conspirações "criptossio-

**Gnash*, em inglês, significa "ranger, rilhar os dentes". (*N. do T.*)

nistas".[46] Mas, no início da década de 1950, sua atitude era simplesmente uma demonstração de superioridade social. Freqüentemente dizia a Newman que este parecia "judeu demais".[47] Como Groucho Marx, ele não queria ser sócio de nenhum clube que o aceitasse. Exibia desprezo por gente e coisas que considerava inferiores a ele. Como Fred Brauer, outro professor do MIT, disse quarenta anos mais tarde: "Ele cobria um bocado de terreno."[48]

17
Experimentos
Rand, verão de 1952

Uma tarde, durante o segundo verão de Nash em Santa Monica, ele e Harold N. Shapiro, outro matemático da Rand, estavam nadando no trecho da praia logo ao sul do píer.[1] O mar estava bastante agitado. Antes do quebra-mar, a praia era uma faixa estreita de areia, escarpada, com ondas que tinham geralmente 2 a 3 metros de altura. Era um lugar ideal para se surfar sem prancha.

Nash e Shapiro estavam longe da praia quando foram apanhados por uma forte correnteza que os carregou para o sul. Ambos nadavam bem. Nash tinha a "compleição física de um deus grego", lembrou Shapiro, e ele também era rijo e musculoso. Mas Shapiro lembra-se de ter sido puxado para o fundo momentaneamente engolfado pela força da correnteza, e ter ficado muito amedrontado. Nash também parecia estar em dificuldades. "Foi uma dureza voltarmos para a praia", disse Shapiro. Quando finalmente chegaram à praia, os dois se jogaram na areia, exaustos, ofegantes. Shapiro recordou-se de ter ficado deitado ali, pensando em como haviam tido sorte por não se afogarem. Mas, para seu espanto, Nash levantou-se de repente, depois de um ou dois minutos, e anunciou que ia voltar para a água. "Gostaria de saber se isso foi um acidente", disse ele num tom de voz calmo e sem emoção. "Acho que vou voltar e verificar."

NO COMEÇO DAQUELE segundo verão, Nash tinha atravessado o país, de Bluefield a Santa Monica, num velho Dodge enferrujado. Ele e John Milnor, que agora já era aluno de pós-graduação em Princeton, fizeram a viagem juntos, embora Milnor fosse dirigindo o próprio carro.[2] Viajando com eles, ia a irmã mais moça de Nash, Martha, e Ruth Hincks, que fazia especialização em jornalismo na Universidade da Carolina do Norte, em Chapel Hill, que se juntou a eles no último minuto.[3] Eles se encontraram em Chapel Hill, depois foram até Bluefield. Ruth Hincks se lembra de ter sido avisada para não comentar o fato de que Martha estaria dividindo o apartamento com Milnor, assim como Nash. Em 1997, ela lembrou que esse mistério lhe parecera estranho. Quando partiram, Ruth foi no carro com Nash, Martha com Milnor. Ruth ficou espantada com a absoluta indiferença de Nash para com ela. "Eu era esbelta, atraente, inteligente", lembrou ela em 1997. Nash "nem mesmo notava que eu estava ali", disse ela. Também ficou intrigada com o relacionamento de Nash e Milnor, que lhe parecia distante. "Eles ficavam meio afastados. Era como se tivessem se conhecido na véspera. Nunca se referiam a experiências comuns. Parecia realmente que não se conheciam. Até mesmo o relacionamento entre irmão e irmã parecia "um pouco esquivo, totalmente sem afeição", disse Ruth. "Acho que não vi qualquer afeição da parte de ninguém naquela viagem."

Pegaram a rodovia US 40, que atravessa Kansas e Nebraska.[4] Pararam uma vez por um dia, em Grand Lakes, Colorado, onde todos foram passear a cavalo, e também em Salt Lake City, onde visitaram o templo mórmon. Os homens deixaram a cargo das duas jovens a divisão de todas as contas de motéis, restaurantes e gasolina. Tudo deveria ter corrido bem para essas pessoas jovens, privilegiadas como eram em 1952, viajando por conta própria através do país. Mas, antes do fim da viagem, Nash e Ruth tinham discutido, e Martha, que viajava com Milnor, foi obrigada a continuar com o irmão mais velho o restante da viagem.[5]

Tudo começou como uma linda aventura. Martha tinha acabado o curso de graduação em Chapel Hill, e viajara muito pouco até então.[6] Alta e vistosa como o irmão, ela era extremamente inteligente. Apesar de sua firme determinação de não ser considerada uma intelectual ou uma "figurinha difícil", ela havia conquistado uma bolsa de estudos da Pepsi-Cola, derrotando todos os garotos da escola de ensino médio Beaver High nos testes de aptidão escolar para o ensino superior, e recebera convites para se matricular em Radcliffe, Smith e outras faculdades femininas de primeira linha. Seu pai, entretanto, havia recusado o oferecimento da bolsa em nome dela, dizendo que a família podia arcar com os custos de uma faculdade próxima, e Martha foi parar em St. Mary's, uma faculdade que só tinha os dois primeiros anos, para onde iam principalmente moças sulistas ricas que levavam casacos de pele, faziam equitação e eram preparadas com esmero não para o mercado de trabalho, mas para o mercado do casamento. Depois de se diplomar em St. Mary's, ela foi para a Universidade da Carolina do Norte, onde completou o curso de pedagogia.

John havia convencido seus pais de que seria bom para Martha passar um verão em Santa Monica, sugerindo que ele conseguiria trabalhar mais se Martha fizesse o serviço da casa para ele.[7] Martha, que nunca estivera afastada de casa a não ser na faculdade, ficou ansiosa para ir. Depois de planejar tudo, John também não fez segredo da esperança de que sua irmã e John Milnor se interessassem um pelo outro.

Foi Nash quem propusera que todos viajassem juntos. Milnor e Nash, é claro, já se conheciam desde os tempos em que Milnor era calouro em Princeton, quatro anos antes. Embora ainda não tivesse terminado sua tese, Milnor já fora convidado por Princeton para ser professor efetivo. Nash confessou a Martha que sentia inveja da capacidade de Milnor, mas era, ao mesmo tempo, atraído pela personalidade discreta, sua mente, brilhantemente lúcida, e pela boa aparência do outro, mais jovem que ele.

RUTH DESPEDIU-SE assim que o quarteto chegou a Santa Monica. Martha, Nash e Milnor alugaram um pequeno apartamento mobiliado, no andar mais alto de uma vila em estilo espanhol na Georgina Avenue, uma majestosa via na parte antiga de Santa Monica e a dez minutos de caminhada, via Palisades Park, da Rand.[8] Ninguém se preocupava muito em cozinhar ou cuidar da casa. Um convidado para o almoço disse: "O lugar não era limpo – nunca. Havia bolas de poeira e pratos sujos. Depois de dar uma olhada em volta – eles obviamente não haviam preparado o almoço –, decidi pedir ovos. John empurrou os restos de um ovo frito que ainda estavam na frigideira. 'Gente muito fina', pensei comigo mesmo."[9] Martha arranjou emprego numa padaria. Ela quase não via os dois companheiros de apartamento, que pareciam passar a maior parte de suas horas de vigília dentro da sede da Rand. Martha tentou visitar as salas deles um dia, mas foi barrada pelos guardas porque não tinha autorização da segurança.[10] Ela e Milnor saíram para jantar uma vez na primeira ou na segunda semana, mas, apesar das muitas horas juntos no carro, Milnor sentia-se pouco à vontade e constrangedoramente calado, e ficou claro para Martha que não havia nenhuma perspectiva de romance.[11]

OS DOIS HOMENS trabalhavam separadamente na maior parte do tempo. Milnor escreveu um lindo trabalho chamado "Games Against Nature".[12] Nash dedicou-se, sem muito afinco, a jogos que pudessem ser jogados com o auxílio de um computador.[13] Nessa época, ele estava preocupado principalmente com problemas matemáticos que surgem no estudo da dinâmica dos fluidos. Um trabalho sobre jogos de guerra foi apenas algo feito com displicência, com a finalidade de justificar seu emprego na Rand, elaborado às pressas antes de ele voltar a Cambridge no início de setembro.[14]

Mas Nash e Milnor realmente colaboraram em um projeto, uma experiência sobre a barganha, envolvendo pessoas contratadas, que viria a se tornar, inesperadamente, um clássico sempre citado.[15] O experimento, desenvolvido com dois pesquisadores da Universidade de Michigan que também estavam passando o verão na Rand, previu, com várias décadas de antecedência, o campo da economia experimental, atualmente em grande desenvolvimento.

Os experimentos da Rand surgiram, mais ou menos diretamente, do hábito, apreciado pelos matemáticos, de disputar jogos nas horas de folga. Inventar novos jogos e submetê-los a teste, com os inventores como participantes, sempre fora um passatempo popular em Princeton. Muitos dos jogadores tinham deixado de lado, havia pouco tempo, paixões da meninice pelos experimentos de física e química, como era o caso de Nash. A idéia de registrar o jogo para ver se as pessoas se comportavam do modo previsto pela teoria já tinha certa tradição na Rand, inaugurada pela famosa experiência do Dilema dos Prisioneiros. Martha ficou espantada ao saber que os voluntários ganhavam 50 dólares por dia para "participar de jogos".[16]

O experimento, realizado num período de dois dias, destinava-se a testar como funcionavam as diferentes teorias de coalizões e acordos quando pessoas reais tomavam as decisões.[17] Von Neumann e Morgenstern, com seu interesse pelos jogos com muitos jogadores, concentravam a atenção em coalizões, grupos de pessoas que agiam em uníssono. Eles afirmavam que jogadores racionais calculariam os benefícios de participar de cada coalizão possível e escolheriam a melhor delas – isto é, aquela que desse maior vantagem a eles –, quer fossem homens de negócios interessados na conivência ou trabalhadores interessados em se filiar a um sindicato.

Nash, Milnor e os outros pesquisadores contrataram oito participantes, alunos de faculdade e donas de casa. Imaginaram jogos diferentes, a maioria com quatro jogadores que se alternavam, um deles chegando a sete participantes. O jogo imitava o jogo geral de "*n*-pessoas" da teoria de von Neumann. Diziam aos participantes que eles poderiam ganhar dinheiro vivo formando coalizões, e as quantias específicas que seriam concedidas a cada coalizão possível. Para poderem ganhar, no entanto, os participantes da coalizão tinham de se comprometer antecipadamente em dividir os ganhos numa determinada proporção.

Segundo Al Roth, um importante economista experimental, o experimento gerou dois insights que se mostraram muito influentes.[18] Primeiro, ele chamou a atenção para a informação de que os participantes dispunham: se as mesmas pessoas jogassem o jogo repetidamente, os autores concluíram, tendiam a encarar "uma rodada de jogadas como se fosse uma única jogada de um jogo mais complicado".

Segundo, como no caso do Dilema dos Prisioneiros inventado por Melvin Dresher e Merrill Flood em 1950, a experiência mostrou que as decisões dos jogadores eram freqüentemente motivadas por sua preocupação com eqüidade. Em particular, em situações nas quais nenhum dos jogadores tinha uma posição privilegiada, os jogadores normalmente optavam por "dividir a diferença".

Para os que projetaram o experimento, entretanto, os resultados apenas levantaram dúvidas sobre o poder de previsão da teoria dos jogos e solaparam a confiança que eles ainda tinham no assunto. Milnor ficou particularmente desiludido.[19] Embora continuasse na Rand como consultor por mais uma década, ele perdeu o interesse pelos modelos matemáticos de interação social, concluindo que não tinham probabilidade de vir a atingir um estágio útil e intelectualmente satisfatório num futuro previsível. Os fortes pressupostos de racionalidade sobre os quais tanto o trabalho de von Neumann quanto o de Nash se apoiavam foram considerados por ele particularmente falhos.

NA ÉPOCA EM QUE o experimento foi feito, o relacionamento entre Nash e Milnor tinha se tornado tenso, e Milnor se mudara do apartamento da Georgina Avenue.

Milnor afirma agora que foi assediado sexualmente por Nash. "Eu era muito ingênuo e homofóbico", disse Milnor. "Não era o tipo de coisa sobre a qual as pessoas conversassem naquela época."[20] Mas o que Nash sentia por Milnor pode ter sido algo parecido com amor. Uns 12 anos mais tarde, numa carta a Milnor, Nash escreveu: "A respeito do amor, conheço uma conjugação: amo, amas, *amat*, *amamus*, *amatis*, *amant*. Talvez amas seja também o imperativo, ama! Talvez seja preciso ser muito masculino para usar o imperativo."[21]

18
"Comunas"
Primavera de 1953

E agora, o que estou pensando vai interessar muito ao comitê, se o senhor conseguir explicar isso a eles... Doutor... como é que o senhor pode explicar o que parece ser uma porcentagem inusitadamente grande de comunistas no MIT?

– Robert L. Kunzig, advogado,
Comitê de Atividades Antiamericanas
da Câmara dos Deputados, 22 de abril de 1953

A Guerra Fria prometia ser a galinha dos ovos de ouro do departamento de matemática do MIT, mas o macartismo – que atribuía as derrotas naquela guerra a conspirações sinistras e à subversão interna – ameaçava devorá-la.

Enquanto Nash e seus amigos alunos de pós-graduação se digladiavam e jogavam na sala dos professores, os investigadores do FBI espalhavam-se por Cambridge, vasculhando latas de lixo, pondo indivíduos sob vigilância e interrogando vizinhos, colegas, estudantes e até crianças.[1] Seus alvos, como Nash e todos os outros no MIT saberiam no início de 1953, incluíam o chefe e o subchefe do departamento de matemática do instituto, bem como um professor catedrático, Dirk Struik – todos ex-membros, na verdade membros importantes, da célula do Partido Comunista em Cambridge. Os três foram intimados a comparecer perante o Comitê de Atividades Antiamericanas da Câmara dos Deputados.[2] Era um estado de sítio, e todos no departamento de matemática sentiram a ameaça.

Na época, Nash estava, sem dúvida alguma, mais preocupado com a convocação – para não mencionar as complicações cada vez maiores de sua vida pessoal – do que com as possíveis repercussões para ele da perseguição de seus benfeitores. Mesmo assim, o episódio todo foi um alerta de que o mundo que ele e os outros matemáticos habitavam era algo extremamente frágil. Um comitê do Congresso podia destruir sua carreira, assim como sua junta de recrutamento podia enviá-lo para o outro lado do mundo.

A coisa toda havia começado como uma farsa.[3] A lista original de comunistas apresentada por McCarthy, em fevereiro de 1950, estava repleta de acadêmicos, entre eles o pai do amigo de Nash, Lloyd Shapley, o professor de astronomia de Harvard Harlow Shapley, que McCarthy identificou erroneamente para os repórteres como "Howard Shipley, astrólogo". Mas, à medida que a caça aos "comunas" ganhava ímpeto, toda a comunidade científica passou a se sentir vulnerável. Solomon Lefschetz, de Princeton, seria identificado como um possível simpatizante comunista por um grupo de investigadores.[4] Dentro de um ano, Robert Oppenheimer, chefe do Projeto Manhattan, um dos cientistas mais conceituados dos Estados Unidos e diretor do Instituto de Estudos Avançados, seria humilhado pelos macartistas.

Quando as intimações foram expedidas, ninguém sabia como o MIT lidaria com o assunto. Outras universidades reagiram com demissões e suspensões imediatas.[5] "O macartismo era uma grande ameaça para essas escolas", lembrou Zipporah Levinson, viúva de Norman Levinson. "Durante a guerra, o governo tinha começado a despejar dinheiro nelas. A ameaça era que o dinheiro para a pesquisa sumiria. Era uma questão prosaica."[6] Martin e Levinson tinham certeza de que estavam prestes a perder seus empregos e que iriam parar na lista negra para sempre, como tantos outros. Levinson falou em tornar-se bombeiro hidráulico e especializar-se no conserto de fornos. Os investigadores estavam de olho nos três rapazes Browder – filhos do ex-chefe do Partido Comunista Earl Browder, que já tinham estudado ou estavam estudando matemática no MIT e, além disso, dispunham de bolsas de estudos.[7]

"O MIT foi virado de pernas para o ar", lembrou a Sra. Levinson. "Os professores discutiam sem parar a maneira de provar que o instituto era patriótico. Havia uma grande pressão para indicar nomes."[8] Com o correr das coisas, Karl Compton, reitor da universidade e um liberal sincero, que apoiava a Revolução Chinesa e criticava Chiang Kai-shek, talvez tenha sentido que ele mesmo logo seria intimado. Contratou um dos melhores escritórios de advocacia de Boston, Choate, Hall & Steward, para defender Martin, Levinson e outros por honorários nominais.[9] Em abril, quando Martin e Levinson foram obrigados a prestar depoimento, *The Tech* publicava casos desse tipo diariamente e o sentimento antimacartista era forte no campus.[10]

Não há provas de que o FBI tenha alguma vez interrogado Nash ou qualquer outro aluno ou professor do departamento, ou solicitado que prestassem depoimentos, numa tentativa de estabelecer alguma ligação entre a filiação de Levinson e Martin ao Partido Comunista e a pesquisa confidencial sobre assuntos de defesa – uma ligação que provavelmente nunca existiu, já que ambos deixaram o partido logo após o fim da guerra. Os alunos de pós-graduação e os professores mais moços do departamento ficaram à margem vendo vidas e carreiras serem arruinadas, e lares, até mesmo seguros de carros, serem confiscados. "Na época, o pessoal jovem tinha planos de vida, empregos, otimismo", lembrou a Sra. Levinson. "Os mais jovens – o grupo de Nash – não queriam se aproximar muito. Estavam apavorados. Eles se distanciaram."[11]

Martin e vários outros denunciaram suas antigas ligações. Norman Levinson se recusou a denunciar qualquer um que não tivesse sido previamente denunciado. "Ted e Izzy Amadur não se comprometeram e ficaram hesitantes. Norman sabia que Ted Martin e Izzy iriam cooperar. Eles deram todos os nomes. Norman disse que falaria abertamente sobre o partido, mas que não daria nomes. O advogado disse a Norman, não, você não tem de dar nenhum nome. Ele iria cooperar, mas não daria nenhum nome."[12] Martin fez uma cena patética, típica de quem estava apavorado. O depoimento de Levinson, por outro lado, demonstrou as qualidades de intelecto e caráter que fizeram dele uma força tão grande na comunidade matemática. Numa série de respostas enérgicas e eloqüentes durante o interrogatório direto, ele conseguiu ao mesmo tempo defender o idealismo da juventude que o levara ao partido, atacar a pobreza intelectual do comunismo e, implicitamente, pôr na berlinda a suposição do comitê de que o comunismo era uma ameaça para a nação. Ele falou abertamente contra a perseguição tenaz aos ex-membros do partido e pediu ao comitê que se manifestasse contra a inclusão na lista negra do nome do filho mais velho de Browder, Felix, que terminara seu doutorado e não conseguia obter um cargo acadêmico.

Graças ao apoio do MIT e aos acordos alcançados, Levinson e os outros conservaram seus empregos. Mas todo aquele caso deprimente, precedido de meses de hostilidades e ameaças, deixou cicatrizes profundas em todos os envolvidos. Martin, em particular, ficou arrasado e profundamente deprimido, e sentiu-se incapaz, quase 45 anos depois, de falar sobre o assunto.[13] A filha mais nova de Levinson, aluna do terceiro ano do curso médio, sofreu um colapso nervoso que foi diagnosticado como depressão maníaco-depressiva. Levinson e sua mulher atribuíram a culpa disso, em parte, ao fato de terem sido atormentados pelo FBI.[14] E os da periferia, que não foram afetados ostensivamente, aprenderam uma lição: a de que o mundo que eles consideravam seguro era perigosamente frágil e vulnerável a forças que estavam fora de seu controle.

Nash não participou das acaloradas discussões entre alguns dos alunos de pós-graduação sobre a moralidade da decisão dos matemáticos de cooperarem com o governo.[15] Qualquer discussão sobre moralidade fazia surgir nele o espectro da hipocrisia. Mas aquela época raivosa, assustadora e turbulenta lhe forneceria alguns dos demônios acusadores que o assombrariam mais tarde.[16]

19
Geometria

Há dois tipos de contribuições matemáticas:
o trabalho que é importante para a história da
matemática e o trabalho que é simplesmente
um triunfo do espírito humano.

– Paul J. Cohen, 1996

Na primavera de 1953, Paul Halmos, um matemático da Universidade de Chicago, recebeu a seguinte carta de seu velho amigo Warren Ambrose, um colega de Nash:

> Como sempre, não há novidades importantes daqui. Martin está indicando John Nash para um cargo de professor assistente (não o Nash de Illinois, mas o que veio de Princeton, indicado por Steenrod) e estou muito aborrecido com isso. Nash é um cara brilhante mas infantil, que quer ser "basicamente original", o que eu

acho que é bom para aqueles que têm alguma originalidade básica neles. Ele também se faz de terrivelmente bobo em vários aspectos contrários a essa filosofia. Recentemente, ele ouviu falar de um problema de imersão isométrica de uma variedade riemanniana no espaço euclidiano, ainda não-resolvido; achou que era o tipo de coisa para ele, desde que o problema tivesse méritos suficientes para justificar seus esforços, de modo que se pôs a escrever para todo mundo na sociedade matemática para checar esse ponto. Foi informado de que provavelmente o problema era realmente importante, e começou a anunciar que já o resolvera, a não ser pelos detalhes, e disse a Mackey que gostaria de falar sobre o problema no colóquio em Harvard. Nesse ínterim, procurou Levinson para indagar sobre uma equação diferencial que intervinha no problema, e Levinson disse que era um sistema de equações diferenciais parabólicas, e se ele pudesse pelo menos obter um análogo essencialmente mais simples de um única equação diferencial ordinária, isso seria um trabalho de enorme importância – e Nash tinha apenas uma vaga idéia de todo aquele negócio. De modo que quase todo mundo acha que ele não vai conseguir chegar a parte alguma, e que está fazendo um papel de bobo ainda maior do que antes supunha gente com menos insight do que eu mesmo. Mas nós o recebemos aqui, e perdemos a oportunidade de conseguir um verdadeiro matemático. Ele é um cara brilhante, mas presunçoso como o diabo, infantil como Wiener, açodado como X, indisciplinado como Y, para um X e um Y arbitrários.[1]

Ambrose tinha todos os motivos para estar cético e aborrecido.

Ele era um matemático caprichoso, emotivo e um tanto frustrado, já chegando aos 40 anos, e como indica sua carta, cheio de mau humor.[2] Era um radical e um inconformado.

Casou-se três vezes. Deu uma palestra sobre "Por que sou um ateu". Certa vez, tentou defender uns ativistas de esquerda contra a polícia na Argentina – e foi espancado e preso por sua atitude. Era também fanático por jazz, amigo de Charlie Parker, e tocava bem trompete.[3] Bonito, robusto, com um nariz quebrado de boxeador – conseqüência de um acidente num elevador –, ele era um dos membros mais populares do departamento. Ele e Nash entraram em choque desde o início.

Nash fez de Ambrose o alvo de várias piadas. "Seminário sobre a matemática REAL", dizia um cartaz colocado por Nash certo dia. "O seminário será realizado todas as quintas-feiras, às 14 horas, na sala de reuniões." Quinta-feira, às 14 horas, era o horário em que Ambrose dava aula de análise matemática para os alunos da pós-graduação.[4] Numa outra ocasião, depois de Ambrose ter dado uma palestra no colóquio de matemática de Harvard, Nash providenciou que fosse entregue ao conferencista, ainda no pódio, um grande buquê de rosas vermelhas, como se Ambrose fosse uma bailarina agradecendo os aplausos.[5]

Ambrose reagiu. Escreveu "Me foder" na lista de "Para fazer" que Nash mantinha pendurada sobre sua mesa numa prancheta.[6] Foi ele quem apelidou Nash de "Gnash" por estar sempre fazendo comentários depreciativos sobre os outros matemáticos.[7] E durante uma discussão na sala de reuniões, depois de uma das diatribes de Nash sobre parasitas e preguiçosos, Ambrose disse, revoltado: "Se você é tão bom, por que não resolve o problema da imersão para as variedades?" – um problema notoriamente difícil que estava em pauta desde que foi apresentado por Riemann.[8]

E Nash fez o que o outro disse.

Dois anos depois, na Universidade de Chicago, Nash começou uma palestra descrevendo seu primeiro teorema realmente grande dizendo: "Fiz isso por causa de uma aposta."[9] Essa declaração inicial é uma boa amostra de quem ele era. Ele era um matemático que via a matemática não como uma grande estrutura, mas como um conjunto de problemas desafiadores. Na taxinomia dos matemáticos, existem os solucionadores de problemas e os teóricos, e, por temperamento, Nash pertencia ao primeiro grupo. Não era um especialista na teoria dos jogos, nem um analista, algebrista, geômetra, topólogo, ou físico matemático. Mas concentrava seu foco em certas áreas dessas disciplinas em que, essencialmente, ninguém havia conseguido nada. O negócio era encontrar uma questão interessante sobre a qual ele pudesse dizer algo.

Antes de aceitar o desafio de Ambrose, Nash quis ter certeza de que a resolução do problema o cobriria de glória. Ele não só interrogou vários especialistas sobre a importância do problema, mas, segundo Felix Browder, outro professor do MIT com bolsa de estudos Moore, vangloriou-se de ter provado o resultado muito antes de realmente tê-lo feito.[10] Quando um matemático de Harvard contestou Nash, recordou Browder, "Nash explicou que queria descobrir se valia a pena trabalhar no problema".[11]

"A DISCUSSÃO SOBRE VARIEDADES era generalizada", disse Joseph Kohn em 1995, fazendo gestos no ar em torno dele. A pergunta exata que um dia Ambrose fez a Nash na sala de reuniões era a seguinte: "É possível inserir uma variedade riemanniana qualquer num espaço euclidiano?"[12]

É uma "pergunta profundamente filosófica" relativa aos fundamentos da geometria, que praticamente todo matemático – de Riemann e Hilbert a Elie-Joseph Cartan e Hermann Weyl – que trabalhou no campo da geometria diferencial durante todo o século passado já se fez.[13] O problema, apresentado explicitamente pela primeira vez por Ludwig Schläfli na década de 1870, tinha evoluído naturalmente de uma série de outras questões que haviam sido apresentadas e parcialmente resolvidas a partir de meados do século XIX.[14] Primeiro, os matemáticos estudaram as curvas comuns, depois as superfícies e, finalmente, graças a Riemann, um gênio alemão doentio e uma das maiores figuras da matemática no século XIX, objetos geométricos em dimensões mais elevadas. Riemann descobriu exemplos de variedades dentro de espaços euclidianos. Mas, no início da década de 1950, o interesse deslocou-se para as variedades, em parte por causa do grande papel que o espaço distorcido e as relações de tempo tinham na teoria da relatividade de Einstein.

A própria descrição de Nash do problema da imersão em sua autobiografia do Prêmio Nobel dá uma pista do motivo pelo qual ele queria ter certeza de que resolver o problema valeria o esforço: "Esse problema, embora clássico, não era muito comentado como um problema importante. Não era, por exemplo, como a conjectura das quatro cores."[15]

A IMERSÃO DIZ RESPEITO à representação de um objeto geométrico como – ou, mais precisamente, torná-lo um subconjunto de – um espaço em uma determinada dimensão. Tomemos a superfície de um balão. Não podemos representá-la no quadro-negro, que é um espaço de duas dimensões. Agora tomemos um objeto um pouco mais complicado, uma garrafa de Klein. Uma garrafa de Klein parece uma lata de alumínio que teve a tampa e o fundo removidos, e cuja parte superior foi esticada e ligada ao fundo por meio da parede lateral. Se pensarmos nisso, fica óbvio que, ao tentarmos fazer isso num espaço tridimensional, há uma interseção. Isso é ruim do ponto de vista matemático, porque a área na vizinhança imediata da interseção parece esquisita e irregular, e se frustram as tentativas de calcular os diversos atributos, como distância e velocidade de mudança, naquela parte do objeto. Mas coloquemos a mesma garrafa de Klein num espaço de quatro dimensões e não haverá mais interseção. Como uma bola imersa num espaço tridimensional, uma garrafa de Klein num espaço de quatro dimensões se torna uma variedade perfeitamente bem-comportada.

O teorema de Nash afirmava que qualquer tipo de superfície que incorporasse um conceito especial de regularidade podia ser realmente imersa em um espaço euclidiano. Ele mostrou que podemos dobrar a variedade como um lenço de seda, sem distorcê-la. Ninguém esperava que o teorema de Nash fosse verdadeiro. Na realidade, todos esperavam que ele fosse falso. "O teorema mostrou uma incrível originalidade", disse Mikhail Gromov, o geômetra cujo livro *Partial Differential Relations* se baseia no trabalho de Nash. Ele continua:

> Muitos de nós temos o poder de desenvolver idéias já existentes. Seguimos caminhos preparados por outros. Entretanto, a maioria nunca poderia produzir algo comparável ao que Nash produziu. É como a queda de um raio. Psicologicamente, a barreira que ele quebrou é absolutamente fantástica. Ele mudou completamente a perspectiva das equações diferenciais parciais. Nas últimas décadas tem havido certa tendência de se deslocar da harmonia para o caos. Nash diz que o caos está logo ali, dobrando a esquina.[16]

John Conway, o matemático de Princeton que descobriu os números surreais e inventou o Jogo da Vida, classificou o resultado de Nash como "um dos exemplos mais importantes de análise matemática do século XX".[17]

Foi também, deve-se acrescentar, um golpe deliberado nas abordagens, em moda na época das variedades riemannianas, assim como a abordagem de Nash da teoria dos jogos foi um desafio direto à de von Neumann. Ambrose, por exemplo, estava, ele próprio, envolvido em uma descrição bastante abstrata e conceitual dessas variedades na época. Como disse Jürgen Moser, um jovem matemático alemão que passou a conhecer bem Nash em meados dos anos 1950: "Nash não gostava absolutamente daquele estilo da matemática. Ele saiu a campo disposto a mostrar que essa, em sua opinião, abordagem exótica era completamente desnecessária, já que qualquer uma dessas variedades era simplesmente uma subvariedade de um espaço euclidiano de dimensões mais elevadas."[18]

A realização mais importante de Nash talvez tenha sido a poderosa técnica que ele inventou para alcançar seu resultado. A fim de provar seu teorema, Nash tinha de enfrentar um obstáculo aparentemente intransponível, resolvendo determinado conjunto de equações diferenciais parciais que não podiam ser resolvidas com os métodos existentes.

Esse obstáculo surgia em muitos problemas de matemática e física. Era a dificuldade que Levinson, segundo a carta de Ambrose, mostrou a Nash, e é uma dificuldade que brota em muitos, muitos problemas – particularmente nos problemas não-lineares.[19] Normalmente, ao resolver uma equação, a coisa que é dada é uma função, e encontraram-se estimativas de derivadas de uma solução em termos de derivadas da função dada. A solução de Nash foi extraordinária pelo fato de que as estimativas *a priori* perdiam derivadas. Ninguém sabia como lidar com essas equações. Nash inventou um método iterativo inteiramente novo – um procedimento para dar uma série de soluções aproximadas – para calcular as raízes das equações e combinou-o com uma técnica de regularização para contrabalançar a perda das derivadas.[20]

Newman descreveu Nash como um "tipo diferente de pensador, muito poético".[21] No exemplo que mencionamos, Nash usou o cálculo diferencial, não figuras geométricas ou manipulações algébricas, métodos que eram desenvolvimentos clássicos do cálculo do século XIX. A técnica é conhecida atualmente como o teorema Nash-Moser, embora não se discuta que ela partiu de Nash.[22] Jürgen Moser viria a mostrar como a técnica de Nash podia ser modificada e aplicada à mecânica celeste – o movimento dos planetas –, principalmente para calcular a estabilidade das órbitas periódicas.[23]

Nash resolveu o problema em duas etapas. Ele descobriu que era possível inserir uma variedade riemanniana num espaço tridimensional, se ignorarmos a regularidade.[24] Tínhamos, por assim dizer, de amarrotá-la. Foi um resultado notável, um resultado estranho e interessante, mas uma curiosidade matemática, ou assim parecia.[25] Os matemáticos estavam interessados em imersão sem rugas, imersão em que ficasse preservada a regularidade da variedade.

Em seu ensaio autobiográfico, Nash escreveu:

> Então, logo ouvi numa conversa no MIT a respeito da questão de a imersão estar em aberto, comecei a estudá-la. A primeira brecha levou a um resultado curioso sobre o fato de a imersão poder ser feita, surpreendentemente, em espaços ambientais de pequenos, desde que aceitemos que a imersão terá apenas uma regularidade limitada. E mais tarde, com "análise pesada", o problema foi resolvido em termos de imersão com um grau mais adequado de regularidade.[26]

Nash apresentou seu "curioso" resultado inicial num seminário em Princeton, provavelmente na primavera de 1953, mais ou menos na mesma época em que Ambrose escrevia sua causticante carta a Halmos. Emil Artin estava na platéia. Ele não fez segredo de suas dúvidas.

"Bem, está tudo ótimo, mas e o teorema da imersão?", parguntou Artin. "Você nunca vai chegar lá."

"Vou chegar lá na próxima semana", Nash replicou secamente.[27]

UMA NOITE, possivelmente quando estava indo para essa mesma palestra, Nash seguia velozmente pela estrada Merritt Parkway.[28] Poldy Flatto foi com ele até o Bronx. Flatto, assim como todos os outros alunos de pós-graduação, sabia que Nash trabalhava no problema da imersão. Provavelmente para implicar com Nash e ter o prazer de observar sua reação, ele mencionou que Jacob Schwartz, um jovem matemático brilhante de Yale, que Nash conhecia ligeiramente, também estava trabalhando no problema.

Nash ficou muito agitado. Crispou as mãos no volante e quase gritou com Flatto, perguntando se ele estava querendo dizer que Schwartz já tinha resolvido o problema. "Eu não disse isso", corrigiu Flatto. "Eu disse que ouvi falar que ele está trabalhando nele."

"Trabalhando nele?", perguntou Nash, o corpo todo, agora, mostrando desconcentração. "Bem, então não há motivo para preocupação. Ele não tem os insights que eu tenho."

Schwartz estava realmente trabalhando no mesmo problema. Mais tarde, depois que Nash já havia apresentado sua solução, Schwartz escreveu um livro sobre teoremas de funções implícitas. Em 1996, ele recordou:

> Desenvolvi metade da idéia de modo independente, mas não cheguei à outra metade. É fácil perceber uma assertiva aproximada no sentido de que nem toda superfície pode ser imersa exatamente, mas que é possível chegar perto, arbitrariamente. Tive essa idéia e consegui

> produzir uma prova da parte fácil em um dia. Mas então percebi que havia um problema técnico. Trabalhei nele durante um mês e não via meio de fazer progresso. Batia com a cara numa parede. Não sabia o que fazer. Nash trabalhou nesse problema durante dois anos com uma espécie de tenacidade fantástica, feroz, até que conseguiu vencê-lo.[29]

SEMANA APÓS SEMANA, Nash ia à sala de Levinson, como fizera com Spencer em Princeton. Ele mostrava a Levinson o que tinha feito e este lhe mostrava por que a coisa não funcionava. Isadore Singer, professora da bolsa Moore, relembrou:

> Ele mostrava as soluções a Levinson. Nas primeiras vezes ele estava totalmente enganado. Mas não desistia. Quanto mais via aumentar a dificuldade do problema, mais se dedicava ao caso, e mais e mais. Ele queria mostrar a todos como era bom, certamente, mas, por outro lado, não desistiu nem mesmo quando viu que o problema era muito mais difícil do que esperava. Ele se dedicava mais e mais ao trabalho.[30]

Não há meio de se saber o que permite que um homem resolva um grande problema enquanto outro, também brilhante, falha. Alguns gênios eram velocistas, que resolviam os problemas rapidamente. Nash era um fundista. Se ele desafiou von Neumann em sua abordagem da teoria dos jogos, agora ele enfrentava a sabedoria acumulada de quase um século. Entrava num domínio clássico no qual todos acreditavam que compreendiam o que era e o que não era possível. "Foi preciso uma coragem enorme para atacar esses problemas", disse Paul Cohen, um matemático da Universidade de Stanford e ganhador da medalha Fields.[31] Sua tolerância à solidão, grande confiança na própria intuição, indiferença à crítica – tudo isso perceptível na idade mais tenra, mas agora características destacadas e impermeáveis de sua personalidade – foram úteis para ele. Era um trabalhador vigoroso por hábito. Quase sempre trabalhava à noite em sua sala do MIT – das 22 horas até as 3 horas – e também nos fins de semana, sem, como disse um observador, "quaisquer referências a não ser sua própria mente" e sua "suprema autoconfiança". Schwartz chamou isso de "a capacidade de continuar socando o muro até a pedra quebrar".

A SURPREENDENTE PROPOSTA de Martin, no primeiro semestre de 1953, de oferecer a Nash um cargo permanente no corpo docente desencadeou uma tempestade de controvérsias entre os 18 membros do grupo.[32] Levinson e Wiener estavam entre os maiores defensores de Nash. Mas outros, como Warren Ambrose e George Whitehead, o eminente topólogo, eram contra. As bolsas Moore para professores temporários não se destinavam a encaminhar os detentores a cargos permanentes. Nash fizera um monte de inimigos e poucos amigos em seu primeiro ano e meio. Seu jeito desdenhoso de tratar os colegas e seu desempenho medíocre como professor eram pontos negativos.

O principal, no entanto, é que os adversários de Nash eram de opinião que ele não havia provado que podia produzir. Whitehead lembrou: "Ele falava grosso. Alguns de nós não tínhamos certeza de que ele podia cumprir o que se propunha a fazer."[33] Ambrose, como era de esperar, também achava isso. Nem mesmo os defensores de Nash podiam ter plena certeza. Flatto lembrou-se de uma ocasião em que Nash chegou à sala de Levinson para pedir-lhe que lesse uma primeira versão de seu trabalho sobre imersão. Levinson respondeu: "Para dizer a verdade, não tenho conhecimento suficiente nessa área para fazer uma avaliação."[34]

Quando Nash finalmente teve êxito, Ambrose fez o que um bom matemático e um homem de caráter faria. Seus aplausos foram tão altos ou até mais altos que os de qualquer outro. A zombaria passou a ser mais amistosa e, entre outras coisas, Ambrose começou a dizer a seus amigos musicais que o assobio de Nash era o tom mais puro, mais lindo que ele jamais ouvira.[35]

Parte II
Vidas separadas

20
Singularidade

Nash estava levando todas essas vidas separadas. Vidas completamente separadas.

– Arthur Mattuck, 1997

Durante toda a sua infância, adolescência e brilhante carreira de estudante, Nash parecia viver, na maior parte do tempo, dentro de sua própria cabeça, imune às forças emocionais que unem as pessoas. Seu interesse avassalador era por padrões, não por pessoas, e sua maior necessidade era extrair sentido do caos interior e exterior, empregando, o máximo possível, os recursos de sua mente poderosa, destemida e fértil. A aparente ausência das necessidades humanas comuns era, se isso é possível, uma questão de orgulho e satisfação para si mesmo, confirmando a própria singularidade. Considerava-se um racionalista, um livre-pensador, uma espécie de Spock da nave espacial *Enterprise*. Mas agora, quando entrava na idade adulta, essa *persona* livre de vínculos revelava-se, em parte, uma ficção ou, pelo menos, que estava parcialmente superada. Naqueles primeiros anos no MIT, ele descobriu que tinha alguns dos mesmos desejos que os outros. As ligações cerebrais, divertidas, calculistas e episódicas que antes lhe haviam bastado agora não lhe serviam mais. Em cinco curtos anos, entre os 24 e os 29 anos, Nash viu-se envolvido emocionalmente com pelo menos três outros homens. Teve e depois abandonou uma amante misteriosa que lhe deu um filho. E ele namorou – ou melhor, foi cortejado por – uma mulher que viria a ser sua esposa.

À medida que essas ligações iniciais íntimas se multiplicavam e se tornavam elementos permanentes em sua consciência, sua existência antes solitária, mas coerente, transformou-se em diversas existências mais ricas, e, ao mesmo tempo, mais descontínuas, separadas e paralelas, que refletiam um adulto emergente, mas um eu fragmentado e contraditório. Os outros dos quais ele agora dependia ocupavam compartimentos diferentes em sua vida, e, freqüentemente, por longos períodos, não sabiam nada uns dos outros, ou da natureza da relação dos outros com Nash. Apenas ele tinha conhecimento. Sua vida se assemelhava a uma peça em que cenas sucessivas têm como atores apenas dois personagens. Um personagem está em todas elas, enquanto o outro muda de cena para cena. O segundo personagem parece não existir mais quando desaparece do palco.

Mais de uma década depois, quando já estava doente, o próprio Nash forneceu uma metáfora para sua vida durante os anos no MIT, uma metáfora que ele cunhou em sua própria linguagem, a linguagem da matemática: B ao quadrado + RTF = 0, uma equação "muito pessoal" que ele incluiu num cartão-postal de 1968, que começa: "Caro Mattuck, acho que você compreenderá melhor este conceito do que a maior parte do que eu desejar explicar..." A equação representa um hiperespaço tridimensional, que tem uma singularidade na origem, no espaço quadridimensional. Nash é a singularidade, o ponto especial, e as outras variáveis são pessoas que o influenciaram – neste caso, homens com os quais ele manteve amizades ou relacionamentos.[1]

Inevitavelmente, o aumento da quantidade de relacionamentos importantes com outras pessoas traz embutidas exigências de integração – a necessidade de ter de escolher.

Nash tinha pouca vontade de escolher uma ligação emocional em detrimento de outra. Não escolhendo, ele podia evitar, ou pelo menos minimizar, tanto a dependência quanto as exigências. Satisfazer suas necessidades emocionais de ligações significava, inevitavelmente, fazer com que os outros olhassem para ele para satisfazer as suas próprias. Mas, embora se preocupasse com o efeito dos outros sobre si mesmo, ele ignorava, na maior parte do tempo – na realidade, parecia incapaz de perceber –, seu efeito sobre os outros. De fato, sua percepção do "Outro" não era maior do que a de uma criança pequena. Queria que os outros se satisfizessem com seu gênio – "Eu achava que era um matemático muito importante", ele diria relembrando, pesaroso, aquele período – e, é claro, até certo ponto as outras pessoas se satisfaziam. Mas, quando as pessoas inevitavelmente queriam ou precisavam de mais do que isso, ele achava a tensão insuportável.

21
Uma amizade especial
Santa Monica, verão de 1952

Longe do contato de alguns tipos especiais de indivíduos, eu fico perdido, completamente perdido na imensidão do deserto... então, então, então, a vida fica difícil em muitos aspectos.

– John Forbes Nash Jr., 1965

Depois de ter perdido tudo – a família, a carreira, a capacidade de pensar sobre matemática –, ele confidenciou, numa carta à sua irmã, Martha, que apenas três pessoas em sua vida lhe tinham dado alguma felicidade verdadeira: três "tipos especiais de indivíduos" com os quais ele fez "amizades especiais".[1]

Martha viu o filme dos Beatles *A Hard Day's Night*? "Eles pareciam muito alegres e divertidos", escreveu ele. "É claro que eles são muito mais moços, como o tipo de pessoas que eu mencionei... Freqüentemente sinto como se eu fosse semelhante às garotas que amam os Beatles de maneira alucinada, pois eles me parecem muito atraentes e divertidos."[2]

Os primeiros amores de Nash foram unilaterais e não-correspondidos. "Nash estava sempre fazendo amizades intensas com homens que tinham uma qualidade romântica", observou Donald Newman em 1996. "Ele era muito adolescente, sempre com os garotos."[3] Alguns tendiam a ver os namoros de Nash como "experimentos", ou simples expressões de sua imaturidade – uma opinião que talvez fosse a dele próprio. "Ele namorava porque gostava de namorar. Adorava experimentar, fazer tentativas", disse Newman em 1996. "Na maioria das vezes, ele só beijava."[4]

Newman, que gostava de brincar acerca de suas próprias conquistas femininas no passado e no futuro,[5] conhecia pessoalmente o assunto, porque Nash foi, durante certo tempo, apaixonado por ele – com resultados previsíveis. "Ele costumava falar sobre a aparência de meu marido o tempo todo", disse a Sra. Newman em 1996.[6] Newman recordou: "Ele tentou me dar uma cantada. Eu estava dirigindo meu carro quando ele se encostou em mim." D. J. e Nash estavam dando uma volta no Thunderbird branco de Newman quando Nash o beijou na boca. D. J. apenas o afastou, rindo.[7]

A PRIMEIRA EXPERIÊNCIA de atração recíproca de Nash – "amizades especiais", como ele as chamava – ocorreu em

Santa Monica.[8] Estavam no finzinho do verão de 1952, depois que Milnor se mudara do apartamento e Martha tinha voltado de avião para casa. O encontro deve ter sido breve, tendo ocorrido nos últimos dias de agosto, pouco antes da data em que ele deveria partir para Boston, e foi bastante furtivo. Mesmo assim, foi decisivo, porque, pela primeira vez, ele não encontrou rejeição, mas reciprocidade. Assim, aquele encontro foi o primeiro passo real para sair de seu extremo isolamento emocional e do mundo de relacionamentos que eram puramente imaginários, um primeiro gosto da intimidade, não inteiramente feliz, sem dúvida, mas indicativo de satisfações até então insuspeitadas.

Os únicos indícios da amizade de Nash com Ervin Thorson que restaram foram sua descrição do outro como um amigo "especial" numa carta de 1965 e uma série de referências elípticas a "T" em cartas escritas no fim dos anos 1960.[9] Poucas, talvez nenhuma, das relações de Nash o conheceram; Martha lembrou-se de um amigo de Nash que uma vez passou a noite no sofá no apartamento deles na Georgina Avenue, mas não se recorda do nome dele.[10]

Thorson, que morreu em 1992, tinha 30 anos em 1952.[11] Nascera na Califórnia, de família escandinava. Nash disse para Martha que ele era engenheiro espacial, mas, na realidade, ele deve ter sido um especialista em matemática aplicada. Fora meteorologista na aviação do Exército durante a guerra. Depois fez mestrado em matemática na UCLA (Universidade da Califórnia em Los Angeles) e foi trabalhar na Douglas Aircraft em 1951, apenas alguns anos depois que a empresa desmembrara sua divisão de pesquisa e desenvolvimento para formar a Rand Corporation.[12] Na época, a Douglas delineava o futuro das viagens interplanetárias para o Pentágono, e Thorson, que passou a chefiar uma equipe de pesquisas, provavelmente estava envolvido nesses projetos.[13] Sua grande paixão, surgida vinte anos antes de os Estados Unidos lançarem a sonda *Viking*, era o sonho de explorar Marte, lembrou sua irmã Nelda Troutman, em 1997.

Thorson era, disse sua irmã, "muito sensível, nada social, muito inteligente, sabia muito, era muito, muito instruído".[14] Nash pode muito bem tê-lo conhecido – em razão dos estreitos laços entre a Douglas e a Rand, que também estava bastante envolvida no estudo da exploração espacial – numa palestra ou seminário, ou talvez numa das festas que John Williams, o chefe do departamento de matemática da Rand, costumava dar.

Não se sabe se Nash e Thorson se viram de novo quando Nash voltou a Santa Monica no terceiro verão, dois anos depois, ou em uma de suas viagens a Santa Monica durante sua doença, no início e em meados dos anos 1960. Mas Nash continuou a pensar em Thorson e a se referir a ele de modo indireto pelo menos até 1968.

22
Eleanor

Esses matemáticos são muito metidos a besta. Ficam lá em seu pedestal, olhando para todos os outros de cima para baixo. Isso torna suas relações com as mulheres uma coisa muito problemática.

– Zipporah Levinson, 1995

No Dia do Trabalho, Nash estava de volta a Boston, a seu antigo apartamento. O número 407 da Beacon Street era um dos imponentes prédios de tijolos de uma fileira de construções semelhantes, erguido na virada do século e dando vista para o rio Charles.[1] Sua proprietária na época, a Sra. Austin Grant, era viúva de um médico de Back Bay. Ela gostava de mostrar as opulentas características da construção a seus inquilinos, como a sala das carruagens, na qual os proprietários originais antes aguardavam que lhes trouxessem as carruagens puxadas por cavalos. Queixava-se freqüentemente da decadência do bairro. "Não deixe suas malas na rua enquanto entra; talvez elas não estejam mais lá quando você sair novamente", ela disse a Nash no dia em que ele se mudou para lá.

Nash ocupava um dos quartos da frente, um aposento amplo, confortável, com uma lareira. Lindsay Russell, um jovem engenheiro que concluíra pouco antes o curso de graduação no MIT, era o ocupante do quarto ao lado. A Sra. Grant costumava chamar Russell para comentar com ele as idiossincrasias de Nash. Este comprara um enorme conjunto de halteres e começou a fazer levantamento de peso. Quando Nash fazia vibrar o candelabro da sala de jantar, que estava pendurado diretamente abaixo de seu quarto, a Sra. Grant dizia: "O que ele pensa que é isso? Uma academia de ginástica?" Também a correspondência de Nash era alvo de comentários, particularmente os cartões-postais de sua mãe, manifestando a esperança, conforme lembrou Russell, de que, "além da atividade da matemática e de outras atividades intelectuais, ele fizesse amigos e participasse de atividades sociais".

Mas, com uma única exceção, Nash nunca recebia visitas. Russell lembra-se de ter acordado uma vez no meio da noite. Havia um ruído vindo do quarto de Nash. Eram risadinhas. Risadinhas de uma mulher.

A ENFERMEIRA BONITA, de cabelos pretos, que fez a internação de Nash no hospital, na segunda quinta-feira de setembro, chamava-se Eleanor.[2] Ele ia retirar umas veias varicosas[3] e parecia terrivelmente nervoso – e jovem, parecendo mais um estudante do que um professor.[4] Eleanor sabia que o médico que ia operá-lo era notoriamente incompetente.[5] E também alcoólatra. Ficou curiosa para saber como um professor do MIT tinha ido parar nas mãos de um charlatão como aquele. Nash disse-lhe que ele havia escolhido o médico ao acaso, fechando os olhos e correndo o dedo pela lista dos médicos exposta no saguão. Eleanor teve, lembrou ela, um sentimento de proteção em relação a ele.

Nash ficou na enfermaria só uns dois dias. Eleanor achou que ele era bonitinho e um tanto amável, mas, quando ele foi embora, ela nem esperava vê-lo novamente. De uma maneira ou de outra, eles se esbarraram na rua pouco tempo depois. Era uma tarde de sábado, e Eleanor estava indo encontrar uma amiga para comprar para ela mesma um bom casaco de inverno. "Eu não fui atrás dele. Ele veio atrás de mim. Ficou me perseguindo", lembrou Eleanor. "Acabei indo fazer compras com ele."[6]

Eles foram andando juntos até a loja de departamentos Jay. Nash acompanhou-a até o departamento de casacos, que ficava no segundo andar. Ficou olhando para ela, não falando quase nada, esperando que ela escolhesse o casaco. Ela começou a se divertir. "John era muito atraente", lembrou Eleanor, rindo. "Quando eu o vi, achei que ele era algo especial." Ela começou a mostrar os casacos que queria experimentar e, com atenta cortesia, ele segurava cada um para ela vestir. Ela achou que gostava mais de um roxo. Nash começou a fazer palhaçadas em torno dela. Fingia que era alfaiate, jogava-se de joelhos diante dela, dizendo em voz alta que estava medindo o casaco para fazer algum ajuste – e, de modo geral, fazendo papel de bobo. Constrangida, Eleanor enrubesceu, protestou e tentou fazê-lo calar-se. "Levanta já!", ela murmurou. Mas, no fundo, ela ficou muito emocionada.

AOS 29 ANOS, Eleanor era uma mulher atraente, trabalhadora e carinhosa. Um amigo de Nash descreveu-a mais tarde como "morena e bonita, bastante tímida, uma boa pessoa" de "inteligência comum", com "modos simples" e "uma maneira muito peculiar de falar".[7] Com essa última observação, o amigo queria dizer que o sotaque dela era típico da Nova Inglaterra. A vida não fora muito generosa com ela. Fora criada em Jamaica Plain, um bairro operário decadente de Boston.[8] Tivera uma infância pobre, uma mãe ríspida e o fardo, pesado demais para uma adolescente, de tomar conta de um meio-irmão mais jovem. Em conseqüência, faltou muito às aulas. De modo geral, ela era grata por ter podido dedicar-se a uma profissão, prática de enfermagem, da qual ela gostava e que constituía um emprego permanente. A mãe morreu de tuberculose quando Eleanor tinha 18 anos. Suas primeiras experiências lhe deram um coração terno. Tinha profunda estima, que permaneceu com ela pela vida toda, pelo que lhe parecia ser pobre e vulnerável. Isso fez surgir nela uma ternura para com os pacientes, vizinhos e os filhos de outras pessoas, além de animais perdidos. Era o tipo de mulher que, mais tarde na vida, dava, literalmente, seu casaco a estranhos e convidava pessoas que não tinham nenhum lugar para onde ir para ficar em sua casa.[9]

Tímida e pouco segura, Eleanor também tinha tendência a ser desconfiada e alerta, principalmente em relação aos homens. Ela disse numa entrevista: "Eu não era uma moça má. Não namorava um bando de homens. Na verdade, eu era realmente boa. Tinha um pouco de medo dos homens. Não queria me envolver com eles sexualmente. Achava a coisa meio nojenta."[10] Mas Nash a desarmou desde o início. Bem, ele era um professor do MIT, vinha de um tipo de família da classe alta, fazia um trabalho ultra-secreto para o governo. Mas ele também era muito jovem, cinco anos mais moço do que Eleanor, e havia certa doçura nele, uma ausência de malícia. Além do mais, ela percebia que ele era, no mínimo, menos experiente do que ela.

Depois daquela tarde de sábado, Nash levou-a a restaurantes baratos e passeou com ela em seu carro, um veículo já bem rodado. Ele falava incessantemente de si mesmo, de seu trabalho, do departamento, dos amigos. Não perguntou quase nada sobre ela, o que a deixou mais aliviada do que aborrecida. Ela não estava disposta a compartilhar os detalhes bastante tristes de seu passado modesto, particularmente quando Nash dava a entender que vinha de uma família importante. Ele a pressionou para que o deixasse ir ao apartamento dela. Ela não queria isso, a princípio. Não parecia estar à vontade, mas finalmente concordou em ir até onde ele morava. Ela o achou ansioso, ardente, mas não teve medo dele.

O FATO DE QUE NASH, que havia preferido dançar com cadeiras a fazê-lo com moças quando adolescente, e que não havia dirigido à bonita Ruth Hincks nem um simples olhar, tenha progredido tão rapidamente, e que naquele determinado momento tenha encontrado seu caminho para os braços de uma mulher, sugere ou amor à primeira vista ou alguma decisão de "dar o mergulho". O encontro com Thorson talvez lhe tenha fornecido o estímulo. É possível que ele não tenha querido repetir a experiência amorosa, ou talvez estivesse procurando confirmar a própria "masculinidade". Em várias ocasiões, pediu a Eleanor que lhe arranjasse esteróides. "Sempre havia grandes vidros desse negócio nos lugares em que eu trabalhava como enfermeira", disse Eleanor.[11] Embora dissesse mais tarde que nunca atendera aos pedidos de Nash, ela acreditava que "ele havia mergulhado nas drogas", esperando que estas "o tornassem mais viril".[12] Entretanto, ele não estava provando ao mundo seu interesse pelas mulheres; manteve sua ligação com Eleanor em profundo segredo durante anos, até mesmo quando mostrava sua atração por vários homens mais ou menos em público.

Apesar de assoberbado com aulas, seminários e o trabalho em seu problema da imersão, ele conseguiu encontrar-se com Eleanor com freqüência naquele outono. Confiava nela. Gostava de ficar a sós com ela. Gostava de ir até o apartamento dela e fazer com que ela preparasse o jantar para ele. Eleanor cozinhava muito bem. Ela o cumulava de atenções. Acima de tudo, era feminina, cheia de afeição calorosa e sincera. Para Nash, que jamais conhecera uma mulher além da mãe e da irmã, aquilo era uma experiência nova.

Nash pensou em apresentar Eleanor a seus amigos matemáticos e em levá-la a uma das festas do departamento, mas desistiu da idéia. O fato de que ninguém no MIT sabia da existência de Eleanor fazia o caso parecer ainda mais gostoso.

NO DIA DA ELEIÇÃO presidencial, no início de novembro, Eleanor já tinha fortes suspeitas de que estava grávida. No Dia de Ação de Graças, quando convidou Nash para ir até seu apartamento, tinha certeza absoluta, já então com ausência de menstruação pelo segundo mês.

Ainda que pareça estranho, Nash mostrou-se mais contente do que apavorado.[13] Parecia orgulhoso de ser pai de uma criança. Na verdade, ele deixou claro que achava muito atraente a idéia de prole. (Mais tarde, quando essas coisas ficaram na moda, ele falou em associar-se a um banco de esperma de gênios na Califórnia.)[14] Esperava que a criança fosse um menino. Queria que o bebê se chamasse John. Entretanto, não falou nada sobre casamento, o futuro de Eleanor, ou, nesse sentido, como ela e o bebê iriam viver.

Eleanor mal sabia o que fazer diante da reação dele. Ela esperava, é claro, que ele visse a gravidez como uma crise a ser resolvida e que lhe propusesse casamento. Quando isso não foi cogitado, ela fez o que pôde para esconder dele seu desapontamento. Consolou-se com o pensamento de que ele era, afinal de contas, um jovem notável. Disse a si própria que, é claro, ele a amava e "no fim" faria o que era certo. De qualquer forma, ela achou que a idéia de ter um bebê fez com que se sentisse muito sentimental. A questão de um aborto – ilegal mas disponível para quem tivesse dinheiro – nunca foi mencionada.

EM POUCO TEMPO, entretanto, a relação entre os amantes perdeu sua característica divertida e despreocupada. Naquele inverno Eleanor esteve quase sempre tensa e cansada. Ela ficava muito irritada com os sintomas da gravidez e com as longas horas passadas no hospital. O pensamento de Nash estava, freqüentemente, em outro lugar. Logo ele e Eleanor se enfrentavam num cabo-de-guerra que ocasionalmente tornava-se bastante desagradável.

Quando Eleanor o irritava com suas queixas, Nash a espicaçava. Chamava-a de burra e ignorante. Caçoava de seu sotaque. Lembrava-lhe que ela era cinco anos mais velha que ele. Mas sua principal troça era sobre o desejo dela de casar-se com ele. Um professor do MIT, dizia ele, precisava de uma mulher que fosse intelectualmente igual a ele. "Ele estava sempre me humilhando", ela relembrou. "Sempre fazendo com que eu me sentisse inferior."[15]

Ela, por sua vez, começou a se ressentir do que chamava de seus ares superiores e falta de sensibilidade. As noites que passavam juntos freqüentemente degeneravam em brigas feias. Eleanor, como relatou mais tarde um amigo de Nash, queixou-se certa vez de que Nash a empurrara para baixo num lance de escada.[16]

Mas também havia momentos de ternura – quando, por exemplo, Nash disse que gostava da aparência dela com aquela barriga grande –, e os sentimentos de Eleanor em relação a Nash eram, em geral, amorosos. Ela estava convencida de que ele a amava e trataria bem o bebê, que ele parecia esperar com grande ansiedade. Ela ainda se lembrava daquele período do relacionamento deles como "lindo".[17] Desculpava a crueldade dele dizendo a si mesma que era uma coisa ocasional, que "ele não sabia como viver". Ela atribuía isso ao fato de ele ter conseguido um sucesso extraordinário numa idade muito precoce. "Isso pode ser algo esmagador", disse ela mais tarde.[18]

No fim da primavera, quando não podia mais trabalhar, Eleanor mudou-se para um abrigo de mães solteiras. Nessa época, Nash finalmente a apresentou a um de seus amigos do MIT, um aluno de pós-graduação.[19] Eleanor considerou esse fato um sinal animador.

JOHN DAVID STIER nasceu no dia 19 de junho de 1953, seis dias depois de Nash ter completado 25 anos. Nash correu para o hospital e ficou muito emocionado quando Eleanor lhe apresentou o filho.[20] Ficava ali o tempo que as enfermeiras lhe permitiam e voltava a cada oportunidade. Mas não se ofereceu para pôr seu nome na certidão de nascimento do filho[21] nem para pagar o parto.[22]

Ela finalmente conseguiu um emprego numa casa em que podia dormir e ficar com o bebê.[23] Apesar da insistência do patrão em não permitir "visitas de homens", Nash ia até lá com freqüência. "Ele queria ficar por ali o tempo todo", lembrou Eleanor.[24] Mas, mesmo assim, ele não se dispôs a casar com ela ou a sustentá-la, embora seu salário de professor e seus hábitos frugais certamente lhe tivessem permitido fazer isso.

Suas visitas fizeram com que Eleanor acabasse sendo despedida.[25] A perda simultânea do emprego e de um lugar para morar provocou uma crise imediata. Com Nash ainda pouco propenso a sustentar Eleanor e o bebê, ela finalmente foi obrigada a entregar John David a uma instituição para adoção.[26]

Como uma heroína desventurada de um melodrama vitoriano, Eleanor deixou seu bebê com uma série de famílias, uma em Rhode Island, outra em Stoneham, estado de Massachusetts, e, finalmente, num orfanato, cujo nome sentimental, The New England Home for Little Wanderers, apenas realçava ainda mais a realidade dickensiana em que ela e o filho estavam mergulhados.[27]

Separar-se da criança quase a levou à loucura. Mais do que qualquer outra coisa que acontecera antes, aquilo fez com que ela sentisse um verdadeiro rancor em relação a Nash, que, ela acreditava, deixara toda a angústia e todas as preocupações para ela e não dava qualquer sinal de que compreendia, mesmo remotamente, o que essa separação podia significar para uma mãe ou para seu filho. "Eu devia ter ficado em casa cuidando dele", disse Eleanor em 1995. "Eu me preocupava. [Nash] nunca se preocupava."[28]

MESMO ASSIM, o caso entre os dois continuou. Eles visitavam o bebê aos domingos, onde quer que ele estivesse. Eleanor foi morar no apartamento de Nash, cozinhava e, quando ele assim o exigia, limpava o lugar. Nash também vinha fazer refeições em casa.[29] Continuava a oscilar entre ternura e explosões de crueldade. Ele continuava a manter o caso entre os dois em segredo, sem contar inicialmente a ninguém, a não ser a Jack Bricker, que foi intimado a guardar segredo. "Ele nunca falou a ninguém sobre nós", disse Eleanor, ainda incapaz de avaliar seu comportamento.[30] Na verdade, a maior parte da comunidade de matemática do MIT só soube da existência de sua primeira família anos mais tarde.

Quando John David completou 1 ano, Nash apresentou Eleanor a outro amigo seu do departamento, Arthur Mattuck, mas sem revelar a existência da criança.[31] Às vezes, os dois convidavam Mattuck, que parecia gostar de Eleanor, para jantar. Mais tarde, contaram a Mattuck que, quando ele ia embora, os dois sempre riam muito pelo fato de Mattuck nunca ter percebido que havia coisas de bebê espalhadas pelo apartamento. Era, para dizer o mínimo, uma situação estranha.

Será que era mesmo? Eleanor era apaixonada por Nash. "As pessoas me diziam para largá-lo de vez", disse ela. "É melhor você arranjar um homem normal. Não um que fica aí se gabando da própria importância. Um de meus amigos disse que não se podia ver um pingo de emoção no rosto dele. Era como se fosse uma pessoa morta. Mas eu não achava isso."[32] Muitos anos depois, ela refletia: "Será que eu o amava? Eu não ficaria com uma pessoa que eu não amasse. Ele era desajeitado. Sua falta de jeito parecia retraimento. Mas... ele podia ser muito carinhoso. Era muito atraente, de certa maneira. O amor é tolo."[33]

O QUE QUER QUE PASSASSE pela cabeça de Nash em relação a casamento nos quatro anos em que Eleanor foi sua amante, ele, num determinado momento, fez uma proposta que dava a entender que ele havia decidido que não se casaria com ela.

Nash sugeriu a Eleanor que ela entregasse John David para adoção. Ele disse, de modo mais ou menos explícito, que o menino estaria em situação muito melhor se ela desistisse dele. "Ele queria que John fosse adotado", disse Eleanor mais tarde, com amargura. "'Nós sempre saberíamos onde ele estava', dizia ele."[34]

Foi uma sugestão cruel, e praticamente matou o restante de amor que Eleanor sentia por Nash. Pode-se apenas esperar que entre os motivos de Nash para apresentá-la – além da eliminação de qualquer responsabilidade financeira que ele poderia ter pela criança, o que levou Eleanor a dizer que Nash "queria tudo em troca de nada" – poderia estar o fato de ele acreditar sinceramente que as oportunidades de John David na vida seriam maiores com um casal de classe média do que com uma mãe solteira, que trabalhava.

"Todos o queriam", lembrou Eleanor. "Algumas pessoas chegaram a me oferecer um bocado de dinheiro para ficar com ele. Era uma coisa assustadora. Havia uma família rica que tomava conta de John David. Iam se mudar para a Califórnia. Se eles fossem para a Califórnia, eu nunca mais o veria."[35]

NOS SEIS PRIMEIROS ANOS da vida de John David, durante os quais o menino ficou mudando de uma casa para outra, pai e filho se viam de tempos em tempos. Uma fotografia, tirada no parque de uma cidade, em que a criança, então com 2 anos, aparece com o rosto comprido emoldurado por um chapéu de lã com abas engraçadas, ereto como um soldadinho, de mãos dadas com a mãe. Ela com o rosto terno de adolescente, sem chapéu, usando um casaco de lã elegante, sorrindo para a câmera que, sem dúvida, estava na mão de seu amante, evoca o sabor dessas breves visitas. "Ela não deveria ter tido um bebê, ela não deveria ter sido tão ingênua", disse John Stier mais tarde,[36] mas, de certa forma, olhando para a evidência daquela cena, é impossível para ele, ou para qualquer outra pessoa, negar a sensação de que esse trio, passeando num domingo, era de fato uma família em todos os sentidos, menos no legal.

Nash demonstrou uma incoerência bastante curiosa em sua atitude e em seu comportamento em relação ao filho. Na época do nascimento, ele não reagiu de acordo com nenhuma das maneiras que se poderia esperar de um jovem confrontado com a gravidez de uma mulher com a qual ele havia começado a dormir recentemente. Desviou-se tanto da estrada principal, que o levaria a um casamento-relâmpago, como do caminho secundário escolhido com mais freqüência, de negar terminantemente a paternidade e simplesmente desaparecer por completo da vida da namorada.

Não há dúvida de que ele procedeu de maneira egoísta, até mesmo desumana. Seu filho e outras pessoas mais tarde atribuíram a puro narcisismo o fato de ele reconhecer a paternidade e o desejo de manter um vínculo, embora, ao mesmo tempo, sem proteger seu filho da pobreza e da separação periódica da mãe. Mas mesmo que isso seja verdade em parte, é natural concluir que Nash, como todos nós, precisava amar e ser amado, e que uma criança pequena, desamparada, seu filho, o atraía irresistivelmente.

Em 1959, quando Nash de repente desapareceu completamente da vida de John David, chegou certo dia um pacote mal embrulhado, deformado, contendo um avião de madeira, quebrado, mas fabricado com esmero, "uma coisa linda", como John David recordou mais tarde. "Não havia endereço do remetente nem bilhete nem nada, mas eu sabia que era do meu pai."[37]

23
Jack

Nash conheceu Jack Bricker no outono de 1952, na sala de reunião do MIT. Bricker, um aluno de Nova York que cursava o primeiro ano de pós-graduação, conhecia Newman e alguns outros da mesa de matemática da City College e, em pouco tempo, tornou-se um dos freqüentadores habituais da sala.[1]

Apenas dois anos mais moço que Nash, Bricker sentiu-se imediatamente fascinado por ele. Ficou "mesmerizado", "hipnotizado" e "apaixonado", algumas das palavras que os contemporâneos usaram para descrever sua reação a Nash. Bricker ficou "esmagado pela inteligência de Nash", disse Mattuck em 1997. "Nash era a pessoa mais inteligente que ele já conhecera. Tinha verdadeira adoração pelo intelecto do outro."[2] Mas não era só o intelecto. Era todo o restante também: a educação sulista, o pedigree de Princeton, a boa aparência e a autoconfiança.

Bricker, ao contrário, era pequeno, magricela, cheio de ansiedade.[3] Vinha de uma família pobre do Brooklyn; ainda se vestia mal, estava quase sempre sem dinheiro e se queixava da falta de experiência com garotas. Embora fosse indiscutivelmente inteligente – o lógico Emil Post o considerava o melhor matemático de sua turma na City –, sua falta de autoconfiança beirava o patológico. "Não há esperança" e "É inútil" eram suas expressões mais freqüentes. Mesmo assim, ele era cativante a seu modo. Seu senso de humor – sombrio, autodepreciativo, muito nova-iorquino – estava sempre aflorando, mesmo quando estava deprimido, fato que acontecia na maior parte do tempo. As pessoas gostavam de conversar com ele porque era interessante, perspicaz e compreensivo. Embora desajeitado, ele tinha um jeito de deixar as outras pessoas à vontade. Era, como o descreveu certa vez Gus Solomon, "a maior platéia do mundo".

Talvez por esse motivo, Bricker atraiu a atenção de Nash. Este, geralmente tão desdenhoso para com mentes menos brilhantes, decidiu salvar Bricker. Bricker gostava de jogar Lasker – um jogo de tabuleiro batizado com o nome de um campeão de xadrez e que se tornara popular no fim dos anos 1940 –, e Nash começou a jogar com ele. "Viramos parceiros no Lasker", disse Bricker em 1997. "Foi assim que passamos a nos conhecer."[4] Em pouco tempo, estavam fazendo longos passeios de carro, sem destino certo, no Studebaker de Nash, que ficava ao volante, acariciando a nuca de Bricker enquanto dirigia.[5] Tornaram-se amigos, e depois mais do que amigos.

Donald Newman e o restante do pessoal do MIT observavam Nash e Bricker com uma tolerância divertida, e concluíram que os dois estavam tendo um caso.[6] "Eles estavam interessados demais um no outro", disse Newman; não faziam segredo de sua afeição, beijando-se na frente de outras pessoas.[7] "Bricker adorava John como um herói", lembrou Eleanor. "Ele estava sempre por perto. Estavam sempre se acariciando."[8] O próprio Nash, em sua carta de 1965, descreveu sua relação com Bricker como uma das três "amizades especiais" de sua vida.[9] A amizade especial com Bricker durou, com altos e baixos, quase cinco anos, até o casamento de Nash.

Uma vez Nash disse a Herta Newman, mulher de Donald, que percebera que "havia algo que acontecia entre pessoas que ele ainda não havia experimentado".[10] O que faltava na vida de Nash, em quantidade especial, era aquilo que o biógrafo de outro gênio chamou de "uma força poderosa que liga as pessoas".[11] Agora ele sabia o que era.

Foi esse sentimento de ligação vital a que Nash se referiu em sua carta para Martha, quando lhe surgiu a sensação de que, afastado de um tipo especial de pessoas, os Bricker da vida, jovens que eram "vivos", "divertidos" e "atraentes", ele estava "perdido, perdido, completamente perdido na imensidão vazia... condenado a uma vida dura, dura, dura, em muitos sentidos".[12]

A EXPERIÊNCIA DE AMAR e ser amado alterou sutilmente a percepção que Nash tinha de si mesmo e das possibilidades abertas para ele. Não era mais um observador do jogo da vida, mas um participante ativo. Ele não era mais uma máquina pensante, cujas únicas alegrias eram cerebrais. Mas ele não era uma natureza passional. O amor, apesar de excitante, não baniu subitamente o desligamento, a ironia e o desejo de autonomia; serviu apenas para modulá-los. Também não baniu outros imperativos fortes, como seu desejo de ser pai e constituir família. Nash não pensava em si mesmo como um homossexual. O relatório de Alfred Kinsey sobre o comportamento sexual dos homens americanos brancos foi publicado em 1948, com grande publicidade, quando Nash era aluno de pós-graduação em Princeton, e ele sem dúvida estava a par da conclusão a que o pesquisador chegara, de que uma grande parcela de homens heterossexuais tinha, em certa época da vida, relações com pessoas do mesmo sexo.[13] Além disso, era ambicioso e desejava ter sucesso em termos da sociedade. Então, ele foi levando a vida como antes. Mesmo quando seu envolvimento emocional com Bricker aumentou, continuava a ver Eleanor e a avaliar os prós e contras de casar-se com ela.

O RELACIONAMENTO de Nash e Bricker não foi especialmente feliz. Nash revelou ao outro mais sobre sua vida particular do que jamais fizera a qualquer outro ser humano. Contudo, cada ato de auto-exposição estimulava uma reação defensiva, autoprotetora. Em relação a Bricker, Nash envolveu-se, como mais tarde escreveu a Martha com grande tristeza, no manto de sua própria superioridade, o manto do "grande matemático".[14] Começou a humilhar Bricker, como fizera com Eleanor. "Ele era maravilhosamente terno num momento e muito cruel no momento seguinte", lembrou Bricker em 1997.[15]

Durante a maior parte daquele primeiro ano, Bricker ignorara completamente a existência de Eleanor, como todos os outros no MIT. No fim do período da primavera, Nash finalmente permitiu que Bricker soubesse de seu segredo, dizendo-lhe num tom meio melodramático: "Eu tenho uma amante." Nash chegou a arranjar um encontro dos dois, recordou Bricker, apenas algumas semanas antes da época prevista para Eleanor dar à luz.

A revelação da existência de um concorrente na afeição de Nash produziu mais tensões. Entre outras coisas, Bricker foi ficando cada vez mais perturbado e mais crítico em relação ao tratamento que Nash dispensava a Eleanor, como declarou mais tarde. Ele, Eleanor e Nash costumavam jantar juntos no apartamento de Nash, e Bricker ficou sendo uma testemunha freqüente do que ele posteriormente chamaria da "veia malvada" e dos acessos de raiva de Nash. Quando Bricker tentava intervir, Nash dizia para ele não se meter.

O relacionamento com Nash "foi uma coisa muito perturbadora" para Bricker, disse Jerome Neuwirth.* "Bricker não sabia o que fazer. Sofria muito." A Sra. Neuwirth aconselhou-o a procurar um psiquiatra.

*Um aluno de pós-graduação do MIT que conhecera Bricker na City College.

E o próprio gênio de Nash, que o atraíra tão fortemente no início, só fez aumentar a sensação de inadaptação de Bricker. No primeiro ano ele se saiu razoavelmente bem nos estudos. Mas, depois, quase não conseguia mais estudar.[16] Faltava às aulas. Finalmente conseguiu passar nos exames preliminares em novembro de 1954, mas sua capacidade de se concentrar no estudo havia praticamente se evaporado àquela altura. Entretanto, esperou até fevereiro de 1957, época em que Nash estava de licença sabática – concedida aos professores universitários americanos a cada sete anos – para se desligar do curso de pós-graduação e desistir de seu sonho de seguir uma carreira acadêmica. O jogo de Nash era doloroso demais para continuar sendo jogado.

ELES SE VIRAM PELA ÚLTIMA VEZ em 1967, em Los Angeles, onde Bricker trabalhava numa indústria privada. Na época, Bricker já se casara e Nash estava muito doente. "Ele estava completamente descontrolado", lembrou Bricker em 1997. "Enviou-me um monte de cartas. Eram muito perturbadoras."[17]

Só restou um cartão-postal, sem assinatura e datado de 3 de agosto de 1967.[18] A única mensagem é "Não a Não" e presumivelmente chegou depois de Bricker ter dito "Não" a Nash. Depois disso, as constantes referências de Nash a Bricker dão a entender tanto a importância deste – Bricker é sempre *B* elevado a alguma potência, 2 ou 22 – como o ressentimento de Nash. "Prezado Mattuckine, foi obviamente o Sr. B quem me trouxe o maior sofrimento pessoal", escreveu ele a Mattuck em 1968.[19] Mas, mesmo nessa época, ainda havia notas tristes de amargura. "Durante todo esse tempo, desde 1967, tenho sentido medo de escrever para Bricker, exceto de uma maneira indireta. Esse problema ainda persiste, embora os motivos tenham mudado. Há uma sensação de impropriedade etc."

Permanecera, contudo, traços da afeição passada. Em 1997, época em que o próprio Bricker estava doente e praticamente isolado, suas primeiras perguntas foram: "Como está Nash? Ele melhorou?"[20] Mas ele não estava disposto a falar muito sobre o antigo relacionamento com Nash. "Não quero mais discutir isso", disse ele.[21]

24
A prisão
Rand, verão de 1954

O verão de 1954 seria o último de Nash na Rand.[1] Depois de um episódio que concentrou algumas das correntes mais cruéis de uma era de paranóia e intolerância crescentes, a Rand cancelou subitamente a autorização de segurança de Nash, cancelou seu contrato de consultoria e o baniu efetivamente da seleta comunidade de intelectuais da Guerra Fria.

Naquele mês de agosto, *The Evening Outlook* vivia repleto de notícias sobre a censura de Joe McCarthy no Senado, a epidemia de poliomielite na região de Malibu Bay e a névoa tóxica de Los Angeles, que resultava da ação química da luz solar sobre os gases expelidos pelos automóveis.[2] Enquanto isso, uma onda de calor empurrou dezenas de milhares de habitantes da cidade para as praias de Santa Monica.[3] Nash também foi atraído para a praia.[4] Passava horas caminhando na areia ou no passeio ao longo de Palisades Park, observando os fisiculturistas na Muscle

Beach, as multidões que se aglomeravam no píer, os surfistas ali perto. Raramente nadava. Preferia ficar observando e pensando. Freqüentemente ele ainda estava caminhando depois de meia-noite.

Certa manhã, no fim do mês, o chefe da equipe de segurança da Rand recebeu um telefonema da delegacia policial de Santa Monica,[5] que, por acaso, não ficava longe da nova sede da empresa, no fim da Main. Ao que parece, nas primeiras horas da manhã, dois policiais do setor de costumes, um servindo de isca e o outro um agente com poder de prisão chamado John Otto Mattson,[6] haviam detido um jovem no sanitário masculino em Palisades Park. Ele foi detido, acusado de atentado ao pudor, uma contravenção, e depois liberado.[7] O homem, que parecia ter cerca de 25 anos, afirmou que era um matemático empregado da Rand. Era mesmo?

O tenente da Rand imediatamente confirmou que Nash era de fato funcionário da empresa. Ele anotou os detalhes da prisão, agradeceu ao policial por tê-lo avisado de maneira confidencial e, assim que desligou o aparelho, saiu praticamente correndo pelo corredor até a sala de Richard Best, chefe de segurança da empresa.

Best ouviu-o com atenção, mas ficou claro o que aconteceria em seguida. Nash tinha uma autorização para lidar com assuntos ultra-secretos.[8] Ele tinha sido apanhado numa "armadilha da polícia".[9] Ele, Best, tinha de ir; era um liberal partidário de Truman que não gostava da caça às bruxas de McCarthy, e não conseguia compreender o que levava um policial jovem a fazer parte de "um destacamento nojento como aquele de costumes". Entretanto, ele era responsável pela execução das novas diretrizes de segurança, e essas diretrizes proibiam especificamente que qualquer suspeito de atividades homossexuais tivesse autorização para lidar com assuntos ultra-secretos. Conduta criminosa e "perversão sexual" eram motivos para se negar ou cancelar essa autorização.[10] Vulnerabilidade à chantagem – que supostamente podia ser usada contra todos os homossexuais, independentemente do fato de eles serem assumidos ou não – e, na verdade, qualquer comportamento que sugerisse uma "natureza irresponsável, indicando pouca capacidade de julgamento", também eram motivos.[11]

A prisão de Nash era uma crise que tinha de ser atacada logo. Best deu a Williams a má notícia. Williams lamentou sinceramente, mas não ficou especialmente chocado. Best se lembra de Williams ter ficado "muito receptivo, muito relaxado, mas consternado com o fato de a Rand perder um pesquisador tão valioso". Ele disse a Best que Nash era "um maluco, um excêntrico", mas um matemático extraordinário, um dos mais brilhantes que conhecera. Mas não questionou nem por um minuto sequer que Nash tinha de ser mandado embora.

Nash não foi o primeiro empregado da Rand a ser apanhado em uma das armadilhas da polícia de Santa Monica. A Muscle Beach, entre o píer de Santa Monica e a pequena comunidade praiana de Venice, era uma atração para os fisiculturistas e o principal lugar de conquistas homossexuais na área de Malibu Bay.[12] No início dos anos 1950, a polícia local vinha fazendo operações sigilosas regulares para atrair homossexuais com o objetivo de expulsá-los da cidade. "Um policial segue um cara até o sanitário e faz uma proposta. Se o cara aceita, um segundo policial entra e o prende", explicou Best. A polícia raramente se contentava com a prisão, mas, demonstrando caráter vingativo, quase sempre notificava o empregador do homem.[13] "Perdemos cinco ou seis pessoas num período de alguns anos por causa desses programas da polícia", disse Best.

Normalmente, o chefe do departamento, neste caso Williams, despediria o empregado pessoalmente. Entretanto, Best e seu chefe, Steve Jeffries, foram até a sala de Nash e lhe levaram a má notícia.[14] Nash, para variar, estava sentado à sua mesa. Ele não perguntou o que eles estavam fazendo ali, e ficou apenas olhando para eles. Os dois homens fecharam a porta e disseram que tinham um assunto para discutir. A atitude de Best não era ameaçadora, mas direta, e ele agiu com calma. A Rand seria obrigada a suspender imediatamente a autorização que a Força Aérea havia concedido a Nash.[15] A Força Aérea seria notificada.[16] E – era a última parte – o contrato de consultoria de Nash com a empresa estava definitivamente terminado.

– Não podemos nos dar ao luxo de tê-lo aqui conosco, John – concluiu ele.

Best ficou perplexo com a reação de Nash. Ele não pareceu abalado ou envergonhado, como Best havia imaginado. Na verdade, ele parecia estar tendo dificuldade em acreditar que Best e Jeffries estavam falando sério. "Nash não ficou absolutamente abalado", disse Best. Ele negou que estivesse tentando seduzir o policial e procurou zombar da idéia de que pudesse ser homossexual. "Não sou homossexual", Best diz que Nash afirmou. "Gosto de mulheres." Então ele fez uma coisa que intrigou Best e deixou-o um pouco chocado. "Puxou da carteira e nos mostrou a fotografia de uma mulher e um menino pequeno. 'Aqui está a mulher com quem vou me casar e o nosso filho.'"

Best ignorou a fotografia. Perguntou a Nash o que ele estava fazendo no Palisades Park às 2 horas. Nash respondeu que estava simplesmente fazendo uma experiência. A frase que Nash ficou repetindo queria dizer que ele estivera "apenas observando características comportamentais".[17]

 Best lembrou-se de ter retrucado: "Mas, John, a polícia o

apanhou. Você estava fazendo isso e aquilo." Best repetiu em detalhes o que sabia do relatório policial. Recordando o incidente em 1996, Best disse: "Nash foi acusado de 'atentado ao pudor'. Isto é, ir a um sanitário público e fazer um *avanço* num outro homem. Isso significa pegar o pênis dele e masturbar. Isso é um *avanço*." Best deixou claro que, na realidade, não interessava se os policiais estavam ou não dizendo a verdade. "O próprio ato de o indiciarem torna impossível sua permanência aqui", disse ele a Nash.

Os dois homens disseram a Nash que ele teria de deixar a sala imediatamente. Escoltaram-no para fora do prédio. Disseram que iam tirar as coisas de sua mesa e mandar para ele os documentos pessoais e outros pertences. Tudo isso foi feito de maneira muito gentil, sem indícios de animosidade. Nash tinha a opção de ficar trabalhando em quarentena, na sala de pré-autorização. Ou, se preferisse, poderia terminar em casa qualquer trabalho que estivesse fazendo.

Qual foi a reação de Nash? De qualquer modo, com previsão de partir de Santa Monica em uma semana mais ou menos, ele não levantou acampamento imediatamente, embora Best não se recorde se ele voltou ao prédio da Rand. "Ele foi embora uma ou duas semanas depois. Não foi uma partida atabalhoada", ele lembrou. O que estava se passando na cabeça de Nash nesse ínterim? Será que ficou zangado? Deprimido? Amedrontado? Será que pensou em abordar Williams ou Mood com sua versão dos acontecimentos? Será que tentou fazer a Rand revogar a decisão? De modo geral, é claro, as pessoas não fariam isso. Pelo medo do escândalo e conscientes do desprezo com que qualquer indício de homossexualidade era encarado, as pessoas na situação de Nash já se davam por muito satisfeitas de escapulir, sem um murmúrio de protesto.

No fim, Nash fez o que havia aprendido a fazer em circunstâncias menos extremas. Agiu, estranhamente, como se nada tivesse acontecido. Desempenhou o papel de observador de seu próprio drama, como se tudo aquilo fosse um jogo ou uma experiência fascinante sobre o comportamento humano, não focalizando a atenção nem nas emoções das pessoas à sua volta, nem nas suas próprias, mas sim nos golpes e contragolpes. No primeiro cartão-postal que enviou para casa, naquele mês de setembro, ele descreveu – com singular distanciamento – outro tipo de tempestade: "O furacão foi uma experiência fascinante."[18] Em algum momento, ele contou aos pais que tivera problemas com a autorização de segurança da Rand, queixando-se do fato de seu mentor no MIT, Norman Levinson, ser um ex-comunista fora convocado para depor perante o Comitê de Atividades Antiamericanas da Câmara dos Deputados.

EMBORA APARENTEMENTE NASH tenha saído ileso, a prisão foi um momento decisivo em sua vida. Distanciado, ambicioso, friamente indiferente aos outros como quase sempre parecia ser, Nash não era, absolutamente, um verdadeiro solitário. Vivendo numa torre de marfim tolerante, ele fora induzido a acreditar que podia fazer o que lhe aprouvesse. Agora tinha aprendido, de maneira particularmente brutal, que as ligações emocionais que procurava ameaçavam destruir todas as outras coisas às quais ele dava valor – sua liberdade, carreira, reputação, seu sucesso, em termos sociais. Imperativos contraditórios podem engendrar um medo enorme. E o medo pode ser sutilmente destrutivo.

A prisão ocorreu mais de quatro anos antes do início da doença de Nash. Histórias de outros matemáticos que se viram enredados na mediocridade e no preconceito daqueles tempos mostram como a perseguição e a humilhação podem provocar desequilíbrio. J. C. C. McKinsey suicidou-se em 1953, dois anos depois de ter sido despedido da Rand.[19] Alan Turing, o gênio matemático que decifrou o código dos submarinos nazistas, foi preso, julgado e condenado de acordo com leis britânicas anti-homossexuais em 1952; ele se suicidou no verão de 1954, dando uma mordida numa maçã na qual injetara cianureto em seu laboratório.[20] Outros, menos conhecidos, menos obviamente brutalizados, sofreram colapsos nervosos que os levaram a abandonar a matemática e a viver à margem da sociedade.

O maior choque para Nash talvez não tenha sido a prisão propriamente dita, mas a subseqüente expulsão da Rand. Sua reação inicial, depois do confronto com Best, sugere que ele simplesmente supôs que Williams faria vista grossa para o incidente. Afinal de contas, ele era um dos gênios residentes da Rand. Mas, como McKinsey, Turing e outros, Nash aprendeu que a vida é mais precária, e ele era mais vulnerável do que havia imaginado antes – uma lição perigosa.

25
Alicia

Ela possuía uma determinação férrea. Eu gostava disso. Achava muito interessante. Ela sempre tinha um plano de ação, um objetivo.

– Emma Duchane, 1997

Ao voltar a Cambridge num estado de espírito ansioso, e inquieto, que tornava a tarefa de preparar suas aulas ainda mais impossível do que habitualmente, Nash fugia para a discoteca quase toda tarde.[1] A discoteca, no primeiro andar do edifício Charles Hayden Memorial, tinha uma coleção impressionante de gravações de música erudita e proteção acústica, cubículos isolados, onde se podia ficar sentado ouvindo os discos, cercado de paredes de um tom azul-escuro que dava a impressão de estar flutuando na água.[2] Nash entrava num desses cubículos e ficava ouvindo Bach ou Mozart durante horas a fio.

Na entrada da discoteca, ele parava na mesa de controle para trocar algumas observações irônicas com os encarregados – um modo de interação que mantinha as pessoas a distância, como nos jogos que ele gostava de jogar. Numa das primeiras tardes, ele ficou surpreso ao ver uma jovem que fora sua aluna no ano anterior sentada à mesa de controle. Nash a vira na discoteca algumas vezes, mas agora ela parecia estar realmente trabalhando ali. Ela também pareceu ter ficado um pouco espantada quando o viu entrar, mas deu-lhe um sorriso amável e cumprimentou-o pelo nome. Quando se afastou, ele sentiu que os olhos dela o seguiram.

NA ÉPOCA, só havia um número reduzido de alunas no MIT, e Alicia Larde, com seus 21 anos, brilhava como uma orquídea de estufa naquele ambiente, em outros aspectos triste, parecendo um alojamento militar. Delicada e feminina, com uma pele alva e olhos escuros, ela transpirava tanto inocência como glamour, uma timidez cativante e uma sensação firme de autocontrole, boas maneiras e elegância.[3] Sempre perfeitamente arrumada, usava os cabelos pretos curtos como Elizabeth Taylor em *Disque Butterfield 8*, quase sempre vestia saias longas firmemente apertadas em torno de sua cintura esguia, e saltos altos, muito altos.[4] Tinha a postura de uma pequena rainha. O jornal dos alunos, *The*

Tech, uma vez fez referência a seus bonitos tornozelos no número anual sobre os alunos do MIT.[5] Era inteligente, viva, divertida e extrovertida – às vezes sarcástica e quase sempre muito perspicaz –, popular com os "garotinhos", como ela chamava os alunos do sexo masculino, e louca por cinema.[6] Suas origens eram exóticas. Um de seus amigos descreveu-a como "uma princesa salvadorenha com um senso de *noblesse oblige*".[7]

DE FATO, OS LARDE eram um clã aristocrático.[8] Suas origens, como as de todas as famílias que formavam a elite centro-americana, eram européias, principalmente francesas. A maioria da família era formada de médicos, professores, advogados e escritores, que pertenciam mais à elite intelectual do que à oligarquia rural, que dominava a economia do anil e do café de El Salvador. Mas eles se misturaram com presidentes e generais, e, na geração de Carlos Larde, eram principalmente funcionários públicos. Eram muito cultos, falavam francês e inglês, bem como espanhol, e viajavam muito. Seus interesses iam da arte e da literatura à ciência e à filosofia.

Carlos Larde aprendeu medicina em El Salvador, mas passou vários anos estudando no exterior, nos Estados Unidos e na França, entre outros lugares.[9] Seus primeiros anos de carreira haviam sido muito promissores: ocupou uma série de cargos públicos, entre eles o de diretor da Cruz Vermelha Salvadorenha e, antes da Segunda Guerra Mundial, foi presidente de um comitê da Liga das Nações. Certa vez, desempenhou a função de cônsul de El Salvador em São Francisco. Sua segunda esposa, Alicia Lopez-Harrison, veio de uma família rica e importante na sociedade; a avó materna de Alicia fora casada com um diplomata inglês. A Sra. Larde era não apenas linda, mas também afetuosa, uma cozinheira maravilhosa, anfitriã cativante e uma tia popular entre sobrinhas e sobrinhos.[10]

Alicia, ou Lichi, como a família a chamava, nasceu no dia de ano-novo, em 1933, em San Salvador. Carlos e Alicia já tinham um filho, Rolando, cinco anos mais velho, que acabou internado em uma instituição. Um meio-irmão, do primeiro casamento de seu pai, também morava com eles. Tratada como filha única por seus pais, que eram loucos por ela, Lichi foi, sob todos os aspectos, uma criança adorável, com cachos louros. Cresceu entre tias, tios, primos e criados, numa linda vila perto do centro da capital.

O idílio terminou bruscamente um ano antes do término da Segunda Guerra Mundial, quando Alicia tinha 11 anos. Em 1944, no meio de uma insurreição popular, que já durava um ano, contra o ditador Hernandez Martinez,[11] o tio de Alicia, Enrique, havia partido de repente, uma noite, para Atlanta com a esposa e cinco filhos pequenos, em meio a explosões de bombas, viajando numa caminhonete com uma faixa branca para indicar sua condição de civil. Carlos Larde o seguiu pouco tempo depois, deixando para trás, temporariamente, a esposa, a filha e os dois filhos. Ele se encontrou com o irmão em Atlanta, mas depois se mudou para Biloxi, no estado de Mississippi, no golfo do México, onde conseguiu um cargo na equipe médica de um hospital de veteranos. Algumas semanas mais tarde, a Sra. Larde e Alicia foram ao encontro dele, depois de fazerem a longa jornada de trem através do México, parando em Atlanta para visitar Enrique e sua família.[12]

Os Larde não ficaram em Biloxi por muito tempo. Menos de um ano depois do término da guerra, eles seguiram a família de Enrique para Nova York, onde aquele arranjou um emprego como intérprete nas Nações Unidas. Mais uma vez, Alicia e a mãe foram morar com a família de Enrique até que Carlos conseguiu um emprego no Pollak Hospital for Chest Diseases, em Jersey City, e uma casa para eles morarem. Alicia tomava o metrô para a Prospect High School, uma escola católica de nível médio no Brooklyn.

ALICIA NÃO FICARIA PRESA naquele ambiente de classe média baixa da Prospect High School por muito tempo. No começo de seu segundo ano, os Larde a matricularam na Marymount School, uma escola particular para moças, em Nova York, de freqüência selecionada.

A atmosfera da escola, adequada a moças que estivessem sendo educadas para se tornar "esposas de líderes católicos", era cosmopolita e culta.[13] Os uniformes das moças incluíam blazers elegantes e sapatos pretos de salto alto. Os pais exigiam que a escola "mantivesse um alto padrão de educação social". Alicia tinha aulas de equitação e de tênis no Central Park, jogava basquete, participava de peças e musicais e freqüentava festas. Ela foi à festa de formatura do curso, e depois ao Stork Club, com o irmão de sua amiga Chicky Gallagher.[14]

No dia da formatura, ela se assemelhava às outras moças, só que mais bonita, envolta no mesmo tule branco e levando as mesmas três dúzias de rosas de caules compridos, como uma debutante antes de seu baile. Entretanto, muita coisa a separava de suas colegas ricas. Externamente ela era alegre, cativante, serena e obediente, mas sua aparência ocultava uma inteligência aguda, uma ambição de forasteiro e aquilo que um futuro amigo chamaria de determinação férrea. Controlada e relutante em confiar seus verdadeiros sentimentos a qualquer pessoa, uma herança de sua educação latina, ela ocultava muito de quem a via. Como disse uma mulher que a conheceu muitos anos mais tarde: "Você tem de manter em mente aqueles tempos. As mulheres dissimulavam. Alicia se comportava como uma dondoca dos anos 1950, mas isso não queria dizer que fosse uma. Era namoradeira, mas dizia coisas muito sensatas. Tinha sempre um plano de ação, algum objetivo."[15]

Quando criança, ela sonhara tornar-se uma moderna Marie Curie.[16] Tinha 12 anos quando, junto com seu pai, ficou perto do rádio em seu apartamento em Biloxi para ouvir com ele a notícia sobre Hiroshima.[17] Para ela, como para muitos jovens com inclinação para a ciência, foi um momento de definição. Algumas semanas depois, os japoneses renderam-se, e a revelação, por parte do Departamento de Guerra, da existência de três cidades "atômicas" escondidas no deserto do Sudoeste transformou figuras anônimas como Oppenheimer e Teller em heróis públicos. Imediatamente a imagem do "físico nuclear" tomou conta da imaginação popular, assim como aconteceu com o "cientista de foguetes" depois do lançamento do *Sputnik*. Alicia, já mostrando sinais do talento e do interesse do pai por assuntos científicos, sabia o que queria ser. "O mundo era a física. Era a aspiração das crianças com talento para – e interesse por – matemática e ciência", disse, em 1997, um estudante que se especializara em física no MIT. "Para Carlos Larde, aquilo era o máximo, e também era o máximo para Alicia."[18]

Sua aptidão para matemática e ciências já era evidente havia muito tempo, e ela tornou-se ainda maior na Marymount High School. No fim dos anos 1940, a escola já se havia transformado em algo mais que uma escola da moda que aprimorava a educação social de moças. A instituição sempre tivera um corpo docente excepcionalmente bem preparado, leigo e religioso, mas, durante o tempo que Alicia passou lá, a escola era dirigida por uma jovem irlandesa enérgica formada na London School of Economics – irmã

Raymond –, que era não apenas uma keynesiana fervorosa, mas uma educadora de talento, determinada a elevar os padrões educacionais da instituição. Irmã Raymond melhorou o nível dos alunos concedendo bolsas de estudos e dando mais peso intelectual ao currículo escolar pela inclusão de cursos sérios de ciência e matemática. Alicia podia escolher entre uma educação clássica, que enfatizava o aprendizado de artes e línguas, e outra cujo foco eram a ciência e a matemática. Ela foi uma das poucas moças que preferiram a segunda opção, e, em conseqüência, estudou biologia, química e física, e também três anos de matemática, quase sempre em turmas pequenas de duas ou três moças. A irmã Raymond se recordou dela como uma aluna talentosa e interessada: "Muito inteligente. Não era atrevida demais. Muito, muito interessada nos estudos."[19]

No último ano, Alicia já estava bastante decidida sobre seu desejo de seguir uma carreira científica. "Quero uma carreira, de modo que quero estudar alguma coisa definida", disse ela.[20] Carlos Larde, que estava encantado com as ambições da filha, escreveu uma carta eloqüente e tocante para a irmã Raymond insistindo com ela em que fizesse todo esforço possível para ajudar Alicia a realizar seu sonho de se tornar cientista nuclear, ajudando-a a conseguir matrícula numa universidade de ensino técnico de primeira linha.[21] Alicia foi aceita no MIT, uma das 17 mulheres da turma de 1955, além de duas outras que se especializavam em física.[22]

Os Larde não estavam menos entusiasmados do que Alicia. Carlos Larde, que havia estudado na Universidade de Chicago e na Johns Hopkins, sabia avaliar particularmente o que significava um diploma do MIT, mas estabeleceu condições para a ida da filha para uma escola de engenharia praticamente só de homens. A mãe de Alicia, foi decidido, a acompanharia, a fim de vigiá-la e tomar conta dela.[23] Além da proteção natural em relação a uma filha preciosa, o arranjo pode ter refletido um desejo de Alicia Lopez-Harrison de Larde de se libertar de seu marido, um homem difícil e adoentado. Os amigos de Alicia no MIT ficaram impressionados, mais tarde, com o fato de mãe e filha nunca fazerem referências a Carlos Larde e também de ele nunca ir visitá-las.[24] De qualquer modo, no fim do verão de 1951, as duas mulheres alugaram um pequeno apartamento mobiliado em Boston,[25] não muito longe de Beacon Street, onde John Nash tinha acabado de encontrar um quarto, do lado do rio oposto ao MIT e perto da Harvard Bridge.

ERA MARAVILHOSO ser aluna do MIT, uma escola mista, no início da década de 1950, época famosa por sua celebração de mães e louras burras, porque aquilo era uma coisa muito especial e elas tinham, no caso, o melhor dos dois mundos: a escola era uma coisa séria, mas havia um monte de homens. Havia moças que usavam vestidos de festa e saltos altos enquanto dissecavam ratos no laboratório.[26] Um encontro amoroso não significava ir dançar ou tomar martínis, mas ir a uma palestra e sair para tomar um café depois, ou talvez fazer com que o rapaz levasse a garota até a casa dos pais dele e mostrar a ela, através de um telescópio, tudo o que Galileu vira.

Mais tarde, Alicia contaria a suas amigas que estar ali fazia com que ela se sentisse a "Abelha-Rainha". Era também a oportunidade de encontrar, finalmente, outras mulheres que não achavam que ter cérebros e ambições era um grande empecilho. "Éramos um grupo auto-selecionado de mulheres bastante fortes", disse Joyce Davis, natural de Nova York, e uma das duas mulheres que faziam especialização em física na turma de 1955. "Tínhamos nossa própria cultura. Não era a cultura normal da mulher americana, a que diz que 'você não pode ser tão boa quanto os rapazes', coisa da qual nós estávamos sempre procurando escapar. E também não era a cultura dos rapazes do MIT."[27]

Alicia passava a maior parte do tempo com as outras alunas no dormitório ou no campus. Estudava com as outras moças na sala Cheney, na sala de estar das alunas, tomava o café-da-manhã e almoçava com suas amigas na sala Pritchett todo dia, e geralmente aderia a qualquer coisa que as moças estivessem dispostas a fazer, fosse jogar basquete ou organizar uma festa de caridade.[28] Comparecia a muitos concertos e peças, graças à rica *patronesse* das alunas, uma certa Sra. McCormick, que as enchia de ingressos e até pagava os táxis delas para atravessarem a Harvard Bridge no inverno.

O programa de ensino do MIT era tremendamente exigente, sobretudo para as que se especializavam em física. A carga horária de aulas era pesada, durante seis dias, e consistia principalmente nos cursos obrigatórios. Todas as moças viviam no sadio temor de serem reprovadas. Alicia, que fora aprovada nos cursos de ciência e matemática na Marymount High School graças à sua habilidade inata, viu que ali isso não lhe bastaria. Para seu grande desgosto, ela teve de batalhar para conseguir média 5 (que representava um desempenho louvável naquela época, antes que a inflação de notas transformasse o 5 numa nota abaixo da média). "Ou você metia a cara ou aceitava passar raspando", disse Joyce, a melhor amiga de Alicia. "Alicia nunca meteu realmente a cara no estudo."[29]

Um perfil, um olhar, uma voz podem prender um coração numa fração de segundo. Alicia entregou o seu no espaço de uma única aula de cálculo. Ela estava sentada, com sua melhor amiga Joyce ao lado, na fileira da frente de uma aula do M351, Cálculo Avançado para Engenheiros, um curso que era obrigatório para todos os que se especializavam em física. John Nash chegou atrasado, com uma expressão arrogante e aborrecida. Sem nem mesmo se dignar a dar um olhar ou uma palavra para a turma, fechou todas as janelas, abriu sua cópia de Hildebrand com um golpe e embarcou numa prosaica exposição das propriedades das equações diferenciais ordinárias.

Estavam em meados de setembro, clima de verão indiano, e à medida que Nash continuava sua cantilena, a sala foi se tornando muito quente. Primeiro um, depois vários alunos interromperam Nash para se queixar e pedir que ele deixasse que abrissem as janelas. Nash, que obviamente fechara as janelas para evitar que qualquer barulho externo distraísse alguém, ignorou-os. "Ele estava tão concentrado em si mesmo que não prestava atenção ao que queríamos. Sua atitude dizia claramente: 'Calem a boca e tomem nota'", lembrou Joyce.[30] Nesse momento, Alicia saltou da cadeira, correu até as janelas com seus saltos altos e abriu-as, uma depois da outra, cada vez com um aceno de cabeça. No caminho de volta para sua carteira, ela olhou firmemente para Nash, como se o estivesse desafiando a reverter sua ação. Ele não o fez.

Além disso, Joyce achava que Nash era um professor indiferente e insensível. "Ele apresentava a matéria e pronto. Era muito frio." Joyce desligou-se daquela turma depois da primeira aula, mas Alicia continuou, deixando-a surpresa. "Alicia achava que ele parecia o Rock Hudson", disse Joyce.

VER NASH ATRAVÉS DOS OLHOS de Alicia durante seus primeiros encontros como aluna e professor explica muita coisa sobre a força elementar que iria ligá-la a ele. Na hierarquia intelectual do MIT – em que "matemática era a coisa mais elevada", como diria Joyce –, Nash era o mais próxima da realeza.[31] Foi sua bela aparência, contudo, que fez o coração de Alicia bater mais depressa. "Um gênio com um pênis. Não é isso que todas nós queremos?", gracejou uma vez uma atriz, e o gracejo contém a combinação de cérebro, status e *sex appeal* que fazia Nash tão irresistível. Herta Newman, esposa de Donald, disse a mesma coisa em termos menos crus: "Ele seria famoso. Também era bonito."[32] Emma Duchane, que se especializava em física no MIT dois anos atrás de Alicia, disse: "Alicia o achava maravilhoso. Achava que ele tinha lindas pernas."[33] Nash não andava desarrumado como muitos outros matemáticos. Estava sempre bem penteado, roupas passadas e sapatos engraxados. Seus modos emproados e sua fria indiferença apenas o tornavam mais desejável. Seu nome, dois monossílabos que anunciavam a ascendência anglo-saxônica, aumentavam ainda mais seu fascínio. "Ele era muito, muito bonito", disse Alicia mais tarde. "Muito inteligente. Era algo como venerar um herói."[34]

Nash não prestou a menor atenção em Alicia, que estava bem preparada para seduzi-lo. Durante todo aquele ano, andou atrás dele. "Vem comigo até a discoteca, Joyce", ou "Vem comigo ao Walker Memorial. Quero ver Nash".[35] "Ela lançou-se à caça dele", relembrou Joyce. "Tinha um plano de campanha."

Suas notas sofreram com aquilo. Teve dois 4 e pela primeira vez em sua carreira no MIT sua média ficou abaixo de 5. No mês de abril seguinte, Joyce escreveu a seus pais: "Alicia não tem ido muito bem nos estudos depois que ficou APAIXONADA. Ela fica andando por aí com uma expressão distante no rosto."[36]

Quando terminou o curso de cálculo, Alicia conseguiu um emprego no refúgio favorito de Nash, a discoteca. Pode-se medir a intensidade de seu sentimento pelo fato de Alicia ter considerado a discoteca um lugar muito mais interessante para trabalhar do que o Lincoln Laboratories, onde ela também tinha um emprego. "Trabalhar aqui não é muito estimulante: minha principal tarefa é contar as 'trilhas' vistas através de um microscópio", ela escreveu para Joyce naquele verão. "Trabalho apenas 15 horas por semana aqui, mas o que me cansa são as horas extras; continuo vendo os monstrinhos toda vez que fecho os olhos. *A discoteca é mais interessante, pois recebo cantadas de muitos jovens estranhos.*"[37]

Alicia ainda flertava com vários rapazes, mas com menos entusiasmo do que sugere sua carta a Joyce: "Mais algumas semanas e espero ver o 'lourinho' de novo. Parece estranho, mas me sinto tão indiferente em relação a ele agora."

Ela continuou a carta algumas semanas depois:

> Estou escrevendo na discoteca agora (obviamente). Uma coisa engraçada (?) aconteceu comigo aqui outro dia. Um rapaz meu conhecido veio falar comigo enquanto um daqueles que eu venho "caçando" estava sentado ali perto; ou pelo menos eu achei. A fim de parecer atraente ao que estava por perto, comecei a jogar "charminho" para o meu amiguinho: aí, na voz mais alta possível, eu disse qual era meu horário de trabalho na discoteca; devem ter me ouvido até pelo rádio. Bem, o que eu "caçava" parece que finalmente compreendeu, enquanto eu me tornava cada vez mais ousada. Finalmente, ele se aproximou. Aí, cara, fiquei envergonhada. A moral da história é "use óculos". Não é preciso dizer que o cara não era "aquele".

Nash, é claro, estava na Rand durante a maior parte daquele verão.

Quando Nash começou a freqüentar a discoteca de novo naquele outono, Alicia entabulou conversa com ele e estudou-o tão minuciosamente como qualquer fã estuda seu astro ou estrela favorita. Descobriu que ele jogava xadrez. Descobriu que era fã de ficção científica. Empenhou-se em aprender xadrez e, além de seu emprego na discoteca, ela passou a freqüentar a biblioteca de ciência, sentando-se perto da seção de ficção científica. "Minhas atividades, além da discoteca, incluem a biblioteca científica, onde leio ficção científica (John gosta disso)", ela escreveu para Joyce.

Apesar de sua enorme paixão, que parecia ter anulado a estudante de ciências, antes séria, Alicia Larde estava jogando um jogo para valer. Seus sonhos românticos de tornar-se uma cientista famosa não tinham sobrevivido ao duro teste da realidade aplicado pelo MIT. Como ela disse mais tarde, "Eu não era nenhum Einstein".[38] De modo pragmático, ela reconheceu que o casamento com um homem importante também podia satisfazer suas ambições. Nash parecia se enquadrar em seu esquema. "John podia dar a Alicia muitas coisas que ela não tinha", observou John Moore, um matemático que se apaixonou por Alicia alguns anos mais tarde.[39] É triste notar que a moça romântica, cuja canção favorita era "Dama de Espanha", desapareceria de modo muito doloroso apenas alguns anos depois.

26

O namoro

Nash começou a fazer referências ocasionais à "discotecária" em suas conversas com Mattuck.[1] Ele estava numa encruzilhada. Os perigos de suas experiências sexuais tinham se tornado súbita e avassaladoramente óbvios.

O casamento era uma resposta possível e, no auge de seus temores, ele quase tinha se convencido de que se casaria com Eleanor. Entretanto, agora que estava de volta a Boston e encontrando-se novamente com ela, Nash não se decidia a dar qualquer passo nesse sentido. Alicia apareceu no momento certo.

Além do mais, Nash gostou do que viu. O filho de uma mãe linda *teria* de se sentir atraído pela simetria clássica das feições de Alicia e por sua esbelteza. A linhagem aristocrática da moça e seu traquejo social agradavam a seu próprio senso de superioridade. Não devemos subestimar o efeito da inteligência dela sobre ele. Nash ficava facilmente aborrecido. Ele achava a companhia dela interessante, gostava do fato de ela tomar as próprias decisões e divertia-se com suas tiradas sarcásticas e irreverentes.

Era inerente ao gênio de Nash escolher uma mulher que se mostrasse fundamental para sua sobrevivência. Ele considerou a determinação dela em persegui-lo, de se esforçar ao máximo para conquistá-lo, não como uma simples lisonja, à qual ele era tão sensível como qualquer outro homem, mas como um sinal de que ela estava preparada para aceitá-lo como ele era. Viu o desejo dela de conquistá-lo como uma característica importante de seu caráter, sugerindo que ela sabia o que iria obter e que não esperava nada mais do que isso.

Eles tinham muitas coisas em comum. Ambos eram muito ligados às respectivas mães. Ambos tinham pais emocionalmente distantes mas intelectualmente estimulantes. Ambos haviam sido criados em lares nos quais as conquistas intelectuais e o status social, mais do que a intimidade emocional, eram a moeda corrente. Ambos, em virtude de sua precocidade intelectual, tiveram a adolescência um pouco retardada. Ambos sentiam que eram, de maneiras diferentes, marginais e compensavam isso buscando status para si mesmos. Havia uma frieza, um cálculo, que guiava suas ações.

MESMO ASSIM, o progresso do namoro foi lento. Nash finalmente convidou Alicia para sair durante a primavera. Em julho de 1955 ela escreveu para Joyce contando que eles estavam se vendo de vez em quando.[2] Disse que ele a havia apresentado a seus pais umas três semanas antes. Mas deixou claro que não tinham intimidade sexual. Não se pode saber com certeza o que representou o fato de ele ter apresentado Alicia a seus pais, por conta da preocupação crônica de Virginia com a vida social do filho. Alicia, que deve ter considerado isso um sinal de esperança, não admitiu ter encarado dessa maneira.

Fosse em razão da preocupação com Nash ou simplesmente por causa de seu desinteresse cada vez maior pela física, Alicia não conseguiu se formar com a turma. Teve de fazer recuperação em várias matérias. Mas o choque de não se formar com a turma e a situação desagradável de ter de comunicar o fato a seu pai pouco contribuíram para que ela voltasse a se interessar pelos estudos. Ela diz em uma carta para Joyce que estava fazendo o curso Matemática 39, mas que "até então só chegara à página 10 do Hildebrand".

No outono, os dois se encontraram com mais freqüência. Ele a levou a uma festa do departamento de matemática. Depois a outra. E, em seguida, foram visitar os Newman e Marvin Minsky. "Vamos minskificar", ele costumava dizer aos colegas.[3] Às vezes, saíam com algum casal de amigos de Alicia. Nessas ocasiões, ele praticamente a ignorava depois que chegavam e eram feitas as apresentações, afastando-se dela para reunir-se ao círculo de homens que conversavam sobre matemática. De vez em quando, Alicia ficava perto do círculo ouvindo Nash dizer coisas como "Estes são os maiores gênios: Wiener, Levinson e eu. Mas acho que sou o melhor de todos." Outras vezes, ela ficava entre as esposas dos matemáticos, que conversavam sobre seus filhos. Não havia namoro, nada de escapulir para um canto para ficar de mãos dadas, mas, na verdade, o relacionamento era mais inebriante por essas razões. As outras mulheres tratavam-na com a deferência devida à esposa do gênio, o que deixava Alicia toda prosa. Quanto a Nash, ele não podia deixar de perceber que os outros homens, impressionados e surpresos, invejavam-no por causa dessa criatura adorável e linda.

Outras vezes eles saíam para almoçar fora, geralmente com mais alguém. Bricker quase sempre ia com eles, e também Emma Duchane. Bricker guardou uma recordação de Alicia como uma mulher "muito inteligente" e "bastante sarcástica".[4] Emma disse que "ela não tinha absolutamente qualquer condescendência. Nunca parava de falar".[5]

Na verdade, Nash não era muito gentil com Alicia. Entre outras coisas, ele a chamava por apelidos depreciativos, entre eles "*Leech*" [sanguessuga], uma brincadeira maldosa com seu apelido de infância, "Lichi".[6] Nunca pagava as refeições dela, dividindo cada conta de restaurante até o último centavo. "Ele não era apaixonado por ela", lembrou Emma em 1996. "Ele era apaixonado por si mesmo."[7]

Para Nash, Alicia era parte do cenário, encantadora e decorativa. Ele a tratava do mesmo modo como outros matemáticos tratavam suas mulheres. Mas Alicia também não estava procurando companhia. Mais tarde, Emma disse: "Queríamos emoções intelectuais. Quando meu namorado me disse que *e* elevado a *pi* é igual a menos 1, fiquei entusiasmada. Achei a idéia uma coisa linda."[8] Nash não era uma companhia menos divertida do que os outros matemáticos.

UMA CARTA DE ALICIA a uma amiga, de fevereiro de 1956, não traz uma linha sequer a respeito de Nash. Mas no fim daquele mês a mãe de Alicia se mudou para Washington (Carlos Larde conseguira um emprego no Grendale Hospital, em Maryland), uma mudança que Alicia encarou com certa alegria.

Foi provavelmente naquela primavera que os dois começaram a dormir juntos, no fim daquelas noites com outras pessoas, durante as quais eles mal trocavam duas palavras. Nash continuava envolvido com Bricker e com Eleanor. Na verdade, ele talvez tenha continuado, mesmo nessa época, a pensar em Eleanor como sua provável esposa. Certa noite, os dois estavam na cama quando a campainha da porta tocou.[9] John foi atender. Não era Arthur Mattuck, que às vezes aparecia sem avisar. Era Eleanor, na verdade uma Eleanor raivosa e perturbada. Ela não disse nada, mas passou por Nash e foi entrando no apartamento. Agia como se fosse lhe dizer poucas e boas.

Quando percebeu que Nash não estava sozinho, ela começou a gritar, a chorar e a ameaçá-lo, até que finalmente parou de chorar e Nash a levou para casa de carro. Alicia, nesse ínterim, lívida, foi embora.

No dia seguinte, Nash foi até a sala de Arthur Mattuck, contou-lhe o que havia acontecido, pôs as mãos na cabeça e ficou gemendo, evidentemente sofrendo muito, e repetindo: "Meu mundo perfeito desabou, meu mundinho perfeito desabou."

ELEANOR TELEFONOU para Alicia e disse que ela estava roubando o homem de outra mulher. Falou-lhe de John David.

Disse que Nash estava planejando casar-se com ela e que Alicia estava perdendo seu tempo. Alicia convidou Eleanor para ir a seu apartamento para uma conversa. Eleanor foi; Alicia a estava esperando com uma garrafa de vinho tinto. "Ela tentou me embebedar", lembrou Eleanor. "Ela queria ver como eu era. Falamos sobre John."[10]

E, depois de conhecê-la, ao perceber que Eleanor era uma enfermeira prática, com aproximadamente 30 anos, e que o caso deles já tinha quase três anos, Alicia concluiu que aquele relacionamento não tinha futuro. Não ficou chocada. Homens têm amantes, chegam mesmo a ter filhos com elas, mas eles se casam com mulheres da própria classe. A respeito disso, ela estava muito confiante. Eleanor telefonara para ela a fim de se queixar. Alicia ficou satisfeita. Encarou aquilo como um sinal de que, como disse sua amiga Emma, "ela começava a ter importância".[11]

NASH DEVIA TIRAR A LICENÇA sabática no ano seguinte. Ele havia conseguido uma das novas bolsas Sloan para professores, um importante fundo de pesquisa de três anos, que permitia que os bolsistas passassem pelo menos um ano sem dar aulas, e, assim, fora de Cambridge.[12] Ele podia ir para onde quisesse. Ele ainda estava, talvez sem razão, preocupado com a convocação para o serviço militar, como confidenciara a Tucker em uma carta no ano anterior.[13] Decidiu passar aquele ano no Instituto de Estudos Avançados.[14] Começava a pensar seriamente a respeito de vários problemas da teoria quântica e achou que um ano no instituto poderia estimular seu raciocínio.

Alicia, enquanto isso, queixava-se numa carta a Joyce, naquele mês de fevereiro, de que ela estava "apenas vegetando". Mencionou um vago desejo (que ela não disse se tinha ligação com Nash) de "arranjar um emprego em Nova York, em vez de ficar no Instituto [MIT] fazendo o curso de pós-graduação".[15]

No fim do período da primavera, Nash levou Alicia para o piquenique do departamento de matemática em Boston. Os piqueniques sempre eram realizados nas semanas dedicadas à leitura e freqüentemente nas salas dos professores. Wiener compareceu, assim como todos os alunos de pós-graduação. Era um dia excepcionalmente quente, e Nash estava muito alegre. Ele fez uma coisa curiosa que ficou gravada na memória de outro professor, Nesmith Ankeny, e de sua esposa, Barbara. Era, claro, a idéia que Nash tinha de brincadeira. Ele quis mostrar a todo mundo que era o senhor daquela linda jovem, e que ela era sua escrava. Em certo momento, já no fim da tarde, ele jogou Alicia no chão e pôs o pé no pescoço dela.[16]

Mas, apesar dessa demonstração de machismo e possessividade, ele saiu de Cambridge em junho sem sugerir casamento e nem mesmo que ela se mudasse para Nova York.

Na verdade, no início daquele verão, em junho, outra amiga de Alicia contou que ela estava em Cambridge e "num inacreditável estado de depressão por causa de certo professor do MIT".[17]

27
Seattle
Verão de 1956

Nash partiu de Cambridge para Seattle em meados de junho com o coração leve de um homem que escapa temporariamente de um emaranhado de dilemas pessoais e profissionais.[1] As viagens sempre serviram para levantar o ânimo de Nash, e essa viagem não foi uma exceção. Uma temporada de verão de um mês na Universidade de Washington era exatamente o que ele precisava. Um bando de matemáticos de primeiro escalão que trabalhavam com geometria diferencial estaria lá: Ambrose, Bott, Singer, bem como Louis Nirenberg e Hassler Whitney. Nash esperava que seu trabalho sobre imersão das variedades algébricas fizesse dele um dos centros de atenção. E aguardava com ansiedade o seminário de Busemann sobre o estágio em que se encontrava a matemática soviética, porque todo mundo sabia que os russos haviam progredido muito, mas as autoridades não estavam mais permitindo que seus artigos sobre matemática fossem traduzidos para o inglês – nem mesmo na forma de resumos.

O principal acontecimento do curso de verão acabou sendo o anúncio surpreendente, um dia ou dois depois do início das reuniões, da prova de Milnor sobre a existência de esferas exóticas.[2] Para os matemáticos reunidos ali, aquilo teve o mesmo efeito eletrizante do anúncio da solução do Último Teorema de Fermat por Andrew Wiles, da Universidade de Princeton, quatro décadas mais tarde. A prova de Milnor puxou o tapete de Nash.

Nash reagiu ao triunfo de Milnor com uma exibição de sua petulância de adolescente.[3] Os matemáticos estavam todos alojados num dormitório de alunos e faziam as refeições na lanchonete. Nash protestou servindo-se de porções gigantescas. Uma vez ele acabou com um pão de forma inteiro. Noutra ocasião, jogou um copo de leite no caixa. Além disso, durante um passeio de barco, ele se empenhou numa guerra de esguichos de água com outro matemático.

NASH NÃO RECONHECEU imediatamente Amasa Forrester quando ele o puxou para conversar depois de uma palestra.[4]

Forrester parecia um urso de óculos, com uma pequena papada, o rosto mal barbeado, o andar ligeiramente inclinado para a frente como um urso. Forrester teve de lembrar a Nash que os dois haviam estado juntos em Princeton, Forrester no primeiro ano e Nash no último ano de seus estudos de pós-graduação. Depois que começaram a conversar, entretanto, Nash lembrou-se dele como um aluno de Steenrod que estava sempre de plantão na sala de reunião do Fine Hall, brandindo uma pistola d'água.

Apesar de sua aparência pouco atraente, Forrester tinha coisas interessantes a dizer. Era rápido, agressivo e parecia saber tudo sobre tudo o que vinha à baila na conversa. Ele explicou a Nash alguns detalhes do trabalho de Milnor. Também conversaram, naquela ocasião e em outras, sobre os artigos de Nash a respeito de imersão, assunto que Forrester parecia dominar muito bem.

Forrester convidou Nash para conhecer o lugar em que morava, um barco ancorado no lago Union, entre o lago Washington e o estreito de Puget, no centro de Seattle.

PARA NASH, FORRESTER era "de um tipo diferente".[5] Mais tarde ele se referiria ao outro, cujo primeiro nome era Amasa, nos mesmos termos que usou quando comparou Thorson e Bricker aos Beatles – "jovem", "vivo", "divertido" e "atraente" –, alguém que o faz sentir-se como "as garotas que amam fanaticamente os Beatles".

Forrester era também homossexual assumido. Não é provável que seus professores do curso de pós-graduação ou que Sir Hugh soubessem disso, mas "ele era bem assumido a respeito de sua homossexualidade em Princeton, e todos no Graduate College sabiam", disse John Isbell, um professor de matemática da State University of New York, em Buffalo, e um colega de pós-graduação em Princeton.[6]

Inicialmente, Forrester fora bastante circunspecto com seus colegas na Universidade de Washington, mas na época em que encontrou Nash – talvez porque o ambiente estivesse se tornando mais liberal em Seattle – ele já tinha decidido que não mais fingiria ser o que não era.

NASH E FORRESTER quase não tiveram tempo para ficar juntos; Nash ficou na cidade apenas um mês. Embora ele se referisse a Forrester pelo nome ou apenas pela letra *F*, nas cartas até o início dos anos 1970, não há indícios que sugiram que ele e o outro tenham se correspondido regularmente ou que tenham se encontrado com freqüência nos anos seguintes. Contudo, Forrester foi presença constante no pensamento de Nash. Onze anos mais tarde, numa peregrinação que o levou a Los Angeles e São Francisco, Nash passou quase um mês em Seattle.[7]

Forrester ainda morava em sua casa flutuante, na companhia de dezenas de gatos, e na época tinha perdido quase todo o contato com seus antigos amigos matemáticos.[8] Ele nunca correspondeu à promessa precoce que tinha sido; foi-lhe negado o cargo de professor e desligou-se da Universidade de Washington em 1961. Trabalhou por pouco tempo na Boeing e, mais tarde, na gigantesca fábrica da Atomic Energy Commission, em Hanford, estado de Washington, antes de abandonar a comunidade matemática em meados dos anos 1970. Mais tarde, começou a dar aulas para se sustentar e, numa ocasião, trabalhou como professor residente de algumas crianças numa fazenda. Nijenhuis, que o encontrou pela última vez em um congresso de matemática em Vancouver, Colúmbia Britânica, em 1974, lembrou que Forrester contara que havia trabalhado como pastor de cabras. Durante anos ele aparecia na biblioteca de matemática e física, parecendo cada vez mais deprimido e com as roupas em desalinho. Morreu em 1991. Esse matemático, que fora considerado uma grande promessa, não mereceu nem mesmo um obituário no *Seattle Times*. Se, para Nash, Forrester era o caminho abortado, poderíamos afirmar que Nash, nessa ocasião, tinha uma grande intuição sobre a natureza humana.

NASH PERCEBEU IMEDIATAMENTE que alguma coisa estava errada quando alguém foi buscá-lo no dormitório. Os Nash se comunicavam exclusivamente por cartas e cartões-postais. Um telefonema interurbano indicava que havia algo anormal.[9]

O Sr. John estava na linha. Sua voz parecia estranhamente séria. O primeiro pensamento de Nash foi que ele estava telefonando com más notícias sobre sua mãe ou sua irmã, mas ele percebeu raiva, mais do que tristeza ou ansiedade, na voz do pai.

Eleanor Stier havia entrado em contato com eles e revelara a existência de seu neto, disse o Sr. John. O choque foi enorme.

"Não venha para casa", disse o Sr. John a Nash com severidade. "Vá direto para Boston e conserte as coisas. Case com a moça."

Nash ficou chocado demais para argumentar. O segredo que ele queria tanto ocultar de seus pais fora revelado. Nada podia ser feito agora. Concordou em não ir para Roanoke. Num cartão-postal datado de 12 de julho, ele dizia a seus pais que estava "pensando em voltar para Bean Town".[10]

Nash voltou realmente para Boston em meados de julho e ficou lá por duas semanas. Passava a maior parte do tempo com Bricker ou trabalhando em sua sala até tarde da noite.[11] Pediu conselho a Bricker sobre o que fazer em relação a Eleanor. Ela havia contratado um advogado. Queria pensão alimentícia regular para a criança. O advogado, Nash descobriu, estava ameaçando ir à universidade. Nash, como Bricker lembrou em 1997, estava inclinado a recusar o pagamento de pensão.

Bricker, como de costume, ficou no meio dos dois. Eleanor lhe telefonava regularmente. Ela estava arrasada por causa do abandono de Nash e muito amargurada com a recusa dele em sustentar o filho. Bricker censurou Nash. "Ele não queria pagar pensão alimentícia. Eu lhe disse: Isso é terrível. É seu filho. Se não por outro motivo, faça isso por seu próprio futuro. Se isso chegar à universidade, sua carreira estará arruinada. Você deve isso a Eleanor."[12] Para surpresa de Bricker, Nash concordou em pagar.

28
Morte e casamento
1956-1957

Embora devesse passar o ano no Instituto de Estudos Avançados, Nash decidiu morar em Nova York e não em Princeton.[1] Um ou dois dias depois de chegar à cidade, no fim de agosto, ele encontrou um apartamento não-mobiliado na Bleecker Street, em Greenwich Village, logo ao sul do Washington Square Park, uma rua com uma sucessão de clubes de jazz, cafés italianos e sebos de livros. O apartamento era pequeno, feio e impregnado de odores das cozinhas dos vizinhos. Ele comprou uns móveis usados de um revendedor ali perto e mandou para os pais um cartão-postal dizendo que achava que eles certamente aprovariam o que tinha feito, isto é, que era melhor economizar dinheiro do que viver com luxo.[2]

Mas seus motivos para preferir um apartamento no centro de Nova York, no quinto andar de um prédio sem elevador, e não um de estilo espartano na Einstein Drive, numa Princeton quase rural, eram mais românticos do que práticos. A escala gigantesca da cidade, com seu ritmo frenético, as multidões onipresentes e a atividade ininterrupta 24 horas por dia – "a beleza elétrica e selvagem de Nova York"–[3], sempre lhe parecera algo maravilhoso, desde que Shapley e Shubik o convidaram para ir lá pela primeira vez, passar um fim de semana, quando os três moravam no Graduate College em Princeton. Depois de se mudar para Boston, ele havia aproveitado todas as oportunidades para voltar, às vezes hospedando-se na casa dos Minsky,[4] apenas para experimentar novamente aquela sensação de conexão e anonimato simultâneos. O enclave boêmio em torno da Washington Square há muito tempo era um ímã para os não-convencionais, sexual e espiritualmente, e Nash também foi atraído por suas ruas tortas, o charme do Velho Mundo e uma promessa implícita de liberdade.

SE A DECISÃO DE SE MUDAR para a Bleecker Street dava a entender que ele estava flertando com a idéia de adotar um estilo de vida diferente daquele que até então imaginara para si mesmo, isso não aconteceu. O Sr. John e Virginia anunciaram que eles também estavam se mudando para Nova York.[5] O Sr. John tinha alguns negócios para resolver em nome da Appalachian. Nash ficou com medo de que eles o pressionassem de novo sobre a questão de Eleanor. Mas seus pais estavam mais preocupados no momento com o estado de saúde precário do Sr. John. Quando Nash encontrou-se com eles no McAlpin Hotel, a alguns quarteirões da Penn Station, tentou demonstrar que era um bom filho, insistindo com o pai, várias vezes durante a noite, em que consultasse um especialista na cidade. Disse a seu pai que ele deveria pensar sobre a conveniência de uma operação.[6] Foi a última vez que Nash viu o pai.

NO INÍCIO DE SETEMBRO, o Sr. John sofreu um violento ataque cardíaco.[7] Virginia teve dificuldade em encontrar Nash, que não tinha telefone. Quando ele recebeu o recado, seu pai já estava morto. Daí em diante, ele pensaria naquele outono como um período de infortúnios.[8]

O Sr. John, que tinha 64 anos quando morreu, ficara adoentado, melhorando e piorando, durante todo aquele ano. No domingo de Páscoa ele não se sentira bem e não foi jantar na casa de Martha e Charlie (Martha havia se casado na primavera de 1954). E no fim do verão, quando estavam em Nova York, ele sentiu náuseas e fraqueza no hotel.[9] A notícia da morte do pai chocou Nash. Não conseguia compreender a natureza inesperada, o sentido definitivo do acontecimento. Estava convencido de que a morte não fora inevitável, poderia ter sido evitada se o Sr. John pelo menos tivesse tido melhor tratamento médico, se pelo menos...[10]

Nash correu para Bluefield a fim de assistir à cerimônia fúnebre, que foi realizada na Christ Episcopal Church no dia 14 de setembro, dois dias depois da morte do Sr. John.[11]

NÃO HOUVE NENHUMA demonstração ostensiva de tristeza, nenhum sinal de que a calma pouco natural de Nash tivesse sido abalada.[12] Entretanto, a morte do pai provocou outra fissura nos alicerces do "mundinho perfeito" de Nash.
 A perda do pai antes de uma pessoa ter entrado inteiramen-

te na idade adulta para desempenhar o mesmo papel é um golpe duplo – perder o pai e ter de substituí-lo.

Para começar, havia um recém-descoberto senso de responsabilidade pelo bem-estar de Virginia. Isso talvez não significasse muito em termos práticos, já que Martha morava em Roanoke e, como filha, era de esperar que cuidasse da mãe, mas emocionalmente Nash estava agora em uma posição de responsabilidade. De repente, os anseios de sua mãe em relação a ele, especificamente seu desejo intenso de que adotasse o que ela considerava uma vida "normal" – isto é, que ele se casasse –, pesaram mais sobre ele do que em qualquer outra época depois que ele saiu de casa para cursar a faculdade.

Para Nash, esse dilema – e era um dilema, pois o papel de seu pai não era exatamente o que ele se sentia preparado para assumir – tinha como ingredientes as circunstâncias especiais do verão. Sua má conduta em relação a Eleanor e John David se interpunham entre ele e Virginia. O pensamento de que ele havia apressado a morte do pai deve ter-lhe ocorrido. Ou, se isso não aconteceu – o que é bem possível, em razão de sua incapacidade de imaginar como seus atos afetavam as outras pessoas –, a idéia deve ter ocorrido a Virginia, com toda certeza, e ela pode ter-lhe passado esse sentimento de modo direto ou indireto. Virginia não ficou apenas muito abatida pela tristeza, mas também muito zangada. Escreveu uma carta a Eleanor acusando-a de ter provocado a morte do marido. É bem possível que Virginia tenha dito algo semelhante para o filho, ou, pelo menos, insinuado.[13]

Uma culpa desse quilate seria um grande fardo para se carregar. Mais provavelmente, não foi só o sentimento de culpa, mas também a ameaça mais potente de perder o amor da mãe na esteira da perda real do pai, que teria feito uma imensa pressão sobre Nash para agir. Virginia sentia que Nash tinha o dever de legitimar sua relação com o filho. O Sr. John tinha horror a escândalo e uma forte crença no cumprimento do dever. Não ficou claro se na época da morte do marido Virginia ainda persistia na exigência de que Nash se casasse com Eleanor. É possível que seu contato com a moça – incluindo a constatação de que ela vinha da classe baixa, sua pouca escolaridade ou suas ameaças de causar problemas para Nash – tenha convencido Virginia de que até mesmo um casamento temporário estava fora de cogitação. Talvez ela tivesse medo de que Eleanor nunca viesse a concordar com o divórcio. Ou, simplesmente, ela pode ter percebido que não tinha meios de obrigar Nash a fazer algo que ele não queria fazer.

Se Virginia reagiu desse modo à amante e a seu filho ilegítimo, como ela iria reagir ao fato muito mais perturbador que era a ligação de seu filho com outros homens? Do ponto de vista prático, a probabilidade de que ela chegasse a descobrir sobre sua prisão parecia mínima. Contudo, esse pensamento também deve ter passado pela cabeça de Nash. Sua certeza de que podia manter suas vidas secretas completamente separadas e também manter seus pais no escuro foi abalada pela traição de Eleanor. Ele deve ter sentido na nuca o bafo quente de outras descobertas potenciais.

ALICIA INSISTIU EM DIZER que não se lembra de quando Nash lhe propôs casamento, ou se o fez pessoalmente ou por carta.[14] Eles simplesmente tiveram um entendimento, disse ela. Mas seus atos naquele outono não correspondem a essa explicação. Depois que Nash partiu de Cambridge em junho, ela continuou lá, desesperada e infeliz. Tudo isso sugere o oposto de um "entendimento".

A carta de Alicia para Joyce Davis do dia 23 de outubro de 1956 não faz nenhuma menção a Nash. Presumivelmente, se eles já estivessem formalmente comprometidos naquela data, Alicia teria comunicado o fato a Joyce.

> Como você deve saber, estou procurando emprego em Nova York e candidatei-me em vários lugares. A princípio, eu tinha receio de que as coisas fossem difíceis, mas até agora já recebi propostas da Brookhaven, como físico júnior no grupo do reator, e da Nuclear Development Corporation of America, também na área de reator. Estou aceitando esta última por 450 dólares por mês. Disseram-me que eu poderia ganhar 500 dólares em algum outro lugar, mas acho que a N.D.C. oferece boa experiência e eu sempre quis fazer especificamente física nuclear.[15]

É POSSÍVEL QUE ALICIA tenha deixado a escola e arranjado um emprego independentemente da situação de seu relacionamento com Nash. Ela estava cada vez menos entusiasmada com o curso de pós-graduação. "Estou cansada de estudar e da rotina sem-fim. O que eu sei é que quero VIVER." Como havia freqüentado a escola de nível médio em Nova York, seria natural que pensasse em voltar àquela cidade para trabalhar. Mas a própria Alicia disse mais tarde que se mudou para Nova York por causa de Nash. Talvez tenha sido na esperança de reatar seu relacionamento com ele. Talvez tenha ido convidada expressamente por ele.

QUER ALICIA TENHA IDO para Nova York como noiva de Nash ou não, no fim de outubro, ela foi visitar a família dele em Roanoke no feriado de Ação de Graças.[16] Entretanto, Nash não lhe deu um anel. Ele teve a idéia, tipicamente esquisita e sovina, de comprar um em Antuérpia, diretamente de um atacadista de diamantes.[17]

Virginia achou Alicia encantadora e séria, e ficou impressionada com sua visível dedicação ao filho, mas, ao mesmo tempo, achou que ela era completamente diferente do tipo de moça que imaginara para noiva de Nash.[18] Achou estranha a relação dos dois. Alicia era uma física que falava sobre seu emprego numa empresa de reatores nucleares e não demonstrava interesse algum por qualquer assunto doméstico, uma jovem totalmente fora da perspectiva de Virginia. Enquanto Virginia e Martha se ocupavam das coisas na cozinha, Alicia e Nash passaram a maior parte do Dia de Ação de Graças sentados no chão da sala de estar, debruçados sobre cotações da bolsa. A reação de Martha foi semelhante à da mãe. (Por insistência de Virginia, e achando que poderia virar a cabeça de Alicia na direção certa, Martha saiu com ela, uma tarde em Roanoke, para comprar um chapéu.)

O CASAMENTO FOI REALIZADO numa manhã cinzenta de fevereiro com a temperatura surpreendentemente amena, em Washington, D.C., na igreja de St. John, o templo episcopal amarelo e branco da Pennsylvania Avenue, em frente à Casa Branca.[19] Nash, na época ateu, torceu o nariz para a cerimônia católica. Ele se contentaria em casar-se na prefeitura. Alicia queria um acontecimento elegante, formal. Foi um casamento com poucos convidados. Não havia matemáticos nem velhos amigos da escola presentes; só os parentes mais chegados. Charlie, seu cunhado, que Nash mal conhecia, foi o padrinho. Martha foi a dama de honra. Tanto o noivo como a noiva chegaram atrasados por causa da demora no fotógrafo. Seguiram de carro para Atlantic City para uma semana de lua-de-mel, no caminho de volta para Nova York. Não foi um sucesso. Alicia não estava se sentindo bem, Nash escreveu num cartão-postal para sua mãe.[20]

Em abril, dois meses mais tarde, Nash e Alicia fizeram uma festa para comemorar o casamento. Eles estavam morando num apartamento sublocado no Upper East Side, perto da esquina da Bloomingdale. Foram cerca de vinte convidados, a maioria matemáticos do Courant Institute e do Instituto de Estudos Avançados, além de vários primos de Alicia, entre eles Odette e Enrique. "Eles pareciam muito felizes", relembrou mais tarde Enrique Larde. "Era um apartamento grande. Eles queriam exibir seu novo casamento. Ele estava muito bonito. Tudo parecia muito romântico."[21]

Parte III

Um fogo que queima lentamente

29
Olden Lane e Washington Square
1956-1957

> *As idéias matemáticas têm origem no empirismo... Mas, depois de concebidas, o assunto começa a levar uma vida peculiar própria e pode ser mais bem comparado a algo criativo, governado quase inteiramente por motivações estéticas... À medida que a disciplina matemática progride ou depois de muita endogamia "abstrata", [ela] corre o risco de degeneração... sempre que esse estágio é alcançado, o único remédio me parece ser a volta rejuvenescedora à fonte: a reinjeção de idéias mais ou menos diretamente empíricas.*
>
> – John von Neumann

O Instituto de Estudos Avançados, situado nos arredores de Princeton, numa área onde antes existira uma fazenda, era o sonho dos acadêmicos. Cercado por um bosque e pelo Delaware-Raritan Canal, seus gramados eram imaculados, e uma de suas ruas era a Einstein Drive. E também – Deus seja louvado! – não tinha estudantes. A atmosfera da sala de reunião do Fuld Hall assemelhava-se à de um venerável clube masculino, com seus porta-jornais e odores misturados de couro e fumo de cachimbo; suas portas nunca se fechavam e as luzes ficavam acesas até altas horas da noite.

Em 1956, o corpo docente permanente do instituto não tinha mais do que uma dezena de matemáticos e físicos teóricos.[1] Entretanto, havia uma quantidade seis vezes maior de importantes professores visitantes, temporários, de todas as partes do globo, fazendo com que Oppenheimer chamasse a instituição de "um hotel intelectual".[2] Para pesquisadores jovens, o instituto era uma oportunidade de ouro para fugirem das pesadas exigências do magistério e da administração, e, na verdade, das tarefas da vida cotidiana. Tudo era fornecido ao professor visitante: um apartamento a poucas centenas de metros de sua sala, um interminável ciclo de seminários, palestras e, para aqueles que gostavam, festas em que a bebida corria solta e em que era possível ver Lefschetz equilibrando um copo de martíni numa mão artificial, ou ver um matemático francês bêbado mostrando seus dotes de montanhista subindo por uma corda por cima da lareira.[3]

O COURANT INSTITUTE Of Mathematical Sciences da Universidade de Nova York era "a capital nacional da análise matemática aplicada", como logo informaria a seus leitores a revista *Fortune*.[4] Com poucos anos de existência e vibrante de energia, Courant ocupava um sobrado do século XIX, menos de um quarteirão a leste de Washington Square, num bairro que, apesar da presença cada vez maior da universidade, ainda era dominado por pequenas manufaturas.

O Courant Institute ficava praticamente na soleira da porta de Nash, e, por causa de sua atmosfera alegre, não surpreende o fato de que ele logo começasse a passar mais tempo lá do que no Instituto de Estudos Avançados. No início, Nash dava uma parada de uma hora ou duas ali antes de seguir de carro para Princeton, mas em pouco tempo ele começou a passar o dia inteiro ali.[5] Nunca chegava muito cedo, pois gostava de dormir até tarde, depois de ficar trabalhando até de madrugada na biblioteca da universidade.[6] Mas quase sempre estava lá na hora do chá, no saguão do penúltimo andar do prédio.[7]

A turma do Courant, um grupo amistoso, extrovertido, com pouca propensão para a competitividade do MIT ou o esnobismo do Instituto de Estudos Avançados, o acolheu com alegria. Tilla Weinstein, um matemático de Rutgers, que se lembrou de que Nash gostava de ficar andando numa das saídas de incêndio do edifício, disse: "Ele era simplesmente encantador. Havia uma graça e um humor em torno dele inteiramente originais. Uma maravilhosa atmosfera de jovialidade, uma leveza."[8] Cathleen Morawetz, filha de John Synge, professor de Nash em Carnegie, supôs que Nash fosse apenas mais um bolsista de pós-graduação e achou-o "muito encantador", um "sujeito atraente", "um conversador animado".[9] Hörmander recordou sua primeira impressão: "Ele chegava com uma expressão séria. De repente, abria-se num sorriso. Era entusiasmado."[10] Peter Lax, que passara a guerra em Los Alamos, interessou-se pela pesquisa de Nash e "por seu modo próprio de olhar as coisas".[11]

A princípio, Nash parecia mais interessado nos cataclismos políticos daquele outono – Nasser nacionalizara o canal de Suez, desencadeando uma invasão por parte da Inglaterra, da França e de Israel, os russos haviam esmagado o levante húngaro, e Eisenhower e Stevenson estavam de novo lutando pela presidência – do que em acompanhar conversas sobre matemática. "Ele ficava na sala dos professores", lembrou um professor visitante de Courant, "falando e falando de suas opiniões sobre a situação política. No chá da tarde, eu me lembro dele manifestando opiniões firmes sobre a crise de Suez, que se desenrolava na época".[12] Outro matemático lembrou-se de uma conversa semelhante na sala de jantar do instituto: "Quando os ingleses e seus aliados estavam tentando conquistar o canal de Suez, e Eisenhower ainda não havia deixado perfeitamente clara sua posição (se é que o fez algum dia), uma vez, no almoço,

Nash começou a falar sobre o assunto. Naturalmente, Nasser não era negro, mas era bastante escuro para Nash. "O que é preciso fazer com essa gente é ter pulso firme, e aí eles logo vêem que você está falando sério..."[13]

OS FARÓIS EM COURANT, estimulados pela Segunda Guerra Mundial, estavam voltados para o rápido progresso de certos tipos de equações diferenciais, que servem de modelos matemáticos para uma imensa variedade de fenômenos físicos relacionados com algum tipo de mudança.[14] Em meados dos anos 1950, como observou a revista *Fortune*, os matemáticos conheciam rotinas relativamente simples para resolver equações diferenciais ordinárias usando computadores. Mas não havia métodos diretos para resolver a maioria das equações diferenciais parciais não-lineares, que surgem aos montes quando ocorrem mudanças grandes ou repentinas – equações como as que descrevem as ondas de choque aerodinâmicas produzidas quando um avião a jato acelera além da velocidade do som. Em 1958, no obituário de von Neumann, que fizera um trabalho importante nesse campo nos anos 1930, Stanislaw Ulam chamou esses sistemas de equações de "analiticamente enganadoras", dizendo que elas "desafiam até mesmo os insights qualitativos dos métodos atuais".[15] Como Nash escreveria naquele mesmo ano: "Os problemas em aberto na área das equações diferenciais parciais não-lineares são muito importantes para a matemática aplicada e a ciência como um todo, talvez mais ainda do que os problemas não-resolvidos em qualquer outra área da matemática, e esse campo parece maduro para um rápido desenvolvimento. Contudo, parece evidente que devem ser empregados novos métodos."[16]

Nash, em parte por causa de seu contato com Wiener, e talvez por sua interação anterior com Weinstein em Carnegie, já estava interessado no problema da turbulência.

Foi Louis Nirenberg, um jovem protegido do Courant Institute, baixo, míope e bem-humorado, que passou a Nash um importante problema não-resolvido no campo relativamente novo da teoria não-linear.[17] Nirenberg, também na casa dos 20 anos, e já considerado um analista extraordinário, achava Nash um pouco estranho. "Ele freqüentemente parecia ter um sorriso interno, como se estivesse pensando numa piada particular, como se estivesse rindo de uma piada particular sobre a qual ele nunca [falava com ninguém]."[18] Mas ele ficou muito impressionado com a técnica que Nash havia inventado para resolver seu teorema da imersão e sentiu que Nash podia ser o homem certo para solucionar um problema importante extremamente difícil, que estava em aberto desde o fim dos anos 1930.

Ele lembrou:

> Eu trabalhava nas equações parciais diferenciais. Também trabalhava com geometria. O problema tinha relação com certos tipos de desigualdades ligadas àquelas equações diferenciais. A situação vinha rolando na área de matemática havia certo tempo e várias pessoas já haviam trabalhado nela. Muito antes, na década de 1930, alguém havia conseguido fazer esses cálculos em duas dimensões. Mas o problema em dimensões mais altas estava em aberto havia [quase] trinta anos.[19]

Nash começou a trabalhar no problema logo que Nirenberg o sugeriu, embora batesse de porta em porta até ter certeza de que a questão era tão importante quanto Nirenberg afirmava.[20] Lax, que também foi um dos consultados, comentou recentemente: "Em física, todo mundo sabe quais são os problemas mais importantes. Eles já estão bem definidos. Isso não acontece em matemática. As pessoas são mais introspectivas. Mas, para Nash, a questão tinha de ser importante na opinião dos outros."[21]

Nash começou a ir à sala de Nirenberg para discutir o progresso feito. Mas passaram-se semanas até que este percebesse realmente que Nash estava progredindo. "Nós nos encontrávamos com freqüência. Nash costumava dizer: 'Parece que preciso de tal e tal desigualdade. Acho que é verdadeiro que...'" Muitas vezes as especulações de Nash desviavam-se completamente do alvo. "Ele parecia meio hesitante. Dava essa impressão. Eu não tinha muita certeza de que ele fosse conseguir."[22]

Nirenberg mandou Nash falar com Lars Hörmander, um sueco alto, duro, que já chegara ao mais alto escalão dos acadêmicos naquela área. Preciso, cuidadoso e imensamente culto, Hörmander conhecia Nash por sua reputação, mas reagiu de maneira ainda mais cética do que Nirenberg. "Nash soubera por Nirenberg da importância de estender os cálculos de Holder – conhecidos para as equações elípticas de segunda ordem com duas variáveis e coeficientes irregulares – a dimensões mais altas", lembrou Hörmander em 1997.[23] "Ele veio me ver diversas vezes. 'O que é que eu achava de tal e tal desigualdade?' No início, suas hipóteses eram obviamente falsas. [Eram] facilmente descartadas por fatos conhecidos sobre operadores de coeficientes constantes. Ele era muito inexperiente nessas questões. Fazia as coisas desde a estaca zero sem usar técnicas comuns. Estava sempre tentando extrair problemas... [das conversas com outras pessoas]. Não tinha paciência [para estudá-los]."

Nash continuou às apalpadelas, porém com mais sucesso. "Depois de algumas vezes", disse Hörmander, "ele começou a trazer coisas que não eram tão obviamente erradas".[24]

Na primavera, Nash conseguiu formular os teoremas básicos da existência, da singularidade e da continuidade, mais uma vez adotando métodos inteiramente novos que ele inventara. Ele tinha uma teoria de que problemas difíceis não podiam ser atacados de frente. Abordou o problema de maneira engenhosa, com rodeios, primeiro transformando as equações não-lineares em equações lineares, e depois atacando-as por métodos não-lineares. "Foi um golpe de gênio", disse Lax, que acompanhou de perto o progresso de Nash. "Eu nunca vira alguém fazer aquilo. Eu sempre tinha a questão em mente, pensando, talvez a coisa possa funcionar em outra circunstância."[25]

A nova descoberta de Nash teve repercussão imediata muito maior do que seu teorema da imersão. Ela convenceu Nirenberg também de que Nash era um gênio.[26] O supervisor de Hörmander na Universidade de Lund, Lars Gärding, um especialista de nível mundial em equações diferenciais parciais, declarou imediatamente: "É preciso ser um gênio para fazer isso."[27]

O COURANT INSTITUTE fez uma generosa proposta de emprego a Nash.[28] A reação de Nash foi curiosa. Cathleen Synge Morawetz relembrou uma longa conversa com Nash, que não conseguia decidir se aceitava a proposta ou se voltava para o MIT. "Ele disse que optou por voltar ao MIT por causa da vantagem tributária" de morar em Massachusetts em comparação com Nova York.[29]

APESAR DESSES SUCESSOS, Nash se lembraria daquele ano como um período de desapontamento cruel. No fim da primavera, ele descobriu que um jovem italiano até então desconhecido, Ennio De Giorgi, havia comprovado o teorema da continuidade alguns meses antes. Paul Garabedian, um matemático de Stanford, era adido naval em Londres. Era uma sinecura do Office of Naval Research.[30] Em janeiro de 1957, Garabedian fez uma longa viagem de carro pela Europa à procura de jovens matemáticos. "Vi alguns da velha guarda em Roma", lembrou ele. "Era como um ritual. Conversávamos sobre matemática durante meia hora. Depois íamos para o almoço, que durava três horas. Depois a sesta. Depois o jantar. Ninguém fez menção a De Giorgi." Mas, em Nápoles, alguém mencionou seu nome, e Garabedian procurou-o quando voltou a Roma. "Era um cara sujo, magro, parecendo morto de fome. Mas eu descobri que ele havia escrito um artigo."

De Giorgi, que morreu em 1996, era de uma família muito pobre de Lecce, no Sul da Itália.[31] Mais tarde, ele se tornaria um ídolo da geração mais nova. Não tinha nenhuma atividade fora da matemática, nenhuma vida familiar própria ou outras relações pessoais íntimas, e mesmo mais tarde, ele literalmente morava em sua sala de trabalho. Apesar de ocupar o cargo mais prestigioso de um matemático na Itália, ele vivia numa pobreza ascética, completamente dedicado a suas pesquisas, ao ensino e, com o passar do tempo, a uma preocupação cada vez maior com o misticismo, que o levou a tentar provar a existência de Deus por meio da matemática.

O artigo de De Giorgi fora publicado no periódico mais obscuro que se podia imaginar, as atas de uma academia regional de ciências. Garabedian apresentou os cálculos de De Giorgi no boletim europeu de notícias do Office of Naval Research.

A história contada pelo próprio Nash, escrita depois que ele ganhou o Prêmio Nobel por seu trabalho sobre a teoria quântica, revela o profundo desapontamento sofrido:

> Desde então, entrei numa maré de azar, sem ter informações suficientes sobre o que outras pessoas estão fazendo na área, e aconteceu que eu estava fazendo um trabalho paralelo ao de Ennio De Giorgi, de Pisa, Itália. E De Giorgi foi realmente o primeiro a conseguir chegar ao cume (do problema descrito figurativamente), pelo menos no caso particularmente interessante das "equações elípticas".[32]

A opinião de Nash talvez fosse subjetiva demais. A matemática não é um esporte intramuros, e, embora seja importante ser o primeiro, o modo como se chega à meta é tão importante – ou até mais importante – quanto o objetivo em si. O trabalho de Nash foi reconhecido quase universalmente como um avanço importante. Mas não foi assim que Nash viu as coisas. Gian-Carlo Rota, um aluno de pós-graduação de Yale, que passou aquele ano em Courant, lembrou em 1994: "Quando soube da história de De Giorgi, Nash ficou muito chocado. Algumas pessoas até acharam que ele pirou por causa daquilo."[33] Quando De Giorgi foi a Courant naquele verão e ele e Nash se encontraram, Lax disse mais tarde: "Foi como Stanley encontrando o Dr. Livingstone."[34]

NASH ABANDONOU o Instituto de Estudos Avançados irritado. No início de julho, ele aparentemente tivera uma discussão séria com Oppenheimer sobre a teoria quântica – suficientemente séria, de qualquer modo, para que ele escrevesse uma longa carta de desculpas a Oppenheimer por volta do dia 10 de julho de 1957: "Primeiro, por favor me desculpe por meu modo de falar quando discutimos a teoria quântica recentemente. Esse modo é injustificadamente agressivo."[35] Mas, depois de chamar seu próprio comportamento de injustificado, Nash imediatamente o justifica, classificando "a maioria dos físicos (também alguns matemáticos que estudaram a teoria quântica)... de bastante dogmáticos em suas atitudes", queixando-se da tendência deles de tratar "qualquer pessoa com algum tipo de atitude questionadora ou uma crença em 'parâmetros ocultos'... como burra ou, na melhor das hipóteses, uma pessoa completamente ignorante".

A carta de Nash a Oppenheimer mostra que antes de sair de Nova York ele já havia começado a pensar seriamente na famosa crítica que Einstein fez ao princípio da incerteza de Heisenberg:

> No momento estou me concentrando no estudo do trabalho original, de 1925, de Heisenberg... Parece-me um trabalho fascinante e estou espantado com a grande diferença entre as exposições da "mecânica das matrizes", uma diferença que, do meu ponto de vista, parece definitivamente a favor do original.[36]

"Embarquei no projeto de revisar a teoria quântica", disse Nash na palestra que fez em Madri em 1996. "Não era uma coisa absurda, *a priori*, para quem não era físico. Einstein havia criticado a indeterminação da mecânica quântica de Heisenberg."[37]

Aparentemente, ele dedicava o pouco tempo que passou no Instituto de Estudos Avançados naquele ano a conversas com físicos e matemáticos sobre a teoria quântica. Não se sabe quais pessoas ele consultou: Freeman Dyson,

Hans Lewy e Abraham Pais estavam fazendo residência em pelo menos um dos trimestres.[38] A carta de desculpas de Nash a Oppenheimer é o único registro do que ele pensava na época. Nash deixou bem claro seu plano de trabalho. "Para mim, uma das melhores coisas do trabalho de Heisenberg é sua restrição às quantidades observáveis", ele escreveu, acrescentando: "Quero encontrar um substrato diferente e mais satisfatório da realidade não-observável."[39]

Foi essa tentativa que Nash culparia, décadas depois numa palestra para psiquiatras, pelo desencadeamento de sua doença mental – qualificando sua tentativa de resolver as contradições da teoria quântica, na qual ele se envolveu no verão de 1957, de "possivelmente excessiva e psicologicamente desestabilizadora".[40]

30
A fábrica de bombas

> *Qual é o problema de ser solitário e inovador? Isso não é bom? Mas o [gênio solitário] tem os mesmos desejos que as outras pessoas. Se ele estivesse de volta ao ensino médio fazendo projetos de ciências, tudo bem. Mas se ele fica muito isolado e se desaponta com algo muito grande, aí a coisa é assustadora, e o medo pode precipitar a depressão.*
>
> – Paul Howard, Hospital McLean

Jürgen Moser entrou para o corpo docente permanente do MIT no outono de 1957 e morava com a esposa, Gertrude, e seu enteado, Richy, numa casinha alugada a oeste de Boston, em Needham, perto do Wellesley College. Needham era, na época, mais um lugar "fora" da cidade do que um subúrbio elegante, ainda predominantemente rural, um lugar encantador para caminhar, passear de barco ou "ficar olhando para as estrelas", coisas pelas quais Moser, um amante da natureza, era apaixonado. Naqueles meses de outubro e novembro, ele saía de casa ao anoitecer com Richy, de 11 anos, subia num grande monte de terra que havia atrás da casa e ficava esperando que o *Sputnik* – um minúsculo ponto prateado que refletia os últimos raios de sol – passasse lentamente sobre Boston.[1] Tendo calculado a órbita exata do satélite, Moser sempre sabia quando ele apareceria no horizonte.

Quase sempre ele ainda estaria pensando na conversa que tivera com Nash à tarde. Ele ia muitas vezes até ali de carro. Apesar de seus temperamentos muito diferentes, Nash e Moser tinham um grande respeito mútuo. Moser, que achava que o teorema de Nash da função implícita devia ser generalizado e aplicado à mecânica celeste, estava ansioso para saber mais sobre o que Nash pensava. Nash, por sua vez, estava interessado nas idéias do amigo sobre as equações não-lineares. Richard Emery recordou em 1996: "Eu me lembro de Nash participando muito de nossa vida. Ele costumava vir até nossa casa para conversar com Jürgen. Eles ficavam andando e conversando, e passavam algum tempo no estúdio. A intensidade da conversa era inimaginável. Não podiam ser interrompidos. Uma interrupção era um pecado capital, uma transgressão muito grave. A gente se defrontava com verdadeiro ódio. Quando os dois se encontravam, a coisa era para valer. Eu sempre tinha de ficar calado."[2]

QUANDO VOLTARAM para Cambridge no fim do verão, Nash e Alicia tiveram certa dificuldade em achar um apartamento.[3] Cada um deles pagava metade do aluguel, pois haviam decidido não juntar seus bens.[4] Alicia conseguiu um emprego como pesquisadora em física na Technical Operations, uma das pequenas empresas de alta tecnologia que pipocavam ao longo da Rodovia 128.[5] Também se matriculou num curso de teoria quântica dado por J. C. Slater.

Eles se habituaram rapidamente aos agradáveis rituais particulares e sociais de um casal de acadêmicos recém-casados. Alicia quase não cozinhava. Ela se encontrava com Nash no campus depois do trabalho, iam jantar fora com um ou vários dos amigos matemáticos de Nash e freqüentemente passavam a noite assistindo a uma palestra ou a um concerto, ou participando de alguma reunião social.[6] Alicia sempre conseguia que ficassem rodeados de gente divertida, às vezes velhos amigos de pós-graduação de Nash, entre eles Mattuck e Bricker, às vezes Emma Duchane e quem ela estivesse namorando, e, cada vez mais, outros casais jovens como eles, incluindo os Moser, os Minsky, Hartley Rogers e a mulher, Adrienne, e Gian-Carlo Rota e a mulher, Terry.

Quando estavam com outras pessoas, Nash conversava com os matemáticos e Alicia, com as esposas ou com Emma. Mas sua atenção estava sempre concentrada em Nash, no que ele estava dizendo, na aparência dele, em como os outros reagiam a ele. Ele também parecia sempre consciente da presença dela, até mesmo quando dava a impressão de ignorá-la. O fato de ele não ser especialmente gentil com ela, ou generoso, importava menos do que o fato de que ele era interessante e fazia as coisas acontecerem.

NASH CONTINUAVA A TRABALHAR no problema que havia resolvido no ano anterior, em Courant. Havia pequenas lacunas na prova, e o trabalho que ele começara a escrever, expondo de maneira completa o que havia feito, ainda estava na forma de um esboço muito cru.[7] Um colega explicou em 1996: "Era como se Nash fosse um compositor e pudesse ouvir a melodia, mas não soubesse como escrevê-la ou como orquestrá-la da forma exata."[8] Como se soube, foi necessário quase um ano de trabalho, além de um esforço coletivo, antes de o produto final – que muitos matemáticos consideram sua obra mais importante – ficar pronto para ser apresentado a uma publicação especializada.

Para completá-lo, Nash chegou o mais perto que jamais havia chegado, ou jamais chegaria, de uma colaboração ativa com outros matemáticos. "Era como fabricar a bomba atômica", relembrou Lennart Carleson, um jovem professor da Universidade de Uppsala, que estava no MIT como professor visitante naquele trimestre. "Aquilo foi o início da teoria não-linear. Foi muito difícil."[9] Nash consultava colegas, fazia perguntas, especulava em voz alta, pescava idéias e, no fim do dia, reunia uns dez matemáticos em Cambridge suficientemente interessados em seu problema para deixar de lado suas próprias pesquisas durante algum tempo e tentar resolver as pequenas partes do quebra-cabeça dele. "Era uma espécie de fábrica", disse Carleson, que contribuiu com um lindo teoremazinho sobre entropia para o trabalho de Nash. "Ele não nos dizia o que estava procurando, seu grande objetivo. Foi divertido observar como ele conseguiu a cooperação de todos esses grandes egos."[10]

Além de Moser e Carleson, Nash também recorreu a Eli Stein, atualmente catedrático de matemática na Universidade de Princeton, mas que na época era professor temporário no MIT. "Ele não estava interessado no que eu andava fazendo", lembrou Stein. "Ele dizia: 'Você é analista. Você tem de estar interessado nisto.'"[11]

Stein ficou impressionado com o entusiasmo de Nash e com seu fluxo constante de novas idéias. Ele declarou: "Éramos como fãs do time de beisebol dos Yankees, reunindo-nos e falando sobre grandes jogos e grandes jogadores. Era uma coisa muito emocional. Nash sabia exatamente o que queria fazer. Com sua grande intuição, ele via que determinadas coisas tinham de ser verdadeiras. Ele entrava em minha sala e dizia: 'Essa desigualdade deve ser verdadeira.' Seus argumentos eram plausíveis, mas ele não tinha provas dos lemas individuais – alicerces da prova principal."[12] Ele desafiava Stein a provar os lemas.

"Não se aceitam argumentos baseados na plausibilidade", disse Stein em 1995. "Se você constrói um edifício baseado numa proposição plausível depois da outra, a coisa toda fica ameaçada de desabar depois de algumas etapas. Mas, de alguma forma, ele sabia que isso não ia acontecer. E não aconteceu."[13]

ASSIM, PARECIA QUE O TRIGÉSIMO aniversário de Nash seria muito bom. Ele havia conseguido um grande êxito. Era adulado e tratado como celebridade de um modo que nunca acontecera antes.[14] A revista *Fortune* ia fazer uma matéria sobre ele como uma das maiores estrelas da matemática, numa série a ser publicada em pouco tempo, intitulada a "Nova matemática".[15] Além disso, ele voltara a Cambridge como um homem casado com uma jovem esposa linda e adorável. Entretanto, sua sorte parecia, às vezes, somente aumentar a brecha entre suas ambições e o que ele havia realizado. Para começar, ele se sentia mais frustrado e insatisfeito do que nunca. Estava esperando uma nomeação para Harvard ou Princeton.[16] Até então, ele ainda não era um professor permanente no MIT e também não tinha a cátedra. Esperava que seu feito mais recente, juntamente com a proposta do Courant Institute, convencesse o departamento a dar-lhe as duas coisas naquele inverno.[17] Conseguir essas coisas depois de apenas cinco anos era algo inusitado, mas Nash achava que não merecia nada menos do que isso.[18] Mas Martin já tinha deixado claro que não queria vê-lo promovido tão cedo. A candidatura de Nash era polêmica, segundo Martin contou a ele como fora sua nomeação inicial para professor temporário.[19] Várias pessoas no departamento achavam que ele não era um bom professor, e que era um colega ainda pior. Martin pensava que o caso de Nash teria melhor acolhida no momento em que a versão completa do trabalho sobre equações parabólicas fosse publicado. Nash, no entanto, estava furioso.

Continuava a amargar o fiasco no caso De Giorgi. O verdadeiro golpe de descobrir que o italiano o havia vencido na corrida contra o tempo representou para ele não apenas ter de dividir o crédito de sua descoberta monumental, mas sua forte convicção de que a aparição repentina de um co-inventor lhe roubaria a coisa que ele mais ambicionava: a medalha Fields.

Quarenta anos mais tarde, depois de ganhar o Prêmio Nobel, Nash fez referência, em seu ensaio autobiográfico, e em seu típico modo elíptico, a essas esperanças despedaçadas:

> Parece plausível que se um dos dois – De Giorgi ou Nash – falhou em sua abordagem desse problema (o cálculo *a priori* da continuidade de Holder), então o alpinista solitário que chegou ao pico deveria ter sido agraciado com a medalha Fields (que, tradicionalmente, tem sido restrita a pessoas com menos de 40 anos).[20]

A medalha Fields seguinte seria concedida em agosto de 1958 e, como todo mundo sabia, as deliberações a respeito vinham sendo conduzidas havia muito tempo.

PARA COMPREENDER como foi profundo o desapontamento, é preciso saber que a medalha Fields é o Prêmio Nobel de

Matemática, a mais alta distinção que um matemático pode receber de seus pares, o troféu dos troféus.[21] Não existe um Prêmio Nobel de Matemática, e as descobertas nesse campo, independentemente de sua importância para disciplinas do Nobel, como física ou economia, não se qualificam, por elas mesmas, para um Nobel. A medalha Fields é, para começar, mais rara do que o Nobel. Nos anos 1950 e no início dos anos 1960, ela era concedida a cada quatro anos, e, em geral, a apenas duas pessoas de cada vez. Já os Prêmios Nobel são concedidos anualmente, com até três vencedores dividindo cada prêmio. A tradição exige que os agraciados com a medalha Fields tenham menos de 40 anos, um costume destinado a honrar o espírito da carta de concessão do prêmio, que estipula que o objetivo da honraria é "incentivar os jovens matemáticos" e o "trabalho futuro".[22] O incentivo é de um tipo intangível, pois o dinheiro envolvido, ao contrário do Prêmio Nobel, é insignificante, algumas centenas de dólares. Mas, como a medalha é um bilhete de admissão instantânea, no meio da carreira, em cátedras de renome em universidades de primeiro escalão, generosos fundos para pesquisa e salários de estrelas, essa desvantagem é mais aparente do que real.

O prêmio é administrado pela International Mathematical Union, a mesma instituição que organiza os congressos mundiais de matemática a cada quatro anos, e a escolha dos ganhadores da medalha Fields é, como declarou um presidente recente da organização, "uma das tarefas mais importantes, uma das responsabilidades mais exigentes".[23] Como acontece com o Prêmio Nobel, o processo de seleção da medalha Fields é cercado de grande segredo.

O comitê de sete membros para a concessão do prêmio em 1958 era chefiado por Heinz Hopf, o geômetra esperto, afável, fumante de charutos, de Zurique, que se mostrou muito interessado no teorema da imersão de Nash, e incluía também um importante matemático alemão, Kurt Friedrichs, que já trabalhara em Göttingen e na época estava no Courant Institute.[24] As deliberações começaram no fim de 1955 e foram concluídas no início de 1958. (Os ganhadores foram informados, em absoluto segredo, em maio de 1958, e a entrega das medalhas foi feita durante o congresso de Edimburgo no mês de agosto seguinte.)

Todas as decisões sobre premiação envolvem fatores acidentais, sendo o maior deles a composição do comitê. Como disse um matemático que participou de um comitê posterior, "as pessoas não são universalistas. Conduzem as negociações fazendo concessões recíprocas".[25] Em 1958 havia um total de 36 candidatos, como Hopf iria anunciar em seu discurso durante a cerimônia, mas os que realmente disputavam não passavam de cinco ou seis.[26]

NAQUELE ANO, a decisão foi inusitadamente polêmica e os prêmios, que no fim foram para René Thom, um topólogo, e para Klaus F. Roth, um teórico dos números, foram concedidos com uma apertada margem de quatro a três.[27] "Houve muita política envolvida naquela premiação", disse recentemente uma pessoa que acompanhou as deliberações.[28] Roth era uma barbada; ele havia resolvido um problema fundamental da teoria dos números sobre o qual o mais antigo dos membros do comitê, Carl Ludwig Siegel, havia trabalhado no início de sua carreira. "Era uma questão de Thom *versus* Nash", disse Moser, que ouviu de diversos participantes os relatos sobre as deliberações.[29] "Friedrichs lutou muito por Nash, mas não teve êxito", relembrou Lax, que fora aluno de Friedrichs e ouviu o relato de seu antigo mestre sobre as deliberações. "Ele estava transtornado. Em minha opinião, ele deveria ter insistido para que fosse concedido um terceiro prêmio."[30]

Provavelmente, Nash deve ter perdido no último round. Seu trabalho sobre as equações diferenciais parciais, do qual Friedrichs devia ter conhecimento, ainda não fora publicado ou examinado cuidadosamente. Ele era um anticonformista, algo que "pode tê-lo prejudicado", segundo uma pessoa que acompanhou as deliberações. Moser disse: "Nash era uma pessoa que não respeitava regras. Ele não ligava para nada. Não tinha medo de mergulhar na coisa e trabalhar sozinho. Isso não era encarado de maneira positiva por outras pessoas."[31] Além do mais, não havia muita urgência em mostrar-lhe reconhecimento naquela conjuntura; e só tinha 29 anos.

Ninguém podia saber, é claro, que a medalha de 1958 seria a última oportunidade de Nash. "Em 1962, uma medalha Fields para Nash já era algo fora de cogitação", disse Moser recentemente. "Nunca teria acontecido. Tenho certeza de que ninguém nem mesmo pensou em seu nome."[32]

31
Segredos
Verão de 1958

O que me espantava era que eu sabia tudo; tudo se revelava para mim, todos os segredos do mundo eram meus durante aquelas longas horas.

– Gerard de Nerval

Nash fez 30 anos em junho. Para a maioria das pessoas, os 30 anos são apenas uma linha divisória entre a juventude e a idade adulta, mas os matemáticos consideram aua vocação um jogo de gente jovem, de modo que os 30 anos sinalizam algo muito mais sombrio. Olhando para trás, para esse período de sua vida, Nash o identificaria com um repentino ataque de ansiedade, "um medo" de que os melhores anos de sua vida criativa tivessem terminado.[1]

É uma ironia o fato de que os matemáticos, que vivem muito mais em suas próprias mentes do que o restante da humanidade, se sintam muito mais presos a seus corpos! Um matemático jovem e ambicioso observa o calendário com uma preocupação e uma inquietação iguais ou maiores do que qualquer modelo, ator ou atleta. Mais ambicioso do que a maioria, Nash também era mais consciente do problema da idade do que a maioria – ou, talvez, apenas mais franco sobre ele. "John era a pessoa mais preocupada com a idade que já conheci", lembrou Felix Browder, em 1995. "Ele me dizia toda semana a diferença de minha idade em relação a ele e a todos os outros."[2] Sua decisão de evitar a convocação para o serviço militar durante a Guerra da Coréia revela não só um desejo de evitar os deveres militares, mas também a vontade de não ficar afastado da competição por certo período.

Os mais bem-sucedidos são os mais vulneráveis ao sentimento de que o tempo está correndo. Esses temores podem ser exagerados, mas são perfeitamente capazes de provocar crises verdadeiras, como atesta amplamente a história dos matemáticos. Artin, por exemplo, pulava freneticamente de uma área para outra, tentando pegar algo que se equiparasse a seus primeiros feitos.[3] Steenrod mergulhou numa depressão profunda. Quando um de seus alunos publicou um comentário sobre um artigo dele, "As potências reduzidas de Steenrod" – a referência era, logicamente, matemática, e não pessoal –, outros matemáticos deram um sorriso irônico e disseram: "Ah, sim, as potências reduzidas de Steenrod."[4]

O trigésimo aniversário de Nash causou-lhe uma espécie de dissonância cognitiva. Pode-se quase imaginar um comentarista que se introduzisse na cabeça de Nash: "O quê?! Trinta, já? E ainda sem prêmios, sem nenhuma proposta de Harvard, sem cátedra? E você pensava que era um grande matemático? Um gênio? Ha, ha, ha!"

O ESTADO DE ESPÍRITO de Nash era estranho. Períodos de incerteza e insatisfação que o consumiam se alternavam com períodos de entusiástica expectativa. Ele tinha uma sensação forte de que estava perto de alguma revelação. E foi essa expectativa, tanto quanto o medo, como ele mesmo descreveu, de "descer a um nível profissional de relativa mediocridade e de publicações de rotina", que o estimulou a começar a trabalhar em dois grandes problemas".[5]

Em algum momento durante a primavera de 1958, Nash confidenciou a Eli Stein que tinha "uma idéia de uma idéia" sobre como resolver a Hipótese de Riemann.[6] Naquele verão ele escreveu cartas a Albert E. Ingham, Atle Selber e outros especialistas na teoria dos números esboçando sua idéia e pedindo-lhes uma opinião.[7] Ele trabalhava em sua sala no Prédio 2 durante horas, noite após noite.

Até mesmo quando um gênio faz uma declaração dessas, a reação racional é de ceticismo. A Hipótese de Riemann é o Santo Graal dos matemáticos puros. "Quem provar que ela está certa ou que está errada se cobrirá de glória", escreveu E. T. Bell em 1939. "Uma conclusão num ou noutro sentido sobre a Hipótese de Riemann provavelmente teria mais interesse para os matemáticos do que uma prova ou uma refutação do Último Teorema de Fermat."[8]

Enrico Bombieri, do Instituto de Estudos Avançados, disse: "A Hipótese de Riemann não é apenas um problema. Ela é *o* problema. É o problema mais importante da matemática pura. É uma indicação de algo extremamente profundo e fundamental que não conseguimos compreender."[9]

Em 1859, aos 33 anos, Riemann escreveu um trabalho de oito páginas, "*Ueber die Anzahl der Primzahlen unter einer gegebenen Groesse*" ("Sobre os números primos inferiores a uma determinada magnitude"), no qual ele apresentou sua famosa conjectura – "um dos importantes desafios, se não o mais importante desafio da matemática pura".

Bell explica assim a hipótese:

> O problema em questão é dar uma fórmula que calcule a quantidade de números primos menores do que determinado número *n*. Ao tentar dar uma resposta a esse problema, Riemann foi levado a investigar as séries infinitas 1 + 1/2s + 1/3s + 1/4s +... na qual *s* é um número complexo, digamos, *s* = *u* + *iv* (*i* = *V-1*), onde *u* e *v* são números reais, escolhidos de tal modo que a série é convergente. Com essa condição, a série infinita é uma função definida de *s*, digamos *zeta(s)* (a letra grega *zeta* é sempre usada para denotar essa função, que é denominada "função zeta de Riemann"); e conforme o *s* varia, *zeta(s)* adquire continuamente valores diferentes. Para que valores de *s zeta(s)* será zero? Riemann levantou a hipótese de que *todos* os valores de *s* para os quais *u* se situa entre 0 e 1 são da forma *1/2 + iv*, isto é, todos têm a sua parte real igual a 1/2.[10]

É impossível dizer há quanto tempo Nash já vinha preparando sua própria tentativa, mas parece provável que seu interesse tenha se cristalizado em algum momento próximo ao fim do ano que passou em Nova York. Jack Schwartz lembrou-se de ter conversado com Nash sobre o assunto na sala de reunião em Courant.[11] Jerome Neuwirth, um aluno do segundo ano de pós-graduação do MIT em 1957-1958, recordou que Nash, naquela época, havia desenvolvido uma espécie de sentimento possessivo em relação ao problema.[12] Neuwirth lembrou que Newman, talvez para espicaçar Nash, disse a ele que Neuwirth também estava trabalhando no problema. Nash entrou gritando na sala de Neuwirth. "Como é que você tem coragem?", disse ele. "O que é que um cara como você está fazendo?" A história logo circulou como piada. Toda vez que via Neuwirth, Nash dizia: "E então, já chegou a alguma conclusão?" E o outro respondia: "Quase cheguei lá. Eu aviso quando chegar, mas agora tenho de correr."

Segundo lembrou Stein, a idéia de Nash era "tentar provar a hipótese pela lógica, pela coerência interna do sistema. Algumas provas se baseiam na analogia, em regras de lógica, a partir das quais algo é provado [indiretamente]. Caso se conseguisse provar que a estrutura de dois problemas era de certa forma idêntica, seria possível mostrar que a lógica de uma prova de um problema tem de se aplicar ao outro problema. É uma prova por meio da lógica e não tem de estar relacionada ao contexto real do problema. Não significa provar que um objeto está relacionado a outro objeto."[13]

Stein tinha suas dúvidas. "Ele me expôs esse negócio muito rudimentar. Era uma idéia de uma idéia de como ele iria provar a coisa. Ele iria descobrir outro sistema de números em que a coisa era verdadeira. Pensei: 'É maluquice, não vai se sustentar.' Aquilo me parecia simplesmente inacreditável. Era o oposto de minha conversa inicial com ele sobre equações parabólicas, que me espantaram por sua audácia, mas que provavelmente estariam certas."[14]

Richard Palais, professor de matemática na Brandeis University, lembra alguns detalhes: "Nash estava interessado nas seqüências dos chamados números pseudoprimos, na seqüência crescente dos números inteiros p1, p2..., que possuem muitas propriedades de distribuição idênticas às dos números primos, 2, 3, 5, 7... Nessa questão é possível associar de modo natural uma 'função zeta', que, para o caso dos verdadeiros números primos, se reduz a uma função zeta riemanniana. Segundo me lembro, Nash afirmava ser capaz de mostrar que para 'quase todas' essas seqüências de pseudoprimos a função zeta correspondente satisfazia a Hipótese de Riemann."[15]

Bell preveniu que "a Hipótese de Riemann não era o tipo de problema que podia ser atacado por meio de métodos elementares. Ela já tinha dado origem a uma extensa e espinhosa literatura".[16] Na época em que Nash se concentrou seriamente no problema, aquela literatura já havia aumentado várias vezes. Tanto Ingham quanto Selberg, e possivelmente outros também, alertaram Nash para o fato de que suas idéias já haviam sido tentadas antes e que nao haviam levado a parte alguma.[17] Eugenio Calabi, que esteve em contato com Nash naquele trimestre, disse: "Para uma pessoa que não é rato de biblioteca, é uma área muito perigosa de se explorar. Se você tem um lampejo de uma idéia com um cenário e acha que pode chegar a um resultado, no primeiro lampejo de iluminação você acha que teve uma revelação. Mas isso é muito perigoso."[18]

NÃO HAVIA, como sugeria Nash, nada absurdo no fato de ele tentar resolver os problemas importantes da matemática pura e da física teórica. Mas a época da decisão de se lançar a esses problemas, justamente quando ele acabara de completar 30 anos e ainda lambia as feridas daquilo que ele mais tarde chamaria de seu "superego impiedoso",[19] sugere que, por trás de seu desejo de assumir riscos inusitados, havia o medo do fracasso. A impressão que Stein guardou de Nash durante a conversa dos dois sobre o problema de Riemann é interessante: "Ele estava um pouco... excitado. Havia algo de exagerado em suas atitudes. Falava de maneira bombástica. Os matemáticos geralmente são mais cuidadosos sobre o que afirmam ser verdadeiro."[20] Mas, é claro, a vaidade não é exatamente rara. Como disse Hörmander, que em 1962 ganharia a medalha Fields: "Faz parte da vida o fato de que nem todas as coisas nas quais nos empenhamos dêem certo. Nós superestimamos nossa capacidade. Depois de resolver um grande problema, nada menor nos serve. Isso é muito perigoso."[21] Mais tarde, possivelmente em decorrência dos efeitos do tratamento de choque, Nash não se lembrava de absolutamente nada a respeito dessa sua tentativa de resolver a Hipótese de Riemann.[22] Mas, no fim das contas, sua compulsão de escalar esse cume, o mais difícil, o mais perigoso, foi decisiva para seu desmoronamento.

HAVIA OUTROS SINAIS de que Nash sentia, nessa ocasião específica, uma pressão cada vez maior para se afirmar – bem como um gosto recém-descoberto por assumir riscos. Ele sempre fora obcecado por dinheiro, mesmo por quantias irrisórias. Fizera amizade com Samuelson, Solow e alguns jovens economistas do MIT. Samuelson lembrou em 1996 que Nash lhe falou sobre um banco que não cobrava nenhuma tarifa para descontar cheques. "Eles também dão envelopes selados e endereçados?", Samuelson replicou na hora. Nash, que não entendera a piada, respondeu: "Não. Você conhece algum banco que lhe dá isso?"[23] Particularmente, Samuelson achava que aquilo era um pouco patológico. Norman Levinson, que se queixou a Samuelson sobre a sovinice de Nash, aparentemente lhe disse certa vez, "para parar com essas mesquinharias". Disse Levinson: "Um teorema a mais lhe fará ganhar mais dinheiro do que todo esse troço." (Nem todo mundo achava a coisa esquisita. Nash conseguiu convencer Martin e alguns outros do departamento de matemática a transferirem suas contas para o Peoples National Bank of Rocky Mount, Virginia, que não cobrava tarifa de seus correntistas!)[24]

Naquele verão, a atitude um tanto compulsiva de Nash em relação a dinheiro transformou-se numa obsessão com o mercado de ações e títulos públicos. Recordou Solow: "Parecia que ele tinha a idéia de que talvez houvesse um segredo no mercado, não uma conspiração, mas um teorema – alguma coisa que, se você pudesse descobrir, faria com que ganhasse sempre. Ele folheava as seções financeiras dos jornais e perguntava 'Por que está acontecendo isso? Por que está acontecendo?', como se tivesse de haver um motivo para uma ação subir ou descer."[25] Martin, o chefe do departamento de matemática, também lembrou que "Nash gostava de conversar sobre o mercado de ações. Ele achava que era possível ficar rico".[26] Tinha vontade de fazer transações de arbitragem com títulos de julho de 1999 contra setembro de 1999, bem como várias idéias sobre ações negociadas no mercado de balcão.[27] Solow ficou aborrecido quando soube que Nash estava investindo as economias da mãe. "Fiquei horrorizado", lembrou ele. "Isso é outra coisa", disse Samuelson. "É vaidade. É como afirmar que você pode controlar as marés. É uma sensação de que você pode ser mais inteligente do que a natureza. Não é algo incomum entre os matemáticos. Não se trata somente de dinheiro. Sou eu contra o mundo. Muitos negociantes começam assim. É como provar a si mesmo."

NO FIM DE JULHO, contra esse pano de fundo de grandes projetos, os Nash, que ainda não haviam tido uma lua-de-mel propriamente dita, viajaram de Cambridge para a Europa. Saíram de Nova York a bordo do *Île de France*.[28] Seu destino final era Edimburgo, onde seria realizado o Congresso Mundial de Matemática, na segunda semana de agosto. Nash faria uma palestra sobre a teoria não-linear. Muitos colegas do MIT e de Princeton estariam lá, e Nash pôde pagar parte da viagem com o dinheiro da bolsa Sloan.

Mas eles foram primeiro a Paris. Ali, depois de calcular que importar um carro usado da Europa seria um grande negócio, Nash comprou uma Mercedes 180 verde-oliva, a *diesel*. Ele e Alicia viajaram para o sul, atravessaram os Pirineus até a Espanha, voltaram até a Itália e seguiram para o norte até a Bélgica. A viagem foi muito boa. "Éramos jovens", lembra Alicia. "Foi divertido."[29] Outro plano era comprar para Alicia o diamante que ele lhe havia prometido. Antuérpia era o centro do mercado mundial de diamantes, e Nash achava que seria vantajoso comprar a pedra diretamente de um atacadista.[30] Se esperava fazer um bom negócio, ele ficou desapontado; a pedra amarela que ele comprou não foi mais barata do que teria sido nos Estados Unidos, ele lembrou em 1996. Da Bélgica, foram de carro até o mar do Norte, cruzaram o mar até a Suécia e visitaram Lund e Estocolmo antes de atravessar novamente para a Inglaterra.

Eles se encontraram com Felix e Eva Browder em Londres e seguiram de carro até a Escócia com os dois. Os homens ignoraram as mulheres, que ficavam sentadas no banco traseiro, fofocando (na época, lembrou Eva, "Nash não falava com mulheres").[31] No segundo dia da viagem, com chuva, Felix fez um pequeno amassado na Mercedes, o que levou Nash a passar o restaante da viagem repetindo incessantemente que "esse carro foi browderizado".[32]

Havia, como disse Alicia mais tarde, "muita gente famosa lá".[33] Nash parecia estar do seu jeito habitual. Torceu a cara quando Milnor fez sua palestra de meia hora a convite, uma grande honra. Entrou numa discussão em voz alta com Olga Ladyshenskaya, da Universidade de S. Petersburgo, uma especialista em cálculos apriorísticos de equações parabólicas e a matemática mais importante de sua geração. Nash ficou espicaçando Olga, e ela, de modo um tanto paranóico, reagiu com violência.[34] O casal deu uma festa em seu quarto de hotel. Nash causou constrangimento quando se queixou de que Alicia demorava muito para se vestir e do fato de ela estar sempre atrasada.[35] Mas não mostrou nenhuma emoção quando ele e Alicia, sentados na platéia, com os Moore e os Milnor, além de outros, assistiram à entrega das medalhas Fields.

32
Projetos
Outono de 1958

Um crescente nível de consciência é um perigo e uma doença.

– Friedrich Nietzsche

Os Nash voltaram para Cambridge e John já estava dando aulas quando Alicia descobriu, meio com alegria, meio com consternação, que estava grávida. Ela, que gostava do emprego e do salário, teria preferido esperar alguns anos. Foi desejo de Nash que eles começassem logo a formar uma família.[1] Não chegou a dizer que sua vontade de ter outro filho fora o motivo para se casar, mas lembrou a Alicia muitas vezes que o objetivo principal do casamento, em sua opinião, era gerar filhos.[2] Agora que seu desejo estava para se concretizar, ele de modo geral ficou muito satisfeito transmitindo a grande notícia a Albert Tucker no pós-escrito de uma carta do início de outubro, no qual faz menção a "uma 'nova adição' que eles estavam esperando".[3]

Ele exigiu que Alicia parasse de fumar. Quando ela acendia um cigarro numa festa de matemáticos, ele lhe dizia para apagá-lo e fazia uma cena se ela se recusasse.[4] Mas, de resto, tudo parecia correr bem. Ele dava aulas para alunos de pós-graduação. O número do curso – M711, uma referência maliciosa ao jogo de dados comum nos Estados Unidos – foi idéia de Nash e ajudou a atrair uma quantidade de alunos suficiente para encher um pequeno auditório.[5] O primeiro trabalho que deu aos alunos também refletia seu bom estado de ânimo. Pediu que os alunos inventassem um método de dar notas nos trabalhos uns dos outros, de modo que ele, Nash, não tivesse de se preocupar com isso.

Naquele momento ele estava preocupado com seu próprio futuro e se sentia cada vez mais inquieto. Martin havia assegurado que ele ganharia uma cátedra no inverno.[6] A promessa de uma decisão deixou-o um pouco mais calmo: ele escreveu para Tucker dizendo que a situação no MIT tinha "chegado a um *modus vivendi que representa uma melhora em relação ao início de 1958*".[7]

Mas a sensação de que outras pessoas estavam decidindo seu futuro deixava-o acabrunhado. Além disso, ele estava cada vez mais convencido de que não pertencia ao MIT. "Não acho que, a longo prazo, esse seja um cargo bom para mim", ele escreveu a Tucker, dizendo que temia ficar isolado dentro do departamento, como Wiener. "Eu preferiria estar no meio de um grupo menor de colegas que fossem quase iguais a mim."[8] Sua irmã Martha lembrou que "ele não tinha intenção de permanecer no MIT. Queria ir para Harvard por causa do prestígio".[9]

Enquanto isso, a Universidade de Chicago fazia uma sondagem para saber do possível interesse de Nash em se transferir para lá.[10] Essa universidade tinha passado muito tempo sem contratar professores de peso, mesmo depois que Andre Weil fora para o Instituto de Estudos Avançados. Agora o departamento de matemática tinha um novo chefe, Adrian Albert, e algum dinheiro em caixa.[11] Albert estava pensando num jovem professor de Harvard, John Thompson, que fizera um trabalho brilhante sobre a teoria dos grupos,[12] e também em Nash, que tinha vários defensores fortes no departamento, entre eles Shiing-shen Chern.

Nash sentiu a forte pressão dessas decisões e concluiu que, de qualquer modo, era preferível tirar uma licença sabática no ano seguinte e afastar-se de tudo. Desejava passar o trimestre do outono de 1959 em Princeton, no Instituto de Estudos Avançados, e o trimestre da primavera em Paris, no equivalente francês, o Institut des Hautes Études Scientifiques, o que, como o americano, era dominado por matemáticos e físicos teóricos. Por volta do fim de outubro, ele deu início ao processo de se candidatar a várias bolsas, incluindo as da National Science Foundation, da Guggenheim Foundation e do programa Fulbright. Também pediu admissão no Instituto de Estudos Avançados. Ele escreveu: "Isto é uma parte do plano. A outra parte é aprender francês."[13]

Albert Tucker o apoiou. Escreveu para o programa Fulbright em 8 de outubro dizendo: "Nash está ansioso para conversar sobre matemática com outras pessoas que ele acha que estão à sua altura... Ele é às vezes grosseiro com os de menor capacidade... mas essa é uma prática comum na França... Ele deve lucrar com um vigoroso intercâmbio... beneficiar-se do relacionamento com Leray."[14] Sua carta de recomendação à National Science Foundation chamou Nash de "um dos matemáticos mais talentosos e originais dos Estados Unidos... em seu último ano da bolsa Sloan para professores. É um dos dois ou três melhores homens que já receberam essa bolsa."[15] Sua carta de 26 de novembro para a Guggenheim Foundation foi calcada em termos laudatórios semelhantes.[16]

Não está claro em que projeto Nash planejava trabalhar. Na época, ele estava pensando a respeito de vários problemas, entre eles a teoria quântica e a Hipótese de Riemann. Seu desejo de ir para Paris pode ou não ter sido motivado pela presença de Leray no College de France. Gian-Carlo Rota lembrou: "Ele vivia se vangloriando de que tinha dinheiro suficiente de bolsas de estudo para sobreviver por três ou quatro anos."[17]

Um episódio particularmente desagradável ocorreu no início do outono. Seus investimentos acabaram sendo desastrosos,[18] para dizer o mínimo, e ele teve de confessar seu fracasso para Virginia. Também teve de prometer reembolsá-la. "Vou honrar minha dívida", Nash foi obrigado a escrever para Virginia naquele outono. A quantia não era muito grande, mas a coisa toda foi bastante constrangedora.[19]

EM RESUMO, de repente tudo parecia subitamente ter ficado confuso – o que talvez possa explicar o fato de Nash ver-se atraído por outro jovem. Naquele verão, um brilhante matemático, seis anos mais moço que Nash, apareceu no MIT. Em meados da década de 1960, Paul Cohen ficaria famoso por resolver um enigma lógico enunciado por Gödel – um resultado tão espantoso que foi noticiado pelo *The New York*

Times,[20] e o faria ganhar não só a medalha Fields como o prêmio Bôcher.[21] Mas no outono de 1958 Cohen era um principiante ferozmente ambicioso e imensamente frustrado.

Ele, que fora criado na pobreza em Nova York, dera aulas de matemática da Stuyvesant High School e acabara de fazer o doutorado na Universidade de Chicago.[22] Mas sua tese não fora bem recebida e, em conseqüência, ele fora relegado à Universidade de Rochester. Desesperado para largar aquilo, ele pedira a seu velho amigo de Stuyvesant, Eli Stein, para ajudá-lo a conseguir uma vaga de professor temporário no MIT.[23] Stein conseguiu, e Cohen fora para Cambridge logo que terminaram as aulas em Rochester.

Grande, ligeiramente felino nos movimentos, os olhos faiscando com uma fogosa intensidade abaixo de uma testa grande, Cohen era obcecado por si mesmo, desconfiado, agressivo e atraente, alternadamente. Falava várias línguas. Tocava piano. Suas ambições eram aparentemente ilimitadas e uma hora ele falava em ser físico, noutra, compositor e até romancista. Stein, que se tornou seu amigo íntimo, disse: "O que impulsiona Cohen é que ele vai ser melhor do que qualquer outro cara. Vai resolver grandes problemas. Ele despreza matemáticos que se dedicam à matemática para fazer pequenos desenvolvimentos nesse campo."[24]

Ele era tão rápido quanto Newman, tão ambicioso quanto Nash e tão arrogante quanto os dois juntos, e logo se enturmou com ambos. Cohen era competitivo – "selvagemente competitivo", como disse um professor bolsista. "Ele era bom em demolir as pessoas", relembrou Adriano Garsia em 1995.[25] Desafiavam uns aos outros com problemas. "Bem, Nash, em que tipo de porcaria você está trabalhando atualmente?", perguntava Cohen. "Que teoremas errados você conseguiu provar hoje? Muito bem... você quer um problema mesmo? Vou lhe dar um problema!" Eles caçoavam impiedosamente dos jogadores de xadrez. Como lembra Garsia, "estavam sempre ansiosos para mostrar que eram muito melhores em qualquer jogo que as outras pessoas estivessem jogando. Envolviam-se em brincadeiras brutas... tocando música em garrafas de cerveja". D. J. e Paul, normalmente, levavam a melhor sobre Nash, mas nem sempre. Cohen era o que falava melhor. Mas de vez em quando Nash conseguia silenciá-los. "Ele era capaz de dizer muita coisa em apenas três palavras", disse Garsia.

Adoravam chatear um aluno de pós-graduação que estivesse tentando, com uma dissertação, dissecar um problema que algum pobre coitado vinha tentando resolver havia dois anos, apresentando-lhe a solução. Gostavam de afirmar que a solução deles era mais poderosa, mas, na verdade, eles abriam mão da elegância em troca da força bruta. "Queriam resolver a coisa de qualquer maneira", disse Garsia.

Nash "cultivava" Cohen, de acordo com este último. Isso era "incomum", lembrou Cohen. "Talvez eu gostasse dele porque ele gostava de mim. Ele me convidava para almoçar. Mas não era meu amigo. Acho que não tinha nenhum amigo."[26] Ainda assim, Cohen ficava curioso. Costumava ir jantar com os Nash, conversando em espanhol com Alicia e se perguntando como é que Nash havia conquistado aquela garota linda. Tinha consciência de que Alicia, de certa forma, ficava "preocupada" com o fato de Nash dar tanta atenção a Cohen.

Nash nunca deu nenhuma "cantada" nem disse qualquer coisa pessoal a Cohen. Mas deu algumas "escorregadelas". Ele dizia coisas como "Fulano era homossexual", lembrou Cohen. Ou dizia uma palavra e perguntava se Cohen sabia o que significava. Se Cohen respondesse que não, Nash dizia: "Ah, você não sabe o que isso significa." O pessoal do departamento logo começou a fofocar, dizendo que Nash estava apaixonado por Cohen.[27]

Cohen sentiu-se lisonjeado, até mesmo fascinado, pelo interesse de Nash, mas ele tinha um prazer especial em esfregar na cara de Nash a disparidade entre suas declarações grandiosas e a realidade. Ele criticava o orgulho de Nash a ponto de ser cruel. Mais tarde, Cohen diria: "Eu não discutia matemática com ele. Não me sentia à sua altura."

Mas a verdade é que eles conversavam muito sobre as idéias de Nash relativas à Hipótese de Riemann. "Nash achava que podia trabalhar em qualquer problema que quisesse", disse Cohen num tom de ligeira indignação. "Escreveu uma carta para Ingham e mostrou-a a todo mundo. Eu a contestei. O que ele estava tentando fazer era impossível. Eu fui contrário à idéia dele. A Hipótese de Riemann não pode ser resolvida da maneira como está formulada. Ele chegou com a carta. Mas qualquer especialista teria dito que aquelas idéias eram ingênuas. O que eu admirava era sua enorme autoconfiança. Se ele estivesse certo, sua intuição teria aberto uma porta na estratosfera. Mas acabou sendo apenas outra idéia errada."

Um ano mais tarde, quando Nash já estava hospitalizado, alguns culparam um amor não-correspondido e a grande rivalidade com um homem mais jovem pelo colapso que ele sofreu.[28] Ironicamente, a carreira de Cohen acabou se mostrando um espelho da de Nash. Depois de seu grande sucesso, ele se concentrou na Hipótese de Riemann e na física. Continuou a publicar artigos, mas raramente, e nada que se equiparasse ao trabalho que fizera antes dos 30 anos. "Nada que valesse a pena citar", disse um matemático que o conheceu no MIT. "Ficou parado num glorioso isolamento."[29]

33
O imperador da Antártida

Há uma pequena chama. Um fogo que queima lentamente.

– Joseph Brenner, psiquiatra, Cambridge, Massachusetts, 1997

Alguém gritava: "É hora de fazer charadas. É hora de fazer charadas."[1] O andar térreo da pequena casa dos Moser em Needham estava lotado de convidados fantasiados. Do lado de fora, a neve estava caindo havia horas. Dentro, o ar estava pesado de fumaça, álcool e jazz. Todo mundo falava e ria um pouco mais alto do que de costume, as cabeças próximas umas das outras, as mãos agitando cigarros, todos posando para a câmera ainda um pouco controlados, mas já se abandonando ao clima carnavalesco. Os Moser estavam fantasiados: ele, de pirata, e ela, de índia pele-vermelha. Karin Tate, musicista filha de Artin, estava vestida de gata preta. Seu marido, John, o algebrista, veio de Homem do Espaço Vetorial, usando um boné de metal com antenas balouçantes e flechas por todo o peito. Gian-Carlo Rota parecia mais elegante do que nunca em sua túnica de monge, enquanto sua esposa, Teresa, de cabelos pretos, brilhava num bolero espanhol e em calças pretas justas.

Richy Emery, o filho dos Moser, olhava pela janela da sala de jantar quando viu um grande carro preto estacionar na entrada de automóveis e dele sair um homem praticamente nu. Ouviu batidas fortes à porta da cozinha e foi abrir. Quando Nash entrou na sala, seguido por Alicia, as cabeças se viraram, os olhos se arregalaram e a conversa cessou de repente. Alicia ria excitadamente e Nash exibia um sorriso afetado enquanto corriam os olhos pelos convidados atônitos. Ele estava descalço e completamente nu, a não ser por uma fralda e uma faixa pregueada, cruzada sobre o peito vigoroso, na qual estavam escritos os algarismos *1 9 5 9*. Tendo roubado a cena, Nash alargou o sorriso e curvou-se, acenou com uma mamadeira de bebê cheia de leite para os presentes, que a essa altura já estavam às gargalhadas – e então se dirigiu para a sala de estar, juntando-se ao pessoal que decifrava charadas.

Jürgen e Gertrude estavam acabando de dividir os convidados em duas equipes. Nash ficou numa equipe; Richy, na outra. Quando chegou a vez de Richy, Nash foi até ele e segredou-lhe ao ouvido o nome do personagem que ele deveria encarnar. Richy ficou encantado. Ele adorava Nash, que era muito mais jovem e muito mais animado que a maioria dos amigos matemáticos de Jürgen. No início, a pantomima de Richy confundiu todo mundo. Finalmente uma mulher, a melhor participante do jogo, conseguiu ler aquela mente de 11 anos: *A crítica da razão pura*! Richy olhou para Nash, que deu de ombros e abriu um largo sorriso.

ENTRE AQUELA VÉSPERA de ano-novo, 31 de dezembro de 1958, e o último dia de fevereiro, enquanto seus colegas matemáticos e os amigos olhavam-no intrigados, Nash sofreria uma metamorfose estranha e horrível. Mas na véspera do ano-novo ele estava, de acordo com todas as testemunhas, simplesmente bombástico, excêntrico e ligeiramente fora da linha como sempre, brincalhão e maldoso. Alicia também estava animada. A idéia da fantasia de Nash tinha sido dela.[2] Foi ela que a costurou, fez as pregas na faixa e coreografou a entrada para um minuto depois da meia-noite. Não há qualquer indício de desconforto ou premonição na fotografia de Nash esparramado, um pouco bêbado, com uma Alicia sorridente e alegre em seu colo, um dos braços no ombro dele. Durante a maior parte da noite, no entanto, foi Nash quem procurou o colo de Alicia. Alguns outros participantes da festa acharam aquilo extremamente bizarro, "realmente feio", "perturbador".

Nash já havia cruzado algum limiar invisível. A atividade febril e a competição com Cohen e Newman na sala de reunião, tão evidentes no início do outono, já tinham amainado. Parecia um pouquinho mais desligado, um pouco mais aéreo. Um aluno de pós-graduação que acabara de entrar na órbita de Nash lembrou que ele não era mais capaz de acompanhar o ritmo de Cohen e Newman. Paul Cohen relembrou em 1996 que naquele outono Nash fazia pequenas piadas, observações descabidas sobre questões mundiais, números de licença interessantes e coisas desse tipo. Elas eram engraçadas – Nash era sempre brilhante e espirituoso –, mas mostravam que alguma coisa não estava indo bem. "Eu pensava: 'Isso está indo longe demais'", disse Cohen.[3]

Nash começou a destacar algumas pessoas. Uma delas foi um professor antigo chamado Al Vasquez, que nunca havia feito qualquer curso com Nash e era uma espécie de *protégé* de Paul Cohen. "Eu o via na sala dos professores. Ele dizia uma coisa. Não era uma conversa. Era mais um monólogo. Dava-me cópias de seus artigos e me fazia perguntas estranhas sobre eles."[4]

Mas nada disso era especialmente alarmante ou sugeria claramente uma doença; era apenas outro estágio da evolução da excentricidade de Nash. Sua conversa, como disse Raoul Bott, sempre "misturava matemática com mito".[5] Seu estilo de conversa sempre fora um pouco esquisito. Nunca parecia saber quando falar ou calar, ou participar de uma troca de opiniões comum. Emma Duchane recordou em 1997 que Nash, desde os primeiros dias de seu relacionamento, que datava do namoro de Nash e Alicia, sempre contava histórias intermináveis com fechos descabidos.[6]

Em seu curso da teoria dos jogos, Nash se comportava da maneira habitual, de acordo com alunos que freqüentaram suas aulas.[7] No primeiro dia ele disse à turma: "A pergunta que me ocorre: Por que vocês estão aqui?", observação que fez com que um aluno abandonasse o curso. Mais tarde ele deu um teste no meio do período sem avisar com antecedência. Também andava de um lado para o outro sem cessar, e às vezes se perdia em devaneios no meio de uma aula, ou quando estava respondendo a uma pergunta de algum aluno. Pouco antes do Dia de Ação de Graças, Nash convidou Ramesh Gangolli, seu assistente, e Alberto Galmarino, um aluno do curso que lhe pedira ajuda para escolher um tema para a dissertação, a acompanhá-lo numa caminhada.[8] Quando cruzaram a ponte Harvard sobre o rio Charles num fim de tarde, Nash começou um monólogo comprido, difícil de ser acompanhado pelos dois, que haviam acabado de chegar aos Estados Unidos. O assunto girava em torno de ameaças à paz mundial e a apelos por um governo mundial. Nash parecia estar fazendo confidências aos dois homens, dando a entender que ele fora convocado a desempenhar algum papel extraordinário. Gangolli lembrou-se de que ele e Galmarino ficaram muito perturbados e que se perguntaram se não deveriam informar a Martin que alguma coisa não estava correndo bem. Com o medo que tinham de Nash, e recém-chegados aos Estados Unidos – e, portanto, relutando em fazer qualquer julgamento –, eles decidiram não falar nada.

Também nessa época, Atle Selberg, um dos mestres da

 teoria dos números analíticos, deu uma palestra em

Cambridge. Nash, que estava na platéia, pareceu achar que Selberg conhecia algum segredo que estava escondendo. Este lembrou: "Nash me fez algumas perguntas que eu achei que eram num certo sentido, e na minha opinião, um tanto inadequadas ao assunto. Ele parecia ver alguma coisa bem diferente do que eu tinha pretendido... [Suas] perguntas eram formuladas como se eu tivesse um plano oculto, não inteiramente revelado, que ele queria descobrir. A palestra foi sobre a rigidez de vários espaços localmente simétricos. Ele me fez algumas perguntas que pareciam sugerir que eu tinha um motivo oculto, secreto. Suspeitava de que a coisa tinha alguma relação com a Hipótese de Riemann, o que, naturalmente, não acontecia. Fiquei muito perturbado. Era algo que não tinha absolutamente nada a ver [com a Hipótese de Riemann]."[9]

DEPOIS DA FESTA do ano-novo, as pessoas do departamento começaram a falar sobre Nash. As aulas foram reiniciadas no dia 4 de janeiro. Cerca de uma semana ou dez dias mais tarde, Nash pediu a Galmarino que desse algumas aulas em seu lugar. Iria viajar, disse ele. Galmarino, lisonjeado com a confiança que o outro tinha nele, concordou prontamente. Nash apareceu no apartamento de Rota, na Sacramento Street, quando saía da cidade. Depois ele desapareceu.[10]

Cohen também desapareceu na mesma ocasião. Depois de alguns dias, a fofoca entre os estudantes era que os dois haviam fugido juntos.[11] Mas o que aconteceu é que Cohen tinha ido visitar a irmã. Ficou terrivelmente aborrecido quando soube, ao voltar, o que os outros estavam falando sobre ele e Nash. Enquanto isso, Nash fora de carro para o Sul até Roanoke, mas talvez também até Washington, D.C.

Algumas semanas depois, Nash entrou despreocupado na sala dos professores. Ninguém se preocupou em parar de falar. Ele estava com uma cópia do *The New York Times*. Sem se dirigir a ninguém em particular, foi até o lugar onde estavam Hartley Rogers e alguns outros e mostrou uma notícia no canto esquerdo superior da primeira página do jornal, o segundo editorial, como os jornalistas do *Times* chamam aquele espaço.[12] Nash disse que potências abstratas do espaço exterior, ou talvez governos estrangeiros, estavam se comunicando com ele por intermédio do *The New York Times*. As mensagens, que eram dirigidas unicamente a ele, estavam criptografadas e exigiam uma análise detalhada. Ninguém mais podia decodificar as mensagens. Estavam permitindo que ele compartilhasse dos segredos do mundo. Rogers e os outros se entreolharam. Será que ele estava brincando?

Emma Duchane lembrou-se de ter andado de carro com Nash e Alicia. Ela recordou que "ele ficava mudando de estação para estação. Achávamos que ele estava apenas sendo desagradável. Mas ele achava que estavam transmitindo mensagens para ele. O que ele fazia eram coisas de maluco, mas nós realmente não sabíamos".[13]

Nash deu a um de seus alunos de pós-graduação uma licença de motorista com a data vencida e escreveu o apelido do rapaz – St. Louis – sobre seu próprio nome. Chamou-a de "carteira de motorista intergalática". Disse que era membro de um comitê e que estava nomeando o estudante encarregado da Ásia. O aluno recordou: "Ele parecia estar brincando."[14] Seus modos adquiriram certo ar furtivo. Outro estudante, de graduação, disse: "Eu me lembro de que ele às vezes saía correndo. Eu chegava numa escada e ele desaparecia, como se estivesse ali à espreita."[15]

Uma noite Nash apareceu no apartamento de John e Karin Tate. Todos estavam conversando alto e finalmente se acomodaram para jogar *bridge*. A parceira de Nash era Karin. Os lances dele eram estranhos. Em certo momento ele apostou no seis de copas, quando, na verdade, não tinha nenhuma carta de copas. Karin lhe perguntou: "Você está maluco?" Nash respondeu calmamente, explicando que ele, de certa forma, esperara que ela interpretasse seus lances. "Ele achava que eu ia entender. Pensava sinceramente que eu pudesse compreender. Achei que ele estava caçoando de mim, mas ficou óbvio que não estava. Achei que ele estava fazendo algum tipo de experiência."[16] Algumas pessoas continuaram achando que Nash estava empenhado em alguma brincadeira complicada. Houve muita discussão a respeito daquilo.

AS LEMBRANÇAS QUE NASH guardou daquelas semanas concentram-se num sentimento de exaustão mental e esgotamento, imagens recorrentes e cada vez mais difusas e uma crescente sensação de revelação a respeito de um mundo secreto, no qual as pessoas em torno dele não eram admitidas. Ele começou, de acordo com suas recordações de 1996, a perceber homens com gravatas vermelhas no campus do MIT. Os homens pareciam fazer sinais para ele. "Eu tinha a impressão de que outras pessoas no instituto estavam usando gravatas vermelhas para que eu as notasse. À medida que fui ficando mais delirante, não só as pessoas no MIT, mas também em Boston, usando gravatas vermelhas [pareciam ter algum significado para mim]."[17] Ele concluiu que os homens de gravatas vermelhas eram parte de um padrão definido. "Também [tinham relação com] um partido criptocomunista", ele disse em 1996.

AS COISAS COMEÇARAM a acontecer com rapidez. Mais tarde Alicia Nash comparou a desintegração de Nash com a de um homem que está conversando normalmente num jantar, de repente começa a discutir em voz alta e, finalmente, tem um terrível acesso de raiva.[18]

Ele disse a Cohen: "As pessoas estão falando a meu respeito. Você as ouviu. Conte-me o que elas estão dizendo." Cohen lembrou: "Tinha a voz cheia de rancor. Eu disse que não sabia do que ele estava falando, que eu não tinha ouvido nada."[19]

Ele ainda estava trabalhando no problema de Riemann. Certa vez ele acusou Cohen de estar remexendo sua cesta de papéis. Será que ele estava tentando roubar as idéias de Nash sobre a questão? De novo aqui, isso soa como um piada de mau gosto, mas deixou Cohen tão perturbado que ele relatou o incidente a um estudante.[20]

Em meados de fevereiro, Harold Kuhn, que estava em Londres com Estelle e os filhos por conta de uma bolsa de estudos Fulbright, passou alguns dias em Paris e foi visitar um matemático francês, Claude Berge. Berge mostrou a Kuhn uma carta de Nash escrita com quatro cores de tinta, em que ele se queixava de que sua carreira estava sendo arruinada por alienígenas do espaço exterior.[21]

É possível que o fato que provocou a estranha carta de Nash a Berge tenha sido o anúncio do vencedor do prêmio Bôcher de 1959, Louis Nirenberg, o professor do Courant Institute que havia sugerido o problema das equações diferenciais parciais a Nash. Mais tarde, Paul Cohen lembrou que Nash ficou furioso com a notícia. Disse a Cohen que ele, Nash, merecia o prêmio, e que o fato de ter sido concedido a um matemático mais velho era simplesmente um sinal de que essas coisas são "políticas".[22]

Nash também abordou Neuwirth a respeito de seu próprio trabalho. "Ele disse que ia dar essa palestra sobre a Hipótese de Riemann", lembrou Neuwirth. "Mas, quando ele começou a falar, só saíam palavras sem nexo. Probabilidade é tudo!!! Eu sabia que ele estava maluco. Disse isso para Newman, que descartou essa hipótese."[23]

Noutra ocasião, Nash apareceu na sala de Moser sem se anunciar, como de hábito. Moser, sempre afável, conteve um sentimento de irritação e acenou para que ele entrasse. Nash ficou de pé junto ao quadro-negro e desenhou um conjunto que parecia uma batata grande cheia de ondulações. Desenhou outras formas menores à direita. Depois fitou Moser longamente. "Isto", disse ele apontando para a batata, "é o universo". Moser concordou com a cabeça. Nessa época, ele estava envolvido em uma tentativa de aplicar o teorema da função implícita de Nash a determinado problema de mecânica celeste. "Isto é o governo", disse Nash no mesmo tom que usava para dizer "Esta é uma equação elíptica". "Isto é o céu. E isto é o inferno."[24]

TED E LUCY MARTIN tinham ido ao México nas férias de inverno. Quando Martin voltou, Levinson levou-o para um canto e disse-lhe que Nash estava tendo um colapso nervoso. "Conte-me sobre isso", disse Martin, que mais tarde comentou que "quase não acreditou naquelas coisas". Martin lembrou-se de que "Levinson disse: 'Ele está muito paranóico. Se você for à sala dele, ele não vai querer que você fique entre ele e a porta.' Para falar a verdade, quando fui à sala dele naquela noite de domingo, Nash se esgueirou entre mim e a porta."[25]

Cartas estranhas começaram a aparecer no meio da correspondência do departamento. Ruth Goodwin, a secretária do departamento, separava essas cartas e as mostrava a Martin.[26] Eram endereçadas a embaixadores de vários países. E eram de John Nash. Martin entrou em pânico. Tentou retirar as cartas das caixas de correio do campus; nem todas tinham destinatário e a maioria não tinha selos.

O que havia nas cartas? Nenhuma delas foi conservada, mas várias pessoas se lembraram de ter ouvido Martin dizer que Nash estava organizando um governo mundial. Havia um comitê formado por Nash e vários alunos e colegas do departamento. As cartas eram endereçadas a todas as embaixadas em Washington, D.C. A carta dizia que ele estava formando um governo mundial. Ele queria falar com os embaixadores. Mais tarde falaria com os chefes de Estado.[27]

MARTIN ESTAVA NUMA SITUAÇÃO extremamente delicada. O corpo docente, depois de alguma divergência interna, tinha acabado de votar pela promoção de Nash, e o assunto estava agora com o reitor da universidade para ser referendado. Ele ficou perturbado e adiou a decisão.

Enquanto isso, Adrian Albert, chefe do departamento de matemática da Universidade de Chicago, telefonou para Norman Levinson. Como estava a saúde mental de Nash?, ele perguntou a Levinson. A universidade oferecera um cargo importante a Nash, que tinha uma palestra programada lá, e agora ele tinha recebido uma carta muito esquisita dele.[28] Era uma recusa à proposta de Chicago. Ele agradecia a Albert seu generoso oferecimento, mas dizia que tinha de recusar porque deveria tornar-se imperador da Antártida. A carta, recordou Browder em 1996, também fazia referências ao fato de Ted Martin roubar as idéias de Nash. O caso chamou a atenção do reitor do MIT, Julius Stratton, que, ao ver uma cópia da carta de Nash, teria dito: "Esse homem está muito doente."

O TRIMESTRE DA PRIMAVERA começou no dia 9 de fevereiro. Pouco depois do aniversário de Washington, Eugenio Calabi, que naquele ano era membro do Instituto de Estudos Avançados em Princeton, deu um seminário no MIT. Alunos da graduação, mesmo os mais brilhantes, em geral não assistiam aos seminários do departamento, mas Al

Vasquez, que cursava o último ano, decidiu ir. Vestiu um paletó esporte e pôs uma gravata para a ocasião. Sentindo-se constrangido, sentou-se numa das últimas filas e esperava ficar menos visível do que se sentia.

Quando se sentou, percebeu que Nash estava sentado na fileira atrás dele. No meio da palestra de Calabi, Nash começou a falar muito alto, embora não parecesse estar se dirigindo a Calabi. Depois de alguns instantes, Vasquez percebeu que Nash estava falando com ele. "Vasquez, você sabe que estou na capa da revista *Life*?" Nash ficou repetindo aquilo até Vasquez se virar para trás.[29]

Nash disse a Vasquez que sua fotografia fora retocada para dar a impressão de que era o papa João XXIII. Vasquez, disse ele, também tinha uma fotografia na capa da mesma revista e também estava disfarçado. Como é que ele sabia que a fotografia, aparentemente do papa, era realmente dele? De dois modos, explicou. Primeiro, porque João não era o nome verdadeiro do papa, mas um nome que ele escolhera. Segundo, porque o 23 era o "número primo favorito" de Nash.

Quase tão estranho quanto isso, recordou Vasquez mais tarde, foi que Calabi continuou a dar sua palestra como se nada de inconveniente estivesse acontecendo, e o restante da platéia também ignorou o diálogo entre os dois, embora pudesse ser ouvido por todo mundo na sala.

NASH E CALABI JÁ SE CONHECIAM da época do curso de pós-graduação em Princeton. Antes de Calabi ir para Cambridge, Nash havia telefonado para seu apartamento na Einstein Drive e perguntado se ele e Alicia poderiam ficar hospedados ali por alguns dias.[30] Ele queria passar algum tempo no instituto consultando Atle Selberg, o teórico dos números, e preparando uma palestra que ele teria de fazer dentro de pouco tempo, na reunião da seção regional da sociedade de matemática.

Os dois casais foram jantar fora depois da palestra de Calabi. Tanto John como Alicia pareciam estranhamente nervosos, lembrou Calabi. "Em determinado momento, Nash errou o caminho e Alicia começou a gritar de maneira histérica. Ele estava um pouco ansioso."

No dia seguinte, os Nash partiram para Princeton, enquanto Calabi continuou em Cambridge. Um ou dois dias depois, Calabi recebeu um telefonema de sua esposa, Giuliana, que disse que Nash estava se portando de maneira muito estranha e pedia a ele para voltar para casa.

Numa ocasião, Nash entrou em outro apartamento, usou o banheiro e saiu. Todos os apartamentos da Einstein Drive eram praticamente idênticos vistos de fora, e os enganos eram comuns, mas nem mesmo depois Nash pareceu ter consciência de que ele tinha estado no apartamento errado.

NA TARDE DE 28 DE FEVEREIRO, Nash estava ainda mais agitado. Calabi acabara de voltar. "Ele estava ainda mais nervoso do que de costume. Muito agitado. Na hora de partir, ele não sabia onde deixara as anotações, corria de cá para lá, entre o carro e a casa. Alicia tentava acalmá-lo." Calabi observava, muito apreensivo. Ao falar sobre a investigação matemática de Nash, ele disse: "Eu sabia que, naquela área, a solução do problema não iria surgir num rasgo de inspiração."[31]

As consultas de Nash com Selberg aparentemente não adiantaram nada. Selberg apenas tinha ficado irritado com a persistência de Nash, como recordou mais tarde, e

 lhe disse, em termos ainda mais duros, que a abordagem

probabilística que Nash perseguia já fora tentada antes e já se mostrara infrutífera.[32]

É POSSÍVEL IMAGINAR o medo e a confusão que Nash sentiu naquela tarde quando ficou ali de pé, diante de 250 matemáticos que tinham ido assistir à sua palestra, patrocinada pela American Mathematical Society (AMS), no auditório da Universidade de Columbia.[33]

Harold N. Shapiro, professor do Courant Institute e teórico de números, que conhecia Nash desde o verão que passaram juntos na Rand em 1952, apresentou Nash.

Havia, de fato, um clima de tremenda expectativa no auditório. As reuniões regionais da AMS eram essencialmente ocasiões de oportunidades de emprego. A platéia incluía tanto gente que procurava emprego como matemáticos já estabelecidos, entre eles muitos que conheciam de perto Nash e seu trabalho. "Ali estava um grande matemático jovem, com uma capacidade comprovada para lidar com os problemas mais difíceis, pronto para mostrar o que ele achava ser, aparentemente, uma solução para o problema mais profundo de toda a matemática", lembrou Shapiro. "Recordo-me de ter ouvido falar que ele estava interessado nos números primos. A reação de todo mundo era que, se Nash se dedicasse à teoria dos números, os teóricos desse campo teriam de ficar atentos. Havia um zunzunzum no ambiente."[34]

Peter Lax, professor do Courant Institute, considerou a cena "uma aventura muito estranha".

> Lipman Bers me fez recordar, enquanto ouvíamos a palestra de Nash, que Heifetz deu seu primeiro concerto no Carnegie (acompanhado pelo pianista Godowski). Um violinista mais velho, virando-se

para o músico a seu lado, disse: "Está muito quente aqui." "Não para o pianista", veio a resposta. Devia estar quente ali dentro, mas só para os teóricos de números na platéia. Era um trabalho em andamento. Eu não podia julgá-lo. Os matemáticos não costumam apresentar trabalhos ainda não-concluídos.[35]

No início, parecia apenas mais uma daquelas apresentações de Nash, enigmáticas, desorganizadas, mais uma livre associação de idéias do que uma exposição. Mas, na metade da palestra, aconteceu algo estranho. Donald Newman recordou em 1996:

> Uma palavra não combinava com outra. Eu me senti como na escola ortodoxa dos judeus. Rademacher, que trabalhara na Hipótese de Riemann, estava presente. Na verdade, ele escreveu um artigo brilhante sobre como não resolver a Hipótese de Riemann. Foi a primeira queda de Nash. Todo mundo sabia que havia alguma coisa errada. Ele não empacou. A coisa estranha era o que ele tagarelava. A matemática era simplesmente maluca. O que isso tem a ver com a Hipótese de Riemann? Algumas pessoas não percebiam. As pessoas vão a essas reuniões e assistem às palestras. Depois elas saem para o corredor, aproximam-se de outras pessoas e tentam compreender o que acabaram de ouvir. A palestra de Nash não foi boa nem má. Foi horrível.[36]

Cathleen Morawetz, que se divertira brincando com Nash no Courant Institute dois anos antes, esbarrou em Nash na escadaria depois da palestra: "Ele saiu do auditório debaixo de risadas", ela lembrou. "Eu me senti terrivelmente mal. Disse-lhe algo amável, mas eu estava perturbada. Ele parecia muito deprimido." (Mais tarde ela usou a frase "cobrindo-o de escárnio" para descrever a reação da platéia.)[37]

NASH TAMBÉM FORA convidado para dar uma palestra em Yale na volta para Cambridge. Era sua segunda palestra na universidade naquele ano, mas ele não conseguiu achar o caminho. Telefonou várias vezes para Felix Browder, na época ensinando em Yale, dizendo que não conseguia sair da Merritt Parkway.

Na palestra em Yale, ele falou sobre a Hipótese de Riemann, como fizera em Columbia. Novamente sua apresentação foi desastrosa, como recordou Browder, que a comparou com a anterior. "No ano anterior não havia nenhum indício de problema. Foi quando ele terminou a prova das equações parabólicas. [Na realidade] ele completou a prova durante a palestra. Eu [havia] perguntado se ele queria voltar e dar outra palestra em Yale. Não foi coerente. Achei que alguma coisa estava errada."[38]

34
No olho do furacão
Primavera de 1959

Foi como um tornado. Você quer se segurar no que tem. Não quer ver tudo ir pelos ares.

— Alicia Nash

Apesar da aparente euforia de Alicia na véspera do ano-novo, seu estado de espírito nos meses anteriores fora tudo menos despreocupado. Depois de voltar das férias na Europa, sua visão deslumbrante de uma nova vida dera lugar a uma perspectiva mais sombria, mais melancólica. Ela e Nash haviam se mudado para West Medford, uma pequena cidade industrial ao norte de Cambridge, e Alicia se sentia longe das coisas e isolada. Seu objetivo de fazer carreira parecia mais distante do que nunca. Seus sentimentos em relação à gravidez eram ambivalentes, e as esperanças iniciais de que aquilo aproximaria o casal se desvaneceram. O marido tinha ficado, no mínimo, mais frio e distante. À medida que o tempo esfriava e os dias encurtavam, ela se sentia cada vez mais desanimada, ansiosa e solitária – a tal ponto que estava pensando em consultar um psiquiatra.[1]

Isso acontecera antes do Dia de Ação de Graças. A partir daí, o comportamento de Nash, mais do que seu próprio desânimo, passara a ser a principal fonte de infelicidade de Alicia. Várias vezes Nash a imprensara com perguntas estranhas quando eles estavam sozinhos, em casa ou no carro. "Por que você não me conta isso?", ele perguntava num tom raivoso, agitado, a propósito de nada. "Me diz o que você sabe", exigia ele.[2] Ele se comportava como se ela soubesse de algum segredo, mas não quisesse revelar para ele. Na primeira vez que ele disse isso, Alicia pensou que Nash suspeitava de que ela estivesse tendo um caso. Quando ele repetiu a história, ela ficou imaginando se ele próprio não estaria tendo um caso com outra mulher. Isso explicaria sua reserva e seu ar de abstração cada vez maiores. Será que ele não a estaria acusando para tentar desviar sua atenção dele mesmo?

Já no dia de ano-novo, data em que completou 26 anos, Alicia estava certa de que "alguma coisa estava errada".[3] O comportamento do marido era cada vez mais estranho. Ficava irritável e hipersensível num minuto, soturno e desligado no outro. Queixava-se de que "sabia que estava acontecendo alguma coisa" e que ele estava sendo "grampeado". Ficava acordado durante a noite escrevendo cartas estranhas para as Nações Unidas. Certa noite, depois de ter pintado manchas pretas em toda a parede do quarto, Alicia obrigou-o a dormir no sofá da sala.[4]

Alarmada, ela procurou explicações em sua vida cotidiana. Seu primeiro pensamento foi que Nash estava preocupado demais com a iminente decisão sobre a cátedra. Suspeitava de que a perspectiva de um bebê, com todas as novas responsabilidades que isso envolvia, era outra fonte de pressão. E ficou se perguntando se um casamento com alguém "diferente" como ela não estaria sendo um esforço excessivo para um homem branco, de origem anglo-saxônica e protestante como Nash, que, além do mais, era sulista.[5]

ALICIA TENTOU EM VÃO incutir confiança em Nash. Disse-lhe várias vezes que não havia motivo para se preocupar com a cátedra, que ele era o favorito do departamento, que Martin, além disso, tinha certeza de que a decisão seria favorável. Tentou argumentar, mostrando-lhe que as cartas que escrevia "poderiam solapar sua credibilidade profissional" e até mesmo pôr em risco a cátedra. Quando isso falhou, ela o censurou. "Você não pode agir como um tolo", dizia. Então Nash fez várias coisas que a amedrontaram – e a fez chegar à conclusão inevitável de que ele estava sofrendo algum tipo de colapso mental.

Ele começou a ameaçar tirar todas as suas economias do banco e se mudar para a Europa.[6] Parece que ele estava com a idéia de fundar uma organização internacional. E começou a ficar acordado, noite após noite, escrevendo, muitas horas depois de ela ter ido dormir. De manhã, sua escrivaninha estava sempre repleta de folhas de papel escritas com tintas azul, verde, vermelha e preta. As cartas eram endereçadas não só às Nações Unidas, mas a vários embaixadores estrangeiros, ao papa, até mesmo ao FBI.

Foi em meados de janeiro, ainda durante o período de aulas, que Nash partiu para Roanoke no meio da noite, depois de uma cena de desvario. Não vendo alternativa, Alicia quebrou o silêncio e telefonou para Virginia, alertando-a. Mas contou muito pouco à sogra, relembrou Virginia, além do fato de que Nash estava sofrendo de estresse e se comportando de modo um tanto irracional. Quando ele chegou a Roanoke, Virginia e Martha ficaram assustadas com seu estado de agitação. Em determinado momento, ele chegou a golpear Virginia no braço.[7]

Quando voltou, Nash continuou a atormentar Alicia quando estavam sozinhos. Certa vez ele ameaçou bater nela "se não me contar".[8]

NO INÍCIO ALICIA estava mais preocupada com Nash e com o futuro deles como casal do que com alguma ameaça física à sua pessoa. Sua reação instintiva imediata e irresistível foi evitar que a universidade soubesse das dificuldades por que Nash passava. "Eu não queria que aquelas coisas ruins se tornassem públicas".[9]

Ela deixou o emprego na Technical Operations e arranjou outro no Centro de Computação do campus. Começou a vigiar Nash o tempo todo, permanecendo sempre junto dele, mantendo-o mais a seu lado. Passava no departamento de matemática toda tarde depois do trabalho para apanhá-lo. Não convidava mais outras pessoas para sair com eles quando iam jantar fora. Particularmente, tentava evitar Paul Cohen, embora a insistência de Nash às vezes tornasse isso impossível. "Alicia queria salvar a carreira dele e preservar seu intelecto", lembrou mais tarde um amigo de

Alicia. "Era do seu interesse manter Nash incólume. Ela era muito decidida."[10]

ATÉ O EPISÓDIO DE ROANOKE, Alicia não contara nada a ninguém. Depois daquilo, ela foi consultar um psiquiatra do departamento médico do MIT, um certo Dr. Haskell Schell.[11] Também pediu a Emma que fosse almoçar com ela algumas vezes, e, embora com relutância e muitas reservas, contou à amiga um pouco do que estava acontecendo.

No início, Alicia teve a impressão de que o psiquiatra estava mais interessado em fazer perguntas a ela – sobre o modo como fora criada, seu casamento e sua vida sexual – do que em aconselhá-la sobre a maneira de lidar com o problema. "A princípio, Alicia confiou neles porque se tratava do MIT", recordou Emma. "Mas era uma época muito freudiana. O departamento de psiquiatria era ultrafreudiano. Eles queriam tratar de Alicia. Ela queria uma ajuda prática." Emma continuou:

> Eles fizeram um monte de perguntas a Alicia. Ela ficou muito impaciente. Nash estava ameaçando ir embora para a Europa, retirar todo o seu dinheiro do banco, fundar uma organização internacional. Ela procurava saber que medidas legais poderia tomar. Descobriu que podia internar alguém durante um tempo limitado com a assinatura de dois psiquiatras. Para manter a pessoa internada por mais tempo, era necessária a autorização de um juiz.[12]

Emma trabalhava com Jerome Lettvin, um ex-psiquiatra que na época fazia pesquisas para o MIT na área da neurofisiologia. Ela perguntou a Lettvin o que Alicia deveria fazer. O resultado foi que Alicia recebeu orientações conflitantes. De um lado,

Lettvin insistiu com ela, por intermédio de Emma, em verificar se não era o caso de tratamentos de choque. "A opinião de Lettvin era a de que, quando alguém entra em processo delirante, quanto mais cedo receber os choques, melhor será", relembrou Emma. Por outro lado, Schell estava recomendando que Nash fosse ao McLean Hospital, uma instituição ultrafreudiana, que descartava o tratamento de choque em favor de psicanálise e novas drogas antipsicóticas, como a torazina. Alicia rejeitou a idéia do tratamento de choque. "Ela estava muito preocupada em preservar a genialidade dele", declarou Emma em 1997. "Não queria obrigá-lo. Também queria que não fosse nada que interferisse no cérebro dele. Nada de drogas. Nada de tratamento de choque."[13]

EM JANEIRO, o departamento votou a favor da concessão de uma cátedra a Nash. Algumas semanas depois, Martin, já ciente de que Nash sofria de algum tipo de "colapso nervoso", decidiu dispensá-lo da tarefa de dar aulas no semestre seguinte.[14] Embora aborrecida pelo fato de a universidade ter descoberto os problemas de Nash, Alicia sentiu-se muito aliviada. Esperava que isso diminuísse um pouco as pressões que Nash sofria, e que ele melhorasse espontaneamente.

Para começar, decidir o que fazer era muito difícil, porque quase sempre Nash parecia bastante normal. A natureza de seus sintomas, do tipo liga-desliga, também convenceram alguns de seus colegas e alunos de pós-graduação do departamento de que não havia nada de mais grave. Gian-Carlo Rota lembrou que a personalidade de Nash "não parecia muito diferente", embora "sua matemática não fizesse mais sentido".[15] Em alguns dias tudo parecia igual ao que sempre fora, e Alicia ficava se perguntando se ela não estava exagerando, desnecessariamente alarmada, fazendo juízos prematuros, até que ocorria um novo surto de comportamento estranho.

Em meados de março, duas semanas depois da desastrada viagem a Nova York, quando fez a palestra sobre a Hipótese de Riemann, Nash escrevia cartas confortadoras para a mãe. "Minha palestra em Nova York foi razoável", escreveu a Virginia no dia 12 de março, insistindo em que ela fosse a Boston para visitá-los.[16] No mesmo dia ele chegou a escrever uma longa carta para Martha em que se queixava de tédio. A carta dizia: "Desde que ficou grávida, Alicia não gosta mais de sair. Gosta de televisão e de revistas de cinema. Essas coisas me aborrecem. O nível é muito baixo."[17]

MAS ESSES PERÍODOS de lucidez e calma logo davam lugar a um surto que Alicia mais tarde compararia a um "tornado".[18] O episódio que convenceu Alicia de que ela não tinha alternativa a não ser procurar tratamento para Nash ocorreu por volta da Páscoa. Nash foi para Washington, D.C, em sua Mercedes. Parece que ele ia tentar entregar cartas aos governos estrangeiros deixando-as nas caixas de correio das embaixadas.[19] Dessa vez, Alicia foi com ele. Antes da partida, ela telefonou para sua amiga Emma e pediu-lhe que entrasse em contato com o psiquiatra da universidade se eles não voltassem dentro de uma semana mais ou menos. Emma lembrou, em 1997, que Alicia temia que Nash pudesse machucá-la. Curiosamente, sua preocupação, pelo menos na memória de Emma, era menos com ela mesma do que com Nash. "Ela queria que o mundo soubesse que Nash estava louco. Preocupava-se com ele. Ela receava que, se ele viesse a machucá-la, fosse tratado como um criminoso comum, de modo que ela queria ter certeza de que todos sabiam que ele era uma pessoa insana."[20]

Quando Emma telefonou para Schell, ele não quis atender e mandou uma enfermeira dizer-lhe que "o Dr. Schell não discute problemas de seus pacientes". Ela acrescentou: "Fui entrevistada no Lincoln Labs a respeito de Alicia. Perguntaram-me se ela tinha medo do marido. Mas ela não tinha. Ele estava simplesmente muito doente."[21]

APESAR DA IMPRESSÃO contrária de Emma, Alicia estava com medo, embora conseguisse esconder esse medo de quase todo mundo. Paul Cohen, entretanto, lembrou que "ela estava com medo dele".[22] Algumas semanas depois ela diria a Gertrude Moser, a qual questionava sua decisão de internar Nash, que, nas palavras de Gertrude, "aconteceu alguma coisa no meio da noite e ela teve que se salvar com a criança".[23] Foi o medo quanto à sua própria segurança, bem como o alerta do psiquiatra de que a saúde de Nash continuaria a se deteriorar a menos que ele recebesse tratamento, que a levou a providenciar a internação, pelo menos para observação. Ela desejava, no entanto, esconder o que ele inevitavelmente encararia como um ato de traição. De modo que ela recorreu à sogra e pediu-lhe que fosse a Boston.

George Whitehead, um dos colegas de Nash, havia se mudado temporariamente para Princeton com a esposa, Kay. Em meados de abril, os Whitehead foram até Boston para fazer a inspeção do automóvel, que estava registrado em Massachusetts. Era um ritual anual. Naquela noite eles foram a uma festa na casa de Oscar Goldman, em Concord. A maior parte do departamento de matemática estava lá. Kay lembrou em 1995: "A notícia que corria era: 'Amanhã Alicia vai internar John.' É claro que isso foi muito comentado."[24]

35
O dia amanhece em Bowditch Hall
Hospital McLean, abril-maio de 1959

É assim que o dia amanhece no Bowditch Hall, no Hospital McLean

– "Waking in the Blue", Life Studies, Robert Lowell

Quando um estranho de terno bateu à porta da sala de Paul Cohen perguntando se ele tinha visto o Dr. Nash naquela tarde, o jeito do homem, ligeiramente melífluo, presunçoso, fez com que Cohen se perguntasse se esse não seria o psiquiatra que ia "trancafiar" Nash.[1] O pessoal mais jovem do departamento já vinha comentando – com base em indícios que Ambrose e alguns outros professores mais antigos haviam deixado escapar – que a esposa de Nash estava prestes a interná-lo. Houve controvérsias acirradas a respeito de Nash – se estava realmente insano ou apenas excêntrico, e insano ou não, se alguém tinha o direito de tirar a liberdade a um gênio como Nash.[2] Cohen, que se sentia injustamente envolvido, de certa maneira, naquele negócio todo, já se havia afastado dessas discussões, mas, mesmo assim, sentia certa fascinação mórbida. Para o estranho, no entanto, ele simplesmente disse não, ele não tinha visto o Dr. Nash naquele dia.

Assim, quando Nash apareceu à porta de Cohen pouco depois, aparentemente ignorando as maquinações que estavam em andamento, Cohen ficou muito surpreso. Nash queria saber se Cohen gostaria de dar uma caminhada com ele. Cohen concordou e os dois passearam pelo campus do

MIT durante uma hora ou mais. Enquanto caminhavam, Nash começou um monólogo intermitente enquanto o outro ouvia, perplexo e constrangido. De vez em quando, Nash parava, apontava para alguma coisa e sussurrava de modo conspiratório: "Olha aquele cachorro ali. Ele está nos seguindo."[3] Ele deixou Cohen um pouco assustado ao falar de Alicia de um modo que fez o outro, mais jovem, sentir que ela talvez estivesse em perigo. Depois que se despediram, Cohen soube mais tarde, Nash fora levado para o McLean Hospital.

NÃO ERA DIFÍCIL internar alguém no McLean, mesmo que a pessoa não quisesse ir. O fato puro e simples, segundo um relato da época,[4] foi o seguinte: "Um certo Dr. Samuel Epstein se aproximou de Nash no corredor, falou com ele durante um minuto ou dois e então a polícia chegou e o levou." A internação involuntária de Nash num hospital de doentes mentais para observação foi, com bastante certeza, providenciada pelo serviço de psiquiatria do MIT, provavelmente depois de consultado o reitor da universidade e também Martin e Levinson.[5] Em virtude da paranóia aguda de Nash, de suas cartas estranhas, sua incapacidade de lecionar e a possibilidade de pôr em prática suas ameaças de fazer mal a Alicia, a pressão para intervir deve ter sido grande. Deve-se imaginar que antes de tomar a medida drástica da internação involuntária, um dos psiquiatras a serviço do MIT tenha tentado convencer Nash a fazer primeiro um tratamento voluntário. Merton J. Kahne, professor de psiquiatria do MIT que foi chefe da enfermaria do McLean durante a década de 1950, disse em 1996:

> Eles devem ter tentado imaginar como levá-lo à terapia sem coerção. Muita gente deve ter sido chamada a opinar para encontrar uma solução. Naquela época, tentava-se manter certo respeito pelo ser humano, fosse maluco ou não. Não estavam interessados em internar alguém num hospital de maneira arbitrária contra sua vontade. O estigma disso era enorme.

A decisão era especialmente difícil por causa da posição destacada de Nash na universidade, e porque, como ocorre com frequência, o ato era inerentemente polêmico. Como disse Kahne: "Quanto mais poderoso ou excepcional o indivíduo, mais controvertida é a decisão."

A mecânica, entretanto, foi bastante direta. Qualquer psiquiatra podia solicitar a um hospital de doentes mentais a internação de um paciente por um período de observação de dez dias. Um psiquiatra deve ter assinado uma autorização de internação temporária – o chamado formulário cor-de-rosa – solicitando que o McLean internasse Nash, com a justificativa de que ele constituía um perigo para si mesmo ou para outros (embora a simples incapacidade de cuidar de si mesmo fosse motivo suficiente). O formulário cor-de-rosa dava ao MIT o direito de pegar Nash e levá-lo para o hospital. Tecnicamente, era o hospital que tomava a decisão de manter o paciente por um período inicial de dez dias.

NAQUELA NOITE DE ABRIL, algumas horas depois que Nash e Cohen se separaram, dois policiais da cidade de Cambridge chegaram à casa de Nash, em West Medford. O emprego de policiais era, sob todos os aspectos, uma medida extrema; sugeria que os psiquiatras da universidade estavam esperando encrenca. A maioria dos casos de internação involuntária de pessoas da universidade era tratada de maneira muito mais discreta, destinada a evitar escândalo e humilhação, por policiais do campus em trajes civis que dirigiam uma caminhonete Chevrolet cinza, com letras marrons, e cujo interior era equipado como uma ambulância.[6] O percurso de West Medford a Belmont levava menos de meia hora.

Na Mill Street, em Belmont, Massachusetts, o número 115 era, e ainda é, uma verdejante sucessão de quase 100 hectares de gramados ondulados e caminhos sinuosos, com prédios de tijolos antigos e ornamentos de ferro fundido, espalhados entre árvores majestosas ou encarapitados elegantemente em elevações – uma cópia exata, em outras palavras, de um campus universitário bem cuidado da safra do século XIX na Nova Inglaterra.[7] Muitos dos prédios menores foram projetados à semelhança dos lares dos ricos intelectuais de Boston – que durante muito tempo constituíram o grosso da clientela do McLean. Um psiquiatra que inspecionou a instituição para a American Psychiatric Association no fim dos anos 1940 relembrou: "Havia todas aquelas pequenas casas de dois andares com suítes – cozinha, sala e quarto. Eles tinham alojamentos para o cozinheiro, a empregada, o motorista."[8] Upham House, segundo se recordava um ex-médico residente, tinha quatro suítes por andar e, em um de seus andares, todos os quatro pacientes por acaso eram sócios do Harvard Club!

O hospital era, como ainda é, ligado à Harvard Medical School. Tantas pessoas ricas, intelectuais e famosas foram parar ali – Sylvia Plath, Ray Charles e Robert Lowell, entre outras[9] – que muita gente na área de Cambridge passou a considerar a instituição menos um hospital para doentes mentais do que uma espécie de sanatório em que poetas, professores e alunos de pós-graduação estressados iam desfrutar de um tipo especial de relaxamento e descanso.

O MÉDICO RESIDENTE de plantão naquela noite insistiu em que Nash assinasse um "documento voluntário". Ele se recusou. Havia um grande movimento pela paz mundial, disse Nash, e ele era o líder desse movimento. Disse que era "o príncipe da paz".[10] Foi informado de seus direitos legais, incluindo o direito de entrar com uma petição para ser liberado. Fizeram uma tentativa de diagnóstico, mas o problema não foi discutido com ele. E foi preenchido um documento solicitando a um juiz autorização para uma internação de dez dias. Ele foi levado para a enfermaria de internações no Belnap One, um prédio baixo de tijolos na parte norte do terreno do hospital, logo depois do prédio da administração.

Nash usou o telefone público do saguão. Não ligou para um advogado, mas para Fagi Levinson. "John queria saber como é que podia cair fora dali", ela contou. "Disse que queria tomar um banho de chuveiro. 'Estou fedendo', disse ele."[11]

VIRGINIA NASH veio de Roanoke para ver o filho. Estava arrasada. Chorava o tempo todo, relembrou Emma Duchane, dizendo incessantemente que não podia "agüentar ver Johnny naquela situação".[12] Ela mesma parecia a ponto de ter um colapso nervoso. Não ofereceu qualquer ajuda a Alicia, financeira ou de outro tipo. Alicia, que estava com muito pouco dinheiro, no fim da gravidez esperava que Virginia a ajudasse, mas era evidente que a sogra precisava de mais ajuda do que ela.

NASH FOI LOGO TRANSFERIDO para Bowditch Hall, uma construção baixa, branca, de tábuas de madeira, na extremidade do terreno do McLean. Bowditch era um pavilhão masculino onde os internos ficavam trancados. Algumas semanas depois, Robert Lowell, o poeta, foi para o mesmo pavilhão.[13] Lowell já era famoso, uns 12 anos mais velho que Nash, e tinha psicose maníaco-depressiva; já era a quinta internação em menos de dez anos. Para Lowell, aquele foi "um mês louco", que ele passou "reescrevendo tudo nos meus três livros", traduzindo Heine e Baudelaire, fazendo a revisão de *Lycidas*, de Milton, que ele acreditava ser de sua autoria, sentindo que "eu alcançara os céus, que estavam todos unidos".[14]

"Amontoados como uma pilha de gravetos, [incapazes] de fugir", como a viúva de Lowell, Elizabeth Hardwick, disse mais tarde.[15] Ele e Nash passaram muito tempo juntos. Quando foi visitar Nash, Arthur Mattuck encontrou 15 ou 20 internos aglomerados no quartinho de Nash.[16] No que depois passou a ser uma cena freqüente, Lowell estava sentado na cama de Nash, rodeado de internos e funcionários do hospital sentados no chão, ou de pé, encostados nas paredes. Ele fazia o que parecia um longo monólogo em sua voz inconfundível – "cansada, anasalada, hesitante, lamuriosa, murmurante". Nash estava sentado a seu lado, os ombros caídos. Mattuck contou em 1997: "Não me lembro nada da conversa, a não ser que era genérica. Em outras palavras, apenas uma pessoa falava de cada vez e, na maior parte do tempo, essa pessoa era Lowell. Basicamente, ele abordava um tema após o outro, e os outros ficavam apreciando aquela inteligência brilhante. Nash falou muito pouco, como os outros."

Um antigo pavilhão feminino, onde "aparentemente nenhum homem entrara talvez desde 1860", Bowditch era, nas palavras de Lowell, destinado atualmente a "garotos ex-paranóicos"[17] – aqueles que achavam que não havia nada de errado com eles, mas nos quais não se podia confiar que não fugissem. Como tal, o pavilhão tinha uma disciplina estranhamente suave. Ali, Nash e os outros internos eram conduzidos "por um labirinto de pequeninas atenções, imprecisas e amáveis, adequadas a velhas senhoras".[18] As enfermeiras católicas, de cabelo à escovinha, muitas delas alunas da Universidade de Boston, levavam leite achocolatado para ele na hora de dormir, perguntavam a respeito de seus interesses, passatempos e amigos, e o chamavam de Professor.[19] O café-da-manhã reforçado, estilo Nova Inglaterra, era seguido de suculentos almoços e jantares com comida caseira; todo mundo engordava. Nash tinha um quarto particular "com uma porta que fechava", "um abajur pequeno para leitura à noite" e um lindo panorama. Não havia gritos, cenas violentas nem camisas-de-força. Seus colegas pacientes, "casos de doença mental puro-sangue", eram educados, cheios de preocupação com ele, ansiosos para fazer amizade, emprestavam-lhe seus livros e davam-lhe dicas sobre a rotina. Eram jovens de Harvard, "donos da bola", "amansados por doses maciças de torazina", e, ainda assim, "muito mais inteligentes e interessantes do que os médicos", como Nash confidenciou a Emma Duchane quando ela foi visitá-lo.[20] Havia também velhos tipos de Harvard "espalhando migalhas de pão diante da tela da tevê, empurrando os botões do aparelho preguiçosamente". (Cerca de metade dos pacientes do hospital eram casos geriátricos, como o "Bobbie/ Porcellian' 29", de Lowell, que se pavoneava tarde da noite pelo pavilhão "vestido como nasceu".)[21]

Mas ali estava Nash, privado das roupas de baixo, sem cinto e sem sapatos, de pé diante de um espelho de barbear que não era de vidro, mas de metal. Quanto a seu panorama no dia seguinte, nas palavras de Lowell: "O azul do dia/torna ainda mais triste minha janela azul." Os dias, com certeza, pareciam muito longos: "Horas e horas passam." Acima de tudo, havia a terrível percepção, quando os visitantes apareciam, de que eram livres para sair pelas portas trancadas através das quais haviam passado, enquanto ele, Nash, não podia. A vida no hospital não era, em absoluto, algo horrível; ele era simplesmente, como outro interno de uma instituição de doentes mentais observou, "considerado incapaz de raciocinar... e tratado como uma criança; não com brutalidade, mas com eficiência, firmeza, condescendência".[22] Ele havia apenas renunciado a seus direitos de um ser humano adulto. Como Lowell, ele deve ter se perguntado: "Para que serve meu senso de humor?"

ALICIA INSISTIU COM TODO mundo que ela conhecia para ir visitar Nash.[23] Fagi Levinson organizou um esquema de visitas.[24] A idéia era que, com o apoio dos amigos, Nash logo estaria recuperado. "Todos no MIT se sentiam responsáveis por tentar fazer com que Nash melhorasse", recordou Fagi em 1996. "No hospital, todos achavam que, quanto mais companhia e apoio ele tivesse, mais depressa se recuperaria".

Uma tarde, Al Vasquez encontrou por acaso Paul Cohen, que estava muito perturbado. Ele estivera no McLean visitando Nash. E impediram sua entrada. O que aconteceu, contou ele a Vasquez, foi que o hospital tinha uma lista de visitantes vetados. "Ele estava na lista", lembrou Vasquez. "E eu também. Fiquei muito chocado."[25] Vasquez – assim como a maioria dos alunos do departamento – nem sabia que Nash estava hospitalizado.

> Era uma lista organizada por uma espécie de comissão. Lembro que Cohen ficou muito perturbado. Foi a primeira vez que ouvi dizer que Nash estava no hospital. Acho que havia umas vinte pessoas [na lista], quase todas do departamento de matemática. Cohen deve ter mencionado para mim alguns nomes. Era o hospital que não deixava as pessoas da lista visitarem Nash. Eu a denominei "A Comissão que Governa o Mundo".

No início Nash, que achava estranho ficar arrastando os pés por ali sem sapatos, estava furioso. "Minha esposa, minha própria esposa...", disse ele a Adriano Garsia, um dos primeiros a visitá-lo. Ameaçou entrar com uma ação de divórcio contra Alicia, para "tirar-lhe o poder".[26] Jürgen e Gertrude Moser se lembram de uma conversa idêntica. "Ele estava muito ressentido", lembrou Moser, "[mas] quanto ao resto, não estava muito diferente. Inicialmente Gertrude concordou com ele e ficou um pouco chocada pela maneira como Nash estava sendo tratado. 'Ele não parece louco', disse ela".[27] Emma Duchane, que também visitou Nash em Bowditch, lembrou que ele foi mais gentil com ela do que jamais fora antes. "Ele dizia coisas bem razoáveis", ela contou.[28] Quando Gian-Carlo Rota e George Mackey, um professor de Harvard, foram lá, Nash brincou com eles sobre o absurdo das portas trancadas, comentou que era estranho o fato de ele estar sendo mantido ali, e contou, num tom bem racional, que ele tinha consciência de que tivera delírios.[29] Quando Donald Newman foi visitá-lo, Nash perguntou-lhe meio de brincadeira: "E se eles não me deixarem sair até que eu esteja NORMAL?"[30] Para Felix Browder, ele reclamou que permanecer no hospital era uma coisa muito cara (a diária de internação naquela primavera era de 38 dólares).[31]

Alguns visitantes se perguntavam o que ele estava fazendo ali. Donald Newman foi um dos mais veementes defensores da sanidade de Nash. "Não há descontinuidade!", repetia ele.[32] Garsia lembrou-se, em 1995: "Fiquei chocado ao saber que a esposa dele tinha feito aquilo. Eu não podia acreditar que meu ídolo estivesse à mercê de uma enfermeira estúpida qualquer, que tinha poder total sobre ele."[33]

A MEDICAÇÃO – inicialmente uma injeção de torazina logo após a internação – acalmou Nash, deixou-o sonolento e com a fala arrastada, mas não fez nada para dissolver "a profunda irrealidade subjacente".[34]

Nash contou a John McCarthy, que também foi até o McLean apesar de seu horror por hospitais e doenças: "Essas idéias ficam surgindo em minha cabeça e eu não consigo evitá-las."[35] Ele disse a Arthur Mattuck que acreditava haver uma conspiração entre líderes militares para dominar o mundo, e que ele, Nash, estava encarregado do golpe. Mattuck lembrou: "Ele se mostrava muito hostil. Quando cheguei, ele disse: 'Você veio me ajudar a fugir?' Contou-me, com um sorriso de culpa no rosto, que secretamente achava que era o pé esquerdo de Deus, e que Deus andava pela Terra. Estava obcecado por números secretos. 'Você conhece o número secreto?', perguntou. Queria saber se eu era um dos iniciados."[36]

DURANTE AS DUAS OU TRÊS primeiras semanas – quando o hospital solicitou ao juiz uma ampliação do período de observação por mais quarenta dias –, Nash foi observado, estudado e analisado.[37] Fizeram uma biografia dele. Um jovem psiquiatra ficou encarregado de reconstituir a história de sua vida, um catálogo completo de sua personalidade, abrangendo nada menos do que 205 temas diferentes. Tudo o que havia preparado o caminho para o desastre foi incluído: família, infância, educação, trabalho, doenças anteriores, e assim por diante. Terminado isso, a história foi apresentada numa reunião dos psiquiatras mais antigos do hospital, que chegaram a um diagnóstico mais preciso.

Desde o início havia um consenso entre os psiquiatras de que Nash era, obviamente, psicótico quando chegou ao McLean.[38] O diagnóstico de esquizofrenia paranóica foi dado logo em seguida. "Se ele estava falando sobre conspirações", disse Kahne, "isso seria quase inevitável".[39] Relatos sobre a excentricidade anterior de Nash teriam tornado essa conclusão ainda mais provável. É claro que houve alguma discussão sobre a validade do diagnóstico. A idade do paciente, suas realizações, seu gênio, tudo isso teria feito com que os médicos se indagassem se ele não estaria sofrendo da doença de Lowell, psicose maníaco-depressiva. "A coisa sempre podia estar camuflada. Não se tinha certeza", disse Joseph Brenner, que assumiu o cargo de administrador da enfermaria de internações logo depois da chegada de Nash ao hospital.[40] Mas o caráter bizarro e complexo das crenças de Nash, que eram ao mesmo tempo grandiosas e persecutórias, seu comportamento tenso, desconfiado, reservado, a relativa coerência de sua fala, o vazio de suas expressões faciais, a extrema indiferença de sua voz, a reserva que às vezes chegava ao mutismo – tudo apontava para a esquizofrenia.

Todo mundo comentava sobre os acontecimentos que os psiquiatras acreditavam ter provocado o surto em Nash. Fagi lembrou que a gravidez de Alicia era considerada o maior culpado: "Era o auge da fase freudiana – todas essas coisas eram explicadas pela inveja do feto",[41] disse Cohen. "Seus psicanalistas defendiam a teoria de que sua doença fora desencadeada por sua homossexualidade latente."[42] Essas opiniões, muito difundidas, podem ter sido aceitas pelos médicos de Nash. A teoria de Freud, atualmente desacreditada, que relaciona a esquizofrenia à homossexualidade reprimida estava tão em moda no McLean que durante muitos anos qualquer homem com diagnóstico de esquizofrenia que chegasse ao hospital em estado de agitação era considerado vítima de "pânico homossexual".[43]

Nash não sabia de nada disso. Seu psiquiatra não lhe contaria mesmo se Nash o tivesse pressionado. Mas teria sido fácil para ele descobrir – indo à biblioteca do hospital ou conversando com os outros internos – o que os médicos pensavam.

TODO MUNDO estava muito otimista. O otimismo fazia parte daquela época "fortemente psicanalítica" no McLean. Os médicos de Lowell diziam à esposa do poeta, Elizabeth Hardwick, que as doenças mais graves, doenças psicóticas, o tipo que dava origem a casos crônicos, como o de Bobbie, podiam ter "cura permanente".[44]

Em 1954, Alfred H. Stanton fora encarregado pelos curadores do hospital de modernizar a instituição.[45] Antes de sua chegada, no início dos anos 1950, conforme a lembrança de Kahne, "as enfermeiras passavam todo o tempo classificando casacos de pele e escrevendo cartas de agradecimento". Além disso, os pacientes passavam a maior parte do dia deitados nas camas, como se estivessem sofrendo de algum mal físico. Stanton contratou uma grande quantidade de enfermeiras e psiquiatras, ampliou o programa de residência médica, instituiu um programa intensivo de psicoterapia e organizou atividades sociais, educacionais e laborativas.

A filosofia de tratamento do hospital se resumia à idéia de que "era impossível ser social e maluco ao mesmo tempo".[46] A equipe dedicava-se a estimular todos os novos pacientes, independentemente do diagnóstico, a se relacionarem. Juntamente com essa terapia "social", como passou a ser chamada, o principal método de tratamento era a psicanálise, cinco dias por semana.[47] Ninguém pensava em torazina a não ser como uma ajuda inicial na preparação para a psicoterapia. "As atitudes de Stanton recuaram para os primeiros dias de 'tratamento moral' dos pacientes", disse Kahne, "que incluía a expectativa de que os pacientes se re-

 cuperassem e que a equipe mantivesse estreito contato com

aqueles. A idéia era envolver os pacientes na tomada de decisões e eliminar um pouco da hierarquia existente nas instituições médicas".

Stanton estudou com Harry Stack Sullivan, um dos mais importantes discípulos de Freud nos Estados Unidos, e ajudara a dirigir o Chestnut Lodge, um hospital particular nos arredores de Washington, D.C., onde se usava a psicanálise para tratar distúrbios psicóticos. Ele também acabou com a prática da lobotomia e das terapias de eletrochoque no McLean. "O freudismo era muito forte no McLean", disse Brenner. "Era a aurora da psicofarmacologia. Inventávamos curas desesperadamente, de boa-fé."[48]

"NOSSO CONHECIMENTO da esquizofrenia era mínimo", lembrou Fagi com tristeza. "Fui uma imbecil. Tudo o que ele precisava era de um bom descanso e apoio, e tudo voltaria logo ao normal. Todos no MIT fingiam que Nash iria se recuperar rapidamente. No McLean eles iam curá-lo usando uma terapia de ponta. Norbert era o único que pressentia a tragédia. Ele manifestava uma compaixão sincera. 'É muito difícil', ele disse a Virginia. Ela estava chorosa, abalada, tentando manter-se firme. Queria saber o máximo possível. Os olhos de Wiener se encheram de lágrimas."[49]

Isadore Singer e Alicia foram visitar Nash uma noite. Não havia mais ninguém na sala ampla e retangular. Singer descreveu a cena:

> Éramos os únicos visitantes. Robert Lowell, o poeta, entra agitadíssimo. Ele vê aquela mulher grávida de muitos meses. Olha para ela e começa a citar passagens da Bíblia relacionadas com a gravidez. Depois passou para citações com a palavra "ungido". Resolveu nos fazer uma preleção sobre essa palavra e todos os sentidos

> em que fora usada na versão do Rei James da Bíblia. No fim, fiquei certa de que todas as palavras da língua inglesa eram suas amigas. Nash ficou muito calado e quase imóvel. Não estava nem ouvindo. Estava totalmente desligado. A Sra. Nash ficou sentada ali, com sua barriga enorme. Eu me concentrava principalmente nela e na criança que ia nascer. Fiquei com aquela imagem em minha cabeça durante muitos anos. "Está tudo acabado para ele", pensei.[50]

Talvez tenha sido a torazina, talvez o confinamento, talvez o desejo avassalador de recuperar a liberdade, mas a psicose aguda de Nash desapareceu numa questão de semanas.[51] Na enfermaria ele se comportava como um paciente-modelo – calmo, educado, tolerante – e logo recebeu todo o tipo de privilégios, incluindo a liberdade de andar pelo terreno do hospital sem supervisão.[52] Nas sessões de terapia, ele parou de falar a respeito de ir para a Europa para instituir um governo mundial, e não se referia mais a si mesmo como líder de um movimento pela paz. Não fazia qualquer tipo de ameaça, a não ser quanto ao divórcio. Concordava prontamente, quando perguntado, que escrevera um monte de cartas malucas, causara problemas para si mesmo e para as autoridades da universidade, e que, além disso, tivera comportamentos estranhos. Negava enfaticamente que tivesse tido alucinações. Os dois jovens médicos residentes que o atendiam – Egbert Mueller, um conceituado psicanalista alemão, e Jacqueline Gauthier, uma franco-canadense mais nova no hospital – observaram que seus sintomas tinham praticamente todos "desaparecido", embora em particular eles concordassem que ele, provavelmente, os estaria escondendo.[53]

E TINHAM RAZÃO. No íntimo, Nash sentia que era um prisioneiro político e estava determinado a escapar de seus carcereiros o mais depressa possível. Com a ajuda de outros pacientes, ele logo percebeu quais eram as regras do jogo. Se um paciente quisesse sair, a lei atribuía ao hospital o ônus da prova. Os psiquiatras de Nash teriam de mostrar de modo convincente que ele ainda podia fazer mal a si próprio ou a outras pessoas. Na prática, um paciente que estava tendo alucinações ou que estava obviamente em processo delirante não tinha muita possibilidade de sair. (Mais tarde, ele adotaria a postura, em relação a seu filho mais moço, de que era bem possível, para uma pessoa considerada esquizofrênica, controlar tanto seus delírios quanto seu comportamento.)[54]

Ele contratou um advogado, Bernard E. Bradley, para entrar com uma petição para sua liberação.[55] Bradley trabalhava na defensoria pública na época, mas Nash, que não podia ser considerado pobre, provavelmente foi um cliente particular. Por sugestão de Nash, Bradley contratou A. Warren Stearns, um famoso psiquiatra de Boston, para examiná-lo e reforçar sua petição para ser liberado. Stearns era um pesquisador conhecido e também uma figura importante na política prisional e de saúde mental do estado.[56] Havia sido, durante sua longa carreira, reitor da faculdade de medicina da Tufts University, diretor de prisões no estado de Massachusetts e comissário-adjunto de saúde mental. Na época em que Nash fez Bradley entrar em contato com ele, Stearns tinha criado e dirigia o departamento de sociologia de Tufts. Suas opiniões sobre o crime anteciparam as de James Q. Wilson: segundo ele, a maioria dos crimes era cometida por uma pequena parcela da população, isto é, rapazes com idades entre 18 e 23 anos. Seu livro sobre o assunto, *The Personality of Criminals*, foi considerado um clássico. Ele esteve envolvido em todos os casos criminais famosos, entre eles o de Sacco e Vanzetti.

Stearns foi visitar Nash duas vezes, uma no dia 14 de maio, quando só conseguiu vê-lo durante alguns minutos, e uma segunda vez, alguns dias depois, quando os dois conversaram durante algum tempo. Nash não falou de delírios nem admitiu ter tido alucinações. "Não posso dizer que ele seja psicótico", Stearns escreveu a Bradley. "Foi direto e franco e, é claro, estava ansioso para sair do hospital."[57] Por volta do dia 20 de maio, dez dias antes de expirar o segundo período, de quarenta dias, da internação de Nash, Stearns voltou lá uma terceira vez para estudar os documentos de internação e a ficha hospitalar de Nash.[58] Falou com Mueller e Gauthier, que – apesar de sua convicção de que Nash estava simplesmente ocultando seus delírios – admitiram que "tinham dúvida sobre a necessidade de manter Nash internado" mais tempo.[59] "Ainda não sei qual é o problema dele", escreveu Stearns, que estava recebendo 100 dólares para apresentar sua opinião, a Bradley no dia 20 de maio.[60] No entanto, ele acrescentou: "Eu certamente recomendo sua alta."[61]

Mesmo assim, Mueller e Gauthier recomendaram que Nash permanecesse no hospital. Nessa ocasião, Alicia disse a eles que não estava disposta a assinar outra petição para a internação, embora concordasse em tomar providências para que o marido fosse tratado por um psiquiatra depois que saísse do McLean.[62] Dessa forma, no dia 28 de maio, depois de cinqüenta dias de reclusão, apenas uma semana depois do nascimento de seu filho, Nash era novamente um homem livre.

36
O chá do chapeleiro maluco
Maio-junho de 1959

Depois da internação do marido, Alicia não suportou ficar sozinha na casa de West Medford, e, de qualquer modo, o contrato de aluguel deveria expirar no dia 1º de maio. Ela telefonou para Emma e perguntou se as duas poderiam morar juntas.[1] "Um dia Alicia simplesmente me telefonou e disse que queria dividir um apartamento comigo", recordou Emma. A princípio, Emma hesitou, porque tinha medo de que Alicia insistisse em procurar um lugar caro, mas depois lhe ocorreu a idéia de alugar uma casa que pertencia a uma amiga comum, Margaret Hughes. Assim, no dia 1º de maio, Alicia e Emma se mudaram para um apartamento minúsculo no número 18 1/2 da Tremont Street, em Cambridge, a meio caminho entre o MIT e Harvard.

Alicia não se entregou a lágrimas, histeria ou confidências desnecessárias. Aceitava a ajuda que pudesse conseguir. Tinha muito pouca fé em que alguém viesse em seu socorro. Sabia muito bem que todos, incluindo amigos íntimos como Arthur Mattuck, achavam que Nash era responsabilidade dela. Defendeu-se das críticas à sua decisão de internar Nash, mas somente quando pressionada, por exemplo, por Gertrude Moser, que, depois de visitar Nash no McLean, começou a duvidar de que ele era louco e exigiu que Alicia justificasse sua decisão de fazer com que o marido fosse trancafiado. Para uma jovem cujo marido estava num asilo de loucos, ameaçando-a fisicamente e ameaçando divorciar-se dela, pegar o dinheiro do casal e fugir para a Europa, ela manteve uma calma notável. A jovem aparentemente frívola, que tinha, na ânsia da "paixonite aguda", ficado sentada na seção de ficção científica da biblioteca na esperança de que seu ídolo aparecesse por ali, mostrou reservas de força às quais ela teria de recorrer pelo resto de sua vida.

Outra jovem qualquer teria se rendido e voltado para a casa dos pais. Mas Alicia disse a si própria que a mente e a carreira de John poderiam ser salvas. Ela concentrou sua atenção, da melhor maneira possível, na crise do momento e colocou-se nas mãos capazes de Emma e Fagi Levinson. Sua capacidade de se concentrar nos próprios objetivos, o autocontrole férreo, o senso de seus próprios direitos, a profunda convicção de que seu próprio futuro dependia desse homem – e talvez também a combinação de energia, otimismo e ignorância da juventude –, tudo isso veio em seu auxílio nessa hora sombria. Toda a sua atenção estava concentrada numa única tarefa – não na tarefa de dar à luz, mas na de salvar John Nash.

"Ela nunca falava sobre o bebê, só sobre Nash", lembrou Emma. "Encarava a gravidez como um problema. Apenas como um perigo para Nash. Tinha receio de que isso interferisse em sua capacidade de cuidar [dele]."

Não tinha babá, nem enxoval, nem um exemplar já usado do manual de cuidados com o bebê, o novo best seller do Dr. Spock, na mesinha-de-cabeceira. Alicia não tinha tempo nem dava atenção a essas coisas. Ela queria que a gravidez terminasse, mas não pensava no que viria depois disso. Tinha uma idéia vaga de que sua mãe viria ajudá-la, mas não se preocupou em tomar providências quanto a isso. Também não tinha pedido a Virginia que viesse de novo. Na verdade, quase não prestava atenção a nada. Nem mesmo quando o bebê a fazia ficar acordada durante noites seguidas com seus vigorosos chutes ela conversava a esse respeito.

Emma recordou que "o período de observação [de Nash no McLean] chegava ao fim. Os psiquiatras diziam a Alicia que a crise fora precipitada pela gravidez. Ela pediu ao médico para induzir o trabalho de parto. Ele recusou".

NO DIA 20 DE MAIO, quando o trabalho de parto começou, Nash ainda estava no hospital e ela ainda morava com Emma no número 18 1/2 da Tremont Street. As dores começaram na parte inferior das costas. Por fim, ela se arrastou até a cama. Emma estava com ela. As duas não conseguiam saber se o trabalho de parto já havia começado. Mais tarde, quando a irmã dela estava para dar à luz, Emma comprou um manual de obstetrícia e descobriu que aquela dor nas costas era de fato muito comum no trabalho de parto. Mas naquele momento as duas mulheres do MIT estavam no escuro em relação a esses assuntos. Finalmente, quando as dores se tornaram mais insistentes e as contrações, mais freqüentes, uma das duas telefonou para Fagi, confirmando que, sim, na verdade, a coisa parecia ser trabalho de parto. Fagi disse que iria de carro até lá imediatamente. Chegou e, depois de um olhar para Alicia, que agora parecia bastante amedrontada, disse-lhe para entrar no carro e elas foram imediatamente para o hospital.

Alicia deu à luz um menino naquela noite. O bebê pesava quase 4,100 quilos e tinha um pouco mais de 50 centímetros. Ela não deu um nome ao menino. Achava que isso teria de esperar até que o pai estivesse suficientemente bom para escolher. Com isso, o bebê ficou sem nome durante quase um ano.

ALICIA AINDA TERIA de agüentar a raiva de Nash. No dia seguinte ao nascimento, Nash foi até o Boston Lying-In Hospital para visitar a esposa e o filho, depois de obter permissão para deixar o McLean naquela noite. Embora Fagi

Levinson não se lembre, pode-se imaginar que foi ela que arranjou a visita. Outra amiga chegou durante a visita de Nash. Alicia estava deitada na cama, parecendo pálida e encolhida. Nash estava sentado a seu lado. A bandeja com o jantar estava na mesa ao lado da cama. A certa altura, Nash pegou cuidadosamente o guardanapo, levantou-se e foi até a parede onde havia um cartaz com o nome do hospital e cobriu o "In", de modo que o nome ficou sendo "Boston Lying Hospital". A visitante lembra: "A insinuação era que Alicia estava mentindo. Ela ficou observando o que ele fazia. Não disse nada. Eu certamente não queria que a situação acabasse numa discussão."[2]

O SENSO DE HUMOR de Nash não desaparecera. Na tarde em que teve alta, uma semana depois, ele foi diretamente para a sala dos professores de matemática. Entrou, cumprimentou todo mundo e disse que tinha vindo direto do McLean. "É um lugar maravilhoso", disse aos alunos de pós-graduação e aos professores que tomavam chá. "Eles têm, menos uma coisa: liberdade!"[3]

Um dia ou dois depois disso, Nash estava de volta ao departamento. Ele pregou com cuidado avisos escritos à mão nos corredores anunciando uma "festa de alta hospitalar". Os avisos diziam: "Todas as pessoas que são importantes em minha vida estão convidadas! VOCÊS SABEM QUEM SÃO!" Durante a semana seguinte ele percorreu as salas de todos os membros do departamento e perguntou a cada um se iria. Se a pessoa dissesse "Sim", ele então perguntava "Por quê?".[4]

Ele se referia à festa como um "Chá do Chapeleiro Maluco" e pedia às pessoas que fossem fantasiadas.[5] Não ficou claro se a festa fora idéia de Alicia. Fagi Levinson, a esposa de Norman, achou que Alicia – que estava em casa com um bebê de uma semana de vida – tinha organizado a coisa com o objetivo de agradecer a todos que visitaram Nash no McLean.[6] Um aluno de pós-graduação, que disse que viajou para Nova York naquele fim de semana para evitar a festa, lembrou que ela foi realizada no apartamento de Mattuck, o qual não se lembra disso. É muito provável que ela tenha acontecido no 18 1/2 da Tremont Street. Segundo a lembrança de Fagi, foi uma "grande festa".

OS NASH DERAM PELO MENOS um jantar com convidados também. O intrigado convidado foi Al Vasquez, que recebera o diploma no dia 12 de junho, e ele lembra que foi um acontecimento triste e deprimente. Em 1997 ele recordou:

> Foi um das noites mais estranhas que já passei. Cheguei e lá estavam Alicia, o bebê e a mãe de Alicia. John se comportava de maneira muito esquisita. Sempre que ele se levantava, a mãe de Alicia também se levantava e se colocava entre ele o bebê. Era uma dança muito estranha. Durou umas duas horas. Alicia não tinha idéia de quem eu era. Todo mundo tentava agir como se tudo estivesse normal. Era muito estranho. Nash não conseguia ficar sentado. Ele se levantava de um salto e imediatamente a mãe de Alicia também se levantava e ia mexer numa coisa ou em outra. Mas ela não deixava que ele se aproximasse de maneira alguma do bebê.[7]

Nash estava decidido a partir para a Europa o mais cedo possível. Escreveu para Hörmander no dia 1º de junho, perguntando se ele estaria em Estocolmo durante o verão. Pretendia viajar para a Suécia naquele verão, ele escreveu, e procurava "associações matemáticas (nominais)" para justificar a viagem.[8] Escreveu também para Armand e Gaby

Borel, que estavam na Suíça na época, para pedir que o ajudassem a conseguir cidadania suíça.[9]

TAMBÉM ESTAVA DECIDIDO a se demitir do cargo de professor do MIT. Furioso com a conivência do instituto no caso de sua hospitalização involuntária, ele "dramaticamente" – como disse mais tarde – apresentou sua carta de demissão,[10] e ao mesmo tempo exigiu que o instituto liberasse um pequeno fundo de aposentadoria que ele vinha acumulando desde o momento em que passou a integrar o corpo docente como professor efetivo.[11] Levinson ficou chocado. Com Martin e os outros, ele tentou convencer Nash de que aquilo que ele queria fazer era loucura. Ele disse a Nash que o MIT não aceitaria sua demissão. Levinson agiu da maneira mais altruística possível. Tinha plena consciência das grandes despesas com o tratamento médico e queria que Nash conservasse o seguro-saúde que o instituto dava aos membros de seu corpo docente. "Norman tentou convencê-lo a não fazer aquilo", disse Fagi. "Ele se sentia responsável por Nash."[12]

Martin recordou: "Foi um período muito difícil. Na época em que se demitiu, ele não conseguia dar aulas e as pessoas sentiam que ele não tinha esperança de se recuperar. Estávamos numa posição delicada. Eu não conseguia nem falar com ele. Não se podia ter uma conversa coerente com ele. Levinson sempre apoiou Nash de todas as maneiras. Também não sofri pressão [por parte da administração para aceitar a demissão de Nash.]"[13]

Mas ele mostrou-se intransigente. Ante a insistência de Levinson, a administração da universidade tentou evitar que Nash sacasse o dinheiro destinado à aposentadoria, mas também nesse ponto Nash conseguiu vencer. No dia 23 de junho, James Faulkner, um médico ligado ao instituto, telefonou para Warren Stearns em nome do presidente do MIT, James Killian, para dizer que a universidade estava extremamente preocupada com o futuro de Nash.[14] Segundo Paul Samuelson, Stearns foi novamente de opinião que Nash não era louco e tinha plena competência, no sentido legal, para tomar decisões daquele tipo.[15] A quantia era insignificante, mas, no momento em que o cheque foi emitido, o último vínculo formal de Nash com o MIT foi cortado.

Logo após sua demissão, ele encontrou por acaso um de seus ex-alunos do curso de teoria dos jogos, Henry Wan, e contou-lhe que estava envolvido agora em um estudo de lingüística. Quando Wan mostrou surpresa, Nash disse que os matemáticos tinham uma capacidade especial de "abstrair a essência de um campo. É por isso que podemos ir de uma área para outra".[16]

NASH DISSE QUE IRIA VIAJAR no *Queen Mary* no início de julho. Alicia tentou dissuadi-lo, mas, quando ficou claro que ele iria, ela decidiu acompanhá-lo e deixar o bebê aos cuidados de sua mãe.

Nash tinha um convite para passar o ano em Paris, no College de France, o mais importante centro francês de matemática. Alicia tinha a esperança de que alguns meses no exterior, longe das pressões de Cambridge e entre rostos novos, fariam com que Nash esquecesse seus sonhos de paz mundial, governo mundial e cidadania mundial; ele poderia se adaptar novamente ao trabalho. Mas para Nash a viagem parecia prometer uma fuga mais permanente de sua antiga vida. Falava como se não fossem voltar nunca mais.

Foram de carro até Nova York e despediram-se dos primos de Alicia. A ocasião transcorreu sem problemas, exceto pelo fato de que Nash se recusou a comer olhando para o grande espelho que ficava em frente à mesa de jantar.[17]

Deixaram a Mercedes, com a mala cheia de números antigos do *The New York Times*, no estacionamento do instituto em Princeton. Nash queria doar tanto o carro como os jornais a Hassler Whitney, o matemático que ele mais admirava.[18] Também deixaram o bebê – ainda sem nome e, portanto, chamado de Bebê Épsilon, uma piadinha matemática. A mãe de Alicia já tinha levado o menino para sua casa, em Washington.[19] A Sra. Larde e o menino, eles haviam concordado, se encontrariam com Nash e Alicia em Paris assim que o casal estivesse instalado.

Parte IV
Os anos perdidos

37
Cidadão do mundo
Paris e Genebra, 1959-1960

Eu tenho uma difícil tarefa diante de mim e dediquei toda a minha vida a ela.

– K, em *O castelo*, de Franz Kafka

Pareço estar num transe sublime e estranho
Para meditar sobre minha própria fantasia isolada.

– Percy Bysshe Shelley, "Mont Blanc"

Pouco depois do Dia da Independência, Nash e Alicia partiam do porto de Nova York a bordo do *Queen Mary*, de pé junto à balaustrada do navio com os outros passageiros. Ficaram olhando o píer, depois a silhueta da cidade e a estátua da Liberdade se afastando deles, à medida que seguiam lentamente para alto-mar. A aparência deles era muito semelhante à que tinham um ano antes, quando haviam embarcado na viagem de lua-de-mel – ele, alto, bem-vestido e bonito, ela, esbelta, pequena e delicada –, porém menos animados, mais acabrunhados. Ambos perdidos nos próprios pensamentos.

O casal chegou a Londres no dia 18 de julho, depois de uma travessia "repousante".[1] Dois dias mais tarde eles estavam em Paris.[2] A beleza da cidade encantou-os tanto quanto no ano anterior, "verde por toda parte... com os enormes pombos azuis de Paris cruzando o céu dois a dois".[3] Durante algumas horas, depois que saíram da Gare St.-Lazare e foram para um hotel modesto na Rive Gauche, impropriamente chamado de Grand Hôtel de Mont Blanc, o peso de chumbo de seus meses infelizes em Cambridge parecia ter saído de seus ombros, e eles se sentiam novamente, por um período curto, leves como o ar. Naquela tarde foram até a agência do American Express para comprar francos e perguntar se havia alguma correspondência. Como sempre durante o verão, a Place de L'Opéra estava repleta de turistas americanos. Para sua alegria, eles viram imediatamente o rosto familiar de John Moore, um matemático que Nash conhecia do MIT e que logo depois seria nomeado co-diretor do departamento de matemática de Princeton. Moore estava sentado do lado de fora do Café de la Paix, lendo, quando ergueu os olhos e viu o casal. "Fiquei surpreso, mas não muito", lembrou Moore em 1995. "Muitos matemáticos iam a Paris. Falamos sobre Edimburgo. Não percebi nada de diferente."[4]

Quais eram seus verdadeiros planos na época, Alicia não foi capaz de dizer depois. Ela acompanhou Nash à Europa não porque achasse que Paris seria uma cura para os problemas do marido, mas porque não tivera meios de impedi-lo, e, sendo assim, ela não podia suportar a idéia de vê-lo partir para uma terra estranha, sozinho, sem alguém para zelar por ele. Mas, naqueles primeiros dias na cidade, o casal se comportou como se ali fosse seu novo lar por algum tempo. Alicia se matriculou num curso de francês na Sorbonne e começou a procurar um lugar para eles morarem.[5] Sua prima Odette, de 20 anos, que planejava passar o ano na Universidade de Grenoble, por acaso também estava em Paris. As duas jovens saíram juntas para procurar uma casa, até que encontraram

 um apartamento bonito, limpo e espaçoso para o casal no

número 49 da Avenue de la République, num bairro operário, sem características marcantes, mas perfeitamente respeitável, na Rive Droite.[6]

AS IDÉIAS DE UM GOVERNO mundial e o conceito associado de cidadania mundial estavam no auge na época em que Nash fazia seu curso de pós-graduação em Princeton, e elas permeavam a ficção científica dos anos 1950, que ele devorara no tempo de estudante e depois. Fundado após o colapso da Liga das Nações na década de 1930, o movimento por um mundo único explodiu na consciência nacional apenas alguns anos depois da Segunda Guerra Mundial. Princeton era um dos centros desse movimento, em grande parte por causa da presença de físicos e matemáticos – principalmente Albert Einstein e John von Neumann – que atuaram como parteiras da era nuclear.[7] Um dos contemporâneos de Nash no curso de pós-graduação, John Kemeny – um jovem e brilhante lógico, assistente de Einstein e mais tarde reitor do Dartmouth College – era um dos líderes dos Federalistas Mundiais.

O defensor da idéia de um só mundo que incendiou a imaginação de Nash, entretanto, foi um solitário como ele próprio, o Abbie Hoffman do movimento por um mundo só. Em 1948, Garry Davis, um piloto de bombardeiros na Segunda Guerra Mundial em sua jaqueta de couro, ator e filho do líder de banda Meyer Davis, entrou na embaixada americana em Paris, entregou seu passaporte americano e renunciou à cidadania americana.[8] Então ele tentou fazer com que as Nações Unidas o declarassem "o primeiro cidadão do mundo".[9] Davis, "enjoado e cansado da guerra e dos boatos da guerra", queria dar início a um governo mundial.[10] "Todos os jornais publicaram a história em manchete", lembrou o colunista Art Buchwald em suas memórias de Paris.[11] Albert Einstein, 18 membros do Parlamento Britânico e um pequeno grupo de intelectuais franceses, entre eles Jean-Paul Sartre e Albert Camus, manifestaram seu apoio a Davis.[12]

Nash pretendia seguir os passos de Davis. Na atmosfera excitada e hiperpatriótica dos Estados Unidos que estava deixando para trás, ele escolhia o "caminho de maior resistência", e aquele que arrebatara seu senso de alienação radical.

NO DIA 29 DE JULHO, pouco mais de uma semana depois de sua chegada a Paris, Nash foi de trem até Luxemburgo.[13] Escolheu esse país como o local em que renunciaria à sua cidadania americana por motivos de cautela, possivelmente aconselhado pelo Registro de Cidadãos do Mundo, sediado em Paris, uma organização fundada por Davis. Quanto menor e mais obscuro o país, menor a probabilidade de que a entrega de seu passaporte americano resultasse em prisão e deportação imediatas. A França era, notoriamente, um péssimo lugar para protestos desse tipo. Quando chegou à Estação Central na cidade de Luxemburgo, ele foi direto para a embaixada americana, no número 22 do Boulevard Emmanuel Servais, exigiu ser recebido pelo embaixador e anunciou que não desejava mais ser um cidadão americano.

A Seção 1.481 da Lei de Imigração de 1941 contém uma cláusula que permite a cidadãos americanos renunciarem à sua cidadania.[14] O objetivo desse dispositivo legal era, logicamente, permitir que as pessoas resolvessem casos de dupla cidadania. Em 1959, algumas dezenas de americanos, também inspirados por Garry Davis, vinham fazendo uso dessa cláusula para realizar protestos.[15] A lei é bem clara. Prevê um juramento, que deve ser feito num país estrangeiro, a mão direita levantada, na presença de um diplomata americano: "Desejo renunciar formalmente à minha nacionalidade americana... e para esse fim eu, por meio deste, renuncio absoluta e completamente à minha nacionalidade americana e a todos os direitos e privilégios pertinentes, e abjuro toda lealdade e fidelidade aos Estados Unidos da América."[16]

A declaração de Nash foi recebida como seria de esperar. Um funcionário da embaixada – não o embaixador! – recorreu a uma série de argumentos fortes para tentar convencê-lo de que aquilo que ele desejava não era uma coisa sensata. De modo um tanto surpreendente, em virtude da força da convicção de Nash naquele momento, o diplomata convenceu-o a receber de volta o passaporte. Talvez tenha sido o sinal de uma hesitação e uma indecisão que se tornariam mais acentuadas com o passar do tempo.

Quando a notícia de sua primeira tentativa de renunciar à cidadania americana chegou a Virginia e Martha, em Roanoke, e a seus ex-colegas do MIT, percebeu-se que a internação de Nash no McLean pouco fizera para frear o avanço da doença. Virginia, que caíra numa depressão profunda ao voltar de Boston, entregara-se à bebida e caminhava, ela própria, para um colapso nervoso. (Ela seria hospitalizada em setembro.)[17] Quando Armand Borel voltou a Princeton, vindo da Suíça, no fim do verão e perguntou por Nash, um de seus colegas disse simplesmente: "A situação está feia."[18]

O FATO DE SEU PLANO ter sido abortado não diminuiu o entusiasmo de Nash quando ele voltou a Paris dois dias depois. Quando a cidade ficou vazia por causa das férias de verão, Nash concluiu que preferia ficar na Suíça, um país que ele associava a neutralidade, cidadania mundial e Einstein.[19] Este, que gostava de se referir a si mesmo como um cidadão do mundo, havia adotado a cidadania suíça. É possível que essa idéia de Nash lhe tenha ocorrido pelo fato de várias nações européias estarem fazendo sua mais longa reunião de cúpula naquele verão em Genebra.[20] Mas, aparentemente, o casal não deixou Paris tão depressa quanto Nash pretendia. A partida propriamente dita foi adiada por causa dos protestos de Alicia contra essa súbita mudança logo depois de eles terem alugado um apartamento.

O desejo de Nash de ir para Genebra surgiu, como ele disse mais tarde, do fato de ele ter ouvido falar que aquela era "a cidade dos refugiados".[21]

EM 1959, PARA IR DE PARIS a Genebra bastava uma noite de viagem de trem. Quando chegaram, eles se instalaram num quarto do Hôtel Athenée, na Rue Malganou.[22] Alicia, no entanto, não demorou muito ali. Ela viajou quase imediatamente para a Itália, onde encontrou Odette e permaneceu por várias semanas.

Sozinho pela primeira vez na vida, Nash estava "sem os pais, lar, esposa, filho, internação ou apetite... e sem o orgulho que ele podia extrair deles",[23] e, assim, completamente livre para se dedicar a seu objetivo, sem nada que o perturbasse. Seus objetivos, como sugere a escolha do lugar, eram volúveis. Agora ele queria não só se descartar da cidadania americana, mas conseguir status oficial de refugiado – ser declarado um refugiado de todos os países da OTAN, do Pacto de Varsóvia e dos pactos do Oriente Médio e do Sudeste Asiático.[24] Presumivelmente essas alianças estavam agora fundidas em sua mente com ameaças à paz mundial, mas o desejo de adquirir status de refugiado também refletia um sentimento crescente de alienação, uma sensação de perseguição e o medo do confinamento. Ele se via como um pacifista em risco de ser convocado, e como um adversário dos tipos de pesquisa militar que o país queria que os matemáticos americanos fizessem.[25]

Passava a maior parte das noites no mais solitário dos lugares, um pequeno quarto de hotel, sem decoração, numa área da cidade distante e indefinível, escrevendo cartas que nunca seriam respondidas, preenchendo intermináveis formulários, solicitações e petições que seriam arquivadas.

Durante cinco meses solitários, os esforços ambíguos e auto-aniquilantes de Nash foram em tudo semelhantes à antibusca do agrimensor do romance de Kafka *O castelo*, provavelmente a mais envolvente descrição da consciência esquizofrênica de toda a literatura. Conhecido apenas como K, o herói de Kafka tinha como único objetivo na vida penetrar no "sombrio coração do Castelo", que assoma sobre um vilarejo labiríntico que K alcança, mas que não consegue ultrapassar.[26] No romance de Kafka, K, um homem cujo trabalho é medir e avaliar, procura penetrar num nebuloso centro de autoridade, não porque ele deseje "levar uma vida honrada e confortável", mas a fim de "obter o reconhecimento dos mais altos poderes, talvez celestiais, e assim descobrir a razão das coisas".[27]

A busca de Nash, durante toda a sua vida, por significado, controle e reconhecimento no contexto de uma luta permanente, não só na sociedade, mas nos impulsos antagônicos de seu ego paradoxal, estava agora reduzida a uma caricatura. Assim como a hiperconcretude de um sonho se relaciona com os temas intangíveis da vida em vigília, a busca de Nash por um pedaço de papel, uma carteira de identidade, reflete sua antiga procura por insights matemáticos. Mas o abismo entre os dois Nashes relacionados que podemos reconhecer era tão grande quanto o existente entre Kafka, o gênio criativo controlador – lutando entre as exigências de uma vocação que ele mesmo escolheu de um lado e a vida comum de outro –, e K, uma caricatura de Kafka, um buscador impotente atrás de um pedaço de papel que irá validar sua existência, seus direitos e deveres. Delírio não é apenas fantasia, mas também compulsão. O que está em jogo é a sobrevivência, tanto do ego quanto do mundo. Antes ele organizava e modulava seus pensamentos, agora ele estava sujeito a ordens peremptórias e insistentes desses pensamentos.

COMO K, NASH se viu preso numa "farsa de interminável embaralhamento de papéis... um vasto mecanismo sem alma de circulação de documentos... um mundo atulhado de papel, o sangue branco da burocracia... condenado por forças fora de seu controle ('eles estão brincando comigo'), mas também perturbado pela confusão interna de seus desejos".[28]

Ele apelou para muitas autoridades. Mas parecia incapaz de fazer muito progresso. Descobriu que o consulado americano não queria aceitar seu passaporte e deixá-lo fazer o juramento de renúncia.[29] Diplomatas sorridentes, amáveis, mas aparentemente obtusos, o dissuadiam e o desviavam de sua meta, apresentando-lhe desculpas e exposições lógicas. Confuso e enfraquecido pelas longas explicações, Nash ia embora, mas voltava no dia seguinte.

O Alto Comissariado das Nações Unidas para Refugiados, no qual ele depositara suas esperanças, despachou-o. Aparentemente, o órgão, apesar de seu nome promissor, tinha regras que excluíam casos como o dele. Só era possível reivindicar a condição de refugiado em conexão com "fatos ocorridos na Europa antes de janeiro de 1951" e "em razão de um medo justificado de estar sendo perseguido por motivos de raça, religião, nacionalidade, associação com um determinado grupo social ou opinião política, [e apenas se o indivíduo] estiver fora do país de sua nacionalidade e não puder ou, em virtude desse medo, não quiser ficar sob a proteção de seu país".[30] Os funcionários do Comissariado sugeriram que ele entrasse em contato com a polícia suíça.

Naquela época, a polícia federal suíça tratava de todos os pedidos de asilo, dos quais talvez uma dúzia por ano se enquadrasse na categoria dos "incomuns", no sentido de que envolviam pessoas de países que normalmente não produziam refugiados. Como Nash alegava ter razões de consciência para estar fugindo da convocação para o serviço militar, a polícia o encaminhou às autoridades militares. Estas, prudentemente, pediram orientação a Berna, a qual, por sua vez, consultou Washington.[31] Em setembro, a autoridade militar de Genebra enviou uma carta a Berna dizendo que "ele está renunciando a seu passaporte americano pela única razão de não querer ser convocado para o exército dos Estados Unidos, nem prestar seus serviços como matemático às organizações oficiais, temendo que sua colaboração possa ajudar as autoridades de seu país a manterem a Guerra Fria ou a se prepararem para a guerra".[32]

Em novembro as autoridades de Genebra foram informadas de que Nash já estava, para todos os fins práticos, muito acima da idade de convocação estabelecida nos Estados Unidos, e que não era de modo algum obrigado a fazer pesquisas relacionadas à defesa. Além do mais, Nash não havia cometido nenhum dos atos que poderiam fazer com que o governo americano lhe tirasse a cidadania: "Em resumo, a simples declaração de renúncia ao passaporte americano não tem em si nenhum valor jurídico."[33] Em outras palavras, como não assinara o juramento de renúncia, ele ainda era, tecnicamente, um cidadão americano. Nesse ponto, a polícia começou a ameaçar Nash de deportação.

FINALMENTE, em setembro ou outubro, numa crise de desespero, Nash destruiu ou jogou fora seu passaporte. Alicia recordou mais tarde que ele apenas havia "perdido" o passaporte e, embora isso certamente seja possível, acontecimentos posteriores sugerem que não foi bem assim.[34] Quando o consulado soube disso, as autoridades se esforçaram para convencê-lo a solicitar um novo passaporte. Ele se recusou. Em sua mente, ele era agora um apátrida, um homem sem país; aos olhos das autoridades, ele era um homem sem os documentos necessários, o que o deixava numa situação vulnerável. Tinha, como mais tarde escreveu a Lars Hörmander, "requerido o status de refugiado. Isso trouxe dificuldades".[35] No dia 11 de outubro, ele escreveu para Virginia e Martha dizendo que não podia mais viajar "por causa de certas formalidades legais", certamente uma referência ao fato de não ter passaporte.[36] Na mesma carta, ele incluiu um poema longo, em versos livres, a respeito de alimentar gaivotas nas margens do lago Leman. Entretanto, Nash foi realmente visitar o vizinho Liechtenstein, onde pensou em solicitar a cidadania, baseado no fato de que esse país não cobrava impostos de residentes estrangeiros.[37]

DURANTE SUAS FÉRIAS em Roma, que duraram algumas semanas, Alicia recuperou – o que aconteceu pela última vez – um pouco de seu antigo jeito de menina, despreocupado. Odette lembrou em 1995 que ela, mais uma vez, parecia "gostar de se divertir".[38] Essas duas jovens, excepcionalmente bonitas e elegantes, tiveram férias movimentadas. Visitaram o Vaticano, onde foram recebidas pelo papa João XXIII. Odette desmaiou e teve de ser carregada para fora da sala por dois jovens enfermeiros italianos, que depois percorreram a cidade com as duas mulheres. Foram a boates, fizeram compras e foram admiradas e perseguidas, não só por americanos, mas também por italianos em todos os lugares.

 Depois de Roma, elas visitaram Florença e Veneza. Nesta

última cidade as duas jovens tiraram uma fotografia juntas, Odette parecendo uma Audrey Hepburn jovem; Alicia, uma Elizabeth Taylor moça, com seus saltos altos e penteados volumosos na praça de São Marcos, cercadas de pombos.

No fim de agosto, Alicia voltou a Paris e começou a tomar providências para alojar a mãe e o filho, que estavam prestes a chegar. É possível que tenha ido a Genebra antes, mas, se isso aconteceu, ela ficou lá muito pouco tempo. Escreveu para Nash insistindo em que fosse para Paris, e pediu ajuda à embaixada americana para tirar Nash da Suíça. "Alicia está em Paris esperando 'e'", escreveu Nash no início de novembro – "e", naturalmente, era John Charles, que Nash chamava de Bebê Épsilon.[39] (Épsilon era uma referência irônica a uma anedota muito conhecida nos meios matemáticos sobre um famoso matemático que acredita que todos os bebês nascem conhecendo a prova da Hipótese de Riemann, e conservam esse conhecimento até os 6 meses de idade.)[40]

Foi a primeira menção que Nash fez ao bebê em suas cartas para Roanoke, embora não tenha dado nenhuma indicação de que pretendia encontrar-se com eles. Enquanto esperava a chegada da mãe e do filho, Alicia foi visitar Odette em Grenoble. "Nós íamos para meu quarto e comíamos doce, baba ao rum", recordou Odette. "Tagarelávamos a respeito dos outros estudantes. Fomos esquiar."[41]

De volta a Washington, Bebê Épsilon foi finalmente batizado, na presença dos avós e de Martha.[42] O bebê, vestido com um pequeno suéter num lindo dia de outono, quando as folhas cobrem o solo, recebeu o nome de John Charles Martin Nash. O batismo foi na igreja de St. John, na Lafayette Square, a mesma igreja em que Nash e Alicia haviam trocado votos matrimoniais. (Não se sabe com certeza quem escolheu o nome de John. O primeiro filho de Nash, é claro, já se chamava John. Foi como se os Nash e os Larde desejassem suprimir, por meio da substituição, a primeira criança.)

NO INÍCIO DE DEZEMBRO, quando o vento gelado do norte chamado *le bise* varria o lago Leman e tornava muito difíceis as caminhadas por suas margens, o humor de Nash estava pior do nunca. Podia-se quase sentir sua "sensação de desamparo num universo gélido".[43] Haviam fracassado, por motivos que desafiavam sua compreensão, as tentativas de renunciar à cidadania e obter o status de refugiado. Passava a maior parte do tempo dentro de casa escrevendo cartas. Seu sentimento de ter optado por fugir de Cambridge foi substituído pelo de ter sido exilado. Ele escreveu a Norbert Wiener:

> Sinto que, ao escrever para você aí, estou escrevendo para a fonte do raio de luz que vem de dentro de um poço na semi-escuridão... Você vive num lugar estranho, onde administração se acumula sobre administração, e todos tremem de medo ou de aversão (apesar das frases piedosas) aos sintomas de pensamento verdadeiro não-local. Subindo o rio [uma referência a Harvard], a coisa é um pouco melhor, mas ainda assim muito estranha numa determinada área que nos é familiar. No entanto, para ver essa estranheza, o observador tem de ser estranho.[44]

A carta estava enfeitada com papel laminado, uma fotografia tirada de jornal de uma figura parecida com Lenin, uma história sobre o septuagésimo aniversário de Nehru contendo uma referência a Kruchev e tíquetes para viajar de bonde.

No dia 11 de dezembro, Nash foi detido pela polícia durante várias horas – aparentemente numa tentativa de convencê-lo de que "a deportação era inevitável" – e liberado "sob vigilância", o que exigia que ele se apresentasse numa delegacia policial duas ou três vezes por dia.[45] De acordo com um telegrama datado de 16 de dezembro, do cônsul americano em Genebra, Henry S. Villard, ao secretário de Estado, Christian A. Herter, as autoridades suíças haviam expedido uma ordem de deportação chamando Nash de "estrangeiro indesejável", no dia 11 de dezembro.[46] Durante todo o processo, as autoridades suíças evidentemente estavam agindo com o "pleno conhecimento do Dr. Edward Cox, conselheiro-adjunto para assuntos científicos", e presumivelmente com a aprovação tácita dos altos escalões do Departamento de Estado.

A última cortina caiu no dia 15 de dezembro. Nash foi preso pela segunda vez.[47] Recusou-se terminantemente, como fizera em sua primeira prisão, a voltar para os Estados Unidos, e continuou a exigir o juramento de renúncia da cidadania. Na manhã do dia 15, Cox, um amável e bonachão professor aposentado de química do Swarthmore College,[48] na época trabalhando como assistente do adido científico em Paris, chegou a Genebra no trem noturno. Ele acompanhava Alicia Nash, exausta e apreensiva.[49] Juntos, esperavam convencer Nash a voltar diretamente para os Estados Unidos. Nenhum dos dois sabia o que esperar, e ambos, de maneiras diferentes, temiam o pior.

O secretário de Estado, Herter, mantinha-se informado da situação por telegramas diários, assim como o assessor para assuntos científicos, Wallace Brode. No dia 15, um telegrama para Washington enviado pelo então embaixador em Paris, Amory Houghton, informava: "RECEBIDA NOTÍCIA DE GENEBRA PELA QUAL NASH APESAR TODOS ESFORÇOS PARA DISSUADI-LO DETERMINADO ASSINAR JURAMENTO RENÚNCIA CIDADANIA."[50]

Mesmo preso, Nash se recusava a voltar para os Estados Unidos, além de se recusar a cooperar na emissão de um novo passaporte, e continuava a exigir que lhe fosse permitido fazer o juramento da renúncia.

A essa altura, Alicia concordou em levar Nash de volta a Paris, onde, afinal de contas, eles tinham um apartamento. O cônsul-geral concordou em expedir um novo passaporte para Alicia, que incluía Nash. Ele protestou contra tudo. Não queria ir nem mesmo para Paris. Foi inútil. A polícia escoltou-o até a estação ferroviária. Ele foi enfiado no trem e, às 11h15 da noite, o comboio saiu da parte coberta da estação para o ar livre. Os inspetores de polícia contaram que "na hora do trem Nash ainda relutava [em] partir de Genebra, mas não [foi] necessário usar a força".[51]

O CASAL COMEMOROU o Natal no número 49 da Avenue de la République. Foi, como Nash escreveria para Virginia, "interessante".[52] A mãe de Alicia estava lá e também John Charles, então com 8 meses. Havia uma árvore de Natal, talvez a primeira que os Nash tiveram, decorada à maneira alemã, com luzinhas e velas vermelhas. Quando acenderam, a mãe de Alicia ficou terrivelmente assustada: "Deixamos um balde d'água por perto", lembrou Odette, que fora passar o feriado em Paris.[53] Alicia, que preenchera seu tempo no outono aprendendo a cozinhar, serviu um *hors d'oeuvres* francês. Havia presentes para o bebê, Nash observou com ciúmes, acrescentando numa carta a Virginia e Martha que "ele parece um pouco paparicado demais".

No Dia de St. Etienne, que é o dia seguinte ao Natal, Alicia ofereceu uma festa à qual compareceram vários matemáticos, americanos e franceses. Shiing-shen Chern, um matemático que conhecera Nash na Universidade de Chicago e estava em Paris naquele semestre, também foi. Ele lembrou "uma idéia interessante" que Nash tivera na época, de que quatro cidades da Europa formavam os vértices de um quadrado.[54] O visitante mais surpreendente no número 49 da Avenue de la République, contudo, foi Alexandre Grothendieck, um jovem geômetra algebrista brilhante, carismático, extremamente excêntrico, que usava a cabeça raspada, vestia uma roupa tradicional de camponês russo e tinha opiniões pacifistas firmes. Grothendieck acabara de assumir uma cátedra no novo centro de matemática de Paris, o Institut des Hautes Études Scientifiques – IHES (nos moldes do Instituto de Estudos Avançados, de Princeton), e ganharia a medalha Fields em 1966. No início da década de 1970 ele fundou uma organização de "sobrevivência", abandonou de vez a vida acadêmica e tornou-se praticamente um recluso em um local não revelado nos Pirineus.[55] Mas em 1960 ele era dinâmico, volúvel e imensamente atraente. Não ficou claro se ele estava interessado principalmente na linda Alicia ou tinha afinidade com os sentimentos antiamericanos de Nash; de qualquer modo, ele era uma visita freqüente no apartamento dos Nash e tentou várias vezes conseguir um emprego de professor visitante para Nash no IHES.

Naquele mês de janeiro, Odette e Alicia ficavam sentadas no apartamento fumando e fofocando sobre os namorados de Odette, entre eles John Danskin, de 34 anos, um matemático do Instituto de Estudos Avançados que conhecera a fascinante Odette na festa de casamento dos Nash, em Nova York. Ele cortejou Odette por carta, chegando a propor-lhe casamento por meio de um telegrama em russo. Nash ficava sentado num canto da sala folheando o catálogo telefônico de Paris, falando pouco, a não ser para reclamar de vez em quando da fumaça, que ele detestava, ou para fazer alguma pergunta. Odette recordou:

> Nós nos divertíamos muito. Ficávamos rindo e fofocando, tentando fazer comida francesa e conversando com pessoas que Alicia convidava. Tagarelávamos sem parar. Falávamos dos rapazes. John Nash nem percebia. Alicia costumava fumar. Ele reclamava. Não suportava a fumaça. De vez em quando, ele nos interrompia com uma pergunta: "Vocês sabem o que é que o Kennedy e o Kruchev têm em comum? Não. Ambos têm nomes que começam por K."

Odette logo voltou para Grenoble, e a mãe de Alicia também foi embora de Paris, deixando a filha e o neto. Alicia lutava para cuidar do bebê e para lidar com o marido, achando ambas as tarefas exaustivas.[56] Queria desesperadamente voltar para os Estados Unidos e continuava, da melhor forma possível, tentando conseguir ajuda das autoridades americanas.

Na verdade, estava sendo feito um esforço conjunto, liderado por Brode, do Departamento de Estado, que despachou para Paris seu adjunto, Larkin Farinholt.[57] Este, um químico que depois viria a ser diretor do programa de bolsas de estudos da Sloan Foundation, tentou em vão convencer Nash a voltar para os Estados Unidos voluntariamente. A tentativa foi inspirada não só pelo desejo do governo americano de evitar problemas, mas pela vontade genuína de que a comunidade científica não perdesse o matemático, e de que este não sofresse as conseqüências de seu comportamento aparentemente irracional.

A situação legal de Nash era cada vez mais precária. Depois de sua deportação da Suíça, ele havia recebido do governo francês um visto de residência temporário, válido por três meses. Sua situação no país, como ele explicou a Hörmander numa carta do fim de janeiro, era "de residente ou domiciliado suíço".[58] De acordo com o que explicou em sua palestra em Madri, ele quis ser declarado um refugiado de todos os países da OTAN, mas, como se encontrava na França, ele – "para não ser incoerente" – decidiu declarar-se "apenas um refugiado dos Estados Unidos".[59] Apresentou um novo pedido de asilo. Quando ficou evidente que os franceses não iriam lhe conceder asilo, Nash tentou obter um visto sueco. Este também lhe foi recusado. Ele então apelou para Hörmander, que, por sua vez, consultou o ministro do Exterior sueco, e foi informado de que, sem um passaporte americano, Nash não podia esperar conseguir um visto. Hörmander, agora já impaciente, respondeu por carta: "Pessoalmente, eu o aconselho firmemente a reconsiderar suas opiniões a respeito da OTAN e de outros países."[60]

Nash então conseguiu realizar uma proeza extraordinária. No início de março ele viajou, sozinho e sem passaporte, para a Alemanha Oriental.[61] Por mais difícil que seja acreditar que um americano sem passaporte pudesse entrar na República Democrática Alemã nos anos 1960, Nash confirmou em 1995 que ele realmente viajou para lá, explicando em que seu "período de pensamento irracional" ele fora "a lugares onde não se necessitava de um passaporte americano".[62] O que realmente deve ter acontecido, por causa do rigorosíssimo esquema de segurança existente na fronteira na época, foi que Nash solicitou asilo à RDA e recebeu permissão das autoridades para entrar no país até que o pedido fosse avaliado. De qualquer modo, ele foi até Leipzig e ficou com uma família chamada Thurmer durante vários dias. De acordo com um cartão-postal que enviou para Martha e

Virginia, ele conseguiu – possivelmente como convidado do governo – assistir a um famoso evento propagandístico que por acaso estava sendo realizado ali, a feira industrial de Leipzig, que era a resposta da Cortina de Ferro à feira mundial de Bruxelas. Tempos depois, matemáticos nos Estados Unidos ouviram de Farinholt que "Nash tentara desertar para o lado dos russos", mas que estes não quiseram ter nenhuma ligação com ele.[63] Essa história, repetida por Felix Browder, provavelmente se baseou na aventura de Nash em Leipzig. Pelo menos não surgiu nenhuma prova de que Nash tenha feito algum contato com os soviéticos. A essa altura, todos os envolvidos – americanos, franceses e, possivelmente, a RDA – estavam cientes de que as ações de Nash eram as de um homem muito doente. Mas aparentemente o incidente fez com que o FBI levantasse suspeitas sobre a autorização de segurança de Alicia no início dos anos 1960, quando ela trabalhava na RCA.[64] De qualquer modo, Nash acabou sendo intimado a deixar a Alemanha Oriental – ou é possível que Farinholt o tenha tirado de lá – e voltou para Paris, onde ele escreveu para Martha e Virginia dizendo que estava "pensando em voltar para Roanoke", mas estava preocupado a respeito de sua volta aos Estados Unidos, porque não tinha garantias de que o deixariam sair novamente.[65]

COMO ACONTECEU EM GENEBRA, Nash passava a maior parte do tempo sentado no apartamento escrevendo cartas. Michael Artin, filho de Emil Artin, de Princeton, encontrou uma carta de Nash nos arquivos de seu pai depois da morte dele. "Ela começava, plausivelmente, com assuntos matemáticos", relembrou Artin. "Mas estava inteiramente coberta de selos, tíquetes [do metrô] e estampilhas fiscais coladas no envelope. No fim da carta ficou óbvio que a coisa era inteiramente fantástica. Era sobre os números de Köchel das sinfonias de Mozart. Köchel havia catalogado todas as obras de Mozart, mais de quinhentas. A coisa toda era muito gráfica. A carta deve ter deixado meu pai muito impressionado porque ele a guardou durante todos esses anos."[66] Vasquez, o aluno de graduação do MIT que Nash conhecera em seu último ano em Cambridge, lembrou: "Suas cartas eram cheias de numerologia. Não as guardei. Não eram apenas cartas. Eram colagens, pastiches. Repletas de recortes de jornal. Muito inteligentes. Eu sempre as mostrava aos outros. Tinham alguns insights. Pequenos esquemas, jogos de palavras."[67] Cathleen Morawetz lembrou que seu pai, John Synge, que foi professor de cálculo tensorial de Nash em Carnegie, recebeu cartões-postais dele nessa época e ficou assustado. Esses cartões lhe trouxeram à lembrança, o pai contou à filha, seu brilhante irmão Hutchie, que sofria de esquizofrenia e tinha deixado o Trinity College para ir viver nos enclaves boêmios de Paris antes da Primeira Guerra Mundial. Segundo Cathleen, "as cartas eram sobre coisas como a estrutura diferencial das esferas de Milnor. Nash citava um teorema. Depois deduzia um significado político para esse teorema".[68]

O dinheiro era uma preocupação cada vez maior. O lugar onde moravam era barato pelos padrões americanos, mas o custo de vida, principalmente a alimentação, não era. Nash ficou muito preocupado tentando vender sua Mercedes, ainda no estacionamento do Instituto de Estudos Avançados. O matemático com quem ele havia deixado o carro, Hassler Whitney, telefonara para John Danskin e pedira-lhe que tratasse da venda.[69] John Abbat, um francês que inventara uma espécie de pino de boliche e se casara com a irmã mais velha de Odette, Muyu, também se envolveu no negócio. O valor de mercado, lembrou Danskin, era de 2.300 dólares, mas Nash estava decidido a conseguir

2.400 ou 2.500. "Ele foi absolutamente irracional", disse Danskin. "Eu não vendi o carro. Ainda estava lá quando eles voltaram." De tempos em tempos, Nash pedia a Martha que enviasse dinheiro para Eleanor.[70] Também pediu a Warren Ambrose para visitar John David, ou talvez Ambrose tenha se oferecido. Eleanor lembrou que John David, então com 7 anos, ficou com medo de Ambrose.[71]

O CABELO DE NASH nessa época estava comprido, e ele usava uma barba grande. No início de abril, mandou para Martha uma fotografia dele, tirada num restaurante chinês, e pedia que lhe fosse devolvida, chamando-a de "O retrato de Dorian Gray".[72] Fazia referência a uma *autorisation de séjour* para 21 de abril, e dizia que estava planejando viajar em breve para a Suécia.[73] No dia 21, Virginia recebeu um telegrama do Departamento de Estado solicitando dinheiro para trazer Nash de volta aos Estados Unidos.[74] Ela mandou o dinheiro imediatamente. Nash foi tirado do apartamento da Avenue de la République pela polícia francesa, que o escoltou durante todo o percurso até Orly.[75] Mais tarde ele contou a Vasquez que fora trazido da Europa "num navio e acorrentado, como um escravo",[76] mas Alicia se lembrava muito bem de eles terem viajado de avião.[77] Embora a partida fosse uma repetição do trauma de Genebra, foi também uma imagem invertida da viagem deles para a França no verão anterior. Dessa vez, era Nash que não queria ir. Ironicamente, dessa vez ele também seguia os passos de Davis, porque este também fora colocado uma vez à força no *Queen Mary* e enviado de volta aos Estados Unidos confinado numa cabine da primeira classe.[78]

38
Zero absoluto
Princeton, 1960

A Mercedes 180 verde-oliva ainda estava no pátio de estacionamento do instituto, em Princeton. Nash fora diretamente para lá, enquanto Alicia e o bebê iam para Washington, a fim de passar algum tempo com os Larde.[1] Ele ficava rondando Princeton. Em junho, quando soube que nascera o filho de sua irmã, foi de carro até Roanoke para visitá-la no hospital. Ela se lembrou de ter ficado assustada com a aparência de Nash e de ter escondido dele a data em que o menino nasceu, 13 de junho. "Fiquei com medo de que ele desse à data algum significado especial", ela lembrou em 1995.[2] Nash ficou em Roanoke com Virginia durante várias semanas.

Enquanto isso, Alicia procurava emprego e convocara, entre outros, John Danskin – agora casado com Odette – para ajudá-la.[3] Na época, Danskin dava aulas na Rutgers University, e os recém-casados moravam nos arredores de Princeton. Aparentemente Alicia estava pensando em morar em Washington, talvez para que seus pais pudessem ajudá-la a cuidar do filho. Também pensou em se mudar para Nova York. Durante o verão ela ficou com sua velha amiga do MIT, Joyce Davis, que agora vivia em Greenwich Village e trabalhava na cidade, e fez entrevistas de admissão em várias firmas de programação de computador. Como informou a Joyce num bilhete que deixou no apartamento dela no dia em que voltou a Washington, Alicia recebeu proposta da IBM e também da Univac, mas não sabia se devia aceitá-las, e dizia: "Agora estou com um grande problema, trabalhar em NY ou em Wash?"[4]

Odette insistiu com Alicia em que ela fosse morar em Princeton.[5] Nash também era a favor. Alicia achava que seria benéfico para o marido estar novamente em contato com outros matemáticos e esperava que ele encontrasse trabalho em Princeton. A conclusão foi que Alicia recusou as ofertas de trabalho na cidade de Nova York e, em vez disso, assumiu um cargo na Astro-Electronics Division da Radio Corporation of America, que tinha um grande complexo de pesquisas na Highstown Road, entre Princeton e Highstown.[6] Mais uma vez, Alicia deixou John Charles aos cuidados da mãe e alugou um pequeno apartamento no número 58 da Spruce Street, esquina de Walnut, a cerca de 1,5 quilômetro da Palmer Square. Nash foi para lá no fim do verão.

PELO MENOS NO INÍCIO Princeton parecia oferecer uma trégua depois dos últimos meses de angústia em Paris. O casal fazia parte da turma numerosa que girava em torno de John Danskin e Odette no encantador enclave perto do Delaware-Raritan Canal. Naquela época, Griggstown consistia no Tornquist, um bazar que vendia de tudo, e algumas casas pitorescas, incluindo aquela em que os Danskin moravam, que fora antes uma fábrica de sidra. Era muito bonita no verão, o ar cheirando a madressilvas. Napthali Afriat, um especialista na teoria dos jogos que na ocasião trabalhava com Morgenstern, morava ali, e assim como Jean-Pierre Cauvin, que fazia pós-graduação de francês em Princeton, e outro casal que trabalhava na Rutgers University, Agnes e Michael Sherman.[7] Freqüentemente os Danskin davam festas, às quais compareciam, também freqüentemente, os Milnor, Ed Nelson e a esposa, e Georg Kreisel, um lógico.[8] As festas iam até a madrugada, com sonatas de Beethoven, muito vinho, churrasco e espetinhos de carne, mergulhos noturnos no canal e conversas animadas conduzidas pela personalidade festiva, culta e viva de Danskin. Cauvin guardou uma lembrança muito vívida de John Nash:

> Ele tinha um jeito e temperamento de criança, uma suavidade, essa qualidade muito vulnerável, uma espécie de desamparo. Fiquei imaginando como alguém que dava aquela impressão de ser tão simples podia ser um gênio. Ele era apagado e muito passivo. Sempre falava baixo e num tom monótono. Não me lembro de tê-lo visto iniciar uma conversa. Respondia a uma pergunta ou observação depois de certa hesitação. Alicia era muito atenciosa com ele.[9]

Alicia estava aprendendo a dirigir. Danskin e Milnor lhe davam aulas com sucesso relativo.[10] Eles a convidaram para participar de um grupo de dança folclórica, nas noites de quinta-feira na Miss Fines's School, na Route 206, que os dois freqüentavam.[11] "Ela era muito bonita, muito calma. Eu lembro que ela uma vez mostrou uma fotografia de um menino bonitinho", disse Elvira Leader.[12] Seu marido, Sol, dançava com Alicia: "Ela era uma pluma", lembrou ele.[13]

Depois da dança, Danskin levava o pessoal para sua casa. Ele se lembrou de ter conversado com Nash sobre matemática. Tinham bebido na ocasião. Danskin tentava provar um teorema:

> Ele indicava imediatamente o ponto mais difícil. Ainda era muito esperto. Compreendia o que eu estava fazendo. Eu queria evitar o caminho mais difícil e ele me pegou. Quem iria perguntar isso, diabo? Você iria, se estivesse provando isso para si mesmo, mas ele ficou só escutando. E compreendendo.[14]

Danskin empenhou-se ao máximo para arranjar um emprego para Nash. Ele estava fazendo um trabalho de consultoria para Oskar Morgenstern, e este, ao que parece, estava disposto a contratar Nash como consultor. Nash assinou um contrato de um ano, com um teto de 2 mil dólares. Morgenstern avisou à universidade que ele estava fazendo a proposta sob "uma pequena pressão caridosa", mas que achava que "Nash poderia contribuir muito para seu programa se conseguisse sair de seu estado atual de depressão e utilizasse suas faculdades no potencial máximo".[15]

A universidade reagiu, "temendo que a escolha estivesse baseada na bondade humana, e não em necessidades realísticas e técnicas".[16] Ficou decidido que o desempenho de Nash passaria por uma avaliação depois de dois meses. O contrato era datado de 21 de outubro de 1960.[17]

Nash, entretanto, estava falando em voltar para a França. Fez contato com Jean Leray, que era professor visitante no Instituto de Estudos Avançados, pedindo-lhe que o convidasse mais uma vez para o College de France.[18] Dessa vez, Alicia, muito alarmada, interferiu. Ela pediu a Donald Spencer – o matemático de Princeton que ajudara Nash a elaborar a versão final de seu trabalho sobre as variedades algébricas em 1950 e 1951 – que escrevesse a Leray para que ele fizesse Nash desistir de voltar à França tão cedo. "Ela está aconselhando a não convidar John para ir à França no momento, pois acha que isso só vai piorar a situação... Se esse emprego [com Oskar Morgenstern] se concretizar, isso terá um efeito tranqüilizador no marido dela. Ela acha que a permanência em Princeton por algum tempo pode trazê-lo de volta ao trabalho matemático."[19]

NESSA ÉPOCA, Nash já vinha sofrendo ininterruptamente de uma doença psicótica por quase dois anos. Isso o transformara. A mudança em sua aparência e em seus modos era tamanha que é surpreendente que os velhos amigos do departamento de matemática chegassem a reconhecê-lo. O homem que andava para cima e para baixo na rua principal de Princeton naquele verão abafado de 1960 estava visivelmente perturbado. Entrava descalço nos restaurantes. Com os cabelos escuros pelos ombros e uma barba preta emaranhada, ele tinha uma expressão fixa, um olhar morto. As mulheres, principalmente, tinham medo dele. Não olhava ninguém diretamente nos olhos.

Nash passava a maior parte do tempo vagando pela universidade, até em Fine Hall. Quase sempre usava uma vestimenta de camponês russo, semelhante a um guarda-pó.[20] Parecia, como lembrou um aluno de pós-graduação da época, "falar com os esquilos". Carregava um bloco de anotações, um álbum de recortes intitulado ZERO ABSOLUTO, no qual colava todo tipo de coisas, possivelmente uma referência à temperatura mais baixa possível, em que cessa toda atividade.[21] Era fascinado por cores brilhantes.

Nash ia com freqüência à sala dos professores, onde "gostava de ficar vendo, observando as pessoas jogarem *Kriegspiel*, e de fazer observações enigmáticas".[22] Certa ocasião, quando William Feller estava perto, por exemplo, Nash disse para ninguém em particular: "O que faríamos com um húngaro acima de seu peso?"[23] Noutra ocasião: "O que é que 'Spain' e 'Sinai' têm em comum? (Isso foi depois que Israel invadiu a península do Sinai.) Ele respondeu à própria pergunta: "As duas palavras começam por S."[24]

É claro que todo mundo no prédio sabia quem ele era. Os professores mais antigos tentavam evitá-lo, e as secretárias que trabalhavam ali tinham um pouco de medo dele, pois seu tamanho e as maneiras estranhas lhe davam um ar um tanto ameaçador. Certa vez, Nash perturbou a temida Agnes Henry, a secretária do departamento, pedindo que lhe emprestasse a tesoura mais afiada que ela tivesse.[25]

Agnes ficou assustada e consultou Al Tucker sobre o que deveria fazer. Tucker, que na época andava apoiado numa bengala e dificilmente seria páreo para Nash, disse: "Bem, pode dar, e se houver problema, deixe que eu cuido." Nash pegou a tesoura, foi até o lugar onde estava o catálogo telefônico e recortou um mapa colorido da área de Princeton. Depois o colou em seu caderno.

Alguns alunos de pós-graduação conversavam com ele. Burton Randol, então no primeiro ano de pós-graduação de matemática, recordou: "Eu não me incomodava com as esquisitices dele e não tinha medo dele, fisicamente. Queria conversar com ele. Em certo sentido, gostávamos da companhia um do outro."[26] Nash e ele faziam longas caminhadas em Princeton, e Randol lembrou-se particularmente do senso de humor sarcástico de Nash, que ele considerava "intencional, auto-referente e autodepreciativo. Ele sabia que era maluco e fazia umas piadinhas sobre isso".

O EMPREGO COM MORGENSTERN não foi adiante. Como lembrou Danskin, Nash recusou-se a assinar os formulários W-2 que eram necessários, alegando que ele era cidadão de Liechtenstein e não estava sujeito ao pagamento de impostos.

Nash também escrevia cartas de todos os tipos para as pessoas. Quando soube que Martin Shubik estava aplicando a teoria dos jogos à teoria da moeda, ele enviou a Shubik um livro de histórias em quadrinhos.[27] Mandou para Paul Zweifel, seu amigo de Carnegie, cartões-postais aos cuidados do encarregado de negócios francês da Embaixada da França em Washington.[28]

Ele também telefonava muito, geralmente, como recordou Martha, usando nomes fictícios. Ed Nelson lembrou que "eu fazia meu papel falando com John pelo telefone durante aqueles anos.[29] Ele costumava me telefonar muito".

E Armand Borel conta: "Eu recebia telefonemas intermináveis de Nash. Harish-Chandra também. Era uma coisa interminável. Tudo besteira. Numerologia. Datas. Questões mundiais. Aquilo era muito doloroso. Acontecia com muita freqüência."[30]

O comportamento estranho de Nash começou a atrair a atenção da administração da universidade, como lembrou Danskin:

> Ele estava irritando o reitor da universidade. Falava de algo que estava acontecendo na Faixa de Gaza. Brincava de amarelinha no campus. A secretária de Goheen me telefonou. Ele não estava ameaçando ninguém, mas se comportava como um louco. Entrava nos escritórios. As mulheres ficavam amedrontadas. Em minha casa, ele foi mexer em meu som estéreo e acabou quebrando o aparelho. Assustava todo mundo. Mas era a pessoa mais gentil que se possa imaginar.[31]

Alicia estava fora de si. Ficou muito deprimida. Participantes do grupo de dança folclórica lembram-se de sua expressão triste, de Alicia mostrando fotos do filho, e de sua tristeza por estar separada dele. Começou a consultar um psiquiatra no Princeton Hospital, Phillip Ehrlich, que insistiu com ela em que o marido fosse hospitalizado mesmo contra a vontade, se necessário. Ele recomendou um hospital estadual próximo.[32] Odette lembrou em 1995: "Era uma coisa terrível que um homem tão forte e bonito tivesse de ser trancafiado. Alicia estava com um sentimento de culpa. Conversamos muito sobre o assunto, examinando todos os prós e os contras. Os médicos aconselhavam-na a fazer isso. Ela não compreendia. Era muito penoso."[33] Primeiro ela pediu a John Danskin que internasse John. Danskin se recusou. Então ela procurou Virginia e Martha.

Um dia antes de a polícia levar Nash, ele apareceu no campus coberto de garatujas. "Johann von Nassau tem sido um menino mau", disse ele, visivelmente aterrorizado. "Eles vão chegar e me pegar agora."[34]

39

A torre de silêncio

Trenton State Hospital, 1961

Repousando no meio da mais linda paisagem do vale do Delaware, combinando todas as influências que a arte e o engenho humanos podem reunir para abençoar, acalmar e restaurar as mentes divagadoras reunidas em seu seio.

– Primeiro relatório Anual do New Jersey State Lunatic Asylum, 1848

Fui deixado como que para apodrecer numa "Torre de Silêncio", com abutres antiprometéicos atacando minhas entranhas.

– John Nash, 1967

No fim do mês de janeiro, dez meses depois da volta de Nash de Paris, uma Virginia muito envelhecida e sua filha, Martha, embarcaram num trem em Roanoke e viajaram durante o dia inteiro para o norte, chegando a Princeton ao anoitecer.[1] A última vez que elas haviam feito juntas essa viagem fora uma década antes, para assistir à formatura de John, e tinham plena consciência do contraste entre aquela viagem e a atual. Ao desembarcarem, chorosas e exaustas, John Milnor, agora já professor efetivo do departamento de matemática da universidade, estava esperando na estação. Era quase noite, e já nevava um pouco. Depois de uma troca de cumprimentos embaraçosos, Milnor levou-as até seu carro, entregou-lhes as chaves e deu indicações de como chegar a West Trenton.

Martha pegou o volante e as duas mulheres seguiram em silêncio pela Routel, o carro dançando e derrapando na fina camada de gelo liso que agora cobria a estrada. Estavam quase gratas por poderem desviar seus pensamentos e concentrar a atenção na estrada perigosa. Tinham pavor do que vinha pela frente. Johnny já estava internado no Trenton State Hospital. Ele fora apanhado pela polícia logo de manhã cedo, naquele mesmo dia, levado primeiro para o Princeton Hospital, um pequeno hospital geral, e depois transportado de ambulância para o Trenton State. Agora elas iriam conversar com os médicos, assinar os papéis necessários e, se possível, ver Johnny. Mais tarde veriam Alicia, em cujo apartamento ficariam hospedadas.

Cheias de dúvidas e auto-acusações, elas sentiam que tinham pouca alternativa, a não ser concordar com outra internação. A esperança que tinham de que o estabelecimento de Johnny em Princeton, em uma vizinhança familiar e entre velhos conhecidos matemáticos, traria alguma melhora em sua condição havia se desvanecido algumas semanas antes. Os telefonemas de Alicia haviam se tornado cada vez mais frenéticos. O psiquiatra com quem Alicia vinha mantendo contato tentou, sem sucesso, convencer Johnny a ir para o hospital por sua própria vontade. Johnny fincou pé contra a idéia. Finalmente, as três mulheres chegaram à conclusão de que não havia outro meio. Ele teria de ir.

E dessa vez não seria um hospital particular. Como Martha recordou em 1995: "Inicialmente achamos que trinta dias no McLean seriam suficientes para recuperá-lo. Agora já sabíamos que não havia soluções de curto prazo. Estávamos preocupadas com a possibilidade de a doença de Johnny consumir o capital de mamãe e com o fato de ela não poder pagar um hospital particular."[2]

BANHADO PELO LUAR e cercado de neve recente, o prédio cinzento de pedra, com sua cúpula de mármore branco e colunas altas, situado no cume de uma suave elevação arborizada, dava uma impressão de solidez e respeitabilidade confortadoras. Instituições como o Trenton State Hospital devem sua existência aos mesmos movimentos reformadores do século XIX que combateram a escravidão e batalharam pelo sufrágio feminino.[3] Muitas delas, na verdade, eram fruto dos esforços de Dorothea Dix, uma unitarista impetuosa, que transformou na cruzada de sua vida a terrível sina dos loucos – condenados às instituições de caridade, às prisões e às ruas.[4]

Como todas as instituições desse tipo, Trenton não se desenvolveu de acordo com o plano previsto por sua fundadora. Especificamente, o hospital ficou logo abarrotado com a quantidade espantosa de pessoas que procuraram – ou cujas famílias procuraram, em seu nome – abrigo ali. Em 1961 havia quase 2.500 pacientes, dez vezes mais do que um hospital particular como o McLean. A equipe era reduzidíssima e formada principalmente por jovens estrangeiros residentes. Os seiscentos pacientes da chamada Ala Oeste, por exemplo, eram atendidos por seis psiquiatras, os quinhentos pacientes crônicos do anexo – predominantemente pessoas senis ou epilépticas – tinham apenas um médico para atendê-los. A presença de uma grande quantidade de pacientes crônicos ocultava o fato de que a maioria das pessoas que chegavam ao hospital ficava por um período relativamente curto, talvez três meses.

"Nós realmente não ficávamos muito próximos dos pacientes", disse o Dr. Peter Baumecker, que trabalhou tanto na unidade de insulina do hospital quanto na enfermaria de reabilitação durante a permanência de Nash. Os pacientes mais pobres e mais doentes terminavam no Trenton. "Eu me lembro, especificamente, de muito poucos pacientes", disse Baumecker. "Teve um paciente que arrancou um olho de outro. Outro perdeu a vista quando foi espancado pela polícia depois de matar o pai. Mas esses casos eram excepcionais."[5]

"Havia instituições boas e instituições ruins. Trenton não era luxuoso como outros lugares. Na verdade, o hospital era bem ordinário", recordou Baumecker em 1995. "Mas havia muito calor humano, muita dedicação. Ajudamos muita gente."[6]

MAIS TARDE, NASH recordaria com muita amargura o fato de ter recebido um número no hospital, como se fosse interno de uma prisão.[7] Viver num aposento com mais trinta ou quarenta pessoas, ser obrigado a usar roupas que não eram suas, não ter espaço, nem mesmo um armário, para guardar seus pertences, não ter nem mesmo seu próprio sabonete nem creme de barbear é uma experiência que poucas pessoas conseguem imaginar. Mas foi assim que Nash – um homem que ansiava, por causa de sua natureza e da natureza de sua doença, por solidão e mobilidade – viveu nos seis meses seguintes, cercado de estranhos. Se ele temera o serviço militar, o que não deve ter sido isso para ele?

Nash deve ter sido levado para Payton 1, a enfermaria masculina de internação inicial, no andar térreo do pavilhão Payton, à direita do prédio principal da administração. Baumecker era o encarregado das internações na época e foi ele quem fez a entrevista inicial. "Nash foi meu paciente", contou. "Ele não gostava de mim porque meu nome começa com *B*. Ele disse alguma coisa contra essa letra."[8]

A entrevista de internação foi feita numa saleta que tinha uma cama simples, duas cadeiras, uma escrivaninha e uma janela pequena. Baumecker fez a Nash algumas perguntas habituais, como "Você ouve vozes?". Ele tentou descobrir se Nash tinha delírios e se estes eram detalhados. Observou a expressão facial dele para ver se as emoções demonstradas eram compatíveis com o que ele estava dizendo. Um pensamento recorrente na cabeça de Nash, sobre o qual ele tinha uma teoria particular, era o seqüestro do transatlântico português *Santa Maria*, ao largo de Caracas, que ocorrera naquela semana, e as tentativas posteriores dos seqüestradores, que eram rebeldes anti-salazaristas, de conseguir asilo no Brasil.[9]

Na manhã seguinte, o "caso" de Nash foi apresentado à equipe, e ele foi entrevistado no dormitório diante de um grupo de residentes. Foi nessa ocasião que se chegou ao diagnóstico preliminar, decidindo-se sobre o tratamento e designando-se um psiquiatra para atendê-lo.

IA PARAR NO TRENTON quem não tinha dinheiro ou seguro-saúde, ou quem estava doente demais para ser aceito por uma instituição particular. A decisão de internar Nash em um hospital público superlotado, com verbas escassas e uma equipe de médicos e enfermeiras menor do que deveria ser, parece intrigante quando se olha em retrospecto. Alicia tinha pelo menos alguma cobertura de seguro-saúde por causa de seu cargo na RCA, e Virginia, embora preocupada na época com a possibilidade de o tratamento do filho acabar corroendo seu capital, certamente tinha dinheiro para pagar um tratamento médico particular. Martha e Virginia evidentemente estavam apreensivas: "Fomos falar com eles, pedir-lhes que olhassem o caso com carinho e que dessem uma atenção especial a John. Foi o único hospital público em que John esteve internado."[10]

John Danskin relembrou:

> Ouvi falar que ele estava no Trenton. Telefonei para a família e disse, "pelo amor de Deus, façam alguma coisa". Fui de carro até o hospital. Queria descobrir que diabo estava acontecendo. Fiquei chocado. Não era uma coisa brutal, mas ele estava sendo tratado de modo grosseiro. A atendente só o chamava de Johnny. Eu disse para o pessoal lá: "Este é o famoso John Nash." Além disso, ele estava bem. Não mostrava nenhum sinal de que estava fora de seu juízo. Fiquei pensando: Meu Deus, esses caçadores de cabeças! Quem é que pode descobrir o que está errado com um gênio? Fiquei ressentido com eles.[11]

A notícia de que Nash fora internado num hospital público espalhou-se rapidamente em Princeton. Uma pessoa que ficou profundamente perturbada pela idéia de que um gênio como Nash tivesse sido trancafiado num hospital público, conhecido por sua superlotação e por processos terapêuticos agressivos – incluindo o uso de drogas, eletrochoque e a terapia por coma insulínico –, foi Robert Winters.[12] Winters, um economista formado em Harvard que por acaso era o gerente de negócios do departamento de física na época, tinha relações cordiais tanto com Al Tucker como com Don Spencer. Ele telefonou no fim de janeiro para Joseph Tobin, psiquiatra consultor do Instituto de Estudos Avançados e diretor do Neuro-Psychiatric Institute de

Hopewell, que fica a poucos quilômetros de Princeton, e disse: "É de interesse nacional que seja feito todo o possível para trazer o professor Nash de volta a seu estado mental produtivo original."[13] Tobin sugeriu que Winters entrasse em contato com Harold Magee, o diretor-médico do Trenton na época. Winters fez isso e Magee lhe garantiu, como ele contou depois, numa carta para Tobin, que "seria feito um estudo completo do estado do Dr. Nash antes de ser iniciado qualquer tratamento no hospital público".[14]

NA VERDADE, isso era esperar demais. Como Seymour Krim, um escritor de vanguarda de Nova York, disse em 1959 em seu ensaio "The Insanity Bit", sobre sua própria experiência em hospitais para doentes mentais, que o trabalho "numa fábrica de lunáticos é determinado pela matemática; você tem de achar um denominador comum de classificação e tratamento para poder lidar com os batalhões de humanidades variadas que passam marchando por sua mesa com trombetas tocando a todo volume em suas mentes".[15]

Pouco depois de receber aquela garantia, ou talvez mesmo antes, Nash foi transferido do pavilhão Payton para o Dix 1, a unidade de insulina.[16] Ehrlich, o psiquiatra do Princeton Hospital que havia recomendado Trenton, estava convencido de que Nash se beneficiaria dos tratamentos disponíveis naquele hospital.[17] Não ficou esclarecido se Alicia, Virginia ou Martha tinham dado consentimento explícito para a terapia de coma insulínico. "Não lembro se a família tinha de dar uma permissão adicional além da internação", disse Baumecker. "Naquela época você podia fazer praticamente tudo sem pedir permissão a ninguém."[18] Martha lembrou-se de ter sido consultada: "Era uma decisão

 drástica. Estávamos imensamente preocupados com qualquer coisa que pudesse vir afetar sua capacidade mental. Discutimos o problema com os médicos."[19]

A unidade de insulina era a mais sofisticada do Trenton State Hospital.[20] Tinha duas enfermarias distintas – uma com 22 camas para homens, a outra com 22 camas para mulheres.[21] Posteriormente, Danskin disse que o ambiente parecia "o interior do túnel Lincoln".[22] Seu chefe fazia o que lhe determinavam os diretores do hospital. A instituição tinha os melhores médicos, as melhores enfermeiras, o melhor mobiliário. Somente pacientes jovens e com boa saúde eram enviados para lá. Eles tinham dieta especial, tratamento especial e recreação especial. "Tudo o que o hospital tinha de melhor para oferecer era destinado a eles", disse Robert Garber, que era psiquiatra no Trenton no início dos anos 1940 e depois foi presidente da American Psychiatric Association. Ele disse: "Os pacientes da unidade insulínica recebiam muitos cuidados terapêuticos e atenção. Aos olhos das famílias, a insulina tinha um grande efeito. Os parentes dos pacientes ficavam impressionados."[23]

Durante as seis semanas seguintes, cinco dias por semana, Nash foi submetido a tratamento com insulina.[24] De manhã bem cedo, uma enfermeira o acordava e lhe dava uma injeção de insulina. Às 8h30, quando Baumecker chegava à enfermaria, o nível de açúcar no sangue de Nash já havia diminuído vertiginosamente. Ele ficava sonolento, mal tinha consciência do lugar onde estava, talvez meio delirante e falando consigo mesmo. Uma mulher costumava ficar gritando "Pula no lago. Pula no lago" o tempo todo. Por volta das 9h30 ou 10 horas Nash já tinha entrado em coma, mergulhando cada vez mais fundo num estado de inconsciência, até que, num determinado momento, seu corpo ficava rígido como se ele estivesse congelado e seus dedos se curvavam. Nesse ponto, a enfermeira enfiava um tubo de borracha pelo seu nariz até o esôfago e lhe administrava uma solução de glicose. Às vezes, se fosse necessário, essa terapia era feita por via intravenosa. Então ele acordava, lenta e dolorosamente, com as enfermeiras observando-o de perto. Por volta das 11 horas, Nash já estava consciente de novo. E no fim da tarde, quando o grupo ia para a terapia ocupacional, ele seguia junto, as enfermeiras levando suco de laranja, caso algum deles sentisse que ia desmaiar.

Durante a fase comatosa, os pacientes cujos níveis de glicose no sangue caíam excessivamente quase sempre tinham ataques espontâneos – debatendo-se e mordendo a língua. Não eram raras as fraturas ósseas. Às vezes, os pacientes permaneciam em coma. "Perdemos um jovem", recordou Baumecker. "Todos nós ficamos muito assustados. Chamávamos especialistas e fazíamos tudo o que fosse possível. Às vezes, a temperatura dos pacientes se elevava muito e nós os colocávamos no gelo."[25]

É difícil encontrar relatos confiáveis, dos próprios pacientes, dessas experiências, em parte porque o tratamento destrói grandes blocos de memórias recentes. Mais tarde, Nash descreveria a terapia insulínica como uma "tortura", e durante muitos anos ainda continuou guardando ressentimento a respeito disso, às vezes escrevendo "Instituto da Insulina" como o endereço do remetente em uma carta.[26] Um indício de como aquele tratamento era desagradável pode ser percebido pelo relato de outro paciente:

> Irrompendo através das primeiras camadas entorpecidas da consciência... o cheiro de lã fresca... eles me faziam voltar todo dia, dia após dia, de volta do nada.

> O enjôo, o gosto de sangue na boca, a língua esfolada. O aparelho para impedir o fechamento da boca deve ter escorregado hoje. A dor nebulosa na cabeça... foi essa a rotina ininterrupta por três meses... muito pouca coisa do que aconteceu está clara quando olho para trás, exceto a agonia de emergir do choque todo dia.[27]

TRATAR PACIENTES esquizofrênicos por meio do coma insulínico foi uma idéia que ocorreu a Manfred Sackel, um médico vienense, na década de 1920, e que a utilizou em pacientes psicóticos, principalmente os que sofriam de esquizofrenia, em meados da década seguinte.[28] Ele achava que, se o cérebro fosse privado de açúcar, que é o que o faz funcionar, as células que estivessem funcionando marginalmente morreriam. Seria como o tratamento por radiação contra o câncer. Alguns médicos que usaram aquele tratamento na década de 1950, quando tornaram-se disponíveis as primeiras drogas antipsicóticas eficazes, achavam que o choque insulínico era mais eficaz que essas drogas, principalmente em relação ao pensamento delirante.[29] Ninguém entendia o mecanismo, mas dois estudos bem amplos realizados no fim da década de 1930 demonstraram que os pacientes tratados com insulina tinham resultados melhores e mais duradouros do que indivíduos que não eram tratados, mas as provas da eficácia da terapia não eram definitivas.[30]

Em todo caso, a terapia era mais arriscada e tinha muito mais implicações do que o eletrochoque, e por volta de 1960 esse tipo de tratamento já fora abandonado pela maioria dos hospitais por ser considerado muito perigoso e caro em comparação com o eletrochoque. A conclusão foi que a insulina não compensava o investimento em tempo e dinheiro, ou os riscos.

Depois de seis semanas, Nash, cujo tratamento com insulina foi considerado eficaz, foi transferido para a Enfermaria 6, a chamada enfermaria de recuperação ou liberdade condicional.[31] Havia terapia de grupo todo dia, um pouco de recreação e terapia ocupacional. "Era a nata dos pacientes", lembrou Baumecker. "Só havia uns 15 leitos. Outras enfermarias tinham trinta pacientes por sala. Os pacientes recebiam atenção individual, podiam fazer viagens e tinham permissão para visitar suas casas."[32]

Na verdade, Nash começou a preparar um trabalho sobre a dinâmica dos fluidos quando estava na Enfermaria 6, lembrou Baumecker: "Os pacientes caçoavam dele porque ele estava sempre com a cabeça nas nuvens. 'Professor', um deles disse certa ocasião, 'deixa eu mostrar ao senhor como se usa uma vassoura.'"[33] Alicia visitava Nash toda semana. Depois que ele obteve licença para saídas, ela o levava a seu grupo de dança folclórica e ao Swift's Colonial Diner.[34] Era o ponto alto da semana de Nash.

Parecia ter havido uma remissão da doença e ele, visivelmente, não era mais uma ameaça para si mesmo ou para os outros. Baumecker recomendou que lhe dessem alta, observando que, ao contrário da crença popular, "nós tínhamos que dar alta aos pacientes o mais depressa que podíamos, para evitar a superlotação".[35] Alguns meses depois da alta de Nash, Baumecker telefonou para o Instituto de Estudos Avançados e pediu para falar com Oppenheimer, querendo saber se Nash estava mentalmente são. Oppenheimer respondeu: "Isso é algo que ninguém no mundo pode dizer, doutor."[36]

40
Um interlúdio de racionalidade forçada
Julho de 1961 – abril de 1963

Depois de ficar hospitalizado por um tempo bastante longo... Eu finalmente renunciei a minhas hipóteses delirantes e voltei a pensar em mim mesmo como um ser humano em condições mais convencionais.

– John Nash, autobiografia do Nobel, 1995

Um homem que está experimentando o retrocesso de uma doença física pode ter uma renovada sensação de vitalidade e prazer em retomar suas antigas atividades. Mas alguém que passou meses e anos sentindo que tinha conhecimento secreto de insights cósmicos, até mesmo divinos, e agora não pode mais desfrutar essa sensação, está propenso a ter uma reação muito diferente. Para Nash, a recuperação de seus processos de pensamento racional cotidiano produziu uma sensação de diminuição e perda. A importância e a clareza cada vez maiores de seu pensamento, que seu médico, a esposa e os colegas saudaram como uma melhora, constituíam, para ele, uma deterioração. Em seu ensaio autobiográfico, escrito depois de receber o Prêmio Nobel, ele diz que "o pensamento racional impõe um limite à idéia que a pessoa tem de sua relação com o cosmo".[1] Ele se refere a remissões não como retornos prazerosos a um estado saudável, mas como "interlúdios, por assim dizer, de racionalidade forçada". Seu tom pesaroso nos traz à mente as palavras de Lawrence, um jovem esquizofrênico, que inventou uma teoria da "psicomatemática" e disse ao psicólogo Louis Sass, da Rutgers University: "As pessoas pensavam que eu estava recuperando minha inteligência brilhante, mas eu, na verdade, estava retrocedendo a níveis de pensamento cada vez mais simples."[2]

Naturalmente, é possível que o sentimento de Nash refletisse um efetivo embotamento de sua capacidade cognitiva, relativa não só a seus estados exaltados, mas a suas habilidades antes do início de sua psicose.[3] A consciência de quanto haviam sido alteradas as condições de sua vida, para não mencionar as perspectivas, contribuiu para seu desânimo. Aos 33 anos ele estava desempregado, estigmatizado como um ex-doente mental e dependendo da bondade de antigos colegas. Trechos de uma carta a Donald Spencer, escrita mais ou menos na época em que Nash teve alta do Trenton State Hospital, no dia 15 de julho, são um indício de como sua visão da realidade se tornara modesta:

> Em minha situação atual e futura, uma bolsa... dentro da idéia de que eu faça trabalhos de pesquisa e estudos, entre outros, parece uma perspectiva melhor... do que um cargo de magistério acadêmico. Por um lado, seria contornada dessa forma a maior parte da preocupação compreensível relativa... às implicações do fato de eu ter estado num hospital público para doentes mentais.[4]

Com a ajuda de Spencer, que fazia parte do corpo docente de Princeton, e de vários professores efetivos de matemática do Instituto de Estudos Avançados – Armand Borel, Atle Selberg, Marston Morse e Deane Montgomery –, foi conseguida uma nomeação de um ano para trabalho de pesquisa no instituto.[5] Oppenheimer obteve 6 mil dólares da verba da National Science Foundation para sustentar Nash.[6] A solicitação de Nash, datada de 19 de julho de 1961, dizia que ele desejava "continuar a estudar as equações diferenciais parciais" e também mencionava "outros interesses no campo da pesquisa, alguns relacionados a meu trabalho anterior".[7]

No fim de julho, a mãe de Alicia levou John Charles para Princeton. Era um menino grande, bonito, de 2 anos de idade. Nash chamou o encontro de "uma grande ocasião para mim, já que eu ainda não tinha visto o garotinho neste ano de 1961![8]". Depois, no início de agosto, ele foi a uma conferência de matemática no Colorado, onde encontrou antigos conhecidos e foi com Spencer, montanhista entusiasmado, numa excursão de um dia inteiro para escalar o Pike's Peak.[9]

NASH E ALICIA estavam morando juntos novamente, mas não eram especialmente felizes. A turbulência dos dois anos anteriores havia produzido um acúmulo de mágoas e ressentimentos, e a frieza resultante perdurava e era exacerbada por novos conflitos a respeito de dinheiro, criação do filho e outras questões da vida cotidiana. Nada disso era atenuado pelo fato de que os sogros de Nash agora moravam com eles. A saúde de Carlos Larde havia se deteriorado muito, e ele e sua mulher, Alicia, haviam se mudado para Princeton naquele outono. Os dois casais moravam numa casa no número 137 da Spruce Street.[10] A Sra. Larde tomava conta de Johnny enquanto Alicia ia trabalhar, mas o fato de morarem juntos provocou mais acúmulo de estresse, principalmente para Alicia.

Eles tentavam arranjar a situação da melhor maneira possível. Nash tentava tomar conta do filho, indo buscá-lo na escola maternal, e coisas assim. Mantinham relações sociais com os Nelson, os Milnor e alguns outros. Uma ou duas vezes foram de carro até Massachusetts para visitar John e Odette Danskin, que haviam se mudado para lá no outono anterior, e para ver John Stier.[11] As visitas eram desastrosas, e Eleanor costumava telefonar depois para John Danskin a fim de se queixar de Nash. Numa das visitas, ao que parece, Nash chegou com um saco de rosquinhas. "Eleanor ficou repetindo 'Que coisa barata!'", lembrou Odette.[12]

NO INÍCIO DE OUTUBRO Nash assistiu a uma conferência histórica em Princeton.[13] O evento, organizado por Oskar Morgenstern e que atraiu particularmente toda a comunidade ligada à teoria dos jogos, acabou sendo uma celebração da teoria de jogos cooperativos. Houve poucas menções a jogos não-cooperativos ou a barganhas. Mas John Harsanyi, um húngaro, Reinhard Selten, um alemão, e John Nash, vestido com roupas estranhas que não combinavam e quase o tempo todo calado, estavam todos lá.[14] Era a primeira vez que esses três homens se encontravam, e eles não se encontrariam novamente até viajarem para Estocolmo, um quarto de século depois, para receberem o Prêmio Nobel. Harsanyi lembra-se de ter perguntado a alguém de Princeton por que Nash falava tão pouco durante as sessões. A resposta, lembrou Harsanyi numa conversa em Jerusalém em 1995, foi: "Ele tinha medo de dizer alguma coisa estranha e sentir-se humilhado."[15]

AGORA NASH já conseguia trabalhar, algo que ele não pudera fazer durante quase três anos. Dedicou-se mais uma vez à análise matemática do movimento dos fluidos e a certos tipos de equações diferenciais parciais não-lineares, que podem ser usadas como modelos para esses fluxos. Concluiu seu trabalho sobre a dinâmica dos fluidos, iniciado ainda no Trenton State Hospital.[16] O título era "Le Problème de Cauchy Pour les Equations Differentielles d'une Fluide Générale" e foi publicado em 1962 num periódico francês especializado em matemática.[17] O documento, que Nash e outros descreveram como "um trabalho bastante respeitável"[18] e que o *Encyclopedic Dictionary of Mathematics* chamou de "básico e valioso", acabou inspirando muitos trabalhos posteriores sobre o chamado "problema Cauchy das equações gerais Navier-Stokes". No trabalho, Nash conseguiu provar a existência de soluções regulares únicas em tempo local.[19]

"Depois da internação, Nash parecia muito bem", lembrou Atle Selberg. "Era bom para ele ficar no Instituto de Estudos Avançados. Nem todos os professores de Princeton eram muito amistosos. É verdade que ele não falava. Escrevia tudo nos quadros-negros. Escrevia com grande facilidade. Fez uma palestra sobre as equações de Navier-Stokes – relativas à hidrodinâmica e às equações diferenciais parciais –, coisa que eu não entendo muito. Durante algum tempo ele parecia perfeitamente normal."[20]

Ele ficava mais à vontade em encontros com uma só pessoa, ocasiões em que seu senso de humor o ajudava muito. Gillian Richardson, que fez parte da equipe do centro de computação do instituto de 1959 a 1962, lembrou-se de ter almoçado com Nash no refeitório da instituição, e de tê-lo ouvido dizer uma porção de coisas sarcásticas e amargas contra os psiquiatras. Certa vez ele me perguntou: "Você conhece um bom psiquiatra em Princeton?" – acrescentando que seu próprio psiquiatra "'sentava-se num trono acima dele', e ele queria saber se eu conhecia algum que não tivesse essa peculiaridade".[21]

NASH APARECEU UM DIA no curso de francês 105, que era oferecido na universidade no terceiro semestre, e perguntou a Karl Uitti se ele poderia ficar como ouvinte. Ele surpreendeu o professor de francês, que o considerou "um matemático tipicamente sonhador e divagador".[22] Nash freqüentou as aulas com bastante regularidade e acompanhava os trabalhos. Parecia menos interessado em aprender o francês de conversação, de "turista", do que em dominar "o sentido da estrutura da língua". Uitti lembrou-se ainda de que "ele era muito francófilo. Gostava da língua e do povo".

Uitti e Nash tornaram-se amigos e se encontravam fora da sala de aula, e em várias ocasiões com Alicia. A certa altura, Uitti perguntou a Nash por que ele estava aprendendo francês. Nash disse que estava escrevendo um trabalho de matemática. "Só havia uma pessoa no mundo que seria capaz de entendê-lo e essa pessoa era francesa. Portanto, ele queria redigir o trabalho em francês", disse Uitti.

Nash pediu a Jean-Pierre Cauvin para revisar uma primeira versão do trabalho.[23] Cauvin, que fazia muito trabalho de tradução na época, lembrou-se de Nash ter comentado que "Paris era o centro desse tipo de matemática". Ele também pediu ajuda a um aluno francês de graduação, Hubert Goldschmidt.[24]

ELE NÃO HAVIA DESISTIDO da idéia de retornar à França. Apresentou o trabalho sobre Cauchy ao *Bulletin de la Société Mathématique de France* no dia 19 de janeiro. Cauvin achou que ele estava mais reservado e deprimido do que nunca, e, considerando retrospectivamente, fica claro que ele estava pensando muito em deixar Princeton. É muito provável que tenha entrado em contato com Grothendieck no Institut des Hautes Études Scientifiques. Em abril, Oppenheimer escreveu para Leon Motchane, diretor do IHES, pedindo-lhe que convidasse formalmente Nash para passar a primeira metade do ano acadêmico de 1963-1964 naquela instituição.[25] Oppenheimer também pediu a

 Leray, que estava no instituto naquele ano, para tentar

conseguir uma bolsa do Centre National de la Recherche Scientifique para a segunda metade do ano.[26] Ao mesmo tempo, ele observou que Nash continuaria sendo bem-vindo no instituto por um segundo ano: "Se [Nash] pedisse para ficar durante o outono, acho que meus colegas provavelmente concordariam; mas isso não era o que ele queria."

Nash não sugeriu que Alicia o acompanhasse à França, e dessa vez ela não tentou dissuadi-lo. Também não se ofereceu para ir. Era evidente que, por algum acordo mútuo e tácito, o casamento tinha acabado e eles seguiriam caminhos distintos.

NAQUELE INVERNO Nash passava cada vez mais tempo na sala dos professores do Fine Hall, geralmente aparecendo na hora do chá e ficando até o anoitecer. "Ele usava roupas frouxas, amarrotadas", lembrou Stefan Burr, na época aluno de pós-graduação. "Não parecia nada agressivo. Sob certos aspectos, suas maneiras não eram diferentes das de muitos matemáticos."[27] Durante algum tempo, Burr e Nash disputaram intermináveis jogos de Hex. O tabuleiro do Fine Hall fora desenhado anos antes em um papelão duro e estava tão gasto que as linhas tinham de ser constantemente refeitas com caneta esferográfica. Ele estava começando a piorar. Segundo Borel, "ele não estava nada bem. Parecia muito retraído. Sua matemática já não era do mesmo nível. Achei-o estranho, imprevisível, disparatado. Era uma coisa dolorosa. As secretárias tinham medo dele. Era uma pessoa que a gente procurava evitar. Nunca se sabia o que iria fazer ou dizer".[28]

DURANTE A PRIMAVERA ele se tornara mais raivoso e inquieto, e estava começando de novo a falar sobre suas antigas obsessões. Decidiu, de repente, viajar para a Costa Oeste, onde encontrou, entre outros, Al Vasquez, que terminara o curso de graduação no MIT e era agora aluno de pós-graduação em Berkeley, Lloyd Shapley e a ex-esposa de Al Tucker, Alice Beckenback, e seu novo marido. Vasquez relembrou:

> Assim que entrei na sala dos professores [de Berkeley], eu o vi lá. Ficou tão surpreso de me ver quanto eu de vê-lo. Não anunciava suas visitas com antecedência. Eu não fazia idéia de onde ele estava hospedado. Mas já estava por lá havia algum tempo. Não tinha me procurado. Eu tive a impressão de que ele estivera na Europa, na Costa Leste, e que estava viajando pelo país. Falava muito. Foi muito explícito sobre a terapia de choque [insulínico]. Descreveu-a como algo extremamente doloroso. Também disse que fora expulso da Europa num navio, acorrentado. Escravidão foi uma palavra que ele usou muito. Tinha muito ressentimento das experiências por que passara.
>
> Estava completamente desorientado. Não conseguia falar de mais nada, a não ser de suas obsessões. Eu fiquei perplexo. Era uma coisa estranha. Nunca compreendi por que ele falou comigo. Ele me conhecia. Não estava realmente tentando se comunicar. Queria falar de modo evasivo. [Mas] o que ele falava não era incompreensível. Era inteligente às vezes, cheio de jogos de palavras e alusões.[29]

Shapley, a quem Nash escreveu muitas cartas, também achou angustiante a visita dele a Santa Monica. "Ele me considerava um amigo íntimo. Eu tinha de agüentar aquilo. Mostrou-me cartões-postais escritos com tinta colorida. Era uma coisa muito triste. Ali estavam rabiscadas coisas de matemática e numerologia, como se ele estivesse esperando uma resposta. Eu era uma obsessão na mente dele. Ele havia entrado numa decadência monstruosa", lembrou Shapley em 1994. "Ele andava às apalpadelas."[30] Shapley lembrou-se de Nash lhe dizendo: "Eu tenho este problema. Acho que posso resolvê-lo se descobrir que membros da Math Society fizeram isso comigo." Não ficou muito tempo por lá, contou Shapley, acrescentando:

> Fiquei um pouco assustado. Nós tínhamos dois filhos pequenos. O que estava claro é que não havia meio de falar com ele nem mesmo de acompanhar o que ele estava dizendo. Mudava de um assunto para outro. É muito difícil ser um bom matemático se você não consegue reter um pensamento na mente.[31]

Em junho Nash partiu para a Europa. Devia assistir a uma conferência em Paris na última semana daquele mês, e ao Congresso Mundial de Matemática, em Estocolmo, no início de agosto. Foi primeiro para Londres, onde ficou no Hotel Russell, em Bloomsbury, que ele descreveu como "muito imponente".[32]

Alugou uma caixa postal particular e mais uma vez pôs-se a escrever cartas, algumas em papel higiênico, em tinta verde, em francês. Também enviava desenhos, um deles de uma figura prostrada crivada de flechas. Outro, datado de 14 de junho, continha um pedaço de papel escrito em tinta verde com a seguinte anotação: 2 + 5 + 20 + 8 +12 + 15 + 18 + 15 + 13 = 78.

A CONFERÊNCIA no College de France, em Paris, foi um evento pequeno e íntimo, dominado em grande parte por Leray, que na época andava muito entusiasmado com equações hiperbólicas não-lineares. Ed Nelson, que havia feito uma boa amizade com Nash ao longo do ano acadêmico, lembrou-se de Leray dizendo que era um escândalo que não houvesse teoremas para uma existência global. "A sensação que ele passou", disse Nelson, "era de que seria melhor que puséssemos mãos à obra ou o mundo poderia acabar a qualquer momento".[33] A maioria dos conferencistas falou em inglês. Lars Hörmander, que também esteve lá, recordou que "o ano de 1962 foi muito diferente de visitas anteriores".[34] Mas Nash insistiu em dar sua palestra no que ele chamou de "francês simplificado".[35] Não falou de improviso, mas leu suas anotações numa voz bem baixa e com um sotaque americano muito carregado. Hörmander lembrou que "o trabalho de Nash era respeitável do ponto de vista matemático. Foi uma surpresa para todos nós [que ele pudesse ter produzido algo assim, afinal das contas]. Para nós, foi como ver alguém se levantando do túmulo".[36]

Mas seu comportamento era decididamente estranho, disse Hörmander mais tarde:

> Malgrange, o organizador da conferência, ofereceu um jantar para os participantes. À mesa, Nash trocou seu prato com a pessoa que estava a seu lado. Depois ele trocou de novo até se convencer de que sua comida não estava envenenada. Todo mundo percebeu seu comportamento estranho, mas ninguém disse nada.
> Malgrange havia trazido uma linda travessa grande de caviar que estava circulando entre os presentes. Quando a travessa chegou a Nash, ele despejou todo o conteúdo em seu prato. Todo mundo era muito educado e ninguém disse nada.[37]

QUANDO NASH ainda estava em Paris, no dia 2 de julho, seu sogro morreu de repente.[38] Alicia tentou, por intermédio de

Milnor e Danskin, entrar em contato com Nash, mas não conseguiu. Carlos Larde foi enterrado no cemitério da igreja de St. Paul, na Nassau Street.

Nesse ínterim, Nash voltara a Londres. Não se sabe o que o atraiu àquela cidade, já que seu plano original era, pelo que se presume, passar o verão e também o ano acadêmico seguinte em Paris, com exceção do período do congresso em Estocolmo.

O Congresso Mundial de Matemática foi realizado na terceira semana de agosto.[39] Entre os conferencistas das sessões plenárias estavam Armand Borel, John Milnor e Louis Nirenberg. A medalha Fields foi concedida a Milnor e Lars Hörmander, ambos avisados em maio e instruídos a não contar para ninguém, o que deixou os dois remoendo seu segredo, enquanto outros à sua volta especulavam sobre os prováveis ganhadores.

Nash, que achava que deveria ter sido um dos agraciados, não foi a Estocolmo. Em vez disso, ele foi para Genebra, voltando ao Hotel Alba, onde passara a última semana de dezembro de 1959, e escrevendo em francês para Martha "chez Charles L. Legg".[40] A carta deixou claro que ele estava pensando novamente sobre a questão de sua própria identidade! Desenhou uma carteira de identidade com caracteres chineses intitulada "Des Secrets". A carta dizia: "Poderia assinar essa carteira de identidade... um homem completamente sozinho em um mundo estranho", escreveu embaixo. Enviou para Virginia outro cartão-postal com um retrato de Genebra, mas despachou-o de Paris.

QUANDO VOLTOU A PRINCETON no fim do verão de 1962, Nash já estava muito doente. Um cartão-postal endereçado a Mao Tse-tung, aos cuidados de Fine Hall, Princeton, Nova Jersey, chegou ao departamento de matemática. Nash escrevera apenas uma observação enigmática em francês sobre planos tangentes triplos.[41]

Alicia deixou que ele fosse morar com ela outra vez. Ele passou a maior parte do outono em casa com John Charles, assistindo a programas de ficção científica na televisão, tais como *Twilight Zone*, de Rod Serling.[42] Ficava escrevendo cartas e mais cartas e telefonando para matemáticos em Princeton e em outros lugares.

Ele continuava obcecado pela idéia de pedir asilo. Numa carta para Martha e Charlie, enviada no dia 19 de novembro, ele escreveu: "Talvez vocês digam que estou maluco... pedido de asilo à igreja de St. Paul, em Princeton."[43] Aparentemente Nash passava a pé todo dia por essa igreja. A carta fazia referência ao Concílio Ecumênico e a cartas anteriores, do início do mês, que ele escrevera ao pároco da igreja. O texto terminava com uma referência a "infelicidades passadas, principalmente no outono". Ao contrário da carta para Martha que ele enviou de Londres, Nash não interpretava mais suas dificuldades como um sinal de doença, mas sim como resultado de maquinações do Concílio Ecumênico. Por volta de janeiro, suas cartas para Martha e Charlie haviam se tornado quase incompreensíveis, os pensamentos saltando de albaneses para Stalin, daí para "segredos que não posso revelar" e "madeira e pregos de uma verdadeira cruz".[44]

Exausta e desanimada por três anos de confusão, e convencida de que o estado mental de Nash era mais ou menos irremediável, Alicia consultou um advogado e entrou com uma ação de divórcio. Havia se casado com alguém que ela achava que poderia tomar conta dela, mas estava muito magoado com ela e a acusava de ter intenções malévolas. Para Martha e Virginia, ela escreveu dizendo que

 continuar casada ajudava a criar problemas para Nash, e

que ela achava que ficar livre do casamento seria melhor para ele também.[45]

O advogado de Alicia, Frank L. Scott, um profissional afável, especializado em divórcio e que tinha escritório na Nassau Street, entrou com a petição no dia seguinte ao Natal de 1962.[46] Alicia já dera seu consentimento formal num depoimento uma semana antes. De acordo com a petição, Nash ainda morava com ela no número 137 da Spruce Street. Enquanto isso, Alicia alugou outro apartamento na Vandeventer Street.[47]

Nash recebeu uma intimação. Scott foi visitar Nash no dia seguinte. No dia 17 de abril, Scott conversou novamente com Nash, que, segundo ele, não tinha "planos para mudar nem de residência nem de status profissional". A sentença foi proferida sem que houvesse audiência, garantindo o divórcio e dando a Alicia a guarda de John Charles, no dia 1º de maio de 1963. A sentença final foi dada no dia 2 de agosto do mesmo ano.[48]

O ESTADO MENTAL de Nash, cada vez pior, e os boatos sobre o divórcio iminente fizeram com que alguns matemáticos se reunissem para apoiá-lo naquela primavera. Que Nash precisava desesperadamente de tratamento era uma questão indiscutível, dessa vez. Novamente, Donald Spencer e Albert Tucker foram pedir auxílio a Robert Winters.[49] James Miller, um amigo de Winters de Harvard, estava no departamento de psiquiatria da Universidade de Michigan, e tinha ligações com uma clínica patrocinada pela universidade e dirigida por Ray Waggoner.[50] Por intermédio de Miller, Winters conseguiu montar um esquema singular, pelo qual Nash seria tratado na clínica e também teria oportunidade de trabalhar como estatístico no programa de pesquisas da instituição.

Tucker, em Princeton, e Martin, no MIT, decidiram criar um fundo para tornar viável o plano de Michigan.[51] Anatole Rappaport e Merrill Flood, da Universidade de Michigan, Jürgen Moser, da Universidade de Nova York, Alexander Ostrowski, da Westinghouse, e outros se comprometeram a levantar dinheiro entre os matemáticos para ajudar Nash.[52]

O grupo de Ann Arbor achava que seria necessária uma permanência de dois anos. O custo de pacientes de outros estados era de 9 mil dólares por ano ou 18 mil pelo período completo. Virginia Nash ofereceu-se para doar 10 mil dólares e o grupo de matemáticos conseguiu, por meio da American Mathematical Society, iniciar uma campanha de levantamento de fundos para obter os 8 mil dólares restantes. "Se tivermos êxito, provavelmente a maior parte desse dinheiro virá de matemáticos que conheceram Nash", escreveu Martin. "Se for possível fazer qualquer coisa que permita que Nash volte à matemática, mesmo numa escala limitada, isso seria muito bom, não só para ele, mas também para a matemática."[53]

O comportamento cada vez mais estranho de Nash estava provocando queixas, incluindo algumas do Instituto de Estudos Avançados. A maioria vinha do fato de Nash ficar escrevendo mensagens misteriosas nos quadros-negros da instituição e dando telefonemas perturbadores para vários membros. Mas um dia as telefonistas, que trabalhavam numa sala logo na entrada de Fine Hall, ficaram alvoroçadas porque toda e qualquer pessoa que passava pela porta recebia um esguicho de água. Na época, o refeitório do instituto ficava no quarto andar do Fuld Hall, e como se descobriu, depois de uma investigação, de lá Nash jogava água da janela que ficava acima da porta principal.[54]

Foi Donald Spencer, um homem que não podia ver ninguém com problemas sem interferir, o escolhido para tentar convencer Nash a aceitar a proposta de Michigan e ir voluntariamente para a clínica.[55] Como sempre fazia, Spencer escolheu como local de encontro um bar. Ele convidou Nash para umas cervejas na Nassau Tavern, onde Nash comemorara sua aprovação nos exames gerais. Os dois ficaram sentados num compartimento do bar durante algumas horas, Spencer entornando martínis quentes, Nash bebericando uma única cerveja. Spencer falou muito; Nash parecia estar ouvindo, mas falou muito pouco, exceto para comentar de vez em quando que ele não estava interessado em fazer trabalho estatístico. Não adiantou. Nash não acreditava que estava doente e não estava preparado para se internar em outro hospital.

Anos mais tarde, Winters chorou ao contar a história:

> Pensei que tivesse arranjado uma solução perfeita para um problema extremamente raro. Pensei que poderia salvar uma pessoa de grande valor. Sou emocionalmente muito ligado a isso. Pensei que estava fazendo algo realmente maravilhoso. Jim Miller me disse para *nunca* deixar que Nash fizesse tratamentos com eletrochoque. Isso arranca o gênio da pessoa. Alguém o mandou à clínica Carrier, onde lhe deram tratamentos de choque [sic], e acho que isso o transformou num zumbi durante muitos anos. Considero aquilo um dos piores fracassos de minha vida. Quando observo a raça humana espalhada pelo mundo inteiro, penso que não há nenhum motivo para a humanidade sobreviver. Somos destrutivos, descuidados, insensatos, gananciosos, com sede de poder. Mas, quando olho para alguns indivíduos, parece que há todos os motivos para a humanidade sobreviver. Ele merecia que se fizesse o melhor por ele.[56]

Enquanto isso, Alicia, Virginia e Martha chegavam à conclusão de que Nash teria de ser internado mesmo contra sua vontade. Dessa vez, elas escolheram uma clínica particular perto de Princeton. Martha escreveu a Spencer:

> O único motivo pelo qual isso não foi feito antes é que eu e minha mãe estávamos esperando que Alicia nos avisasse quando estivessem concluídas as providências... Pensávamos realmente que faríamos isso em março.
> Tínhamos esperança de convencer John a ir para a Universidade de Michigan e aproveitar a oportunidade para fazer pesquisas e se tratar lá. Infelizmente, John não concorda que precisa de tratamento. Como achamos que alguma coisa tem de ser feita em benefício dele, nós o colocamos na clínica Carrier...
> Ele simplesmente não queria ir para NENHUM hospital voluntariamente. Quando nos convencemos disso, não tivemos outra opção a não ser interná-lo num hospital em Nova Jersey.[57]

41
O problema do "blowing up"
Princeton e a Clínica Carrier, 1963-1965

A clínica Carrier, um ex-sanatório para pessoas senis e retardadas, era um dos dois únicos hospitais particulares para doentes mentais em Nova Jersey. Localizada no pitoresco vilarejo de Belle Meade, em meio a colinas suaves e uma paisagem rural verdejante, a instituição ficava apenas 8 quilômetros ao norte de Princeton. Mas, apesar de sua proximidade, o lugar geralmente era evitado pelos habitantes de Princeton. Como relembrou Robert Garber, um ex-presidente da American Psychiatric Association e que era o diretor-médico da clínica na época: "Eles não queriam ficar num hospital psiquiátrico perto de casa. Era uma desgraça, um estigma terrível, nada parecido com o que é hoje. A idéia era ficar o mais distante possível."[1]

Os moradores de Princeton tinham também outro motivo para encarar a clínica, que parecia um internato ligeiramente decadente, com certo desgosto. O hospital não tinha o prestígio de instituições de primeira linha, como o McLean, o Austin Riggs ou o Chestnut Lodge, cuja associação com os meios universitários, a orientação psicanalítica e as abordagens baseadas na "cura pela palavra", de longa duração, era considerada, principalmente nos meios acadêmicos, mais humana e adequada, sobretudo para as classes mais instruídas. As idéias que a população em geral tinha da psiquiatria estavam sendo moldadas por *Um estranho no ninho*, *Eu nunca lhe prometi um jardim de rosa* e pelas opiniões libertárias de Thomas Szasz, para quem a insanidade era um constructo social, e não um sintoma de doença.[2] Na época em que essas opiniões estavam ganhando popularidade, principalmente nos campi das universidades, a Clínica Carrier era conhecida pelo uso agressivo de "camisas-de-força químicas" e de eletrochoque, e de abordagens "forçadas", de curto prazo, elaboradas para se encaixar dentro dos limites de tempo das políticas dos seguros de saúde.

A equipe da clínica, plenamente ciente dessas opiniões, defendia-se afirmando que sua abordagem era mais prática e funcionava melhor. "O hospital McLean, Austin Riggs, Chestnut Lodge, Shepherd Pratt e o Institute for Living estavam muito mais na moda", recordou William Otis, um psiquiatra da Carrier. "Nossa abordagem era bem clínica. Nenhum de nós tinha treinamento sofisticado. Nenhum era medalhão. Mas a ironia era que, se você estivesse doente, era mais bem tratado na Carrier."[3] Garber disse: "Na Carrier tínhamos orgulho do fato de termos criado fama como um centro de tratamento de curto prazo. Foi por isso que tivemos tanto êxito. Conseguíamos tratar os pacientes e fazer com que eles tivessem alta, ao contrário do McLean ou do Chestnut Lodge, que eram conhecidos por manter seus pacientes esquizofrênicos internados por quatro, cinco e até sete anos."[4]

Foi Alicia quem, apesar do divórcio iminente, se sentiu responsável por Nash, e, portanto, teve de tomar a decisão.[5] Foi preciso ter muita coragem, como sabe qualquer um que já teve de tomar uma decisão desse tipo. Como disse um psiquiatra da Carrier, "as internações sempre criavam conflitos terríveis na família. Era muito difícil encontrar alguém que quisesse assumir a responsabilidade".[6] Alicia, como todo mundo que tinha contato com Nash, odiava a idéia de internação involuntária e temia que o tratamento, além de ser de êxito duvidoso, trouxesse os riscos de dano irreparável. Mas ela também sabia que Nash trilhava um caminho desastroso e estava convencida de que, se não agisse, o processo se deterioraria ainda mais. Os psicanalistas do hospital McLean haviam fracassado, os efeitos dos tratamentos de choque no Trenton duraram pouco. Ela estava preparada para tentar algo novo. Reconhecia que os hospitais de maior prestígio estavam além de suas posses. Na Carrier, as famílias dos pacientes pagavam uma diária de 80 dólares, mais taxas por hora de terapia de grupo e individual; Virginia podia pagar isso. Além do mais, era importante para Alicia que Nash ficasse por perto, para que ela e os velhos conhecidos de Princeton pudessem visitá-lo.

Assim, na terceira semana de abril, depois de ter ficado evidente que Nash não estava preparado para ir se tratar em Michigan, ela tomou as providências para que Nash fosse levado para a clínica Carrier. Mais uma vez, pediu a Martha e Virginia que fossem a Princeton assinar os documentos de internação.

MAS, DESDE O INÍCIO, Alicia descartou a idéia de eletrochoque.[7] "Discutimos a terapia com eletrochoque", lembrou Martha. "Mas não queríamos mexer com a memória dele."[8]

Na Carrier, o eletrochoque era usado freqüentemente em pacientes esquizofrênicos, que em geral recebiam esse tipo de tratamento três vezes mais – 25 contra oito – do que os pacientes que sofriam de depressão.[9] Segundo Garber, "o que estávamos tentando fazer era conseguir o controle sobre o paciente – penetrar em seu estado de excitação, no pânico, na depressão – no menor tempo possível".[10] De modo geral, os pacientes psicóticos eram tratados inicialmente com torazina, mas, se o distúrbio de comportamento não melhorasse rapidamente, eram tratados também com eletrochoque. Alguns psiquiatras da clínica achavam que os tratamentos com choque eram eficazes e provocavam menos efeitos colaterais do que as drogas neurolépticas. De qualquer modo, embora quase todo mundo em Princeton acreditasse que Nash recebeu eletrochoques na clínica Carrier, aparentemente isso não ocorreu.

NASH PASSOU A MAIOR PARTE dos cinco meses seguintes de 1963 na Kindred 1, a única enfermaria de portas trancadas da clínica. Mais tarde, ele disse que tentou anular a internação; se isso aconteceu, as tentativas falharam. Segundo Frank L. Scott, Nash conseguiu fugir da clínica pelo menos uma vez – provavelmente depois de ter obtido permissão para ir até o pátio –, e que ele teve de localizá-lo e levá-lo de volta ao hospital.[11]

Comparada a Trenton, no entanto, a Clínica Carrier era, se não um clube campestre, pelo menos mais parecida com um reformatório do que com uma prisão. Havia apenas oitenta pacientes, a maioria proveniente de lares confortáveis de classe média, muitos de Nova York e Filadélfia, a maior parte alcoólatras, viciados em drogas e pessoas que sofriam de depressão, e não de doenças psicóticas.[12] A instituição tinha uma equipe de 12 psiquiatras, uma quantidade mais adequada de enfermeiras do que o Trenton State Hospital e um número razoável de médicos clínicos, psicólogos e assistentes sociais.

A enfermaria Kindred 1 tinha quartos individuais e duplos. Parece que Nash ficou com um quarto só para ele. Podia telefonar e usar as próprias roupas. Os pacientes eram chamados por seus títulos e últimos nomes, de modo que ele era o Dr. Nash, e não Johnny, como em Trenton. Seus desejos quanto ao vegetarianismo – que "não exclui produtos animais, como leite, mas os que só podem ser utilizados com a morte (execução do animal)" – aparentemente foram atendidos.[13] Alicia o visitava regularmente, como faziam vários outros de Princeton, entre eles Spencer, Tucker e os Borel.[14]

PROVAVELMENTE A MELHOR coisa que aconteceu a Nash na Carrier foi conhecer um psiquiatra, Howard S. Mele, que desempenharia um papel importante e positivo em sua vida nos dois anos seguintes.[15] Esse médico, que por acaso estava dando plantão na noite em que Nash foi levado à clínica, foi designado para conduzir seu tratamento. Mele, um descendente de italianos que obtivera seu diploma na Long Island College of Medicine e fizera residência no Mt. Sinai Hospital, em Nova York, era um homem baixo, de fala mansa, esperto, calmo e meticuloso.[16] Descrito por seus ex-colegas como "convencional", "cauteloso", "sem grandes arroubos", Mele era, como os acontecimentos posteriores demonstraram, competente e cuidadoso.[17] Era respeitado pela equipe de enfermeiras. Belle Parmet, a assistente social da clínica na época, completou a respeito de Mele e dos outros psiquiatras da equipe: "Não eram meros 'empurradores de pílulas' ou 'escrevinhadores de receitas'. Eram muito humanos."[18]

NASH REAGIU RAPIDAMENTE ao tratamento inicial com torazina. Se alguém tem uma reação positiva aos hoje chamados neurolépticos "típicos", geralmente ocorrem mudanças drásticas em uma semana, e o efeito completo torna-se evidente em seis semanas. Duas semanas depois de sua internação, Nash escreveu uma carta relativamente lúcida a Norbert Wiener, dizendo entre outras coisas: "Meus problemas parecem ser essencialmente problemas de comunicação. Não sei como podem ser resolvidos. Talvez eu consiga me aproximar de uma solução como conseqüência de ter pedido ajuda. (Entretanto, esta carta não é uma carta de pedido de ajuda!)"[19]

A essa altura, ele estava fazendo sessões de terapia com Mele e também participando de terapia de grupo, que Mele incentivava.[20] Mas não se pensava em liberá-lo rapidamente. Como disse Garber, "os esquizofrênicos paranóicos não reagem ao tratamento tão depressa. Depois de conseguir contratá-los, você tem de se dar por satisfeito se adquirirem certa estabilidade. Você não vai querer uma recaída, principalmente se houve uma internação, porque nesse caso você e a família teriam de começar tudo de novo".

Em agosto, Nash estava começando a ter esperanças de sair da clínica. Ele escreveu para Virginia dizendo que aguardava com ansiedade a visita de Alicia no fim de semana e que estava "pensando em sair".[21] Acrescentou que "Mele acha que isso depende de eu ter um emprego". Ele admitia que estava doente e que precisava de tratamento, mas disse que "Michigan poderia ter sido um arranjo melhor". Pediu ajuda a Milnor para lhe arranjar um emprego. No dia 24 de setembro ele escreveu de novo dizendo que o domingo fora "um dia triste" porque Alicia tivera de fazer hora extra e não pôde ir conversar com ele. Disse que o Instituto de Estudos Avançados havia decidido oferecer-lhe um cargo.[22] Uma semana depois, de novo otimista, ele escreveu que estava pensando em comprar um carro e que havia "boas perspectivas de reconciliação" com Alicia.[23]

NOVAMENTE BOREL E SELBERG haviam conseguido sua contratação como colaborador por um ano no Instituto de Estudos Avançados, embora dessa vez eles tivessem feito isso com menos esperanças.[24] Essa colaboração, no período de 1963-1964, foi provavelmente uma missão de salvamento. Borel disse mais tarde: "Todos os membros são escolhidos pelo grupo inteiro. Eu fiz campanha por ele. Bastou apresentar o caso a meus colegas."[25] Oppenheimer decidiu usar dessa vez a verba do próprio instituto, dizendo num bilhete para Selberg: "Para essa iniciativa, não me parece conveniente usar fundos de contratos", dando a entender que, ao contrário da nomeação anterior, de 1961-1962, essa agora era mais claramente um exercício de caridade.[26]

Enquanto isso, os velhos amigos de Nash fora de Princeton não haviam deixado de se interessar por seu progresso. Uma carta de David Gale a Deane Montgomery, do instituto, com cópias para Milnor e Morgenstern, nos dá um indício do nível de interesse e de preocupação com a situação de Nash:

> Abordamos a questão de John Nash e ficamos imaginando qual seria sua situação atual, particularmente quanto a seu estado mental. Acontece que nenhum de nós sabia o que estava acontecendo sob o aspecto médico, nem conhecíamos ninguém que soubesse. Todos nós tínhamos ouvido boatos que variavam de "os médicos dizem que não há esperança" a "ele está trabalhando de novo com a matemática".
>
> O que nos incomodava não era nossa falta de conhecimento sobre o estado mental de Nash, mas o pensamento de que talvez todos os membros da comunidade matemática estivessem na mesma situação que nós, e que, conseqüentemente, Nash talvez não estivesse recebendo a melhor assistência médica possível. É verdade que a comunidade matemática conseguiu bolsas e empregos de diversos tipos para Nash sempre que ele precisou. Isso é o mínimo que se deveria esperar de nós, contanto que outra pessoa ou outras pessoas competentes, informadas e adequadamente preparadas estivessem cuidando do aspecto médico. Como Nash agora está no instituto, pensei que você talvez soubesse se essa pessoa existe, e pudesse nos garantir que tudo o que pode ser feito está sendo providenciado. Se por falta de dinheiro, por exemplo, Nash não estiver recebendo o tratamento adequado, acredito que poderíamos reunir um grupo de amigos seus para ver que medidas poderiam ser tomadas a respeito.[27]

NÃO FOI FÁCIL sair da clínica, enfrentar os percalços de começar de novo, encontrar novamente velhos amigos e colegas. Nash ficou afastado do instituto. Poucos visitantes naquele ano se lembram de tê-lo visto no local. No outono ele se queixava de "se sentir solitário".[28] Ele e Alicia iam juntos a festas, mas ela resistiu a qualquer idéia dele de reatar o casamento. Ela estava tendo problemas no emprego e achava difícil lidar com o filho. Entretanto, quando sua mãe levou-o para El Salvador a fim de passar alguns meses no inverno, ela sentiu muita falta do menino. Nash tentou mostrar-se compassivo, escrevendo em março que "Alicia está tendo consultas com um psiquiatra. Está muito deprimida. Chora".[29]

Mas ele também disse que estava "aprendendo novas coisas", e depois, em dezembro, que Selberg estava tentando conseguir cargos de professor visitante no MIT ou em Berkeley.[30] Continuava alimentando esperanças de uma reconciliação; ele e Alicia compareciam a reuniões sociais como um casal. Nash parecia, à medida que o outono avançava, estar em condições muito melhores do que durante o interlúdio anterior no instituto. Como afirmou em sua palestra em Madri, ele "tinha uma idéia do que chamo de Blowing Up Nash, que eu discuti com um eminente matemático chamado Hironaka".[31] Este acabou elaborando a conjectura.[32] William Browder, que também era professor visitante do instituto naquele ano, lembrou que "Nash estava trabalhando em variedades algébricas verdadeiras. Ninguém mais tinha pensado sobre esses problemas".[33]

No inverno, Milnor, agora chefe do departamento, e seus colegas ficaram muito impressionados com "algumas idéias extremamente interessantes [de Nash] sobre geometria algébrica".[34] O novo trabalho desencadeou uma onda de otimismo e reativou o desejo de ajudá-lo. Havia uma sensação crescente, tanto no instituto como na universidade, de que ele poderia muito bem ser capaz de retomar sua carreira interrompida. Milnor decidiu oferecer a ele um cargo de matemático pesquisador e conferencista, com a duração de um ano. Em abril de 1964, Milnor propôs, em caráter provisório, que Nash desse um curso no outono seguinte, e talvez dois na primavera.[35]

Milnor consultou o psiquiatra de Nash, Howard Mele, que confirmou no dia 30 de março que Nash estava tendo sessões regulares de psicoterapia com ele, observando que essa era a primeira vez que Nash havia concordado em fazer tratamento ambulatorial desde o início da doença.[36] Segundo as recordações de Garber, "[Mele] tentou fazer com que ele continuasse tomando remédios. Também o ajudou a iniciar relacionamentos com outras pessoas. Pela minha experiência, relacionamentos positivos junto com a medicação fazem milagres. 'Alguém gosta de mim': essa é uma experiência quase impossível para um esquizofrênico".[37]

Mele achava que a recuperação de Nash era permanente e que ele poderia dar um ou dois cursos sem dificuldades durante o ano acadêmico seguinte. Continuava dizendo: "Não posso garantir a saúde mental futura dele (não mais do que poderia garantir a minha própria ou a de qualquer outra pessoa), mas acredito que uma recorrência é improvável no caso dele."[38]

O decano do corpo docente, Douglas Brown, escreveu ao reitor Goheen dizendo: "É uma situação especial", acrescentando que Nash "agora está recuperado... Ele precisa de uma oportunidade de voltar a ensinar gradativamente e recuperar seu status".[39] Brown disse que o departamento de matemática apoiava unanimemente a proposta. "Estou bastante inclinado a dar seguimento à idéia. Faz parte de nossa função, eu acho, recolocar um de nossos mais brilhantes Ph.Ds em plena produtividade." A nomeação foi oficializada no dia 1º de maio.[40]

INFELIZMENTE, quando a situação parecia mais promissora, e apesar do trabalho árduo de Nash, do apoio de Mele e da corrente de boa vontade por parte dos colegas e da universidade, outra tempestade se formava. No início de fevereiro, ele começou a queixar-se de insônia e de que sua "mente [estava] invadida pela idéia de realizar cálculos imaginários sem qualquer significado".[41] Um comentário, feito no início de março, de que ele tinha "evitado recomeçar com os delírios" sugere que Nash se via novamente assediado por esse tipo de pensamento.[42] E no fim do mês, Nash, que dizia ainda ter esperanças de se reconciliar com Alicia, mencionou que achava que devia ir embora de Princeton.

Na ocasião em que o emprego no instituto foi oferecido, Nash já estava convencido de que deveria voltar à França, uma evidência nítida de que sua saúde mental não estava tão boa quanto seu comportamento sugeria.[43] Suas cartas para casa eram suficientemente estranhas para deixar Martha alarmada, e ela entrou em contato com Mele.[44] A princípio, o médico mostrou-se confiante; escreveu para Martha dizendo que Nash deixara de tomar a medicação, mas que ainda fazia terapia e, aparentemente, esta estava surtindo um bom resultado.[45] Nash também escreveu, aparentemente em resposta a perguntas de uma Virginia ansiosa, que ele ainda se consultava com Mele.[46]

Mais ou menos nessa época, porém, ele fez uma visita inesperada a seu ex-professor de francês, Karl Uitti. Ele parecia "muito ansioso", recordou Uitti. "Ele disse: 'Estou interessado em conseguir os endereços de Jean Cocteau e André Gide. Tenho de escrever cartas para eles.' Informei delicadamente que os dois já estavam mortos e que seria impossível escrever cartas para eles. Nash ficou muito, muito desapontado."[47]

APARENTEMENTE, ele estivera em contato com Grothendieck mais uma vez. Este evidentemente lhe respondeu com um convite para o IHES para o ano seguinte. No começo do verão, Nash escreveu a um colega na Europa dizendo que queria passar o ano seguinte na França, em vez de ficar em Princeton e aceitar a proposta da universidade.[48]

Até onde o instituto sabia, Nash planejava passar todo o verão no Fuld Hall, com exceção de cerca de umas três semanas, antes de ir para a França no outono. No dia 24 de maio, em resposta a um bilhete de Oppenheimer garantindo-lhe fundos para o verão, "ficando subentendido que você permanecerá no instituto durante esse período", Nash escreveu dizendo que estaria fora entre 22 de junho e 19 de julho, numa conferência no Woods Hole, em Cape Cod, organizada por John Tate, sobre a teoria das singularidades, classificação de superfícies e módulos, álgebra homológica de Grothendieck, funções zeta e aritmética das variedades abelianas.[49] Segundo Tate e outros participantes, Nash não compareceu à conferência.[50] Em vez disso, foi para a Europa.

ELE EMBARCOU NO *QUEEN MARY*, fez uma rápida parada em Londres e seguiu para Paris.[51] Ali ele tentou entrar em contato com Grothendieck, que evidentemente não estava na cidade.[52] Depois de ficar por ali alguns dias, voou para Roma. Considerava-se, como mais tarde declarou, uma "grande figura religiosa, mas secreta". Isso talvez possa explicar seu desejo de ir a Roma, onde, como disse posteriormente, visitou "o Fórum e as catacumbas, mas evitou o Vaticano".[53] De qualquer modo, o papa não estava na cidade na ocasião.

Nash, entretanto, enviou um cartão-postal de Roma, datado de 1º de setembro, dizendo que estava voltando a Paris e que tentara entrar em contato com Grothendieck e com outros matemáticos.[54] Disse que ficaria no Grand Hôtel de Mont Blanc, onde ele e Alicia se haviam hospedado cinco anos antes. Dois dias depois, estava de volta a Paris, mas ainda não tinha conseguido encontrar Grothendieck, que, ao que tudo indica, estava fora.[55]

Nesse ínterim, Nash não havia informado ao departamento de matemática de Princeton que não pretendia aceitar a proposta. Finalmente, no dia 15 de setembro, Tucker enviou um bilhete ao decano dos professores, Brown, cancelando a nomeação e dizendo que Nash tinha ido para a Universidade de Paris.[56]

Nash ficou em Paris algumas semanas mais, até que finalmente desistiu. Em meados de setembro, ele escreveu de Paris a Virginia, dizendo que voltaria no *Queen Mary* no dia 24, acrescentando um pós-escrito: "A situação está sombria."[57]

EM MEADOS DE DEZEMBRO, Nash estava de volta à Clínica Carrier. Mais uma vez, foi Alicia quem teve de tomar a dolorosa decisão. Uma carta escrita a John Milnor mostra como os pensamentos de Nash rodopiavam depressa e como uma associação puxava outra – mesmo quando Nash tinha consciência de que Milnor acharia a carta uma coisa de maluco. Intitulada "carta maluca para sua diversão", tratava-se de um monólogo fantástico, pulando de calendários de escravos para eclipses lunares, passando por *jingles* publicitários e equações retiradas de trabalhos de Milnor.[58]

Mele, mais uma vez, encarregou-se do tratamento de Nash e este, mais uma vez, reagiu rápida e intensamente às drogas antipsicóticas. No início de abril de 1965, ele já havia melhorado o suficiente para deixar a Clínica Carrier durante um dia a fim de comparecer a um banquete com John Danskin numa outra conferência sobre teoria dos jogos em Princeton.[59] Segundo Danskin, "o nome de Nash foi muito citado durante a reunião. Achei que seria bom tê-lo ali".[60] Quando soube que iria, Nash telefonou para Harold Kuhn e pediu-lhe que levasse alguns livros sobre a teoria dos jogos até a Clínica Carrier, coisa que Kuhn fez, lembrando depois que "o lugar parecia um alojamento militar, sem muita privacidade".[61] Nash ficou hospitalizado até o meio do verão, e sua alta foi adiada até que Mele tivesse certeza de que um emprego e um psiquiatra estavam esperando por seu paciente.

EM ABRIL, RICHARD PALAIS, um matemático de Brandeis, foi até o instituto para entregar um manuscrito. "Naquele dia Borel me convidou para almoçar com ele e com Jack Milnor. Fomos almoçar", lembrou ele.[62] No meio do almoço eles começaram a falar sobre Nash. Os dois achavam que Nash estava muito melhor agora. Eram de opinião que seria bom para ele voltar aos poucos à vida acadêmica. Acreditavam que Boston seria um bom lugar. O MIT e Harvard seriam muito difíceis, depois que ele insistira em se demitir do MIT e ameaçara processar a universidade. O departamento de Harvard era pequeno demais. Não poderiam contratá-lo. Na época, o Instituto de Estudos Avançados não tinha colaboradores com cinco anos de contrato, e quase não se ouvia falar de ninguém que ficasse ali mais de dois anos.[63]

Norman Levinson, que estivera em contato com Mele, Milnor e Borel, ofereceu-se para sustentar Nash com bolsas do Office of Naval Research e da National Science Foundation. Ele achava que ainda era cedo para Nash obter um emprego no MIT. Palais lembrou:

> Eu tive a impressão de que eles estavam tentando ajudá-lo a voltar ao caminho principal e que seria melhor para ele ficar em Cambridge, longe de Princeton. Era muito tarde. Fiquei surpreso por termos conseguido fazer alguma coisa. Mas a administração [de Brandeis] gostava muito do departamento de matemá-

> tica, e Joe [Kohn, na época o presidente] tocou o negócio para conseguir o que queríamos.
>
> Era um sentimento muito difundido [sobre Nash]. As pessoas esperavam muito do cara. Num período de quatro ou cinco anos, há um ou dois jovens brilhantes que são reconhecidos como especiais. Todo mundo tenta atraí-los. Ele se encaixava nessa categoria. Era muito especial.[64]

Quando saiu da Clínica Carrier dessa vez, em meados de julho, Nash passou algumas noites na casa de John Milnor e depois pegou um trem para Boston.[65] Estava novamente esperançoso e, ao contrário do ano anterior, aceitava a possibilidade de ter de começar uma vida nova sem Alicia.

42
Solidão
Boston, 1965-1967

Era estranho estar de volta a Boston, sozinho e depois de uma ausência de seis anos. A cidade tinha mudado quase tanto quanto o próprio Nash. Domingo era o pior dia. Costumava passar sozinho os "domingos tradicionais", como ele os chamava, sentado em uma das bibliotecas tentando trabalhar, ou, com mais freqüência, caminhando durante horas a fio, e depois parava para observar as pessoas patinando no gelo ou jogando hóquei no Public Garden.[1] As noites quase sempre eram dedicadas a escrever cartas, uma para Alicia, uma para Virginia e uma para Martha, com quem ele tinha desenvolvido recentemente um relacionamento mais caloroso, mais particular.[2] Levar as cartas no correio era um pretexto para uma última caminhada noturna.

Os dias de semana eram melhores; ele ia até Waltham num Nash Rambler conversível, velho e maltratado, que comprou quando chegou à cidade. Estava quase gostando de estar em Brandeis. O lugar era inegavelmente animado, cheio de ex-alunos e conhecidos de seus velhos tempos em Cambridge, ex-alunos de graduação do MIT, como Joseph Kohn, agora chefe do departamento de matemática, e Al Vasquez, professor assistente. Ele gostava de ter uma sala novamente, assistir a seminários, almoçar com outros matemáticos, fazendo circular idéias e fofocas da comunidade.

Mas ele sentia-se terrivelmente só. Sentia falta de Alicia e de John Charles. Percebia com mais clareza seu novo status, mais humilde, na hierarquia matemática. Mas também podia ver, talvez pela primeira vez desde o início de sua doença, que havia, afinal de contas, um futuro para ele, e mantinha a esperança de se estabelecer novamente como acadêmico e até mesmo de encontrar outra pessoa com quem compartilhar a vida.

ELE SAÍRA DE PRINCETON logo depois de ter alta da Clínica Carrier, no dia 29 de julho, viajando para Boston de trem e hospedando-se num hotel em Cambridge enquanto procurava um apartamento e um carro.[3] Avistara-se com Norman Levinson, que, com seu jeito ríspido, taciturno e muito diplomático, fizera Nash ficar sabendo que ele pagava seu salário com verbas da National Science Foundation e da Marinha, e que ele esperava que Nash pudesse prosseguir com suas próprias pesquisas, como acontecia antes. Não teria a obrigação de dar aulas, pelo menos no outono, o que era um alívio.[4]

Nash começou a consultar-se com um psiquiatra de 33 anos, Pattison Esmiol. Homem afável, natural do Colorado, com formação médica em Harvard, Esmiol havia acabado de deixar a Marinha para abrir uma clínica particular em Brookline. Ele receitou para Nash um remédio antipsicótico, estelazina, semelhante à torazina. Nash não gostou do remédio e de seus efeitos colaterais, achando que a droga não lhe permitiria pensar com clareza suficiente para retomar o trabalho matemático. Mas Esmiol, que compreendia as preocupações de seu cliente, manteve as doses no mínimo possível, e Nash estava satisfeito com o contato humano confiável que essas consultas semanais lhe proporcionavam.

QUASE TODA SEMANA ele visitava Eleanor e John David, agora um menino alto, bonito, de 12 anos.[5] Gostava dos jantares que Eleanor lhe preparava e da companhia. Os três passaram o Halloween juntos, ele contou numa carta para Virginia.[6] Entretanto, as velhas tensões de seu relacionamento com Eleanor vieram rapidamente à tona de novo, e surgiram tensões novas e inesperadas entre ele e John David. Nash, por exemplo, descreveu o Halloween como uma ocasião "triste", embora não esteja claro se a tristeza nasceu de algum atrito ocorrido durante a noite, ou se foi simplesmente a percepção de que sua longa separação do filho provocara um abismo que ele não sabia como transpor. John David era um menino excepcionalmente bonito, com inclinação para a música e obviamente inteligente. Mas Nash achou difícil esconder sua decepção com a gramática claudicante do menino e seu desempenho escolar medíocre – bastava John David deixar escapar algo como "nós vai" para que Nash ficasse furioso com ele.[7] Isso, é claro, resultava em discussões acaloradas com Eleanor e na volta de antigos ressentimentos. John Stier relembra as visitas de seu pai como "frustrantes". "Ele estava sempre cantarolando baixinho", disse Stier. "Comia. Ficava mudo.

Ia embora. Nunca me ajudava com o dever de casa ou perguntava como eu ia. Apenas ficava muito desligado."[8]

Antes de tornar-se adolescente e de ir morar com a mãe em Hyde Park, John Stier morou em duas dúzias de lugares diferentes, com ou sem a mãe.[9] Esses lugares incluíram, entre o nascimento e os 6 anos de idade, uma série de lares para crianças enjeitadas em Massachusetts e Rhode Island, um orfanato nos arredores de Boston, e quando finalmente ele voltou para Eleanor, a Charden Home for Women and Children, uma casa para pobres (não aceitavam meninos com mais de 9 anos). Em alguns anos, ele esteve em três colégios diferentes e era considerado um "problema de comportamento". Numa ocasião, repetiu o ano. As mudanças eram provocadas por calamidades que são acontecimentos comuns nas vidas de famílias pobres: perda de emprego, saúde precária, falta de assistência infantil, medo do crime. Num determinado momento, Eleanor lembrou, "arranjei uma mulher para tomar conta dele. Ela disse que John tinha maltratado seu filho, uma criança pequena. De modo que ela bateu em John, que ficou com o olho roxo. Eu não trabalhei durante algum tempo. O dinheiro era sempre muito curto".[10]

Foi, como ele disse, "uma infância miserável, uma infância de merda".[11] Sua mãe o amava, é claro, mas ela própria era extremamente infeliz. Eleanor ficava doente com muita freqüência, às vezes sofrendo de anemia severa, muitas vezes perdia o emprego e, quando trabalhava, quase sempre tinha dois empregos. A ilegitimidade de John David era um segredo, uma mancha em sua vida; Eleanor imaginou um artifício para explicar o fato de ele não ter pai, e o menino foi obrigado a contar a história nas várias escolas e no bairro, enquanto vivia sempre com medo de que o segredo fosse descoberto. "Era um verdadeiro estigma", disse John Stier. "Eu tinha de mentir."

Para John David, no entanto, o súbito reaparecimento do pai em sua vida foi uma coisa boa. O fato de ele ser corrigido no modo de falar e ser admoestado para se empenhar mais na escola representava não só uma crítica, mas um interesse paterno. Nash também prometeu pagar a educação universitária de John David, explicando que "seu passado educacional moldará todo o curso futuro de sua vida". Às vezes, ele se esforçava para agradar ao filho. Aos sábados, ele levava John Stier e um amigo dele para jogar boliche. Depois iam jantar num restaurante chinês. No 13º aniversário do menino, Nash fez uma surpresa levando-o a uma loja da vizinhança e comprando para ele uma bicicleta de corrida de dez marchas. No ano seguinte, talvez estimulado em parte pelo interesse do pai por ele, John Stier esforçou-se bastante na escola, fez o "provão" instituído pela cidade de Boston e conseguiu uma vaga em uma das escolas municipais de elite.

EM JANEIRO, NASH escreveu "Tenho menos tempo para Eleanor", talvez dando a entender que dependia menos da companhia dela e que sentia certo alívio por isso.[12] Esse fato dava a Eleanor novos motivos de amargura; é possível que ela estivesse achando que ele a estava usando mais uma vez, sem intenção de dar-lhe muita coisa em troca. Mas no fim de fevereiro Eleanor e John David estavam "entre meus poucos contatos sociais".[13] Havia repetidos atritos entre os dois. "Eleanor não é boa comigo", ele escreveu depois que foram juntos a um restaurante.[14] Em abril, quando Eleanor se mudou para seu novo apartamento, só deu a ele o novo número do telefone depois de vários dias.[15] Em maio outra

 referência ao fato de Eleanor não ser boa para ele, o que o

fazia sentir-se muito "triste".[16] Se o reaparecimento de Nash fez surgir novamente a possibilidade de casamento – ou na mente dela ou na dele –, não há indícios nas cartas de Nash para Martha. Ele ainda não havia perdido completamente a esperança de reconciliação com Alicia.

NAQUELE TRISTE HALLOWEEN, ele pensou muito em Alicia. "Eu gostava muito dela", Nash escreveu para Virginia.[17] Sua tristeza naquela noite provavelmente tinha muito a ver com o fato de que ela estava tentando fazê-lo desistir de visitá-la em Princeton no feriado de Ação de Graças, como ele queria. Ela aparentemente o descartou com desculpas, citando "conveniência", entre outras coisas.[18] Nash insistiu, e Alicia continuou a desestimulá-lo, de modo que uma semana antes do feriado ele disse que ainda não havia recebido o convite. Alicia falava na ida dele para o Natal, mas não está claro se essa visita realmente ocorreu. Em meio a tudo isso, talvez porque agora estivesse ciente do constrangimento existente entre ele e John David, Nash manifestou seu receio de que o filho mais moço, John Charles, estivesse "esquecendo o pai".[19]

Não foi nada fácil reatar as antigas amizades, embora ele visitasse às vezes Arthur Mattuck e a esposa, Joan, e também Marvin e Gloria Minsky.[20] As pessoas eram amáveis, mas estavam sempre ocupadas. Ele estava ansioso para encontrar algo que preenchesse suas noites, e assistia a muitos filmes, peças e concertos sozinho.[21] Alicia, que continuava a desencorajar gentilmente qualquer possibilidade de reconciliação, incentivava Nash a encontrar uma companhia feminina. Ele escreveu para Martha: "Alicia não me dá muita esperança."[22] Em janeiro ele fez umas perguntas desajeitadas sobre namoro.[23] Pensou em convidar os Mattuck para jantar em sua casa e "fazer um encontro a quatro". Parece que Joan Mattuck o apresentou novamente a Emma Duchane, que mais tarde não se lembrou disso.[24] Ele perseguiu Emma durante várias semanas, dizendo para Martha que "ela tem uma conversa muito interessante, mas não é realmente bonita", antes de descobrir que Emma já estava noiva.

DEPOIS DE ASSISTIR ao filme *A Hard Day's Night* numa tarde de domingo, no início de novembro, Nash foi dominado por um terrível sentimento de pesar que extravasou numa carta pungente e introspectiva para Martha, repleta de referências à luta entre seu "impiedoso superego" e "meu velho e simples eu". Foi nessa carta que Nash se referiu às "amizades especiais" de sua vida e à percepção, em 1959, de "como as coisas ocorreram". Ele admite que, "a não ser pelo contato com alguns tipos de indivíduos, eu estou perdido, completamente perdido no deserto..."

BRANDEIS ERA UM LUGAR animado. Um fluxo de dinheiro pós-*Sputnik* e o compromisso por parte da universidade de elaborar um programa sério de pós-graduação em matemática haviam atraído oito ou nove jovens recém-chegados, todos na casa dos 30 anos. "Tínhamos muito dinheiro para pesquisa. Tínhamos muito dinheiro para pagar pesquisadores associados e professores em tempo parcial. Fazíamos tudo ao mesmo tempo", relembrou Richard Palais.[25] O clima era amistoso e informal, e Nash se sentiu bem-vindo ali. "Todo mundo tinha plena consciência de que ele era um matemático de primeira classe", disse Palais, acrescentando:

> Almocei muitas vezes com ele. Era bom vê-lo mais ou menos de volta. Estava bem normal. Tratava-se com drogas antipsicóticas. Era uma pessoa muito mais agradável depois que ficou doente do que antes. Eu o conhecera ligeiramente quando fui professor tem-

> porário em Harvard, mas não pessoalmente. Eu fazia uma pergunta. Ele ficava ali, irritadiço, cheio de si. Tínhamos medo de perguntar-lhe qualquer coisa. Ele arrasava a pessoa sem nem pensar. Normalmente, eu dizia: "Estou com esse problema", e Nash retrucava: "Ah, meu Deus, como é que você tem coragem de me fazer essa pergunta? Como é que você pode ser tão burro!? Como é que não sabe isso?" Mas depois ele se tornou simpático, gentil, falava de muita coisa alegre. Aquela empáfia toda tinha acabado.

Vasquez tem lembranças semelhantes: "Quando Nash apareceu pela primeira vez em Brandeis, parecia um zumbi. No início não dizia nada. Isso foi mudando com o correr do ano. Ele foi se tornando cada vez mais normal. Começou a se relacionar com as pessoas. Conversávamos principalmente sobre matemática. Nunca falava sobre sua vida pessoal."[26]

O RENOVADO APETITE de Nash pela vida tornou-se mais evidente na energia com que ele se lançou ao trabalho naquele ano. Durante aquele outono que passou em Brandeis, ele escreveu um longo trabalho, "Analyticity of Solutions of Implicit Function Problems with Analytic Data",[27] que levava a uma conclusão natural suas idéias sobre equações diferenciais parciais. Fez circular a primeira versão pedindo comentários e apresentou o trabalho aos *Annals of Mathematics* no início de janeiro.[28] Armand Borel, um dos editores, enviou-o a Jürgen Moser para que o avaliasse. Depois de algumas poucas consultas telefônicas entre Borel e Nash, este revisou rapidamente o documento, e ele foi aceito pelo periódico no dia 15 de fevereiro. Nash ficou exultante, escrevendo para Martha no dia do aniversário de Washington que os *Annals* eram "o mais prestigioso periódico americano de matemática".[29]

Sua produtividade readquirida provocou uma torrente de autoconfiança. Foi visitar Oscar Zariski em Harvard para discutir algumas novas idéias – e possivelmente para sondar sobre a possibilidade de conseguir um cargo de professor visitante. Fez amizade com um jovem matemático alemão, Egbert Brieskorn, que era professor visitante no MIT naquele ano. Mostrou a Brieskorn seu trabalho recém-completado e falou sobre idéias que tinha para um futuro trabalho. Brieskorn fazia um trabalho interessante sobre singularidades. "Nash tinha idéias interessantes", relembrou ele. "Estava sempre apresentando sugestões sobre o que se podia fazer. Mas eu sempre ficava com a impressão de que ele mesmo não podia ou não queria fazer a coisa."[30] Um pouco de sua antiga arrogância reapareceu. Aparentemente surgiram rumores de que ele iria dar aulas na Northwestern University na primavera. "Eu preferiria um lugar mais famoso", ele confidenciou a Martha. Pensou em se candidatar a um cargo no MIT. Escreveu para Martha dizendo que achava que o instituto devia recontratá-lo, acrescentando: 'É claro que o MIT não é o melhor de todos... Harvard é muito superior."[31] Passou a primavera inteira resmungando sobre o fato de ser obrigado a aceitar um cargo numa instituição de segunda classe: "Espero não ter que descer da minha posição social, porque seria difícil subir novamente."

No início de fevereiro Nash já tinha uma idéia para um segundo trabalho, mas duas semanas depois ele escreveu para Martha dizendo que estava "triste porque parte de minha nova idéia matemática tinha se despedaçado".[32] Mas ele conseguiu superar a decepção, e no começo de abril já estava envolvido em outro trabalho, sobre "resolução canônica de singularidades". Muitos anos depois ele relembraria esse esforço como algo "mais interessante" do que o artigo de 1966 para os *Annals*. Em maio ele deu um seminário sobre o assunto em Brandeis, e no fim do mês já havia terminado a primeira versão, que mostrou a Brieskorn para que ele fizesse comentários.[33] É muito provável que Nash tenha encaminhado esse trabalho aos *Annals*, que nunca o publicou.[34] Uma cópia finalmente foi parar na Biblioteca Fine Hall, em Princeton, em setembro de 1968. O trabalho foi citado regularmente nos anos subseqüentes e acabou sendo publicado no *Duke Journal of Mathematics*, em 1995, numa edição especial em homenagem a Nash.

NO FIM DE JUNHO ele se mudou para o apartamento de Joe Kohn, no número 38 da Parker Street, uma casa para duas famílias perto de Harvard Square.[35] Kohn estava no Equador, tirando um ano de licença sabática. A sublocação foi providenciada por Fagi Levinson, que lembrou: "Todo mundo queria ajudar Nash. Era uma mente boa demais para ser desperdiçada."[36]

Nash inscreveu-se na Operação Casal, um serviço computadorizado de Cambridge para promover encontros. Ia a encontros sem saber quem seria seu par, muito consciente de que "preciso aprender a me comportar de modo adequado e ser educado etc.". Escreveu que estava "esperançoso e otimista": "Acho que farei boas amizades e vou me casar novamente, com outra, se não com Alicia, e depois terei uma vida familiar feliz."[37] Tinha uma nomeação para o MIT engatilhada para o outono: Ted Martin propôs que ele fizesse um seminário avançado sobre a teoria dos jogos. Em maio Nash escreveu para Kuhn dizendo que queria "reunir material apropriado e tomar conhecimento dos avanços mais recentes" sobre a teoria dos jogos, e pedindo sugestões.[38]

Mas alguma coisa não estava mais funcionando bem. Alguns de seus colegas em Brandeis recordaram-se de uma mudança brusca ocorrida numa determinada época, no fim da primavera. Segundo Palais: "Parecia que ele tinha perdido completamente o equilíbrio. Ficou totalmente descontrolado." Vasquez se lembra de um desencadeamento mais gradual: "Ele passou da normalidade ao excesso. Em determinado momento, ele não parava de falar e o que dizia não fazia sentido algum. No verão ele não conseguia mais se relacionar."[39] É difícil dizer o que desencadeou a recaída. Talvez Nash tenha ficado confiante demais e deixado de tomar a medicação.

TUDO INDICA QUE ELE passou o verão em Cambridge. Em setembro, suas cartas para Martha já eram bastante delirantes. Numa delas ele se refere "à roda indiana da vida...se uma pessoa é sempre correta e direita... há boa razão para se ter esperança".[40] Assustada, Martha escreveu para Esmiol dizendo que seu irmão parecia "otimista, mas não muito bem".[41] Ela citou o que ele dissera, que "tinha afastado meus delírios", mas disse estar certa de que os delírios tinham voltado com toda força. Esmiol respondeu-lhe no início de outubro dizendo que encontrara Nash e que "ele estava mais ou menos como da última vez". Recomendou a Martha que manifestasse sua preocupação diretamente ao irmão.[42] Um dia depois Nash escreveu para Martha reafirmando que seu otimismo tinha bons motivos, mas admitindo que "sempre existem perigos que causam preocupação". Mas no momento seguinte ele continuava dizendo que recebera uma carta "interessante" de Alicia sobre "uma grande doação de dinheiro".[43] Martha lembrou mais tarde que Nash, em seus períodos delirantes, sempre dava a entender que "alguma coisa grande estava para acontecer".[44]

Em novembro o tom de suas cartas já era paranóico, como em uma que escreveu a Virginia: "Estou muito desiludido com o passado... esperando também que relações futuras com todos os parentes, e principalmente com você e com

Martha, sejam muito melhores."[45] No feriado de Ação de Graças ele escreveu: "Não tenho muito o que agradecer nesse 'Dia de Ação de Graças'." Planejava ir a Roanoke no Natal e passar o ano-novo – aniversário de Alicia – em Princeton.[46]

Vasquez, que morava perto de Nash, costumava encontrá-lo perambulando pela Harvard Square, como ele fazia em Princeton:

> Ele estava preocupado com a política de Mao Tse-tung, esse tipo de coisa. Na Harvard Square ele falava sobre um comitê que estava se comunicando com governos estrangeiros que manipulavam as notícias do *The New York Times* a fim de mandar mensagens para ele. Achava que com essa informação ele poderia descobrir como se desenvolviam as negociações entre várias potências.[47]

Nash continuava a assistir ao colóquio de matemática em Harvard às quintas-feiras. "Ele estava muito estranho", contou Vasquez. "Acreditava que havia números mágicos, números perigosos. Ele estava salvando o mundo."

Em pouco tempo Kohn começou a receber cartas de seus vizinhos, os proprietários da casa, queixando-se de que Nash não retirava o lixo e que o apartamento estava cheio de pilhas de jornais.[48] Fagi lembrou-se de ter se sentido terrivelmente constrangida e responsável. "Joe queria entregar o apartamento. Tentou falar com Norman. Não conseguiu, e então me telefonou. E eu ligava para Nash de hora em hora. Estava preocupada. Tive a idéia maluca de telefonar para o pastor com o qual ele costumava se encontrar. O pastor me disse que ele estava viajando."[49]

POUCO ANTES DO ANO-NOVO, Nash viajou de Boston para a Costa Oeste. Foi primeiro para São Francisco, onde passou vários dias em visita a seu primo Richard Nash. Primeiro ele telefonou para o primo, que, por sua vez, telefonou para Martha. "Ele acusou Martha de tê-lo internado", lembrou Richard. "Foi muito difícil para ela agüentar isso."

Depois de São Francisco, Nash foi para Seattle, tendo chegado no dia 3 de fevereiro.[50] É quase certo que ele foi até lá para visitar Amasa Forrester, a única pessoa que ele conhecia em Seattle. Parece que passou quase um mês com ele, porque só chegou a Santa Monica, sua parada seguinte, na Páscoa, que naquele ano caiu em meados de março.[51] Em Santa Monica, ao que parece, Shapley e outros conhecidos da Rand se recusaram a vê-lo. Nash visitou Jacob Bricker em Los Angeles também. Bricker lembrou que Nash "agia realmente como um louco".[52]

Aparentemente ele telefonava para Esmiol de vez em quando, embora ignorasse os apelos do médico para que voltasse a Boston e continuasse o tratamento. Martha também telefonou para Esmiol várias vezes naquele mês. A idéia do médico era usar a promessa de um emprego no MIT para atrair Nash de volta ao tratamento.[53]

Martin falava em permitir que Nash desse uma parte do curso de álgebra linear no outono seguinte.[54] Levinson, ainda esperançoso, planejava a ida de Nash para o MIT. Pediu uma carta de recomendação a Armand Borel no instituto. A carta de Borel, datada de 17 de maio, era um forte endosso:

> Nos últimos oito anos, aproximadamente, ele tem sido muito prejudicado por problemas de saúde. Mesmo assim, conseguiu fazer um trabalho interessante... Nash é, nitidamente, um dos matemáticos mais individualistas em atividade hoje. Ele não trabalha sistematicamente em programas de longo prazo, nos quais se pode esperar seguramente um avanço por linhas mais ou

> menos previstas; ele é mais um tipo pioneiro, que abre novos caminhos. Assim, ele é bastante imprevisível; mas, de certo modo, isso faz com que, aparentemente, ele tenha probabilidade de obter novos êxitos, apesar dos altos e baixos de sua saúde. Qualquer contribuição à matemática no nível de seus trabalhos anteriores seria extremamente valiosa, e por isso estou convencido de que ele deve ser apoiado.[55]

Não se sabe ao certo quando se deu o retorno de Nash a Cambridge, mas quando voltou já estava muito doente. Depois de uma cena terrível, John David deixou-o trancado na varandinha de entrada da casa numa noite gelada.[56] Nash contou a Palais, em algum momento, que ele havia parado de tomar a medicação. "Por que você parou de tomar os remédios, quando estava indo tão bem?" Ele respondeu: "Quando tomo remédio, deixo de ouvir as vozes."[57]

Uma carta de Nash a Moser capta um pouco do estado mental dele quando voltou a Cambridge, no fim de maio. Nash dá como seu endereço de remetente a Universidade de Heilwigklang, em Harbin, Manchúria.

> O Oblast na Rússia, na fronteira com a Manchúria... ali fica a cidade de Birbidzhan... Se todas as potências atômicas do conselho de segurança das Nações Unidas empreenderem alguma ação, e elas têm os números 0, 1, 2, 3, 4, então seria possível dizer que ninguém a fez, todo mundo a fez, todos a fizeram...

A carta estava assinada "Chiang Hsin" (Rio Novo)."[58]

Fagi encontrou John no metrô por acaso. Parecia esquivo, sombrio, tímido, quase envergonhado, um sorriso estranho repuxando os cantos da boca. Ela perguntou aonde ele estava indo. Ele respondeu: "Para casa, em Roanoke, para ficar um pouco com minha mãe."[59] Ele saiu de Cambridge no dia 26 de junho, deixando o apartamento numa grande bagunça. Foi de carro até Princeton, hospedou-se num hotel "por ser mais conveniente", em vez de procurar Alicia e John Charles, e depois continuou até Roanoke.[60]

Alguns dias depois, Norman Levinson escreveu para Martha:

> Nos dois últimos anos John tem trabalhado como pesquisador associado sob meu contrato. Ele não quer morar aqui e eu não consegui convencê-lo a ficar. Há alguns dias ele saiu do número 38 da Parker Street. Havia montes de lixo. Extratos de contas bancárias. Também outras contas, aqui e no exterior. John passou este último ano muito perturbado. Mas em 1965-1966 ele estava muito bem e fez um ótimo trabalho.[61]

43

Um homem completamente sozinho num mundo estranho

Roanoke, 1967-1970

E então, uma Tábua na Razão se quebrou,
E eu caí, caí –
E batia num Mundo a cada mergulho...

– Emily Dickinson

No verão em que completou 40 anos, em 1968, Nash olhou para o espelho do banheiro do apartamento de sua mãe e viu o que mais tarde chamou de "quase um cadáver".[1] Faces encovadas, olhos fundos, cabelos grisalhos, com os ombros caídos para a frente, ele parecia mais um velho do que alguém que acabara de chegar à meia-idade. Escreveu para um amigo: "Você devia ter pena de mim... os processos de envelhecimento e de ressecamento cobraram seu tributo."[2] Imagens de morte em vida povoavam sua mente; numa carta a outro amigo, ele invocou as imagens das "Torres do silêncio", de Parsee, em Bombaim, onde seguidores de Zoroastro deixam seus mortos para serem devorados por abutres.[3]

Nash estava morando em Roanoke havia quase um ano. Ainda tinha seu Rambler e algumas economias, mas oito anos de doença tinham exaurido sua ex-esposa e os amigos e arruinado grande parte de seu crédito com o mundo. Não tinha lugar algum para onde ir. Para ele, Roanoke – uma linda cidadezinha no sopé dos montes Apalaches e sede da Norfolk & Western Railroad – era o fim da linha.

MORAVA COM VIRGINIA num apartamento com um pequeno jardim na Grandin Road.[4] Martha e Charlie moravam a alguns quarteirões dali. Ninguém o conhecia na cidade. A existência de um esquizofrênico tem sido comparada à de uma pessoa que vive numa prisão de vidro, esmurrando as paredes, incapaz de ser ouvido, e, mesmo assim, bem visível.[5] Como Martha lembrou, em 1994: "Roanoke não era um bom lugar para se viver. Não havia intelectuais lá. Ele ficava muito sozinho. Perambulava pela cidade assobiando."[6]

Ele passava muitos dias simplesmente andando sem parar pelo apartamento, os dedos longos crispados em torno das delicadas xícaras de chá japonesas de Virginia (uma lembrança de um verão em Berkeley, muitos anos antes), bebericando chá preto de Formosa, assobiando Bach.[7] O andar de sonâmbulo e a expressão fixa e distante davam poucos indícios dos imensos e intermináveis dramas que se desenrolavam em sua mente. "Aparentemente estou apenas passando tempo, visitando minha mãe", ele escreveu, "mas na realidade tenho sofrido perseguições que eu espero que diminuam".[8]

As caminhadas diárias não iam além da biblioteca ou das lojas no fim da Grandin Road, mas em sua mente Nash viajava pelos mais remotos confins do globo: Cairo, Zebak, Cabul, Bangui, Tebas, Guiana, Mongólia. Nesses lugares distantes ele vivia em campos de refugiados, embaixadas estrangeiras, prisões, abrigos contra bombardeios. Em outras ocasiões achava que vivia num inferno, num purgatório ou num céu poluído ("uma casa apodrecida, em ruínas, infestada de ratos, cupins e vários tipos de insetos"). Suas identidades, como os endereços de remetente nas cartas, eram como as cascas de uma cebola. Debaixo de cada uma espreitava outra: ele era C.O.R.P.S.E [cadáver] (um refugiado árabe-palestino), um grande xogum japonês, C1423, Esaú, L'homme d'Or, Chin Hsing, Jó, Jorap Castro, Janos Norses e, às vezes, até um camundongo. Seus companheiros eram samurais, demônios, profetas, nazistas, padres e juízes. Deidades maléficas – Napoleão, Iblis, Mora, Satã, Homem de Platina, Titã, Nahipotleeron, Napoleon Shickelgruber – o ameaçavam. Vivia com um medo constante de aniquilamento, tanto do mundo (genocídio, Armagedon, o Apocalipse, o Dia do Juízo Final, o Dia da Resolução das Singularidades) como de si próprio (morte e falência). Certas datas impressionavam-no por trazerem maus presságios, entre elas o dia 29 de maio.

DELÍRIOS PERSISTENTES, complexos e incontroláveis estão entre os sintomas característicos da esquizofrenia.[9] Delírios

 são falsas crenças que constituem uma rejeição dramática

da realidade consensual. Freqüentemente eles envolvem interpretações falsas das percepções ou das experiências. Hoje em dia, considera-se que os delírios surgem primordialmente em decorrência de distorções grosseiras dos dados sensoriais e do modo como o pensamento e as emoções são processados no cérebro. Assim, sua lógica espiralada e misteriosa às vezes é vista como o produto da luta solitária da mente para extrair um sentido do estranho e do oculto. E. Fuller Torrey, um pesquisador da St. Elizabeth's, em Washington, D.C., e autor de *Surviving Schizophrenia*, os chama de "consequências lógicas do que o cérebro experimenta", e também de "esforços heróicos para manter algum tipo de equilíbrio mental".[10]

Por mais que seja literal, tangencial ou autocontraditório, o pensamento não é aleatório, mas coerente com certas regras obscuras e difíceis de entender. E a capacidade de apreender com precisão certos aspectos da realidade cotidiana permanece curiosamente intacta. Na verdade, mesmo quando alimentava as idéias mais surrealistas, Nash mostrava uma irônica percepção de que seus insights eram essencialmente particulares, únicos para ele mesmo, e destinados a parecer estranhos e inacreditáveis para os outros. "Esse conceito que quero descrever... talvez pareça absurdo" é o tipo de prefácio do qual ele era capaz.[11] Sua escrita era repleta de frases do tipo "considere", "como se", "talvez tido como", como se ele estivesse realizando uma experiência mental ou percebendo que alguém, ao ler o que ele escrevia, teria de traduzir aquilo para outra língua.

Suas cartas eram monólogos joycianos, escritas numa linguagem particular inventada por ele, cheias de lógica onírica e sutis ilações falsas. As teorias eram sobre astronomia, geopolítica, religião e teoria dos jogos. E, embora anos depois Nash tenha se referido muitas vezes a aspectos agradáveis do estado delirante, parece claro que sonhar acordado era algo extremamente desagradável, cheio de ansiedade e temor.

Antes da guerra árabe-israelense de 1967, Nash explicou, ele era um refugiado árabe-palestino de esquerda, um membro da Organização para a Libertação da Palestina (OLP) e um refugiado que provocou um incidente diplomático na fronteira de Israel, pedindo às nações árabes que o protegessem para não "cair em poder do Estado israelense".[12]

Logo depois ele imaginava que era um tabuleiro do jogo Go, cujos quatro lados intitulavam-se Los Angeles, Boston, Seattle e Bluefield. Estava coberto com as pedras brancas, que representavam confucionistas, e pedras negras, que representavam os maometanos. O jogo de "primeira ordem" estava sendo jogado por seus filhos, John David e John Charles. O jogo derivativo, de "segunda ordem", era "um conflito ideológico entre mim, pessoalmente, e os judeus, coletivamente".[13]

Algumas semanas mais tarde ele estava pensando em outro tabuleiro de Go em que os quatro lados tinham nomes das marcas de carros que ele havia possuído: Studebaker, Oldsmobile, Mercedes, Plymouth Belvedere. Ele achava que seria possível construir "um sofisticado mostrador de osciloscópio... uma função de penitência".[14]

Ele também achava que certas verdades eram "visíveis nas estrelas". Percebia que Saturno estava associado a Esaú e Adão, com os quais ele se identificava, e que Titã, a segunda lua de Saturno, era Jacó, bem como um inimigo de Buda, Iblis. "Descobri uma teoria B de Saturno... A teoria B é simplesmente que Jack Bricker é Satã. O 'Iblisianimo' é um problema assustador relacionado com o Dia do Juízo Final."[15]

A essa altura, os delírios grandiosos, nos quais ele era uma figura poderosa, o Príncipe da Paz, o Pé Esquerdo de

Deus e o Imperador da Antártida, não estavam mais em primeiro plano; em vez disso, o tema passou a ser predominantemente persecutório. Ele achava que "a raiz de todo o mal, no que diz respeito à minha vida pessoal (história de vida), são os judeus, particularmente Jack Bricker, que é Hitler, uma trindade do mal formada por Mora, Iblis e Napoleão". Estes eram, ele dizia, simplesmente "Jack Bricker em relação a mim".[16] Num outro momento, ele disse, referindo-se a Bricker: "Imagine se houvesse uma pessoa que desse um tapinha nas costas de um cara... com cumprimentos e elogios, enquanto ao mesmo tempo o golpeasse no abdome com um soco mortal." Ao ver o quadro de maneira tão clara, ele concluiu que devia fazer uma petição aos judeus, aos matemáticos e aos árabes "para que eles tenham oportunidade de se arrepender das más ações", que, no entanto, não devem "ser reveladas abertamente". Também achava que devia pedir ajuda às igrejas, aos governos estrangeiros e às organizações de direitos civis.

PRISÕES, JULGAMENTOS e encarceramento também eram temas recorrentes. Como Joseph K no romance *O processo*, de Kafka, Nash imaginava que estava sendo submetido a um julgamento "*in absentia* suficientemente completo". Reconhecia que "é como se o acusado fosse seu próprio acusador... o caminho da auto-acusação é um caminho que leva à morte, não à redenção". Ele pensa em um "tribunal de inquérito" investigando "as histórias da vida e... interações" de Jacó e Esaú, que ele identificava com Bricker e consigo próprio.[17]

São sonhos de culpa, de medo. O estado de encarceramento de Nash não parecia referir-se à sua doença, pois ele não se considerava doente, a não ser fisicamente. Era uma coisa existencial. Ele escreveu a Eleanor: "Percebe, você deve simpatizar mais com as verdadeiras necessidades de libertação, libertação da escravidão, libertação da 'castração', libertação da prisão, libertação do isolamento... Sou um refugiado, de fato, dos símbolos falsos e dos símbolos perigosos."[18] Às vezes ele achava que corria o risco de ser crucificado.

Suas próprias necessidades, dizia ele, eram "estar livre e estar seguro, e ter amigos".[19] Ele estava sempre, dizia, "com medo da 'morte' (à maneira indiana) num Armagedon com Iblis... no Dia do Juízo". Mesmo nessas horas muito sombrias, ele se apegava a uma visão de libertação – que mais tarde passou a ser, mais concretamente, um desejo de liberação sexual. "Espero fervorosamente ser salvo (entregue) antes de chegar aos 40 anos", ele escrevera algumas semanas antes de seu aniversário. "Não se pode substituir a vida e o amor livres dos 40 anos pelas possibilidades perdidas dos 20 e dos 30 anos, e também da adolescência."[20]

Nash tinha uma nítida percepção da passagem do tempo. "Tenho a impressão de que sou como a vítima de uma espera excessivamente longa pela liberação... É como se não houvesse um resgate à vista, como se viesse do Kuwait, que teria encurtado substancialmente o tempo de espera para mim."[21]

Ele esperava a libertação: "Eu vejo, parece surpreendentemente claro, como se houvesse um tempo de graça antes daquele tempo, um precioso tempo de graça que se perderá para sempre se não for aproveitado *carpe diem* e totalmente eficaz em seu significado."[22] Nash também ouvia vozes, vozes que o assustavam: "Minha cabeça é como um balão inchado, com vozes discutindo dentro dela."[23]

As alucinações podem envolver qualquer um dos sentidos – audição, olfato, paladar, tato, visão –, mas vozes, uma ou várias, familiares ou estranhas, porém distintas dos pensamentos da própria pessoa, são os sintomas mais característicos da esquizofrenia.[24] Elas são muito diferentes das alucinações que fazem parte de experiências religiosas, ou dos zumbidos dentro de nossa cabeça, de ouvir nosso nome chamado ocasionalmente, ou alucinações que ocorrem quando se está para adormecer ou se está acordando. O conteúdo das alucinações esquizofrênicas pode ser benigno, mas elas geralmente envolvem ridículo, crítica e ameaças, e geralmente são relacionadas ao tema do delírio. A integração de vozes com o pensamento pode produzir um senso agudo de realidade.

OS CHAMADOS SINTOMAS negativos da esquizofrenia são, segundo a maioria dos clínicos, ainda mais paralisantes do que os delírios e as alucinações. Trata-se da dissociação da esfera da afeição, do pensamento e da vontade. Não havia vestígio dos olhares penetrantes, do entusiasmo nos gestos, da linguagem corporal impetuosa que anunciava, "Sou Nash, com N maiúsculo". Seu rosto era inexpressivo, os olhos eram vazios, como se os fogos do delírio tivessem consumido o que antes era vivo e deixado uma casca vazia.

Seria um consolo se pudéssemos acreditar que Nash, nessa época terrível de sua vida, pelo menos era poupado da visão de sua própria condição. Uma das conseqüências da esquizofrenia crônica, observada há muito tempo e desde então confirmada por numerosos estudos, é uma curiosa insensibilidade à dor física. Essa insensibilidade é quase sempre tão grande que há índices elevados de mortes prematuras por doenças físicas entre esquizofrênicos, pelo menos na época em que as pessoas passavam a maior parte de sua vida em instituições para doentes mentais. Será que não haveria um amortecimento semelhante que anunciasse uma pessoa da dor psíquica? Possivelmente. Mas para Nash havia momentos de autoconhecimento lúcido, de uma tristeza insuportável: "Já se passou tanto tempo. Sinto que há muitas tragédias tristes. Hoje me sinto muito triste e deprimido."[25]

QUASE SEMPRE É DIFÍCIL distinguir os efeitos da doença dos efeitos do tratamento. Mas é provável que a condição de Nash durante os dois anos e meio que ele passou em Roanoke tenha sido quase exclusivamente conseqüência de sua doença. Seis anos haviam se passado desde que ele recebera tratamento por choque insulínico, e bem mais de um ano desde que ele começara a tomar neurolépticos regularmente. Embora certa perda de memória tenha sido, sem dúvida, o resultado do tratamento com insulina feito no primeiro semestre de 1961, e parte de sua extrema serenidade nos primeiros meses depois de sua volta a Cambridge reflita, com toda certeza, os efeitos colaterais da estelazina, seu estado mental em Roanoke é um forte testemunho de que a apatia, a indiferença e as peculiaridades de seu pensamento eram, em primeiro lugar, conseqüências de sua doença, e não das tentativas iniciais de tratá-la. A opinião popular de que os antipsicóticos são camisas-de-força químicas, que suprimem a clareza do pensamento e a atividade voluntária, não parece confirmar-se no caso de Nash. Pelo menos os únicos períodos em que ele esteve relativamente livre de alucinações, delírios e da erosão da vontade foram aqueles que se seguiram ao tratamento com insulina ou ao uso de antipsicóticos. Em outras palavras, em vez de reduzir Nash a um zumbi, a medicação parece ter diminuído seu comportamento tipo zumbi.

Ele estava nitidamente entre a maioria dos esquizofrênicos que se beneficiam dos antipsicóticos tradicionais.

Essas drogas eram as únicas disponíveis entre 1952 e 1988, quando entrou em cena a clozapina, mais eficaz.[26]

NASH ESTAVA SEMPRE com medo de que Martha e Virginia o internassem de novo. Como disse numa carta: "É o modo como todas as pessoas envolvidas colaboram para me internar num hospital que me ameaça e que eu temo."[27]

A maioria das cartas desse período termina com um parágrafo semelhante a este:

> Deixe que eu implore (humildemente) a Você que Você apóie minha opinião de que preciso ser protegido contra o perigo da internação no hospital para doentes mentais (involuntariamente ou "falsamente") ... simplesmente para a sobrevivência intelectual pessoal como um ser humano "consciente" e "razoavelmente consciencioso"... e "com boa memória retentiva".[28]

Para Virginia, a doença do filho era algo que Martha mais tarde chamou, com seu jeito diplomático e atenuador, de "uma mágoa particular".[29] Virginia nunca falava sobre o assunto com os poucos conhecidos que tinha em Roanoke, a maioria gente que ela conhecera jogando *bridge*, e só raramente com Martha. Seus amigos talvez não conseguissem compreender o que aquilo representava para ela. Era também um pesadelo do ponto de vista prático. Nash dava tantos telefonemas interurbanos que a mãe teve de pôr um cadeado no aparelho.

Martha, cujo segundo filho nascera em 1969, ficava, no mínimo, irritada. "Era tão frustrante, dia após dia. Eu me perguntava: será que algum dia ele vai melhorar?" Ela percebeu, pelo menos, que Roanoke não era um ambiente acolhedor. "Eu só pedi ajuda uma vez", relembrou Martha. "O pastor me parou na igreja e disse que eu devia ajudar mais minha mãe. Ele não perguntou se eu precisava de ajuda. Mais tarde telefonei e perguntei se ele poderia vir fazer uma visita. Ele não veio. O pastor aposentado veio, mas não era ele que eu queria."

Em determinada época, Virginia e Nash quase foram despejados do apartamento. Trinta anos depois, a voz de Martha ainda traía amargura. Houve um incêndio que começou no incinerador. Nash estava em casa naquele momento. Ele chamou o corpo de bombeiros. "O proprietário acusou John de ter iniciado o incêndio", lembrou Martha. Ele havia falado com os vizinhos, que ficaram revoltados. Eles achavam assustador aquele homem grande e estranho, que passeava pelo terreno do condomínio. Martha teve de implorar para conseguir convencer o proprietário a deixar que Virginia e Nash voltassem a morar no local.

VIRGINIA MORREU POUCO ANTES do Dia de Ação de Graças de 1969. Depois Nash ficou certo de que havia algo sinistro a respeito da morte dela. Ele também achou que talvez não devesse ter ido até a loja da esquina comprar-lhe uísque. Segundo Martha, "quando mamãe morreu, foi uma coisa triste. Não éramos muito chegados. Ele se sentiu ameaçado. Achava que eu o internaria num hospital".

Nessa época Eleanor obtivera uma sentença judicial obrigando Nash a continuar com os pagamentos da pensão alimentícia para o filho. Quando o dinheiro dele acabou, Virginia havia assumido os pagamentos. Ela também deixou pequenas heranças para os dois netos.

Depois disso, Nash morou por pouco tempo com Martha e Charlie, mas Martha achou impossível lidar com o irmão. "Depois que mamãe morreu, não agüentei com ele em casa. Eu estava lá com as crianças e ele ficava perambulando pela casa, bebendo chá e assobiando. Ele tinha umas idéias e as deturpava, transformando as em algo estranho."

Martha tomou providências para internar Nash logo depois do Natal.

> Depois da morte de mamãe, fiquei com medo de que ele fosse embora da cidade. Eu esperava que o hospital nomeasse uma comissão para dar a ele o seguro social, e também para o filho dele.
> Fomos falar com um juiz. Conseguimos uma ordem judicial. O tribunal mandou a polícia buscá-lo. Estávamos com o advogado de minha mãe, Leonard Muse. Podia-se internar alguém para observação. Não era preciso alegar alguma coisa muito drástica. No hospital eles decidiam se deviam manter a pessoa lá. O Hospital DeJarnette concluiu que John tinha idéias paranóicas mas que era capaz de se sustentar.

EM FEVEREIRO, Nash teve alta do DeJarnette State Sanatorium, em Staunton, Virginia. Ele escreveu uma última carta para Martha rompendo relações com ela por causa do papel que ela tivera na internação. Depois tomou um ônibus para Princeton.

44
O fantasma de Fine Hall
Princeton, anos 1970

Muita Loucura é o mais divino dos Sentidos –
Para um Olho sagaz...

– Emily Dickinson

Uma torre impessoal, forrada de granito, construída com os dólares do Departamento de Defesa no auge da Guerra do Vietnã, substituíra o velho Fine Hall e seu vizinho, o Jadwin Hall.[1] Os especialistas em matemática e física passavam a maior parte de suas horas de vigília no subsolo, onde os arquitetos haviam instalado a biblioteca – que antes ocupava o andar mais alto do antigo Fine Hall –, assim como o novo centro de processamento de dados. Em poucos dias ou semanas, o cientista ou matemático em embrião descobriria "um homem muito esquisito, magro, silencioso, andando pelos corredores, dia e noite", "com olhos fundos e um rosto triste, imóvel".[2] Em raras ocasiões, eles conseguiam ver de relance o espectro – geralmente usando calças cáqui, camisa xadrez e tênis vermelho vivo de cano alto – escrevendo com dificuldade, em letras de imprensa, num dos numerosos quadros-negros que forravam os corredores subterrâneos que ligam Jadwin Hall ao New Fine.[3] Com mais freqüência, os alunos que saíam da palestra das 8 horas encontravam uma carta enigmática escrita na noite anterior: "O Bar Mitzvah de Mao Tsé-tung aconteceu 13 anos, 13 meses e 13 dias depois da circuncisão de Brejnev", por exemplo.[4] Ou "Concordo com Harvard: há um achatamento de cérebros".[5] Ou uma carta de Nikita Kruchev a Moisés com misteriosas frases matemáticas envolvendo a fatoração de números extremamente longos, de dez a 15 algarismos, em dois grandes números primos.[6] "Ninguém sabia de onde vinham", declarou Mark Reboul, que se formou em 1977. "Ninguém sabia o que aquilo significava."[7]

Finalmente, algum aluno do segundo ou do terceiro ano daria a pista para o recém-chegado: o autor das mensagens, conhecido como o Fantasma, era um gênio matemático que havia "pirado" quando dava uma palestra; enquanto tentava resolver um problema incrivelmente difícil; depois de descobrir que outra pessoa havia se antecipado a ele num cálculo importante, ou depois de saber que sua esposa se apaixonara por um matemático rival.[8] Ele tinha amigos nos altos escalões da universidade, acrescentaria o estudante mais velho. Os alunos não deviam incomodá-lo.[9]

Entre os alunos, o Fantasma quase sempre servia de advertência: "Qualquer um que estudasse demais ou que não tivesse jeito para atividades sociais era advertido de que terminaria como o Fantasma."[10] Mas, se um aluno novo se queixasse de que a presença dele o incomodava, era imediatamente avisado: "Ele foi um matemático melhor do que você jamais vai ser!"[11]

Poucos alunos chegaram a trocar uma palavra com o Fantasma, embora alguns dos mais atirados filassem um cigarro ou pedissem fogo, porque o Fantasma agora era um fumante inveterado. Certa vez, um aluno novo de física que apagou duas ou três das mensagens acabou encontrando o Fantasma diante do quadro-negro escrevendo, alguns dias depois, "suando, tremendo e praticamente chorando". O estudante nunca mais apagou nada.[12]

Alunos e membros mais jovens do corpo docente estudavam as mensagens do Fantasma e às vezes as copiavam palavra por palavra. As mensagens criaram uma aura em torno de seu autor e confirmaram a lenda de gênio. Frank Wilczek, um físico do Instituto de Estudos Avançados que mora na velha casa de Einstein na Mercer Street, era professor assistente da universidade na época. Ele lembrou-se de ter ficado "intrigado e impressionado" e sentindo que estava "na presença de uma mente poderosa".[13] Mark Schneider, professor de física em Grinnell que era aluno de pós-graduação em 1979, recordou: "Todos nós achávamos excepcionais as conexões surpreendentes, o nível de detalhamento e a amplitude de conhecimentos... motivo pelo qual eu... colecionei algumas dezenas das melhores mensagens."[14]

Pouco depois que Hironaka recebeu a medalha Fields por sua prova brilhante da resolução de singularidades, uma das mensagens de Nash dizia:

$$N^5 + I^5 + X^5 + O^5 + N^5 = 0$$

Será que Hironaka resolve essa singularidade?[15]

Algumas das mensagens pareciam ser puramente matemáticas, pelo menos até que fossem observadas mais atentamente, como esta mensagem de 1979:

Carta aberta ao professor Heisuke Hironaka

$$0 = E_1^5 + V^{22} + E_2^5 + R^{18} + E_3^5 + T_1^{19} + T_2^{20}$$

> A variável algébrica acima, na dimensão 6, representada no 7-espaço affine é singular, havendo um ponto de singularidade na origem (0, 0, 0, 0, 0, 0, 0) das coordenadas.
> A questão é: Até que ponto, comparativamente, a 6-variável acima é singular, isto é, qual é o grau comparativo de sua singularidade com outras singularidades de modo a fornecer parâmetros de comparação?[16]

Outras continham referências indiretas a acontecimentos passados:

Limbo Indiano

$$B = (RX)^7 + (MO)^6 + (OP)^5 + (QU)^4 + (ME)^3 + (OT)^2 + AAP$$

TO sugere "Terapia Ocupacional" [Occupational Therapy]"$_7$,
como no Dr. O.T. Beetle, M.D.

$$AAP = PR(2) - 1,$$ como um número.[17]

Outras, ainda, eram maliciosamente humorísticas:

> Pergunta Falso ou Verdadeiro
>
> Assertiva: O presidente Jimmy Carter está sofrendo de uma doença chamada xantocromatose, a mesma que antes afetou as carreiras de Nixon e Agnew, de modo que a doença presumivelmente atingiu os aparentemente imunes republicanos do norte Ford e Rockefeller e reinfectou o Air Force One por meio da pessoa de Jimmy Carter.
>
> A assertiva acima é verdadeira.
>
> A assertiva acima é falsa.[18]

William Browder, que atualmente é chefe do departamento de matemática, relembrou:

> Nash foi o maior numerólogo que o mundo já viu. Ele fazia manipulações incríveis com os números. Um dia ele me chamou e começou com a data do nascimento de Kruchev e entrou direto na média do índice Dow Jones, da Bolsa de Valores de Nova York. Continuou manipulando e acrescentando outros números. A coisa terminava com meu número do seguro social. Ele não disse que era o número de meu seguro-social e eu não ia admitir isso. Tentei não lhe dar essa satisfação. Nash nunca tentava convencer ninguém de nada. Ele fazia as coisas do ponto de vista do estudioso. Tudo o que ele falava tinha sempre um forte sabor científico. Ele tentava chegar à compreensão de algo. Era numerologia pura, não aplicada.[19]

PARECIA QUE O ESTADO de saúde de Nash se estabilizara. Ir ao quadro-negro exigia coragem. Compartilhar idéias que ele achava importantes, e que ainda assim poderiam parecer malucas para outros, envolvia um desejo de estabelecer ligações com a comunidade como um todo. Permanecer num só lugar e não fugir, esforçar-se para articular seus delírios de uma maneira que atraísse um público que lhes desse valor são coisas que devem ser encaradas como indícios de certo progresso na volta às formas consensuais de realidade e de comportamento. E, ao mesmo tempo, considerar seus delírios não apenas coisas bizarras e ininteligíveis, mas algo com um valor intrínseco, foi certamente um aspecto desses "anos perdidos" que preparou o caminho para a remissão final.

Como disse James Glass, autor de *Private Terror/Public Places* e *Delusion*, depois de saber dos anos de Nash em Princeton: "Parece que o lugar serviu como um dique para sua loucura."[20] É evidente que, para Nash, Princeton funcionou como uma comunidade terapêutica. Era tranqüilo e seguro; suas salas de aula, bibliotecas e seus refeitórios estavam disponíveis, mas não eram evasivos. Ali ele encontrou o que queria tão desesperadamente em Roanoke: segurança, liberdade, amigos. Como disse Glass, "o fato de ficar mais livre para se expressar, sem medo de que alguém o mandasse ficar calado ou o entupisse de remédios, deve tê-lo ajudado a sair de seu isolamento lingüístico hermético, para onde fizera uma retirada desastrosa".[21]

Roger Lewin, um psiquiatra de Shepherd Pratt, em Baltimore, disse: "Parece que a esquizofrenia de Nash diminuiu no medo como ela aparecia para os outros, e que sua loucura ficou confinada a projeções intelectuais e delirantes, não o envolvendo completamente em termos de expressão comportamental."[22] Essas descrições coincidem com as que o próprio Nash fez desses anos em Princeton. "Eu achava que era uma figura messiânica, semelhante a um deus, com idéias secretas. Tornei-me uma pessoa de pensamento influenciado por delírios, mas de comportamento relativamente moderado, tendendo, assim, a evitar a hospitalização e a atenção direta de psiquiatras."

O ESFORÇO IMENSO – leituras, cálculos e textos – empregado na produção de mensagens pode ter contribuído para evitar que sua capacidade mental se deteriorasse. As mensagens tinham sua própria história e foram evoluindo com o passar do tempo. Em algum ponto, provavelmente a partir de meados dos anos 1970, Nash começou a escrever epigramas e epístolas baseados em cálculos com base 26.[23] A base 26, é lógico, usa 26 símbolos, o número de letras do alfabeto em inglês, assim como a base 10 da matemática cotidiana usa os números inteiros de 0 a 9. Assim, se o cálculo saía "direito", o resultado eram palavras verdadeiras.

Nash trabalhava com uma dessas antiquadas calculadoras Friden-Marchant com um pequeno visor luminoso esverdeado de raios catódicos.[24] Ele deve ter escrito um algoritmo para trabalhar com aritmética de base 26. Esses cálculos deviam ser extremamente tediosos e exigiam que ele anotasse resultados intermediários à medida que progredia, pois essas calculadoras tinham uma capacidade de armazenagem de dados muito pequena e não eram programáveis. Entretanto, a geração das equações que constituíam o cerne de suas mensagens no quadro-negro não era apenas um brincadeira aritmética. Como observou um dos ex-alunos de física, "aquilo precisava de muita abstração, do tipo que fazem os verdadeiros matemáticos".[25]

Daniel Feenberg, um aluno de pós-graduação em economia que conheceu Nash no centro de processamento de dados por volta de 1975, uma vez, escreveu um programa de computação para ele:

> Nash me perguntou se programação de computador era uma coisa que ele deveria fazer. Ele me vira trabalhando com computadores. Queria fatorar um número de 12 algarismos, que achava que era um número composto. Já havia testado os setenta mil primeiros números primos numa calculadora de mesa. Já tinha feito isso duas vezes. Não havia encontrado erro, mas não encontrara um fator. Eu lhe disse que podia fazer a coisa. Levei apenas cinco minutos para fazer o programa e testá-lo. A resposta veio: o número dele era um número composto, produto de dois números primos.[26]

Nash estava começando a se interessar em aprender a usar o computador. (Se você se dispusesse a passar algum tempo no centro de computação, teria de ficar sentado diante daquelas antigas calculadoras de mesa, hora após hora, lidando com maços de fichas de computador.) Hale Trotter, que trabalhava no centro de computação em regime de meio expediente na época, descreveu o ambiente: "Eram os velhos tempos. Eu colocava as fichas no computador. Havia uma grande 'sala pronta' com um grande balcão, uma leitora de fichas, mesa e cadeiras, e outra sala com uma calculadora. Sempre havia uma montanha de papéis por toda parte."[27]

Na época, lembrou Trotter, ele controlava o tempo que as pessoas usavam o computador, mas ninguém era cobrado. Em determinado momento, a administração decidiu que ele tinha de cobrar as pesquisas individuais. Tanto os alunos quanto os professores tinham de abrir contas e obter senhas. No início, Trotter disse a Nash que ele poderia usar o número de sua conta. Nas reuniões semanais, surgiu a questão de regularizar a situação de Nash. Alguns alunos ficaram intrigados com o fato de o nome de Trotter aparecer nos cálculos de Nash. Segundo Trotter, alguém sugeriu: "Por que não dar a Nash uma conta própria?" Todos concordaram em dar a ele uma conta grátis. "Ele jamais causou problema. No máximo, era constrangedoramente tímido. Às vezes, se alguém estava conversando com ele, era difícil terminar."

SUAS PERAMBULAÇÕES DIÁRIAS naqueles anos seguiam uma rotina previsível. Levantava-se não muito cedo e ia no velho trenzinho Dinky até a cidade, comprava o *The New York Times*, andava até Olden Lane, tomava o café-da-manhã ou almoçava no instituto e voltava para a universidade, onde podia ser encontrado no Fine Hall ou em Firestone. Durante algum tempo, ele freqüentou regularmente os chás do Fine Hall. No ano em que Joseph Kohn assumiu a chefia do departamento de matemática, 1972, ele passou "muitas noites sem dormir" pensando em Nash. Algumas secretárias do departamento comentaram com ele, em épocas diferentes, que estavam preocupadas com o comportamento de Nash.[28] Kohn não conseguiu lembrar exatamente que comportamento era esse, mas achava que dizia respeito ao modo de olhar. De qualquer maneira, ele ignorou as queixas das mulheres, dizendo que não tinham motivo para preocupação, mas particularmente ele não tinha muita certeza disso.

Com poucas exceções, como Trotter, os professores tendiam a evitá-lo. Claudia Goldin, que era professora efetiva de economia na época, lembrou:

> Ele era um mistério intrigante. Parecia apenas ficar por ali. Víamos aquele gigante e todas nós batíamos em seus ombros. Mas que tipo de ombros eram aqueles? Para os acadêmicos, sempre havia certo medo. Você só

> tem seu cérebro. É tão assustadora a idéia de que alguma coisa pode falhar em nosso cérebro. É assustadora para todo mundo, é claro, mas para os acadêmicos isso é tudo.[29]

Eram os alunos que o procuravam com mais freqüência, pois conheciam um pouco de sua história e não o consideravam uma ameaça. Feenberg, por exemplo, almoçava com Nash. "Todo mundo sabia que ele era um grande homem e apenas almoçar com ele já era uma experiência interessante. Ele também era uma pessoa triste. Ali estava aquela figura, uma pessoa muito famosa em nosso meio e que muita gente fora de Princeton freqüentemente achava que já havia morrido."[30]

EM 1978, principalmente graças à bondade de seu velho amigo do curso de pós-graduação e da Rand, Lloyd Shapley, Nash finalmente recebeu um prêmio de matemática. A Operations Research Society e o Institute for Management Science concederam-lhe o prêmio de Teoria John von Neumann, compartilhado com Carl Lemke, um matemático do Rensselaer Polytechnic Institute.[31] Nash recebeu o prêmio por sua invenção do equilíbrio não-cooperativo; Lemke, por seu trabalho sobre os cálculos do equilíbrio de Nash.[32]

Lloyd Shapley estava na comissão de premiação. Foi idéia dele. "Eu sentia compaixão e nostalgia", lembrou.[33] Shapley, que recebera o prêmio no ano anterior, pensou: "Aqui está uma oportunidade de fazer alguma coisa por Nash." Foi motivado, disse mais tarde, pela esperança de que a homenagem a Nash talvez pudesse ajudar Alicia e Johnny. "Meu sentimento, simplesmente, surgiu ao imaginar o garoto crescendo. Esse garoto está crescendo e seu pai não está ali com ele. Isso poderia ajudar a aumentar um pouco sua auto-estima. Seu pai não está aqui, mas ele é um grande homem e seu trabalho está sendo reconhecido."[34]

Nash, entretanto, não foi convidado para a cerimônia de entrega do prêmio em Washington.[35] Em vez disso, Alan Hoffman, um matemático da IBM e o segundo membro da comissão de premiação, foi até Princeton para entregar o prêmio a Nash. Ele disse: "Nós nos reunimos na sala de Al Tucker. Al e Harold Kuhn estavam lá, de modo que conversamos um pouco. Nash estava sentado a um canto. Ver esse homem que era um gênio agindo agora num nível de pré-adolescente foi realmente uma coisa trágica. Há uma grande diferença entre conhecer a fama dele e vê-lo pessoalmente."[36]

45
Uma vida tranqüila
Princeton, 1970-1990

Eu me refugiei aqui para fugir da sensação de não ter um lar.

\- John Nash,1992

Quando Alicia aceitou que Nash fosse morar novamente com ela em 1970, foi movida por piedade, lealdade e pela percepção de que ninguém mais na face da Terra o aceitaria. A mãe dele morrera, a irmã não podia aceitar aquele fardo. Alicia era, divorciada ou não, sua esposa. Quaisquer que fossem as restrições que tivesse a viver com seu ex-marido mentalmente doente, elas não influenciaram sua decisão. Ela simplesmente não estava disposta a virar-lhe as costas.

Alicia foi também movida pela convicção de que tinha algo mais para oferecer a Nash além do abrigo físico. Ela acreditava, talvez com otimismo exagerado, que viver numa comunidade acadêmica, entre seus semelhantes, sem a ameaça de mais internações, o ajudaria a melhorar. Tomou ao pé da letra a avaliação feita por Nash de suas próprias necessidades – segurança, liberdade e amizade. Numa carta que escreveu a Martha a pedido de Nash no fim de 1968, quando ele estava convencido de que sua mãe e sua irmã planejavam interná-lo novamente, Alicia afirmara que a hospitalização era desnecessária e prejudicial. "Sinto agora que grande parte de suas internações passadas foi um erro e não houve efeitos benéficos permanentes, pelo contrário. Se ele deve conseguir uma adaptação duradoura, acho que isso tem de ser feito em condições normais."[1]

Em 1968 Alicia atribuíra sua mudança de ânimo não apenas ao fato de que o estado de Nash havia piorado, apesar do tratamento agressivo, mas, o que é mais importante, a suas próprias experiências depois do divórcio, que lhe deram uma nova percepção a respeito da situação do ex-marido. Ela escreveu para Martha: "Acho que agora compreendo muito melhor as dificuldades dele do que no passado, depois que experimentei pessoalmente alguns dos tipos de problema que ele sofreu."[2] Como muitas outras pessoas que tentaram ajudar Nash, Alicia foi movida por uma identificação muito pessoal e direta com o sofrimento dele.

NA ÉPOCA EM QUE NASH saiu de Princeton, Alicia ainda trabalhava na RCA. Sua mãe, que fora morar com ela depois da morte do marido, cuidava da casa para ela, como fizera em Cambridge alguns anos antes. A Sra. Larde também ajudava a cuidar de Johnny, que havia se tornado um menino extremamente inteligente, alto, de expressão suave, ainda muito louro e, sob todos os aspectos, adorável.

As coisas começaram a dar errado quando Alicia perdeu de repente seu emprego na RCA. A divisão espacial da empresa vinha sendo periodicamente abalada por cancelamentos de contratos e demissões de funcionários. Alicia faltava freqüentemente ao trabalho, chegava atrasada, ou estava deprimida demais para ser eficiente quando trabalhava. Assim, ela era particularmente vulnerável.[3] Arranjou rapidamente outro emprego, mas não durou muito. Ela parecia não conseguir se aprumar. Durante um período triste que durou vários anos, ela vagou de emprego em emprego e ficava constantemente desempregada, um fato ao qual ela se referiu de maneira indireta em sua carta para Martha. Estava decidida a arranjar um emprego que fosse compatível com sua formação, mas poucas empresas aeroespaciais estavam contratando engenheiras naquela época, e ela foi recusada em mais de trinta tentativas que fez. "Havia épocas em que eu comparecia a entrevistas todo dia, durante o dia inteiro", ela relembrou mais tarde. "Mas não recebia nenhuma proposta. Era uma coisa muito deprimente."[4]

ALICIA E A MÃE foram obrigadas a desistir da bonita casa que dividiam na Franklin Street, no coração de Princeton.[5] Alicia encontrou para alugar uma casa pequena de madeira, uma construção do século XIX, em Princeton Junction, há muito envolvida por Insulbrick. Estava em mau estado de conservação, mas era barata e bem localizada em termos de transporte, pois ficava literalmente em frente à estação ferroviária. Johnny, com 12 anos na época, sentiu-se muito infeliz por ter de deixar sua escola e os amigos. Mas Alicia não tinha muita escolha.

Nash foi morar em Junction com ela, ajudando no aluguel e nas despesas da casa com uma parte de sua pequena renda proveniente do fundo deixado por Virginia. Alicia se referia a ele como um "hóspede da pensão",[6] mas na verdade faziam juntos as refeições, e Nash passava bastante tempo com Johnny, às vezes ajudando-o com o dever de casa ou jogando xadrez com ele.[7] Alicia havia ensinado o jogo ao filho, que mais tarde se tornaria um mestre de xadrez.

Nash era muito reservado, muito calado. "Não causava problemas", lembrou Odette.[8] Vestido desmazeladamente, os cabelos grisalhos compridos, o rosto inexpressivo, ele perambulava para cima e para baixo na Nassau Street. Os adolescentes importunavam-no, plantando-se em seu caminho, agitando os braços, gritando insultos diretamente em seu rosto espantado.[9] Alicia era uma mulher orgulhosa, sempre sensível às aparências; sua lealdade e compaixão pesavam mais do que sua preocupação com o que os outros poderiam pensar.

Ela era paciente. Controlava a língua. Exigia pouco de Nash. Em retrospecto, seus modos suaves provavelmente desempenharam um papel importante na recuperação dele.[10] Se ela tivesse ameaçado ou pressionado Nash, ele poderia ter acabado na rua. Essa opinião foi defendida por Richard Keefe, um psiquiatra da Duke University, ao contrário da crença popular, segundo a qual as famílias dos doentes mentais devem "soltar os cachorros"; pesquisas mais recentes sugerem que as pessoas com esquizofrenia não têm uma capacidade maior de tolerar a expressão de emoções fortes do que os pacientes que se recuperam de um infarto ou de uma cirurgia de câncer.[11]

Alicia era uma pessoa escrupulosamente honesta. A respeito do papel que teve na proteção de Nash, ela diz apenas: "Às vezes você não planeja as coisas. Elas simplesmente acontecem de certa forma."[12] Mas parece que ela realmente o ajudou ao dizer: "O modo como ele foi tratado ajudou-o a melhorar? Ah, acho que sim. Ele tinha casa e comida, suas necessidades básicas atendidas, e não sofria muita pressão. É disso que se precisa: alguém que tome conta de você e que não faça muita pressão."

EM 1973 AS CONDIÇÕES DE VIDA de Alicia começaram a melhorar. Ela havia entrado com uma ação por discriminação sexual contra a Boeing, uma das empresas que lhe haviam recusado um emprego no fim dos anos 1960.[13] Foi um ato de coragem, e a ação, que acabou lhe rendendo um acordo extrajudicial modesto, ajudou a levantar seu moral. Arranjou um emprego de programadora na Con Edison, na cidade de Nova York, onde trabalhava sua velha amiga de faculdade, Joyce Davis.[14] Não foi fácil. Ela se levantava toda manhã às 4h30 para fazer o trajeto de duas horas de Princeton Junction até a sede da empresa em Gramercy Park, no centro de Manhattan, e chegava em casa toda noite muito depois das 8 horas. Freqüentemente ela se sentia frustrada com o próprio trabalho, como recordou sua chefe, Anna Bailey, outra conhecida do MIT. Alicia achava que sua capacidade mental e sua educação não eram suficientemente reconhecidas.[15]

Mas agora ela ganhava de novo um bom salário e pôde matricular Johnny na Peddie School, uma escola particular preparatória em Highstown, cerca de 16 quilômetros a oeste de Princeton.[16] Johnny, que se tornara birrento e difícil de lidar em casa, era, apesar de tudo, um excelente aluno. No fim do segundo ano do curso de ensino médio, quando ganhou a medalha Rensselaer num concurso nacional, ele tinha média 8.[17] Além disso, mostrava notável interesse e talento para a matemática. "John conversava muito sobre matemática com

Johnny quando ele estava crescendo", recordou Alicia mais tarde, acrescentando: "Se o pai dele não fosse um matemático, Johnny teria sido médico ou advogado."[18]

EM 1976, SOLOMON LEADER visitava seu amigo Harry Gonshor – o mesmo Gonshor que fizera parte da turminha de Nash no MIT, agora professor efetivo de Princeton – na Clínica Carrier.[19] Quando o atendente fez Leader passar pela porta com trancas da enfermaria, um jovem alto, de olhar esgazeado, apareceu de repente diante dele. "Sabe quem eu sou?", gritou ele na cara de Leader. "Você quer se salvar?" Leader notou que o homem carregava uma Bíblia. Depois Gonshor contou-lhe que aquele homem era o filho de John Nash.

Na época em que Johnny foi internado na Clínica Carrier por iniciativa da mãe, ele já vinha faltando à escola havia quase um ano.[20] Tinha perdido todos os seus velhos amigos. Durante muitos meses se recusara a sair do quarto. Quando a mãe ou a avó tentavam intervir, ele as repelia com violência. Começara a ler a Bíblia de modo obsessivo e a falar de redenção e danação.[21] Logo começou a andar com membros de uma pequena seita fundamentalista, a Way Ministry, e a distribuir panfletos e broches de propaganda a estranhos nas esquinas de Princeton.[22]

Alicia e sua mãe não perceberam imediatamente que o comportamento problemático de Johnny era algo mais do que uma explosão de rebeldia própria de adolescentes. Com o tempo, ficou evidente que Johnny estava ouvindo vozes e que acreditava que era uma grande figura religiosa. Quando Alicia tentou levá-lo a um médico, ele fugiu. Ficou ausente durante várias semanas, e Alicia teve de recorrer à polícia para descobrir onde ele estava e trazê-lo de volta. E então, quando o filho já estava na clínica, Alicia soube que era verdade aquilo que ela mais temia, que temera durante o tempo todo. Seu filho brilhante estava sofrendo da mesma doença do pai.[23]

Johnny pareceu melhorar rapidamente depois de sua primeira internação. Mas não voltou à escola durante três anos.[24] Alicia nunca falava dele no trabalho, a não ser quando era obrigada a pedir licença para faltar.[25] Nunca contou a ninguém na Con Edison que John Nash estava morando novamente com ela. Como Virginia uma década antes, ela considerava suas aflições um fardo particular. Tentava lidar com a recusa de Johnny em tomar a medicação, suas fugas constantes, sua necessidade periódica de internação e a terrível drenagem de seus parcos recursos sem se deixar abater por sua própria depressão. "Você se sacrifica demais, põe muito de si na coisa, e de repente tudo se desfaz", disse ela mais tarde.[26]

Quando os problemas com Johnny a abalavam demais, Alicia recorria à sua amiga Gaby Borel em busca de apoio. Gaby a acompanhava nas visitas à clínica e, mais tarde, ao Trenton Psychiatric Hospital, conversava com ela pelo telefone e convidava os Nash para jantar.[27]

Até hoje, Gaby enfatiza o estoicismo de Alicia: "A princípio, não se pode dizer nada a respeito dela. Você não percebe quem ela é. Ela pôs uma espécie de couraça em volta dela. Mas é uma mulher muito corajosa e leal."[28]

EM 1977 JOHN DAVID STIER fez uma rápida aparição na vida de Nash.[29] Pai e filho tinham mantido contato por carta pelo menos desde 1971, último ano de John David no ensino médio. Nash andava muito preocupado com os planos do filho a respeito da faculdade, e Alicia escrevera a Arthur Mattuck pedindo-lhe que aconselhasse John David.[30] Ele matriculou-se na Bunker Hill Community College e sustentava-se trabalhando como servente.[31] Quatro anos mais tarde ele solicitou admissão em algumas faculdades com cursos de quatro anos, recebeu várias ofertas de bolsas de estudo e, em 1976, transferiu-se para Amherst, uma das faculdades mais conceituadas do país no ensino de humanidades.

Naquele outono, Norton Starr, um professor de matemática de Amherst, contratou um estudante para trabalhar no quintal de sua casa.[32] Depois convidou o rapaz para entrar e tomar um refrigerante. Durante a conversa, o rapaz soube que Starr tinha feito doutorado no MIT. Será que ele conhecera lá um matemático chamado John Nash? Somente de vista e de fama, respondeu Starr. "Ele é meu pai", disse o rapaz. Starr olhou para ele com atenção. Olhou de novo para o rapaz. "Meu Deus, você se parece muito com ele", disse. Pouco tempo depois John David foi de carro até Princeton visitar o pai. Alicia recebeu-o com amabilidade. Foi a primeira vez que ele viu o irmão, Johnny.

O ENCONTRO DE NASH e John Stier não resultou numa reconciliação duradoura. "Foi como se tivesse secado", relembrou John Stier. Seu pai estava mais interessado em falar sobre seus próprios problemas do que sobre os do filho. "Quando eu lhe pedia orientação, ele respondia com alguma coisa sobre Nixon", disse ele.[33] As confidências de Nash eram perturbadoras. Nash achava que o filho, por ter atingido a maioridade, desempenharia "um papel pessoal essencial e significativo em minha 'liberação gay' pessoal, há muito tempo esperada".[34] Ele havia esperado muito tempo, como disse na ocasião, para "contar-lhe a respeito de minha vida e meus problemas e sobre a história da vida". Eleanor Stier lembra que ele fez isso mesmo.[35] Por fim, John David deixou de responder aos telefonemas do pai. Os dois só se encontrariam 17 anos mais tarde. "Eu nem sempre quis ter contato com ele", disse John David. "Ter um pai mentalmente doente era algo muito perturbador."

COM MAIS FREQÜÊNCIA do que geralmente se pensa, a esquizofrenia pode ser uma doença episódica, principalmente nos anos que se seguem à manifestação inicial. Períodos de psicose aguda podem ser intercalados com períodos de relativa calma, nos quais os sintomas diminuem drasticamente, como resultado de terapia ou espontaneamente.[36] Com Johnny aconteceu isso.

Em 1979, no primeiro dia do semestre do outono no Rider College, em Lawrenceville, Nova Jersey, pediram a Kenneth Fields, chefe do departamento de matemática, que conversasse com um aluno do primeiro ano que havia se portado muito mal na sessão de orientação do curso de matemática, questionando tudo e protestando contra a apresentação, que achara pouco rigorosa.[37] "Não preciso estudar análise matemática", disse o jovem ao chegar à sala de Fields. "Vou me especializar em matemática." Como a faculdade raramente atraía alunos com interesse ou com treinamento nessa matéria, Fields ficou intrigado. Interrogando o rapaz enquanto caminhavam pelo campus, ele logo concluiu que nenhum dos cursos de matemática na instituição era suficientemente avançado para aquele rapaz e se ofereceu para lhe dar aulas particulares. "A propósito, qual é seu nome?", perguntou finalmente. "John Nash", respondeu o estudante. Percebendo o olhar de espanto de Fields, ele acrescentou: "Você deve ter ouvido falar de meu pai. Ele resolveu o teorema da imersão." Para Fields, que havia feito o curso de graduação no MIT nos anos 1960 e conhecia a lenda de Nash, aquele foi um momento surpreendente.

Fields e Johnny passaram a se encontrar uma vez por semana. O rapaz custou a engrenar nos estudos, mas logo estava lidando com textos difíceis de álgebra linear, análise matemática avançada e geometria diferencial. "Ficou evidente que ele era um verdadeiro matemático", disse Fields. O rapaz era também inteligente e simpático, um fundamentalista cristão que fazia amizade com outros estudantes religiosos, também intelectualmente precoces. Ele conversava com Fields, que tem vários parentes que sofrem de esquizofrenia, sobre sua doença mental. De vez em quando, dava uma "derrapada" sobre extraterrestres, e uma vez ameaçou um professor de história. "De modo geral", disse Fields, "os sintomas de Johnny pareciam estar sob controle. Ele tirou notas muito altas e ganhou um prêmio acadêmico em seu segundo ano na faculdade".

Fields logo concluiu que Johnny estava perdendo seu tempo na Rider e que devia estar fazendo um curso de doutorado. Em 1981, embora não tivesse um diploma de ensino médio nem de curso superior, Johnny foi aceito na Rutgers University com uma bolsa integral. Lá ele passou direto pelos exames de qualificação. De tempos em tempos, ameaçava abandonar a escola e Fields recebia telefonemas frenéticos de Alicia implorando-lhe que falasse com Johnny. Quando Fields ia conversar com ele, Johnny respondia: "Por que tenho de fazer alguma coisa? Meu pai não tem de fazer nada. Minha mãe o sustenta. Por que ela não pode me sustentar?" Mas não abandonou os estudos. Saiu-se com brilhantismo.

Melvyn Nathanson, na época professor de matemática em Rutgers, gostava de passar como dever para alunos de pós-graduação do curso de teoria dos números o que ele chamava de versões simples de problemas clássicos não-resolvidos.[38] "Passei um na primeira semana", ele lembrou.

"Johnny voltou com a solução na semana seguinte. Dei outro naquela semana, e na semana seguinte ele já estava com a solução. Foi uma coisa extraordinária." Johnny fez um trabalho com Nathanson que veio a ser o primeiro capítulo de sua tese de doutorado.[39] Depois ele fez um segundo trabalho, sozinho, que Nathanson chamou de "maravilhoso" e que também se tornou parte da tese.[40] O terceiro trabalho foi uma generalização importante de um teorema provado por Paul Erdós na década de 1930 para um caso especial das chamadas sucessões B.[41] Nem Erdós nem ninguém mais tinha conseguido provar que o teorema era válido para outras sucessões, e a investida bem-sucedida de Johnny ao problema gerou uma enxurrada de trabalhos de outros teóricos de números.

Quando Johnny obteve seu título de doutor na Rutgers em 1985, disse Nathanson, parecia destinado a uma carreira longa e produtiva como matemático pesquisador de primeiro escalão. Uma proposta de um ano como professor temporário, com bolsa, na Marshall University, em West Virginia, parecia a primeira das etapas habituais que acabam levando novos doutores em matemática a cargos de professores efetivos no mundo acadêmico. Enquanto Johnny fazia o curso de pós-graduação, Alicia Larde voltou para El Salvador definitivamente e Alicia Nash transferiu-se para um emprego de programadora de computador na New Jersey Transit, em Newark.[42] A situação parecia promissora.

Parte V
O melhor de todos

46
Remissão

Como você sabe, ele esteve doente, mas neste momento está bem. Não se pode atribuir isso a uma ou a várias coisas. É apenas uma questão de levar uma vida calma.

– Alicia Nash, 1994

Peter Sarnak, um impetuoso teórico de números de 35 anos, cujo principal interesse é a Hipótese de Riemann, entrou para o corpo docente de Princeton no outono de 1990. Ele acabara de dar um seminário sobre o assunto. Depois que o público se dispersou, o homem alto, magro, de cabelos grisalhos, que estivera sentado no fundo da sala, pediu uma cópia do trabalho de Sarnak.

Sarnak, que fora aluno de Paul Cohen em Stanford, conhecia Nash por sua reputação, e também de vista, é claro. Como ouvira dizer muitas vezes que Nash estava completamente louco, ele quis se mostrar amável. Prometeu enviar-lhe uma cópia do trabalho. Alguns dias depois, na hora do chá, Nash foi falar com ele novamente. Queria fazer algumas perguntas, disse ele, evitando o olhar de Sarnak. No início, Sarnak ficou apenas ouvindo educadamente. Mas, em poucos minutos, ele viu que tinha de se concentrar bastante. Mais tarde, quando relembrou a conversa, ficou pasmo. Nash havia detectado um problema real em uma de suas afirmações. Mais ainda, ele também tinha sugerido um meio de contorná-lo. "Ele vê as coisas de um modo bem diferente do das outras pessoas", disse Sarnak mais tarde. "Ele tem percepções instantâneas, que não sei se eu chegaria a ter. São insights muito, muito notáveis. Insights muito inusitados."[1]

Eles se falavam de tempos em tempos. Depois de cada conversa, Nash desaparecia durante alguns dias e depois voltava com uma pilha de impressos de computador. Era óbvio que ele sabia usar o computador com perfeição. Pensava num problema em miniatura, geralmente com muita engenhosidade, e depois ficava brincando com a idéia. Se alguma coisa funcionava numa escala pequena em sua cabeça, percebeu Sarnak, Nash ia até o computador para tentar descobrir se a coisa "também era válida para algumas centenas de milhares de vezes seguintes".

Mas o que realmente desconcertava Sarnak era que Nash parecia perfeitamente racional, muito, muito distante do homem supostamente demente que ele ouvira outros matemáticos descreverem. Sarnak ficou indignado. Ali estava um gigante que fora completamente esquecido pelos profissionais da matemática. E a justificativa para aquele esquecimento não era mais válida, se é que alguma vez fora.

ISSO ACONTECEU EM 1990. Em retrospecto, é impossível dizer exatamente quando de fato começou a milagrosa remissão da doença de Nash, uma remissão que começou a ser notada pelos matemáticos de Princeton mais ou menos no início da década. Contudo, ao contrário do início da doença, que chegou ao auge em questão de meses, a remissão ocorreu num período de vários anos. Segundo o próprio Nash, foi uma evolução lenta, "foi um esvaziamento gradual nas décadas de 1970 e 1980".[2]

Hale Trotter, que via Nash praticamente todo dia no centro de computação durante aqueles anos, confirma isso: "Minha impressão foi de uma melhora muito gradual. Nos estágios iniciais ele extraía números de nomes e ficava preocupado com o que encontrava. Aos poucos, isso foi acabando. Depois era mais numerologia matemática, jogando com fórmulas e fatoração. Não era pesquisa matemática coerente, mas a coisa já havia perdido aquela característica bizarra. Mais tarde, passou a ser pesquisa verdadeira."[3]

Já em 1983 Nash estava começando a sair de sua concha e a fazer amizade com estudantes. Marc Dudey, um aluno de pós-graduação em economia, foi procurá-lo naquele ano. "Na época eu me senti suficientemente corajoso para ir falar com aquela lenda."[4] Descobriu que Nash se interessava pelo mercado de ações tanto quanto ele. "Costumávamos caminhar pela Nassau Street conversando sobre o mercado", lembrou Dudey. Ele ficou surpreso ao saber que Nash "jogava na bolsa de valores", e numa ocasião Dudey seguiu seu conselho (com resultados não muito bons, é preciso dizer). No ano seguinte, quando Dudey trabalhava em sua tese e não conseguia resolver o modelo que queria usar, Nash ajudou-o a sair do atoleiro. "Aquilo dizia respeito ao cálculo de um produto infinito", segundo lembrou Dudey. "Eu não conseguia resolver, de modo que mostrei a Nash. Ele sugeriu que eu usasse a fórmula de Stirling para calcular o produto e depois escreveu algumas equações para mostrar como tinha de ser feito." Durante todo esse tempo, ele não achava Nash mais esquisito do que outros matemáticos que ele conhecera.

Em 1985, Daniel Feenberg, que dez anos antes havia ajudado Nash a fatorar um número derivado do nome de Rockefeller e agora era professor visitante em Princeton, foi almoçar com Nash. Ficou muito impressionado com a mudança que viu no outro. "Ele parecia muito melhor. Descreveu o trabalho que vinha fazendo sobre a teoria dos números primos. Não tenho competência para julgar o trabalho, mas a coisa parecia matemática real, parecia uma pesquisa séria. Foi muito gratificante."[5]

As mudanças, na maior parte, eram visíveis apenas para poucas pessoas. Edward G. Nilges, um programador que trabalhou no centro de processamento de dados da Universidade de Princeton de 1987 a 1992, lembrou que Nash, no início, "agia amedrontado e silencioso".[6] Entretanto, no último ano ou nos dois últimos anos dele na universidade, Nash já lhe fazia perguntas sobre a internet e sobre programas nos quais ele trabalhava. Nilges ficou impressionado: "Os programas dele eram incrivelmente elegantes."

E em 1992, quando Shapley foi a Princeton, ele e Nash almoçaram juntos e conseguiram, pela primeira vez depois de muitos e muitos anos, ter uma conversa bastante agradável. "Naquela época Nash estava com a atenção muito aguçada", lembrou Shapley. "Livrara-se daquele ar distraído. Havia aprendido a usar o computador. Estava trabalhando na teoria do Big Bang. Fiquei muito satisfeito."[7]

O FATO DE NASH, depois de tantos anos de uma doença tão grave, estar agora "dentro da faixa de normalidade para uma 'personalidade matemática'" suscita uma série de perguntas. Será que ele estava realmente curado? Seria mais exato descrever sua recuperação como uma "remissão".

A remissão de Nash não ocorreu, como muita gente supôs mais tarde, por conta de algum novo tipo de tratamento. "Eu emergi do pensamento irracional", disse ele em 1996, "no fim das contas, sem nenhum remédio, a não ser as alterações hormonais naturais do envelhecimento".[8]

Ele descreveu o processo como algo que envolveu tanto uma consciência cada vez maior da esterilidade de seu estado delirante como uma capacidade cada vez maior de rejeitar o pensamento delirante. Ele escreveu em 1995:

> Aos poucos, comecei a rejeitar intelectualmente certas linhas de pensamento influenciadas pelo estado de delírio, que tinham sido características de minha orientação. Isso começou, de modo mais perceptível, com a rejeição do pensamento orientado politicamente como algo que era, essencialmente, um desperdício de esforço intelectual.

Nash acredita, quer esteja certo ou errado, que ele desejava a própria recuperação:

> Na realidade, isso pode ser semelhante ao papel da força de vontade para se fizer uma dieta efetiva; se fizermos um esforço para "racionalizar" nosso pensamento, então poderemos simplesmente reconhecer e rejeitar as hipóteses irracionais do pensamento delirante.[9]

"Um passo fundamental foi a decisão de não me preocupar com as políticas relativas a meu mundo secreto, porque isso era uma coisa ineficaz", ele escreveu em seu ensaio autobiográfio do Prêmio Nobel. "Isso, por sua vez, me levou a renunciar a tudo o que fosse relacionado a questões religiosas, ou a ensinar ou pretender ensinar."

"Comecei a estudar problemas matemáticos e a aprender a mexer com o computador que existia na época. Recebi ajuda (de matemáticos que me cederam seu tempo de computador)."[10]

NO FIM DOS ANOS 1980, o nome de Nash já estava aparecendo nos títulos de dezenas de artigos das principais publicações de economia.[11] Mas o próprio Nash permanecia na obscuridade. Muitos pesquisadores mais jovens, é claro, simplesmente pensavam que ele já havia morrido. Outros achavam que ele estava jogado num hospital para doentes mentais ou tinham ouvido dizer que ele fizera uma lobotomia.[12] Até mesmo os mais informados consideravam-no, em sua maioria, uma espécie de fantasma. Em particular, com exceção do prêmio von Neumann de 1978 – resultado dos esforços de Lloyd Shapley –, o reconhecimento e as honrarias normalmente concedidas a estudiosos de seu porte simplesmente não se materializaram.[13]

47
O prêmio

Vocês terão de esperar cinqüenta anos para
descobri-la [a história do prêmio de Nash].
Nós nunca a revelaremos.

– Carl-Olof Jacobson, secretário-geral,
Real Academia de Ciências da Suécia, fevereiro de 1997

É terça-feira, 12 de outubro de 1994. Jörgen Weibull, um jovem e atraente professor de economia, olha para seu relógio talvez pela qüinquagésima vez.[1] Ele está parado perto da entrada da Sala de Sessões da Real Academia de Ciências da Suécia – um recinto que parece uma caixa de jóias, com um teto pesadamente ornamentado e paredes cobertas de retratos –, que, no momento, está repleta de repórteres e equipes de televisão, aglomerados nos espaços estreitos entre as mesas em forma de U. O clima é de grande confusão. Todo mundo anda de um lado para o outro, especulando em voz alta sobre o motivo do atraso.

Weibull estava tão entusiasmado quando saiu de sua sala na Universidade de Estocolmo no meio da manhã que atravessou quase correndo a passagem subterrânea sob a rodovia e subiu a colina onde fica a academia, uns 800 metros adiante. Assar Lindbeck, o presidente da comissão do prêmio, havia lhe perguntado se ele não se importaria de permanecer no local para responder a perguntas na entrevista coletiva – uma grande honra. Mas agora a boca de Weibull estava seca, os ombros doíam e ele podia sentir as pontadas de uma dor de cabeça enquanto tentava imaginar o que tinha dado errado.

Como de costume, a entrevista coletiva sobre o Prêmio Nobel fora convocada para as 11h30. Esses eventos solenes, minuciosamente organizados, eram sempre realizados logo depois da cerimônia do voto final e *sempre* começavam na hora marcada. Mas já era uma hora da tarde e não havia sinal de nenhum dos funcionários da academia, e também nenhum aviso da parte deles. Todos os repórteres diziam que nunca havia acontecido nada parecido antes.

De repente, as enormes portas à sua esquerda se abriram e um pequeno grupo de funcionários da academia irrompeu na sala, todos com expressão aturdida, como freqüentadores de cinema quando saem da sala de exibição para a luz do dia. Passaram rapidamente pela multidão inquieta, vociferante, ignorando as perguntas e os pedidos de explicações. Mas Weibull, que estava de pé ao lado da mesa em que ficaram os microfones, conseguiu captar o olhar de Lindbeck por uma fração de segundo. O alívio foi enorme. "Lindbeck não fez qualquer sinal nem coisa parecida", disse ele mais tarde, "mas eu vi imediatamente que estava tudo bem".[2] E o alívio se transformou em algo parecido com alegria quando ele ouviu Carl-Olof Jacobson, secretário-geral da academia, um homem bonito, de cabelos prateados, ler as primeiras palavras da nota para a imprensa: "John Forbes Nash Jr., de Princeton, Nova Jersey..."[3]

A SAGA DOS BASTIDORES do Prêmio Nobel conferido a John Nash é quase tão extraodinária quanto o próprio fato de o matemático ter sido laureado. Durante anos, depois que a idéia de um prêmio para a teoria dos jogos foi levada em consideração pela primeira vez, até mesmo os mais ardorosos admiradores de Nash acharam a possibilidade de ele ser premiado alguma coisa absolutamente remota.[4] Entretanto, muito mais tarde, quando o prêmio já era praticamente dele, depois que ele fora informado que ganhara e faltando uma hora para a comunicação oficial, as honras de *nec plus ultra* quase lhe fugiram – com conseqüências de grande alcance para o futuro do próprio prêmio de economia.

A Real Academia de Ciências da Suécia e a Fundação Nobel – com a intenção de preservar a aura olímpica que cerca a premiação – fizeram tudo para manter em segredo essa história, até aqui não revelada. A academia é uma das sociedades mais reservadas que existem, e todos os detalhes – indicações, investigações, deliberações e votos – do demorado processo de seleção estão entre os segredos mais bem guardados do mundo. O próprio estatuto do prêmio exige isso:

> Não deverão ser divulgadas as propostas recebidas para a concessão do prêmio, nem as investigações ou opiniões relativas a ele. Não deverão constar dos registros, nem ser divulgadas, as opiniões divergentes manifestadas em relação à decisão da comissão no que diz respeito à concessão do prêmio. Entretanto, a comissão pode,

> depois da análise de cada caso individual, permitir o acesso ao material que constituiu a base para a avaliação e decisão da concessão do prêmio, com a finalidade de pesquisa histórica. Essa permissão não pode ser dada até que tenham decorrido pelo menos cinqüenta anos da data em que a decisão em questão foi tomada.[5]

Houve exceções, é claro. Nas décadas de 1960 e 1970, os nomes de premiados em literatura costumavam vazar da Academia de Artes e Letras com notória regularidade.[6] Em 1994, um membro da Comissão Norueguesa do Nobel renunciou ante a iminente concessão do prêmio da paz ao líder palestino Yasser Arafat, e levou seu protesto à mídia. Michael Sohlman, diretor-executivo da Fundação Nobel, ainda fica furioso quando relembra o incidente.[7]

Mas houve muito poucos – se é que houve algum – vazamentos, de maneira figurada ou não, nas paredes cinzentas da Real Academia de Ciências da Suécia, guardiã dos prêmios de física, química e economia. Se não fosse pelo misterioso atraso de uma hora e meia naquele dia em que foi anunciado o Prêmio Nobel para Nash, a academia poderia muito bem ter conseguido proteger o segredo do processo. Mas os funcionários da academia não só se recusaram a explicar o atraso, mas negaram que isso fosse importante, sob qualquer aspecto. Na realidade, eles começaram a afirmar que aquilo nunca tinha ocorrido. Recentemente, Karl-Göran Mäler, um dos membros da comissão do prêmio de economia em 1994 e conhecedor de todos os acontecimentos que transpiraram, disse: "Não me lembro de *nenhum* atraso."[8]

O PRÊMIO DE ECONOMIA É uma espécie de enteado.[9] Alfred Nobel, o industrial e inventor sueco, não tinha em mente essa ciência sinistra quando escreveu seu famoso testamento em 1894 criando os prêmios Nobel de física, química, medicina, literatura e paz. O prêmio de economia só foi criado quase setenta anos depois, fruto da imaginação do então presidente do Banco Central sueco. O prêmio é financiado pelo banco e administrado pela Real Academia de Ciências da Suécia e pela Fundação Nobel. Não é, na verdade, um Prêmio Nobel, mas sim "O Prêmio de Ciência Econômica do Banco Central da Suécia em Memória de Alfred Nobel". Para o público, essa distinção não faz diferença. Os primeiros ganhadores do prêmio de economia – entre eles, Paul Samuelson, Kenneth Arrow e Gunnar Myrdal – eram reconhecidos como gigantes intelecutais e deram prestígio ao prêmio. E, pelo menos até hoje, tornou-se "o símbolo definitivo de excelência tanto para cientistas como para leigos" e, de fato, fez de seus ganhadores "luminares imortais na comunidade mundial de estudiosos".[10]

Os critérios, regras e procedimentos relativos ao prêmio de economia seguem o modelo dos prêmios científicos.[11] Os candidatos devem estar vivos. O prêmio não pode ser compartilhado por mais de três pessoas, o que é um problema menor na economia do que na ciência física, em que é mais freqüente o trabalho em equipe. Embora muitas pessoas, mesmo as que já participaram do processo de indicação, não percebam esse aspecto, o Nobel não é um prêmio para indivíduos notáveis nem é um reconhecimento pelo trabalho de uma vida inteira. O prêmio é concedido a feitos, invenções ou descobertas específicos. Podem ser teorias, métodos analíticos ou resultados puramente empíricos. Como na física, em que a matemática desempenha um papel tão importante quanto na economia, há uma forte tendência contra prêmios apenas por feitos matemáticos.[12]

 (Dizem que o próprio Nobel odiava matemáticos, embora

algumas das melhores histórias sobre o motivo dessa aversão – que envolvem ciúme profissional e sexual – fossem apócrifas.)[13]

O processo de seleção do prêmio também é praticamente idêntico aos ciclos dos prêmios científicos.[14] Uma comissão de cinco membros, composta de economistas suecos consagrados, recebe as indicações e julga relatórios enviados por acadêmicos de elite do mundo inteiro. A comissão faz sua escolha toda primavera, geralmente em abril. A chamada Classe das Ciências Sociais – todos os membros da academia especialistas em economia e outras ciências sociais – apresenta o candidato ou os candidatos no início do outono, geralmente no fim de agosto ou no início de setembro. Então a academia vota nos indicados no começo de outubro, no dia em que o vencedor ou os vencedores são anunciados.

Pelo menos no papel, todos os membros da comissão do prêmio são pessoas tão eminentes quanto os candidatos, e a seleção dos vencedores é um exercício de avaliação científica imparcial, desinteressado e, em última instância, democrático – tão divorciado dos gostos e aversões pessoais, preconceitos e considerações políticas e pecuniárias quanto a tarefa de apontar os vencedores em um torneio esportivo. Há certa verdade, até mesmo uma boa dose, nessa descrição idealizada do que realmente ocorre, mas a história completa é bem diferente.

ASSAR LINDBECK, que passou a integrar a comissão do prêmio em 1969 e a presidiu de 1980 a 1994, tem dominado as seleções de economia durante toda a história do Prêmio Nobel.[15] Alto, ruivo, grandalhão, ele parece o chefe de uma oficina mecânica ou de uma mina. Nascido no extremo norte da Suécia, é um pouco grosseiro, um pouco arrogante, mais do que um pouco rude. Tem opiniões, opiniões firmes, sobre quase todos os temas em que se envolve sua mente alerta e, em conseqüência disso, é muito impopular na academia. Mas ele não deixa de ter seu charme. Seu senso de humor é sarcástico e seco. É pintor de fim de semana – aparecendo nas reuniões da comissão com manchas de tinta nos óculos de aros de chifre. Na parede de sua sala na universidade há um grande quadro erótico, extremamente vívido.

Lindbeck é o economista mais importante da Suécia. Nesse país, onde os interesses da universidade, do governo e da indústria há muito tempo são fortemente entrelaçados, os economistas de primeiro escalão têm muito mais poder político do que seus pares americanos.[16] Bertil Ohlin, o primeiro presidente da comissão, foi durante anos o líder da oposição sueca. Gunnar Myrdal, que recebeu o prêmio em 1974, foi ministro do governo socialdemocrata. O próprio Lindbeck foi um *protégé* do primeiro-ministro Olof Palme, tem ocupado muitos cargos de conselheiro político e tem se envolvido na maioria dos debates sobre políticas públicas desde os anos 1960.

Ao contrário de Ohlin e Myrdal, Lindbeck nunca abandonou sua carreira de pesquisador para se tornar político em tempo integral. Na verdade, ele próprio geralmente é considerado um provável candidato ao Nobel. Ainda hoje, existe uma pequena linha de montagem nas prateleiras atrás de sua escrivaninha na Universidade de Estocolmo: são enormes pilhas de documentos com etiquetas do tipo "Artigos em preparação", "Artigos apresentados para publicação" e "Artigos aceitos". E ele tem usado seu conhecimento político e seu prestígio para criar departamentos de economia e institutos de pesquisa. "Ele é uma espécie de chefe mafioso, um mediador", disse Karl-Gustaf Löfgren, membro adjunto da comissão do prêmio de economia e professor de economia de recursos da Universidade de Umea.[17] Ele acrescenta:

> Eu nunca fiz nenhum curso de economia de recursos, mas tornei-me professor dessa disciplina. [Lindbeck] tem boas idéias a respeito de quem colocar aqui ou ali. Ele ouve, mas tem suas próprias opiniões. Eu gosto dele. É um cara muito judicioso. Muito inteligente.

Lindbeck tem fama de conseguir o que quer. Seu estilo é mais o de um funcionário do Banco Central do que de um executivo de primeiro escalão. Como disse Mäler, seu amigo de muitos anos: "Assar nunca controlou por meio de ordens."[18] Num artigo que escreveu sobre o prêmio de economia em meados dos anos 1980, ele se gabou: "Até agora as propostas da comissão do prêmio para a Academia têm sido unânimes. Desenvolveu-se, na verdade, um consenso bastante 'automático' dentro da comissão, como se houvesse uma espécie de mão invisível comandando, depois de intensas discussões."[19] A mão invisível, é claro, era a sua própria. "Você *pode* colocar as coisas dessa maneira", disse Löfgren, rindo. "Você pode *dizer* que há unanimidade... Mas ele é uma pessoa dominadora. Oficialmente você não vota. Você concorda."[20]

Kerstin Fredga, presidente da Real Academia de Ciências da Suécia, disse, num determinado momento: "Muito poucas pessoas ousaram dizer 'não' a Assar."[21] Ironicamente, em dezembro de 1994, quando Fredga fez essa observação, aquilo não era mais verdade.

O NOME DE JOHN NASH apareceu pela primeira vez como candidato ao Nobel em meados da década de 1980.[22] O processo de seleção do prêmio é como um gigantesco funil. Em determinado momento, a comissão de economia tem uma dúzia de "investigações" sendo feitas em várias áreas e grupos de possíveis candidatos. Mas bem depressa o foco muda para as áreas e os candidatos "mais quentes". Em 1984, os prêmios "óbvios" haviam sido concedidos a pessoas como Samuelson, Arrow e James Tobin. A comissão estava lançando seus olhares ainda mais longe, para novos campos da economia, e nada era mais novo ou mais "quente" naquele momento do que a teoria dos jogos.[23]

Em 1984, a comissão entrou em contato com um jovem pesquisador da Universidade Hebraica de Jerusalém. Veterano de guerra e ativista do movimento pela paz em Israel, Ariel Rubinstein levou meses para escrever um minucioso relatório de dez páginas sobre candidatos ao prêmio na área da teoria dos jogos. Ele pôs Nash no topo da lista.[24]

O trabalho de 1982 que consagrou Rubinstein como um dos mais importantes pesquisadores da teoria dos jogos foi uma extensão do artigo de Nash, escrito em 1950, sobre o problema da barganha.[25] O sentimento de dívida de Rubinstein em relação a Nash e sua admiração pelo trabalho original de Nash ainda estavam bem vivos na época. Tendo conhecido Nash quando visitou Princeton, Rubinstein também não pôde deixar de ficar espantado com o contraste gritante entre as contribuições passadas daquele homem e sua situação no momento. Sua indignação foi aumentada, em parte, por um encontro direto com o estigma da doença mental: a mãe de Rubinstein fora internada por causa de uma depressão, e ele nunca pôde esquecer a falta de respeito humano básico com ela, demonstrado por médicos e parentes.[26]

A COMISSÃO SÓ VOLTOU a tratar do assunto em 1987, quando encomendou um segundo relatório, dessa vez a Weibull.[27]

Depois que ele apresentou o trabalho, Lindbeck disse que a comissão desejava fazer-lhe algumas perguntas e pediu-lhe que comparecesse a algumas reuniões da Real Academia. Weibull foi instado, é claro, a guardar segredo absoluto.

Quando Weibull entrou na sala forrada de painéis de madeira, quase não foi necessária qualquer apresentação. Como membro da pequena elite acadêmica do país, ele já conhecia os cinco homens, a maioria acadêmicos, sentados em torno da mesa enorme. Mesmo assim, ele ficou um pouco apreensivo, percebendo pelas perguntas da comissão que lhe estavam dando a oportunidade de participar do primeiro estágio da decisão histórica. "Minha impressão... [foi] de que era a primeira vez que a comissão se reunia para analisar o assunto."[28]

Ele apresentou um resumo verbal de seu relatório, mostrando à comissão quais eram as idéias fundamentais da teoria dos jogos, sua importância para a pesquisa econômica e os principais colaboradores. Weibull também havia colocado Nash no topo de sua lista de meia dúzia de pensadores originais.

As perguntas da comissão eram cuidadosamente formuladas, de modo a ocultar as opiniões dos próprios membros, e focalizaram, na primeira sessão, a questão de decidir se a teoria dos jogos era apenas um modismo ou se era realmente uma ferramenta importante para se investigar uma vasta gama de problemas econômicos interessantes. Na segunda reunião, entretanto, o presidente da comissão, Lindbeck, dirigiu o foco para Nash. O que Nash fez era simplesmente matemática?, perguntou. Ele só formalizou idéias que outros economistas já haviam formulado pelo menos cem anos atrás? Era verdade que Nash havia parado de pesquisar sobre a teoria dos jogos no início dos anos 1950? Essa última pergunta foi o mais próximo que qualquer um deles chegou de uma menção à doença mental de Nash.[29]

Quando saiu da reunião, Weibull pensou que havia uma boa possibilidade de a comissão acabar concordando em conceder um prêmio para a teoria dos jogos, mas ele não tinha motivo algum, em virtude doença de Nash e das décadas decorridas desde seus primeiros trabalhos, para acreditar que Nash levaria o prêmio.

Eric Fisher, professor visitante do Instituto de Economia Internacional da Universidade de Estocolmo, lembrou-se de ter sido interrogado por Assar Lindbeck sobre o estado mental de Nash. Fisher fizera o curso de graduação em Princeton, onde costumava ver Nash perambulando pelo saguão da Firestone Library. Lindbeck queria saber se Nash tinha "competência suficiente para lidar com a publicidade que pode ser gerada pelo recebimento de um prêmio [o Nobel]".[30]

DOIS ANOS DEPOIS, no outono de 1989, Weibull seguia apressado pelo campus da Universidade de Princeton para encontrar-se com Nash pela primeira vez.[31] Depois de semanas de delicadas negociações, com o chefe do departamento de matemática agindo como intermediário, o esquivo matemático havia finalmente concordado em almoçar. Weibull tinha um motivo específico para o encontro. Lindbeck o chamara reservadamente pouco antes de sua partida da Suécia e lhe pedira para trazer informações sobre o estado mental de Nash. Havia boatos, disse Lindbeck, de que Nash tivera uma espécie de remissão e estava se comportando razoavelmente bem. Isso era verdade? Weibull estava prestes a descobrir.

Weibull percebeu instantaneamente que era Nash o homem alto, de cabelos grisalhos e aparência frágil, parado na entrada de carros diante da Prospect House, o clube em
 estilo florentino dos professores de Princeton. Ele estava ali

de pé, um pouco desajeitado, fumando, olhando para o chão, obviamente vestido para a ocasião, calçando tênis brancos, mas também uma camisa social de mangas compridas e calças compridas. Enquanto se aproximava, Weibull pôde ver que Nash estava tremendamente nervoso. Quando Weibull lhe ofereceu seu sorriso franco, amistoso, e estendeu a mão, Nash não conseguiu encará-lo, depois do mais rápido dos apertos de mão, pôs imediatamente a mão no bolso outra vez.

Eles almoçaram não no restaurante principal, mais formal, mas no andar térreo, numa pequena lanchonete. Weibull, um homem gentil, de fala mansa, fez a Nash várias perguntas sobre seu trabalho. Às vezes a conversa tomava rumos inesperados. Quando ele perguntou a Nash sobre o aperfeiçoamento do conceito do equilíbrio, talvez levando em consideração lances irracionais dos jogadores, Nash respondeu falando não sobre irracionalidade, mas sobre imortalidade. Porém, de maneira geral, Nash surpreendeu Weibull com um comportamento não mais excêntrico, irracional ou paranóico do que muitos outros acadêmicos. Ele ficou conhecendo detalhes interessantes dos trabalhos de Nash sobre a teoria dos jogos, que ele desconhecia. Nash tivera a idéia da solução para o problema da barganha quando era aluno de graduação na Carnegie Tech, pensando sobre os acordos comerciais entre as nações. Embora tivesse usado tanto o teorema de Brouwer como o de Kakutani para provar a questão do equilíbrio, ele ainda achava que a prova baseada em Brouwer era mais bonita e mais apropriada. Disse também que von Neumann havia combatido sua idéia de equilíbrio, mas que Tucker o apoiara.

Depois, no entanto, o que Weibull achou notável na reunião, e que foi a coisa que o fez se transformar, a partir daquele dia, de um observador imparcial e um informante objetivo em um ardoroso defensor, foi algo que Nash disse antes de eles entrarem no clube. "Será que posso entrar?", perguntara Nash, com ar indeciso. "Não pertenço ao corpo docente." O fato de aquele grande homem achar que não tinha o direito de almoçar no clube dos professores efetivos chocou Weibull como uma injustiça que precisava ser reparada.

NO VERÃO DE 1993 corriam com insistência os boatos sobre a possibilidade de um prêmio para a teoria dos jogos.[32] Um simpósio sobre o assunto, muito pequeno e seleto, fora realizado em meados de junho, no local onde antes existira a velha fábrica de dinamite de Alfred Nobel, em Bjorkborn, algumas centenas de quilômetros ao norte de Estocolmo.[33] Esses simpósios, patrocinados pela comissão do prêmio, são vistos invariavelmente como concursos de beleza Nobel. Esse foi organizado por Karl-Göran Mäler com a ajuda de Jörgen Weibull e um economista de Cambridge, Partha Dasgupta. Lindbeck, que passava o período da primavera em Cambridge, orientou os preparativos por telefone. Os 12 conferencistas convidados representavam duas gerações dos principais pesquisadores na área da teoria dos jogos, a maioria deles teóricos e experimentalistas, entre os quais se encontravam John Harsanyi, Reinhard Selten, Robert Aumann, David Kreps, Ariel Rubinstein, Al Roth, Paul Milgrom e Eric Maskin. O assunto? Racionalidade e Equilíbrio na Interação Estratégica.

A maioria dos participantes tinha certeza de que se exibia para a comissão do prêmio, e supunha que os três velhotes do grupo, Harsanyi, Selten e Aumann, eram os ganhadores mais prováveis.[34] Aumann, o israelense de barba branca, decano da teoria dos jogos, desfilava empertigado "como se já tivesse ganho".[35] Comentou-se muito a escolha do tema, que era teórico e concentrava-se nos jogos não-cooperativos, e não nos cooperativos, e falou-se também sobre gente que não fora convidada – mais obviamente Nash, é claro.

Acontece que a comissão não se comprometeu, nem de longe, com qualquer candidato.[36] Os protestos de que a principal motivação para o simpósio foi a de criar uma oportunidade para que a comissão "se educasse", como disse mais tarde Torsten Persson, membro da comissão, tinham fundamento. Apenas outro membro da comissão além de Mäler estava lá – e esse era Ingemar Stahl. Seu irmão, Ingolf, era um dos conferencistas, e Ingemar deixou escapar que ele estava lá para ouvir o irmão falar. Mas todo mundo achou que ele estava lá como espião da comissão.[37]

ALGUMAS SEMANAS DEPOIS, Harold Kuhn, o professor de matemática e economia da Universidade de Princeton, recebeu um fax urgente de Estocolmo. Era de Weibull, pedia que Kuhn lhe enviasse alguns documentos, entre eles a tese de doutorado de Nash e o memorando da Rand – "no mais tardar em meados de agosto, por favor".[38] Weibull também pedia a Kuhn que lhe arranjasse a transcrição de uma entrevista concedida por Nash a Robert Leonard, o historiador. Este, que não havia gravado a entrevista, escreveu um bilhete a Kuhn, no qual dizia que a solicitação "fizera seu pensamento rodopiar na direção de Estocolmo".

Naquela cidade, nesse ínterim, a comissão estava prestes a enviar seu relatório para a chamada Nona Classe da academia – todos os membros da instituição na área das ciências sociais.[39] O grosso do relatório, logicamente, era dedicado aos candidatos propostos para 1993, dois historiadores de economia, Robert Fogel, da Universidade de Chicago, e Douglas North, da Universidade de Washington, de St. Louis. Mas a comissão também atualizou a classe no que dizia respeito a duas ou três propostas que seriam as escolhas prioritárias para os prêmios subseqüentes. Um deles era um prêmio para a teoria dos jogos. Nash estava entre a curta lista de meia dúzia de candidatos.[40]

PRATICAMENTE O ÚNICO PONTO sobre o qual a comissão havia concordado era que queria seguir em frente com um prêmio para a teoria dos jogos em 1994, o qüinquagésimo aniversário da grande obra de John von Neumann e Oskar Morgenstern.

Lindbeck e os outros ainda se entretinham com "todas as configurações possíveis" de dois ou três vencedores.[41] A curta lista – os candidatos sobre os quais a comissão dirigira seu foco de atenção – pouco tinha mudado desde que o prêmio fora instituído.[42] Além de Nash, ela incluía Lloyd Shapley, que Nash conhecera como aluno de pós-graduação em Princeton. Shapley era o descendente intelectual mais direto de von Neumann e Morgenstern, e o líder óbvio desse campo de estudo nos anos 1950 e 1960, quando grande parte dos trabalhos se centrava na teoria cooperativa. Reinhard Selten e John Harsanyi, que haviam elaborado a teoria dos jogos não-cooperativos, também estavam na lista. As inovações de Harsanyi permitiram a análise de jogos com informações incompletas, enquanto Selten desenvolveu um modo de discriminar entre resultados razoáveis e irrazoáveis dos jogos. Aumann, que desenvolveu o papel de conhecimento comum nos jogos, também participava da relação. E Thomas Schelling, que inventou o conceito de valor estratégico do risco calculado, também estava sendo considerado, em virtude de sua larga visão no que diz respeito à aplicação da teoria dos jogos às ciências sociais.

A decisão sobre o prêmio é tomada em fases.[43] Cada ano a comissão começa a se reunir depois de 31 de janeiro, limite máximo para o recebimento das aproximadamente duzentas indicações que a comissão solicita de proeminentes economistas em todo o mundo. Em abril a comissão decide sobre um determinado candidato ou candidatos. No fim de agosto ela submete sua proposta – juntamente com um avolumado documento que inclui relatórios dos árbitros, publicações e outros materiais de apoio – à Nona Classe, para aprovação. A academia então vota nos candidatos no início de outubro. Entretanto, como todos os envolvidos estão bem cientes, o verdadeiro poder está nas mãos da comissão, e, até recentemente, nas mãos de um único homem, Assar Lindbeck. Löfgren declarou: "A comissão do prêmio se reúne durante todo o ano. É tecnicamente impossível para um organismo superior tomar a decisão."[44]

As discussões na comissão foram inusitadamente acaloradas desde a primeira reunião, com a participação de Lindbeck, Mäler, Stahl, Persson e Lars Svenson.[45] Lindbeck havia chegado à conclusão de que o prêmio deveria ser dado por contribuições apenas à teoria dos jogos não-cooperativos. Eram essas idéias que se mostraram frutíferas para a economia, "as mais importantes, até agora", como disse ele mais tarde, acrescentando: "A teoria cooperativa tem poucas aplicações de interesse na economia; talvez seja mais útil à ciência política."[46] Embora Mäler tivesse se alinhado com Lindbeck desde o início, convencer o restante da comissão foi mais difícil do que este último previra. "A coisa ficou auto-evidente mais tarde. Mas levou um bocado de tempo para chegar a essa conclusão. E a convencer os outros."[47] É claro, ele admitiu mais tarde, que o fato de se estreitar o escopo do prêmio daquela forma poria fora de campo imediatamente alguns dos candidatos óbvios, a saber, Shapley e Schelling.[48] E aí estava o pomo de discórdia: centrar o foco na teoria não-cooperativa também significava que seria difícil deixar de premiar Nash. "Uma vez decidido que limitaríamos o prêmio à teoria não-cooperativa, aí ficou fácil decidir quem eram os... [principais colaboradores]. Depois ficou óbvio que Nash é [parte do] Nobel."[49] Lindbeck propôs a divisão do prêmio por três pessoas, pela definição do equilíbrio em jogos não-cooperativos: Nash, Harsanyi e Selten.[50]

Foi aí que a discussão pegou fogo.

O MEMBRO DA COMISSÃO menos intimidado por Lindbeck e mais bem preparado intelectualmente para desafiá-lo era Ingemar Stahl, um professor da Universidade de Lund, de 60 anos, com uma dupla nomeação em economia e direito.[51] Stahl é rápido em apreender as coisas e um debatedor brilhante, um homem que se compraz em tomar posições contrárias, quase sempre radicais, em qualquer discussão. Há muito tempo ele era um dos membros mais ativos da comissão, e havia redigido muitas das propostas do grupo desde o início dos anos 1980.

Stahl é baixo, com uma cabeça grande e uma barriga volumosa. Seus detratores o chamam de *Zwergel*, ou "pequeno anão", pelas costas. Em determinada época foi considerado um menino-prodígio, mas nunca chegou a concretizar essa promessa precoce. Ele deve sua prestigiosa cátedra na Universidade de Lund, sua condição de membro da academia e seu cargo duradouro na comissão do prêmio mais às suas ligações políticas e à sua postura ostensiva nos debates das políticas públicas do que seu trabalho como pesquisador. Como Lindbeck, ele começou cedo sua ascensão, enquanto ainda fazia o curso de ensino médio, como *protégé* de vários políticos socialdemocratas, incluindo Palme, mas migrara para a oposição conservadora no fim dos anos 1960.

Stahl era profunda e inflexivelmente contrário à concessão do prêmio a Nash. Desde o início mostrara-se totalmente cético em relação à teoria dos jogos – e, na realidade, ele é uma pessoa totalmente teórica. É um institucionalista, prefere o raciocínio intuitivo ao formal e desconfia de matemáticos e "técnicos". Por exemplo, foi ele a mola principal por trás da concessão dos prêmios a James Buchanan em 1986 e a Ronald Coase em 1991 – economistas cujas teorias se concentravam no modo como as estruturas governamentais e legais afetam o funcionamento do mercado. Também se orgulha de dominar a política dos Prêmios Nobel. Quanto mais ele sabia a respeito de Nash, menos gostava da idéia de conceder-lhe o prêmio. Em particular, considerava isso o tipo de gesto equivocado, que provavelmente resultaria em embaraços e, o que é mais importante, traria descrédito para a comissão.

"Eu sabia que ele estivera doente", disse mais tarde. "Acho que pouca gente sabia disso. Acho que ouvi a versão contada por Hörmander."[52]

Stahl escavara a coisa a fundo. No início do outono, telefonara para Lars Hörmander, o maior matemático sueco, ganhador da medalha Fields em 1962.[53] Hörmander acabara de se aposentar na Universidade de Lund. Stahl identificou-se como membro da comissão do Prêmio Nobel. Ele ouvira dizer que Hörmander conhecera Nash muito bem nas décadas de 1950 e 1960, explicou. A comissão estava pensando em dar o prêmio a Nash. Será que Hörmander poderia contar-lhe toda a verdade a respeito de Nash?

Hörmander ficou surpreso. Como muitos outros matemáticos puros, ele não tinha em alta conta o trabalho de Nash relacionado com a teoria dos jogos. A última vez que ele pusera os olhos em Nash fora no ano acadêmico de 1977-1978. Hörmander estivera em Princeton e vira Nash perambulando pelo Fine Hall. O homem era "um fantasma". Hörmander achava que Nash não o havia reconhecido, ou que nem mesmo percebera sua presença. Nem tentara falar com ele. Dar um prêmio a um homem assim parecia-lhe uma coisa "absurda, arriscada".[54]

Hörmander foi preciso e franco. Suas lembranças de Nash eram extremamente desagradáveis. Lembrou-se da decisão de Nash de abrir mão de sua cidadania, de sua deportação, primeiro da Suíça e depois da França. Do comportamento bizarro de Nash na conferência de 1962 em Paris; da enxurrada de cartões-postais anônimos, com sinais de inveja e hostilidade, que ele recebeu quando ganhou a medalha Fields em 1962.

Stahl também fez investigações com vários psiquiatras que ele conhecia, conta, e que descreveram a doença como diferente de depressão ou mania, em que a personalidade permanece, intermitentemente, pelo menos reconhecível. "Eu conheço esse tipo de doença", ele disse mais tarde. "Conheço alguns psiquiatras aqui. Alguns dos melhores psicanalistas. Quando conversei com eles, descobri que com essa doença ocorre uma mudança completa de personalidade. Nash não é mais o homem que fez aquelas coisas."[55]

Lindbeck, baseado em relatos de Weibull e Kuhn, estava dizendo aos membros da comissão que Nash havia melhorado muito, e que tinha, na verdade, recobrado a sanidade.[56] Também sobre esse ponto Stahl se mostrou bastante cético. Os psiquiatras com quem falou lhe disseram que a esquizofrenia é uma doença crônica, ininterrupta e degenerativa. "É uma doença muito trágica. Pode haver um momento de tranqüilidade, mas a recuperação verdadeira é outra coisa."[57]

STAHL SABIA QUE HAVIA grande simpatia por Nash. E também podia perceber que Lindbeck já havia tomado sua decisão. De modo que ele não fez um ataque frontal, mas simplesmente foi levantando uma objeção atrás da outra.

"Ele lançava um argumento e alguém o derrubava", contou outro membro da comissão. "Aí ele passava para outro ponto. Tentou nos irritar e confundir... levantar dúvidas."[58]

Stahl dizia: "Ele está doente... Você não pode ter uma pessoa assim."[59]

Ele perguntava o que aconteceria na cerimônia. "Será que ele virá? Será capaz de lidar com a coisa? É um espetáculo grandioso."[60]

Citou Hörmander e outros que conheceram Nash nas décadas de 1950 e 1960. Leu para eles o que considerava um trecho especialmente desfavorável de um livro de Martin Shubik, que conhecera Nash como aluno de pós-graduação. "A coisa mais desfavorável", repetiu Stahl mais tarde, foi algo que Martin Shubik escreveu em um de seus livros: que "você só consegue entender o equilíbrio de Nash se tiver conhecido seu autor. É um jogo e é jogado sozinho".[61]

Ele mencionou o trabalho de Nash na Rand: "Aqueles caras trabalhavam com a bomba atômica durante a Guerra Fria. Seria uma coisa vergonhosa para o prêmio."[62]

Stahl relembrou a falta de interesse de Nash pela teoria dos jogos depois do curso de pós-graduação. Como Lindbeck, Jacobson, o secretário-geral da academia e outros insinuaram mais tarde, Stahl não foi o primeiro membro de uma comissão do Prêmio Nobel a mostrar uma profunda animosidade contra um determinado candidato, ou a levantar uma série de objeções intelectuais na tentativa de desacreditar a pessoa.[63] Mas, enquanto a primavera avançava, Stahl dava uma grande quantidade de telefonemas à meia-noite. Como Weibull recordou mais tarde, ele parecia estar tentando encontrar todo e qualquer argumento contra a candidatura de Nash.[64]

O que ficou evidente durante aqueles meses, disse um membro da academia da Suécia, foi uma sensação cada vez maior, por parte de Stahl e de outros, de que "algumas escolhas equivocadas afundariam o prêmio. É claro que Nash era uma escolha muito fraca. As pessoas temiam que a coisa estourasse. Um grande escândalo".[65] E David Warsh, um colunista de várias publicações em quem Stahl evidentemente confiava, escreveu: "Todo o mundo intelectual está observando para ver o que a Academia de Ciências da Suécia vai fazer a respeito de Nash. Sabe-se que os suecos estão preocupados com o que Nash poderia dizer."[66] Christer Kiselman, chefe da classe matemática da academia na época e membro do conselho diretor do órgão, lembra-se de ter conversado com Stahl, e que este disse que o trabalho de Nash fora feito muito tempo antes e que era matemático demais para merecer um prêmio.[67] Kiselman, cujo filho Ola sofria de esquizofrenia desde os 16 anos, interpretou a coisa de modo diferente: "[Stahl] tinha medo da esquizofrenia. De modo que alimentava preconceitos. Então, ele achou que outras pessoas pensariam do mesmo modo. Tinha medo de algum escândalo que se refletisse na comissão."[68]

UMA A UMA, as objeções de Stahl foram derrubadas por Lindbeck.[69] Ele tinha fama de corajoso. Nunca teve medo de assumir posturas impopulares, mesmo correndo o risco de afastar seus aliados políticos. No fim dos anos 1970, por exemplo, ele se opusera publicamente a uma proposta preferida dos socialdemocratas para promover a compra das fábricas pelos trabalhadores, um sistema que estava em grande moda na época.[70]

No momento, Lindbeck foi de opinião que as objeções de Stahl – de que Nash era um matemático, que deixara de se interessar pela teoria dos jogos quarenta anos antes, que era mentalmente doente – eram irrelevantes. Ele também estava preocupado com a possibilidade de Nash fazer alguma coisa estranha durante a cerimônia, mas tinha certeza de que isso poderia ser contornado. De qualquer modo, não era justificativa para se negar o prêmio a alguém que obviamente o merecia, do ponto de vista intelectual.

Além do mais, ele descobriu que estava emocionalmente envolvido.[71] Quase todos os premiados já eram famosos antes do prêmio, e eram muito homenageados. O Nobel era apenas o coroamento da glória. Mas no caso de Nash a coisa era bem diferente. Lindbeck pensou muito sobre a "infelicidade de sua vida" e no fato de que Nash havia sido esquecido, para todos os efeitos. Mais tarde ele diria: "Nash era diferente. Ele não obtivera reconhecimento e vivia numa verdadeira infelicidade. Nós ajudamos a trazê-lo para a luz do dia. De certo modo, nós o ressuscitamos. Foi emocionalmente gratificante."[72] A outra única vez em que Lindbeck experimentou os mesmos sentimentos foi quando um libertário e crítico de Keynes, o vienense Friedrich von Hayeck, ganhou a prêmio. "Hayeck era tão odiado, tão desprezado...Vivia numa depressão profunda, ele me contou. Foi incrivelmente gratificante trazer a público sua grandeza."[73]

A comissão ouviu Stahl, mas logo ficou evidente que ele não iria conseguir aliados. Os mais jovens, Svenson e Persson, tendiam para a concessão do prêmio à teoria dos jogos, e os mais velhos não estavam dispostos a topar uma briga com Lindbeck.

O procedimento normal, quando há discordâncias não-resolvidas, é anexar uma ressalva formal – uma opinião da minoria – ao relatório da comissão.[74] Essas ressalvas, que são devidamente relatadas ao plenário da academia na sessão de votação, também existem na física ou na química.[75] E, embora não sejam mencionadas quando chega a hora de anunciar a decisão, passam a fazer parte dos registros oficiais e podem tornar-se públicas depois de cinqüenta anos. As coisas eram diferentes na comissão de economia. Lindbeck tinha muito orgulho do passado da comissão e parecia achar que a unanimidade era necessária para manter a credibilidade do prêmio.[76]

Quando estava sendo concluído o relatório para a Nona Classe, Stahl tentou registrar uma ressalva formal.[77] No fim – fosse por pressão de Lindbeck, por conselho de seu velho amigo Mäler, ou simplesmente pela relutância em entrar para a história como o primeiro a quebrar o padrão anterior de unanimidade –, ele desistiu. A Classe, que costuma aceitar as propostas da comissão, endossou a proposta.

Para Lindbeck, a questão estava encerrada. Ele vencera, como geralmente acontecia. No entanto, eram necessárias medidas extraordinárias para garantir que tudo correria sem problemas depois de desencadeado o furor da mídia, e assim ele fez algo inédito. Telefonou para Kuhn em Princeton e disse-lhe que havia "noventa e nove por cento de certeza agora" de que Nash ganharia o prêmio. "Os votos foram unânimes", ele disse a Kuhn, não deixando escapar nenhum indício da controvérsia.[78] Deu permissão a Kuhn para informar ao presidente da Universidade de Princeton sobre o prêmio iminente, para que a universidade pudesse tomar as providências. Mas Kuhn teve de esperar até depois do Dia do Trabalho para comunicar a novidade excitante.[79] Harold Shapiro, presidente da instituição, estava viajando, de férias.

DESSA VEZ, LINDBECK, apesar de toda a sua esperteza política, estava enganado. Não foi apenas pelo fato de Stahl, que estava mais furioso do que Lindbeck pensou na ocasião, ser um barril de pólvora apenas esperando para explodir. Mais do que isso, era o próprio reinado longo de Lindbeck, e, na verdade, o próprio prêmio, que estavam em terreno mais movediço do que ele imaginava. Críticos poderosos, tanto de dentro da academia – entre eles, um ex-secretário-geral da entidade – como vários físicos eminentes, tinham muita vontade de fazer alguma coisa. Esse prêmio havia se tornado um bom argumento para eles.

Poucas pessoas fora da Suécia, na verdade poucas fora da Real Academia de Ciências do país, percebem como o prêmio de economia foi polêmico, e mesmo vulnerável, desde a sua criação, em 1968, e continua a ser até hoje, chegando mesmo a ter sua existência ameaçada.

Esse prêmio nunca foi especialmente popular dentro da academia. "Muitas pessoas questionam o Prêmio Nobel [de economia] aqui", disse um dos integrantes mais antigos.[80] Os mais velhos ainda acham que foi um erro grave acrescentar um novo prêmio aos originais. Acham que isso depreciou o valor da premiação e, depois do "erro" de aceitar o prêmio de economia, têm combatido com êxito as tentativas de criar outros prêmios usando o nome de Nobel. Erik Dahmen, um economista que foi conselheiro de uma das famílias mais ricas da Suécia, os Wallenberg, só se refere a ele como "o chamado Prêmio Nobel de economia".[81] Ele acrescenta:

> Esse não é *realmente* um Prêmio Nobel. Nunca deveria ser citado junto com os outros prêmios. A academia nunca deveria ter aceitado o prêmio em economia. Tenho sido contra esse prêmio desde que entrei para a instituição.

Um físico disse: "O prêmio de economia foi apenas um meio de se subir no comboio do Nobel, de pegar carona no Nobel."[82]

A economia não era vista com grande consideração por muitos dos especialistas em ciências naturais que dominavam a academia. Não é, diziam eles, um campo suficientemente científico para merecer o mesmo tratamento que as ciências exatas, como a física e a química. Idéias, diziam, entram e saem de moda, mas não se pode apresentar um progresso científico, um conjunto de teorias e fatos empíricos sobre os quais há certeza e uma concordância quase universal. Anders Karlquist, um físico, disse: "Não é um empreendimento tão sólido e grandioso quanto a física e a química."[83] Lars Gärding, um matemático da academia, por exemplo, disse mais tarde que o prêmio concedido a Nash era por "uma coisa muito pequena".[84]

Finalmente, há um sentimento generalizado, especificamente por parte dos cientistas naturais e de matemáticos, de que a pouca profundidade do campo estava levando a um declínio acentuado e rápido da qualidade dos premiados – um declínio que, naturalmente, iria piorar com o tempo. Bengt Nagel, secretário da comissão do Prêmio Nobel de física, cita de brincadeira um economista que teria dito no início dos anos 1980: "Todos os pinheiros mais altos já caíram. Agora só restaram arbustos."[85]

Há solicitações ocasionais para que o prêmio seja extinto. Depois que Myrdal foi premiado, dizem que ele sugeriu que se abolisse a premiação em economia porque não havia mais nenhum candidato que a merecesse.[86] Recentemente, em 1994, Kjell Olof Feldt, ex-ministro das Finanças e futuro presidente do conselho de administração do Banco da Suécia – que financia o prêmio –, sugeriu, num longo artigo publicado num mensário político, que o prêmio deveria ser extinto.[87]

Mas, embora muitos membros da academia lamentem, em primeiro lugar, que o prêmio tenha sido instituído, disse

Karlquist, eles "percebem que é um fato consumado".[88] Em 1994, na verdade, o objetivo dos críticos era arrebatar o controle do prêmio das mãos dos economistas. Lindbeck era pessoalmente impopular. Era particularmente irritante o fato de que fazer parte da comissão de economia parecia uma sinecura pela vida toda, e que seus membros pudessem escolher os vencedores sem dar satisfações à academia.

Em fevereiro, uma comissão da academia havia "sugerido" que a comissão do prêmio de economia fosse obrigada a atuar dentro das mesmas regras seguidas pelas comissões de física e química.[89] A sugestão não se tornou obrigatória, mas representou uma advertência, um primeiro sinal de que os adversários do prêmio estavam ganhando ímpeto, e trazia embutida a promessa de que o conselho da academia poderia, quando se apresentasse a ocasião, nomear outro grupo com um mandato específico para tratar da questão daquele prêmio. Como acontecia em outras comissões permanentes, a imposição de limites de tempo para o mandato teria um efeito drástico e imediato na comissão de economia. Ela eliminaria Lindbeck, Mäler e Stahl, os três membros mais antigos da comissão, e praticamente encerraria seus reinados. A outra sugestão, mais drástica, era ampliar o número de membros da comissão para incluir não-economistas, e de modo mais radical, transformar o Prêmio Nobel de economia, de fato, no "Prêmio Nobel de ciências sociais", uma idéia que era apoiada não só pelos especialistas em ciências naturais, mas também por psicólogos, sociólogos e outros não-economistas da Nona Classe da academia.[90]

Assim, a discussão entre Lindbeck e Stahl para decidir se Nash era um candidato adequado para o prêmio, uma discussão que na verdade acabou sendo sobre a possibilidade de a escolha de Nash se transformar num constrangimento para a comissão, ocorreu numa atmosfera inusitadamente hostil e sob intensa fiscalização. O futuro da comissão e do prêmio parecia mais vulnerável do que no passado. Todas essas opiniões e manobras de bastidores explicam por que, entre o início de setembro e o início de outubro, Stahl arrebanhou um poderoso grupo de aliados, que se juntou a ele por motivos que nada tinham a ver com a candidatura de Nash.[91] O palco estava pronto para a cena.

NO FIM, Nash e os outros dois candidatos ao prêmio de economia de 1994 foram aprovados por uma pequena margem de votos – a primeira vez na história em que se ficou tão perto da derrota.[92] É uma peculiaridade do processo de escolha do Prêmio Nobel, na verdade uma grande dor de cabeça administrativa e logística, que não se possa realmente anunciar nenhum prêmio antes que os membros do plenário da Real Academia de Ciências da Suécia dêem seu parecer. "Só eles têm o direito de decidir", como nos informa o livrete da Fundação Nobel: "Até mesmo a decisão unânime de uma comissão pode ser alterada."[93] O secretário-geral e os membros das comissões só podem telefonar para os ganhadores depois que a sessão plenária tiver votado, os votos tiverem sido apurados e os resultados tiverem sido anunciados. Eles então se dirigem para a Sala de Sessões a fim de anunciar os nomes dos vencedores para a imprensa mundial. Outros prêmios, como a medalha Fields, de matemática, ou a medalha John Bates Clark, de economia, por outro lado, são determinados com meses de antecedência. Os vencedores são notificados depois de um intervalo conveniente e são instruídos a guardar segredo absoluto até que as instituições concedentes se disponham a distribuir notas para a mídia ou realizem suas cerimônias. Presumivelmente, a inconveniência do voto de último minuto no caso do

Nobel é compensada pelo benefício de se evitarem vazamentos antes do anúncio oficial.

Além do mais, o voto no caso do Prêmio Nobel é tradicionalmente um evento de grande formalidade, o toque final depois de demorados procedimentos de seleção, que são mais ou menos dominados pelos membros mais antigos das comissões. No caso do prêmio de economia, alguns acadêmicos, escolhidos aleatoriamente – muito menos do que aqueles que se ocupam dos prêmios de física e química, os outros dois Nobel administrados pela academia –, se reúnem na segunda semana de outubro, principalmente pelo prazer de ouvir uma palestra erudita sobre as contribuições feitas para o progresso científico pelos candidatos propostos. Como disse um dos membros da academia: "As pessoas vão menos pelo voto do que por uma oportunidade de ouvir as apresentações."[94] Em alguns anos recentes, tem sido difícil atingir o modesto quórum de quarenta acadêmicos.[95] De acordo com as regras, os membros da academia têm três opções. Eles podem votar a favor do candidato ou candidatos propostos pela comissão e endossados pela Classe de Ciências Sociais. Eles podem votar em um candidato alternativo de sua própria escolha. Ou podem optar por não conceder o prêmio naquele ano. O vencedor ou os vencedores precisam obter uma maioria simples de votos. Até 1994, nenhum dos candidatos propostos pela comissão tinha deixado de ganhar por uma ampla maioria de votos.

A reunião da academia, que começou pontualmente às 10 horas de terça-feira, 12 de outubro, num auditório pequeno, mal iluminado, espremido numa extremidade do andar térreo do edifício,[96] prometia ser nem mais nem menos interessante do que as dos anos anteriores. Menos de sessenta membros se espalhavam pela sala, mas, como os funcionários presentes observaram com satisfação, não haveria o problema de falta de quórum. (Uns dois anos antes, 39 membros haviam ficado sentados no auditório esperando um quadragésimo – que finalmente apareceu.)[97] Kerstin Fredga, o astrofísico que era o presidente da academia, e Carl-Olof Jacobson estavam sentados lado a lado no palco. A urna para os votos foi colocada numa extremidade da plataforma. Os cinco membros da comissão do prêmio de economia que pertenciam à academia estavam sentados nas primeiras cadeiras da platéia.

Lindbeck subiu ao pódio em largas passadas. Com seus óculos de grossos aros pretos e a costumeira expressão de concentração, ele foi direto ao assunto, apresentando um panorama geral de todo o processo pelo qual a comissão havia chegado à recomendação de um prêmio para a teoria dos jogos. Sempre veemente, Lindbeck gaguejava de excitação, agitava os braços compridos e fez várias piadas sarcásticas.[98] Foi seguido por Jacobson, de natureza calma, em contraste, que deu o endosso oficial da Classe de Ciências Sociais. Os dois declararam que as decisões, tanto da comissão como da Classe, tinham sido unânimes. Lindbeck acrescentou que a unanimidade fora conseguida "como que por meio de uma Mão Invisível", sua piada favorita. Finalmente, Mäler levantou-se e iniciou a apresentação principal, uma palestra sobre as contribuições dos três candidatos.

A palestra foi bastante decepcionante. Mäler, que nunca fora um conferencista brilhante, estava mais nervoso e inseguro do que de costume.[99] Ele logo se perdeu em detalhes e jargão técnicos. A palestra foi quase toda lida. Sua esposa o deixara algumas semanas antes; ele estava agitado e deprimido e teve muita dificuldade em preparar a palestra.

Tudo isso levou mais ou menos uma hora. Se as coisas tivessem seguido a rotina, teriam surgido depois algumas perguntas superficiais, quase todas muito educadas, feitas pela platéia, e talvez um monólogo padronizado feito por um dos membros mais antigos sobre a inconveniência do prêmio de economia, para começar. Depois tudo ficaria em silêncio, seriam distribuídos quadrados de papel branco liso e lápis número 2. Os acadêmicos escreveriam rapidamente nos pedaços de papel, que seriam dobrados, e iriam em fila até o palco para colocar seus votos na urna.

Em vez disso, explodiu uma confusão. Mais tarde o presidente da Fundação Nobel observou com ironia que "Tróia só podia ter sido destruída por alguém de dentro de seus muros. E foi o que aconteceu aqui".[100] Ninguém se lembra se foi Stahl que lançou a primeira granada verbal, mas logo ficou óbvio para Lindbeck e Mäler que eles haviam sido apanhados numa emboscada. Stahl desafiou Mäler, pedindo que este desse um único exemplo importante de que a teoria tinha validade empírica, qualquer que fosse. Mäler, que estava em condições muito precárias para responder a perguntas, atrapalhou-se todo. Stahl não fez nada estúpido ou arriscado – ao contrário do que noticiou seis semanas depois o *Dagens Nyheter*, um dos dois jornais diários suecos –, como insistir em que a academia não concedesse o prêmio a Nash em razão da doença mental do candidato.[101] Em vez disso, ele argumentou, com veemência e brilhantismo, que um prêmio por contribuições à teoria dos jogos não-cooperativos era uma coisa muito restrita, com pouca substância, técnica demais. Ele lembrou à platéia que a contribuição de Nash fora feita quase meio século antes, e que dizia mais respeito à matemática do que à economia. Ridicularizou Harsanyi e Selten por serem "aborrecidos", "meros técnicos". Outros membros da academia logo começaram a aplaudi-lo.

Stahl não cometeu o erro de simplesmente criticar a proposta da comissão, que, afinal das contas, ele havia assinado. Havia uma alternativa, disse ele.[102] À luz do desconforto dos membros, à luz das questões não-respondidas, à luz do relatório de Mäler, obviamente insatisfatório, não seria talvez prudente adiar o prêmio para a teoria dos jogos? Por que não votar, em vez disso, o prêmio para Robert Lucas, o professor da Universidade de Chicago que a comissão já havia praticamente indicado para receber o prêmio no ano seguinte?[103] Todo mundo, ele lembrou aos presentes, tinha grande admiração por Lucas, que havia elaborado uma teoria para explicar por que as tentativas dos governos para administrar os ciclos de negócios estavam condenadas ao fracasso – "expectativas racionais" – e era, claramente, um dos economistas mais importantes do século. Era uma escolha inatacável.

Lindbeck, que no início parecera paralisado pela audácia do ataque de surpresa de Stahl, disse aos membros, sem papas na língua, o que o outro estava insinuando. Lembrou à platéia que Stahl havia concordado com o prêmio para a teoria dos jogos, e acusou-o de querer suspender o prêmio por causa da doença de Nash. Disse que seria uma grave injustiça negar-lhe o prêmio. Não lhes disse que, numa total violação das regras do Nobel, ele já havia informado ao presidente da Universidade de Princeton, a Alicia Nash e ao próprio Nash sobre o resultado. Mas esses fatos estavam em sua mente quando ele apelou para os membros.[104]

Quando Carl-Olof Jacobson deu início à votação, o clima na sala era tenso e rancoroso. Uma quantidade excepcionalmente grande de acadêmicos permaneceu ali para ouvir a contagem dos votos. Dois membros escolhidos pelo presidente e por Jacobson retiraram e contaram os votos diante da platéia. O papel era passado a Jacobson, que lia os votos, um nome de cada vez. Para Lindbeck, aquele foi, como disse mais tarde, um momento de angústia intolerável. Sr. Nash... Sr. Harsanyi... Sr. Selten... Sr. Lucas... nenhum prêmio...

Alguns instantes depois, Fredga, Jacobson, Lindbeck e Mäler, muito abalados, eram os únicos que ainda estavam na sala. Seus candidatos tinham obtido tudo de que precisavam: uma pequena maioria de votos.

MAIS TARDE, EM PÚBLICO, todas essas pessoas negariam que tivesse ocorrido alguma coisa extraordinária. Eles fingiriam que o relatório de Mäler fora excepcionalmente longo, que houvera muitas perguntas, que fora difícil encontrar os premiados, ou apenas declarariam, descaradamente, que não houvera nenhum atraso. Mas por trás das portas fechadas, dentro da academia, haveria espanto, consternação e dedos acusadores. "Foi um acontecimento inédito. Nunca havia ocorrido antes", disse um dos membros da academia. "Não é bom para a academia fazer votações secretas", disse Kiselman.[105] No dia seguinte o conselho apressou-se em nomear uma comissão *ad hoc* "para estudar o futuro do prêmio de economia".[106]

DEPOIS, UM MEMBRO da comissão, amigo de Stahl, diria que ele havia sido "usado pelos físicos".[107] A traição de Stahl saíra pela culatra. Em vez de ser considerado o homem que salvou a comissão de cometer um erro constrangedor, ele desencadeou as conseqüências que temia. Como jogadores de "Até Logo, Otário", o jogo que Nash e seus amigos em Princeton haviam inventado quarenta anos antes, Lindbeck e Mäler formaram uma coalizão temporária com os críticos do prêmio. Eles mesmos se anteciparam às mudanças nas regras. Estavam decididos a punir Stahl e a tirá-lo da comissão – mesmo que as novas regras significassem que eles também teriam de sair. Um dos membros da comissão chamou de "elegante" a estratégia adotada.[108] Se Nash tivesse sabido, ele a teria considerado uma execução textual da

McCarthy's Revenge Rule, principalmente porque Lindbeck podia ter uma razoável esperança de ser eleito novamente para a comissão depois de um intervalo de três anos, mas Stahl, que provocara o escândalo e aumentou o pecado falando com um repórter, foi alijado para sempre.

As conseqüências não terminaram aí. De acordo com vários membros da academia, a comissão *ad hoc* fez um relatório recomendando alterações na própria natureza do prêmio de economia. Nesse relatório, apresentado alguns meses depois, em fevereiro de 1995, a comissão dava uma instrução que essencialmente redefinia o prêmio de economia como um prêmio de ciências sociais, aberto a grandes contribuições em áreas como a ciência política, a psicologia e a sociologia.[109] Também determinava que dois não-economistas fizessem parte da comissão. Essas mudanças de grande alcance não foram anunciadas publicamente. Mas em um ano Lindbeck, Mäler e Stahl tinham saído; dois cientistas sociais que não eram economistas – um estatístico e um sociólogo – foram eleitos membros da comissão, e entre os principais candidatos ao Nobel estava Amos Tversky, um psicólogo israelense que trabalha com irracionalidade na tomada de decisões.[110]

NO DIA 12 DE OUTUBRO, no auditório, os três homens entraram apressados numa saleta da comissão.[111] Jacobson trazia uma folha de números telefônicos para avisar aos premiados. Caberia a ele a missão de informar aos premiados sobre a honraria que estavam prestes a receber.

Ele tentou falar primeiro com Selten, porque ele estava na Alemanha e, ao contrário de Nash ou Harsanyi, não deveria estar dormindo. Era de manhã cedo para Nash, em Nova Jersey, e o meio da noite para Harsanyi, na Califórnia. Mas Selten estava fazendo compras na mercearia. Jacobson então tentou Harsanyi e, quando conseguiu falar com ele, logo pôs Mäler, que conhecia o outro bem, na linha para garantir, com muita jovialidade, que Jacobson não era algum estudante ou, pior, um repórter tentando passar-lhe um trote.[112]

Nash foi o último a receber o telefonema. Jacobson ficou esperando com ansiedade enquanto o telefone tocava. Fato ignorado pela maioria de seus colegas acadêmicos, Jacobson tinha um irmão que, como Nash, recebera dos médicos diagnóstico de esquizofrênico quando jovem, na década de 1950, e desde então vivia internado.[113] Foi um momento de incrível emoção para ele, "o momento mais importante", disse ele mais tarde, de sua carreira de vinte anos como membro da academia.

"Ele estava excepcionalmente calmo", disse Jacobson mais tarde. "Foi isso que pensei. Ele recebeu a notícia com muita calma."[114]

48
O maior leilão de todos os tempos
Washington, D.C., dezembro de 1994

Na tarde de 5 de dezembro de 1994, John Nash estava indo de táxi para o aeroporto de Newark, a caminho de Estocolmo, onde, dentro de alguns dias, receberia do rei da Suécia a medalha de ouro gravada com o retrato de Alfred Nobel.[1] Mais ou menos na mesma hora, alguns quilômetros ao Sul, no centro de Washington, D.C., o então vice-presidente Al Gore anunciava com grande pompa a abertura do "maior leilão de todos os tempos".[2]

Não havia, como o *The New York Times* noticiaria depois, nenhum leiloeiro falando depressa, nem o tradicional martelo, nem Os Velhos Mestres da Pintura.[3] O que se iria leiloar era o ar – ondas de ar que podiam ser usadas para os novos aparelhos sem fio, como telefones, *pagers*, fax – valendo bilhões e bilhões de dólares, licenças de exploração suficientes para que todas as grandes cidades americanas tivessem pelo menos três empresas concorrentes de serviços de telefonia celular. Nas salas de reunião secretas e também nos compartimentos dos participantes do leilão estavam os diretores executivos dos maiores conglomerados de comunicações do mundo – e um inverossímil grupo de extravagantes teóricos da economia, que os assessorava. Quando finalmente o leilão terminou, no mês de março seguinte, os lances vencedores totalizavam mais de 7 bilhões de dólares, tornando aquela venda a maior na história americana de ativos públicos, e uma das mais bem-sucedidas (e lucrativas) aplicações da teoria econômica aos negócios públicos jamais feita.[4] Mais tarde, Michael Rothschild, reitor da Woodrow Wilson School, de Princeton, chamou esse acontecimento de "uma demonstração de que, quando as pessoas pensam persistentemente sobre um problema, podem tornar o mundo melhor... um triunfo do pensamento puro".[5]

A justaposição de Gore e Nash, do leilão de alta tecnologia e da pompa medieval da cerimônia do Nobel, dificilmente foi acidental. O leilão da Federal Communications Commission (FCC) foi imaginado por economistas jovens que estavam usando ferramentas criadas por John Nash, John Harsanyi e Reinhard Selten. Suas idéias foram elaboradas especificamente para analisar a rivalidade e a cooperação entre um pequeno número de jogadores racionais com um misto de interesses conflitantes e interesses comuns: pessoas, governos e empresas – e até mesmo a espécie animal.[6]

O próprio prêmio foi um reconhecimento, há muito devido, por parte da comissão do Nobel, de que ocorrera uma espantosa mudança na economia, uma mudança que já vinha se desenvolvendo havia mais de uma década. Como disciplina, a economia fora, durante muito tempo, dominada pela brilhante metáfora da Mão Invisível, de Adam Smith. Este imaginava uma competição perfeita com uma quantidade tão grande de compradores e vendedores que nenhum comprador e nenhum vendedor teria de se preocupar com as reações do outro. Era uma idéia poderosa, que previa como as economias do livre-mercado evoluiriam, e ela deu aos responsáveis pela política uma orientação para estimular o crescimento e dividir o bolo econômico de maneira justa. Mas, no mundo de megafusões, governos poderosos, investimento estrangeiro direto maciço e privatizações por atacado, em que o jogo é praticado por um punhado de jogadores, cada um atento às ações dos outros, cada um seguindo suas próprias e melhores estratégias, a teoria dos jogos foi trazida ao primeiro plano.[7]

Depois de décadas de resistência – Paul Samuelson costumava brincar sobre "o pântano da teoria do jogo de *n*-pessoas"[8] – a geração mais nova de teóricos começou a usar, no fim dos anos 1970 e início dos anos 1980, a teoria dos jogos em áreas que iam do comércio às finanças públicas, passando pela organização industrial.[9] A teoria dos jogos abriu "caminho para o pensamento sistemático, que antes estava fechado". Na verdade, a teoria dos jogos e a economia de informação foram ficando cada vez mais entrelaçadas, e os mercados, antes vistos como adaptados em um molde puramente competitivo, passaram a ser estudados, cada vez mais, a partir das premissas dessa teoria. A geração mais recente de textos usados nos principais cursos de pós-graduação hoje em dia relança as teorias básicas da empresa e do consumidor, o alicerce da economia, em termos de jogos estratégicos.[10]

"Os conceitos, a terminologia e os modelos da teoria dos jogos passaram a dominar muitas áreas da economia", disse Avinash Dixit, um economista de Princeton que usa essa teoria em seus estudos sobre comércio internacional e é autor de *Thinking Strategically*. "Finalmente, estamos vendo a concretização do verdadeiro potencial da revolução desencadeada por von Neumann e Morgenstern."[11] E como a maioria das aplicações econômicas da teoria dos jogos usa o conceito de equilíbrio de Nash, "Nash é o ponto de partida".[12]

A REVOLUÇÃO PROPAGOU-SE muito além das publicações de pesquisa, dos laboratórios de experiências da Cal Tech e da Universidade de Pittsburgh, e das salas de aula dos cursos de administração e das universidades de elite. A atual geração de dirigentes da política econômica – entre eles, Lawrence Summers, subsecretário do Tesouro, Joseph Stiglitz, presidente do Council of Economic Advisers, e o vice-presidente Al Gore – conhece bem a matéria, que, dizem eles, é útil para se ponderar sobre tudo, desde propostas orçamentárias até medidas contra a poluição, passando pela política do Federal Reserve.

O uso mais espetacular da teoria dos jogos é o que vem sendo feito pelos governos, da Austrália ao México, para vender os escassos recursos públicos a compradores com mais capacidade de desenvolvê-los. O espectro das ondas de rádio, bônus do Tesouro americano, concessões petrolíferas, madeira, direitos de poluição, tudo isso agora é vendido em leilões planejados por teóricos dos jogos – com muito mais sucesso do que as políticas anteriores.[13]

Os economistas, como o Prêmio Nobel Ronald Coase, têm defendido o uso desses leilões pelo governo desde a década de 1950.[14] Os leilões são usados há muito tempo em mercados nos quais os vendedores de itens inusitados – de vinhos raros a direitos sobre filmes – não têm idéia de quanto os compradores estão dispostos a pagar. Seu objetivo principal é fazer com que os compradores revelem que valor eles dão ao item. Mas os argumentos de Coase e de outros foram apresentados de modo abstrato, em termos totalmente teóricos, e pouca atenção foi dada à maneira como esses leilões podiam ser conduzidos na realidade. O Congresso ficou sempre cético a respeito do assunto.

Antes de 1994, Washington simplesmente concedia as licenças gratuitamente. Até 1982, cabia aos legisladores decidirem que empresas mereciam as licenças. É desnecessário dizer que o processo era dominado por pressões políticas, uma burocracia tremendamente cara e demorada. O ritmo da concessão de licenças provocava um grande atraso em relação às mudanças do mercado e às novas tecnologias. Depois de 1982, Washington passou a conceder licenças por meio de sorteios, e os ganhadores podiam revender as licenças. Embora a reforma tivesse dado velocidade à concessão, o processo ainda era muito ineficiente – e injusto. Participantes sem nenhuma intenção de operar um verdadeiro serviço telefônico gastavam milhões para entrar no jogo com o objetivo de colher o fruto maduro. Além do mais, embora as companhias telefônicas fossem obrigadas a pagar os custos de obtenção das licenças, Washington e os contribuintes não se beneficiavam de nenhuma renda. Tinha de haver uma maneira melhor.

Uma geração de jovens teóricos dos jogos, entre eles Paul Milgrom, John Roberts e Robert Wilson, da Stanford Business School, imaginou essa maneira melhor.[15] Sua principal contribuição consistiu em reconhecer, como disse Milgrom, que "não bastava o simples projeto de *um* leilão *qualquer*... Era de importância fundamental conseguir o projeto certo para o leilão".[16] Especialmente, eles concluíram que os projetos mais óbvios de leilões – leiloar licenças uma por uma, em seqüência, usando propostas seladas simultaneamente – eram a maneira menos provável de conseguir que as licenças fossem parar nas mãos de empresas que as usariam com mais proveito – e que era o objetivo declarado de Washington.

Os teóricos de jogos trataram um leilão como um jogo com regras e tentaram avaliar como determinado conjunto de regras, como um todo, pode afetar o comportamento dos compradores. Levaram em consideração as opções que as regras permitiam, as vantagens associadas às opções e as expectativas dos arrematantes em relação às escolhas prováveis de seus concorrentes.

Por que esses economistas concluíram que os formatos tradicionais dos leilões não funcionariam? Principalmente porque o valor de cada licença individual para o usuário depende – como é o caso de um Rembrandt ou um Picasso – das outras licenças que ele é capaz de conseguir. Algumas licenças podem perfeitamente substituir outras. É o caso de bandas de rádio semelhantes, necessárias ao fornecimento de determinado serviço. Mas outras licenças são complementares. É o caso de licenças para o fornecimento de serviços de *pagers* em diferentes regiões do país.

"Para que um processo de concessão de licenças seja eficiente, um leilão deve permitir que os candidatos a comprador levem em consideração vários pacotes de licenças, combinando complementos e trocando aquelas que forem substituíveis durante o decurso do leilão. Planejar um leilão assim é muito difícil", escreve Paul Milgrom, um dos economistas que planejaram o leilão da Federal Communications Commission ao qual Al Gore se referia.[17]

A segunda fonte de complexidade, diz Milgrom, é que o objetivo das licenças é criar negócios para novos serviços com tecnologia desconhecida e demandas de consumo também desconhecidas. Como as opiniões dos participantes tendem a ser bastante divergentes, é possível que a concessão da licença passe a depender mais do otimismo do arrematantes do que de sua capacidade de criar um serviço desejado.[18] De modo ideal, um projeto de leilão deve minimizar esse problema.

Enquanto o Congresso e a FCC acalentavam cada vez mais a idéia de leiloar os direitos de exploração do espectro das ondas de rádio, tanto a Austrália como a Nova Zelândia realizaram leilões desse tipo.[19] O fato de eles terem sido fracassos dispendiosos e desastres políticos mostra que o diabo se escondia realmente nos detalhes. Na Nova Zelândia, o governo fez um leilão chamado de segundo preço, e os jornais se encheram de histórias sobre vencedores que pagaram um preço muito abaixo de seus lances. Num determinado caso, o lance mais alto foi de 7 milhões de dólares neozelandeses, o segundo, de 5 mil, e o vencedor pagou o preço mais baixo. Em outro, um aluno da Universidade de Otago fez o lance de 1 dólar por uma licença de televisão em uma cidade pequena. Não houve outros lances, de modo que o rapaz levou a coisa por 1 dólar. O governo esperava que as licenças de telefonia celular rendessem 240 milhões de dólares. O montante real foi de 36 milhões, um sétimo da estimativa. Na Austrália, um leilão mal organizado, no qual participantes arrivistas jogaram fumaça nos olhos do governo, retardou a introdução da televisão paga no país por quase um ano.

O PRINCIPAL ECONOMISTA da FCC era um defensor dos leilões, mas não havia nenhum teórico de jogos participando da primeira fase do projeto de leilões da comissão. Os telefones dos teóricos começaram a tocar apenas por acaso, depois que a FCC apresentou uma proposta preliminar para o formato do leilão, que incluía dezenas de notas de rodapé com referências à literatura teórica sobre leilões.[20] Foi assim que Milgrom e seu colega Robert Wilson, importantes teóricos de leilões, entraram no jogo.

Os dois propuseram que a FCC adotasse um leilão simultâneo, de rodadas múltiplas.[21] Num leilão simultâneo, vende-se um grupo de licenças ao mesmo tempo. Rodadas múltiplas significam que, depois da primeira rodada de lances, os preços são anunciados e os participantes têm a oportunidade de retirar seu lance ou de apresentar um lance maior do que o do concorrente. Isso se repete rodada após rodada, até que o leilão termine. A principal vantagem dessa modalidade é que permite que os participantes levem em consideração as interdependências entre as licenças. Assim como os leilões seqüenciais, de lances fechados, permitem que os vendedores descubram quanto os compradores estão dispostos a pagar pelos itens individuais, o leilão simultâneo de lances crescentes permite que os vendedores descubram o valor de mercado dos diferentes conjuntos de itens.

A proposta inicial – que a FCC acabou adotando – não abrangia detalhes aparentemente pequenos, mas decisivos.[22] Deveria haver depósitos? Incrementos mínimos para os lances? Limites de tempo? O sistema de lances deveria ser totalmente computadorizado ou executado à mão?, e assim por diante. Milgrom, Roberts e outro teórico dos jogos, Preston McAfee, consultor da AirTouch, apresentaram propostas para essas questões. A FCC contratou outro teórico de jogos, John McMillan, da Universidade da Califórnia em San Diego, para ajudar a avaliar o efeito de cada regra proposta. Segundo Milgrom, "a teoria dos jogos teve um papel fundamental na análise das regras. Conceitos como equilíbrio de Nash, racionabilidade, indução retrospectiva e informação incompleta, embora em raras ocasiões citados explicitamente, foram a base real das decisões cotidianas sobre os detalhes do processo dos leilões".[23]

No fim da primavera de 1995, Washington já havia levantado mais de 10 bilhões de dólares com leilões do espectro das bandas de radiofreqüência. A imprensa e os políticos ficaram extasiados. As empresas arrematantes conseguiram, em grande parte, se proteger contra lances predatórios e também obter um conjunto de licenças economicamente viável. Foi, como disse John McMillan, "um triunfo da teoria dos jogos".[24]

49
Um novo despertar
Princeton, 1995-1997

A matemática é um jogo de jovens. Ainda assim,
é insuportável ter-se um breve reconhecimento
e uma explosão de atividade... seguidos por
uma vida toda de tédio.

– Norbert Wiener

Na tarde do anúncio do Prêmio Nobel, depois da entrevista coletiva à imprensa, uma festinha regada a champanhe era realizada no Fine Hall. Nash fez um pequeno discurso.[1] Ele não gostava de fazer discursos, explicou, mas havia três coisas que precisava dizer. Em primeiro lugar, ele esperava que a conquista do prêmio aumentasse sua margem de crédito, porque realmente queria um cartão de crédito. Segundo, era de praxe o ganhador dizer que ficava contente em dividir o prêmio, mas ele desejaria ter ganho o prêmio sozinho porque precisava muito daquele dinheiro. Terceiro, ele havia conseguido o prêmio graças à teoria dos jogos e achava que essa teoria era como a teoria das cordas, um assunto de grande interesse intelectual intrínseco, que o mundo deseja imaginar que possa ter alguma utilidade. Ele disse isso com bastante ceticismo na voz para fazer a coisa parecer engraçada.

TODOS OS TEMORES DOS SUECOS – para não mencionar as preocupações particulares de Harold Kuhn – sobre a maneira como Nash lidaria com a pompa em Estocolmo mostraram-se infundados. Tudo correu maravilhosamente bem. As recepções. As entrevistas para a imprensa. A própria cerimônia de entrega do prêmio. E, mais tarde, a palestra em Uppsala. Na verdade, nas semanas entre o anúncio do prêmio e a cerimônia, Nash fez e sentiu coisas que estavam fora de seu alcance havia décadas. Logo que chegou a Estocolmo, lembrou Jörgen Weibull, Nash se comportou quase exatamente como Weibull se recordava dos tempos de Princeton, alguns anos antes. "Ele não olhava a pessoa nos olhos. Murmurava. Socialmente, ele se comportava com insegurança, muito hesitante. Mas seu estado de espírito foi melhorando dia após dia. Foi ficando cada vez menos infeliz."[2]

Harold Kuhn, que iria organizar um seminário Nobel em homenagem ao trabalho de Nash, e sua esposa, Estelle, acompanharam Nash e Alicia a Estocolmo.[3] Foi divertido. O momento mais bonito da semana, tão cheia de cenas e cerimônias grandiosas, veio quando Nash teve sua audiência particular com o rei, e que ele tanto temia. Segundo a tradição, o rei passa alguns minutos sozinho com cada premiado. Quando chegou a vez de Nash, ele fazia tantas caretas e franzia tanto o cenho que Harold ficou com medo de que ele se recusasse a entrar nos aposentos do rei no último minuto, mas, finalmente, ele acompanhou o assistente.

Passaram-se cinco minutos, depois sete. Por fim, depois de uns dez minutos bem contados, Nash saiu, parecendo relaxado, até mesmo com uma expressão divertida. "Sobre o que vocês falaram?", todo mundo perguntou ao mesmo tempo. De muitas coisas, no fim das contas. John contou a Harold e Estelle que em 1958 ele e Alicia tinham feito uma grande excusão pela Europa e haviam passeado em sua nova Mercedes 180 pelo sul da Suécia. O rei estudava na Universidade de Uppsala, na época, e era apaixonado por carros esporte velozes. Mais ou menos nessa época, os suecos estavam mudando seu sistema de dirigir, passando da pista esquerda para a direita. Nash e o rei passaram dez minutos conversando fiado sobre as armadilhas de se dirigir em velocidade no lado esquerdo da estrada.

AO ANOITECER, Nash e Weibull seguiam numa limusine pelo interior, ao norte de Estocolmo. As casas de fazenda iam se iluminando uma a uma, o céu começava a brilhar. Nash inclinou-se para Weibull e disse: "Veja, Jörgen. É tão lindo."[4]

Eles estavam voltando de Uppsala, onde Nash havia feito uma palestra – a sua primeira em três décadas.[5] Não lhe pediram que fizesse a palestra habitual de uma hora de duração em Estocolmo. A palestra na Universidade de Uppsala foi providenciada por Christer Kiselman.[6] O tema, escolhido por Nash, foi um problema no qual ele estivera interessado antes de sua doença e ao qual retornara quando melhorou; desenvolver uma teoria matematicamente correta de um universo que não se expande e que fosse coerente com as observações físicas conhecidas. A opinião convencional, naturalmente, é que o universo está se expandindo, e tentar derrubar esse consenso é exatamente o tipo de aposta intelectual na contramão que Nash sempre apreciou.

A palestra sobre "a possibilidade de que o universo não esteja se expandindo" começou com cálculo tensorial e relatividade geral – assunto tão difícil que Einstein costumava dizer que ele só o entendia nos momentos de excepcional lucidez. Embora mais tarde confessasse seu nervosismo, ele falou sem recorrer a notas, de modo claro e convincente, segundo Weibull, que tem doutorado em física.[7] Os físicos e matemáticos presentes disseram depois que as idéias de Nash eram interessantes, faziam sentido e foram expressas com um grau adequado de ceticismo.

É uma vida tranqüila, apesar do conto de fadas de Estocolmo e do status elevado de um agraciado com o prêmio. Os Nash ainda moram na casa em Insulbrick, com hortênsias na frente, perto da rua e em frente à estação ferroviária de Princeton. Há um novo *boiler*, um novo telhado, alguns móveis novos, mas isso é tudo. (Nash também já conseguiu pagar sua metade da hipoteca.) Os poucos amigos que vêm visitá-los regularmente, entre eles Jim Manganaro, Felix e Eva Browder, e, é claro, Armand e Gaby Borel, são as mesmas pessoas com as quais eles convivem há alguns anos. Suas rotinas diárias mudaram menos do que se poderia pensar, dominadas como estão pela necessidade de ganhar a vida e cuidar de Johnny. Alicia toma o trem para Newark todo dia. Nash, que não dirige mais, toma o chamado "Dinky" para a cidade, almoça no instituto e passa as tardes na biblioteca, ou, em raras ocasioes, em sua nova sala. Quase sempre, quando Johnny não está no hospital ou pela estrada, Nash o leva com ele.

A VIDA FOI RETOMADA, mas o tempo não parou enquanto Nash estava sonhando. Como Rip Van Winkle, Ulisses e muitos outros que viajam pelo espaço criado pela ficção, ele acorda para perceber que o mundo que ele deixou para trás se movimentou durante sua ausência. Os jovens brilhantes estavam se aposentando ou morrendo. As crianças estavam na meia-idade. A beleza esguia, sua esposa, é agora uma mulher madura na casa dos 60 anos.

Há dias em que ele sente que escapou dos estragos do tempo, em que acredita que pode recuperar o que deixou parado, em que se sente "como uma pessoa que quer fazer a pesquisa que poderia ter feito aos 30 anos quando já está com quase 70"! Em sua autobiografia do Nobel ele escreve:

> Estatisticamente parece improvável que um matemático ou cientista com 66 anos de idade possa fazer um esforço contínuo de pesquisa capaz de acrescentar alguma coisa a suas realizações anteriores. Entretanto, ainda estou tentando, e é possível que, com um intervalos de 25 anos de pensamento parcialmente delirante representando uma espécie de férias, minha situação seja atípica. Assim, tenho esperança de conseguir realizar alguma coisa de valor com meus estudos atuais ou com novas idéias que me venham no futuro.[8]

Mas em muitos dias ele não consegue trabalhar. Como disse uma vez a Harold Kuhn: "O Fantasma só vem muito tarde, depois das 18 horas, porque até mesmo um Fantasma pode ter problemas humanos comuns e precisar ir consultar um médico."[9] E há outros dias em que descobre um erro em seus cálculos ou fica sabendo que uma idéia promissora já foi explorada por outra pessoa, ou em que ouve falar de novos dados experimentais que parecem tornar menos interessantes certas especulações suas.

Nesses dias, ele fica triste. O Prêmio Nobel não pode restaurar o que foi perdido. Para ele, o prazer primordial da vida sempre vinha mais do trabalho criativo do que do relacionamento emocional com outras pessoas. Assim, o reconhecimento de seus feitos passados, embora seja um bálsamo, também lançou uma luz crua sobre a questão embaraçosa do que ele é capaz de fazer atualmente. Como ele mesmo disse em 1995, ganhar o Nobel depois de um longo período de doença mental não foi uma coisa impressionante; o caso impressionante seria o de "pessoas que, DEPOIS de algum tempo sofrendo de uma doença mental, atingissem um alto nível de funcionamento mental (e não apenas um alto nível de respeitabilidade social)".[10]

Nash fez a avaliação mais rigorosa de sua própria situação diante de uma platéia de psiquiatras, à qual ele foi apresentado como "um símbolo de esperança". Em resposta a uma pergunta no fim da palestra que fez em Madri em 1996, ele disse: "Recuperar a racionalidade depois de ficar irracional, recuperar a vida normal é uma grande coisa!" Então ele fez uma pausa, recuou e disse numa voz muito mais forte, mais segura: "Mas talvez não seja uma grande coisa. Vejamos o caso de um artista. Ele é racional. Mas suponha que ele não consiga pintar. Ele pode agir normalmente. Será que ele está realmente curado? Isso é realmente uma salvação?... Acho que não sou um bom exemplo de uma pessoa que se recuperou, a menos que eu possa fazer um bom trabalho", acrescentando num murmúrio melancólico, quase inaudível, "embora eu já esteja bem velho".[11]

Esses pensamentos estavam bem presentes na mente de Nash quando ele recusou um oferecimento de 30 mil dólares da Princeton University Press em 1995 para publicar uma coletânea de suas obras. "Eu tenho um problema psicológico, pois, infelizmente, há muito tempo que não tenho nada publicado", ele disse a Harold Kuhn. Ele estava dizendo, em resumo, que não queria fechar a porta a um futuro trabalho ao reconhecer que a obra de toda a sua vida estava completa.

Como Nash diz, "eu não quis publicar uma coletânea de minhas obras simplesmente porque queria pensar em mim mesmo – e assumir a postura – como um matemático ainda envolvido ativamente em pesquisa, e não apenas deitado nos louros (como eles dizem). E, é claro, eu sabia que, se uma coletânea de trabalhos não fosse publicada agora, poderia ser publicada mais tarde, quando, espero, eu terei coisas novas e interessantes para acrescentar".[12] Quanto a isso, entretanto, ele não é diferente de seus brilhantes contemporâneos. Também eles estão tendo de encarar, ou já encararam, a perspectiva de que, provavelmente, nunca mais conseguirão igualar seus feitos passados. Alguns continuaram mais ativos do que outros. Mas o envelhecimento é um fato, e um fato da vida especialmente severo para um matemático. Para a maioria deles, a matemática é um jogo para jovens.

É PRECISO TER UMA CORAGEM extraordinária para voltar à pesquisa depois de um hiato de quase trinta anos. Entretanto, foi isso exatamente o que Nash fez. Como ele disse à platéia em Madri, "estou de novo envolvido no estudo científico. Evito problemas de rotina e, em vez disso, estou trabalhando como diletante".

Nash vinha refletindo a respeito de uma teoria matemática do universo desde antes de seu encontro com Einstein. Depois da palestra em Uppsala, ele sofreu vários reveses. Em agosto de 1995, ele declarou: "Obtive resultados que indicam que cometi um erro fundamental muito tempo atrás, e que preciso reformular... [a] teoria". Aparentemente "havia qualquer coisa perdida numa integração singular e, quando levei em consideração a matéria distribuída em vez de uma partícula de ponto, encontrei aquela coisa perdida que eu havia erroneamente ignorado" – acrescentando com sua objetividade característica que "isso é bom, porque evitou que eu publicasse uma versão baseada em erros".

Ele continuou, descrevendo o erro específico:

> Havia uma discrepância no campo... que arruinava os cálculos. O novo cálculo mostrou... havia erros. Agora preciso terminar o cálculo para uma massa distribuída de matéria gravitacional, pelo menos até o primeiro nível de ordem de aproximação. O próprio nível poderia trazer um interessante (resultado particular).[13]

Essa avaliação das dificuldades encontradas em sua pesquisa nos mostra bem que os problemas nos quais Nash está trabalhando são ambiciosos, que ele não perdeu nem um pouco de seu gosto em fazer apostas de alto risco (seja em idéias ou no mercado de ações), e que sua mente ainda está aguçada. E mesmo que suas possibilidades de conseguir um resultado importante e inovador sejam estatisticamente pequenas, como ele diz, o prazer de pensar sobre problemas é, novamente, todo seu.

MAS A VERDADE é que a pesquisa não tem sido a principal ocupação de sua vida atual. O tema importante é o retorno ao relacionamento com a família, com os amigos e com a comunidade. Isso passou a ser sua tarefa mais urgente. O velho medo de que viesse a depender dos outros e de que eles dependessem dele já desapareceu. O desejo de reconciliação, de dar atenção àqueles que necessitam dele, é seu objetivo maior. Ele e a irmã, Martha, afastados durante quase vinte anos, agora se falam por telefone uma vez por semana. Mas é Johnny, obviamente, o principal foco de sua atenção constante.

FOI NASH QUEM DISSE às mulheres para chamarem a polícia.[14] Johnny estava morando em casa. Ele passou bem durante algum tempo, mas depois começou a usar uma coroa de papel. Uma tarde, quis dinheiro. Como acreditava que era um soberano, ele achava que podia conseguir dinheiro com o Sovereign Bank. Mas o caixa eletrônico diante do banco não soltou nenhum dinheiro. Na verdade, a máquina não devolveu seu cartão do banco. Agitado e contrariado, ele telefonou para a mãe, que tinha uma conta no Sovereign, e exigiu que ela fosse até o caixa eletrônico e retirasse o cartão da máquina. Alicia contou a John, que insistiu em ir com ela. Os dois tentaram inutilmente retirar o cartão de Johnny. Também tentaram, sem sucesso, acalmar o rapaz. Nesse momento, Johnny ficou furioso, pegou um pedaço grande de pau e começou a dar estocadas, primeiro na mãe e depois no pai. Alguns transeuntes do outro lado da rua pararam quando viram o jovem ameaçando as duas pessoas mais velhas. Nash gritou para que uma delas chamasse a polícia. Uma patrulha parou no local. Os policiais levaram Johnny, que eles conheciam bem, de volta ao Trenton State Hospital.

Johnny estava internado quando os pais receberam a notícia de Estocolmo informando sobre o Nobel. Nash e

Alicia telefonaram primeiro para o filho. Ele achou que era uma brincadeira dos pais, uma piada, e desligou. Mais tarde ele viu o rosto do pai na CNN.[15]

O FUTURO DE JOHNNY é um assunto extremamente doloroso. Nash não o abordou de maneira direta. Alicia, parecendo muito infeliz, não disse nada e ficou afundada na cadeira, os olhos fechados. Ela finalmente falou: "Ele só quer continuar com sua vida."[16]

O caminho promissor que Johnny parecia trilhar com 20 e poucos anos já se desfez há muito. Talvez por causa do estresse de dar aulas, do isolamento social ou porque a remissão simplesmente seguiu seu curso, o ano na Marshall University foi um desastre. Desde então, ele mora com os pais e não trabalha mais. "É claro que eu fui um mau exemplo", admitiu Nash.[17]

Johnny, à época em que este livro é escrito, tem cerca de 40 anos, é alto e bonito como o pai, e ele e Nash têm o mesmo interesse pela matemática e pelo xadrez. Mas a doença de Johnny já se arrasta por mais de metade de sua vida, um quarto de século. Ele tem sido tratado com a mais nova geração de drogas, entre elas Clozaril, Risperadol e, mais recentemente, Zyprexa. Essas drogas, que lhe têm permitido, na maior parte do tempo, dispensar a internação, não lhe deram uma vida própria. O tempo praticamente não existe para ele. Não participa mais de torneios de xadrez – antes sua maior alegria. Não lê mais, dizendo que não consegue fazê-lo há muito tempo. Está quase sempre zangado e às vezes se torna violento.[18]

A vida em companhia de Johnny representa uma tremenda tensão para Nash e Alicia. Nash considera sua vida "perturbada", "tiranizada" e está quase sempre preocupado com a "pressão e o risco da degradação".[19] É uma perturbação constante, até mesmo quando, como muitas vezes acontece, Johnny está rodando pelo país nos ônibus Greyhound. Por exemplo, Alicia e John foram ao Olive Garden para comemorar o aniversário de John, e Johnny telefonou-lhes para dizer que havia perdido seu cartão de crédito e que não tinha dinheiro. Eles passaram a noite enviando-lhe dinheiro. "Não sabemos mais o que fazer", Alicia disse recentemente. "Você trabalha tanto... e aí ele sai fazendo besteira. O Nobel não ajudou Johnny em nada."[20]

Johnny aproxima os pais e ao mesmo tempo os afasta. Há grandes conflitos. Eles acusam um ao outro pelo mau comportamento do filho – quando ele destrói coisas em casa, os agride, ou age em público de modo inconveniente. Nash acha que Alicia espera que ele seja o durão, papel com o qual ele não se sente feliz, enquanto ela banca a boazinha. Mas eles se apóiam um no outro. Combinam todo dia o que cada um deve fazer. Também concordam quando é hora de internar o filho. Nash é mais severo e tende a fazer Johnny responsável por sua própria doença. Às vezes ele é muito cruel, dizendo a Harold Kuhn e a outras pessoas que gente como Johnny deveria estar na prisão ou que ele escolheu ser como é: "Eu não penso em meu filho... inteiramente como uma pessoa que sofre. Em parte, ele está simplesmente *escolhendo* escapar do 'mundo'."[21]

Apesar desses momentos de insensibilidade, a verdade é que Nash manifesta esperança e prazer toda vez que surge a perspectiva de um novo medicamento, uma nova terapia, ou quando ele tem uma idéia – como ensinar Johnny a jogar xadrez no computador – que acha que poderá ajudá-lo. Quando seu amigo Avinash Dixit o convida para jantar, ele imediatamente pergunta se pode levar o filho junto.[22]

Na casa de Dixit, Johnny pega um tabuleiro de xadrez, e pai e filho se sentam para jogar. Nash é "menos que medíocre". Em determinado momento, ele diz que quer desfazer um lance ruim e Johnny concorda. Depois Nash quer desfazer outro lance.

"Papai, se continuar fazendo isso, você vai ganhar", diz Johnny.

"Mas quando eu jogo contra o computador, posso desfazer minhas jogadas", diz Nash.

"Mas, papai", protesta Johnny, "eu não sou um computador! Sou um *ser humano*!"

Quando é preciso ir à farmácia por causa dos "remédios" de Johnny, Nash acompanha Alicia.[23] Quando chega a hora de comparecer a uma reunião do programa de tratamento ambulatorial, em que Johnny às vezes está inscrito, Nash está lá e chega na hora.[24] Alicia percebe isso e se sente apoiada por ele. Ela acha que não iria agüentar sem ele.

O CASAMENTO é, sem dúvida, o mais misterioso dos relacionamentos humanos. Ligações que parecem superficiais podem se tornar surpreendentemente profundas e duradouras. É isso o que acontece com Nash e Alicia. Olhando em retrospecto, percebe-se que essa ligação não foi algo acidental, que essas duas pessoas necessitavam uma da outra. De personalidade forte, pragmática e independente como é, Alicia, com sua paixão de adolescente, sobreviveu a desilusões, agruras da vida e decepções. Ela acompanha Nash quando ele vai comprar roupas. Fica preocupada quando ele viaja, com medo de que possa ser seqüestrado por terroristas ou morrer num acidente de avião, ou simplesmente desaparecer. Quando o tornozelo dele incha em decorrência de uma entorse, ela larga um jantar festivo e fica com ele horas numa sala de emergência. Mais significativo ainda, ela olha para uma fotografia antiga dele de calção de banho ao lado de uma piscina na Califórnia e diz com um risinho: "As pernas dele não são lindas?"[25]

Enquanto isso, ele acerta seu relógio pelo dela. Teimoso, reservado, egocêntrico e cioso de seu tempo (e dinheiro) como é, Nash não faz nada sem primeiro consultar Alicia, atende a seus desejos e tenta ajudá-la, seja lavando a louça, resolvendo um problema no banco ou acompanhando-a à terapia familiar toda segunda-feira à noite. É a ela que ele relata fielmente os acontecimentos do dia, quem encontrou, qual foi o tema da palestra, o que comeu no almoço. Eles discutem por causa de dinheiro, do trabalho doméstico, de Johnny, dos compromissos sociais, mas ele tem se esforçado para tornar a vida dela mais fácil e mais prazerosa.

Nash está tentando mostrar-se mais sensível e indulgente. Ele disse numa autocrítica: "Sei que tenho minhas falhas sociais e deixo Alicia furiosa quando ela está dizendo alguma coisa que posso adivinhar antes de ela terminar, e aí começo a dizer alguma coisa como se o que ela estava dizendo não tivesse a menor importância."[26] Ele aceita, com certa dose de humor, o fato de que seu gênio não fez dele uma autoridade em todos os assuntos. Quando chega a hora de refinanciar a hipoteca ou escolher entre o aquecimento a gás ou a óleo, ele se queixa, rindo, de que Alicia não o leva a sério como um "sábio em economia... apesar do Nobel".[27]

Grande parte da renovação do casamento ocorreu a partir do Nobel. Há agora um sentimento de reciprocidade. É como se o fato de readquirir o respeito de seus pares tivesse feito Nash sentir que tem mais a oferecer às pessoas de sua vida, e tivesse feito com que os mais próximos, principalmente Alicia, sentissem que ele tem mais a dar. Tudo serve para reforçar esse sentimento. Numa época, antes do Nobel, Alicia se referia a Nash como seu "hóspede da pensão", e eles viviam, essencialmente, como duas pessoas que se comunicavam a distância debaixo do mesmo teto. Agora, eles chegam até a discutir sobre a conveniência de se casar novamente, embora – no que fosse talvez uma afirmação da velha insistência de Nash na "racionalidade" – eles tenham desistido da idéia por considerá-la pouco prática, como acontece com muitos casais idosos, por causa do imposto de sucessão e das multas do seguro social. Entretanto, uma certidão não tem muita importância. Eles formam novamente um casal de verdade.

JOHN STIER DEU O PRIMEIRO passo para encerrar os vinte anos de separação do pai, enviando-lhe pelo correio uma cópia de um artigo do *Boston Globe*, de junho de 1993, que especulava sobre as chances de Nash ganhar o Prêmio Nobel.[28] Ele enviou o recorte anonimamente, mas Nash na mesma hora adivinhou quem era o remetente. Não sabia se devia interpretar o gesto de John Stier como sarcasmo ou uma abertura amistosa. Ele disse a Harold Kuhn que alguma coisa no modo como a carta foi endereçada cheirava a zombaria. Mas, em fevereiro, dois meses depois de seu triunfo em Estocolmo, Nash pegou a ponte aérea para Boston com o objetivo de passar o fim de semana reatando o relacionamento com o filho mais velho.

Esse encontro, alimentado pela esperança de deixar para trás aquela história triste, estava fadado a ser agridoce; uma ocasião que reviveu muitas lembranças dolorosas, decepções e mal-entendidos, mas que também fez despontar sentimentos mais felizes.[29] Quando os dois homens finalmente se encontraram face a face, John Stier não era mais o rapaz de 19 anos que se especializava em história no Amherst College, do qual Nash se lembrava de seu último encontro, mas um homem de 44 anos – quase tão velho quanto Nash era em 1972, quando se viram da última vez.

Fisicamente, ele tinha uma impressionante semelhança com o pai. A estatura, os ombros largos, os olhos brilhantes, a pele clara e o nariz finamente modelado, tudo era de Nash. Mas nas escolhas de sua vida – e em sua capacidade de obter grande satisfação ajudando os outros – ele era o filho de sua mãe. John Stier permanecera em Boston, continuava solteiro e seguia a carreira de prático de enfermagem. Na época ele estava pensando em voltar para a faculdade a fim de obter um diploma nessa área.

Nos dois dias que passaram na companhia um do outro – o período mais longo que já haviam ficado juntos na vida –, apenas ocasionalmente conversaram sobre assuntos pessoais. Na verdade, ficaram quase sempre na companhia de outras pessoas; era importante para Nash ter outras pessoas presentes para confirmar a reconciliação. Ficaram sentados examinando velhas fotografias com Eleanor, almoçaram com Arthur Mattuck, o amigo mais íntimo da "primeira família" de Nash, e foram visitar Marvin Minsky em seu laboratório de inteligência artificial no MIT. A certa altura, Nash telefonou para Martha do apartamento de John Stier e disse ao filho para pegar o aparelho.[30]

Quando pai e filho se aventuraram realmente pelo território pessoal, Nash estava, como sempre, cheio das melhores intenções. Queria mostrar a seu filho como este era importante para ele. Nash queria compartilhar um pouco de sua boa sorte recente, queria que ele se beneficiasse do conselho paterno. Estava motivado pelo amor e por um sentimento de responsabilidade. Disse a John que dividiria seus bens igualmente entre ele e o irmão e o convidou a acompanhá-lo a uma conferência em Berlim. Mas, como em tantos outros relacionamentos em sua vida, as intenções de Nash nem sempre eram acompanhadas dos meios emocionais para realizá-las de maneira satisfatória. Mesmo quando tentava se aproximar do filho, ele dizia e fazia coisas que só podiam ser consideradas insensíveis e alienadas.[31] Não tentou esconder o próprio sentimento de desapontamento. Criticou a aparência do filho, chamando-o de gordo (o que ele não é). Criticou a escolha da profissão feita por John, sugerindo que enfermagem não estava à altura de um filho seu, e insistindo em que fosse estudar medicina, em vez de tirar um diploma de enfermeiro. Fez várias insinuações de que esperava que John ajudasse a tomar conta de seu irmão mais moço, mas depois o deixou irritado ao dizer que seria bom para Johnny ter por perto um "irmão mais velho menos inteligente".[32] Finalmente, ele queria que John mudasse o nome para Nash, uma sugestão que ele considerava magnânima, mas que, na verdade, feria o outro, porque dava a entender que ele queria que John renunciasse a tudo o que era e tinha sido. Eleanor, é claro, sentiu-se ofendida.

Alguns meses depois, Nash levou realmente John Stier a Berlim com ele. As tensões do primeiro encontro vieram novamente à tona.[33] Nash espicaçou seu filho sem piedade a respeito de coisas de pouca importância, fazendo-o apagar a luz quando ele queria ler, não deixando que ele pedisse sobremesa nos restaurantes e dizendo-lhe para não comer pão ou manteiga. Mesmo assim, John Stier sentiu-se muito orgulhoso quando o pai fez as conferências.[34] E Nash conseguiu escrever para Harold Kuhn: "Berlim foi uma grande experiência... meu filho gostou da viagem."[35]

UM PRÊMIO NOBEL É sempre uma coisa que acaba. Ainda que seja uma honra suprema, a vida continua depois da celebração tipo conto de fadas em Estocolmo. Mais do que para outros premiados, o futuro imediato de Nash é incerto. Ninguém sabe se sua remissão é permanente. As pessoas têm tido recaídas depois de ficarem muitos anos livres dos sintomas. O presente é precioso.

Ao contrário do jogo Hex, os resultados na vida real não são predeterminados pelo primeiro lance e nem mesmo pelo qüinquagésimo. A jornada extraordinária desse gênio americano, esse homem que surpreende as pessoas, continua. O humor autodepreciativo sugere maior consciência de si mesmo. A conversa com os amigos que brota do fundo do coração, sobre tristeza, prazer e afeição, deixa entrever uma gama mais ampla de experiências emocionais. O esforço diário para dar aos outros o que eles merecem, e para reconhecer que eles têm o direito de pedir isso a ele, mostra um homem muito diferente do jovem quase sempre frio e arrogante. E a separação entre intelecto e emoção que caracterizava a personalidade de Nash não só quando ele esteve doente, mas mesmo antes, é muito evidente hoje em dia. Nos atos, embora nem sempre na palavra, Nash atingiu um estágio da vida em que o pensamento e a emoção estão mais entrelaçados, em que ganhar e dar são coisas fundamentais, e em que os relacionamentos são mais simétricos. Ele pode ser menos do que era sob o ponto de vista intelectual, talvez nunca mais venha a conseguir algo realmente inovador, mas passou a ser muito mais do que já fora algum dia – "uma pessoa muito bonita", como Alicia disse certa vez.

ENQUANTO O DEIXAMOS AGORA, talvez ele esteja passando depressa pelo portão Eisenhart a caminho do Fine Hall... ou sentado perto de Alicia no sofá da sala assistindo a "Dr. Who" numa televisão de tela grande... ou perdendo um jogo de xadrez para Johnny... ou passando 105 minutos ao telefone consolando Lloyd Shapley depois da morte da esposa... ou lançando a Harold Kuhn um olhar de menino travesso, quando Harold lhe pergunta se as anotações para a palestra em Pisa já estão prontas... ou sentado à mesa de matemática do instituto com a bandeja do almoço, concordando com a cabeça, enquanto Enrico Bombieri, que acabou de ler as cartas de amor de Carrington, lamenta a arte perdida de escrever cartas... ou, depois de ouvir uma palestra sobre astronomia, esteja olhando através de um telescópio para uma estrela distante que brilha no céu noturno...

fim

Notas

Prólogo

1. George W. Mackey, professor de matemática, Universidade de Harvard, entrevista, Cambridge, Mass. 14/12/1995.
2. Ver, por exemplo, David Halberstam, *The Fifties* (Nova York: Fawcett Columbine, 1993).
3. Mikhail Gromov, professor de matemática, Institut des Hautes-Études, Bures-sur-Yvette, França, e Courant Institute, entrevista, 16/12/1997. A alegação de que Nash se situa entre os maiores matemáticos da era pós-guerra se baseia no julgamento de colegas matemáticos. O topologista John Milnor manifestou uma opinião quase universal entre os matemáticos quando escreveu: "Para alguns, o trabalho curto, escrito aos 21 anos de idade, pelo qual ele ganhou o Prêmio Nobel de Economia, pode parecer o menor de seus feitos." Em "A Celebration of John Nash, Jr.", um número especial, *Duke Mathematical Journal*, vol. 81, n. 1 (Durham, NC: Duke University Press, 1995), Harold W. Kuhn, especialista na teoria dos jogos, considera Nash "uma das mentes matemáticas mais originais do século XX".
4. Paul R. Halmos, "The Legend of John von Neumann", *American Mathematical Monthly*, vol. 80 (1973), pp. 382-394.
5. Donald J. Newman, professor de matemática, Universidade de Princeton, entrevista, Filadélfia, 2/3/1996.
6. Harold Kuhn, professor de matemática, Universidade Princeton, entrevista, 26/7/1995.

7. John Forbes Nash Jr., observações no almoço de homenagem na American Economics Association Nobel, São Francisco, 5/1/1996; palestra em sessão plenária, Congresso Mundial de Psiquiatria, Madri, 26/8/1996.
8. John Nash, "Controle Paralelo", memorando da Rand n. 1.361, 7/8/1954, palestra em sessão plenária, Madri, 26/8/1996, op. cit.
9. Entrevistas com Newman, 2/3/1996; Eleanor Stier, 13/3/1996.
10. John Nash, palestra para o plenário, Madri, 26/8/1996, op. cit.
11. Jürgen Moser, professor de matemática, ETH, Zurique, entrevista, Nova York, 21/3/1996.
12. Entrevistas com Paul Zweifel, professor de física, Virginia Polytechnic Institute, 10/1994; Solomon Leader, professor de matemática, Universidade de Rutgers, 9/7/1995; David Gale, professor de matemática, Universidade da Califórnia em Berkeley, 20/9/1995; Martin Shubik, professor de economia, Universidade de Yale, 27/9/1995; Felix Browder, presidente da Sociedade Americana de Matemática, 2/11/1995; Melvin Hausner, professor de matemática, Courant Institute, 26/1/1996; Hartley Rogers, professor de matemática, MIT, Cambridge, 16/2/1996; Martin Davis, professor de matemática, Courant Institute, 20/2/1996; Eugenio Calabi, 2/3/1996.
13. Atle Selberg, professor de matemática, Instituto de Estudos Avançados, entrevista, Princeton, 16/8/1995.
14. George W. Boehm, "The New Uses of the Abstract", *Fortune* (julho, 1958), p. 127; "Tendo acabado de fazer 30 anos, Nash já criou fama de matemático brilhante e está ansioso por atacar os problemas mais difíceis". Boehm prossegue, dizendo que Nash está trabalhando na teoria quântica e que investe na bolsa de valores como um hobby.
15. John von Neumann, "Zur Theorie der Gesellschaftsspiele", *Math. Ann.*, vol. 100 (1928), pp. 295-320. Ver também Robert J. Leonard, "From Parlor Games to Social Science: Von Neumann, Morgenstern and the Creation of Game Theory, 1928-1944", *Journal of Economic Literature* (1995).

16. Ver, por exemplo, Harold Kuhn, (org.) *Classics in Game Theory* (Princeton, Princeton University Press, 1997); John Eatwell, Murray Milgate e Peter Newman, *The New Palgrave: Game Theory* (Nova York: Norton, 1987); Avinash K. Dixit e Barry J. Nalebuff, *Thinking Strategically* (Nova York, Norton, 1991).
17. Robert J. Leonard, "Reading Cournot, Reading Nash: The Creation and Stabilization of the Nash Equilibrium", *The Economic Journal* (maio de 1994), pp. 492-511; Martin Shubik, "Antoine Augustin Cournot", em Eatwell, Milgate e Newman, op. cit, pp. 117-128.
18. Joseph Baratta, historiador, entrevista, 12/6/1997.
19. John Nash, "Non-Cooperative Games", tese de doutorado, Princeton University Press (maio de 1950). Os resultados da tese de Nash foram publicados pela primeira vez como "Pontos de Equilíbrio em Jogos com N-Pessoas", *Proceedings of the National Academy of Sciences*, Estados Unidos (1950), pp. 48-49, e mais tarde como "Jogos Não-Cooperativos", *Annals of Mathematics* (1951), pp. 286-295. Ver também "Nobel Seminar: The Work of John Nash in Game Theory", em *Les Prix Nobel 1994* (Estocolmo: Norstedts Tryckeri, 1995). Para uma exposição mais acessível ao leitor sobre o equílibrio de Nash, ver Avinash Dixit e Susan Skeath, *Games of Strategy* (Nova York: Norton, 1997).
20. Ver, por exemplo, Anthony Storr, *Solitude: A Return to the Self* (Nova York: Ballantine Books, 1988); Robert Heilbroner, *The Worldly Philosophers* (Nova York: Simon & Schuster, 1992); E. T. Bell, *Men of Mathematics* (Nova York: Simon & Schuster, 1986); Stuart Hollingdale, *Makers of Mathematics* (Nova York, Penguin, 1989); Ray Monk, *Ludwig Wittgenstein: The Duty of Genius* (Nova York: Penguin, 1990); John Dawson, *Logical Dilemmas: The Life and Work of Kurt Gödel* (Wellesley, Mass.: A. K. Peters, 1997); Roger Highfield e Paul Carter, *The Private Lives of*

Albert Einstein (Nova York: St. Martin's Press, 1994); Andrew Hodges, *Alan Turing: The Enigma* (Nova York: Simon & Schuster, 1983).

21. Anthony Storr, *The Dynamics of Creation* (Nova York: Atheneum, 1972).
22. Ibid.
23. John G. Gunderson, "Personality Disorders", *The New Harvard Guide to Psychiatry* (Cambridge: The Belknap Press of Harvard University, 1988), pp. 343-344.
24. Ibid.
25. Ibid.
26. Havelock Ellis, *A Study of British Genius* (Boston: Houghton Mifflin, 1926).
27. Rogers, entrevista, 16/2/1996.
28. Zipporah Levinson, entrevista, Cambridge, 11/9/1995.
29. Irving I. Gottesman, *Schizophrenia Genesis: The Origins of Madness* (Nova York: W.H. Freeman, 1991). Para uma opinião contrária, que afirma que casos de esquizofrenia foram documentados há pelos menos 3.400 anos, ver Ming T. Tsuang, Stephen V. Faraone e Max Day, "Schizophrenic Disorders", *New Harvard Guide to Psychiatry*, op. cit.
30. Tsuang, Faraone e Day, op. cit., p. 259.
31. Gottesman, op. cit.; Tsuang, Faraone e Day, op. cit.; Richard S. E. Keefe e Philip D. Harvey, *Understanding Schizophrenia. A Guide to the New Research on Causes and Treatment* (Nova York: Free Press, 1994); E. Fuller Torrey, *Surviving Schizophrenia: A Family Manual* (Nova York: Harper & Row, 1988).
32. Gottesman, op. cit.
33. Para um excelente resumo, ver Michael R. Trimble, *Biological Psychiatry* (Nova York: John Wiley & Sons, 1996), p. 224.
34. Eugen Bleuler, citado em Louis A. Sass, *Madness and Modernism* (Nova York: Basic Books, 1992), p.14.
35. Emil Kraepelin, citado em ibid., pp. 13-14.
36. Torrey, op. cit.

37. Gottesman, op. cit.
38. Ibid.
39. Ver, por exemplo, Tsuang, Faraone e Day, op. cit.
40. Ver, por exemplo, Gottesman, op. cit.
41. Ibid.
42. Ver, por exemplo, Storr, *Solitude*, op. cit.; Gale Christianson, *In the Presence of the Creator* (Nova York: Free Press, 1984); Richard S. Westfall, *The Life of Isaac Newton* (Cambridge, Grã-Bretanha: Cambridge University Press, 1993).
43. George Winokur e Ming Tsuang, *The Natural History of Mania, Depression, and Schizophrenia* (Washington, D.C.: American Psychiatric Press, 1996), pp. 253-268; Manfred Bleuler, The Schizophrenia Disorders: *Long-Term Patient and Family Studies* (New Haven: Yale University Press, 1978).
44. Bleuler, op. cit., citado em Sass, op. cit., p. 14.
45. Storr, *The Dynamics of Creation*, op. cit.
46. Ver, por exemplo, Gottesman, op. cit. Para uma discussão sobre as diferenças entre psicose maníaco-depressiva e esquizofrenia, ver Torrey, op. cit.; Kay Redfield Jamison, *Touched with Fire: Maniac-Depressive Illness and the Artistic Temperament* (Nova York: Free Press, 1993).
47. Sass, op. cit., prólogo.
48. Emil Kraepelin, *Dementia Praecox and Paraphrenia* (Huntington, Nova York: R.E. Krieger, 1971), citado em Sass, op. cit., pp. 13-14.
49. Sass, op. cit., p. 4.
50. Carta de John Nash a Emil Artin, escrita em Genebra, sem data (1959).
51. Carta de John Nash a Alex Mood, 11/1994.
52. R. Nash, entrevista, 7/1/1996.
53. Fonte confidencial.
54. Ver, por exemplo, Mikhail Gromov, *Partial Differential Relations* (Nova York: Springer-Verlag, 1986); Heisuke Hironaka, "On Nash Blowing Up", *Arithmetic and Geometry II* (Boston: Birkauser, 1983), pp. 103-111; P. Ordehook,

Game Theory and Political Theory: An Introduction (Cambridge, Grã-Bretanha: Cambridge University Press, 1986); Richard Dawkins, *The Selfish Gene* (Oxford: Oxford University Press, 1976); John Maynard Smith, *Did Darwin Get It Right?* (Nova York: Chapman and Hall, 1989); e também *Math Reviews* e *Social Science Citation Index*, diversas datas.

55. Eatwell, Milgate, Newman, op. cit., p. xii.
56. Ariel Rubinstein, professor de economia, Universidade de Princeton e Universidade de Tel Aviv, entrevista, 18/10/1995.
57. Eatwell, Milgate, Newman, op. cit.
58. Membro, School of Historical Studies, Instituto de Estudos Avançados, entrevista, 1995.
59. Freeman Dyson, professor de física, Instituto de Estudos Avançados, entrevista, Princeton, 5/12/1996.
60. Enrico Bombieri, professor de matemática, Instituto de Estudos Avançados, entrevista, 6/12/1996.
61. Ver, por exemplo, Winokur e Tsuang, op. cit., p. 268.
62. Kuhn, entrevista, 10/1994.

Parte I: Uma mente brilhante

1. Bluefield

1. John Forbes Nash Jr., ensaio autobiográfico, *Les Prix Nobel 1994*, op. cit.
2. "Nash-Martin", *Appalachian Power &Light Searchlight*, vol. 3, n. 9 (setembro de 1924), p. 14.
3. Ibid.
4. Martha Nash Legg, entrevista, Roanoke, 31/7/1995.
5. A história da família Nash é baseada em material genealógico, histórias regionais e recortes de jornal fornecidos por Martha Legg e Richard Nash, entre eles *The History of Grayson County, Texas*, vol. 2 (Grayson County Frontier Village, 1981) e Graham Landrum e Allan Smith, *Grayson County: An Illustrated History* (Fort Worth, Tex.: Historical

Publishers). Os fatos sobre os primeiros tempos da vida do Sr. John Forbes Nash baseiam-se em entrevistas com Martha Nash Legg e no obituário dele.

6. Obituários de Martha Nash, *Baptist Standard* (1944); M.Legg, entrevista, 1/8/1995; R. Nash, entrevista, São Francisco, 7/1/1997.
7. M. Legg, entrevista, 31/7/1995.
8. A história da família Martin e os fatos dos primeiros anos da vida de Virginia Martin baseiam-se em entrevistas com Martha Legg e também nos obituários de Emma Martin e Virginia Martin no *Bluefield Daily Telegraph.*
9. Carta de John Forbes Nash Jr. a Martha Legg, sem data (1969).
10. Para uma pequena história sobre a oposição ao casamento, ver Claudia Goldin, "Career and Family: College Women Look to the Past", Carteira de Trabalho n. 5.188 (Cambridge, Mass.: National Bureau of Economic Research, julho de 1995).
11. C. Stuart McGehee, *The City of Bluefield: Centennial History 1889-1989* (Bluefield Historical Society).
12. Ibid.; John E. Williams, professor de psicologia, Universidade de Wake Forest, entrevista, 8/1995.
13. John Nash, *Les Prix Nobel 1994*, op. cit.
14. Williams, entrevista, 24/10/1995; William Lewis, McKinsey & Partners, entrevista, 10/1994.
15. John Nash, *Les Prix Nobel 1994*, op. cit.
16. M. Legg, entrevista, 3/8/1995.
17. Ibid.
18. John G. Gunderson, "Personality Disorders", op. cit., pp. 343-344; também Nikki Erlenmeyer-Kimling, professor de genética e desenvolvimento, Universidade de Columbia, entrevista, 17/1/1998.
19. M. Legg, entrevista.
20. George Thornhill, citado em William Archer, *Bluefield Daily Telegraph*, 10/1994.
21. Boletins escolares, vários anos, fornecidos por Martha Legg.
22. John Nash, *Les Prix Nobel 1994*, op. cit.

23. M. Legg, entrevista, 1/8/1995.
24. Eddie Steele, citado em William Archer, *Bluefield Daily Telegraph*, 13/10/1994.
25. Donald V. Reynolds, entrevista, 29/6/1997.
26. Ibid.
27. Ibid.
28. M. Legg, entrevista, 2/8/1995.
29. Ibid.
30. E. T. Bell, *Men of Mathematics*, op. cit.; Betty Umberger, citada em William Archer, *Bluefield Daily Telegraph*, 13/10/1994.
31. Janice Thresher Frazier, comunicação pessoal, 9/1997.
32. A origem dessa citação é desconhecida.
33. M. Legg, entrevista, 10/1994.
34. Kuhn, entrevista, 3/1997.
35. John Nash, *Les Prix Nobel 1994*, op. cit.
36. Bell, op. cit.
37. Denis Brian, *Einstein: A Life* (Nova York: John Wiley & Sons, 1996).
38. Bell, op. cit.; também Kuhn, entrevista, 21/10/1997.
39. Bell, op. cit.
40. M. Legg, entrevista, 1/8/1995.
41. Williams, entrevista.
42. Donald V. Reynolds, entrevista.
43. Entrevistas com Peggy Wharton, 12/1996; Robert Holland, 9/6/1997; John Louthan, 21/6/1997; John Williams; Reynolds.
44. Reynolds, entrevista.
45. Ibid.
46. Felix Browder, presidente, American Mathematics Society, entrevista, 2/11/1995.
47. M. Legg, entrevista, 11/1994.
48. Reynolds, entrevista; ver também William Archer, "Boys Will Be Boys", *Bluefield Daily Telegraph*, 14/11/1994.
49. Anthony Storr, *The Dynamics of Creation*, op. cit.
50. M. Legg, entrevista, 11/1994.

51. Vernon Dunn, citado em William Archer, *Bluefield Daily Telegraph*, 11/1994.
52. Beaver High School Yearbook, 1945.
53. Entrevistas com Williams e Louthan.
54. M. Legg, entrevista, 1/8/1995.
55. John Nash, *Les Prix Nobel 1994*, op. cit.
56. John F. Nash e John F. Nash Jr., "Sag and Tension Calculations for Cable and Wire Spans Using Catenary Formulas", *Electrical Engineering*, 1945.
57. *Uncle App's News*, 7/1945.

2. Carnegie Institute of Technology

1. O interesse de Nash pela teoria dos números, pela topologia e por outros ramos da matemática pura foi relembrado por Robert Siegel, professor de física, College of William and Mary, entrevista, 30/10/1997; Hans F. Weinberger, professor de matemática, Universidade de Minnesota, entrevistas, 6/9/1995, 28/10/1995 e 29/10/1995; Paul F. Zweifel, professor de matemática, Virginia Polytechnic Institute, entrevistas, 10/1994 e 6/9/1995; Richard J. Duffin (falecido), professor emérito de matemática, Carnegie-Mellon University, entrevistas, 10/1994, 8/1995 e 26/10/1996.
2. Ver, por exemplo, Stephan Lorant, *Pittsburgh: The Story of an American City* (Lenox, Mass.: edição do autor, 1980) e entrevistas com contemporâneos de Nash.
3. Richard Cyert, ex-reitor, Carnegie-Mellon University, entrevista, 26/10/1995. Também Herbert Simon, Prêmio Nobel, Carnegie-Mellon University, entrevista, 26/10/1995.
4. Entrevistas com Martha Nash Legg, 2/8/1995; Weinberger, 28/10/1995; Zweifel, 10/1994.
5. Entrevistas com Siegel, 30/10/1997; Hinman, 30/10/1997.
6. John Nash, ensaio autobiográfico, *Les Prix Nobel 1994*, op. cit.
7. Lide, entevista, 30/10/1997.
8. Entrevistas com Raoul Bott, professor de matemática, Universidade de Harvard, 5/11/1995; Hinman, 30/10/1997;

Cathleeen S. Morawetz, professora de matemática, Courant Institute, e filha de J. Synge, 29/6/1996.

9. Duffin, entrevista, 26/10/1995.
10. Duffin, entrevista, 10/1994.
11. Morawetz, entrevista.
12. Ibid.
13. Entrevistas com Lide, 30/10/1997, e Duffin, 26/10/1995.
14. Weinberger, entrevista, 6/9/1995.
15. Siegel, entrevista, 30/10/1997. Siegel talvez tenha cometido um engano; Bluefield foi palco tanto de uma série de concertos como de uma apresentação de uma orquestra sinfônica antes da guerra.
16. Bott, entrevista, 5/11/1995.
17. Patsy Winter, Williamsburg, Virginia, entrevista, 30/10/1997.
18. Weinberger, entrevista, 28/10/1996.
19. Lide, entrevista, 30/10/1997.
20. Entrevistas com Zweifel, 10/94, e Lide, 30/10/1997.
21. Weinberger, entrevista, 28/10/1995.
22. Siegel, entrevista, 30/10/1997.
23. Hinman, entrevista, 30/10/1997.
24. Zweifel, entrevista, 10/1994.
25. Zweifel, entrevista, 21/1/1998.
26. Ibid.; também entrevistas com Hinman, 30/10/1997, e Siegel, 30/10/1997.
27. Siegel, entrevista, 30/10/1997.
28. Weinberger, entrevista, 28/10/1995.
29. Zweifel, entrevista, 10/1994.
30. Fletcher Osterle, professor de engenharia mecânica, Carnegie-Mellon University, entrevista, 21/5/1997.
31. *Mathematical Monthly* (setembro de 1947), p. 400.
32. Leonard F. Klosinski, diretor, Competição de Matemática William Lowell Putnam, entrevista, 10/1996; Gerald L. Alexanderson, diretor-associado, Competição de Matemática William Lowell Putnam, entrevista, 10/1996; Garrett

Birkhoff, "The William Lowell Putnam Mathematical Competition: Early History", e L. E. Bush, "The William Lowell Putnam Mathematical Competition: Later History and Summary of Results", reproduzido do *American Mathematical Monthly*, vol. 72 (1965), pp. 469-483.

33. Harold Kuhn, entrevista, 7/1997.
34. John Nash, *Les Prix Nobel 1994*, op. cit.
35. A cena se baseia em lembranças de Duffin, entrevistas, 10/1994 e 26/10/1995; Bott, entrevista, 10/1994, e Weinberger, entrevistas, 6/9/1995 e 28/10/1995.
36. Duffin, entrevista, 10/1994.
37. Bott, entrevista, 10/1994.
38. Martin Burrow, professor de matemática, Courant Institute, entrevista, 4/2/1996.
39. Duffin, entrevistas, 10/94 e 26/10/1995.
40. Duffin, entrevista, 10/1994.
41. Bott, entrevista, 5/11/1995.
42. Weinberger, entrevista, 28/10/1995.
43. Seigel, entrevista, 30/10/1997.
44. Weinberger, entrevista.
45. John Nash, *Les Prix Nobel 1994*, op. cit.
46. Ver Capítulo 8.
47. *The Carnegie Tartan*, 20/4/1948.
48. Entrevistas com Kuhn, 10/1997, e M. Legg, 3/8/1995.
49. John Nash, *Les Prix Nobel 1994*, op. cit.
50. A impressão do declínio relativo de Harvard e da supremacia de Princeton no fim dos anos 1940 era generalizada entre os contemporâneos de Nash.
51. Duffin, entrevista, 26/10/1995.
52. Carta de Solomon Lefschetz para Nash, 8/4/1948.
53. Os detalhes sobre a bolsa de estudos JSK, batizada com o nome de John S. Kennedy, ex-aluno de Princeton, baseiam-se num memorando de Sandra Mawhinney a Harold Kuhn, 27/10/1997.
54. Catálogo de Alunos de Pós-Graduação, Universidade de Princeton, vários anos; Relatório ao reitor da Faculdade, Universidade de Princeton, vários anos.

55. John Nash, *Les Prix Nobel 1994*, op. cit.
56. Carta de S. Lefschetz a J. Nash.
57. Carta de John Nash a Solomon Lefschetz, sem data, meados de abril de 1948.
58. Clifford Ambrose Truesdell, entrevista, 14/8/1996.
59. Carta de J. Nash a S. Lefschetz. Quanto aos acontecimentos que transpiraram na época, ver *Chronicle of the Twentieth Century* (Mount Kisco, NY: Chronicle Publications, 1987).
60. Entrevistas com Charlotte Truesdell, 14/8/1996, e Kaplan, 21/5/1997.
61. Carta de J. Nash a S. Lefschetz, 26/4/1948.
62. Clifford Truesdell, entrevista, 14/8/1996.
63. Charlotte Truesdell, entrevista, 14/8/1996.

3. O centro do universo

1. Martha Nash Legg, entrevista, 3/8/1995.
2. Ver, por exemplo, Rebecca Goldstein, *The Mind-Body Problem* (Nova York: Penguin, 1993); Ed Regis, *Who Got Einstein's Office?* (Reading, Mass.: Addison Wesley, 1987); e lembranças de contemporâneos de Nash, incluindo entrevistas com Harold Kuhn e Hartley Rogers, e carta de George Mowbry, 5/4/1995.
3. F. Scott Fitzgerald, *This Side of Paradise* (Nova York; Scribner, 1920).
4. Albert Einstein, citado em Goldstein, op. cit.
5. Conforme lembranças de sua sobrinha Gillian Richardson, entrevista, 14/12/1995.
6. Donald Spencer, professor de matemática, Universidade de Princeton, entrevista, Durango, Colorado, 18/11/1995.
7. Leopold Infeld, *Quest* (Nova York: Chelsea Publishing Company, 1980).
8. Virginia Chaplin, "Princeton and Mathematics", *Princeton Alumni Weekly* (9/5/1958).
9. John D. Davies, "The Curious History of Physics at Princeton", *Princeton Alumni Weekly* (2/10/1973).

10. Harold W. Kuhn, entrevista, 1/1997.
11. Eugene Wigner, *Recollections of Eugene Paul Wigner as Told to Andrew Szanton* (Nova York: Plenum Press, 1992).
12. Regis, op. cit.
13. Infeld, op. cit.
14. Chaplin, op. cit.; William Aspray, "The Emergence of Princeton as a World Center of Mathematical Research, 1896-1939", em *A Century of Mathematics in America, Part* II (Providence, RI\: American Mathematical Society, 1989); Gian-Carlo Rota, "Fine Hall in its Golden Age", em *Indiscrete Thoughts* (Washington, D.C.; Mathematical Association of America, 1996), pp. 3-20.
15. Davies, op. cit.
16. Ibid.
17. Robert J. Leonard, "From Parlor Games to Social Science", op. cit.
18. Davies, op. cit.
19. Woodrow Wilson, citado em ibid.
20. George Gray, Confidential Monthly Trustees Report, Arquivos da Fundação Rockefeller (novembro de 1945).
21. O relato da história do Instituto é baseada em Regis, op. cit.; Bernice M. Stern, *A History of the Institute for Advanced Study 1930-1950*, original inédito em dois volumes (1964).
22. Garrett Birkhoff, "Mathematics at Harvard 1836-1944", em *A Century of Mathematics in America, Part I*, op. cit., pp.3-58; William Aspray, "The emergence of Princeton as a World Center for Mathematical Research, 1896-1939", em *A Century of Mathematics in America, Part II*, op. cit. pp. 195-216; Gian-Carlo Rota, "Fine Hall in Its Golden Age", em *A Century of Mathematics in America*, *Part II*, op. cit., pp. 223-236.
23. Robin E. Rider, "Alarm and Opportunity: Emigration of Mathematicians and Physicists to Britain and the United States, 1933-1945", *Historical Studies in the Physical and Biological Sciences*, vol.15, n.1 (1984), pp. 108-71.

24. Paul Samuelson, "Some Memories of Norbert Wiener", fornecido pelo autor, sem data.
25. Herman H. Goldstine, "A Brief History of the Computer", em *A Century of Mathematics in America, Part II*, op. cit., pp. 311-322; Poundstone, op. cit., pp. 76-78, sobre o papel de von Neumann no desenvolvimento do computador; Halberstam, op. cit., pp. 93-97, sobre von Neumann e o computador.
26. Hartley Rogers, professor de matemática, MIT, entrevista, 26/1/1996.

4. Escola de gênios

1. Solomon Leader, professor de matemática, Universidade de Rutgers, entrevista, 9/6/1995.
2. A descrição de Solomon Lefschetz é baseada em entrevistas com Harold W. Kuhn, 11/1997; William Baumol, 1/1995; Donald Spencer, 18/11/1995; Eugenio Calabi, 2/3/1996; Martin Davis, 20/2/1996; Melvin Hausner, 6/2/1996; Solomon Leader, 9/6/1995; e outros contemporâneos de Nash em Princeton. Também foram consultadas diversas coletâneas de memórias, entre elas Solomon Lefschetz, "Reminiscences of a Mathematical Immigrant in the United States", *American Mathematical Monthly*, vol. 77 (1970); A. W. Tucker, *Solomon Lefschetz: A Reminiscence*; Sir William Hodge, *Solomon Lefschetz*, 1884-1972; Phillip Griffiths, Donald Spencer, and George Whitehead, *Solomon Lefschetz: Biographical Memoirs* (Washington D.C.: National Academy of Sciences, 1992); Gian-Carlo Rota, *Indiscrete Thoughts*, op. cit.
3. O obituário de Lefschetz no *The New York Times* (7/10/1972) credita a ele a "transformação [dos *Annals of Mathematics*] em um dos mais importantes periódicos de matemática do mundo".
4. "Deve-se observar que, embora Lefschetz fosse judeu, ele não deixou de se envolver em uma forma suave de anti-

semitismo. Ele disse a Henry Wallman que era o último aluno judeu de pós-graduação a conseguir matrícula em Princeton, porque os judeus, de qualquer modo, não conseguiriam emprego e, portanto, por que se preocupar?", Ralph Phillips, "Reminiscences of the 1930s", *The Mathematical Intelligencer*, vol. 16, n. 3 (1994). A atitude de Lefschetz em relação aos estudantes judeus era bem conhecida. As impressões de Phillips foram confirmadas por Leader, entrevista, 9/6/1995; Kuhn, entrevista, 11/1997; Davis, entrevista, 20/2/1996; e Hausner, entrevista, 6/2/1996.

5. Baumol, entrevista, 1/1995.
6. Ver, por exemplo, Gian-Carlo Rota, "Fine Hall in Its Golden Age", op. cit., solicitação de segurança para pessoal (Departamento de Defesa), 10/3/1956, Arquivos da Universidade de Princeton.
7. Solomon Lefschetz, "A Self Portrait", datilografado, 1/1954, Arquivos da Universidade de Princeton.
8. Ibid., p. iii.
9. Donald Spencer, entrevistas, 28/11/1995; 29/11/1995; 30/11/1995.
10. Rota, op. cit.
11. Ibid.
12. Leader, entrevista, 9/6/1995.
13. Davis, entrevista, 6/2/1996.
14. Hausner, entrevista, 6/2/1996.
15. Leader, entrevista, 9/6/1995.
16. Spencer, entrevistas.
17. Virginia Chaplin, "Princeton and Mathematics", op. cit.; Davis, entrevista, 20/2/1996; Hartley Rogers, entrevista, 26/1/1996
18. Ibid.
19. Hausner, entrevista.
20. Ibid.
21. Ibid.
22. Joseph Kohn, entrevista, 25/7/1996.
23. Kuhn, entrevista.

24. Washnitzer, entrevista.
25. Calabi, entrevista.
26. Martin Shubik, "Game Theory at Princeton: A Personal Reminiscence", Cowles Foundation Preliminary Paper 901019, sem data.
27. Entrevistas com Hausner; Davis; Kuhn; Spencer; Leader; Rogers; Calabi; e John McCarthy, professor de ciência da computação, Universidade de Stanford, 4/2/1996.
28. Hausner, entrevista, 6/2/1996.
29. Entrevistas com Davis, Leader, Spencer, Rota, op. cit.
30. Rota, op. cit.
31. Isbell, entrevista.
32. Tukey, entrevista.
33. David Yarmush, entrevista, 6/2/1996.
34. Princeton Alumni Directory 1997.
35. John W. Milnor, professor de matemática e diretor, Institute for Mathematical Sciences, State University of New York, em Stony Brook, entrevistas, 28/10/1994 e 7/1995.
36. Entrevistas com Kuhn, Hausner, John McCarthy.
37. Entrevistas com Hausner e Davis.

5. Gênio

1. Kai Lai Chung, professor de matemática, Universidade de Stanford, entrevista, 1/1996; carta, 6/2/1996.
2. Abraham Pais, *Subtle is the Lord: the Science and Life of Albert Einstein* (Nova York: Oxford University Press, 1982).
3. Entrevistas com Charlotte Truesdell, 14/8/1996; Martin Davis, 20/2/1996; Hartley Rogers, 16/2/1996; e John McCarthy, 4/2/1996; John Forbes Nash, Jr., Personnel Security Questionaire, 26/5/1950, Arquivos da Universidade de Princeton.
4. Davis, entrevista.
5. Peggy Murray, ex-secretária, departamento de matemática, Universidade de Princeton, entrevista, 25/8/1997.
6. Davis, entrevista.
7. John Milnor, entrevista, 26/9/1995.

8. John Nash, ensaio autobiográfico, *Les Prix Nobel 1994*, op. cit.
9. Mencionado por muitos contemporâneos, esse fato foi confirmado por Nash numa conversa com Harold Kuhn.
10. Harold Kuhn, comunicação pessoal, 8/1996.
11. Eugenio Calabi, entrevista.
12. Ibid.
13. Leader, entrevista, 9/6/1996.
14. Ibid.
15. David Gale, entrevista, 20/9/1995.
16. Davis, entrevista.
17. Kuhn, entrevista, 9/1996.
18. Hausner, entrevista.
19. Milner, entrevista, 26/9/1995.
20. Kuhn, entrevista, 8/1997.
21. Ed Regis, *Who Got Einstein's Office?* op. cit.; Denis Brian, *Einstein: A Life*, op. cit.
22. John Forbes Nash Jr., palestra em sessão plenária, Congresso Mundial de Psiquiatria, Madri, 26/8/1996, op. cit.
23. Ibid.
24. Regis, op. cit.
25. Ibid; também Brian, op. cit.
26. Brian, op. cit.
27. Ibid.
28. Nash, em conversa com Harold Kuhn; ver também Brian, op. cit., sobre a descrição do trabalho de Kemeny como assistente de Einstein em 1948-1949.
29. Brian, op. cit.
30. John Nash, em conversa com Kuhn, novembro de 1997.
31. Ibid.
32. Ibid.
33. Ibid.
34. Calabi, entrevista.
35. William Browder, professor de matemática, Universidade de Princeton, entrevista, 6/12/1996.
36. Steenrod, carta, 5/2/1953.

37. Milnor, entrevista, 26/9/1995.
38. Entrevistas com Leader e Kuhn.
39. Arquivos da Universidade de Princeton.
40. Ibid.
41. Calabi, entrevista.
42. Hausner, entrevista.
43. Leader, entrevista.
44. Harold Kuhn assistiu à cena, e Mel Peisakoff confirmou que ela ocorreu.
45. Donald Spencer, entrevista.
46. Carta de Albert Tucker a Alfred Koerner, 8/10/1956.
47. A descrição de Artin é baseada em Gian-Carlo Rota, *Indiscrete Thoughts*, op. cit., bem como em recordações de John Tate; Spencer, entrevista, 18/11/1996; Hausner, entrevista; e material dos Arquivos da Universidade de Princeton.
48. Spencer, entrevista.
49. Kuhn, entrevista.

6. Jogos

1. Albert Tucker, em conversa com Harold Kuhn, entrevista.
2. Entrevistas com Marvin Minsky, professor de ciências, MIT, 13/2/1996; John Tukey, 30/9/1997; David Gale, 20/9/1996; Melvin Hausner, 26/1/1996, e 20/2/1996; e John Conway, professor de matemática, Universidade de Princeton, 10/1994; John Isbell, e-mails, 25/1/1996, 26/1/1997, 27/1997.
3. Isbell, e-mails.
4. Carta de John Nash a Martin Shubik, sem data (1950 ou 1951); Hausner, entrevistas e e-mails.
5. William Poundstone, *Prisoner's Dilemma*, op. cit.; John Williams, *The Compleat Strategyst* (Nova York: McGraw Hill, 1954).
6. Solomon Leader, entrevista, 9/6/1995.
7. Martha Nash Legg, entrevista, 1/8/1995.
8. Isbell, e-mails.
9. Hartley Rogers, entrevista, 26/1/1996.

10. Talvez Nash tenha tido a idéia enquanto estava em Carnegie. Essa, pelo menos, é a lembrança de Hans Weinberger, entrevista, 28/10/1995.
11. Martin Gardner, *Mathematical Puzzles and Diversions* (Nova York: Simon & Schuster, 1959), pp. 65-70.
12. O comentário de Gardner, feito em 1959, era que o Hex "pode muito bem se tornar um dos novos jogos matemáticos mais praticados e atentamente analisados do século".
13. Gale, entrevista, 20/9/1995.
14. Jantar ao qual John Nash, David Gale e a autora estiveram presentes, 5 de janeiro de 1996, São Francisco.
15. Gale, entrevista.
16. Ibid.
17. Phillip Wolfe, matemático, IBM, entrevista, 9/9/1996.
18. John Milnor, "A Nobel Prize for John Nash", op. cit.
19. Ibid; Gardner, op. cit.
20. Gale, entrevista.
21. Ibid.
22. Ibid.
23. Milnor, entrevista, 26/9/1995.

7. A teoria dos jogos

1. John von Neumann e Oskar Morgenstern, *The Theory of Games and Economic Behavior* (Princeton: Princeton University Press, 1944, 1947, 1953).
2. Tanto von Neumann quanto Morgenstern compareceram ao seminário, Albert W. Tucker, entrevista, 10/1994. Ver também Martin Shubik, "Game Theory and Princeton, 1940-1955: A Personal Reminiscence", Cowles Foundation Preliminary Paper, sem data, p. 3; David Gale, entrevista, 20/9/1995; e Harold Kuhn, entrevista, 20/9/1995.
3. A.W. Tucker, "Combinatorial Problems Related to Mathematical Aspects of Logistics: Final Summary Report" (U.S. Department of Navy, Office of Naval Research, Logistics Branch, 28 de fevereiro, de 1957), p. 1.

4. Melvin Hausner, entrevista, 6/2/1996.
5. Entrevistas com David Yarmush, 6/2/1996, e John Mayberry, 15/4/1996.
6. Ver, por exemplo, Stanislaw Ulam, "John von Neumann, 1903-1957", *Bulletin of the American Mathematical Society*, vol. 64, n. 3, parte 2 (maio de 1958); Stanislaw Ulam, *Adventures of a Mathematician* (Nova York; Scribner's, 1983); Paul R. Halmos, "The Legend of John von Neumann", *American Mathematical Monthly*, vol. 80 (1973); William Poundstone, *Prisoner's Dilemma*, op. cit.; Ed Regis, *Who Got Einstein's Office?*, op. cit.
7. Poundstone, op. cit.
8. Ulam, "John von Neumann", op. cit.; Poundstone, op. cit., pp. 94-96.
9. Harold Kuhn, entrevista, 10/1/1996.
10. Em comentários feitos num almoço comemorativo do Prêmio Nobel, na reunião de 5/1/1996 da American Economics Association, Nash traçou uma linha de sucessão que ia de Newton, passando por von Neumann, até chegar a ele próprio. Como von Neumann, Nash também se interessava pela teoria dos jogos, a mecânica quântica, as variáveis algébricas reais, a turbulência hidrodinâmica e a arquitetura de computadores.
11. Ver, por exemplo, Ulam, "John von Neumann", op. cit.
12. Norman McRae, *John von Neumann* (Nova York: Pantheon Books, 1992), pp. 350-356.
13. John von Neumann, *The Computer and the Brain* (New Haven: Yale University Press, 1959).
14. Ver, por exemplo, G. H. Hardy, *A Mathematician's Apology* (Cambrige, Grã-Bretanha: Cambridge University Press, 1967), com prefácio de C. P. Snow.
15. Ulam, "John von Neumann", op. cit.
16. Poundstone, op. cit.
17. Poundstone, *Prisoner's Dilemma*, p. 190.

18. Clay Blair Jr., "Passing of a Great Mind", *Life* (fevereiro de 1957), pp. 89-90, citado por Poundstone, op. cit., p. 143.
19. Poundstone, op. cit.
20. Ulam, "John von Neumann", op. cit.
21. Harold Kuhn, entrevista, 3/1997.
22. Paul R. Halmos, "The Legend of John von Neumann", op. cit.
23. Ibid.
24. Poundstone, op. cit.
25. Halmos, op. cit.
26. Poundstone, op. cit.
27. Herman H. Goldstine, "A Brief History of the Computer", *A Century of Mathematics in America, Part I*, op. cit.
28. John von Neumann, conforme citado em ibid.
29. David Gale, entrevista.
30. Kuhn, entrevista.
31. Ibid.: Hausner, entrevista.
32. Robert J. Leonard, "From Parlor Games to Social Science", op. cit.
33. Ver, por exemplo, H. W. Kuhn e A. W. Tucker, "John von Neumann's Work in the Theory of Games and Mathematical Economics", *Bulletin of the American Mathematical Society* (maio de 1958).
34. Leonard, "From Parlor Games to Social Science", op. cit.
35. Ibid.
36. Ibid.
37. Dorothy Morgenstern Thomas, entrevista, 25/1/1996. Morgenstern mantinha um retrato do *kaiser* pendurado na parede de sua casa.
38. Carta de George Mowbry à autora, 5/4/1995.
39. Leonard, "From Parlor Games to Social Science", op. cit.
40. Ibid.
41. Ibid.
42. Ibid.
43. Ibid.
44. A. W. Tucker, que conhecia bem os dois homens, disse: "Se ele não tivesse sido obrigado a escrever um livro, o livro não

teria sido escrito", entrevista, 10/1994. Von Neumann já se interessava por economia antes de conhecer Morgenstern.

45. Leonard, "From Parlor Games to Social Science", op. cit.
46. Ibid.
47. Von Neumann e Morgenstern, op. cit., p. 6.
48. Leonid Hurwicz, "The Theory of Economic Behavior", *The American Economic Review* (1945), pp. 909-925.
49. Von Neumann e Morgenstern, op. cit., p. 7.
50. Ibid, p. 3.
51. Ibid.
52. Ibid., p. 4.
53. Ibid., p. 7.
54. Ibid., p. 2.
55. Ibid.
56. Ibid., p. 6.
57. *The New York Times*, 3/1946.
58. Ver, por exemplo, Herbert Simon, *The American Journal of Sociology*, n. 50 (1945), pp. 558-560. Hurwicz, op. cit; Jacob Marschak, "Neumann and Morgenstern's New Approach to Static Economics", *Journal of Political Economy*, n. 54 (1946), pp. 97-115; John McDonald, "A Theory of Strategy", *Fortune* (junho de 1949), pp. 100-110.
59. Leonard, "From Parlor Games to Social Science", op. cit.
60. Ibid.
61. Von Neumann e Morgenstern, op. cit. Ver também Eatwell, Milgate e Newman, op. cit.
62. Von Neumann e Morgenstern, op. cit.
63. Ibid.
64. Ver, por exemplo, John C. Harsanyi, "Nobel Seminar", em *Les Prix Nobel 1994.*
65. Von Neumann e Morgenstern, op. cit.
66. Ibid.
67. Ibid.
68. Harsanyi, op. cit.

8. O problema da barganha

1. John Forbes Nash Jr., "O problema da barganha", *Econometrica*, vol. 18 (1950), pp. 155-162.
2. A solução de Nash para a barganha "praticamente não foi antecipada na literatura", de acordo com Roger B. Myerson, "John Nash's Contribution to Economics", *Games and Economic Behavior*, n. 14 (1996), p. 291. Ver também Ariel Rubinstein, "John Nash: The Master of Economic Modeling", *The Scandinavian Journal of Economics*, vol. 97, n. 1 (1995), pp. 11-12; John C. Harsanyi, "Bargaining", em Eatwell, Milgate e Newman, op. cit., pp. 56-60; Andrew Schotter, entrevista, 25/10/1996; Ariel Rubinstein, entrevista, 25/11/1996; James W. Friedman, professor de economia, University of North Carolina, entrevista, 2/10/1996.
3. "Este é o problema clássico de troca e, mais especificamente, de monopólio bilateral, como tratado por Cournot, Bowley, Tintner, Fellner e outros", Nash, "O problema da barganha", p. 155. Como observa Harold Kuhn, o delineamento da história do problema feito por Nash foi sem dúvida fornecido por Oskar Morgenstern: "Agora é evidente que Nash não leu esses autores", Harold Kuhn, "Nobel Seminar", *Les Prix Nobel 1994*. Para uma deliciosa história das trocas, incluindo referências a faraós e reis, ver Robert L. Heilbroner, *The Worldly Philosophers*, 6ª edição (Nova York: Touchstone, 1992), p. 27.
4. John C. Harsanyi, "Approaches to the Bargaining Problem Before and After the Theory of Games: A Critical Discussion of Zeuthen's, Hick's and Nash's Theories", *Econometrica*, vol. 24 (1956), pp. 144-157.
5. Em sua reformulação agora clássica do modelo de barganha de Nash, Ariel Rubinstein reconstitui o problema da barganha até Edgeworth, "Mathematical Psychics: An Essay on the Application of Mathematics to the Moral Sciences" (Londres: C. Kegan, Paul, 1881), reproduzido em

Mathematical Psychics and Other Essays (Mountain Center, Calif.: James & Gordon,1995). Martin Shubik escreve: "Até mesmo como aluno de pós-graduação eu fiquei impressionado com o contraste entre a teoria de jogos cooperativos, cujas sementes eu considerava já presentes em Edgeworth, e a teoria dos não-cooperativos, que estava presente em Cournot", Martin Shubik, *Collected Works*, a ser publicado em breve, p. 6. Para relatos detalhados da vida de Edgeworth e de suas contribuições, ver Heilbroner, op. cit., pp. 174-176, e John Maynard Keynes, "Obituary of Francis Isidro Edgeworth, 26 de março, de 1926", reproduzido em Edgeworth, op. cit.

6. Heilbroner, op. cit., p. 173.
7. Edgeworth, op. cit.
8. Ibid.
9. Ibid.
10. Harsanyi, op. cit.
11. John von Neumann e Oskar Morgenstern, *The Theory of Games and Economic Behavior*, op. cit. p. 9. "Ele pode também ser encarado como um jogo de soma não-zero de dois jogadores", Nash, "O problema da barganha", op. cit., p. 155; "embora a teoria dos jogos de von Neumann e Morgenstern tenha sido um passo essencial para uma firme teoria da barganha, a própria análise que eles fazem dos jogos de barganha com duas pessoas não avançou muito além da fraca teoria da barganha da economia neoclássica", Harsanyi, "Bargaining", op. cit., pp. 56-57.
12. Ver, por exemplo, Robert J. Leonard, "From Parlor Games to Social Science", op. cit., para uma história da abordagem axiomática, e uma soberba discussão interpretativa da "axiomática" em Robert J. Aumann, "Game Theory", em John Eatwell, Murray Milgate e Peter Newman, *The New Palgrave*, op. cit., pp. 26-28.
13. Von Neumann e Morgenstern usaram o método axiomático para derivar sua "teoria do esperado" ou "as utilidades von Neumann-Morgenstern", na segunda edi-

ção, de 1947, de *Theory of Games and Economic Behavior*. A primeira aplicação a um problema das ciências sociais, eu acredito, foi na tese de doutorado de Kenneth J. Arrow, *Social Choice and Individual Values* (Nova York: John Wiley & Sons, 1951). Um outro exemplo magnífico é Lloyd S. Shapley "A Value of N-Person Games", *Contributions to the Theory of Games II* (Princeton: Princeton University Press, 1953), pp. 307-17.

14. John Nash, "O problema da barganha", op. cit., p. 155.
15. John Nash, *Les Prix Nobel 1994*, op. cit., pp. 276-277.
16. Ibid., pp. 176-177.
17. Nash disse a Myerson que ele se inspirou num problema apresentado por Hoselitz, Roger Myerson, professor de economia, Northwestern University, entrevista, 7/8/1997.
18. Myerson, e-mail, 11/8/1997.
19. Carta de John Nash a Martin Shubik, sem data (escrita em 1950 ou 1951).
20. John Nash, "O problema da barganha", op. cit., p. 155
21. John Nash, *Les Prix Nobel 1994*, op. cit., p. 277.

9. A idéia rival de Nash

1. Harold Kuhn, entrevista, 14/4/1997.
2. Albert William Tucker, entrevista, 10/1994.
3. A cena da festinha com cerveja foi reconstituída a partir de lembranças de Melvin Hausner, 6/2/1996, Martin Davis, 20/2/1996, e Hartley Rogers, 16/1/1996, que compareceram a várias dessas reuniões durante seus cursos de pós-graduação.
4. Davis, entrevista.
5. Ibid. Surpreendentemente, Davis conseguiu, quarenta anos mais tarde, lembrar-se da canção inteira, da qual damos aqui alguns versos, entrevista.
6. Kuhn, entrevista, 16/4/1997.
7. Ibid.

8. John Nash a Robert Leonard, e-mail, 20/2/93. Detalhes adicionais foram fornecidos por Harold Kuhn, entrevista, 17/4/1997.
9. "Todos os alunos de pós-graduação tinham medo dele", segundo Donald Spencer, entrevista, 8/11/1995.
10. A roupa e os modos de von Neumann são descritos por George Mowbry numa carta, 5/4/1995. Harold Kuhn, entrevista, 2/5/1997.
11. Conforme relato de Harold Kuhn, 17/4/1997.
12. John Nash, *Les Prix Nobel 1994*, op. cit.
13. J. Nash a R. Leonard, e-mail.
14. Ibid.
15. A conversa entre Nash e Gale foi rememorada por Gale em uma entrevista, 20/9/1995. Gale também sugeriu que Nash usasse o teorema do ponto fixo de Kakutani em vez do teorema de Brouwer para simplificar a prova, sugestão que Nash seguiu na nota para *Proceedings*, da National Academy of Sciences.
16. Gale, entrevista.
17. Tucker, entrevista. 10/1994.
18. A apreciação de Tucker da tese de Minsky sobre computadores e o cérebro, "Neural Networks and the Brain Problem", está numa entrevista dada a Stephen B. Maurer, publicada no *Two Year College Mathematics Journal*, vol. 14, n. 3 (junho de 1983).
19. Tucker, entrevista.
20. Harold Kuhn, "Nobel Seminar", *Les Prix Nobel 1994*, op. cit., p. 283.
21. Tucker, entrevista, 10/1994.
22. Ibid.
23. Ibid.
24. John Nash, *Les Prix Nobel 1994*, op. cit.
25. Tucker, entrevista.
26. Carta de Albert W. Tucker a Solomon Lefschetz, 10/5/1950.
27. Ibid.

28. Ver, por exemplo, introdução, John Eatwell, Murray Milgate e Peter Newman, *The New Palgrave*, op. cit.
29. "Acontece que o conceito dos jogos de soma zero com duas pessoas tem *muito poucas* aplicações na vida real", John C. Harsanyi, "Nobel Seminar", *Les Prix Nobel 1994*, op. cit., p. 285.
30. Ibid.
31. Citação do Prêmio Nobel.
32. Avinash Dixit e Barry Nalebuff, *Thinking Strategically*, op. cit.
33. Ibid.
34. "Hoje em dia parece quase óbvio que a aplicação correta do darwinismo a problemas de interação social entre os animais exige o uso da teoria dos jogos não-cooperativos", segundo Reinhard Selten, "Nobel Seminar", *Les Prix Nobel 1994*, op. cit., p. 288.
35. "Game Theory", em Eatwell, Milgate e Newman, op. cit., p. x iii.
36. Michael Intriligator, comunicação pessoal, 27/6/1995.
37. Selten, op. cit., p. 297.
38. Entretanto, von Neumann ajudou a chamar a atenção para as idéias de Nash, como o próprio Nash sempre reconheceu. Por exemplo, o prefácio da terceira edição (1953) de *Theory of Games and Economic Behavior* orienta os leitores para o trabalho de Nash sobre os jogos não-cooperativos, p. vii.

10. Lloyd

1. T. S. Ferguson, "Biographical Note on Lloyd Shapley", em *Stochastic Games and Related Topics in Honor of Professor L.S. Shapley*, editado por T. E. S. Raghavan, T.S. Ferguson, T. Parthasarathy e O. J. Vrieze (Boston: Kluwer Academic Publishers, 1989).
2. Ver, por exemplo, Carl Sagan, *Broca's Brain* (Nova York: Random House, 1979).

3. David Halberstam, *The Fifties*, op. cit.
4. O relato das experiências de Shapley durante a guerra, em Princeton e na Rand Corporation, se baseiam nas lembranças de Harold Kuhn, 18/11/1996; Norman Shapiro, 9/2/1996; Martin Shubik, 27/9/1995 e 13/12/1996; Melvin Hausner, 6/2/1996; Eugenio Calabi, 2/3/1996; John Danskin, 19/10/1996; William Lucas, 2/3/1996; Michael Intriligator, 27/6/1995.
5. Carta de John von Neumann, 1/1954.
6. Solomon Leader, entrevista, 9/6/1995.
7. Rogers, entrevista, 26/1/1996.
8. "Foi como uma experiência extra-sensorial. Durante todo o tempo Shapley parecia saber onde estavam todas as peças", Minsky, entrevista.
9. Hausner, entrevista, 6/2/1996.
10. Danskin, entrevista, 19/10/1995.
11. Carta de Lloyd Shapley a Solomon Lefschetz, 4/4/1949.
12. Entrevistas com Nancy Nimitz, 21/5/96, e Kuhn, 4/4/1996.
13. Shapiro, entrevista, 13/12/1996.
14. Intriligator, entrevista, 27/6/1995.
15. Shubik, entrevista, 13/12/1996.
16. Lloyd S. Shapley, entrevista, 10/1994.
17. Ibid.
18. Shubik, entrevista, 13/12/1996.
19. Entrevistas com Shapley, Shubik, McCarthy, Calabi.
20. John Nash e Lloyd Shapley, "A Simple Three-Person Poker Game", *Annals of Mathematics*, n. 24 (1950).
21. "Até certo ponto, havia uma competição entre mim, Nash e Shapley", Shubik, entrevista, 13/12/1996.
22. Shapley, entrevista.
23. Shapley, *Additive and Non-Additive Set Functions*, tese de doutorado, Universidade de Princeton, 1953. Shapley publicou seu famoso resultado – o chamado valor Shapley –, um valor para jogos de *n*-pessoas, em 1953.
24. Martin Shubik, "Game Theory at Princeton", op. cit., p. 6. "Todos nós acreditávamos que um problema de importância

era a caracterização do conceito de ameaça num jogo de duas pessoas, e a incorporação do uso da ameaça na determinação da influência do seu emprego numa situação de barganha. [Eu, Nash e Shapley] trabalhamos nesse problema, mas Nash conseguiu formular um bom modelo da barganha de duas pessoas utilizando movimentos de ameaça como ponto de partida." Shubik se refere aqui a "Two-Person Cooperative Games", de Nash, publicado na *Econometrica*, em 1953, mas, na realidade, escrito em agosto de 1950, durante o primeiro verão de Nash na Rand.

25. Carta de Albert W. Tucker, 1953.
26. Ibid.
27. Carta de Frederick Bohnenblust, (primavera de 1953).
28. Carta de John von Neumann, 1/54.
29. Kuhn, entrevista, 18/11/1996.
30. Shapley, entrevista, 10/1994.

11. A guerra de inteligências

1. John McDonald, "A guerra de inteligências", *Fortune* (março de 1951).
2. William Poundstone, *Prisoner's Dilemma*, op. cit.: Fred Kaplan, *The Wizards of Armageddon*, op. cit.; *The Rand Corporation: The First Fifteen Years* (Santa Monica, Calif.: Rand, novembro de 1963) e *40th Year Anniversary* (Santa Monica: Rand, 1963); John D. Williams, An Address, 21/6/1950; Bruce I. R. Smith, *The Rand Corporation* (Cambridge: Harvard University Press, 1966); Bruno W. Augenstein, *A Brief History of Rand's Mathematics Department and Some of Its Accomplishments* (Santa Monica, Calif.: Rand, março de 1993); Alexander M. Mood, "Miscellaneous Reminiscences", *Statistical Science*, vol. 5, n. 1 (1990), pp. 40-41.
3. Hermann Kahn, *On Thermonuclear War* (Princeton: Princeton University Press, 1960), citado em Poundstone, op. cit., p. 90.

4. Isaac Asimov, *Foundation* (Nova York: Bantam Books, 1991).
5. Poundstone, op. cit., p. 52.
6. O relato sobre a fase inicial da Rand baseia-se em Poundstone, op. cit.
7. Ibid, p. 93.
8. Augenstein, entrevista, 13/6/1996.
9. R. Duncan Luce, entrevista, 1996.
10. As descrições das contribuições de Arrow foram tiradas de Mark Blaug, *Great Economists Since Keynes* (Totowa, N. J. : Barnes & Noble, 1985), pp. 6-9.
11. Kenneth Arrow, professor de economia, Universidade de Stanford, entrevista, 26/6/1995.
12. McDonald, entrevista.
13. Richard Best, ex-gerente de segurança, Rand Corporation, entrevista, 22/5/1996.
14. Entrevistas com Alexander M. Mood, professor de matemática, Universidade da Califórnia em Irvine, ex-vice-diretor, departamento de matemática, Rand Corporation, 23/5/1996, e Mario L. Juncosa, matemático, Rand, 21/5/1996 e 24/5/1996.
15. Kaplan, op. cit., p. 51.
16. Bernice Brown, estatístico aposentado, Rand, entrevista, 22/5/1996.
17. Augenstein, entrevista.
18. Arrow, entrevista.
19. *Chronicle of the Twentieth Century*, op. cit., p. 667.
20. David Halberstam, *The Fifties*, op. cit.
21. Ibid.
22. Ibid, p. 46.
23. Best, entrevista.
24. Halberstam, *The Fifties*, op. cit., p. 45; *Chronicle of The Twentieth Century*, op. cit., p. 677.
25. Halberstam, op. cit., p. 49.
26. *Chronicle of The Twentieth Century*, op. cit., p. 750.
27. Best, entrevista.

28. Ibid.
29. Carta do cel. Walter Hardie, Força Aérea dos Estados Unidos, à Rand, 25/10/1950.
30. Como foi relatado a Harold Kuhn, entrevista, 8/1997.
31. Carta de John Nash a John e Virginia Nash, 10/11/1951.
32. Best, entrevista.
33. A orientação de Eisenhower refere-se à instrução do Departamento de Defesa 52.206, de 1953, e à Ordem Executiva 10.450, de 1953.
34. Danskin, entrevista.
35. Robert Specht, entrevista, 10/1996.
36. John Williams, *The Compleat Strategyst*, op. cit.
37. A descrição dos hábitos de trabalho dos matemáticos baseia-se em entrevistas com Brown, Mood, Juncosa, Danskin e Shapiro.
38. Entrevistas com Mood e Juncosa.
39. A descrição de Williams baseia-se em entrevistas com Best, Brown, Mood e Juncosa; Poundstone, op. cit.; e Kaplan, op. cit.
40. Mood, entrevista.
41. Como citado em Poundstone, op. cit., p. 95.
42. Mood, entrevista.
43. Danskin, entrevista.
44. Arrow, entrevista.
45. Mood, entrevista.
46. Best, entrevista.
47. Harold Shapiro, entrevista.
48. Mood, entrevista.
49. Danskin, entrevista.
50. Ibid.

12. A teoria dos jogos na Rand

1. Kenneth Arrow, entrevista, 26/6/1995.
2. M. Dresher e L. S.Shapley, *Summary of Rand Research in the Mathematical Theory of Games* (RM-293) (Santa Monica, Calif.: Rand, 13/7/1949).
3. Arrow, entrevista.

4. Fred Kaplan, *The Wizards of Armageddon*, op. cit.
5. Arrow, entrevista.
6. Ver, por exemplo, Martin Shubik, "Game Theory and Princeton", op. cit.; William Lucas, "The Fiftieth Anniversary of TGEB", *Games and Economic Behavior*, vol. 8 (1995), pp. 264-268; Carl Kaysen, entrevista, 15/2/1996.
7. John McDonald, "The War of Wits", op. cit.
8. Para um relato bem-humorado do romance dos militares prussianos com a teoria das probabilidades, ver John Williams, *The Compleat Strategyst*, op. cit.
9. McDonald, op. cit.
10. Bernice Brown, entrevista, 22/5/1996.
11. Rosters, RAND Department of Mathematics.
12. Dresher e Shapley, op. cit. Para um relato lúcido de análises teóricas de duelos nos jogos, ver Dixit e Skeath, op. cit.
13. Dresher e Shapley, op. cit.
14. Sobre as opiniões de von Neumann, ver Clay Blair Jr., "Passing of a Great Mind", *Life* (fevereiro de 1957), pp. 88-90, como citado por William Poundstone, *Prisoner's Dilemma*, op. cit., p. 143.
15. Arrow, entrevista.
16. Ver Poundstone, op. cit.; Joseph Baratta, entrevista, 12/8/1997.
17. Arrow, entrevista.
18. John H. Kagel e Alvin E. Roth, *The Handbook of Experimental Economics* (Princeton: Princeton University Press, 1995), pp. 8-9.
19. Albert W. Tucker, entrevista, 12/1994.
20. Ver, por exemplo, Avinash Dixit e Barry Nalebuff, *Thinking Strategically*, op. cit.
21. Ver, por exemplo, Anatol Rappaport, "Prisoner's Dilemma", em John Eatwell, Murray Milgate e Peter Newman, *The New Palgrave*, op. cit., pp. 199-204.
22. Dixit e Nalebuff, op. cit.
23. Harold Kuhn, entrevista, 7/1996.

24. Poundstone, op. cit.; também Kagel e Roth, op. cit.
25. John F. Nash Jr., como citado em Kagel e Roth, op. cit.
26. Martin Shubik, "Game Theory at Princeton, 1949-1955: A Personal Reminiscence", em *Toward a History of Game Theory*, organizado por E. Roy Weintraub (Durham, N.C.: Duke University Press, 1992).
27. A primeira versão da análise de Nash sobre o papel das ameaças na barganha foi publicada no memorando da Rand, "Jogos Cooperativos de Duas Pessoas, P-172"(Santa Monica, Calif.: Rand, 31/8/1950). Uma versão final apareceu com o mesmo título em *Econometrica* (janeiro de 1953), pp. 128-140. Também "Rational Non-Linear Utility", memorando da Rand D-0793, 8/8/1950).
28. Kaplan, op. cit.
29. Ibid.
30. Bruno Augenstein, entrevista.
31. R. Duncan Luce e Howard Raiffa, como citados em Poundstone, op. cit., p. 168.
32. Thomas Schelling, *The Strategy of Conflict* (Cambridge, Mass.: Harvard University Press, 1960).

13. A convocação para o serviço militar

1. Departamento de Matemática, Universidade de Princeton.
2. Recomendações de 11/5/1950 feitas por Solomon Lefschetz, presidente, departamento de matemática, ao presidente, Universidade de Princeton, para que John Forbes Nash Jr. fosse nomeado pesquisador assistente, em tempo parcial, em ONR Contract A-727, de A. W. Tucker.
3. Ver, por exemplo, David Halberstam, *The Fifties*, op. cit.
4. Atas do Congresso Internacional de Matemáticos, 30 de agosto a 6 de setembro de 1950, vol. 1, p. 516.
5. Carta de John Nash a Albert W. Tucker, 10/9/1950. Carta de John Nash a Solomon Lefschetz, sem data (provavelmente escrita entre 10 de abril e 26 de abril de 1948), faz a afirmação mais clara sobre o motivo pelo qual Nash queria evitar

a convocação: "Se ocorrer uma guerra envolvendo os Estados Unidos, eu acho que seria mais útil, e me sairia melhor, trabalhando em algum projeto de pesquisa do que, digamos, servindo na infantaria."

6. Carta de Fred D. Rigby, Office of Naval Research, Washington, D.C., a Albert W. Tucker, 15/9/1950.
7. Carta de J. Nash a A.W. Tucker, 10/9/1950.
8. Cartas de A.W. Tucker à Junta Local de Recrutamento n. 12, de 13/9/1950; Raymond J. Woodrow à Junta Local de Recrutamento n. 12, de 15/9/1950 e 18/9/1950; Raymond J. Woodrow, Committee on Project Research and Inventions, Universidade de Princeton, à Junta Local de Recrutamento n. 12, Bluefield, W.Va., ref. deferimento ocupacional para John F. Nash (com referência à consultoria à Rand).
9. Carta de F.D. Rigby a A.W. Tucker, 10/9/1950.
10. Ibid.
11. Halberstam, op. cit.
12. Hans Weinberger, entrevista, 28/10/1995.
13. Harold Kuhn, entrevista, 6/9/1996.
14. Gottesman, *Schizophrenia Genesis*, op. cit., pp. 152-155; também Bruce Dohrenwind, professor de psicologia social, Columbia University, entrevista, 16/1/1998.
15. H. Steinberg e J. Durrel, "A Stressful Situation as a Precipitant of Schizophrenic Symptoms", *British Journal of Psychiatry*, vol. 111 (1968), pp. 1.097-1.106, como citado em Gottesman, *Schizophrenia Genesis*, op. cit.
16. Carta de Raymond J. Woodrow a John Nash, 6/10/1950.
17. Ibid.; carta de L.L. Vivian, ONR, New York Branch, ao oficial comandante, ONR, New York Branch Office, ref. notificação a Nash, pela junta de recrutamento, de que o serviço ativo foi adiado até 30 de junho de 1951, mantendo-o no status I-A, 22/11/1950.

14. Um lindo teorema

1. Richard J. Duffin, entrevista, 26/10/1995.
2. 'Ele se sai muito bem na matemática pura, mas sua grande força parece estar na fronteira entre a matemática e as ciências biológicas e sociais", carta de Albert W. Tucker a Marshall Stone, 14/12/1951.
3. John Nash, "Algebraic Approximations of Manifolds", *Proceedings of the International Congress of Mathematicians*, vol. 1 (1950), p. 516, e "Real Algebraic Manifolds", *Annals of Mathematics*, vol. 56, n. 3 (novembro de 1952; recebido em 8 de outubro de 1951). Para uma exposição do resultado de Nash, ver John Milnor, "A Nobel Prize for John Nash", op. cit., pp. 14-15, e Harold W. Kuhn, introdução, "A Celebration of John F. Nash, Jr.", *Duke Mathematical Journal*, vol. 81, n. 1 (1995), p. iii.
4. Harold Kuhn, entrevista, 30/11/1997.
5. Norman Steenrod, carta de recomendação, 2/1951, como citado por Kuhn, introdução, "A Celebration of John F. Nash, Jr.", op. cit.
6. John Nash, "Algebraic Approximations of Manifolds", op. cit., p. 516.
7. Solomon Lefschetz, Relatório do Presidente, Arquivos da Universidade de Princeton, 18/7/1980.
8. Solomon Lefschetz, memorando, 9/3/1949, sobre a nomeação de Spencer como professor visitante em Princeton no ano acadêmico 1948-1949; Donald Spencer, entrevistas, 28/11/1995 e 29/11/1995.
9. Lefschetz, memorando, 9/3/1949.
10. Joseph Kohn, professor de matemática, Universidade de Princeton, entrevista 19/7/1995.
11. Ibid. Também Phillip Griffiths, diretor, Instituto de Estudos Avançados, entrevista, 26/5/1995.
12. Em sua recomendação para a nomeação de Spencer como professor visitante em 1949, Lefschetz destaca sua "personalidade calorosa e compassiva". Spencer tinha uma disposição

incomum para ajudar colegas com problemas. Empenhou-se bastante em ajudar Max Shiffman, um jovem matemático brilhante de Stanford, que recebeu um diagnóstico de esquizofrenia; John Moore, um matemático que sofria de grave depressão; e John Nash, depois que voltou a Princeton no início dos anos 1960. Ver Spencer, op. cit.

13. Spencer, op. cit.
14. Como foi ligeiramente reformulado por Milnor, "A Nobel Prize for John Nash", op. cit., p. 14.
15. Nomeação Interdisciplinar: Classe Cinco; eleição de 1996, John F. Nash Jr.
16. Michael Artin, professor de matemática, MIT, entrevista, 2/12/1997.
17. Ver, por exemplo, Michael Artin e Barry Mazur, "On Periodic Points", *Annals of Mathematics*, n. 81 (1965), pp. 82-99. Milnor a considera uma aplicação "importante".
18. Barry Mazur, professor de matemática, Universidade de Harvard, entrevista, 3/12/1997.
19. Nash cita, por exemplo, H. Seifert, "Algebraische Approximation von Mannigfaltigkeiten", *Math. Zeit*, vol. 41 (1936), pp. 1-17.
20. Ibid.
21. Steenrod, carta, 2/1951, como citado por Kuhn, introdução, "A Celebration of John F. Nash Jr.", op. cit.
22. Spencer, op. cit.
23. Nash, como foi relatado a Harold Kuhn, comunicação particular, 2/12/1997. O subseqüente teorema Nash-Moser teve implicações ainda mais profundas na mecânica celeste. Ver Capítulo 29.
24. Albert W. Tucker, entrevista, 11/1994. Nash ainda fazia pequenas incursões na teoria dos jogos, talvez para manter sua ligação com a Rand. Por exemplo, ele escreveu "Jogos de N-pessoas: um exemplo e uma prova", Memorando da Rand, RM-615, 4 de junho de 1951, e também, com os alunos de pós-graduação Martin Shubik e John Mayberry,

"A Comparison of Treatments of a Duopoly Situation", Memorando Rand P-222, 10 de julho de 1951.

25. Kuhn, entrevista.
26. Carta de Albert W. Tucker a Hassler Whitney, 5/4/1955.
27. Artin supervisionou o programa de cálculo matemático avançado, que, segundo John Tate (entrevista, 29/6/1997), ele levou muito a sério. Documentos posteriores referem-se ao fato de Nash ser um professor medíocre; os comentários nasceram sem dúvida de suas experiências em 1950-1951.
28. "Não há dúvida de que o departamento deveria se empenhar em manter Milnor permanentemente como membro do corpo docente", Solomon Lefschetz, Relatório do Presidente, Arquivos da Universidade de Princeton, 9/1951.
29. Carta de A. W. Tucker a H. Whitney, op. cit.
30. William Ted Martin, professor de matemática, MIT, entrevista, 7/9/1995.
31. Carta de Albert W. Tucker a Marshall Stone, 26/2/1951.
32. Nash contou a Kuhn que seu desejo de morar em Boston pesou na sua decisão de aceitar o cargo no MIT, Kuhn, comunicação particular, 7/1997.

15. MIT

1. Lindsay Russell, entrevista, 14/1/1996.
2. Patrick Corcoran, capitão reformado, Cambridge City Police, entrevista, 12/8/1997.
3. Felix Browder, entrevista, 14/11/1995.
4. Gian-Carlo Rota, professor de matemática, MIT, entrevista, 29/10/1994.
5. Paul A. Samuelson, professor de economia, MIT, entrevista, 11/1994.
6. Ibid.
7. William Ted Martin, professor de matemática, MIT, entrevista, 7/9/1995.
8. Samuelson, entrevista.

9. Departamento de Física, MIT, comunicação, 1/1998.
10. Catálogo dos cursos, MIT, vários anos.
11. Arthur Mattuck, professor de matemática, MIT, e-mail, 23/6/1997.
12. Joseph Kohn, professor de matemática, Universidade de Princeton, entrevista, 25/7/1995.
13. Samuelson, entrevista. Ver também Relatório do Presidente, MIT, vários anos.
14. Jerome Lettvin, professor de engenharia elétrica e bioengenharia, MIT, entrevista, 25/7/1997.
15. Gian-Carlo Rota, entrevista.
16. Depoimento perante o Comitê de Atividades Antiamericanas (HUAC), Câmara dos Deputados, 83º Congresso, 1ª Sessão, Washington D.C., 22 e 23 de abril de 1953.
17. Samuelson, entrevista.
18. Martin, entrevista.
19. Ibid.
20. Ver, por exemplo, o obituário de Wiener, *The New York Times*, 19/3/1964; Paul Samuelson, "Some Memories of Norbert Wiener", 1964, cópia xerox fornecida por Samuelson; e Norbert Wiener, *Ex-Prodigy* (Nova York: Simon & Schuster, 1953) e *I Am a Mathematician* (Nova York: Simon & Schuster, 1956).
21. Samuelson, "Some Memories of Norbert Wiener", op. cit.
22. Ibid.
23. Zipporah Levinson, entrevista, 11/9/1995.
24. Samuelson, "Some Memories of Norbert Wiener", op. cit.
25. Z. Levinson, entrevista.
26. Ibid.
27. Ibid.
28. Ibid.
29. Bilhete de John Nash a N. Wiener, 17/11/1952.
30. Carta de John Nash a Albert W. Tucker, 10/1958.
31. Jerome Neuwirth, professor de matemática, Universidade de Connecticut em Storrs, entrevista, 21/5/1997.

32. A descrição de Levinson se baseia em lembranças de sua viúva, Zipporah Levinson; Arthur Mattuck; F. Browder, 2/11/1995; Gian-Carlo Rota, 11/94; e muitos outros. Também Kenneth Hoffman, Memorando ao presidente J. B. Wiesner, 14/3/1974; William Ted Martin et al., obituário de Norman Levinson, 17/12/1975.
33. HUAC, op. cit. Ver também capítulo 18.
34. Arthur Mattuck, "Norman Levinson and the Distribution of Primes", discurso aos acionistas do MIT, 6/10/1978.

16. Os "bad boys"

1. Donald J. Newman, professor de matemática, Temple University, entrevista, 28/12/1995; Leopold Flatto, Bell Laboratories, entrevista, 25/4/1996.
2. Arthur Mattuck, entrevista, 7/11/1995.
3. Robert Aumann, professor de matemática, Hebrew University, entrevista, 25/6/1995.
4. Joseph Kohn, entrevista, 19/7/1995.
5. Mattuck, entrevista, 13/2/1996.
6. As descrições desse grupo lendário são baseadas em entrevistas com Kohn; Felix Browder, 2/11/1995, 10/11/1995, 6/9/1997; Aumann; Neuwirth; Newman; H. F. Mattson, 29/10/1997 e 18/11/1997; Larry Wallen, 16/5/1997 e 20/5/1997; Mattuck; Paul Cohen, 5/1/1996; Jacob Bricker, 22/5/1997, e outros.
7. F. Browder, entrevista, 6/9/1997.
8. Haber, entrevista.
9. Ibid.
10. Martha Nash Legg, entrevista, 29/3/1996.
11. Neuwirth, entrevista.
12. Ibid.
13. Mattuck, entrevista, 13/2/1996.
14. Entrevistas com Neuwirth e F. Browder, 2/11/1995.
15. Jürgen Moser, professor de matemática, Eidgenössische Techische Hochschule, Zurique, entrevista, 23/3/1996.

16. Marvin Minsky, professor de ciências, MIT, entrevista, 13/2/1996.
17. Herta Newman, entrevista, 2/3/1996.
18. Andrew Browder, professor de matemática, Brown University, entrevista, 18/6/1997.
19. Haber, entrevista.
20. Flatto, entrevista.
21. D. Newman, entrevista, 4/2/1996.
22. Zipporah Levinson, entrevista, 11/9/1995.
23. Neuwirth, entrevista.
24. Lawrence Wallen, professor de matemática, University of Hawaii, entrevistas, 20/5/1997 e 4/6/1997.
25. Kohn, entrevista.
26. H. F. Mattson, professor de ciência da computação, Syracuse University, entrevista, 16/5/1997; também Wallen, entrevista.
27. J. C. Lagarias, "The Leo Collection: Anecdote and Stories, AT&T Bell Laboratories, 29/4/1995 (xerox).
28. Mattuck, entrevista, 21/5/1995, e Neuwirth, entrevista.
29. Neuwirth, entrevista.
30. A descrição de Donald J. Newman é baseada numa entrevista com ele e em entrevistas com Flatto, Kohn, Mattuck, Singer e Harold S. Shapiro, professor de matemática, Real Instituto de Tecnologia, Estocolmo, Suécia, e-mail, 21/5/1997.
31. Singer, entrevista, 13/12/1995.
32. Mattuck, entrevista, 7/11/1995.
33. D.Newman, entrevista, 2/3/1996.
34. Flatto, entrevista.
35. Ibid.
36. Ibid.
37. Singer, entrevista.
38. Haber, entrevista.
39. Ibid.
40. Flatto, entrevista.

41. Ibid.
42. Ibid.
43. Neuwirth, entrevista.
44. Ibid.
45. D. Newman, entrevista, 2/3/1996.
46. Ibid.
47. H. Newman, entrevista.
48. Fred Brauer, professor de matemática, Universidade de Wisconsin, entrevista, 22/5/1997.

17. Experimentos

1. Harold N. Shapiro, professor de matemática, Courant Institute, entrevista, 20/2/1996.
2. John Milnor, entrevista, 26/9/1995.
3. O relato da viagem pelo país é baseado, em grande parte, nas lembranças de Martha Nash Legg, entrevistas, 29/8/1995 e 29/3/1996, e Ruth Hincks Morgenson, entrevista, 22/6/1997.
4. John Nash a Harold Kuhn, comunicação pessoal, 24/6/1997; também Morgenson, entrevista.
5. M. Legg, entrevista.
6. Ibid.
7. Ibid.
8. Ibid.; Milnor, entrevista.
9. John M. Danskin, entrevista, 29/10/1995.
10. M. Legg, entrevista.
11. Ibid.
12. John Milnor, "Games Against Nature", em *Decision Processes*, editado por R. M. Thrall, C. H. Coombs e R. L. Davis (Nova York: John Wiley & Sons, 1954).
13. "Some Games and Machines for Playing Them", Memorando Rand, D-1164, 2/2/1952.
14. John Nash e R.M. Thrall, "Some War Games", Memorando Rand, D-1379, 10/9/1952.
15. G. Kalisch, J./ Milnor, J./Nash e E. Nering, "Some Experimental N-Person Games", Memorando Rand, RM-948, 25/8/1952.

16. M. Legg, entrevista.
17. A descrição do experimento é baseada, além de no documento original, em Evar Nering, professor de matemática, Universidade de Minnesota, entrevista, 18/6/1996; R. Duncan Luce e Howard Raiffa, *Games and Decisions* (Nova York: John Wiley & Sons, 1957), pp. 259-269; John H. Kagel e Alvin E. Roth, *The Handbook of Experimental Economics*, op. cit., pp. 10-11.
18. Kagel e Roth, op. cit.
19. Milnor, entrevista, 28/10/1994.
20. Milnor, entrevista, 27/1/1998.
21. Carta de John Nash a John Milnor, 27/12/1964.

18. "Comunas"

1. Zipporah Levinson, entrevista, 11/9/1995.
2. Depoimento ao Comitê de Atividades Antiamericanas, Câmara dos Deputados, Washington, D.C., 22/4/1953 e 23/4/1953. A menos que especificado, todas as referências ao depoimento são baseadas na transcrição oficial do depoimento.
3. David Halberstam, *The Fifties*, op. cit.
4. Carta de Harold W. Dodds, presidente, Universidade de Princeton, ao coronel S. R. Gerard, Divisão de Seleção, Western Industrial Personnel Security Board, 14/10/1954, Princeton University Archives.
5. Ver, por exemplo, F. David Peat, *Infinite Potential: The Life and Times of David Bohm* (Reading, Mass.: Addison Wesley, 1997).
6. Z. Levinson, entrevista.
7. Ibid. Ver também Felix Browder, entrevista, 10/11/1995.
8. Z. Levinson, entrevista.
9. Ibid.
10. *The Tech*, primavera de 1953, vários números.
11. Z. Levinson, entrevista.
12. Ibid.
13. William Ted Martin, entrevista.
14. Z. Levinson, entrevista.

15. Fred Brauer, e-mail 23/6/1997; Arthur H. Copeland, professor de matemática, University of New Hampshire, e-mail 24/6/1997; Arthur Mattuck, e-mail, 25/6/1997.
16. John Nash, palestra em sessão plenária, Congresso Mundial de Psiquiatria, Madri, 26/8/1996, op. cit.

19. Geometria

1. Carta de Warren Ambrose a Paul Halmos, sem data (escrita na primavera de 1953).
2. A descrição de Ambrose é baseada em lembranças de Isadore Singer, 13/2/1995; Lawrence Wallen, 4/6/1997; Felix Browder, 2/11/1995; Zipporah Levinson, 11/9/1995; William Ted Martin, 7/9/1995; H. F. Mattson, 29/10/1997, 18/11/1997, 28/11/1997; Gian-Carlo Rota, 10/1994; George Mackey, 14/12/1995.
3. Ver, por exemplo, I. M. Singer e H. Wu, "A Tribute to Warren Ambrose", *Notices of the AMS* (abril de 1996).
4. Leopold Flatto, entrevista, 15/4/96. Ver também "The Leo Collection. Anecdotes and Stories", AT&T Bell Laboratories, 29/4/1994.
5. George Mackey, entrevista, 14/12/1995.
6. Felix Browder, entrevista, 2/11/1995.
7. Flatto, entrevista.
8. Apesar de seu tom apócrifo, a história parece ser verdadeira e foi confirmada pelo próprio Nash. Harold Kuhn, comunicação pessoal, 8/1997.
9. Armand Borel, professor de matemática, Instituto de Estudos Avançados, entrevista, 1/3/1996.
10. F. Browder, entrevista.
11. Ibid.
12. Joseph Kohn, entrevista, 19/7/1995. Escolhendo as palavras com precisão, Ambrose teria usado o advérbio "isometricamente" – significando "preservar distâncias" – depois de "embutindo".

13. Shlomo Sternberg, professor de matemática, Universidade de Harvard, entrevista, 5/3/1996.
14. Mikhail Gromov, entrevista, 16/12/1997.
15. John Forbes Nash Jr., *Les Prix Nobel 1994*, op. cit
16. Gromov, entrevista.
17. John Conway, professor de matemática, Universidade de Princeton, entrevista, 10/1994.
18. Jürgen Moser, e-mail, 24/12/1997.
19. Richard Palais, professor de matemática, Brandeis University, entrevista, 6/11/1995.
20. Moser, entrevista.
21. Donald J. Newman, entrevista, 2/3/1996
22. Jürgen Moser, "A Rapidly Convergent Iteration Method and Non-linear Partial Differential Equations, I, II", *Annali della Scuola Normale Superiore di Pisa*, vol. 20 (1966), pp. 265-315, 499-535.
23. Ver, por exemplo, Kyosi Ito, ed., *Encyclopedic Dictionary of Mathematics* (Sociedade Matemática do Japão; Cambridge: MIT Press, 1987), p. 1.076; Lars Hörmander, "The Boundary Problems of Physical Geodesy", *Archive for Rational Mechanics and Analysis*, vol. 62, n. 1 (1976), pp. 1-52; e S. Klainerman, *Communications in Pure and Applied Mathematics*, vol. 33 (1980), pp. 43-101
24. John Nash, "C1 Isometric Imbeddings", *Annals of Mathematics*, vol. 60, n. 3 (novembro de 1954), pp. 383-396.
25. Kohn, entrevista.
26. John Forbes Nash Jr., *Les Prix Nobel 1994*, op. cit
27. Rota, entrevista, 14/11/1995.
28. Flatto, entrevista.
29. Jacob Schwartz, professor de ciência da computação, Courant Institute, entrevista, 29/1/1996.
30. Isadore Singer, entrevista, 14/12/1995.
31. Paul J. Cohen, professor de matemática, Universidade de Stanford, entrevista, 6/1/1996.

32. Rota, entrevista, 10/1994.
33. George Whitehead, professor de matemática, MIT, entrevista, 12/12/1995.
34. Flatto, entrevista.
35. Lawrence Wallen, entrevista, 4/6/1997.

Parte II: Vidas separadas

20. Singularidade

1. Cartão-postal de John Nash a Arthur Mattuck, 1968. *B* representa Jacob Bricker, *T* representa Ervin D. Thorson, *F* representa Herbert Amasa Forrester, e *R* representa Donald V. Reynolds.

21. Uma amizade especial

1. Carta de John Forbes Nash Jr. a Martha Nash Legg, 4/11/1965.
2. Ibid.
3. Herta Newman, entrevista, 2/3/1996.
4. D. Newman, entrevista.
5. Joseph Kohn, entrevista, 15/2/1996.
6. H. Newman, entrevista.
7. D. Newman, entrevista.
8. Em sua carta de 4/11/1965, Nash descreve Thorson como uma de três "amizades especiais". Thorson trabalhava em Santa Monica, Califórnia, na Douglas Aircraft.
9. As referências a *T* nas cartas de Nash continuaram pelo menos até 1968, geralmente em combinação com referências a *B* (de Bricker) e *F*.
10. M. Legg, entrevista, 30/3/1996.
11. A Douglas Aircraft não pôde fornecer informações biográficas ou profissionais sobre Thorson (Donald Hanson, comunicação pessoal, 17/6/1997). Nash não se lembrou de Thorson quando Harold Kuhn lhe perguntou sobre ele

(6/1997). Os detalhes conhecidos de Thorson se baseiam exclusivamente em um obituário do *Hemet News* e uma rápida conversa com sua irmã ainda viva, Nelda Troutman, 28/5/1997.

12. Hanson, entrevista.
13. Ibid.
14. Troutman, entrevista, 28/5/1997.

22. Eleanor

1. A descrição da estada de Nash na casa da Sra. Grant baseia-se em entrevistas com Lindsay Russell, 14/1/1996, 23/4/1996 e 7/1997.
2. Cartão-postal de John Nash Jr. a Virginia e ao Sr. John Nash 9/1952.
3. Martha Nash Legg, entrevista, 3/9/1995.
4. Eleanor Stier, entrevista, 14/2/1996.
5. Ibid, 15/3/1996.
6. Ibid, 14/2/1996 e 18/3/1996.
7. Arthur Mattuck, entrevista, 7/11/1995.
8. A história de Eleanor foi extraída de entrevistas com ela, 15/3/1995, e John David Stier, 20/9/1997.
9. E. Stier, entrevista, 14/2/1996.
10. Ibid, 15/3/1996.
11. Donald Newman, numa entrevista em 2/3/1996, recordou que Nash estava interessado em várias drogas e que as experimentou. Eleanor Stier confirmou isso, entrevista, 18/3/1996, embora nenhum dos dois tenha testemunhado as experiências de Nash, se é que realmente elas ocorreram. Sua possível importância é dupla. Primeiro, sugere a preocupação de Nash de aumentar seus poderes mentais, mas também a preocupação com sua própria "virilidade".
12. E. Stier, entrevista, 13/3/1996.
13. Ibid.
14. M. Legg, entrevista.

15. E. Stier, entrevista, 15/3/1996. Confirmado por Jacob Bricker, entrevista, 22/5/1997, e Arthur Mattuck, entrevista.
16. Bricker, entrevista.
17. E. Stier, entrevista, 7/1995.
18. Ibid.
19. Bricker, entrevista.
20. E. Stier, entrevista, 15/3/1996.
21. John David Stier, entrevista, 29/6/1996.
22. E. Stier, entrevista, 15/3/1996.
23. J. D. Stier, entrevista, 20/9/1997.
24. E. Stier, entrevista, 15/3/1996.
25. Ibid.
26. Ibid, 18/3/1996.
27. Ibid, 18/3/1996, e J. D. Stier, entrevista, 20/9/1997.
28. J. D. Stier, entrevista, 20/9/1997.
29. A. Mattuck, entrevista.
30. E. Stier, entrevista, 18/3/1996.
31. Bricker, entrevista; Mattuck, entrevista.
32. E. Stier, entrevista, 18/3/1996.
33. Ibid, 15/3/1996.
34. Ibid, 18/3/1996.
35. Ibid.
36. J. D. Stier, entrevista, 20/9/1997.
37. Ibid.

23. Jack

1. Donald J. Newman, entrevista, 12/3/1996.
2. Arthur Mattuck, entrevista, 21/5/1997.
3. A descrição de Bricker se baseia em entrevistas com Mattuck; Newman; Herb Kamowitz; Jerome Neuwirth, 23/5/1997 e 5/6/1997; Leopold Flatto, 25/4/1996; Lawrence Wallen, 20/5/1997.
4. Jacob Bricker, entrevista, 22/5/1997.
5. Jack Kotick, entrevista, 21/1/1998.

6. D. Newman, entrevista, 12/3/1996.
7. Ibid, 25/1/1998.
8. Eleanor Stier, entrevista.
9. Carta de John Nash a Martha Nash Legg, 4/11/1965.
10. Herta Newman, entrevista, 2/3/1996.
11. Sheldon M. Novick, *Henry James: The Young Master* (Nova York: Random House, 1996).
12. Carta de J. Nash a M. Legg.
13. Alfred C. Kinsey et al., *Sexual Behavior of the Human Male* (Filadélfia: Saunders, 1948)
14. Carta de J. Nash a M. Legg.
15. Bricker, entrevista, 22/5/1997.
16. Mattuck, entrevistas, 20/5/1997 e 28/5/1997.
17. Bricker, entrevista, 22/5/1997.
18. Cartão-postal de John Nash a Jacob Bricker, 3/8/1967.
19. Carta de John Nash a Arthur Mattuck, 10/7/1968. "Mattuckine" parece ser uma referência à Sociedade Mattachina, o primeiro grupo americano de defesa dos homossexuais, fundado em 1951 (fonte: Neil Miller, *Out of the Past: Gay and Lesbian History from 1869 até os Dias Atuais* – Nova York: Vintage Books, 1995 – pp. 334-338).
20. Bricker, entrevista.
21. Bricker, entrevista, 26/1/1998.

24. A prisão

1. Na maior parte do tempo, Nash dedicou-se a seu interesse cada vez maior por computadores e publicou um trabalho em que apresenta a idéia do controle paralelo. "Higher Dimensional Core Arrays for Machine Memories", Memorando Rand, D-2495, 22/7/1954; "Parallel Control", Memorando Rand, RM-1361, 27/8/1954. Também escreveu dois outros trabalhos, um dos quais era "Continuous Iteration Method for Solution of Differential Games", Memorando Rand, RM 1326, 18/8/1954.

2. *The Evening Outlook* (Santa Monica, Califórnia), verão de 1954, várias datas.
3. Ibid.
4. Melvin P. Peisakoff, entrevista, 3/6/1997.
5. Richard Best, entrevista, 22/5/1996. Todas as citações diretas atribuídas a Best no capítulo 24 são da entrevista de 22/5/1996.
6. Carta de John Nash a Arthur Mattuck, 15/1/1973. Numa referência a sua prisão em 1954, Nash deu o nome do agente policial que o prendeu.
7. Best, entrevista.
8. Ibid.
9. "The Consenting Adult Homosexual and the Law: An Empirical Study of Enforcement and Administration in Los Angeles County", *UCLA Law Review*, vol. 13 (1966), pp. 643, 691. "Solicitation" e "police decoys": Thomas E. Lodge, "There May Be Harm in Asking: Homosexual Solicitations and the Fighting Words Doctrine", em *Homosexuality, Criminology and the Law*, editado por Wayne R. Dynes e Steven Donaldson (Nova York: Garland Publishing, 1992), pp. 461-493. "In 1961 every state in the United States had sodomy laws", de *Lesbians, Gay Men and the Law*, editado por William B. Rubenstein (Nova York: The New Press, 1993), p. xvi.
10. Ver, por exemplo, Jerel McCrary ad Lewis Gutierrez, "The Homosexual Person in the Military and in National Security Employment", *Journal of Homosexuality*, vol. 5, n. 1 e 2 (outono de 1979 – inverno de 1980); Ellen Schrecker, *The Age of McCarthyism: A Brief History with Documents* (Nova York: St. Martin's Press, 1994).
11. McCrary e Gutierrez, op. cit.
12. Best, entrevista.
13. Ibid; "The Consenting Adult Homosexual and the Law", op. cit.
14. Best, entrevista.
15. Ibid.

16. Ibid.
17. Ibid.
18. Cartão-postal de John Nash a Virginia e ao Sr. John Nash 9/1954.
19. "J. C. C. McKinsey" (obituário), *Proceedings and Addresses of the American Philosophical Association*, vol. 27 (1954).
20. Andrew Hodges, *Alan Turing: The Enigma*, op. cit.

25. Alicia

1. Alicia Nash, entrevista, 10/1994 e 18/4/1997.
2. Peter Munstead, bibliotecário-chefe, discoteca, MIT, entrevista, 19/9/1997; também Lawrence Wallen, entrevista, 4/6/1997.
3. A descrição de Alicia aos 21 anos baseia-se em grande parte em entrevistas com duas mulheres que a conheceram como aluna de graduação no MIT: Joyce Davis, 17/5/1997 e 30/6/1997, e e-mails, várias datas; e Emma Duchane, 30/4/1996 e 26/6/1997. Também foram obtidas informações com Wallen, 5/6/1997; Arthur Mattuck, 7/11/1997; Herta Newman, 2/3/1996; Jacob Bricker, 22/5/1997.
4. Duchane, entrevista.
5. Ibid.
6. J. Davis, entrevista.
7. Ibid.
8. A história da família Larde baseia-se em entrevistas com Alicia Nash, Odette Larde, Enrique L. Larde, e na história do Sr. Enrique Larde, que ele mesmo publicou, *The Crown Prince Rudolf: His Mysterious Life After Mayerling* (Pittsburgh: Dorrance Publishing, 1994).
9. A. Nash, entrevista, 14/5/1997
10. O. Larde, entrevista, 7/1/1997.
11. Ver, por exemplo, Patricia Parkman, *Nonviolent Insurrection in El Salvador* (Tucson: University of Arizona Press, 1988).
12. O. Larde, entrevista.
13. Irmã Raymond, entrevista.

14. A. Nash, entrevista.
15. Duchane, entrevista.
16. A. Nash, entrevista.
17. O. Larde, entrevista.
18. J. Davis, entrevista.
19. Irmã Raymond, entrevista.
20. A. Nash, entrevista.
21. Irmã Raymond, entrevista.
22. *The Tech*, 9/1951.
23. A. Nash, entrevista, 22/8/1995.
24. J. Davis, entrevista.
25. Ibid.
26. Duchane, entrevista.
27. J. Davis, entrevista.
28. Cartas de Joyce Davis a seus pais, 1951-1953.
29. J. Davis, entrevista.
30. Ibid.
31. Ibid.
32. H. Newman, entrevista, 2/3/1996.
33. Duchane, entrevista.
34. A. Nash, entrevista, 11/1994.
35. J. Davis, entrevista.
36. Carta de J. Davis a seus pais, 24/4/1954.
37. Carta de A. Nash a J. Davis, junho ou julho de 1954.
38. A. Nash, entrevista, 18/7/1996.
39. John Moore, professor de matemática, Universidade de Princeton, entrevista, 6/10/1995.

26. O namoro

1. Arthur Mattuck, entrevista, 7/11/1995.
2. Carta de Alicia Nash a Joyce Davis, 7/1955.
3. Emma Duchane, entrevista, 30/4/1996.
4. Jacob Bricker, entrevista, 22/5/1997.
5. Duchane, entrevista, 26/6/1997.
6. Ibid.

7. Ibid., 30/4/1996.
8. Ibid., 26/6/1997.
9. Mattuck, entrevista.
10. Eleanor Stier, entrevista, 14/2/1996.
11. Duchane, entrevista, 30/4/1996.
12. "Grant in Aid, Support for Dr. John F. Nash Jr., as Alfred F. Sloan Research Fellow in Mathematics", 15/5/1956; também, Relatório de 1955-1956, Alfred F. Sloan Foundation, Nova York.
13. "A aplicação é quase experimental... o problema da convocação para o exército é uma complicação." Carta de John Nash para Albert W. Tucker, sem data (provavelmente escrita no início do outono de 1955).
14. Carta de John Nash a Hassler Whitney, 10/1955; John Forbes Nash Jr., pedido de admissão, Instituto de Estudos Avançados, 23/5/1955. A admissão de Nash foi aprovada formalmente em janeiro (fonte: carta de Robert Oppenheimer a John Nash, 17/1/1956).
15. Carta de A. Nash a J. Davis, 2/1956.
16. Nesmith Ankeny, que entrou para o corpo docente do MIT no outono de 1955, foi testemunha do incidente e relatou o caso para Harold e Estelle Kuhn pouco depois (fonte: Harold Kuhn, e-mail, 21/5/1997, e entrevista, 22/5/1997).
17. J. Davis, entrevista, 19/5/1997.

27. Seattle

1. O curso de geometria diferencial foi realizado do meio de junho ao fim de julho de 1956, na Universidade de Washington em Seattle. As datas e os nomes dos participantes constam de um memorando de Carl B. Allendoerfer, chefe do departamento de matemática, Universidade de Washington, Seattle, 23/5/1956.
2. John Milnor, e-mail, 8/1997.
3. Eugenio Calabi, entrevista, 2/3/1996; John Isbell, professor de matemática, State University of New York, em Buffalo,

entrevista, 14/6/1997; Raoul Bott, professor de matemática, Universidade de Harvard, entrevista, 5/11/1995.

4. E-mail de John Nash a Harold Kuhn, 16/4/1996.
5. Carta de John Nash a Martha Nash Legg, 4/11/1965.
6. Isbell, entrevista.
7. Nash esteve em Seattle em fevereiro de 1967, aparentemente por um mês. Carta de John Nash a Virginia Nash, 2/1967.
8. Klee, entrevista.
9. Essa cena foi reconstituída com base nas recordações de Martha Nash Legg, entrevista, 2/9/1995.
10. Cartão-postal de John Nash a Virginia e ao Sr. John Nash 12/7/1956.
11. Jerome Neuwirth, entrevista, 21/5/1997.
12. Jacob Bricker, entrevista, 22/5/1997.

28. Morte e casamento

1. Cartão-postal de John Nash a Virginia e ao Sr. John Nash 11/8/1956.
2. Ibid., 18/9/1956.
3. Elizabeth Hardwick, "Boston: A Lost Ideal", *Harper's*, dezembro, de 1959, citado em Paul Mariani, *Lost Puritan: A Life of Robert Lowell* (Nova York: Norton, 1994), p. 271.
4. Cartões-postais de John Nash a Virginia e ao Sr. John Nash 8/1953, 9/1953, 2/12/1953, 2/1/1955.
5. Martha Nash Legg, entrevista, 29/3/1996.
6. Harold Kuhn, entrevista, 8/1997.
7. M. Legg, entrevista.
8. Carta de John Nash a Martha Nash Legg, de Paris, 28/9/1959.
9. M. Legg, entrevista.
10. Carta de J. Nash a H. Kuhn, 8/1997.
11. Certidão de óbito do Sr. John Nash, 12/9/1956.
12. M. Legg, entrevista.
13. Eleanor Stier, entrevista, 15/3/1996.
14. Alicia Nash, entrevista, 14/5/1997.

15. Carta de Alicia Nash a Joyce Davis, 26/10/1956.
16. M. Legg, entrevista.
17. John Nash, jantar na casa de Gaby e Armand Borel, 22/3/1996.
18. M. Legg, entrevista.
19. A. Nash, entrevista, 11/10/1997; também M. Legg, entrevista.
20. Cartão-postal de J. Nash a V. Nash, 2/1957.
21. Enrique Larde, entrevista, 21/12/1995.

Parte III: Um fogo que queima lentamente

29. Olden Lane e Washington Square

1. Instituto de Estudos Avançados, anuário, 1956-1957, Institutos de Estudos Avançados, arquivos, Princeton, Nova Jersey.
2. Regis, *Who Got Einstein's Office?* op. cit., p. 5.
3. John Danskin, entrevista, 19/10/1995.
4. George Boehn, "The New Uses of the Abstract", *Fortune* (julho de 1958).
5. Nash contou a Harold Kuhn que tinha um carro na cidade de Nova York naquele ano e que estacioná-lo lhe dera muitas dores de cabeça, comunicação pessoal, 7/1997.
6. Cartão-postal de John Nash a Virginia e do Sr. John Nash, 11/8/1956.
7. Natasha Brunswick, entrevista, 25/9/1995.
8. Tilla Weinstein, professora de matemática, Universidade de Rutgers, entrevista, 25/8/1997.
9. Morawetz, entrevista.
10. Lars Hörmander, professor de matemática, Universidade de Lund, entrevista, 13/2/1997.
11. Lax, entrevista.
12. Hörmander, entrevista.
13. John Isbell, e-mail, 28/3/1995.
14. Boehm, "The New Uses of the Abstract", op. cit.

15. Stanislaw Ulam, "John von Neumann, 1903-1957", *Bulletin of the American Mathematical Society*, vol. 64, n. 3, parte ii (maio de 1958).
16. John Nash, "Continuity of Solutions of Parabolic and Elliptic Equations", *American Journal of Mathematics*, vol. 80 (1958), pp. 931-954.
17. Louis Nirenberg, professor de matemática, Courant Institute, entrevista, 10/1994. Ver também Lax, entrevista.
18. Ibid.
19. Ibid.
20. Lax, entrevista.
21. Ibid.
22. Nirenberg, entrevista.
23. Hörmander, entrevista.
24. Ibid.
25. Lax, entrevista.
26. Nirenberg, entrevista.
27. Armand Borel, professor de matemática, Instituto de Estudos Avançados, entrevista 1/3/1996.
28. Lax, entrevista.
29. Morawetz, entrevista; Gian-Carlo Rota, entrevista, 10/1994.
30. Paul R. Garabedian, professor de matemática, Courant Institute, entrevista, 20/2/1996.
31. "Ennio De Giorgi, 1928-1996" e "Interview with Ennio De Giorgi", *Notices of the American Mathematical Society*, 10/1997.
32. John Nash Jr., *Les Prix Nobel 1994*, op. cit.
33. Rota, entrevista.
34. Lax, entrevista.
35. Carta de John Nash a Robert Oppenheimer, 10/7/1957.
36. Ibid.
37. John Nash, palestra em sessão plenária, Congresso Mundial de Psiquiatria, Madri, 26/8/1996, op. cit.
38. Instituto de Estudos Avançados, anuários, vários anos.
39. Carta de J. Nash a R. Oppenheimer.
40. John Nash, palestra em sessão plenária, op. cit.

30. A fábrica de bombas

1. Richard Emery, advogado, entrevista, 4/4/1996.
2. Ibid.
3. Cartão-postal de John Nash a Virginia Nash, 9/1957.
4. Emma Duchane, entrevista, 26/6/1996.
5. Alicia Nash, entrevista, 1/7/1997.
6. Duchane, entrevista.
7. O principal resultado obtido por Nash foi publicado inicialmente num comentário – apresentado por Marston Morse, do Instituto de Estudos Avançados, em 10/6/1957 – em *Proceedings of the National Academy of Sciences*, n. 43 (1957), pp. 754-758. O trabalho completo foi apresentado ao *American Journal of Mathematics* quase um ano depois, em 26/5/58, e publicado no vol. 80 (1958), pp. 931-958.
8. Elias Stein, professor de matemática, Universidade de Princeton, entrevista, 2/12/1995.
9. Lennart Carleson, professor de matemática, Universidade de Estocolmo, entrevista, 3/10/1995.
10. Ibid.
11. Stein, entrevista.
12. Ibid.
13. Ibid.
14. Paul R. Garabedian, entrevista, 20/2/1996.
15. George Boehm, "The New Mathematics", série em duas partes, *Fortune* (junho e julho de 1958).
16. Martha lembrou-se de Nash ter-lhe contado que ele estava pensando em aceitar um cargo na Cal Tech, a fim de estimular uma proposta de Harvard, possivelmente porque Harvard e o MIT tinham uma política informal de não-aliciamento. Martha Nash Legg, entrevista, 30/3/1996.
17. Carta de John Nash a Albert W. Tucker, 10/1958.
18. Na época, a cátedra não era concedida antes que o candidato completasse sete anos na instituição. No MIT, ao contrá-

rio de algumas outras instituições, a cátedra era associada à promoção a professor permanente, não a professor assistente.

19. Gian-Carlo Rota, entrevista, 10/1994.
20. John Forbes Nash Jr., *Les Prix Nobel 1994*, op. cit.
21. *Awards, Honors and Prizes*, 8ª edição, vol. II (Detroit: Gale Research, 1989), p. 129.
22. Lars Hörmander, entrevista, 13/2/1997.
23. Fonte confidencial.
24. *Proceedings, International Congress of Mathematicians*, 1958 (Providence, R.I: American Mathematical Society, 1960).
25. Jürgen Moser, entrevista, 21/3/1996.
26. *Proceedings, International Congress of Mathematicians*, op. cit.
27. Fonte confidencial.
28. Fonte confidencial.
29. Moser, e-mail, 24/12/1997.
30. Peter Lax, entrevista, 6/2/1996.
31. Moser, entrevista, 21/3/1996
32. Ibid.

31. Segredos

1. John Forbes Nash Jr., palestra em sessão plenária, Congresso Mundial de Psiquiatria, Madri, 26/8/1996, op. cit.
2. Felix Browder, entrevista, 10/11/1995.
3. Harold Kuhn, entrevista, 7/1995.
4. Ibid.
5. John Nash, palestra em sessão plenária, op. cit.
6. Elias Stein, entrevista, 28/12/1995.
7. Cohen, entrevista.
8. E. T. Bell, *Men of Mathematics*, op. cit.
9. Enrico Bombieri, entrevista, 6/12/1995.
10. Bell, op. cit.
11. Jacob Schwartz, professor de ciência da computação, Courant Institute, entrevista, 29/1/1996.

12. Jerome Neuwirth, entrevista, 27/5/1997.
13. Stein, entrevista.
14. Ibid.
15. Richard Palais, professor de matemática, Brandeis University, entrevista, 6/11/1995.
16. Bell, op. cit.
17. Atle Selberg, entrevista.
18. Eugenio Calabi, entrevista, 2/3/1996.
19. Carta de John Nash a Martha Nash Legg, 4/11/1965.
20. Stein, entrevista.
21. Hörmander, entrevista.
22. Harold Kuhn, e-mail, 7/1997.
23. Paul A. Samuelson, entrevista.
24. William Ted Martin, entrevista, 7/9/1995.
25. Robert Solow, professor de economia, MIT, entrevista, 1/1995.
26. Martin, entrevista.
27. Cathleen Morawetz, entrevista, 29/2/1996.
28. Alicia Nash, entrevista, 3/1/1997.
29. Ibid.
30. John Nash, comunicação pessoal, 22/3/1996.
31. Eva Browder, entrevista, 6/9/1997.
32. Ibid.
33. A. Nash, entrevista.
34. F. Browder, entrevista
35. John Moore, professor de matemática, Universidade de Princeton, entrevista, 5/10/1995.

32. Projetos

1. Alicia Nash, entrevista, 1/7/1997.
2. Ibid.
3. Carta de John Nash a Albert W. Tucker (início de outubro de 1958).
4. George Mackey, entrevista, 21/1/1996.

5. Carta de C. Ralph Buncher, professor de bioestatística e epidemiologia, University of Cincinnati Medical Center, ao autor, 20/5/1996.
6. A. Nash, entrevista.
7. John Nash, carta a A. Tucker, 10/1958.
8. Ibid.
9. Martha Nash Legg, entrevista, 29/3/1996.
10. Paul A. Samuelson, entrevista, 13/3/1996.
11. Saunders McLane, ex-chefe, departamento de matemática, Universidade de Chicago, entrevista, 4/3/1996.
12. Shlomo Sternberg, entrevista, 5/3/1996.
13. Ibid. Também pedido de admissão, Instituto de Estudos Avançados, outono, 1958.
14. Carta de Albert W. Tucker a John Nash, 8/10/1958.
15. Carta de Albert W. Tucker à Sloan Foundation, 8/10/1958.
16. Carta de Albert W. Tucker à Guggenheim Foundation, 26/11/1958.
17. Gian-Carlo Rota, entrevista, 14/11/1995.
18. Robert Solow, professor emérito de economia, MIT, entrevista, 1/1995.
19. Carta de John Nash a Virginia Nash, 15/10/1958.
20. *The New York Times*, 14/11/1963.
21. Paul S. Cohen ganhou a medalha Fields em 1966 e o prêmio Bôcher em 1964. A descrição de Paul Cohen é baseada em entrevistas com Raoul Bott, 11/1995 e 5/11/1996; Lennart Carleson, 18/10/1995; Elias Stein, 28/12/1995; Felix Browder, 2/11/1995; Adriano Garsia, professor de matemática, Universidade da Califórnia em San Diego, 31/12/1995; Lars Hörmander, 13/2/1997; Jürgen Moser, 21/3/1996; Jerome Neuwirth, 27/5/1997.
22. Cohen, entrevista, 5/1/1996.
23. Stein, entrevista, 28/12/1995.
24. Ibid.
25. Garsia, entrevista, 31/12/1995.
26. Cohen, entrevista.

27. Garsia, entrevista; Neuwirth, entrevista, 27/5/1997.
28. F. Browder, entrevista, 10/11/1995.
29. Ibid, 2/11/1995.

33. O imperador da Antártida

1. Richard Emery, entrevista, 4/4/1996. A cena da festa descrita por Emery é baseada em lembranças também de Jürgen e Gertrude Moser, John e Karen Tate, Adriano Garsia, Gian-Carlo Rota e Alicia Nash.
2. Alicia Nash, entrevista, 7/2/1996.
3. Paul S. Cohen, entrevista, 5/1/1996.
4. Al Vasquez, professor de matemática, City University of New York, entrevista, 17/6/1997.
5. Raoul Bott, entrevista, 5/11/1995.
6. Emma Duchane, entrevista, 26/6/1997.
7. Carta de C. Ralph Buncher à autora, 20/5/1996; também carta de Henry Y. Wan, professor de economia, Cornell University, à autora, 5/6/1996. Tony Phillips, professor de matemática, State University of New York em Stony Brook, entrevista, 26/8/1997, lembrou a pergunta de Nash à turma.
8. Ramesh Gangolli, professor de matemática, Universidade de Washington, entrevista, 12/6/1995. Também Alberto R. Galmarino, professor de matemática, Northeastern University, entrevista, 6/1995.
9. Atle Selberg, entrevistas, 16/8/1995 e 23/1/1996.
10. Gian-Carlo Rota, entrevista, 29/10/1994; Gangolli, entrevista; Galmarino, entrevista. Martha Nash Legg situou esse episódio numa época posterior, mas Gangolli e Galmarino lembram que Nash não compareceu para dar aula nas duas últimas semanas do trimestre que terminou em 21/1/1959, e Rota lembrou que Nash fez uma parada no seu apartamento antes de "seguir de carro para o sul".
11. Jerome Neuwirth, entrevista, 4/6/1997; também Garsia, entrevista, 31/12/1995.

12. Hartley Rogers, entrevista, 16/2/1996.
13. Duchane, entrevista, 30/4/1996.
14. Fonte confidencial.
15. Vasquez, entrevista.
16. Kate Tate, entrevista, 11/8/1997.
17. John Nash, palestra em sessão plenária, op. cit.
18. A. Nash, entrevista.
19. Cohen, entrevista.
20. Vasquez, entrevista.
21. Harold Kuhn, entrevista, 8/1994.
22. Cohen, entrevista.
23. Neuwirth, entrevista.
24. Moser, entrevista, 23/3/1996.
25. William Ted Martin, entrevista, 7/9/1995.
26. Felix Browder, entrevista, 2/11/1995; Paul A. Samuelson, entrevista, 10/1994.
27. John Danskin, entrevista, 19/10/1996.
28. O relato desse incidente é baseado em entrevistas com as seguintes fontes: Sigurdur Helgason, 13/2/1996; F. Browder; Samuelson, 10/1994 e 15/3/1996; Harold Kuhn, entrevista, 1/1995; Browder, que mais tarde se tornou chefe do departamento da Universidade de Chicago, lembrou-se de ter visto a carta nos arquivos. As tentativas do atual chefe para localizá-la foram infrutíferas.
29. Vasquez, entrevista.
30. Eugenio Calabi, entrevista, 2/3/1996.
31. Ibid.
32. Selberg, entrevista.
33. Programa, 554ª Reunião, Universidade de Columbia, Nova York, 28 de fevereiro de 1959, *Bulletin of the American Mathematical Society*, vol. 65 (1959), p. 149.
34. Harold N. Shapiro, entrevista, 29/2/1996.
35. Peter Lax, entrevista, 6/2/1996.
36. Donald J. Newman, entrevista, 2/3/1996.
37. Cathleen Morawetz, entrevista, 29/2/1996.
38. F. Browder, entrevista.

34. No olho do furacão

1. Alicia Nash, entrevista, 1/7/1997.
2. Emma Duchane, entrevista, 26/6/1997.
3. A. Nash, entrevista.
4. Donald V. Reynolds, entrevista, 29/6/1997
5. A. Nash, entrevista.
6. Duchane, entrevista.
7. Martha Nash Legg, entrevista, 29/3/1996.
8. Duchane, entrevista.
9. A. Nash, entrevista.
10. Duchane, entrevista.
11. A. Nash, entrevista.
12. Duchane, entrevista.
13. Ibid.
14. William Ted Martin, entrevista, 7/9/1995.
15. Gian-Carlo Rota, entrevista, 29/10/1994.
16. Carta de John Nash a Virginia Nash, 12/3/1959.
17. Carta de John Nash a Martha Nash Legg, 12/3/1959.
18. A. Nash, entrevista, 1/7/1997.
19. Al Vasquez, entrevista, 17/6/1997.
20. Duchane, entrevista.
21. Ibid.
22. Paul S. Cohen, entrevista, 5/1/1996.
23. Gertrude Moser, entrevista, 25/8/1995.
24. Kay Whitehead, professor de matemática, Tufts University, entrevista, 12/12/1995.

35. O dia amanhece em Bowditch Hall

1. Paul S. Cohen, entrevista, 5/1/1996.
2. Adriano Garsia, entrevista, 31/12/1995.
3. Cohen, entrevista.
4. Carta de A. Warren, ex-decano da Tufts University Medical School, a Bernard Bradley, 14/4/1959.
5. Minha descrição de como o serviço psiquiátrico do MIT provavelmente lidou com a internação de Nash é baseada

em entrevistas com Benson Rowell Snyder, que foi contratado pelo reitor Julius Stratton para reorganizar aquele serviço, entrevista, 24/7/1997; Wade Rockwood, entrevista, 26/7/1997; Merton J. Kahne, professor, MIT, entrevista, 15/5/1996; Harvey Burstein, ex-agente do FBI, que foi trazido por Stratton para ampliar a força policial no campus, entrevista, 3/7/1997.

6. Snyder, entrevista.
7. Para uma descrição do hospital McLean na década de 1950, eu me baseei numa história oficial de autoria de S. B. Sutton, *A History of McLean Hospital* (Washington, D.C.: American Psychiatric Press, 1986); relatórios anuais; relatos pessoais de Sylvia Plath, Robert Lowell e Ray Charles, e também num relato mais recente de Suzanna Kaysen, *Girl, Interrupted*; e entrevistas com pessoas ligadas à instituição naquela época, entre elas Paul Howard, psiquiatra adjunto responsável e diretor do serviço clínico, 15/2/1995; Kahne; Joseph Brenner, 23/7/1997; Arthur Cain, psiquiatra, 20/8/1997; Alfred Pope, neuropatologista sênior, McLean Hospital, e professor de neuropatologia, Harvard Medical School, 13/12/1995 e 16/2/1996.
8. Robert Garber, ex-presidente, American Psychiatric Association, entrevista, 6/5/1996.
9. Sylvia Plath, *The Bell Jar*, op. cit.; Ray Charles, *Brother Ray* (Nova York: Da Capo, 1978, 1992).
10. Carta de A.W. Stearns a B. Bradley, 14/5/1953.
11. Zipporah Levinson, entrevista, 11/9/1995.
12. Emma Duchane, entrevista, 26/6/1997.
13. Robert Lowell foi internado no hospital McLean no fim de abril de 1959. Lowell ficou confinado no pavilhão Bowditch, como acontecera dois anos antes, quando então escreveu "Day Breaks at Bowditch Hall", um dos poemas de *To the Union Dead*. Várias pessoas que visitaram Nash, entre elas Gian-Carlo Rota, Isadore Singer e Arthur Mattuck, lembram-se de encontros com Lowell, e, portanto, parece

que Nash também esteve confinado no Bowditch. Como não temos informações diretas de Nash, utilizei as impressões de Lowell de 1957 e 1959, ampliadas com as lembranças de algumas pessoas que o visitaram, entre elas sua esposa, a escritora Elizabeth Hardwick, carta, 8/8/1997; o poeta Stanley Kunitz, entrevista, 2/8/1997; e o executor testamentário de Lowell, Frank Bidart, entrevista, 27/7/1997. Ver também Ian Hamilton, *Robert Lowell: A Biography* (Nova York: Random House, 1982); Paul Mariani, *The Lost Puritan*, op. cit., e entrevista, 28/7/1997; Peter Davison, *The Fading Smile: Poets in Boston, 1955-1960, from Robert Frost to Robert Lowell to Sylvia Plath* (Nova York: Knopf, 1994), e entrevista, 11/8/1997.

14. "Eu estou me recuperando aqui há cerca de um mês", carta de Robert Lowell a Edmund Wilson, 19/5/1959, de Bowditch House; "No hospital eu passei um mês maluco ou mais reescrevendo os meus três livros", carta de Robert Lowell a Elizabeth Bishop, 24/7/1959.
15. Elizabeth Hardwick, comunicação pessoal, 8/9/1997.
16. Arthur Mattuck, e-mail, 8/8/1997.
17. "A casa onde eu estava era dividida entre garotos ex-paranóicos e velhos senis", carta de Robert Lowell a Peter Taylor, 15/3/1958.
18. Carta de R. Lowell a E. Bishop, 15/3/1958.
19. Ibid.; também "Waking in the Blue", *Robert Lowell, Life Studies and For the Union Dead* (Nova York: Farrar, Straus and Giroux, 1992). As citações nesse parágrafo e nos seguintes foram tiradas de "Waking".
20. De "Waking in the Blue"; também Duchane, entrevista.
21. Carta de R. Lowell a E. Bishop; também "Waking in the Blue".
22. Seymour Krim, "The Insanity Bit", em *View of a Nearsighted Cannoneer* (Nova York: E. P. Dutton, 1968).
23. Al Vasquez, entrevista, 17/6/1997.
24. Z. Levinson, entrevista.

25. Vasquez, entrevista.
26. Garsia, entrevista.
27. Jürgen Moser, entrevista, 23/3/1996.
28. Duchane, entrevista.
29. George Mackey, entrevista, 14/12/1995.
30. Herta Newman, entrevista, 2/3/1996.
31. Felix Browder, entrevista, 2/1/1995.
32. Gian-Carlo Rota, entrevista, 29/10/1994.
33. Garsia, entrevista.
34. Esta é uma expressão de Jerome Lettvin, professor de engenharia elétrica, MIT, entrevista, 25/7/1997.
35. John McCarthy, entrevista, 4/2/1996.
36. Arthur Mattuck, entrevista, 7/11/1995.
37. Estou supondo que o tratamento de Nash foi semelhante ao de outros pacientes, e baseei meu relato nas lembranças de Paul Howard, diretor clínico do hospital McLean na época, bem como no de outros funcionários da instituição, entre eles Joseph Brenner, psiquiatra, entrevista, 25/7/1997; Cain, entrevista; Kahne, entrevista.
38. Carta de A. W. Stearns a B. Bradley, 20/5/1959.
39. Kahne, entrevista.
40. Brenner, entrevista, 23/7/1997.
41. Z. Levinson, entrevista.
42. Cohen, entrevista; F. Browder, entrevista.
43. Francine M. Benes, psiquiatra, McLean Hospital, entrevista, 13/2/1996.
44. Ver, por exemplo, Mariani, op. cit., e Hamilton, op. cit.
45. Kahne, entrevista; também Howard, entrevista.
46. Kahne, entrevista.
47. Howard, entrevista.
48. Brenner, entrevista.
49. Z. Levinson, entrevista.
50. Isadore Singer, entrevista, 13/12/1995.
51. Carta de A.W. Stearns a B. Bradley, 20/5/1959.
52. Duchane, entrevista.

53. Carta de A.W. Stearns a B. Bradley, 20/5/1959.
54. Taffy Griffiths, médico, Princeton, 20/5/1959, e entrevista, 7/1995.
55. Anotações de uma conversa telefônica entre A. Warren Stearns e Bernard E. Bradley, advogado, 13/5/1959. Numa entrevista (19/8/1997), Bradley disse que lidou com muitos casos semelhantes, mas não se lembrava de Nash.
56. A descrição de A. Warren Stearns é baseada num ensaio biográfico fornecido pelos arquivos da Tufts University; uma entrevista com seu filho Charles Stearns, 14/3/1996; e uma entrevista com Paul Samuelson, que conheceu Stearns, 15/3/1996.
57. Conversa telefônica entre A. W. Stearns e B. Bradley, 14/5/1959.
58. Carta de A.W. Stearns a B. Bradley, 20/5/1959.
59. Ibid.
60. Carta de Robert A. Grimes, advogado, Hardy, Hall & Grimes, a A. Warren Stearns, 18/6/1959.
61. Carta de A.W. Stearns a B. Bradley, 20/5/1959.
62. Ibid.

36. O chá do chapeleiro maluco

1. Emma Duchane, entrevista, 26/6/1997. A descrição de Alicia Nash e dos últimos meses de sua gravidez é baseada nessa entrevista.
2. Fonte confidencial.
3. Fonte confidencial.
4. Michael Artin, entrevista, 12/12/1995.
5. Fonte confidencial.
6. Zipporah Levinson, entrevista, 11/9/1995
7. Al Vasquez, entrevista, 17/6/1997.
8. Carta de John Nash a Lars Hörmander, sem data (chegada por volta de 1/6/1959).
9. Gaby Borel, entrevista, 9/1994.
10. John Nash, palestra em sessão plenária, Congresso Mundial de Psiquiatria, Madri, 26/8/1996, op. cit.

11. Paul Samuelson, entrevista, 16/3/1997.
12. Z. Levinson, entrevista.
13. William Ted Martin, entrevista, 7/9/1995.
14. A. Warren Stearns, anotação de arquivo, 15/6/1959.
15. Samuelson, entrevista.
16. Carta de Henry Y. Wan, Jr. à autora, 5/6/1996.
17. Enrique Larde, entrevista, 21/12/1995.
18. John Danskin, entrevista, 19/10/1995.
19. Alicia Nash, entrevista, 1/7/1997.

Parte IV: Os anos perdidos

37. Cidadão do mundo

1. Cartão-postal de John Nash a Virginia Nash, 18/7/1959.
2. Ibid, 20/7/1959.
3. Janet Flanner, *Paris Journal 1944-1965* (Nova York: Atheneum, 1965).
4. John Moore, entrevista, 6/10/1997.
5. Alicia Nash, entrevista, 15/8/1997.
6. Odette Larde, entrevista, 8/12/1995.
7. Entrevistas com Joseph Baratta, historiador, 12/8/1997; Francis Bourne, 12/8/1997; David Gallup, advogado, 12/8/1997.
8. *The New York Times*, 27/5/1948; Garry Davis, World Citizen Foundation, entrevista, 13/8/1997. Ver também Art Buchwald, *I'll Always Have Paris* (Nova York: G. P. Putnam & Sons, 1996), e Garry Davis, *My Country Is the World: The Adventures of a World Citizen* (Nova York, G. P. Putnam & Sons, 1961).
9. *The New York Times*, 18/9/1948.
10. *International Herald Tribune*, 16/6/1949.
11. Buchwald, op. cit.
12. *International Herald Tribune*, 16/6/1949.
13. Cartão-postal de J. Nash a V. Nash, 29/7/1959.
14. Seção 1481 da Lei de Imigração e Naturalização de 1941.
15. Edward A. Betancourt, Overseas Citizens Services, Immigration and Naturalization Service, entrevista, 26/8/1997.

16. Lei de Imigração e Naturalização de 1941.
17. Martha Nash Legg, entrevista, 29/3/1996.
18. Armand Borel, entrevista, 1/3/1996.
19. Denis Brian, *Einstein: A Life*, op. cit.
20. *International Herald Tribune*, vários números (agosto de 1959).
21. John Nash, palestra em sessão plenária, op. cit.
22. Cartão-postal de J. Nash a V. Nash, 12/8/1959.
23. Como citado por Sass, op. cit.
24. Carta de John Nash a Lars Hörmander, 10/2/1960.
25. Zurbuchen, Le Directeur, Contrôle de l'Habitant, Genebra, 29/9/1959, fornecido por Schweizerisches Bundesarchiv.
26. Franz Kafka, *The Castle* (Nova York: Scholastic Books, 1992), com uma introdução de Irving Howe.
27. Ibid.
28. Ibid.
29. Cartão-postal de J. Nash a V. Nash, 28/9/1959.
30. Convenção Relativa ao Status de Refugiados de 28 de julho de 1951, Alto Comissariado das Nações Unidas para Refugiados, Genebra.
31. Zurbuchen, op. cit.
32. Ibid.
33. Direktion der Eidg, Militarverwaltung, Berna, para o Contrôle de l'Habitant, Genebra, 21/11/1959.
34. A. Nash, entrevista.
35. Telegrama de Amory Houghton, embaixador dos Estados Unidos na França, ao secretário de Estado Christian A. Herter, 15/12/1959.
36. Carta de J. Nash a L. Hörmander, de Paris, 18/1/1960.
37. Cartão-postal de J. Nash a V. Nash, 11/10/1959.
38. Depois de voltar aos Estados Unidos, Nash alegou ser residente de Liechtenstein, que não cobra imposto de renda, e recusou-se a assinar formulários desse imposto (fonte: H. Kuhn, entrevista, 8/1992).

39. O. Larde, entrevista, 8/12/1996.

40. Carta de John Nash a Virginia Nash, 10/11/1959.
41. A história diz respeito a Paul Erdos e foi contada por Donald Spencer, entrevista, 28/11/1995.
42. O. Larde, entrevista, 8/12/1995.
43. M. Legg, entrevista, 29/3/1996.
44. Sass, op. cit.
45. Carta de John Nash a Norbert Wiener, 9/12/1995.
46. Telegrama de A. Houghton a C. A. Herter.
47. Telegrama de Henry S. Villard, cônsul americano na Suíça, ao secretário de Estado Christian A. Herter, 16/12/1959.
48. Ibid.
49. Theodore Friend, obituário de Edward Hill Cox, 4/8/1975, Swarthmore College Archive.
50. A. Nash, entrevista.
51. Telegrama de A. Houghton a C. A. Herter.
52. Telegrama de H.S. Villard a C. A. Herter.
53. Carta de J. Nash a V. Nash, 26/12/1959; O. Larde, entrevista, 8/12/1995.
54. Shing-shen Chern, professor de matemática, Universidade da Califórnia em Berkeley, entrevista, 17/6/1997.
55. A. Nash, entrevista.
56. "Alexandre Grothendieck", History of Mathematics Archive, School of Mathematical and Computational Sciences, University of St. Andrews, Escócia; ver também entrevistas com Nick Katz, professor de matemática, Universidade de Princeton, 26/8/1997; Arthur Mattuck, 19/9/1997; Paulo Ribenboim, professor de matemática, Queens University, Kingston, Ontário, Canadá, 28/9/1997; Tony Phillips, 26/8/1997.
57. O. Larde, entrevista, 8/12/1995.
58. A. Nash, entrevista.
59. Felix Browder, entrevista, 6/9/1997. Ver também obituário de Larkin Farinholt, *The New York Times*, 17/7/1990, para detalhes de sua carreira.
60. Carta de J. Nash a L. Hörmander, 10/2/1960.

61. John Nash, palestra para o plenário, op. cit.
62. Carta de Lars Hörmander a John Nash, 12/2/1960.
63. Cartão-postal de J. Nash a V. Nash, 2/3/1960.
64. John Nash, conversa com a autora, 25/6/1995.
65. F. Browder, entrevista.
66. Carta de J. Nash a V. Nash, 3/1960.
67. Michael Artin, entrevista, 12/12/1995.
68. Al Vasquez, entrevista, 17/6/1997.
69. Cathleen Morawetz, entrevista, 29/2/1996.
70. John Danskin, entrevista, 19/10/1995.
71. M. Legg, entrevista.
72. Eleanor Stier, entrevista, 18/3/1996.
73. Carta de J. Nash a V. Nash, 9/4/1960.
74. Telegrama de Allyn C. Donaldson, Departamento de Estado, a Virginia Nash, 21/4/1960.
75. Emma Duchane, entrevista, 30/4/1995.
76. Vasquez, entrevista.
77. A. Nash, entrevista.
78. G. Davis, entrevista.

38. Zero absoluto

1. Alicia Nash, entrevista, 15/8/1997.
2. Martha Nash Legg, entrevista, 1/8/1995.
3. Entrevistas com John Danskin, 19/10/1995, e Joyce Davis, 30/5/1997.
4. Bilhete manuscrito de Alicia Nash a Joyce Davis (verão de 1960).
5. Odette Larde, entrevista, 7/12/1995.
6. A. Nash, entrevista.
7. Jean-Pierre Cauvin, professor de francês, University of Texas em Austin, entrevista, 25/8/1997; também Agnes Sherman, entrevista, 26/8/1996.
8. O. Larde, entrevista.
9. Cauvin, entrevista.

10. Danskin, entrevista.
11. Ibid.
12. Elvira Leader, entrevista, 9/6/1995.
13. Solomon Leader, entrevista, 9/6/1995.
14. Danskin, entrevista.
15. Samuel C. Howell, memorando do arquivo, 10/11/1960.
16. Anotações de uma conversa entre Oskar Morgenstern e Douglas Brown, Arquivos da Universidade de Princeton, 2/11/1950.
17. Carta de Raymond J. Woodrow a John F. Nash Jr., 21/10/1960.
18. Carta de Donald Spencer a Jean Leray, 31/10/1960.
19. Ibid.
20. Burton Randol, professor de matemática, City University of New York, entrevista, 26/8/1997.
21. Ibid.
22. Ibid.
23. Ibid.
24. Fonte confidencial.
25. Fonte confidencial.
26. Randol, entrevista.
27. Danskin, entrevista.
28. Martin Shubik, entrevista, 10/1994.
29. Paul Zweifel, entrevista, 6/9/1995.
30. Armand Borel, entrevista, 1/3/1996.
31. Danskin, entrevista. Robert Goheen, reitor da Universidade de Princeton, não pôde confirmar esses acontecimentos, que devem ter sido conduzidos por alguém da equipe de segurança do campus, de qualquer modo, entrevista, 10/9/1997.
32. A. Nash, entrevista.
33. O. Larde, entrevista.
34. Fonte confidencial.

39. A torre de silêncio

1. Martha Nash Legg, entrevista, 2/8/1995.
2. Ibid.
3. Gerald N. Grob, *The Mad Among Us* (Cambridge: Harvard University Press, 1994), e "Abuse in American Mental Hospitals in Historical Perspective: Myth and Reality", *International Journal of Law and Psychiatry*, vol. 3 (1980), pp. 295-310. Também entrevista com Grob, professor de história, Universidade de Rutgers, 4/8/1997.
4. Ver biografias de Dorothea Dix, entre elas Rachel Basker, *Angel of Mercy: The Story of Dorothea Dix* (Nova York: Messner, 1955); também Penny Colman, *Breaking the Chains: The Crusade of Dorothea Lynde Dix* (White Hall, Va.: Shoetree Press, 1992).
5. Baumecker, entrevista.
6. Ibid.
7. Ariel Rubinstein, e-mail, 3/2/1997.
8. Baumecker, entrevista. "B" provavelmente se refere a Jacob Bricker (ver capítulo 43).
9. John Danskin, entrevista 19/10/1996. Sobre o seqüestro, ver a revista *Time*, 3/2/1961.
10. M. Legg, entrevista.
11. Danskin, entrevista.
12. Robert Winters, entrevista, 9/8/1995.
13. Carta de Robert Winters a Joseph Tobin, 2/2/1961.
14. Carta de Robert Winters a Harold Magee, 2/2/1959. Também entrevista com Tobin, 10/6/1997.
15. Seymour Krim, "The Insanity Bit", op. cit.
16. Baumecker, entrevista.
17. Phillip Ehrlich, psiquiatra, Princeton Hospital, entrevista, 24/8/1997.
18. Baumecker, entrevista.
19. M. Legg, entrevista.
20. Entrevistas com Garber e Baumecker.
21. Baumecker, entrevista.

22. Danskin, entrevista.
23. Garber, entrevista.
24. Baumecker, entrevista
25. Ibid.
26. Burton Randol, entrevista, 25/8/1997.
27. Lenore McCall, *Between us and the Dark* (Filadélfia: J. B. Lippincot, 1947).
28. Jerome Lettvin, entrevista, 25/7/1997.
29. Grob, *The Mad Among Us*, op. cit., p. 185.
30. Ibid.
31. Ibid.
32. Baumecker, entrevista.
33. Cartão-postal de John Nash para Virginia Nash, 14/7/1961. Nash diz que ele deve ter alta no dia seguinte.
34. Baumecker, entrevista.
35. Cartão-postal de J. Nash a V. Nash, 14/7/1961.
36. Baumecker, entrevista.

40. Um interlúdio de racionalidade forçada

1. John Forbes Nash Jr., *Les Prix Nobel 1994*, op. cit.
2. Louis Sass, *Madness and Modernism*, op. cit.
3. Uma série de estudos comprovou um declínio no nível de inteligência possível de avaliação pouco tempo depois do início da esquizofrenia. Jed Wyatt, comunicação pessoal, 6/1997.
4. Carta de John Nash a Donald Spencer, sem data (primavera de 1961).
5. Entrevistas com Armand Borel, 1/3/1996, e Atle Selberg, 23/1/1996.
6. Carta de Atle Selberg a John Nash, 25/9/1961; carta de Robert Oppenheimer a John Nash, 3/10/1961.
7. John Nash, solicitação de admissão como membro, 17/7/1961, Arquivos do Instituto de Estudos Avançados.
8. Carta de J. Nash a D. Spencer.

9. Shlomo Sternberg, entrevista, 5/3/1996. Também cartões-postais de John Nash a Virginia Nash, 1/8/1961 e 3/8/1961.
10. Alicia Nash, entrevista, 15/8/1996.
11. Entrevistas com John Danskin, 19/10/1995, e Odette Larde, 7/12/1995.
12. O. Larde, entrevista.
13. "Recent Advances in Game Theory", Princeton 4-6 de (outubro de 1961).
14. Reinhard Selten, professor de economia, Universidade de Bonn, entrevista, 27/6/1995.
15. John Harsanyi, entrevista, 27/6/1995.
16. Harold Kuhn, comunicação pessoal, 8/1997.
17. John Nash, "Le Problème de Cauchy Pour Les Equations Differentielles d'une Fluide Générale", *Bulletin de la Société Mathématique de France*, vol. 90 (1962), pp. 487-497. Apresentado para publicação em 19/1/1962.
18. John Nash, *Les Prix Nobel 1994*, op. cit.
19. Segundo a *Encyclopedia of Mathematics*, "o estudo matemático do [problema de Cauchy para a equação geral de Navier-Stokes] voltou à baila desde o momento em que J. Nash e N. Itaya provaram a existência de uma única solução regular local no tempo".
20. Selberg, entrevista.
21. Gillian Richardson, entrevista, 14/12/1997.
22. Karl Uitti, professor de francês, Universidade de Princeton, entrevista, 22/8/1997.
23. Jean-Pierre Cauvin, entrevista, 25/8/1997.
24. Hubert Goldschmidt, Universidade de Columbia, entrevista, 20/3/1997.
25. Carta de Robert Oppenheimer a Leon Motchane, Institut des Hautes Études, 26/4/1962.
26. Memorando de Robert Oppenheimer a Atle Selberg, 26/4/1962.
27. Stefan A. Burr, professor de ciência da computação, City College of New York, entrevista, 5/1995.
28. A. Borel, entrevista.

29. Al Vasquez, entrevista, 17/6/1997.
30. Cartão-postal de J. Nash a V. Nash, 7/1962.
31. Ed Nelson, professor de matemática, Universidade de Princeton, entrevista, 17/8/1995.
32. Lars Hörmander, entrevista, 13/2/1997.
33. John Nash, comunicação pessoal a Harold Kuhn, 8/1997.
34. Hörmander, entrevista.
35. Ibid.
36. Lloyd Shapley, entrevista, 10/1994.
37. Ibid.
38. Certidão de óbito de Carlos Larde, State Department of Health, Nova Jersey, 2/7/1962.
39. Atas, International Congress of Mathematicians, Estocolmo, 1962.
40. Carta de John Nash a Martha Nash Legg, 20/9/1962.
41. Cartão-postal sem assinatura para o departamento de matemática, Princeton University, 1/9/1962.
42. Uitti, entrevista.
43. Carta de John Nash a M. Legg, 19/11/1962.
44. Ibid, 26/1/1963.
45. Alicia L. Nash vs. John Forbes Nash, petição, Superior Court of New Jersey, Mercer County, 27/12/1962; Frank L. Scott, advogado, entrevista, 12/8/1997.
46. M. Legg, entrevista, 2/8/1965.
47. Sentença provisória, Alicia Nash *vs.* John Forbes Nash, Superior Court of New Jersey, Mercer County, 1/5/1963.
48. Sentença definitiva (divórcio), Alicia L. Nash e John Forbes Nash, 2/8/1963.
49. Robert Winters, entrevista, 9/8/1995.
50. Carta de James G. Miller a Albert E. Meder, Jr., tesoureiro, American Mathematical Society, 2/4/1963.
51. Harold Kuhn, entrevista, 8/1995.
52. Carta de William Ted Martin a Albert W. Tucker, 1/4/1963.
53. Ibid.
54. Fonte confidencial.

55. Donald Spencer, entrevista, 28/11/1995.
56. Winters, entrevista.
57. Carta de Martha Nash Legg a Donald Spencer, 24/4/1963.

41. O problema do "blowing up"

1. Robert Garber, entrevista, 6/5/1996.
2. Ken Kesey, *One Flew Over the Cuckoo's Nest* (Nova York: Viking, 1962); Joanne Greenberg, *I Never Promised You a Rose Garden* (Nova York: Signet, 1964); Thomas S. Szasz, *The Myth of Mental Illness* (Nova York: Hoeber-Harper, 1961).
3. William Otis, psiquiatra, entrevista, 3/5/1996.
4. Garber, entrevista.
5. Alicia Nash, entrevista, 15/8/1997.
6. Otis, entrevista.
7. A. Nash, entrevista.
8. Martha Nash Legg, entrevista, 30/3/1996.
9. Garber, entrevista.
10. Ibid.
11. Frank L. Scott, entrevista, 12/11/1997
12. Garber, entrevista.
13. Carta de John Nash a Norbert Wiener, 1/5/1963.
14. Entrevistas com A. Nash; Donald Spencer, 28/11/1995; Gaby Borel, 14/3/1996.
15. Howard Mele não quis ser entrevistado, 9/4/1996.
16. New Jersey Board of Medicine.
17. Entrevistas com Garber e Otis.
18. Belle Parmet, assistente social, entrevista, 24/8/1997
19. Carta de J. Nash a N. Wiener.
20. Garber, entrevista.
21. Carta de John Nash a Virginia Nash, 10/8/1963
22. Ibid., 22/8/1963.
23. Ibid., 29/8/1963.
24. Armand Borel, entrevista, 1/3/1996.

25. Ibid.
26. Memorando de Robert Oppenheimer a Atle Selberg, 30/9/1963.
27. Carta de David Gale a Deane Montgomery, 3/1/1964.
28. Carta de J. Nash a V. Nash, 31/10/1963.
29. Ibid., 14/3/1964.
30. Ibid., 31/10/1964 e 13/12/1964.
31. John Nash, palestra em sessão plenária, Congresso Mundial de Psiquiatria, Madri, 26/8/1996, op. cit.
32. Heisuke Hironaka, "On Nash Blowing Up", em *Arithmetic and Geometry II* (Boston: Birkhauser, 1983).
33. William Browder, entrevista.
34. Memorando de John Milnor ao decano do corpo docente J. Douglas Brown, 8/4/1964.
35. Ibid.
36. Carta de Howard S. Mele a John Milnor, 30/3/1964.
37. Garber, entrevista.
38. Carta de H.S. Mele a John Milnor.
39. Memorando de J. Douglas Brown a Robert F. Goheen, 6/4/1964.
40. Carta de Ernest J. Johnson a John Nash, 1/5/1964.
41. Carta de J. Nash a V. Nash, 18/2/1964.
42. Ibid., 14/3/1964.
43. Ibid., 3/1964.
44. Durante a primavera, Nash escreveu a um colega na Europa dizendo que esperava aceitar um cargo de professor visitante no Institut des Hautes Études, perto de Paris, conseguido por Alexandre Grothendieck.
45. M. Legg, entrevista, 29/3/1996.
46. Ibid.
47. Carta de John Nash a Martha Nash Legg, 4/1964.
48. Karl Uitti, entrevista, 22/8/1997.
49. Carta de John Nash a um colega, 5/1964 ou 6/1964.
50. Carta de John Nash a Robert Oppenheimer, 24/5/1964.

51. The 1964 Summer Research Institute on Algebraic Geometry, American Mathematical Society, comunicações (outubro de 1963); também John Tate, professor de matemática, university of Texas, entrevista, 20/6/1997.
52. Carta de J. Nash a V. Nash, 31/8/1964.
53. John Nash, palestra em sessão plenária, op. cit.
54. Carta de J. Nash a V. Nash, 31/8/1964.
55. Cartão-postal de J. Nash a V. Nash, 7/9/1964.
56. Memorando de A.W. Tucker a J. D. Brown, 18/9/1964.
57. Cartão-postal de J. Nash a V. Nash, 9/1964.
58. Carta de John Nash a John Milnor, 27/12/1964.
59. Entrevistas com John Danskin, 9/10/1996; também com William Lucas, professor de matemática, Claremont Graduate School, 27/6/1995, e Herbert Scarf, professor de matemática, Universidade de Yale, 8/1997.
60. Dansking entrevista.
61. Kuhn, entrevista.
62. Richard C. Palais, professor de matemática, Brandeis University, entrevista, 6/11/1995.
63. A. Borel, entrevista.
64. Palais, entrevista.
65. Carta de J. Nash a V. Nash, 29/7/1965.

42. Solidão

1. Carta de John Nash a Martha Nash Legg, 16/1/1966.
2. Martha Nash Legg, entrevista, 29/3/1996.
3. Carta de J. Nash a M. Legg, 27/7/1965.
4. Ibid., 2/8/1965.
5. John David Stier, entrevistas, 29/6/96 e 20/9/1997.
6. Carta de J. Nash a M. Legg, 31/10/1965.
7. Ibid., 1/5/1966.
8. Ibid.
9. J. D. Stier, entrevistas, 29/6/1996 e 20/9/1997. Exceto onde expressamente observado, os fatos da infância de John David Stier foram obtidos nessas entrevistas.

10. Eleanor Stier, entrevista, 25/3/1996.
11. J. D. Stier, entrevista, 20/9/1997.
12. Carta de J. Nash a M. Legg, 16/1/1966.
13. Ibid., 22/2/1966.
14. Ibid., 27/2/1966.
15. Ibid., 24/4/1966.
16. Ibid., 8/5/1966.
17. Carta de John Nash a Virginia Nash, 31/10/1965.
18. Ibid.
19. Carta de J. Nash a M. Legg, 14/11/1965.
20. Cartas de J. Nash a V. Nash, 31/10/1965 e 16/1/1965.
21. Carta de J. Nash a M. Legg, 28/11/1965.
22. Ibid.
23. Ibid., 9/1/1966.
24. Cartas de J. Nash a V. Nash, 16/1/1965, e a M. Legg, 22/2/1966; também Joan Berkowitz, entrevista, 28/8/1997.
25. Palais, entrevista.
26. Al Vasquez, entrevista, 17/6/1997.
27. "Analyticity of solutions of Implicit Function Problems with Analytic Data", *Annals of Mathematics*, vol. 84 (1966), pp. 345-355.
28. Harold Kuhn, entrevista, 17/7/1997.
29. Carta de J. Nash a M. Legg. 19/9/1966.
30. Egbert Brieskorn, professor de matemática, Universidade de Bonn, entrevista, 27/1/1998.
31. Cartas de J. Nash a M. Legg, 5/12/1965 e 1/5/1966.
32. Carta de J. Nash a M. Legg, 27/2/1966.
33. Carta de J. Nash a V. Nash, 9/1/1966.
34. Kuhn, entrevista, 5/1996. O trabalho não foi rejeitado, segundo Nash, mas os editores pediram que fossem feitas revisões, que ele nunca fez.
35. Carta de J. Nash a M. Legg, 26/6/1996.
36. Zipporah Levinson, entrevista, 15/11/1996.
37. Carta de J. Nash a M. Legg, 22/5/1966.
38. Carta de John Nash a Harold Kuhn, 17/5/1966.

39. Palais, entrevista.
40. Vasquez, entrevista.
41. Carta de J. Nash a M. Legg. 1/9/1966.
42. Martha Legg citando sua carta de 28/9/1966 a Pattison Esmiol.
43. M. Legg, entrevista.
44. Carta de Pattison Esmiol a Martha Nash Legg, 7/10/1966.
45. Carta de J. Nash a M. Legg, 8/10/1966.
46. M. Legg, entrevista.
47. Carta de J. Nash a M. Legg, 11/1966.
48. Ibid., 28/11/1966.
49. Vasquez, entrevista.
50. Joseph Kohn, entrevista, 16/1/1996.
51. Z. Levinson, entrevista, 15/11/1996.
52. Carta de J. Nash a M. Legg, 2/1967, dizendo que ele estivera em Seattle desde fevereiro.
53. Cartão-postal de John Nash a Martha Nash Legg, 11/3/1967, dizendo que ele estivera em Santa Monica por cerca de dez dias e voltaria a Roanoke em 22 de março.
54. Jacob Bricker, entrevista, 22/5/1997.
55. Carta de P. Esmiol a M. Legg, 19/4/1967.
56. Gilbert Strand, professor de matemática, MIT, e-mail, 5/6/1997.
57. Carta de Armand Borel a Norman Levinson, 17/5/1967.
58. Cartão de felicitações de John Nash a Arthur Mattuck, 15/11/1973.
59. Palais, entrevista.
60. Carta de John Nash a Jürgen Moser, 23/5/1967.
61. Carta de Norman Levinson a Martha Nash Legg, 30/6/1967.

43. Um homem completamente sozinho em um mundo estranho

1. Carta de John Nash a Arthur Mattuck, 5/8/1968.
2. Ibid.
3. Carta de John Nash a um colega, 1967

4. Martha Nash Legg, entrevista, 2/3/1996.
5. James Glass, *Delusion* (Chicago: University of Chicago Press, 1985).
6. M. Legg, entrevista, 10/1994.
7. Ibid., 31/8/1995.
8. Carta de J. Nash a A. Mattuck, 8/8/1967.
9. Ver, por exemplo, *Diagnostic and Statistical Manual of Mental Disorders* (Washington, D.C.: American Psychiatric Press, 1987). Ming T. Tsuang, Stephen V. Faraone e Max Day, "Schizophrenic Disorders", op. cit.
10. E. Fuller Torrey, *Surviving Schizophrenia* (Nova York: Harper & Row, 1988)
11. Carta de J. Nash a A. Mattuck, 18/3/1968.
12. Carta de J. Nash a A. Mattuck, 24/7/1967.
13. Ibid., 8/8/1967.
14. Ibid., 9/9/1967.
15. Ibid., 7/10/1967.
16. Ibid., 9/9/1967.
17. Ibid., 10/1/1968
18. Carta de J. Nash a A. Mattuck, 20/1/1968.
19. Carta de John Nash a Eleanor Stier, 20/8/1968.
20. Carta de J. Nash a A. Mattuck, 11/8/1967.
21. Ibid., 8/11/1967.
22. Carta de J. Nash a A. Mattuck, 18/3/1968.
23. Ibid., 27/2/1968.
24. Ibid., 24/4/1969.
25. Ver, por exemplo, Keefe e Harvey, op. cit., p. 110.
26. Carta de J. Nash a A. Mattuck, 11/11/1969.
27. Carta de J. Nash a V. Nash, 8/8/1968.
28. O exemplo dado combina frases de duas cartas a Arthur Mattuck, 9/9/1967 e 18/3/1968. Nash terminava quase todas as cartas escritas nesse período com uma variação desse parágrafo.
29. M. Legg, entrevista, 2/3/1996. O relato do restante do interlúdio de Nash em Roanoke provém dessa entrevista.

44. O fantasma de Fine Hall

1. Joseph Kohn, entrevista, 25/7/1995.
2. David Raoul Derbes, Universidade de Chicago, e-mail, 27/3/1995; Daniel Rohrlich, Universidade de Tel-Aviv, e-mail, 3/9/1997.
3. Derbes, e-mail.
4. Sylvain Cappel, professor de matemática, Courant Institute, 29/2/1996.
5. Lee Mosher, professor de matemática, Universidade de Rutger em Newark, entrevista, 20/9/1997.
6. Derbes, e-mail.
7. Mark Reboul, entrevista, 30/8/1997.
8. Steven Ebstein, e-mail, 28/3/1995.
9. Sara Beck, Universidade de Tel-Aviv, e-mail, 31/5/1995.
10. Ibid.
11. Ibid.
12. Ibid.
13. Frank Wilczek, professor de física, Instituto de Estudos Avançados, entrevista, 11/9/1997.
14. Carta de Mark B. Schneider, professor de física, Grinnell College, à autora, 20/9/1995.
15. Carta de David A. Cox, professor de matemática, Amherst College, à autora, 27/3/1995.
16. Carta de M. Schneider à autora, 28/9/1995.
17. Marc D. Rayman, engenheiro-chefe da missão, New Millennium Program, NASA, e-mail, 24/11/1995.
18. Carta de M. Schneider à autora.
19. William Browder, entrevista, 6/12/1995.
20. James Glass, entrevista, 10/1994.
21. Ibid.
22. Roger Lewin, professor de psiquiatria, Universidade de Maryland, entrevista, 10/1994.
23. Steven Bottone, e-mail, 2/9/1997.
24. Trotter, entrevista, 11/9/1997.

25. Reboul, entrevista.
26. Feenberg, entrevista.
27. Trotter, entrevista, 30/9/1996.
28. Kohn, entrevista.
29. Claudia Goldin, professora de economia, Universidade de Harvard, entrevista, 30/8/1995.
30. Feenberg, entrevista.
31. Alicia Nash, entrevista, 6/12/1997.
32. Entrevistas com Alan Hoffman, 10/1994; Lloyd Shapley, 10/1994; George Nemhauser, 29/8/1997; Albert W. Tucker, 10/1994.
33. Shapley, entrevista.
34. Ibid.
35. Nemhauser, entrevista.
36. Hoffman, entrevista.

45. Uma vida tranqüila

1. Carta de Alicia Nash a Martha Nash Legg e Virginia Nash, 8/11/1968.
2. Ibid.
3. Gillian Richardson, entrevista, 14/12/1995.
4. Herb Gurk, RCA, entrevista, 23/4/1996.
5. Alicia Nash, comunicação particular, 6/12/1997.
6. A. Nash, entrevista, 28/12/1995.
7. Ibid., 10/1/1995.
8. Ibid.
9. Odette Larde, entrevista, 8/12/1995.
10. Moore, entrevista, 10/1994.
11. Richard Keefe, entrevista, 5/1995.
12. Richard S.E. Keefe e Phillip D. Harvey, *Understanding Schizophrenia*, op. cit., p. 9.
13. A. Nash, entrevista, 10/1/1995.
14. A. Nash, comunicação particular, 6/12/1997.
15. Joyce Davis, entrevista, 30/5/1996.
16. Anna Bailey, entrevista, 29/5/1997.

17. A. Nash, entrevista, 10/1/1995. Adicionalmente, entrevistas com John Charles Martin Nash, Harold Kuhn, Gaby Borel e outros.
18. David Salowitz, "It's Not a Matter of Degree: John Nash, Shy High School or College Degrees, Seeks Ph.D.", *The Princeton Packet*, 1/7/1981.
19. A. Nash, entrevista, 10/1/1995.
20. Solomon Leader, entrevista.
21. A. Nash, entrevista, 16/5/1995.
22. Salowitz, op. cit.
23. Ibid.
24. A. Nash, entrevista, 16/5/1995. Também carta de John Nash a Richard Keefe, 14/1/1995.
25. Salowitz, op. cit.
26. Bailey, entrevista.
27. A. Nash, entrevista, 16/5/1995.
28. Armand Borel, entrevista, 1/3/1996.
29. G. Borel, entrevista, 10/1994.
30. John David Stier, entrevista, 20/9/1997.
31. Carta de Alicia Nash a Arthur Mattuck, 27/11/1971.
32. J. D. Stier, entrevista.
33. Norton Starr, professor de matemática, Amherst College, entrevistas, 7/1995 e 20/1/1998.
34. John Stier, entrevista, 21/1/1998.
35. Carta de John Nash a Arthur Mattuck, 15/1/1973.
36. E. Stier, entrevista, 18/3/1996.
37. Irving I. Gottesman, professor de psicologia, University of Virginia, entrevista, 16/1/1998.
38. Kenneth L. Fields, professor de matemática, Rider University (ex-Rider College), entrevista, 30/1/1998.
39. Melvyn B. Nathanson, professor de matemática, Graduate Center of the City University of New York, entrevista, 31/1/1998.
40. John C. M. Nash (com Melvyn B. Nathanson), "Cofinite Subsets of Asymptotic Bases for the Positive Integers",

Journal of Number Theory, vol. 20, n. 3 (1985), pp. 363-372; John C. M. Nash, "Results in Bases in Additive Number Theory", tese de doutorado, Rutgers University, 1985.
41. John C. M. Nash, "Some Applications of a Theorem of M. Kneser", *Journal of Number Theory*, vol. 44, n. 1 (1993), pp. 1-8.
42. Alicia Nash, entrevista, 9/1997.

Parte V: O melhor de todos

46. Remissão

1. Peter Sarnak, professor de matemática, Universidade de Princeton, entrevista, 25/8/1995.
2. E-mail de John Nash a Harold Kuhn, 20/6/1996.
3. Hale Trotter, entrevistas, 29/11/1995 e 10/9/1997.
4. Mark Dudey, professor de economia, Rice University, entrevistas, 10/1994 e 24/6/1995.
5. Daniel Feenberg, entrevista, 10/1994.
6. Carta de Edward G. Nilges à autora, 19/8/1995.
7. Lloyd S. Shapley, entrevista, 10/1994.
8. E-mail de J. Nash a H. Kuhn, 1/6/1995.
9. John Forbes Nash, Jr., *Les Prix Nobel 1994*, op. cit.
10. Carta de J. Nash a R. Keefe.
11. John Forbes Nash, Jr., *Les Prix Nobel 1994*, op. cit.
12. Social Science Citation Index, várias datas.
13. John Conway, professor de matemática, Universidade de Princeton, entrevista, 10/1994.

47. O prêmio

1. Jörgen W. Weibull, Escola de Economia de Estocolmo e membro da comissão do Prêmio Nobel de economia, entrevista, 14/11/1996.
2. Ibid.
3. Carl-Olof Jacobson, secretário-geral da Real Academia de Ciências da Suécia, entrevista, 12/2/1997.

4. Kenneth Birnum, teórico dos jogos da London School of Economics, por exemplo, escreveu recentemente a Harold Kuhn (e-mail, 7/1/1998) contando que ele havia indicado Nash para o Nobel uma vez na década de 1980. "Não insisti na indicação dele porque ninguém parecia levar a idéia a sério"
5. Estatuto da Fundação Nobel, 27/4/1995.
6. Michael Sohlman, diretor-executivo, Fundação Nobel, entrevista, 11/2/1997.
7. Ibid.
8. Karl-Göran Mäler, diretor-executivo, Instituto Beijer da Real Academia de Ciências da Suécia, entrevista, 12/2/1997.
9. Assar Lindbeck, "The Prize in Economic Science in Memory of Alfred Nobel", *Journal of Economic Literature*, vol. 23 (março de 1985), pp. 37-56.
10. Harriet Zuckerman, *Scientific Elite: Nobel Laureates in the United States* (Londres: Free Press, 1977).
11. Lindbeck, op. cit.
12. Ver, por exemplo, John E. Morrill, "A Nobel Prize in Mathematics", *The American Mathematical Monthly*, vol. 102, n. 10 (dezembro de 1995).
13. Lars Gärding e Lars Hörmander, "Why Is There No Nobel Prize in Mathematics?" *The Mathematical Intelligencer* (julho de 1985), pp. 73-74.
14. Jacobson, entrevista.
15. A descrição de Lindbeck é baseada na entrevista da autora com ele em Estocolmo em 12/2/1997, dois ensaios autobiográficos e lembranças de membros da comissão do prêmio e da Academia de Ciências, entre eles Carl-Olof Jacobson, 12/2/1997; Karl-Gustaf Löfgren, professor de economia, Universidade de Umea, 12/2/1997; Karl-Göran Mäler, 12/2/1997; Jörgen Weibull e Torsten Persson, professor visitante, Harvard University, 4/10/1994 e 7/3/1997.
16. Persson, entrevista, 7/3/1997.
17. Löfgren, entrevista.
18. Mäler, entrevista.

19. Lindbeck, "The Prize in Economic Science", op. cit.
20. Löfgren, entrevista.
21. Kerstin Fredga, como relatado a Harold Kuhn na cerimônia do Nobel em 12/1994, em Estocolmo, 1/1995.
22. No fim dos anos 1980, Harold Kuhn e outros teóricos de jogos vinham indicando Nash. Outros, entretanto, não viam utilidade alguma nisso. "Eu não o indiquei", declarou Shubik mais tarde. "Ele era melhor do que várias pessoas que eu indiquei, mas parecia que eles o descartavam porque ele era maluco. A outra razão era que eu achava que o trabalho sobre a barganha era melhor do que o negócio do equilíbrio não-cooperativo", entrevista, 13/12/1996.
23. Lindbeck, entrevista, 12/2/1997.
24. Ariel Rubinstein, entrevista, 26/6/1995.
25. Ariel Rubinstein, "Perfect Equilibrium in a Bargaining Model", *Econometrica*, n. 50 (1982), pp. 97-109.
26. Rubinstein, entrevista, 6/1995.
27. Weibull, entrevista, 14/1/1996.
28. Ibid.
29. Ibid.
30. E-mail de Eric Fisher, professor assistente de economia, Ohio State University, à autora, 25/7/1995.
31. Weibull, entrevista, 6/11/1996.
32. Gene Grossman, professor de economia, Universidade de Princeton, entrevista, 9/1993. Grossman foi o primeiro a mostrar à autora, uma jornalista do *The New York Times*, que Nash podia compartilhar um Prêmio Nobel.
33. Simpósio Nobel sobre a Teoria dos Jogos: Racionalidade e Equilíbrio na Interação Estratégica, Bjorkborn, Suécia, 18 a 20 de junho de 1993.
34. Fonte confidencial que compareceu à conferência.
35. Persson, entrevista.
36. Fonte confidencial que compareceu à conferência.
37. Fax de Jörgen Weibull a Harold Kuhn, 14/7/1993.
38. Carta de Robert J. Leonard a Harold Kuhn, 27/7/1993.

39. Jacobson, entrevista.
40. Lindbeck, entrevista.
41. Ibid.
42. Fonte confidencial.
43. Jacobson, entrevista.
44. Löfgren, entrevista.
45. Lindbeck, entrevista.
46. Ibid.
47. Ibid.
48. O trabalho mais importante de Shapley é relativo à teoria dos jogos cooperativos, enquanto a obra de Schelling é na aplicação da teoria dos jogos.
49. Lindbeck, entrevista.
50. Ibid.
51. A descrição de Stahl se baseia em entrevistas com seu irmão Ingolf Stahl, 12/2/1997; Mäler; Lindbeck; Löfgren; Weibull; David Warsh, colunista, *Boston Globe*, 5/2/1997; e outros.
52. Ingemar Stahl, professor de direito, Universidade de Lund, entrevista, 4/2/1997.
53. Carta de Lars Hörmander a Ingemar Stahl, 10/9/1993, com a bibliografia de Nash.
54. Ibid.
55. Ingemar Stahl, entrevista.
56. Ibid.
57. Ibid.
58. Fonte confidencial presente à discussão.
59. Ibid.
60. Ingemar Stahl, entrevista.
61. Fonte confidencial.
62. Ibid.
63. Entrevistas com Lindbeck e Jacobson.
64. Weibull, entrevista.
65. Fonte confidencial.
66. David Warsh, "Game Theory Plays Strategic Role in Economics' Most Interesting Problems", *Chicago Tribune*, 24/7/1994.

67. Christer Kiselman, professor de matemática, Universidade de Uppsala, entrevista, 5/3/1997.
68. Ibid.
69. Fonte confidencial.
70. Weibull, entrevista, 6/11/1996.
71. Lindbeck, entrevista.
72. Ibid.
73. Ibid.
74. Jacobson, entrevista.
75. Fonte confidencial.
76. Lindbeck, entrevista.
77. Ibid.; também fonte confidencial.
78. Como citado por Harold Kuhn, entrevista, 1/1995.
79. E-mail de Harold Kuhn a Harold Shapiro, reitor, Universidade de Princeton, 1/9/1994.
80. Fonte confidencial.
81. Erik Dahmen, professor de economia, Instituto de Economia de Estocolmo, e membro, Real Academia de Ciências da Suécia, entrevista, 12/2/1997.
82. Fonte confidencial.
83. Anders Karlquist, entrevista, 17/3/1997.
84. Lars Gärding, professor de matemática, Universidade de Lund, comunicação pessoal, 10/2/1997.
85. Bengt Nagel, comunicação pessoal, 10/2/1997.
86. Fonte confidencial.
87. Kjell Olof Feldt, "I Nationalekonomns Atervandsgrand", *Moderna Tider* (março de 1994).
88. Karlquist, entrevista.
89. Fonte confidencial.
90. Lindbeck, entrevista.
91. Fonte confidencial.
92. Ibid.
93. Estatuto da Fundação Nobel.
94. Fonte confidencial.
95. Ibid.
96. Jacobson, entrevista.

97. Fonte confidencial.
98. Jacobson, entrevista.
99. Ingemar Stahl, entrevista.
100. Sohlman, entrevista.
101. Johann Schuck, jornalista, artigo em *Dagens Nyheter*, 10/12/1994. Foi Schuck que deu o "furo" da luta de bastidores entre Stahl e Lindbeck, que atrasou o anúncio do prêmio.
102. Fonte confidencial.
103. Ibid.
104. Harold Kuhn informou a Alicia Nash na sexta-feira, dia 7 de outubro, e ao próprio Nash no dia 10 de outubro, véspera do anúncio oficial.
105. Kiselman, entrevista.
106. Fonte confidencial com acesso ao relatório.
107. Fonte confidencial.
108. Ibid.
109. Fonte confidencial com acesso ao relatório.
110. Fonte confidencial.
111. Jacobson, entrevista.
112. Mäler, entrevista.
113. Jacobson, entrevista.
114. Ibid.

48. O maior leilão de todos os tempos

1. Harold Kuhn, entrevista, 1/1995.
2. William Safire, "The Greatest Auction Ever", *The New York Times*, 16/3/1995, conforme citação de Paul Milgrom, *Auction Theory for Privatization* (Nova York: Cambridge University Press, a ser publicado em breve).
3. Edmund Andrews, "Wireless Bidders Jostle for Position", *The New York Times*, 5/12/1994.
4. Milgrom, *Auction Theory for Privatization*, op. cit.
5. Michael Rothschild, reitor da Woodrow Wilson School, observações na conferência, "Market Design: Spectrum Auctions and Beyond", Universidade de Princeton, 9/11/1995.

6. Peter C. Cramton, "Dealing with Rivals? Allocating Scarce Resources? You Need Game Theory" (xerox, 1994). Nash forneceu a teoria fundamental usada para analisar e prever o comportamento de jogos simples nos quais jogadores racionais têm conhecimento total das preferências e habilidades dos outros. Harsanyi, em trabalhos publicados em 1967 e 1968, analisou jogos nos quais alguns dos participantes têm informações particulares. Selten, em 1976, estendeu a teoria para os jogos dinâmicos, que ocorrem ao longo do tempo. Cramton apresenta as propostas e contrapropostas durante uma negociação de fusão como um exemplo de jogo dinâmico.
7. Peter Passell, "Game Theory Captures a Nobel", *The New York Times*, 12/10/1994.
8. Paul Samuelson, como citado por Vincent P. Crawford, "Theory and Experiment in the Analysis of Strategic Interaction", Symposium on Experimental Economics, Econometric Society, 7º Congresso Mundial, agosto de 1995 (primeira versão: setembro de 1994).
9. Ver, por exemplo, Robert Gibbons, "An Introduction to Applicable Game Theory", *Journal of Economic Perspectives*, vol. 11, n. 1 (inverno de 1997), pp. 127-149.
10. Avinash Dixit, entrevista, 7/1997.
11. Avinash Dixit, conforme citação de Passell, op. cit.
12. Ibid.
13. John McMillan, *Games, Strategies and Managers* (Nova York: Oxford University Press, 1992).
14. R. H. Coase, "The Federal Communications Commission", *Journal of Law and Economics* (outubro de 1959), pp. 1-40, citado por John McMillan, "Selling Spectrum Rights", *Journal of Economic Perspectives*, vol. 8., n. 3 (verão de 1994).
15. Peter C. Cramton, 'The PCS Spectrum Auction: An Early Assessment", *The Economist* (25 de agosto de 1995).
16. Milgrom, *Auction Theory for Privatization*, op. cit.

17. Ibid. Ver também McMillan, "Selling Spectrum Rights", op. cit., pp. 153-155).
18. Ibid.
19. Ver, por exemplo, McMillan, "Selling Spectrum Rights", op. cit.; Paul Milgrom, "Game Theory and its Use in the PCS Spectrum Auction", conferência sobre jogos de 1995, Jerusalém, 29/9/1995.
20. Milgrom, *Auction Theory for Privatization*, op. cit.
21. Ibid.
22. Ibid.
23. Ibid.
24. McMillan, "Selling Spectrum Rights", op. cit.

49. Um novo despertar

1. Sylvain Cappell, entrevista, 29/2/1996.
2. Jörgen Weibull, entrevista, 14/11/1996.
3. Harold e Estelle Kuhn, entrevista, 1/1995.
4. Weibull, entrevista.
5. Lena Koster, "For the First Time in 30 Years: Economy Prize Winner Lectured in Uppsala", *Uppsala Nya Tidning*, 12/1994.
6. Christer Kiselman, entrevista, 4/3/1997.
7. Weibull, entrevista.
8. John Forbes Nash Jr., *Les Prix Nobel 1994*, op. cit.
9. Conforme citação de Harold Kuhn, entrevista, 24/7/1996.
10. E-mail de John Nash para Harold Kuhn, 26/3/1996.
11. John Nash, palestra em sessão plenária, Congresso Mundial de Psiquiatria, Madri, 26/8/1996, op cit.
12. E-mail de J. Nash para H. Kuhn, 11/1994.
13. Ibid., 6/8/1995 e 26/8/1995.
14. Harold Kuhn, entrevista, 1/1995.
15. Armand Borel, entrevista, 1/3/1996.
16. Essa conversa ocorreu em um táxi a caminho do aeroporto de Newark, em 5/12/1994, e foi relatada por Harold Kuhn, entrevista, 1/1995.

17. Conforme citação de H. Kuhn, entrevista, 1/1995.
18. Fonte confidencial.
19. E-mail de J. Nash para H. Kuhn, 12/5/1995
20. Alicia Nash, entrevista, 16/5/1995.
21. H. Kuhn, entrevista, 26/7/1995.
22. Avinash Dixit, comunicação pessoal, 31/1/1996.
23. E-mail de J. Nash para H. Kuhn, 6/8/1995.
24. Ibid.
25. Alicia Nash, comunicação pessoal, 29/11/1997.
26. E-mail de J. Nash para H. Kuhn, 6/6/1996.
27. Ibid., 9/1994.
28. H. Kuhn, entrevista, 8/1995.
29. Entrevistas com John David Stier, 20/9/1997; Eleanor Stier, 7/1995; Arthur Mattuck, 7/11/1995.
30. Martha Nash Legg, entrevista, 1/3/1996.
31. J. D. Stier, entrevista.
32. Ibid.
33. E. Stier, entrevista.
34. J. D. Stier, entrevista.
35. E-mail de J. Nash para H. Kuhn, 26/9/1995.

Agradecimentos

Muitas pessoas colaboraram na preparação deste livro, duas acima de todas: minha amiga de 25 anos, Ellen Tremper, que me estimulou e me deu uma ajuda incalculável em cada passo do caminho, e Harold W. Kuhn, que, com seu entusiasmo pelo empreendimento e seu conhecimento íntimo de John Nash e da comunidade matemática, foi uma fonte constante de orientação e inspiração. Ninguém poderia ter feito mais.

Sou profundamente grata a Alicia Larde Nash e a Martha Nash Legg. Sem o apoio delas, eu não poderia ter me aventurado a escrever esta biografia, muito menos a completá-la. Também sou grata a John David Stier, Eleanor Stier e John Charles Martin Nash, por sua cooperação.

Nenhum autor jamais esteve em melhores mãos do que as de Alice Mayhew, minha editora, e Kathy Robins, minha agente literária.

Sou grata a Amartya Sen e Phillip Griffiths, por me terem permitido passar um ano crucial como visitante do diretor no Instituto de Estudos Avançados, em Princeton; Gian-Carlo Rota, por um interlúdio mais curto, porém igualmente decisivo, no departamento de matemática do MIT; e a Vivien Arterberry, por uma semana produtiva na Rand Corporation.

Joseph Lelyveld, Soma Golden Behr e Glenn Kramon, do *The New York Times*, me concederam uma generosa licença do trabalho e seu apoio entusiástico.

Meus colegas Doug Frantz, do *The New York Times*, e Rob Norton, da *Fortune*, me deram conselhos bastante apreciados e estímulo em cada etapa.

Avinash Dixit, Harold Kuhn, Roger Myerson, Ariel Rubinstein e Robert Wilson compartilharam pacientemente seus insights sobre a teoria dos jogos e funcionaram como valiosas caixas de ressonância.

Donald Spencer, Harold Kuhn, Lars Hörmander, Michael Artin, Joseph Kohn, John Milnor, Louis Nirenberg e Jürgen Moser trabalharam muito para me ajudar a transmitir, com clareza e precisão, a originalidade das contribuições de Nash à matemática pura.

As excelentes histórias de John McDonald, William Poundstone, Fred Kaplan e David Halberstam forneceram boa parte do contexto da passagem de Nash na Rand. A interessante história do Instituto de Estudos Avançados, de Ed Regis, e o romance encantador de Rebecca Goldstein, *The Mind-Body Problem*, também foram de valor inestimável.

Richard Jed Wyatt orientou-me por meio da vasta e fascinante literatura sobre esquizofrenia. O trabalho extraordinário de Louis Sass, Anthony Storr, John Gunderson, Kenneth Kendler, Irving Gottesman, Richard Keefe, James Glass, Kay Redfield Jamison e E. Fuller Torrey forneceu inspiração e também informação importante. Agradecimentos especiais a Connie e Steve Lieber, fundadores da National Alliance for Research on Schizophrenia and Depression, pelo interesse por este projeto.

Os psiquiatras Paul Howard, Joseph Brenner, Robert Garber e Peter Baumecker forneceram descrições das instituições onde Nash foi tratado e vislumbres dos mistérios da psiquiatria clínica.

Jörgen Weibull e outros membros do comitê do prêmio de economia e da Academia de Ciências da Suécia foram imensamente hospitaleiros durante minha visita a Estocolmo e me ajudaram a decifrar o processo aparentemente inescrutável por meio do qual são concedidas as honras *nec plus ultra*. O estudo marcante da socióloga Harriet Zuckerman sobre os laureados com o Prêmio Nobel serviu como um excelente mapa.

A frase amorosa e adorável de Lloyd Shapley *a beautiful mind* [uma mente brilhante] passou a ser, por sugestão de Kathy Robbins, o título do livro em inglês.

Sou infinitamente grata às centenas de pessoas – matemáticos, economistas, psiquiatras e outras que conheceram John Nash – que me expuseram suas lembranças, com as quais teci essa história notável. Cada fragmento, por menor que fosse, contribuiu para a nitidez do conjunto, e cada um deles foi recebido com gratidão e carinho. Além dos já citados, tenho uma dívida de gratidão particular para com Paul Samuelson, Arthur Mattuck, Paul Cohen, Odette Larde, Dorothy Thomas, Peter Lax, Cathleen Morawetz, Donald Newman, Al Vasquez, Richard Best, John Moore, Armand e Gaby Borel, Zipporah Levinson, Jerome Neuwirth, Felix e Eva Browder, Leopold Flatto, John Danskin, Emma Duchane e Joyce Davis.

Arquivistas e bibliotecários de Carnegie Mellon University, Universidade de Princeton, MIT, Universidade de Harvard, Instituto de Estudos Avançados, Rockefeller Archive Center, McLean Hospital, Swiss National Archives e National Archive forneceram material importante e orientação especializada. Agradecimentos especiais a Arlen

Hastings, Momota Ganguli e Elise Hansen, do Instituto de Estudos Avançados, por terem colaborado para que meu ano no instituto fosse tão produtivo, e a Richard Wolfe, por dividir comigo seu conhecimento sobre a comunidade intelectual de Cambridge.

Ellen Tremper, Geoffrey O'Brien, Harold Kuhn, Avinash Dixit, Lars Hörmander, Jürgen Moser, Michael Artin, Donald Spencer, Richard Wyatt e Rob Norton leram e comentaram várias versões preliminares. O trabalho meticuloso e cuidadoso deles eliminou erros, melhorou as descrições e acrescentou novos importantes insights. Todos os erros que permanecem, é claro, são meus.

Meu marido, Darryl McLeod, e meus filhos, Clara, Lily e Jack, não só conviveram com este livro e sua atribulada autora durante três anos, mas puseram mãos à obra – no computador, na biblioteca, por toda a casa – quando os prazos fatais se aproximavam e o céu parecia estar prestes a desabar. Sou muito grata por seu amor e sua paciência.

Agradecimentos especiais pelo uso dos seguintes textos:

Caroline Lowell. Reproduzido com a permissão de Farrar, Straus & Giroux, Inc.

Trechos das cartas de Robert Lowell reproduzidos com a permissão do Espólio + de Robert Lowell.

EDIÇÕES BESTBOLSO

Alguns títulos publicados

1. *Sex and the City*, Candace Bushnell
2. *O diário de Bridget Jones*, Helen Fielding
3. *Baudolino*, Umberto Eco
4. *A casa das sete mulheres*, Leticia Wierchowski
5. *O poderoso chefão*, Mario Puzo
6. *O diário de Anne Frank*, Otto H. Frank e Mirjam Pressler
7. *Educar sem culpa*, Tânia Zagury
8. *Viagem à luta armada*, Carlos Eugênio Paz
9. *Os carbonários*, Alfredo Sirkis
10. *O misterioso caso de Styles*, Agatha Christie
11. *O caso do hotel Bertram*, Agatha Christie
12. *O silêncio dos inocentes*, Thomas Harris
13. *Ramsés – O filho da luz*, Christian Jacq
14. *Ramsés – O templo de milhões de anos*, Christian Jacq
15. *Ramsés – A batalha de Kadesh*, Christian Jacq
16. *Ramsés – A dama de Abu-Simbel*, Christian Jacq
17. *Ramsés – Sob a acácia do Ocidente*, Christian Jacq
18. *O buraco da agulha*, Ken Follett
19. *O príncipe das marés*, Pat Conroy
20. *O grande Gatsby*, F. Scott Fitzgerald
21. *Suave é a noite*, F. Scott Fitzgerald
22. *Toda mulher é meio Leila Diniz*, Mirian Goldenberg
23. *Getúlio*, Juremir Machado da Silva
24. *O primo Basílio*, Eça de Queirós
25. *Exodus*, Leon Uris
26. *O jogo das contas de vidro*, Hermann Hesse
27. *Uma mente brilhante*, Sylvia Nasar
28. *Acima de qualquer suspeita*, Scott Turow
29. *Fim de caso*, Graham Greene
30. *O poder e a glória*, Graham Greene

EDIÇÕES
BestBolso

Este livro foi composto na tipologia Minion, em corpo 10,5/13, e impresso em papel off-set 56g/m² no Sistema Cameron da Divisão Gráfica da Distribuidora Record.